OS ESPAÇOS DO DESPORTO
UMA GESTÃO PARA O DESENVOLVIMENTO HUMANO

LUÍS MIGUEL FARIA FERNANDES DA CUNHA

Professor Auxiliar

Departamento de Desporto – Gestão do Desporto – Desenvolvimento do Desporto

Universidade Técnica de Lisboa – Faculdade de Motricidade Humana

OS ESPAÇOS DO DESPORTO
UMA GESTÃO PARA O DESENVOLVIMENTO HUMANO

A gestão dos espaços do desporto – instalações desportivas, espaços naturais, espaços públicos, espaços do futuro e espaços de imaginário – Instrumentos de gestão, padrões e indicadores de referência, legislação associada, comentários e reflexões

ALMEDINA

OS ESPAÇOS DO DESPORTO
Uma Gestão para o Desenvolvimento Humano

AUTOR
LUÍS MIGUEL FARIA FERNANDES DA CUNHA

EDITOR
EDIÇÕES ALMEDINA, SA
Avenida Fernão de Magalhães, n.º 584, 5.º Andar
3000-174 Coimbra
Tel.: 239 851 904
Fax: 239 851 901
www.almedina.net
editora@almedina.net

PRÉ-IMPRESSÃO • IMPRESSÃO • ACABAMENTO
G.C. – GRÁFICA DE COIMBRA, LDA.
Palheira – Assafarge
3001-453 Coimbra
producao@graficadecoimbra.pt

Outubro, 2007

DEPÓSITO LEGAL
264472/07

Os dados e as opiniões inseridos na presente publicação
são da exclusiva responsabilidade do(s) seu(s) autor(es).

Toda a reprodução desta obra, por fotocópia ou outro qualquer processo,
sem prévia autorização escrita do Editor,
é ilícita e passível de procedimento judicial contra o infractor.

Dedicatória:

As dedicatórias normalmente são dirigidas a um ou uma eleita, no repertório das nossas afectividades que constitui assim o alvo das nossas preferências. Ao longo do período temporal de construção desta mesma obra houve um acompanhamento espiritual do qual se faz registo agora, por forma a compensar a ausência física na permanência da jornada agora terminada. Este percurso que efectuámos é assim dedicado não a um ou uma pessoa mas a várias, pois ao longo deste tempo sempre nos acompanharam em cada momento, em cada dificuldade ou dúvida levantada e foram eles que nos orientaram o fluxo de trabalho. Assim dedicamos:

1. À **Família** que estamos a construir e continuar, Esposa e Mãe dos filhos, pais, e sogros, irmãos e primos meus e dos meus filhos, representantes activos do fluir do tempo nesta instituição viajante representadora da Vida.
2. Aos **conspiradores do futuro** e **construtores dos imaginários** que atravessam as Eras e não encontram no poder dos predadores das urgências do tempo, dos espaços, da logística dos bens materiais, e das vontades de bem fazer, o necessário reconhecimento, apoio e visibilidade para a construção e partilha do bem comum.
3. Para os **homens de boa vontade**, que constroem nas diversas organizações os pequenos acontecimentos que fazem a Festa da Vida no Desporto, que todos os dias se esforçam, à sua maneira, por serem agentes da felicidade comum.
4. Para as **crianças de todas as idades** que sabem e podem brincar, que têm sonhos, espaços e tempos para os concretizar, mas também para aqueles jovens sem futuro, porque lhes foi roubado ou não oferecido ou apenas dissimulado e não têm na cidade os necessários espaços e tempos para expressarem e experimentarem os seus sonhos em construção.

5. A todos os ilustres **Portugueses anónimos**, exemplos de combatividade em torno da "Coisa e Causa Públicas", que constroem as oportunidades de uma expressão colectiva em cada comunidade residencial em favor de um alto nível comum de qualidade de vida.

6. Às comunidades de portugueses, lusodescendentes e portugueses da **Nação esquecida**, espalhadas pelo Mundo que diariamente não desistem de dar testemunho de uma Ideia, que a Nação Portuguesa teima em eleger como Missão, e que se traduz num Contributo Português para um mundo melhor, para uma Humanidade mais fraterna, justa e festiva, para o qual o desporto é chamado a expressar-se como instrumento de Vida e de Futuro.

Desejo:

Que este livro possa ser um auxiliar de partilha de Sonhos de Futuro, com aqueles que os desejam ter e Ser, construindo e reforçando a comunidade desportiva, na Celebração da Grande Festa Global que é o Desporto.

Agradecimentos

Estes trabalhos não se fazem sozinhos pelo que importa agradecer: Aos colegas do Departamento de Desporto e do Grupo de Gestão e de Desenvolvimento do Desporto (liderado pelo Prof. Doutor Gustavo Pires); Aos estudantes nossos alunos, particularmente aos de mestrado, ao longo de cerca de 10 edições, que através dos seus trabalhos nos forneceram estímulos adicionais para desenvolvermos esta obra, bem como o conjunto de reflexões que a acompanham, e também os da Licenciatura em Gestão do Desporto os quais se elegem particularmente como futuros alvos da leitura destas páginas. Importa ter também uma palavra de reconhecimento institucional para com a Faculdade de Motricidade Humana, à qual pertencemos, pela possibilidade que nos dá de podermos aí exercermos as nossas acções profissionais.

É nosso desejo ainda agradecer em particular ao Sr(s). Prof(s). Doutor(es) António St'Aubyn, Luíza Vaz Pinto, Carlos Colaço, Pedro Sarmento Rebocho Lopes, João Rasoilo e Mestre (s) José Pinto Correia, Paula Cordas, João Castro, Artur Martins Lourenço de Carvalho, Dr(s): João Bebiano Carvalho, Pedro Silva, Luís Guedes, Rogério Salvador, Jorge de Sousa, Joaquim Borges, e tantos outros que de formas directas e indirectas ao longo deste percurso de quatro anos de reflexão e pesquisa permitiram que este trabalho se constituísse.

Ao Sr. Professor Casimiro Antunes a quem nos liga a infância e a amizade de família, bem como o exemplo dado na luta partilhada pela dignificação do ensino efectuada pelos professores do ensino primário, de que é aqui representante, e que mais uma vez, agora em situação de tempo pós--profissional, nos forneceu uma preciosa ajuda na revisão deste livro. A minúcia do seu trabalho e a dedicação com que o efectuou, fez-nos voltar a sentir em adulto o amparo que as crianças do nosso país merecem e puderam contar na escola, ao longo do exercício profissional da sua vida de educador. Trata-se aqui de agradecer o afecto, através da sua pessoa, a todos os professores do ensino primário que nos abrem, pela sua acção, os caminhos do futuro.

Ao Dr. Carlos Messias, companheiro de algumas aventuras durante o tempo de formação e já depois de concluída a licenciatura. A ele lhe devemos o agradecimento pela leitura crítica deste nosso trabalho, bem como a complementaridade de algumas visões mais ligadas a soluções efectivas que aqui propomos.

Índice Geral

1. O ESPAÇO DESPORTIVO 25

1.1. As Instalações Desportivas – um espaço artificial 26

1.2. Os Espaços Naturais e o Desporto 32
    1.2.1. Os Espaços Protegidos em Portugal 35
        1.2.1.1. Os Espaços de paisagem 37
        1.2.1.2. A Praia – Um domínio público, espaço desportivo ou multi-usos? 39
        1.2.1.3. Os Baldios 46

1.3. Os Espaços Urbanos 49
    1.3.1. Um padrão português de consumo de espaço? 53
        1.3.1.1. O consumo de área verde 54
        1.3.1.2. O consumo de espaço habitável 55
        1.3.1.3. O consumo do espaço (público) aumentou? 56
        1.3.1.4. Os Espaços Desportivos ganham lugar no Espaço Urbano.... 60

2. O CONCEITO DE DESPORTO 67

2.1. O Desporto de Competição 68

2.2. O Desporto para todos, o Lazer e o Recreio (turístico) 69

2.3. O Desporto de Natureza 70
    2.3.1. O Desporto de Natureza – Uma Educação Desportiva Partilhada 73
    2.3.2. O Perigo da Ditadura Mercantilista 77
    2.3.3. A Defesa dos Espaços Naturais 84

3. O ESPAÇO DESPORTIVO NÃO É ISENTO DE CONFLITUALIDADE.... 87

3.1. A Produção do Espaço Desportivo e de Recreio 91

3.2. A "Sociedade de Mercado" e o Desporto 93
    3.2.1. A pressão mercantilista e o desporto 95
    3.2.2. A pressão mercantilista e a utilização desportiva dos espaços públicos ... 96
    3.2.3. A reacção dos poderes públicos à (o)pressão comercialista ... 97
    3.2.4. A livre e desimpedida utilização do espaço público e a liberdade de não consumir 99

10 *Os Espaços do Desporto – Uma Gestão para o Desenvolvimento Humano*

3.2.5. Uma participação equilibrada do mercado no processo desportivo 101
3.2.6. Um Código de Ética para um Mercado Desportivo Global 102

4. DECIDIR IMPLANTAR UMA INSTALAÇÃO DESPORTIVA 105

4.1. Estudos prévios 108
    4.1.1. Os Destinatários – populações-alvo (para quem?) 109
        4.1.1.1. Critérios de diferenciação dos destinatários 110
    4.1.2. Os Instrumentos de análise e recolha de informação 111
        4.1.2.1. Os Processos directos 111
            4.1.2.1.1. Os dados estatísticos dos censos 111
            4.1.2.1.2. As pirâmides étárias 112
            4.1.2.1.3. Os indicadores necessários: 115
        4.1.2.2. A Estrutura de Emprego da População Activa 116
        4.1.2.3. Os processos indirectos – inquéritos dirigidos por amos-
            tragem 118
    4.1.3. A necessidade de instalações desportivas – (Para quê?) 119
    4.1.4. A localização das instalações desportivas (onde?) 120
        4.1.4.1. Os critérios de localização das instalações 124
        4.1.4.2. Os indicadores necessários 126
        4.1.4.3. Os Padrões Desportivos 128

4.2. A Gestão do Espaço (Território) 137
    4.2.1. As Tipologias de Espaços – Regime de Uso e Propriedade 140
    4.2.2. O Sistema de Gestão Territorial 142

4.3. Os Processos de Análise Espacial – A Análise Espacial como processo a
    utilizar no Desporto 144
    4.3.1. As Técnicas de Análise Espacial 145
        4.3.1.1. O Coeficiente de Localização de Actividades 148
        4.3.1.2. O Quociente de Localização 151
        4.3.1.3. Os Modelos Gravíticos – Determinação do centro de gravi-
            dade de uma região 153

5. A CONSTRUÇÃO DE ESPAÇOS E INSTALAÇÕES DESPORTIVAS 157

5.1. O processo de implantação/construção de uma instalação desportiva 162
    5.1.1. A obtenção de financiamento ou comparticipação financeira por parte
        do Estado 167
    5.1.2. A Empreitada 170
    5.1.3. O Processo de obtenção de licença para a entrada em funcionamento 173
    5.1.4. A Servidão Desportiva 178
    5.1.5. A Responsabilidade Técnica pelas instalações desportivas abertas ao
        público 180

Índice geral 11

6. O SIMBOLISMO DAS INSTALAÇÕES 183

6.1. A atractividade e o despertar das emoções 183

6.2. A simbólica do espaço associada às instalações 184
6.2.1. As metáforas do imaginário nas instalações desportivas 185
6.2.2. A Sacralização do Espaço Desportivo? 187

7. O CONFORTO (DESPORTIVO) 191

7.1. Os Elementos do Conforto Desportivo 193

7.2. Os tipos de conforto desportivo 194
7.2.1. O Conforto Geral 195
7.2.1.1. Os Indicadores de conforto desportivo geral – higiene e segurança, arrumação e desafogo espacial 195
7.2.2. O Conforto Estético 198
7.2.2.1. Os Indicadores de conforto estético 198
7.2.3. O Conforto Acústico e o Conforto Auditivo 199
7.2.3.1. Os Indicadores de Conforto Auditivo 203
7.2.4. O Conforto Visual e Luminoso 207
7.2.4.1. Indicadores de conforto visual 210
7.2.4.2. Os Indicadores de Conforto Luminoso 210
7.2.5. O Conforto Térmico 215
7.2.5.1. Os Indicadores de Conforto Térmico 216
7.2.6. O Conforto Pneumático 216
7.2.6.1. A ventilação 218
7.2.6.2. A salubridade do ar 220
7.2.6.2.1. Os cheiros, fumos e vapores 220
7.2.6.2.2. As doenças respiratórias 220
7.2.7. O Conforto Quinestésico 221
7.2.7.1. Os Indicadores de Conforto Quinestésico 221
7.2.8. Os limites do conforto e o desconforto (a capacidade de carga) 222
7.2.8.1. O Desconforto 223
7.2.8.2. O Desafogo 225
7.2.9. A Prontidão 226

8. OS ESPAÇOS DAS INSTALAÇÕES DESPORTIVAS 229

8.1. Os Tipos de abordagem às instalações desportivas 229
8.1.1. A abordagem de tipo vertical 230
8.1.2. A abordagem de tipo horizontal 230
8.1.3. A abordagem simbólico-metafórica 231

8.2. A Vocação dos Espaços (tipologia) 233
8.2.1. A Acessibilidade às Instalações Desportivas – Proximidades 238

12 Os Espaços do Desporto – Uma Gestão para o Desenvolvimento Humano

8.2.2. Os Acessos Externos 239
    8.2.2.1. Os indicadores de medida dos acessos: 242
8.2.3. O Acolhimento – conforto à chegada 244
    8.2.3.1. Os indicadores de conforto no acolhimento 245

8.3. A Entrada (os Átrios) 248
8.3.1. O Átrio externo 249
8.3.2. O Átrio interno – recepção 250

8.4. Os Espaços de Actividade Fundamental 253

8.5. Os Espaços Complementares de Apoio 258
8.5.1. Os Espaços Complementares de Actividades 260
8.5.2. Os Espaços de Aquecimento e Musculação 261
8.5.3. Os Espaços de Transmutação/transfiguração – Os balneários, vestiários e sanitários 262
8.5.4. Os Espaços de Apoio Didático 275
8.5.5. Os Espaços de Apoio ao Pessoal 277
8.5.6. Os Espaços de Apoio ao Público/Espectadores 280
8.5.7. Os Espaços de Apoio Médico 289
8.5.8. Os Espaços de Apoio à Comunicação Social 291
    8.5.8.1. Os espaços para as instalações de difusão sonora 293
8.5.9. Os Espaços-Canais ou de Circulação 294

8.6. Os Espaços de Gestão e Administração 299

8.7. Os Espaços para as instalações técnicas e de apoio 302

8.8. Os Espaços Sociais 307
8.8.1. Os Espaços Nobres 308
8.8.2. Os Espaços de Convívio 309
    8.8.2.1. As instalações de apoio logístico à vida social 311

8.9. Os Espaços de Segurança 312

8.10. Os Espaços Comerciais 318

9. A GESTÃO DAS INSTALAÇÕES DESPORTIVAS – OS PROCESSOS DE DECISÃO 321

9.1. A Informação e o Desporto 322
9.1.1. Um Código para o Desporto na Sociedade da Informação 323

9.2. Os Processos e os Instrumentos Decisórios na Gestão das Instalações Desportivas – Arquitectura de Sistemas de Informação 326
9.2.1. Um Método de Abordagem e os Pressupostos 327
9.2.2. A Gestão de Processos (alvos de incidência) 329
    9.2.2.1. A Gestão Direccionada (focalização?) 329
    9.2.2.2. A Arquitectura de Sistemas de Informação – Monitorização da Informação 330

Índice geral

9.2.2.3. A Avaliação dos Fluxos pela Constituição de Indicadores 331
9.2.2.4. A Constituição de Painéis de Referentes 333
9.2.2.5. A Elaboração de Rotinas e Listagens de Procedimentos 334
9.2.2.6. A Construção de Cenários 334
9.2.2.7. A Tomada de Decisão... 335
9.2.2.8. O Controle e ajustamento/avaliação – Optimização 335
9.2.2.9. As Extrapolações 336
9.2.3. Os Domínios do Processo de Tomada de Decisão 336
9.2.4. As Decisões Organizadas por Factores de Desenvolvimento do Desporto e por Recursos 341
9.2.5. As Matrizes de Decisão 347
9.2.5.1. A Matriz SWOT de Decisão Estratégica.......................... 347
9.2.5.2. A Matriz BCG – Boston Consulting Group (de análise da estratégia de produto ou mercado) 348

9.3. A Responsabilidade Técnica da Gestão de uma Instalação Desportiva 351
9.3.1. O Regulamento de Gestão das Instalações Desportivas.................. 356

9.4. A Gestão da Imagem (externa e interna) da Instalação Desportiva............. 359
9.4.1. A Sinalização e os Símbolos 364
9.4.2. A Gestão dos Acessos... 366

9.5. A Gestão Desportiva/Gestão das Actividades.. 369
9.5.1. Indicadores de gestão de actividades... 373
9.5.2. A Gestão do Apetrechamento 375

9.6. A Gestão do Espaço 377

9.7. A Gestão do Tempo... 380

9.8. A Gestão Económica das Instalações.. 385

9.9. A Gestão de Recursos Humanos 389

9.10. A Gestão da Dinâmica Social e Cultural – Gestão das Emoções (Vida) 396
9.10.1. Os indicadores necessários 398

9.11. A Gestão da Segurança 400
9.11.1. Os Conceitos de Segurança 401
9.11.2. Os Recintos da Segurança 409
9.11.2.1. A Central de Comando das Instalações e o Posto de Segurança.. 410
9.11.3. Os Serviços de Segurança.. 411
9.11.4. Os Acessos da Segurança 414
9.11.4.1. As Vias de Evacuação 421
9.11.5. Os Meios de Segurança, Socorro e Intervenção............................. 437
9.11.6. Os Planos de Evacuação e de Emergência 444
9.11.6.1. Os Simulacros e Exercícios de Instrução 445
9.11.6.2. As Plantas, Sinalizações e Organização do Socorro 447
9.11.6.3. Os Indicadores de Segurança... 455

14   *Os Espaços do Desporto – Uma Gestão para o Desenvolvimento Humano*

9.12. A Gestão da Manutenção 456
    9.12.1.1. A Programação e Gestão de Rotinas e Fluxos Funcionais   460
    9.12.2. A Manutenção Preventiva ou Contínua 462
       9.12.2.1. A Higiene e Salubridade 466
       9.12.2.2. As Operações de Manutenção do Apetrechamento 472
    9.12.3. A Manutenção Periódica (ou correctiva) 474

9.13. A Gestão da Qualidade 475
    9.13.1. Os livros de registo, de controle sanitário e de reclamações 482
    9.13.2. A Qualidade Ambiental 483
    9.13.3. Dos recursos materiais de base 487
       9.13.3.1. A Água 488
       9.13.3.2. O Ar 493
    9.13.4. Dos espaços 494
    9.13.5. Das pessoas – recursos humanos 497
       9.13.5.1. Os recursos humanos especiais 503
          9.13.5.1.1. A "gestão de fantasmas" 505
    9.13.6. Das actividades, dos produtos e dos serviços 505

9.14. As Políticas de Gestão definem Modelos Institucionais de Intervenção 507
    9.14.1. A Gestão Pública – Social/Política 511
    9.14.2. A Gestão Privada 515
    9.14.3. A Gestão Mista ou Concessionada 516

10. DECIDIR QUALIFICAR PARA O DESPORTO UM ESPAÇO NATURAL   519

10.1. O apetrechamento desportivo de um espaço rural ou de paisagem 523

10.2. A Gestão Desportiva do Litoral 527
    10.2.1. A Gestão de Praias 528
       10.2.1.1. A avaliação da capacidade de carga de uma praia 534
    10.2.2. As Marinas e os Espaços Náuticos 544

10.3. Gestão de Estâncias de Montanha e de Florestas 547

11. AS NOVAS FRONTEIRAS DO DESPORTO E AS TENDÊNCIAS NAS
INSTALAÇÕES DESPORTIVAS E DE RECREIO: A MUDANÇA, OS
SINAIS, O FUTURO! 551

11.1. Os Espaços do Imaginário – Os Espaços Construtores do Futuro 554
    11.1.1. Os Parques Temáticos de Aventura Desportiva 556
    11.1.2. Os Parques de Prática Virtual (desportiva ou de recreio) 559

11.2. Espaços de Iniciação (Iniciáticos) 562

12. EPÍLOGO 571

Índice de Quadros

Quadro n.º 1 – Quadro – Resumo da Tipologia de Instalações Desportivas 28

Quadro n.º 2 – Distribuição das praias no continente português 42

Quadro n.º 3 – Taxonomia do uso do solo (Correia, P; Lobo, C. e Pardal, S; (1993)) 51

Quadro n.º 4 – Quadro síntese da estrutura verde urbana (CEP-EUR, 1981)............ 52

Quadro n.º 5 – Espectro de consumo espacial das famílias portuguesas 55

Quadro n.º 6 – Superfície habitável por fogo dos edifícios construídos em 1988 56

Quadro n.º 7 – Superfície habitável por fogo dos edifícios construídos em 1991/92 56

Quadro n.º 8 – Valores de referência dos equipamentos desportivos e dos equipamentos culturais e recreativos segundo o Despacho n.º 7 187/2003 de 11 de Abril (2.ª série), do Ministério das Cidades, Ordenamento do Território e Ambiente 62

Quadro n.º 9 – Portaria n.º 1182/92 de 22 de Dezembro – fixa os parâmetros de dimensionamento dos espaços verdes e de utilização colectiva 63

Quadro n.º 10 – Portaria n.º 1136/2001 de 25 de Setembro – altera os os parâmetros de dimensionamento dos espaços verdes e de utilização colectiva fixados pela Portaria n.º 1182/92 de 22 de Dezembro 65

Quadro n.º 11 – Um Código de Ética para um Mercado Desportivo Global (EASM – Congresso – FINLÂNDIA 2002)... 103

Quadro n.º 12 – Curva de Zipff representadora do posicionamento demográfico dos Municípios Portugueses (Salgueiro, T., 1992)... 122

Quadro n.º 13 – Tipologias de critérios de implantação de equipamentos desportivos – DGOT... 131

Quadro n.º 14 – Valores em (m²n) de instalações desportivas de alguns municípios portugueses 136

Quadro n.º 15 – Instrumentos do Sistema de Gestão Territorial............................... 143

Quadro n.º 16 – Acções relativas ao processo de licenciamento de construção aplicáveis a uma instalação desportiva 166

Quadro n.º 17 – Acções relativas ao processo de licenciamento de construção aplicáveis aos recintos com diversões aquáticas... 167

Quadro n.º 18 – Acções do Subprograma 1 (+ de 100 000 Euros) 1.ª Fase relativas à comparticipação do Estado para a instalação de equipamentos de utilização colectiva, promovidos por instituições privadas de interesse público sem fins lucrativos ao abrigo do Despacho n.º 7187/2003 de 11 de Abril, (2.ª série) do Ministério das Cidades, Ordenamento do Território e Ambiente 169

16   *Os Espaços do Desporto – Uma Gestão para o Desenvolvimento Humano*

Quadro n.º 19 – Acções do Subprograma 1 (+ de 100 000 Euros) 2.ª Fase relativas à comparticipação do Estado para a instalação de equipamentos de utilização colectiva, promovidos por instituições privadas de interesse público sem fins lucrativos ao abrigo do Despacho n.º 7187/2003 de 11 de Abril, (2.ª série) do Ministério das Cidades, Ordenamento do Território e Ambiente 169

Quadro n.º 20 – Tipos de empreitadas consoante o acordo com o modo de retribuição do empreiteiro segundo o Decreto–Lei n.º 405/93 de 10 de Dezembro.... 170

Quadro n.º 21 – Modos de celebração de contratos de realização de empreitadas segundo o Decreto–Lei n.º 405/93 de 10 de Dezembro e Decreto-Lei n.º 55/99 de 2 de Março que o altera (embora mantendo a mesma configuração a este respeito). 171

Quadro n.º 22 – Obtenção de licença de utilização de instalações desportivas (D.L. n.º 309/2002 de 16 de Dezembro+ D.L. n.º 317/97 de 25 de Novembro)....... 177

Quadro n.º 23 – Obtenção de licença de funcionamento para os recintos com diversões aquáticas (Decreto-Lei n.º 65/97 de 31 de Março + Decreto Regulamentar n.º 5/97 de 31 de Março) 178

Quadro n.º 24 – Anexos ao Decreto – Lei n.º 129/2002 de 11 de Maio, que aprova o Regulamento dos Requisitos Acústicos dos Edifícios, onde se estabelecem os respectivos valores 206

Quadro n.º 25 – Quadro resumo dos valores limite para os níveis sonoros (dBA) e tempos de reverberação segundo várias entidades, por Carla Barreira (2003)   207

Quadro n.º 26 – Níveis mínimos de iluminação recomendados para diversas categorias de locais ou de trabalhos 211

Quadro n.º 27 – Cálculo do consumo de O_2 respirável pelo utilizador de uma instalação desportiva 217

Quadro n.º 28 – Consumo/hora aproximado de O_2 dos utilizadores das instalações desportivas 217

Quadro n.º 29 – Consumo/hora aproximado de ar respirável dos utilizadores das instalações desportivas 218

Quadro n.º 30 – Quadro de valores de ventilação segundo Carla Barreira (2003).... 219

Quadro n.º 31 – Processo crescente de degradação do espaço por motivos de desconforto continuado............... 224

Quadro n.º 32 – Diplomas Legislativos relativos aos espaços dos edifícios e respectiva identificação vocacional............... 234

Quadro n.º 33 – Taxonomia de classificação de tipos de espaços segundo o estipulado no Decreto Regulamentar n.º 34/95 de 16 de Dezembro – Regulamento das condições técnicas e de segurança nos recintos de espectáculos e divertimentos públicos............... 236

Quadro n.º 34 – Quadro dos espaços das instalações segundo o Decreto Regulamentar n.º 5/97 de 31 de Março que regulamenta as condições técnicas e de segurança dos recintos com diversões aquáticas 237

Quadro n.º 35 – Articulado do Decreto Regulamentar n.º 10/2001 de 7 de Junho – Regulamento das condições técnicas e de segurança dos estádios, relativo à tipologia de espaços 238

Índice de quadros

Quadro n.º 36 – Especificações técnicas respeitantes ao dimensionamento das salas dos edifícios escolares incluídas no articulado do Decreto-Lei n.º 414/98 de 31 de Dezembro sobre a segurança contra incêndio no edifícios escolares – artigo 7.º, n.º 3 277

Quadro n.º 37 – Quadro-Síntese de Associação de Recursos aos Factores de Desenvolvimento do Desporto na Gestão das Instalações e Espaços Desportivos 344

Quadro n.º 38 – A Matriz SWOT de Decisão Estratégica 348

Quadro n.º 39 – A Matriz BCG (Boston Consulting Group (de análise da estratégia de produto ou mercado) 349

Quadro n.º 40 – Quadro de gestão de uma instalação desportiva através do rendimento dos espaços (Metzger 2005)... 389

Quadro n.º 41 – Categorias dos recursos humanos – Pessoal das instalações desportivas 391

Quadro n.º 42 – Cargos dirigentes na Administração Pública – Central, Regional e Local segundo a Lei n.º 51/2005 de 30 de Agosto........................... 395

Quadro n.º 43 – Legislação relativa à Segurança nas Instalações Desportivas......... 403

Quadro n.º 44 – Processo de Gestão de Material Educação Física e Desporto (in Gestão do Material em Instalações Desportivas, C.M.Oeiras, 1995, pág. 6.) 473

Quadro n.º 45 – Parâmetros de controle sanitário da água (Anexo II ao Decreto Regulamentar n.º 5/97 de 31 de Março –Rec.^{os} c/ Div. Aquáticas) 490

Quadro n.º 46 – Quadro de gestão de uma instalação desportiva através do rendimento dos espaços (Metzger 2005)... 496

Quadro n.º 47 – Quadro identificador das articulações possíveis entre entidades gestoras e proprietárias de instalações desportivas 517

Quadro n.º 48 – Expressão da turbulência social de uma praia em função da densidade ... 536

Introdução

Esta obra foi constituída para servir de base de estudo e de reflexão a uma problemática, que é cada vez mais actual, que trata da gestão dos espaços de felicidade que o desporto proporciona. As respostas às solicitações permanentes dos estudantes, na leccionação das disciplinas de 'Desenvolvimento do Desporto', 'Desporto e Gestão do Espaço' e de 'Instalações e Espaços Desportivos', estiveram na origem da contribuição, que reportamos fundamental, para a sedimentação de algum conhecimento que pretendemos partilhar com esta empresa.

Mais do que um conjunto de sugestões ou de apresentação de informações ou receituário de respostas constituídas para a gestão dos espaços desportivos, assumimos este desafio como a proposição de um caminho que nós percorremos por via da observação e da reflexão, complementada com a consulta de obras de diversos autores, bem como a contribuição inerente aos trabalhos de estudantes de Mestrado e Licenciatura que orientámos ou arguímos. Fazer este livro foi uma viagem no espaço e no tempo, no universo dos espaços desportivos das instalações e na diversidade das actividades desportivas, que nos é oferecida pela modernidade, através de um fluxo que se chama Desenvolvimento do Desporto, dirigido às pessoas e à Humanidade. Foi uma aventura sofrida, como são todas as que nos lançamos, foi um desafio difícil de vencer. Por isso nos deu muito gozo fazê-la. Foi assim, uma aventura de reflexão continuada e de projecção para o futuro que queremos agora partilhar.

Foram cerca de quatro anos lutando contra o tempo das tarefas inúteis que o trabalho rotineiro sempre nos acaba por impor e cuja importância, embora reduzida no imediato, se revela, na medida em que, se não as fizermos, o mundo das instituições e as suas lideranças que nos desgovernam, caiem e arrastam-nos para o abismo. Mas são estas as tarefas que têm de ser realizadas para prolongar um contínuo funcional das instituições e os fluxos que produzem. São, para nós, aspectos laterais que nos introduzem escolhos

20 *Os Espaços do Desporto – Uma Gestão para o Desenvolvimento Humano*

nas sendas que queremos traçar e que nos impedem a continuidade a caminho do futuro. Vencer estas inércias faz também parte do jogo da vida institucional, porque o trabalho que realizamos implica dedicação a causas e às pessoas e não é, por isso, nosso! Outros aproveitam da nossa dedicação, mas a entrega é um gesto que faz parte do processo civilizacional, senão tudo acaba! Ele constitui apenas uma oportunidade temporal que nos é oferecida para que possamos dedicar aos outros a nossa contribuição.

> Este livro, é um livro de "Iniciação". É para ler e partir à consulta de outras obras. É dirigida a estudantes com tempo e a não a gente apressada. É um livro que precisa de demora, que obriga a uma leitura, a uma paragem e a uma reflexão. **Não é um** *"fast-book"*! Não está estruturado numa perspectiva comercial nem em função daquele utilizador que superficializa a assimilação dos conteúdos, se apropria da correspondente nomenclatura, usando e abusando dela, mas que a perverte porque não domina o seu significado mais profundo, não conhece e por isso não respeita, não imagina e não consciencializa os efeitos transformadores das suas repercussões. Não é, por isso, para gestores com falta de tempo, é para futuros gestores que constroem o tempo!

É uma obra para reflectir. Quisemos propositadamente correr esse risco, talvez um pouco contra a corrente do tempo que nos pede obras ligeiras e rápidas que possibilitem fruições, deslizes e abordagens suaves. Entendemos que o domínio de estudo do espaço desportivo e dos fenómenos que aí acontecem é um campo que organiza a vida das pessoas e, por esse motivo, gerir uma actividade humana, como é o desporto, não se esgota num acelerado gesto de decisão técnica mas, ao invés, deve resultar de uma opção política de vida e de uma reflexão que oriente as decisões para a construção de um mundo melhor, também no desporto. A realidade é cada vez mais complexa, pelo conjunto de informações que é preciso dominar. Um gestor é cada vez menos um executivo que coloca em prática um conjunto de intenções que saiem do manual numa série de tarefas listadas. O gestor é alguém que toma decisões e, para as fazer em consciência, dado que afectam a vida das pessoas, deve fazê-lo com profundidade, o que sucede apenas quando a reflexão foi produzida.

Numa era em que tudo se faz sem tempo, onde os momentos para reflectir não existem, lançar um livro com estas características poderá parecer um contra-senso ou a expressão de uma iniciativa desenquadrada dos tempos que hoje estamos a viver. Mas é precisamente por isso. Ele está marcado no tempo, identifica o período de transição de século marcado pelo fim da era industrialista e o período de afirmação plena ou de maturidade da era da informação, da simbólica associada às actividades humanas. Ele regista a saída de uma era e a entrada numa outra: através da forma, na primeira e talvez no conteúdo, pela segunda.

Assim, este livro é acima de tudo, um auxiliar não da acção mas da reflexão, tentando oferecer os correspondentes instrumentos de pensamento que ajudarão a ponderar as melhores formas, que aqui não adiantamos, as soluções mais ajustadas que só quem lida com os problemas reais consegue solucionar. Quanto às respostas, pensamos ter fornecido bem o livro com os instrumentos necessários a que cada um por si possa construí-las. Saiba ele corresponder às expectativas que sobre ele edifiquei e que o leitor possa criar.

Queremos ainda acrescentar que este livro não é neutro! Ele assume claramente a defesa da "Coisa Pública" e da "Causa Pública", como garante civilizacional de uma liberdade colectiva onde o Espaço, também desportivo, é um palco de afirmação e de expressão (Callède, J.; 1988)[1] das individualidades, das colectividades, das comunidades e dos fenómenos que o desporto arrasta.

Não sei se somos ou fomos capazes de o fazer. No entanto, considero que a viagem foi cumprida e a aventura foi realizada, com os riscos inerentes. Os estudantes e demais agentes desportivos a quem a obra é dirigida, dirão, pela utilização que dela fizerem, da real valia e utilidade deste nosso trabalho. Foi esta a nossa humilde contribuição. Sentimo-nos prontos para novas viagens e novos desafios que o desenvolvimento global e a respectiva partilha proclamam.

Desejamos e esperamos que a sua leitura seja ao mesmo tempo um estímulo de ideias, um desafio de imaginário, um átrio de participação, um motivo de projecto, um sustentáculo de acção, um instrumento de bem-querer e uma janela para o futuro, contribuindo deste modo e à sua medida, para que o desporto cumpra o seu desígnio de ser instrumento de felicidade para todos os cidadãos e povos da Humanidade.

---

[1] Callède, J. Paul; (1988), *Le Processus de Developpement des equipements sportifs et Culturels* – **Dynâmique spaciale et integration du territoire**, *in* Revue Economique du Sud-Ouest, n.º 1, 1988, pp. 41-65.

22   Os Espaços do Desporto – Uma Gestão para o Desenvolvimento Humano

Por último, interessa-nos informar o leitor sobre as lógicas intrínsecas, a forma como o livro foi estruturado no seu texto e o modo como com ele devemos interagir:

1. Este trabalho estrutura-se em torno de doze (12) capítulos. Eles desenvolvem-se em contínuo numa lógica de abordagem ao mesmo tempo, linear e circular. Diríamos que ele se espraia linearmente pelas conexões de cada tema, procurando as variantes, explorando cada uma delas de forma sistémica, gerando envolvimentos mais aprofundados. Este processo obriga muitas vezes a regressar à visão primeira ou ao nível global de apresentação do discurso, às lógicas anteriores para provocar formas de rematar o assunto, novos acrescentos ou níveis de aprofundamento mais acentuado. Por esse motivo, concluir assim ciclos de abordagem de modo a reencaminhar o fluir do pensamento ou explorando-o numa outra perspectiva, provoca a sensação de andar à volta do mesmo tema, de regressar a estádios já definidos ou soluções que o nosso pensamento já percorreu. Esta segunda vertente, complementa a primeira lógica, permitindo que as conexões com pontos seguintes, anteriores, ou níveis de profundidade acrescentem clareza e definam o respectivo posicionamento do leitor.

2. Esta viagem que propomos através deste livro é iniciada pela apresentação de conceitos, das perspectivas sobre eles e da respectiva discussão, das suas articulações, continuando-se pela procura dos instrumentos técnicos, da análise da expressão dos fenómenos, da pesquisa das formas de intervenção, com a definição dos correspondentes critérios e registos de padrões de convenção, mobilizando os instrumentos legislativos adequados a esse desiderato.

3. No primeiro e segundo capítulo, propomo-nos oferecer os conceitos de base que balizam a temática do espaço e do desporto que pode ser nele desenvolvido. Eles pretendem abordar os diferentes espaços desportivos, mas também aqueles espaços de vida que podem vir a ser mobilizados para o desporto a saber: Os espaços desportivos, os espaços naturais e os espaços urbanos. No segundo capítulo, são ainda reveladas as diferentes formas de o desporto se organizar conceitualmente, de modo genérico e as implicações que resultam em diferentes expressões espaciais da sua prática.

4. No terceiro capítulo, exploramos a dinâmica social e dos seus agentes que o espaço revela e inscreve, que o desporto expressa e amplia e que preparam a legitimidade de decisões futuras, quer sobre as suas políticas quer sobre as suas práticas, materializadas nas instalações e nos eventos.

5. No quarto e quinto capítulos são oferecidas as preocupações, os instrumentos e os processos que permitem intervir sobre os espaços e territórios, de modo a permitir localizar e construir instalações e organizar espaços desportivos para as populações. Nestes, oferecem-se aos decisores a normativa necessária ao processo de decisão, para além dos aspectos especificamente desportivos de modo a que sejam entendidas as lógicas legais,

Introdução 23

burocrático-institucionais, os passos administrativos a que uma sociedade de direito se obriga, no equipamento social das suas populações.

6. O sexto capítulo anuncia uma mudança na estrutura mental do livro, introduzindo uma vertente que se vem revelar mais aprofundadamente no último, embora tenha sido já anunciada nos primeiros pontos do capítulo primeiro, na última parte do capítulo segundo e no capítulo terceiro, quando, particularmente neste último, abordamos a conflitualidade inerente à "produção do espaço desportivo": A vertente simbólica que hoje faz cada vez mais sentido no desporto, e que se revela através do "Espírito Desportivo" que une pessoas, práticas, espaços, tempos e decisões.

7. O sétimo capítulo indica as disposições legais e os padrões de realização das práticas desportivas e físicas, em situação de ajustamento funcional através das diferentes vertentes do conforto desportivo, que se continuam e aplicam na análise especializada de cada um dos espaços, tipificados funcional e simbolicamente numa abordagem, efectuada no capítulo oitavo.

8. O capítulo nono dedica-se a tratar os processos, os métodos e os modelos de gestão dos espaços desportivos tradicionais, dos respectivos recursos, acompanhados da problemática da decisão política que estes encerram. Ele é complementado com uma abordagem análoga relativamente aos diferentes tipos de espaços naturais, cuja gestão e instrumentos de decisão experimentamos constituir no capítulo décimo.

9. Finalmente, o futuro é perscrutado a partir do capítulo décimo primeiro pela procura dos sinais do presente que nos anunciam as janelas do futuro. Pretendemos nele, reunir no tempo e no espaço civilizacional actual o resultado desta nossa pesquisa e projectá-lo de forma a que o desporto integre os desafios do futuro. O capítulo décimo segundo encerra o nosso trabalho, porque é o tempo de o fazer.

10. Este livro deve assim, ser abordado através de uma leitura global numa primeira fase, para numa segunda, ser lido em pormenor, procurando nesta, dar ao leitor alguns instrumentos permissores de novas pesquisas que o transcendam, através dos instrumentos que propõe e das reflexões que revela.

11. A forma de organizar os conteúdos em cada capítulo procurou seguir um padrão que nem sempre foi conseguido ou respeitado, e que organizámos intencionalmente deste modo:

a) Que cada ponto, iniciasse a apresentação de conceitos (1) a sua problemática e suas variantes, discussão e perspectivas em causa, a partir do que conseguimos recolher e reflectir sobre cada uma delas, que revelasse a contribuição de diversos autores ou o entendimento legal sobre os primeiros.

b) Que se continuasse pela procura dos instrumentos técnicos de decisão e intervenção (2) e anexasse os critérios e padrões de expressão e convencionados (3); muitos deles, apresentados na normativa portuguesa

24   *Os Espaços do Desporto – Uma Gestão para o Desenvolvimento Humano*

e referências internacionais, outros ainda, não consignados, através dos indicadores de referência, necessários à medida e à decisão ou aos processos de desenvolvimento e organização que o desporto e os espaços obrigam.

São assim transcritos trechos de diplomas legislativos, quadros e tabelas de diversos autores, outras construídas por nós quer a partir destes conteúdos quer por nossa reflexão e contributos que também acrescentamos. Tentámos não exagerar no nível de exaustividade oferecido. Esperamos ter conseguido.

Importa dizer ainda que este livro impõe três tipos de leituras a serem realizadas através de abordagens continuadas e que se constituem de modo diferenciado:

1. Uma primeira leitura global que pode ser efectuada com a intenção de sermos iniciados na temática e no universo da gestão das instalações desportivas;

2. Uma segunda, que procura em pormenor os processos, os instrumentos e as referências legislativas relativas aos padrões quer de expressão quer de convenção que eles comportam, o que se traduz numa consulta cuja necessidade é ocasional e nos permite aceder a um primeiro arranque na abordagem normativa. É evidente que a continuada produção legislativa obrigará a um esforço de actualização que o aparecimento de novas edições desta obra não conseguirá acompanhar.

3. Finalmente e em terceiro lugar, uma leitura de reflexão sobre as implicações futuras que as ideias e os instrumentos apresentados poderão ter no futuro da gestão das instalações e espaços desportivos.

Assim, este livro oferece a reflexão, a exposição de instrumentos e de soluções dinâmicas para as problemáticas equacionadas, o texto transcrito de partes das leis que os configuram, e tenta oferecer caminhos de futuro àqueles que devem pensar e gerir o desporto nos respectivos espaços. Por isso, ele deve ser lido numa perspectiva iniciadora e não na procura de soluções acabadas de um qualquer manual isto é, como ponto de partida e não, como átrio de chegada, como elemento de estudo e percepção do oferecido no presente, mas como sistema de arranque para um futuro a construir. Devem assim ser esperados textos resultantes da reflexão própria, do discurso de alguns autores, dos trechos da normativa transcrita e respectivo comentário, bem como da tentativa de construir instrumentos que facilitem a compreensão do entendimento e da vastidão dos problemas que, por vezes, nos retiram das dinâmicas de uma visão linear, em fluxo e continuidade, ou de uma visão global sobre os temas que foram abordados e das respectivas variantes.

1. O Espaço Desportivo

O desporto define e produz um espaço próprio, o local onde as práticas e as competições desportivas se desenvolvem, um espaço desportivo formal John Bale (1989)[2] vocacionado ou de utilização apenas desportiva: a *"área de competição"*[3]. Define também, pela organização, codificação e vocação, o espaço de trajecto e acessibilidade às manifestações e práticas desportivas em ambiente urbano bem como o grande espaço descodificado onde, em contacto com a natureza, o praticante procura novas possibilidades de prática.

Pierre Parlebas (1974)[4] refere-se ao espaço, definindo o desporto e as condutas motoras que nele se desenvolvem: *"O desporto é a instituição de certas situações motoras de afrontamento competitivo, que se destaca através de uma codificação do espaço e das formas de interacção motora no seio desse mesmo espaço (...) A referência ao espaço, definida pela*

---

[2] Bale, John; (1989), ***Sports Geography***, E.&F.N. Spon, London, 1989.

[3] Lei n.º 38/98 de 4 de Agosto – Prevenção da Violência no Desporto – Segurança das Instalações Desportivas – Define tipologias de Instalações Desportivas:
Artigo 3.º (Definições):

*   **Complexo Desportivo** – *O conjunto de terrenos, construções e instalações destinado à prática desportiva de uma ou mais modalidades, pertencente ou explorada por uma só entidade, compreendendo os espaços reservados ao público e ao parqueamento de viaturas, bem como os arruamentos principais.*

*   **Recinto desportivo** – *O espaço criado exclusivamente para a prática do Desporto, com carácter fixo e com estruturas de construção que lhe garantam essa afectação e funcionalidade, dotado de lugares permanentes e reservados a assistentes, sob controlo de entrada;*

Área de Competição – *A superfície onde se desenrola a competição, incluindo as zonas de protecção definidas de acordo com os regulamentos internacionais da respectiva modalidade;*

[4] Parlebas, Pierre; (1974), ***Espace, sport et conduites motrices***, Education Phisique et Sport, Jan-Fev,1974, n.º 125.

26 Os Espaços do Desporto – Uma Gestão para o Desenvolvimento Humano

técnica, está presente através da normatividade das suas características. (...) Participar numa prova desportiva, é evoluir no interior de um campo fechado". Para este autor, o espaço é focalizado no recinto de jogo ao qual denomina *"espaço desportivo"*, considerando-o como um espaço fechado que baliza a actuação dos praticantes. Esta acção desenrola-se num espaço definido, estandardizado, fora do qual os atletas entram "em falta" pelo não cumprimento das regras e onde o jogo ou actividade já não é possível. Parlebas sustenta que estes espaços impõem um código normativo e um conjunto de condutas aos participantes e presentes no espaço de jogo.

Os espaços naturais ou ao ar livre, também podem ser incluídos dentro deste conceito de espaço desportivo fundamentalmente quando se assiste, previamente ou durante as actividades que se desenrolam em espaço natural e o consomem ou o adaptam, a uma codificação que impõe o respectivo código, realizando o respectivo processo de apropriação (M. Castells (1975)[5], J. Paul Callède (1993)[6]). O fraco grau de codificação dos seus elementos, faz com que os espaços naturais se constituam como espaços de amplas possibilidades de realização variada de actividades, como espaços de estimulação criativa, dado que, por este motivo, não impelem indirectamente os seus visitantes à realização de apenas um tipo. A intervenção humana é dispersa no restante conjunto de elementos que constituem a paisagem e mistura-se com eles. Antes, as actividades humanas, como por exemplo, as actividades agrícolas, construíam os elementos da paisagem. Hoje, as primeiras, continuam a construir a segunda, agora através do desporto e das actividades de lazer.

1.1. As Instalações Desportivas – um espaço artificial

As instalações desportivas identificam, no espaço urbano, os locais específicos de práticas desportivas realizadas em espaços delimitados. Elas localizam um tipo de actividades desportivas que se desenvolvem num determinado território. Pela função que desempenham e pela utili-

---

[5] Castells, M. (1975), **Problemas de Investigação em Sociologia Urbana**, Lisboa, ed. Presença, 1979, pág. 65, 66.

[6] Callède, J. Paul; (1993), **Basque Pelota in The European Space... Towards a Sociological Use of the Notions of Sporting Evolution and Diffusion**, *in* International Revue for the Sociology of Sport, Vol. 28, n.° 2+3, Hamburg, 1993, p. 227.

O *Espaço Desportivo* 27

dade que as comunidades lhe conferem, assumem-se cada vez mais como um espaço próprio dentro das cidades e dos seus espaços de influência.

Uma instalação desportiva integra as características da prática desportiva normalmente originada ou originária de espaços naturais, dentro de um espaço artificial, com uma linguagem codificada. Nele, através de um processo de estandartização, codificação e regulamentação, se tipificam os gestos motores e os apetrechos adequados à prática que é desenvolvida pela modalidade que esteja em causa. A função fundamental da instalação desportiva é a de oferecer de uma forma continuada a possibilidade de realização de uma prática desportiva num determinado local. A sua cobertura e o respectivo apetrechamento, permite o aumento dessa constância de forma a ultrapassar os condicionalismos que possam ser impostos pelos rigores do clima.

A identificação e o registo das instalações desportivas, contribuem para o reconhecimento do nível de equipamento urbano das populações de um determinado território e da respectiva qualidade de vida em matéria de desporto.

A Carta Europeia do Desporto (1992)[7], manifesta no seu artigo 4.º – Instalações e actividades – ponto 3 diz-nos o seguinte:

> *"Dado que a prática do desporto depende, em parte, da diversidade e da sua acessibilidade, cabe aos poderes públicos fazer a sua planificação global, tendo em conta as exigências, nacionais, regionais, e locais assim como as instalações públicas, privadas e comerciais já existentes. Os responsáveis tomarão medidas para permitir uma boa gestão e a utilização plena das instalações, em toda a segurança".*

O **Decreto-Lei n.º 317/97** de 25 de Novembro, que estabelece o regime de instalação e funcionamento das instalações desportivas de uso público, estabelece o conceito fundamental no seu **artigo 2.º** (conceito geral):

---

[7] **Carta Europeia do Desporto** Rhodes, 1992 (A carta foi aprovada em Rhodes na data de 14 e 15 de Maio durante a 7ª Conferência dos Ministros responsáveis pelo Desporto).

28 Os Espaços do Desporto – Uma Gestão para o Desenvolvimento Humano

"...são instalações desportivas os espaços de acesso público organizados para a prática de actividades desportivas, constituídos por espaços naturais adaptados ou por espaços artificiais ou edificados, incluindo as áreas de serviços anexos e complementares, podendo ser organizados em:

1. Instalações Desportivas de Base:
   a) recreativas
   b) formativas
2. Instalações Desportivas Especializadas ou monodisciplinares
3. Instalações Especiais para o Espectáculo Desportivo."

Denominação	Tipologia	Edificado	Características
Instalações Desportivas de Base	Recreativas	1. Pátios desportivos 2. Espaços elementares de Jogo Desportivo 3. Espaços localizados em áreas urbanas para evolução livre com patins ou bicicletas de recreio. 4. Espaços de Animação Desportiva informal (turísticas e outros). 5. Espaços de dimensões não normalizadas, para iniciação aos pequenos jogos desportivos, espaços de aprendizagem e recreio. 6. Piscinas cobertas e ao ar livre, para fins recreativos, com área total de planos de água inferior a 166m².	
	Formativas	1. Grandes campos de jogos para futebol, râguebi e hóquei em campo 2. Pistas de atletismo regulamentares. 3. Salas de Desporto e pavilhões polivalentes. 4. Instalações normalizadas de pequenos jogos desportivos, campos de ténis e ringues de patinagem ao ar livre. 5. Piscinas de aprendizagem, piscinas desportivas e piscinas polivalentes, ao ar livre ou cobertas.	Características: Educação desportiva de base 1. Polivalência de utilização 2. Elevado Grau de adaptação e integração no ensino e na formação desportiva no quadro do associativismo.
Instalações Desportivas Especializadas ou mono-disciplinares		1. Salas de Desporto apetrechadas exclusivamente a uma modalidade; 2. Instalações de tiro com armas de fogo; 3. Instalações de tiro com arco; 4. Campos de Golfe; 5. Pistas de ciclismo; 6. Picadeiros, campos de equitação e pistas hípicas de obstáculos; 7. Instalações para desportos motorizados; 8. Pistas de remo, pistas de canoagem e outras instalações para desportos náuticos.	
Instalações Especiais para o espectáculo desportivo		1. Estádios integrando campos de grandes jogos e pistas de atletismo; 2. Hipódromos; 3. Velódromos; 4. Autódromos, motódromos e kartódromos 5. Estádios aquáticos e complexos de piscinas para competição; 6. Estádios náuticos e instalações de remo ou canoagem	7. Expressiva capacidade para receber público e meios de comunicação social. 8. Usos associados a altos níveis de prestação desportiva 9. Alta incorporação de recursos materiais e tecnológicos.
Espaços naturais de recreio e desporto	Não regula		Locais com condições naturais para a realização de certas actividades recreativas e desportivas sem que se imponha a sua especial adaptação ou arranjo material.

Quadro n.° 1 – Quadro – Resumo da Tipologia de Instalações Desportivas

O Campeonato Europeu de Futebol – Euro 2004 em Portugal provocou o início deste processo de regulamentação das instalações especiais por forma a dar resposta a novas realidades que este espectáculo iria impor. O **Decreto Regulamentar n.º 10/2001** de 7 de Junho que estabelece o regulamento das condições técnicas e de segurança dos estádios é o resultado desse primeiro esforço de enquadramento. Este decreto regulamentar define no n.º 3 do artigo 1.º, do seu regulamento, o conceito de estádios como sendo:

"... os recintos que integram um terreno desportivo de grandes dimensões, em geral ao ar livre, envolvido pelas construções anexas destinadas aos praticantes desportivos e técnicos, particularmente vocacionados para a realização de competições de futebol, de râguebi, de atletismo ou de hóquei em campo, independentemente de poderem albergar eventos desportivos de outro tipo ou espectáculos de natureza artística, e sem prejuízo dos requisitos técnicos e legais a observar em tais casos.

Os estádios são classificados consoante a sua lotação, conforme o estipulado no artigo 4.º do mesmo regulamento:

Artigo 4.º: (Classificação dos estádios em função da lotação)

Com base nos critérios definidos no artigo 3.º, os estádios são classificados de acordo com a lotação máxima N, que lhes for fixada, nas seguintes classes:

Classe	Critérios
A	N igual ou superior a 35 000 espectadores
B	N igual ou superior a 15 000 espectadores
C	N igual ou superior a 5 000 espectadores

O conceito de instalações desportivas é também abordado no **Decreto-Lei n.º 309/2002** de 16 de Dezembro sobre a regulação da instalação e funcionamento dos recintos de espectáculos e de divertimentos públicos, nos seus artigos 4.º e 5.º:

Artigo 4.º (Recintos desportivos):
1 – Para os efeitos da alínea b) do artigo 2.º são considerados recintos desportivos, designadamente:

   a) as instalações desportivas de base recreativa previstas no artigo 3.º do D. L. n.º 317/97 de 25 de Novembro (...).

   b) as instalações desportivas de base formativa referidas na alínea c), d) e e) do n.º 2 do artigo 4.º do D.L. n.º 317/97 de 25 de Novembro desde que, possuindo licença de alvará de utilização emitido pela câmara municipal nos termos do D.L. n.º 555/99 de 16 de Dezembro, com as alterações introduzidas pelo D.L. n.º 177/2001 de 4 de Junho, se constituam como:

    i) Espaços complementares de apoio a unidades hoteleiras ou de alojamento turístico e destinado ao uso exclusivo por parte dos seus hóspedes, não admitindo espectadores;

    ii) Espaços complementares de unidades de habitação permanente ou integrados em condomínios destinados ao uso exclusivo por parte dos residentes.

2 – Para os efeito da alínea c) do artigo 2.º, são recintos desportivos utilizados para actividades e espectáculos de natureza não desportiva, designadamente:

   a) Os pavilhões desportivos polivalentes;

   b) As instalações desportivas especiais para espectáculos previstas no artigo 6.º do D.L. n.º 317/97 de 25 de Novembro, concebidas e vocacionadas para a realização de manifestações desportivas mas utilizadas para actividades e espectáculos de natureza não desportiva, em que se conjugam os factores seguintes:

    i) Expressiva capacidade para receber público, com integração de condições para os meios de comunicação social e infraestruturas mediáticas;

    ii) Prevalência de usos associados a eventos com altos níveis de prestação desportiva;

    iii) Incorporação de significativos e específicos recursos materiais e tecnológicos.

(...)

Artigo 6.º (Espaços de jogo e recreio):
Espaços de jogo e recreio são os espaços previstos no regulamento aprovado pelo D.L. n.º 379/97 de 27 de Dezembro, sem prejuízo do disposto no artigo 32.º do mesmo diploma legal.

A restante tipologia de instalações especiais está para regulamentar. Existe ainda alguma legislação no domínio dos recintos com diversões

O *Espaço Desportivo*

aquáticas cujo conteúdo merece alguma atenção. Os recintos com diversões aquáticas, mais vocacionados para o recreio, são também espaços onde as práticas desportivas se podem desenvolver quer a nível formal, quer em actividades livres de contacto com o meio aquático, onde uma vida desportivamente mais saudável, pode encontrar nestes recintos palco para o seu exercício e manifestação. Existem dois diplomas que regem quer as tipologias quer as condições técnicas e de segurança destes recintos. O **Decreto Regulamentar n.º 5/97** de 31 de Março – Regulamenta as condições técnicas e de segurança dos recintos com diversões aquáticas, classifica-os em quatro categorias no seu artigo 2.º (classificação dos recintos):

1 – Os recintos ou conjuntos de recintos são classificados em categorias, consoante a lotação máxima instantânea (lotação de ponta) que lhes

for atribuída, a qual é determinada pelos critérios fixados no artigo 7.º do presente regulamento.

Categoria	Lotação máxima instantânea	Critério de fixação da lotação máxima instantânea – Indicador de referência
1.ª	n> 1000;	Solo: 1 pessoa/5m² de superfície dos espaços livres de lazer
2.ª	500<n<1000;	
3.ª	200<n<200	Água: 1 pessoa/m² de plano de água
4.ª	n<200	

O **Decreto-Lei n.º 65/97** de 31 de Março, estabelece a noção de Recintos com Diversões Aquáticas, no artigo 2.º (Noção):

1 – São recintos de diversão aquática os locais vedados com acesso ao público, destinados ao uso de equipamentos recreativos, cuja utilização implique o contacto com os utentes com a água, independentemente de se tratar de entidade pública ou privada e da sua exploração visar ou não fins lucrativos.

2 – Não são considerados recintos com diversões aquáticas aqueles que unicamente disponham de piscinas de uso comum, nomeadamente as des-

tinadas à prática de natação, de competição, de lazer ou recreação.

Artigo 29.º (Autorização de actividades diversas das constantes na licença de funcionamento):

Excepcionalmente, o IND pode autorizar num recinto com diversões aquáticas a realização de actividades diversas daquelas a que o recinto se destina.

32   Os Espaços do Desporto – Uma Gestão para o Desenvolvimento Humano

1.2. Os Espaços Naturais e o Desporto

As instalações desportivas pela sua natureza e tipologia, pelo seu investimento e a respectiva manutenção, a suportar pelas comunidades, aconselham uma criteriosa gestão relativamente às decisões de localização das instalações. No entanto, porque as actividades desportivas têm outros locais e situações onde se exprimem, é preciso considerar os espaços naturais que são crescentemente procurados. Efectivamente, verificamos que as instalações desportivas tradicionais incluídas dentro dos perímetros urbanos dos aglomerados populacionais, não esgotam as possibilidades de prática desportiva. A diversificação de modalidades desportivas e a procura de novos espaços, tem vindo a extravasar o espaço urbano e a converter cada vez mais a natureza em instalações desportivas (Estapé Tous, E., 1993)[8].

Os espaços naturais oferecem ao desportista uma possibilidade de usufruto de dimensões não-finitas onde a influência das características do ambiente exercem uma presença constante. A imprevisibilidade, o risco, a empatia com os ambientes naturais aparecem-lhe como as principais motivações constituintes de um conjunto de estímulos cuja apreensão se torna difícil em ambiente artificial. O espaço natural é fundamentalmente um local de criatividade e fonte de inspiração de novas práticas desportivas. Os rigores do clima deixam de ser condicionantes para passarem a ser características às quais o desporto tem de responder quer com apetrechamento individual apropriado, quer com estratégias de comportamento desportivo ou de sobrevivência adequadas a esses rigores. A prática do desporto nestas situações reside precisamente no conjunto destas vivências e os desafios a vencer, manifestam-se na constituição destas estratégias. Muitas vezes, assiste-se ao aparecimento de novas práticas que resultam deste processo combinado com a introdução de novas tecnologias, e é esta utilização que é fonte de criatividade e de prazer.

Os espaços naturais definem hoje o palco, por excelência, para a realização de actividades que, ao invés das características dos desportos tradicionais, se submetem a outras lógicas de organização intrínseca. O consumo do espaço e do tempo estruturam-se segundo formas e decorrências

---

[8] Estapé Tous, Elisa, (1993), *Consequências del fenómeno turístico y deportivo en los espaços deportivos y recreativos*, in Perspectivas de la Actividade Física y el Deporte, Leon, INEF Castilla y León, n.º 12, Maio, 1993, p.32.

que as diferenciam das primeiras. Embora também possam ser modelizadas em megainstalações e com grande incorporação de tecnologia, a constituição de paisagens naturais só agora começa a dar os primeiros passos nas periferias dos grandes centros urbanos. Contudo, a sua manutenção, nesta vertente, é posta frequentemente em causa por vários motivos:

1. A dimensão dos investimentos justificam-se apenas como suporte às necessidades de um ou vários espectáculos desportivos de grande dimensão. Embora a produção seja localizada, o consumo local é desmaterializado assistindo-se à sua exportação para a escala global ou planetária, para um consumo de grandes massas de pessoas que o justificam e o suportam através das redes de comunicação à distância e da comunicação social.

2. As características limitativas do espaço e do ambiente fechado necessário à produção e captação de espectáculos conflitua com o prazer inerente à fruição dos grandes espaços, às motivações da prática em espaços naturais que o praticante individual pretende usufruir, particularmente aquelas que se referem à fruição desafogada, ao deleite da paisagem natural.

Em Portugal existem vários tipos de espaços naturais. A primeira grande diferenciação é feita entre espaços protegidos e não protegidos. Nestes, existem regimes de protecção e utilização gerais e, nos primeiros, as restrições de utilização ao desporto, são naturalmente acentuadas. A necessidade de reunir o conjunto de possibilidades e condicionantes à prática do desporto nestes tipos de espaços, faz-se sentir, dado que o património natural, para ser conservado, tem que ser valorizado e tal passa pelo conhecimento colectivo e pela assunção pelas comunidades dos respectivos valores e correspondente defesa. As motivações que os desportistas de natureza revelam cumprem este objectivo associado ao desporto e elegem como campo de acção, para além dos outros espaços de paisagem, os parques e áreas protegidas. Para o desportista, bem como para os outros cidadãos, a utilização das áreas protegidas é uma garantia de usufruto dos espaços naturais com um nível de qualidade superior, encontrando aí uma natureza intacta com que podem deleitar-se e relacionar-se, com todos os aspectos positivos (pedagógicos e de fruição) que tal relacionamento proporciona.

A regulação da utilização dos espaços naturais e protegidos para efeitos do desporto, tem vindo a ser reconhecida progressivamente e este movimento, transparece pela publicação dos últimos diplomas legislativos e da análise do respectivo conteúdo: Primeiramente através da **Lei**

34 *Os Espaços do Desporto – Uma Gestão para o Desenvolvimento Humano*

n.º 30/2004 de 21 de Julho – Lei de Bases do Desporto artigo 83.º pontos 1,2,3,4 que abaixo transcrevemos e logo a seguir pela **Lei n.º 5/2007** de 16 de Janeiro – Lei de Bases da Actividade Física e do Desporto, que a revogou, no seu artigo 31.º: Desporto de Natureza. Assim a **Lei n.º 30/ /2004** de 21 de Julho – Lei de bases do Desporto apresenta:

Artigo 83.º (Espaços naturais):

1 – O acesso à Natureza para efeitos de prática desportiva no meio urbano, rural ou aquático, a título competitivo ou recreativo, deve ser assegurado através de uma gestão equilibrada e metodologicamente compatível com os recursos ecológicos, em coerência com o princípio do desenvolvimento sustentável e uma gestão equilibrada do ambiente, nos termos dos números seguintes.

2 – O desporto praticado nos espaços naturais deve ter em conta os valores da natureza e do ambiente quando da planificação e da construção das instalações desportivas, bem como adaptar-se aos recursos limitados da natureza.

3 – O Estado e os corpos sociais intermédios públicos e privados que compõem o sistema desportivo devem zelar para que a população tenha consciência das relações entre desporto e desenvolvimento sustentável e aprenda a melhor conhecer e compreender a natureza.

4 – Na concepção de infra-estruturas apropriadas no quadro de actividades desenvolvidas nos espaços naturais, devem ser salvaguardados o meio ambiente e as especificidades da respectiva modalidade desportiva.

A **Lei n.º 5/2007** de 16 de Janeiro – Lei de Bases da Actividade Física e do Desporto, reza no seu artigo 31.º relativamente ao desporto de natureza o seguinte:

Artigo 31.º (Desporto na natureza):

1 – A actividade física e desportiva praticada fora de infra-estruturas desportivas deve reger-se pelos princípios do respeito pela natureza e da preservação dos seus recursos, bem como pela observância das normas dos instrumentos de gestão territorial vigentes, nomeadamente das que respeitam às áreas classificadas, de forma a assegurar a conservação da diversidade biológica, a protecção dos ecossistemas e a gestão dos recursos, dos resíduos e da preservação do património natural e cultural.

2 – As actividades mencionadas no número anterior devem contribuir para a divulgação e interpretação do património natural e cultural, a promoção do turismo de natureza e a sensibilização e educação ambientais.

1.2.1. *Os Espaços Protegidos em Portugal*

O nosso país dispõe já de uma rede considerável de áreas protegidas, cerca de quarenta e quatro (44) entre Parques Nacionais (1), Parques Naturais (13), Reservas Naturais (9) e Áreas de Paisagem Protegida (3 nacionais e 3 regionais) às quais acrescem vários sítios classificados (3) e monumentos naturais (5). Estes, constituem a Rede Nacional de Áreas Protegidas instituídas progressivamente, desde a publicação da **Lei n.º 9/70 de 19 de Junho** e da criação do Parque Nacional da Peneda--Gerês em 1971 pelo **Decreto-Lei n.º 187/71 de 8 de Maio**. O significado espacial da importância desta rede é dada pela sua dimensão que ocupa cerca de 7,63% da superfície do território terrestre português com 680 439 há, aos quais se adicionam 46 394 ha de área marítima. Este movimento indicia uma continuidade, verificada na possibilidade de as Câmaras Municipais, grupos de cidadãos e outras instituições terem a possibilidade de proporem a criação de novos espaços de classificação. Também nas suas estruturas orgânicas e na competência dos seus serviços, têm as Câmaras Municipais competências acrescidas neste domínio, que lhe são conferidas pelos novos diplomas que estabelecem as respectivas competências e atribuições. (**Lei n.º 159/99 de 14 de Setembro** – Quadro de transferência de competências para as autarquias locais).

Interessa, neste âmbito, compreender de que modo é que a lei enquadra normativamente a figura destes espaços. Importa também interpretar o seu conteúdo e perceber de que modo é que ela serve os interesses dos agentes que participam nos fenómenos que ela pretende regular. Nesse sentido, nas páginas seguintes, abordaremos o teor de alguns diplomas legislativos, como o temos feito até aqui, adiantaremos opiniões em jeito de comentários quer sobre esses conteúdos, quer sobre as formas aplicativas e institucionais de os exercer e tentaremos antever as relações que a lei estabelece com o fenómeno desportivo, os cidadãos e as respectivas práticas.

O **Decreto-Lei n.º 19/93 de 23 de Janeiro**, vem consagrar a Rede Nacional de Áreas Protegidas alargando o respectivo estatuto da dimensão nacional para as dimensões regional e local, bem como estende o campo de intervenção para o domínio privado do Estado, como dos particulares. A Rede Nacional de Áreas Protegidas ocupa, como vimos, uma superfície do continente português de 680 439 hectares, nos quais se incluem as

36 Os Espaços do Desporto – Uma Gestão para o Desenvolvimento Humano

superfícies das Áreas Protegidas Regionais da Madeira e dos Açores. Esta rede hierarquiza-se em três níveis de organização:

1 – O nível **Nacional** ocupando 669 651 hectares,
2 – O nível **Regional** e
3 – O nível **Local**, ocupando, estes dois últimos, uma superfície de 10 788 hectares.

No n.º 4 do seu artigo 2.º, estabelece o conceito de paisagem protegida assumindo-se como áreas protegidas de interesse regional ou local, cujos objectivos são definidos no artigo 3.º. Nele, são apontadas preocupações de preservação biológica, protecção e intervenção científica. A promoção do desenvolvimento sustentado e da qualidade de vida das populações é feita por interacção e valorização entre as componentes ambientais e humanas e as actividades culturais e económicas tradicionais, e são assentes na protecção e gestão racional do património natural. Face aos diplomas anteriores, nota-se, neste Decreto-Lei, uma recentragem na vocação e na protecção dos espaços em torno das temáticas biológicas.

A protecção destes espaços destina-se a regular as diversas actividades humanas ou até a evitá-las, por forma a que o equilíbrio dos ecossistemas não entrem em rotura por motivos de intervenção humana. Nesta protecção podem participar as populações através da constituição de *Associações de Defesa do Ambiente*, cuja actividade permite uma intervenção em parceria com os poderes locais e nacionais. Neles se incluem as Câmaras Municipais, juntas de freguesia e órgãos de administração de áreas protegidas. As próprias associações de defesa do ambiente têm direito a criar e gerir áreas protegidas, que lhe é conferido pelo artigo 5.º da **Lei n.º 10/87 de 4 de Abril** (Associações de Defesa do Ambiente). Considere-se ainda, a nível local, a possibilidade de intervirem ao nível de vários instrumentos de planeamento, nomeadamente através dos PROT(s), PDM(s), PGU(s) e outros projectos de intervenção urbanística, como sejam os Planos Integrados de Desenvolvimento Regional.

Entre estas actividades, cujo **Decreto-Lei n.º 19/93 de 23 de Janeiro** (Rede Nacional de Áreas Protegidas) vem a explicitar o respectivo condicionamento, encontram-se algumas que se prendem com o desporto e com o recreio, chegando ao ponto de a sua prática ser reprimida conforme reza o texto do artigo 22.º, 1 – j) a deste Decreto-Lei n.º 19/93 de 23 de Janeiro: *"… são ainda reprimidas por contra-ordenação:*

"Prática de actividades desportivas susceptíveis de provocarem poluição ou ruído ou de deteriorarem os factores naturais da área, nomeadamente a motonáutica, o motocrosse e os raides de veículos "todo o terreno" bem como o sobrevoo de aeronaves abaixo de 1000 pés."

1.2.1.1. Os Espaços de paisagem

A **Lei n.º 11 de 1987 de 7 de Abril** (Lei de Bases do Ambiente), define o conceito de paisagem na alínea c) do n.º 2 do artigo 5.º, onde se pode ler:

> *"Paisagem é a unidade geográfica, ecológica e estética resultante da acção do homem e da reacção da Natureza, sendo primitiva quando a acção daquele é determinante, sem deixar de se verificar o equilíbrio biológico, a estabilidade física e a dinâmica ecológica."*

As figuras da Reserva Ecológica Nacional e da Reserva Agrícola Nacional[9], têm também preocupações de protecção e defesa das paisagens para além das áreas protegidas como vimos e interessa sabermos o que referem sobre o desporto e as respectivas utilizações. Os níveis de protecção estabelecidos, destinam-se fundamentalmente a preservar as características naturais dos espaços que constituem as referidas figuras. Eles direccionam-se fundamentalmente ao impedimento de utilizações pesadas e contínuas que põem em risco a vocação e as características do próprio espaço, alterando-as, como sejam a utilização urbana, industrial, de espaço-canal ou outras que definitivamente vejam alteradas as respectivas vocações agrícolas ou naturais. A utilização desportiva ou de recreio não é sequer referida nestes dois instrumentos fundamentais de regulamentação das actividades humanas no espaço não-urbano, pelo que não encontrámos impedimentos, face às características das práticas desportivas de tipo informal ou mesmo de tipo formal, contrários à realização dos mais variados desportos praticados em meio natural, como são hoje conhecidos.

---

[9] Reserva Ecológica Nacional – Decreto-Lei n.º 321/83 de 5 de Julho revogado pelo Decreto-Lei n.º 93/90 de 19 de Março e revisto pelo Decreto-Lei n.º 316/90 de 13 de Outubro.

Reserva Agrícola Nacional – Decreto-Lei n.º451/82 de 16 Novembro, revogado pelo Decreto-Lei n.º196/89 de 14 de Junho.

38 Os Espaços do Desporto – Uma Gestão para o Desenvolvimento Humano

Assim, a não ser que existam outro tipo de restrições previstas em figuras legislativas que criam esses impedimentos, a sua utilização é livre.

Decreto-Lei n.° 196/89 de 14 de Junho – RAN – artigo 3.°:

1 – a RAN…, é o conjunto de áreas que em virtude das suas características morfológicas, climatéricas e sociais, maiores potencialidades apresentam para a produção de bens agrícolas.

Decreto-Lei n.° 196/89 de 14 de Junho – REN – artigo 2.°:

A REN abrange zonas costeiras e ribeirinhas, águas interiores, áreas de infiltração máxima e zonas declivosas referidas no anexo I e definidas no anexo III do presente diploma, que dele fazem parte integrante, …".

No ANEXO III deste Decreto-Lei, são definidos conceitos de: praia, dunas litorais, arriba ou falésia, estuário, lagunas, rias e lagoas costeiras, sapal, restinga, tombolo, leitos de cursos de água, zona ameaçada pelas cheias, lagoas e albufeiras, cabeceiras das linhas de água, áreas de infiltração máxima, áreas com riscos de erosão, escarpa, abrupto de erosão, ínsua, cujo interesse se manifesta pela necessidade de clareza nas relações a estabelecer com todos os agentes que intervêm neste campo.

As redes Natura 2000, podem interditar ou condicionar quer a localização e construção de equipamentos, quer ainda a realização de actividades periódicas ou contínuas. O **Decreto-Lei n.° 140/99 de 24 de Abril** – estabelece os sítios classificados da Rede Natura 2000, no seu artigo 8.°. Faz referência às práticas desportivas deste modo:

Artigo 8.°:
1 – Nos caso previsto no n.° 8 do artigo anterior, ficam sujeitos a parecer do ICN ou da Direcção Regional de Ambiente territorialmente competente os seguintes actos e actividades:
…
h) a prática de actividades desportivas motorizadas;
i) a prática de alpinismo, de escalada e de montanhismo;

Os Espaços Corine são uma outra figura que enquadra espaços com objectivos de preservação. Resultam de uma decisão do Conselho das Comunidades – 27 de Julho de 1985 e estabeleceu os seguintes objectivos:

1. Integração da componente ambiente nas restantes políticas comunitárias;
2. Luta contra a poluição atmosférica local e transfronteiriça.
3. Protecção dos principais biótopos responsáveis pela conservação da natureza na comunidade;
4. Protecção do ambiente na zona mediterrânica;

Os baldios configuram também uma tipologia de espaços com recursos importantes quer do ponto de vista ambiental, silvo-pastoril e de paisagem e que por vezes se integram também dentro dos perímetros das áreas protegidas. Deles falaremos em páginas ulteriores (Capítulo – 1.2.1.3 – Os Baldios a páginas n.° 46).

1.2.1.2. *A Praia – Um domínio público, espaço desportivo ou multi-usos?*

As praias são também um espaço público livremente acessível a todos, talvez dos poucos que ainda, no entender de alguns, falta privatizar. É um espaço com uma enorme riqueza de elementos e motivos de aprendizagem dos sistemas naturais, dado que, nele se entrecruzam sistemas aquáticos, terrestres, geográficos, geológicos, humanos, etc. Pelas suas dinâmicas, são fontes inesgotáveis de estímulos e de aprendizagens contínuas, de emoções e prazeres que são procurados em momentos de veraneio pelos seus mais variados utilizadores. Porque os sistemas naturais são frágeis e a presença do homem, associada a todas as tecnologias que transporta e manipula nas suas actividades, provoca elevadas pressões de alteração sobre estes sistemas, torna-se necessário regular esta mesma presença. O **Decreto-Lei n.° 309/93 de 2 de Setembro** – (POOC – Plano de ordenamento da orla costeira)[10] estabelece normas que regulam as actividades humanas nestes espaços. Também elas se dirigem ao desporto, ao recreio e ao lazer, que aqui são praticados. Do seu articulado destacamos:

---

[10] Foram introduzidas alterações em alguns artigos pelo Decreto-Lei n.° 218/94 de 20 de Agosto.

40 Os Espaços do Desporto – Uma Gestão para o Desenvolvimento Humano

Artigo 2.º (Natureza e Objectivos dos POOC):

1 – Os POOC são planos sectoriais que definem condicionamentos, vocações e usos dominantes e a localização de infraestruturas de apoio a esses usos e orientam o desenvolvimento de actividades conexas.

2 – Os POOC têm como objectivo:
a) O ordenamento dos diferentes usos e actividades específicas da orla costeira;
b) A classificação das praias e regulamentação do uso balnear;
c) A valorização e qualificação das praias consideradas estratégicas por motivos ambientais e turísticos;
d) A orientação do desenvolvimento de actividades específicas da orla costeira;
e) A defesa e conservação da Natureza.

No Artigo 5.º (Praias vocacionadas para utilização balnear), a necessidade de disciplinar o uso das praias vocacionadas para utilização balnear e respectiva classificação é referida como dever de previsão dos POOC e o seu desenvolvimento, é remetido para o anexo I.

Artigo 5.º (Praias vocacionadas para utilização balnear):
1 – Para efeitos do ordenamento e da disciplina dos usos das praias especialmente vocacionadas para a utilização balnear, os POOC devem prever a classificação das praias de acordo com os termos definidos com o anexo I do presente diploma.

No n.º 2 referem-se os princípios que norteiam o estabelecimento de editais:
2 – "... Devem contemplar os princípios seguintes:
a) Interdição da circulação de veículos motorizados. Fora das vias de acesso...
b) ...
g) Interdição de actividades desportivas, designadamente jogos de bola, fora das áreas terrestres ou aquáticas expressamente demarcadas;
h) Interdição da circulação e de acesso à margem e estacionamento de embarcações e meios náuticos de recreio e desporto fora de espaços-canais definidos e das áreas demarcadas;
p) Interdição de sobrevoo de aeronaves com motor abaixo de 1000 pés, com excepção dos destinados a operações de vigilância e salvamento e outros meios aéreos de desporto e recreio fora dos canais de atravessamento autorizados;
q) Interdição de acampar fora dos parques de campismo;
r) Interdição de circulação no espelho de água de barcos, mo-

tas náuticas e jet sky em áreas defendidas para outros fins;

s) Interdição da prática de surf e windsurf em áreas reservadas a banhistas.

No *artigo 11.° (usos privativos):*

5 – Nas áreas das praias vocacionadas para a utilização balnear e sujeitas a jurisdição das autoridades marítimas, compete aos capitães dos portos precedendo parecer favorável da DRAN respectiva, emitir licenças para ocupação ou para utilizações que não exijam instalações fixas e indesmontáveis, tais como:

a) fundear bóias e estabelecer pranchas, flutuadoras ou outras instalações de caráter temporário para desportos náuticos e diversões aquáticas;

No anexo I são definidos conceitos e estabelecidas as categorias de praias marítimas relativamente à disciplina do seu uso. Estas categorias dividem-se em:

a) Praia urbana com uso intensivo;
b) Praia não urbana com uso intensivo;
c) Praia equipada com uso condicionado;
d) Praia não equipada com uso condicionado;
e) Praia com uso restrito;
f) Praia com uso interdito.

As praias, por serem espaços com desafogo e com baixo nível de regulação, permitem actividades de recreio e um certo retorno à Natureza, reparador dos equilíbrios físico e mental, pelo contacto com elementos naturais: Ar, Terra, Água (doce e salgada) e Fogo (Sol). A prática desportiva encontra aqui condicionamentos vários relativos à necessidade de regular utilizações do espaço que podem conflituar com diferentes utilizações de actividades desportivas, recreativas, outras actividades balneares, particularmente desenvolvidas por não desportistas, actividades comerciais, etc., o que obriga à codificação e delimitação do espaços, identificando a respectiva vocação. Este balizamento dos canais de acesso e dos espaços de práticas recreativa e desportivas (artigo 5.° n.° 2 do POOC) é tanto mais necessário quanto maior for a densidade de utilização desses espaços públicos que são as praias.

A excessiva pressão humana, pela concentração de grandes massas de veraneantes, desvirtua e altera estas características naturais de que as

42   *Os Espaços do Desporto – Uma Gestão para o Desenvolvimento Humano*

praias portuguesas ainda dispõem. A carga excessiva obriga à consequente urbanização das formas de ocupação do espaço e das tipologias de desporto e recreio. Do livre usufruto à pressão comercialista vai um passo se não forem tomadas as medidas de contenção e regulação necessárias. As que existem efectuam a classificação das praias incluindo nos seus critérios a existência de nadadores-salvadores e correspondentes serviço de apoio e segurança. Ora, a viabilidade da sua existência é dependente do apoio e do financiamento pelas actividades comerciais, nomeadamente restaurantes, bares e estruturas similares de apoio às actividades balneares. Se a respectiva existência concessionada revela a sua importância em termos de um mínimo de apoio a estas actividades, a sua proliferação desmedida, prefigura uma desqualificação do seu ambiente natural. Não é surpresa, verem-se nadadores salvadores executando tarefas de atendimento a clientes dos bares que são responsáveis pelo pagamento dos seus salários.

O Instituto da Água (INAG) é o organismo que detém competências nesta área, nomeadamente o levantamento das praias, a sua classificação, estado e situação em termos das suas características urbanas e ambientais.

Este Instituto, através do SINRH (Sistema Nacional de Informação sobre Recursos Hídricos) identifica cerca de 254 praias portuguesas, das quais 239 são praias marítimas e 17 são fluviais. A sua distribuição geográfica identifica 58 praias marítimas e 7 fluviais a Norte, 81 e 9 a Centro e 100 e uma a Sul, respectivamente.

Zonas	Praias Marítimas	Praias Fluviais
Norte	58	7
Centro	81	9
Sul	100	1
Total	239	17

Quadro n.º 2 – Distribuição das praias no continente português

O levantamento das actividades desportivas que são efectuadas nesses tipos de espaços está ainda por identificar. Pensamos que são atribuições que deviam ser acometidas ao desporto em colaboração com as câmaras municipais e com este instituto, dado que são normalmente estes os parceiros que estão em relação directa com o tipo de actividades humanas que aí se desenvolvem, particularmente o recreio.

Também a legislação sobre o domínio hídrico iniciada pelo **Decreto--Lei n.º 468/71 de 5 de Novembro**, estabelece alguns aspectos regula-

O **Decreto-Lei n.º 201/92** de 29 de Setembro estabelece no seu artigo 1.º a área de jurisdição da Direcção Geral dos Recursos Naturais, onde se incluem partes relativas ao domínio público marítimo:

dores da utilização dos recursos hídricos e dos espaços correspondentes, particularmente a *"condição jurídica dos leitos, margens e zonas adjacentes – artigo 5.º"* em cujo o entendimento se incluem as praias fluviais. O **Decreto-Lei n.º 201/92** de 29 de Setembro estabelece no seu artigo 1.º a área de jurisdição da Direcção Geral dos Recursos Naturais, onde se incluem partes relativas ao domínio público marítimo:

Artigo 1.º (Área de jurisdição):

1 – A área de jurisdição da Direcção Geral dos Recursos Naturais (DGRN) abrange, dentro do limite da largura máxima legal do domínio público marítimo, os terrenos das faixas de costa delimitadas no artigo 1.º do Decreto-Lei n.º 379/89, de 27 de Outubro, e respectivo mapa anexo.

2 – A área de jurisdição da DGRN abrange também o domínio público marítimo nos cursos de água cuja foz se localiza nas áreas definidas no número anterior.

3 – Constituem área sob jurisdição portuária:

a) As áreas do domínio público marítimo situadas entre as faixas de costa delimitadas nos termos do n.º 1, sem prejuízo do disposto no número seguinte;

b) As áreas que, embora abrangidas pelos números anteriores, venham a ser consideradas de interesse portuário, mediante portaria conjunta dos Ministros do Ambiente e Recursos Naturais e do Mar.

4 – As áreas referidas na alínea a) do número anterior podem, na sua totalidade ou parcialmente, por portaria conjunta dos Ministros do Ambiente e do Mar, ser consideradas sem interesse portuário, passando a constituir áreas de jurisdição da DGRN.

Ainda em relação ao domínio hídrico, o **Decreto-Lei n.º 45/94 de 22 de Fevereiro** (Regula o processo de planeamento de recursos hídricos), Estabelece no seu artigo 6.º, n.º 2, b) o seguinte:

"Os Planos de Bacia Hidrográfica (PBH) devem conter....

b) Uma proposta de medidas e acções que inclui obrigatoriamente:

i) a classificação das linhas de água em função dos usos;

ii) a classificação dos cursos de água, lagos ou lagoas navegáveis ou flutuáveis, e não navegáveis nem flutuáveis;

44   *Os Espaços do Desporto – Uma Gestão para o Desenvolvimento Humano*

O articulado desta legislação prevê ainda a existência de vários organismos entre os quais o Conselho Nacional da Água e os Conselhos de Bacia. Nas competências do Conselho Nacional da Água que é um organismo de tipo consultivo inclui-se, no (artigo 9.°) a necessidade de: *"Informar os planos e projectos de interesse geral que afectem substancialmente o planeamento dos recursos hídricos ou os usos da água"*. Ao Conselho de Bacia compete (artigo 12.°, d): *"Propor objectivos de qualidade da água na bacia hidrográfica de acordo com os diversos usos actuais e futuros"*.

Na constituição do Conselho Nacional da Água, estão presentes 2 representantes do Ministério do Comércio e do Turismo. Sente-se a falta de um representante do desporto e/ou da educação na sua constituição, dado que a utilização crescente do meio "água", pelo desporto e pelo recreio, o justifica. Quer dizer que, a vertente institucional que enquadra as actividades comercial e industrial está presente, embora não se verifique a dos sectores com capacidade de repercutir investimentos no futuro, na respectiva preservação através, particularmente, do sector educativo e do sector do desporto.

O Decreto-Lei n.° 46/94 de 22 de Fevereiro – Estabelece o regime de licenciamento da utilização do domínio hídrico, sob jurisdição do Instituto da Água. No preâmbulo refere-se:

Distinguem-se 13 utilizações do domínio hídrico que necessitam de ser tituladas por licença ou contrato de concessão.

Artigo 3.° (utilizações sujeitas a título de utilização):
1 – Para efeitos do presente diploma, carecem de título de utilização, qualquer que seja a natureza e personalidade jurídica do utilizador, as seguintes utilizações do domínio hídrico:
…
g) apoios de praia e equipamentos;
l) navegação e competições desportivas;

m) flutuação e estruturas flutuantes;

Artigo 34.° (captação de água para actividades recreativas ou de lazer):
A captação de água para actividades recreativas ou de lazer está sujeita a obtenção de licença, que pode ser outorgada pelo prazo máximo de 10 anos.

Artigo 35.° (pedido de licença para captação de água para actividades recreativas ou de lazer)
(…)

Artigo 59.° (apoios de praia e equipamentos):

1 – "... *integra vestiários, balneários, instalações sanitárias, postos de socorros, comunicações de emergência, informação e assistência a banhistas, limpeza da praia e recolha de lixo, sem prejuízo de, complementarmente, assegurar outras funções e serviços, nomeadamente comerciais.*

2 – "... *apoios de praia, ... pranchas flutuadoras ou outras instalações de carácter temporário para desportos náuticos e diversões aquáticas, barracas para banhos, toldos, chapéus de sol para abrigo de banhistas e barracas para abrigo de embarcações, seus utensílios e aparelhos de pesca, com carácter temporário e amovível".*

Artigo 76.° (navegação e competições desportivas):

... a prática de actividades desportivas em competição estão sujeitas à obtenção de licença..."

Artigo 78.° (pedido de licença):

c) *indicação da data e da hora, características da prova e meios de sinalização e balizagem, no caso de actividades desportivas.*

Artigo 86.° (contra-ordenações):

1 – *Constitui contra ordenação a prática dos seguintes:*

...

n) *competições desportivas, aluguer de embarcações, navegação sem a respectiva licença, ou sem respeitar as condições constantes na matrícula obrigatória, respeitantes ao nome, número de tripulantes, serviço a que se destina, tonelagem e restantes obrigações impostas;*

Os conceitos de competição e de actividade desportiva, no artigo 78.°, confundem-se. Não existe uma diferenciação clara de entendimento em termos de formalidade de organização ou ocorrências de actividades. As actividades desportivas de tipo informal, de ocorrência irregular, fortuita, são aqui ou podem ser confundidas, com a ocorrência de provas de um determinado calendário desportivo. Por outro lado, as consequências de cada uma delas, para o ambiente são também diferentes.

O Decreto-Lei n.° 47/94 de 22 de Fevereiro – Estabelece o regime económico e financeiro da utilização do domínio público hídrico sob jurisdição do Instituto da Água[11]. Estabelece taxas para captação, utilização e

---

[11] Sobre este assunto é de referir também o Decreto-Lei n.° 201/92 de 29 de Setembro, que estabelece áreas de jurisdição no domínio público marítimo, da Direcção Geral

46   Os Espaços do Desporto – Uma Gestão para o Desenvolvimento Humano

rejeição de águas e, em relação ao desporto, não apresenta referências directas. Elas podem fazer-se incluir no que respeita à utilização de águas para determinado tipos de empreendimentos cujos volumes de água justifiquem a utilização deste regime jurídico, como sejam, campos de golfe, parques aquáticos, e outros. A regulamentação quer da captação quer da utilização destas águas é estabelecida através do **Decreto-Lei n.° 236/98 de 1 de Agosto** que adianta normas e critérios e objectivos para a qualidade das águas. Neste diploma são estabelecidas normas relativas a águas balneares ao longo do Capítulo IV, nomeadamente ao nível da qualidade, classificação, vigilância sanitária e outros aspectos que são desenvolvidas ao longos dos artigos 49.° a 57.°

Um maior desenvolvimento e comentário sobre esta temática das praias de utilização balnear é efectuado no Capítulo n.° 10.2.1 – A Gestão de Praias, a páginas 528.

1.2.1.3. *Os Baldios*

É comum confundir-se o conceito de baldio com terrenos espectantes ou sem utilização. É uma forma abusiva que o senso comum efectua sobre uma tipologia de terrenos cuja origem remonta aos primórdios da nacionalidade ou mesmo do conceito de propriedade sobre a terra. Os baldios são terrenos de matriz comunitarista que sempre se diferenciaram de outros que resultavam do regime feudal de propriedade. Os baldios eram terrenos livres, com recursos que as comunidades sempre utilizaram e geriram, até de modo festivo, como nos refere Pinharanda Gomes (1999)[12]:

> *"A festa de Quadrazais era regional. A ermida situa-se nos antigos baldios do sopé norte da Serra da Malcata, outrora domínio do concelho de Sortelha. Havia três festas, todas com missa, jantar ou vôdo e folia. No domingo, era a festa do povo; na segunda, vinha a folia do Vale de Espinho, com seu pároco e seu povo; e na terça feira, vinha a Câmara de Sortelha, à qual o povo pagava o jantar, em sinal de reconhecimento e sobera-*

---

dos recursos Naturais, particularmente as que se referem às áreas sem interesse portuário (artigo n.°4).

[12] Gomes, Pinharanda (1999); *A Cidade Nova*, Fundação Lusíada, Lisboa, Guimarães Editores, pág. 206.

nia da Câmara de Sortelha sobre aqueles baldios, onde o povo apascentava os rebanhos, cortava lenha para se aquecer, faziam, os pobres, alguma terra cavada para centeio e onde por tudo isso, o povo erguera um ermida do Divino Espírito Santo."

Eles têm vindo a ser palco de diversas pressões no sentido da sua privatização, perdendo assim estas características comunitaristas. A Lei dos Baldios – (**Lei n.º 68/93 de 4 de Setembro**) – estabelece no seu articulado, para além do conceito, vários aspectos que se relacionam com a utilização, fruição (artigo 2.º e artigo 3.º) ou alienação de terrenos ou partes deles para instalação de equipamentos sociais sem fins lucrativos, desde que tal seja deliberado pela assembleia de compartes:

Artigo 1.º (Noções):

1. São baldios os terrenos possuídos e geridos por comunidades locais.

2. Para efeitos da presente lei, a comunidade local é o universo dos compartes.

3. São compartes os moradores de uma ou mais freguesias ou parte delas que, segundo os usos e costumes, têm direito ao uso e fruição do baldio.

Artigo 2.º (Âmbito de aplicação):

1. As disposições...

2. O disposto na presente lei, aplica-se com as necessárias adapta-

ções, e em termos a regulamentar, a equipamentos comunitários, designadamente eiras, fornos, moinhos e azenhas, usados, fruídos e geridos por comunidade local.

Artigo 3.º (Finalidades):

Os Baldios constituem, em regra, logradouro comum, designadamente para efeitos de apascentação de gados, de recolha de lenhas ou de matos, de culturas e outras fruições, nomeadamente de natureza agrícola, silvícola, silvo-pastoril ou apícola.

O desporto pode encontrar aqui por extensão interpretativa, uma oportunidade de afectar para si e para as comunidades residenciais, terrenos ou partes deles, para a localização de instalações e espaços desportivos, dado que se prevê a possibilidade de instalação de equipamentos sociais sem fins lucrativos, desde que tal seja deliberado pela assembleia de compartes. Em nosso entender, tal desiderato permitirá, para além do usufruto colectivo, o aumento da qualidade de vida das populações, sustentada nos recursos e actividades humanas endógenas, bem como promove a ocupação equilibrada do território. Limitar a evolução destes espaços e dos respectivos usufrutos a formas associadas à silvo-pastorícia

48 Os Espaços do Desporto – Uma Gestão para o Desenvolvimento Humano

e outras manifestações de ruralidade, é limitar a possibilidades de lhes conferir outras funções ou actividades que possam contribuir para o respectivo desenvolvimento. A indústria, particularmente a extractiva (inertes e pedras ornamentais), faz já sentir a sua presença em alguns destes espaços, cujo rendimento reverte a favor da comunidade, o que aplica o estipulado no texto do artigo 31.º (alienação por razões de interesse local):

Artigo 31.º (Alienação por razões de interesse local):
1 – A assembleia de compartes pode alienar a título oneroso, mediante concurso público tendo por base o preço de mercado, de áreas limitadas de terrenos baldios:

a) (.../...) expansão da respectiva área urbana;
b) Quando a alienação se destine à instalação de unidades industriais, de infra-estruturas e outros empreendimentos de interesse colectivo, nomeadamente para a comunidade local.

Os serviços, particularmente ao nível das empresas de telecomunicações e energias eólicas, encontram nestes espaços, os sítios eleitos para implantação dos seus equipamentos constituidores das respectivas redes de emissão e transmissão de sinal e captação de energia, respectivamente.

Em nosso entender é importante que a lei preveja a possibilidade de associar equipamentos requalificadores da vida social e do rendimento das comunidades, prevendo particularmente a possibilidade de aí serem localizados equipamentos de impacto reduzido, ligados ao recreio, ao desporto e ao turismo, conservação da natureza, etc., que sejam atractores de fluxos e fixação de riqueza em favor das populações locais. O facto de, no âmbito da aplicação (artigo 2.º, n.º 2) se fazer referência às *"necessárias adaptações"*, e em termos a regulamentar, abre uma oportunidade por extensão interpretativa, como dizíamos, de o desporto, como equipamento comunitário, vir a localizar-se nestes espaços, reforçando assim a componente associativa e comunitária desses mesmos equipamentos, o que é confirmado pela nossa interpretação do articulado no ponto 4 deste mesmo artigo 31.º (alienação por razões de interesse local):

4 – A alienação de partes de baldios para instalação de equipamentos sociais sem fins lucrativos pode efectivar-se a título gratuito e sem os condicionalismos previstos nos números anteriores, (ver rodapé*) *desde que tal seja deliberado pela assembleia de compartes, por maioria de dois terços.*

5 – Na situação referida no número anterior não é permitida a sua posterior alienação a terceiros a não ser que se processe a título gratuito e para os mesmos fins.

(*)[13] a nota é nossa!

1.3. Os Espaços Urbanos

Os espaços urbanos são porções do território que são estruturados e localizam os edifícios construídos, para utilização humana e respectivas comunidades. Os espaços urbanos são assim definidos, porque têm no seu interior um conjunto de características que os diferenciam face aos espaços rurais, selvagens, agrícolas e naturais: dispõem de equipamentos que localizam funções e actividades facilitadoras da vida humana, que os segundos não oferecem. Nos primeiros, estão localizados os monumentos, que registam no espaço e no tempo os acontecimentos passados e que servem de referência às comunidades, mas também os espaços, como sejam as praças públicas, onde elas podem afirmar-se e desenvolver a vida e os acontecimentos culturais de todos os dias (Salgueiro, 1992)[14].

---

[13] Limite de 1 500m por cada nova habitação a construir; acordo e aprovação da autarquia na instalação de novos equipamentos.

[14] Salgueiro, Teresa Barata, (1992), *A Cidade em Portugal – Uma Geografia Urbana*, Porto, ed. Afrontamento.

50   *Os Espaços do Desporto – Uma Gestão para o Desenvolvimento Humano*

As instalações e espaços desportivos são, obviamente, espaços urbanos ou "peças" nele incluídas, propositadamente construídos para a prática desportiva. Localizam nesse recinto um conjunto de condições-tipo que maximizam e normalizam o tipo de esforços que devem desenvolver-se através das práticas que aí são propostas. Através de um processo de estandartização, uma instalação desportiva normaliza, à partida, o tipo de prática corporal e transforma-o em desporto, dado que, à sua medida, contribui para processo de institucionalização das práticas corporais, num ambiente próprio e num contexto específico de desenvolvimento o qual se dá a denominação de Desporto (Parlebas, 1974)[15]. Contudo, elas não esgotam as possibilidades da realização desses tipos de prática. Há uma expressividade própria das comunidades que se revela pelo desporto e recreio desportivo e indicia uma determinada qualidade de vida, que se manifesta nos espaços públicos, nas rotinas diárias e nas formas desportivas de estar na vida moderna.

As instalações desportivas são também objectos, do ponto de vista urbano. Um objecto ocupa o seu espaço mais os espaços da sua funcionalidade e do seu acesso. Assim, as instalações desportivas, como objectos urbanos, ocupam e consomem espaço que vai para além da sua delimitação física do edificado e espaços adjacentes. Tal como os demais, definem espaços pela sua funcionalidade inerente no espaço das cidades. Elas geram fluxos de pessoas, criam atractividade e áreas de influência, organizando o território. Têm uma imagem visual e uma percepção simbólica face às comunidades onde estão implantadas ou que delas se servem. Destinam-se por um lado à satisfação das necessidades desportivas das populações, mas são, ao mesmo tempo, objectos pelos quais essa mesma comunidade se revê e se afirma pela própria identificação.

Os espaços urbanos são de vários tipos. Eles estão integrados na taxonomia de uso do solo (Correia, P; Lobo, C. e Pardal, S; (1993)[16] que classifica os diferentes usos. Interessa nesta classificação perceber de que modo é que o desporto reserva para si classes de solo ou está integrado noutras categorias, quer por via da localização de instalações, quer por possibilidades de desenvolver nesses espaços as suas actividades.

---

[15] Parlebas, Pierre; (1974), ***Espace, Sport et Conduites Motrices***, Education Phisique et Sport, Jan-Fev,1974, n.º 125.

[16] Correia, P; Lobo, C. e Pardal, S; (1993), ***Normas Urbanísticas***, Vol. III, CESUR

O Espaço Desportivo

Categorias de uso	Ordens funcionais de uso do solo		
Usos sob protecção especial (zonas únicas)	*Parques Nacionais* *Reservas Naturais* *Reservas Integrais* *Parques Naturais* *Paisagens com estatuto especial de protecção*		
Uso florestal	Florestas de protecção e outros sistemas silvestres de elevada sensibilidade Florestas de produção *Florestas de uso múltiplo*		
Agro-florestal	Domínios em regime silvopastoril *Montado de sobro e de azinha*		
Uso agrícola	Culturas de sequeiro; culturas de regadio Pomares de sequeiro; Pomares de regadio Olival; vinha; alfarrobal; amendoal;... Arrozal		
Indústrias extractivas	Pedreiras areeiros e minas		
Terrenos urbanizáveis	*Áreas para expansão urbana ou empreendimentos turísticos*		
Uso urbano	Espaços livres	**Parques urbanos** **Jardins públicos** Alamedas Jardins particulares	
	Residencial Comercial Serviços Industrial Misto **Turístico** **Áreas centrais** **Centros históricos** Usos especiais **Equipamentos**		
Uso industrial	Parques industriais e complexos com elevado nível de infraestruturas, isoladas e adaptadas às suas dimensões e riscos tecnológicos		
Espaços canal	Corredores ocupados com infraestruturas regionais (vias rodo e ferroviárias ...adutoras, etc.)		

Quadro n.º 3 – Taxonomia do uso do solo (Correia, P.; Lobo, C. e Pardal, S. (1993))

Nota: colocamos a negrito os espaços onde o desporto faz sentir a sua presença e a itálico aqueles que podem ser mobilizáveis para o desporto e recreio.

Relativamente aos espaços livres adiantamos uma outra taxonomia que classifica a estrutura verde urbana e que resultou de um trabalho colectivo de várias contribuições interdisciplinares:

Os Espaços do Desporto – Uma Gestão para o Desenvolvimento Humano

QUADRO SÍNTESE DA ESTRUTURA VERDE URBANA							
	ESTRUTURA VERDE SECUNDÁRIA		ESTRUTURA VERDE PRINCIPAL				
	ESPAÇOS ADJACENTES À HABITAÇÃO	ESPAÇOS PRÓXIMOS À HABITAÇÃO	PARQUE URBANO	DESPORTO LIVRE	HORTAS URBANAS	PARQUE DA CIDADE	PARQUE SUB-URBANO
UTENTES	Crianças (0 a 5) anos e idosos	Todos os residentes do bairro	Toda a população da área de influência deste espaço	Toda a população da área de influência deste espaço	Agregados interessados	Toda a população da área de influência deste espaço	População urbana e eventualmente população da região
RITMO DE UTILIZAÇÃO	Diário	Diário	Semanal ou diário para as populações residentes ou que trabalham nas imediações	Semanal ou diário para as populações residentes ou que trabalham nas imediações	Semanal	Diário para os utentes do centro da cidade. Semanal para a população da região.	Semanal ou ocasional
ACESSIBILIDADE LOCALIZAÇÃO	Até 100 m	Até 400 m	800 m	Em função dos transportes públicos	Em função dos transportes públicos	Junto ao centro da cidade	Em função dos transportes públicos
DIMENSIONAMENTO	10 m² por habitante		20 m² por habitante				
UNIDADE FUNCIONAL	Depende da morfologia urbana e das características da população residente		$\geq$ 3 ha	$\geq$ 5 ha	200 m² /cada	$\geq$ 30 ha	$\geq$ 80 ha
POPULAÇÃO-BASE	–	2 500 hab.	10 000 hab.	10 000 hab.	10 000 hab.	25 000 hab.	25 000 hab.
FUNÇÕES	Recreio infantil (0 a 5) anos e idosos	Recreio infantil (6-9). Recreio Juvenil (10-16). Recreio e convívio de adultos e idosos	Recreio convívo e desporto	Áreas de desporto livre, polivalente, associado a zonas de estar.	Nota: As hortas não deverão existir isoladamente. A área mínima conveniente depende do tipo de solo e da disponibilidade de água	Espaços verdes especiais como J. Zoológico, J. Botânico locais para feiras, exposições, zonas de convívio, etc.	- Zonas de merenda, parques de campismo, percursos, etc.
HABITAÇÃO	Directamente ligadas às zonas colectivas dos edifícios de habitação	Ligado aos edifícios de habitação através de caminhos de peões	Ligado a várias áreas residenciais através de caminhos de peões	Ligado a várias áreas residenciais através de caminhos de peões	Ligado a várias áreas residenciais através de caminhos de peões		
EQUIPAMENTOS	Articulado com o equipamento para a infância e idosos	Deve estar ligado aos equipamentos de interesse local	Deve integrar equipamentos desportivos e culturais de interesse para a cidade	Ligação com os equipamentos escolares médios e superiores	–	Deve integrar equipamentos culturais e recreativos de interesse para a cidade	Deve integrar equipamentos de interesse para a região
REDE VIÁRIA	Poderá estar ligado aos estacionamentos	Ligação com as vias distribuidoras locais	Servido por estacionamentos	Servido por estacionamentos	–	Ligação com as principais vias urbanas	Servido por vias de ligação à cidade e à região
REDE DE TRANSPORTES		Ligação com a rede de transportes públicos urbanos	Ligação com a rede de transportes públicos urbanos	Servido por transportes públicos urbanos	Servido por transportes públicos urbanos	Servido por transportes públicos urbanos	Servido por transportes públicos urbanos

Quadro n.° 4 – Quadro síntese da estrutura verde urbana (CEP-EUR, 1981)[17]

---

[17] Vários, (1981); *Contribuições para o Planeamento de Áreas de Jogo e Recreio*, Relatório do grupo de trabalho para o estudos das áreas colectivas de jogo e recreio ligadas à habitação, Centro de Estudos e Planeamento, Doc.° de trabalho n.° 2/1981, pag 97.

O *Espaço Desportivo* 53

Os espaços verdes assumem-se como essenciais, quer ao complemento de cada um dos edifícios, quer como prolongamentos da habitação, em parceria com os equipamentos. Eles aplicam o pensamento do espírito da Carta de Atenas de 1943, sobre o Urbanismo cujo principal mentor foi o arquitecto Le Corbusier, na qual se apresenta o Sol, a Verdura e o Espaço como elementos fundamentais associados à manipulação dos elementos naturais e estruturantes do urbanismo. Eles configuram espaços com funções purificadoras do ambiente urbano, absorsoras de ruídos, poeiras e descompressoras, dado assumirem-se como espaços vazios de desafogo, sem funções especificadas objectivamente. A sua ausência nas cidades é tanto mais notada quanto mais as habitações se individualizam e comprimem as suas dimensões ou quanto mais a cidade se afasta da presença dos elementos naturais estruturantes que falávamos.

As relações do homem, do cidadão com o espaço manifestam-se a este nível. Elas diferem de país para país, de região para região, de cultura para cultura. O padrão de consumo de cada povo, de cada pessoa ou de cada comunidade, regista variações que também importa identificar. A procura de padrões de referência é importante para os processos de planeamento, por forma a encontrar níveis de adequação do uso dos espaços às actividades humanas, fazendo igualmente com que as relações que os homens e as comunidades estabelecem com o espaço sejam fonte de felicidade e projecção confortável dos seus sonhos mais profundos.

1.3.1. *Um padrão português de consumo de espaço?*

A expressão das diferentes estratégias de sobrevivência de cada povo, através das operações e das ferramentas de vida necessárias às operações de todos os dias, impõe um determinado consumo de espaço que é identificável e que varia consoante os povos, as respectivas culturas e níveis de desenvolvimento. O padrão português de consumo do espaço está por identificar oficialmente, mas a sua determinação pode ser encontrada. Seria um estudo muito interessante a realizar e que se basearia na resposta às seguintes perguntas:

– Quais são os padrões de consumo de espaço, particularmente das famílias portuguesas, ao nível dos bairros das nossas cidades?

– Qual o padrão de ocupação espacial das famílias portuguesas em termos de habitação (65 a 95 m^2/fogo) e as suas funções complementares?

54   *Os Espaços do Desporto – Uma Gestão para o Desenvolvimento Humano*

– Quais os padrões de expressão verificáveis e caracterizadores da qualidade de vida dos portugueses e qual o nível de conformidade com aqueles que aqui são apontados?

– De que modo é que estes padrões civilizacionais identificam espaço e tempo livre para o desporto?

– Como é que os espaços desportivos completam ou podem completar as necessidades espaciais dos cidadãos?

> – Qual o padrão de consumo espacial no desporto e recreio desportivo? (n.º de m² desportivos/n.º de habitantes ou n.º de m² desportivos/n.º praticantes)

1.3.1.1. *O consumo de área verde*

Pela análise deste Quadro n.º 4 – Quadro síntese da estrutura verde urbana (CEP-EUR, 1981), podemos apercebermo-nos que as necessidades dos portugueses, em termos de dimensionamento, são identificáveis a partir de cerca de 30 m² de estrutura verde ou seja:

* 10 m² de estrutura verde secundária, mais (+)
* 20 m² de estrutura verde principal, por cada habitante.

Se fizéssemos uma simulação por forma a detectarmos padrões de consumo espacial e o respectivo espectro de variação, desenvolveríamos o seguinte raciocínio:

1 – O valor de referência para a dimensão da família portuguesa segundo os Censos de 1991 é de 3 pessoas (3,1 indivíduos por família), pelo que, por cada fogo teríamos,

> 3 x 30 m²/habitante = 90 m²/família de área de estrutura verde.

Ainda segundo os mesmos censos, as 3 115 078 famílias portuguesas (3 650 757 em 2001) a que correspondem 9 705 730 indivíduos, (10 356 117 em 2001) concentram-se maioritariamente em dimensões constituintes de entre 2 a 5 pessoas.

2 – Por outro lado, habitam edifícios que têm entre 3 e 5 divisões[18] (Famílias em casas de 3/4 e 5-3-497 238, 4-1 030 627 e 5-1 054 107)

---

[18] INE – Censos 2001 – (ver quadro 3.10 dos censos 2001) – http://www.ine.pt.

O Espaço Desportivo

3 – Simulámos e encontrámos já um valor de 90 m² de estrutura verde para uma família de 3 indivíduos, como referência média. Agora, vejamos o caso de outras famílias. Se considerarmos uma destas unidades com a dimensão de cerca de 5 elementos, que resulte da existência de três filhos, e que será o limite a partir do qual se está perante uma família classificada como numerosa, teremos:

> 5 x 30 m²/habitante = 150 m²/família de área de estrutura verde.

Tal corresponde a dizer que cada fogo, deverá oferecer na sua envolvência **um valor entre 90 m² e 150 m²** de espaços verdes ao nível dos prolongamentos da habitação ou de **130m² a 150m²**, quando estamos perante bairros com **famílias mais numerosas**. Considerando também que as habitações portuguesas variam entre os 65 m² e os 120 m², obteremos um padrão espacial de habitabilidade dos portugueses que rondará um valor entre 155 m², para situações congestionadas até 400 m² para outras mais desafogadas. Vejamos:

Dimensão da família	Área de habitação	Estrutura verde urbana	Total
3 indivíduos	65 m²	30 m²/habitante = 90 m²/família	155 m²
5 indivíduos	120 m²	30 m²/habitante = 150 m²/família	270 m²
Situação desafogada (vivenda unifamiliar c/anexos – quintal)	200 a 400 m²	Integrada no espaço envolvente da habitação	Acima de 400 m²

Quadro n.º 5 – Espectro de consumo espacial das famílias portuguesas

1.3.1.2. *O consumo de espaço habitável*

O padrão de superfície habitável média por fogo dos edifícios construídos em Portugal no ano de 1988 era de 72,1 m²/fogo com cerca de 4,9 divisões por fogo, sendo de 71,7 m²/fogo e 4,9 divisões no continente, nos quais os centros urbanos apresentam 70,1 m²/fogo e 4,6 divisões. Os valores máximos foram registados nos Açores, com 94,6 m²/fogo e nos centros urbanos deste arquipélago 96,1 m²/fogo; a Madeira apresentou 103,5 m²/fogo. Com o valor mínimo aparecem registos em Lisboa, Setúbal e Beja:

VALORES MÍNIMOS em 1988	m²/fogo (geral)	centros urbanos
Lisboa	64,3 m²/fogo	65,4 m²/fogo
Setúbal	65,1 m²/fogo	64,5 m²/fogo
Beja	69,9 m²/fogo	65,1 m²/fogo
Madeira	103,5 m²/fogo	
Açores	94,6 m²/fogo	96,1 m²/fogo
Continente	71,7 m²/fogo	70,1 m²/fogo
Portugal	72,1 m²/fogo	–

Quadro n.° 6 – Superfície habitável por fogo dos edifícios construídos em 1988

Face aos valores presentes nos censos consultados relativamente a cada um dos distritos apresentados, tentando encontrar um valor de tendência central, poderemos dizer que o padrão se encontrava entre o valor dos 65 e os 95 m²/fogo no ano de 1988. Em 1991/92 os mesmo registos identificam apenas Lisboa abaixo do patamar dos 70 m²/fogo com 69,4 m²/fogo, onde os valores médios nacionais apresentam-se com 74,4 m²/fogo de superfície média de habitação e 72,1 m²/fogo nos centros urbanos. Registou-se por isso um aumento de 2,3 m²/fogo na habitação portuguesa o que equivale a um aumento dos padrões de consumo espacial com a habitação e consequentemente, da qualidade de vida, particularmente nesta vertente.

VALORES em 1991/92	m²/fogo	centros urbanos
Lisboa	69,4 m²/fogo	
Média nacional	74,4 m²/fogo	72,1 m²/fogo

Quadro n.° 7 – Superfície habitável por fogo dos edifícios construídos em 1991/92

1.3.1.3. *O consumo do espaço (público) aumentou?*

Do ponto de vista das famílias e do seu espaço próprio que é delimitado pela dimensão dos fogos, tal é verdade: A qualidade de vida identificada com recurso a este indicador aumentou, os portugueses têm hoje casas mais desafogadas. Mas, parece-nos que do ponto de vista do espaço público e da respectiva fruição, tal não pode ser afirmado com a mesma segurança. O número de objectos consumidores de espaço com os quais nos relacionamos aumentou também: automóveis, electrodomésticos, móveis, brinquedos, a televisão e outros objectos e tecnologias de vida familiar, profissional e de lazer, são geradoras de conforto e simplificadoras do esforço nas principais actividades humanas, mas ocupam espaço e tempo na vida diária das pessoas. Também os espaços públicos das cidades assistiram a uma maior densificação, com o aumento do parque automóvel, do mobiliário urbano, com quiosques, paragens de autocarro, parques de estacionamento, esplanadas, floreiras, cartazes publicitários, etc. Daí a sensação psicológica de menor desafogo na utilização dos espaços públicos e talvez o esforço levado a cabo pelas famílias portuguesas em aumentarem o seu espaço residencial, resulte de uma via pública mais congestionada e por isso, mais agressiva e desumanizada, empurrando as pessoas para espaços privados, próprios ou comuns ou ainda espaços comerciais. É uma sensação psicológica de que usufruímos hoje de menos espaço, pelo facto de ele estar cheio dos objectos com que fazemos a nossa vida (carros, máquinas, utensílios, objectos de adorno, símbolos, etc).

Se tal acontece no espaço público também acontece no espaço privado. Compare-se hoje, numa habitação normal, o quarto de uma criança com o de uma outra de há vinte ou trinta anos atrás: rapidamente chegamos à conclusão que, embora esta possa dispor hoje de um quarto de maior dimensão, como pudemos ver pelo aumento das dimensões das habitações, mas também do número mais reduzido de dimensão do agregado familiar, ou seja, número de filhos, as necessidades de espaço desta criança aumentaram, dado que o número de objectos com que ela se relaciona é também maior, como sejam os brinquedos, em maior quantidade, o tipo de actividades proporcionadas com os correspondentes apetrechos e mesmo o material escolar que é hoje exigido nas próprias escolas. Todos estes objectos são consumidores de espaço, na vida das famílias e das comunidades.

O consumo do espaço cresceu e, consequentemente o espaço disponível diminuiu. Para tal ter sido possível, as periferias suburbanas aumentaram em dimensão, em densidade, deixando vazios, os centros das cidades e os espaços rurais, particularmente na década de 90. Por outro lado, os novos espaços urbanos das periferias (sub-urbanos), construídos com base numa lógica de negócio de habitação, acabam por constituir-se como acrescentos deslocalizados dos principais centros de referência. Eles têm, com dificuldade, vida própria, espaços e equipamentos que lhes conferem uma centralidade e que não obriguem os seus habitantes a grandes deslocações para cumprirem a maioria das suas funções, deslocações essas que condicionam o tempo de vida das pessoas e as impedem de mais facilmente acederem ao desporto.

58 Os Espaços do Desporto – Uma Gestão para o Desenvolvimento Humano

A progressiva desestruturação do espaço rural com o consequente êxodo para as cidades, o aumento dos níveis de concentração resultante a que estas são progressivamente sujeitas, por motivos de especulação imobiliária, introduziu mudanças nas características da habitação familiar portuguesa e nos respectivos padrões, bem como na vivência dos respectivos espaços exteriores (Santos, N.P., 2001)[19]. Se as habitações, predominantemente unifamiliares (características da época de 1950 – 1960), apresentavam anexos ou prolongamentos, como garagens, quintais ou espaços espectantes envolventes[20], a densificação urbana e principalmente a suburbana, permitidas pelo desenvolvimento tecnológico aplicado a novas soluções de engenharia, acabou com eles. A ausência de quintal e outros prolongamentos nas habitações, como garagens e arrecadações exteriores, logradouros comuns que progressivamente, no processo de construção recente das nossas cidades, fomos substituindo pelos apartamentos, primeiro com terraços, depois com varandas e por fim com marquises, obrigam hoje como outrora, à procura de espaço de vida na via pública, de instalações desportivas ou outros tipos, nos quais se incluem cada vez mais os espaços públicos urbanos, as praças, os jardins, os equipamentos sociais, centros comerciais, etc. As actividades e funções diárias que são feitas através de operações ou manuseamento de objectos, precisam de locais onde possam ser efectuadas; algumas dessas actividades correspondem a actos mais individuais, mais íntimos, do foro familiar, relacional ou mais exteriores, de trabalho. Quanto menor for a dimensão dos espaços privados, relativos às famílias e à habitação, maior será a tendência de transferir para o exterior a realização dessas actividades. Quanto menor for esse espaço, menos actividades aí poderão ser realizadas e para que elas sejam feitas ter-se-ão que procurar no espaço público e na oferta privada as necessárias condições para essa realização. Mas, o consumo espacial individual e a apropriação privada ou concessionada do espaço público não pára de crescer. Já não é apenas a função habitação que é o maior consumidor de espaço, a função transporte, particularmente a utilização do automóvel e a previsão das respectivas vias, além de ocuparem novas por-

---

[19] Ver Santos, N.P., 2001, *A Sociedade de Consumo e os Espaços Vividos pelas Famílias – A dualidade dos espaços, a turbulência dos percursos e a identidade social, Coimbra, Edições Colibri – Centro de Estudos Geográficos da Universidade de Coimbra.*
[20] Características inerentes, quer das habitações das cidades quer dos espaços rurais, que ofereciam à sua volta um imenso espaço utilizável por todos.

ções de terreno, têm vindo a codificar o espaço público em seu favor, estabelecendo totalitariamente exclusividades na respectiva utilização.

A capacidade das famílias competirem com as empresas, mesmo as mais pequenas, na preservação do necessário sossego que a função habitação obriga, é reduzida, se não mesmo nula e as administrações, por motivos financeiros, colocam-se frequentemente ao lado dos que têm maior poder económico, não realizando a necessária defesa daqueles que têm menos capacidade de resistência, de procurar alternativas e de recursos para poderem responder em conformidade. Cremos que estas são, entre outras, razões que justificam as opções de muitas famílias por novas propostas de organização dos espaços urbanos ligadas aos condomínios fechados. São assim, formas de garantir, através de uma especialização do espaço, o reforço e a especialização da função habitação. As elites económicas organizam-se já neste sentido ensaiando a sua reintegração no interior deste tipo de condomínios. Os mais comedidos mas com algumas posses, ensaiam a aquisição de uma segunda habitação, normalmente em espaço rural, mesmo com um nível mais ligeiro de conforto, por forma a garantirem alguns momentos sem perturbação. Procuram o raro desafogo e tranquilidade que o consumo espacial diário frenético e doentio, das grandes aglomerações desestruturadas lhes nega, pelo usufruto de espaços e tempos alternativos. Outros ainda deslocam-se para periferias sub-urbanas ou espaços rurais próximos de boas vias de comunicação, de modo a conseguirem esse desiderato. Por último, quem não o consegue, enfrenta situações de combate ou conflito que estão na origem de muita da hostilidade social observável nos locais onde esta competição acontece.

> Só que a solução não passa pela resolução destes problemas de uma forma individualizada e voluntariosa, onde cada família resiste heroicamente numa luta condenada à derrota. A construção de espaços *"Ghetto"*, de exclusão social, neste caso a um nível superior (condomínios fechados!), e de falta de penetração e atravessamento livre, provocará fenómenos de aumento de conflitualidade social por parte de quem ficar de fora desses mesmos espaços. A solução é construir os espaços públicos, através das políticas urbanas, com o conforto e o desafogo que esteja ajustado não só às necessidades mas também ao livre usufruto dos habitantes. Nestas políticas urbanas cabem cada vez mais e por estas razões os espaços desportivos ou os espaços disponíveis para práticas desportivas.

60 Os Espaços do Desporto – Uma Gestão para o Desenvolvimento Humano

1.3.1.4. Os Espaços Desportivos ganham lugar no Espaço Urbano

É preciso por isso, identificar e determinar os padrões espaciais de consumo relativos a cada uma das actividades, particularmente as desportivas: Primeiro, caracterizando os padrões existentes (1), depois, os desejáveis (2) e finalmente os possíveis (realizáveis) (3), faseando no tempo a procura da sua concretização, o que é tarefa a ser definida através das políticas em geral e das desportivas concretamente.

A determinação da disponibilidade de espaço livre para o recreio/desporto e o livre usufruto dos cidadãos e comunidades residenciais poder-se-á determinar a partir da seguinte fórmula:

$$\frac{((m^2)\ Inst.\ Desp. + Esp.\ Aventura\ (m^2) + Parq.\ Temáticos\ (m^2) + Parq.\ urbanos\ (m^2) + Logradouros\ (m^2) + Esp.\ público\ livre\ (m^2))}{n.^o\ de\ habitantes}$$

O valor encontrado poderá ser comparado com o valor de superfície construída com funções não recreativas e obter-se-á um perfil geral de ocupação espacial ligado às funções de um povo.

O espaço desportivo tem vindo a conseguir um lugar cada vez maior, quer em termos físicos, quer ao nível das preocupações dos decisores, em matéria de política de desenvolvimento urbano. A legislação portuguesa confirma este movimento, fazendo incluir, através dos seus diplomas, níveis crescentes de implantação de espaços e equipamentos destinados a estes fins:

1. A Lei dos Solos, (**Decreto-Lei n.° 794/76 de 5 de Novembro** alterado pelo **Decreto-Lei n.° 313/80 de 19 de Agosto** que agiliza a cedência de terrenos da Administração Pública destinados à prossecução de objectivos de natureza social)[21].

2. Os PDM's – Planos Directores do Município[22], estabelecem as bases instrumentais que vão permitir a identificação da sua presença no quadro legislativo.

---

[21] Decreto-Lei n.° 794/76 de 5 de Novembro artigo 2.°-
Sempre que for julgado necessário pela administração, podem por esta ser apropriados solos destinados a:(...).
d) Criação e ampliação de espaços verdes urbanos de protecção e recreio.
Decreto-Lei n.°313/80 de 19 de Agosto (Cedência de terrenos da Administração Pública destinados à prossecução de objectivos de natureza social).
[22] Estabelecidos pelos seguintes diplomas:
Decreto-Lei n.° 208/82 de 26 de Maio – Define os Planos Directores do Município (PDM's). Determina os principais instrumentos de intervenção sobre o desenvolvimento

O Espaço Desportivo

3. O **Despacho n.º 41/MPAT/95** publicado no D.R. II.ª série de 26 de Abril + **despacho 18/SEALOT/95** de 14 de Junho + **despacho n.º 28/ /SEALOT/95** de 26 de Setembro + e mais recentemente o **Despacho n.º 7187/2003** de 11 de Abril, (2.ª série) do Ministério das Cidades, Ordenamento do Território e Ambiente, que revoga o primeiro e estabelece a atribuição de comparticipações por parte de Estado para a instalação de equipamentos de utilização colectiva, promovidos por instituições privadas de interesse público sem fins lucrativos, bem como revê os critérios de despachos anteriores, aprovando o regulamento do programa de equipamentos urbanos de utilização colectiva.

Valores de referência dos equipamentos desportivos

Programa desportivo	Tipologia	Tipo	Área máxima (em metros quadrados) (¹)	População (habitantes) (²)	Custo por metro quadrado (em euros) (³)	Custo máximo (em Euros) (⁴)
Campo de Jogos(⁵)	Reduzido	Pelado	5 000	2 500	62,80	314 000
		Relvado	5 000	2 500	72	360 000
		Iluminação			45	225 000
		Bancadas			20	100 000
	Standard	Pelado	8 000	4 000	62,80	503 000
		Relvado	8 000	4 000	72	576 000
		Iluminação			45	360 000
		Bancadas			20	160 000
Pistas de Atletismo (⁶)	Reduzidas	Piso estabilizado	2 000	7 500	52	104 000
		Piso sintético	2 000	7 500	94	188 000
	Standard	Piso estabilizado	3 000	17 500	52	156 000
		Piso sintético	3 000	17 500	94	282 000
Polidesportivo	Reduzido	Piso betuminoso	800	1 250	123	126 000
		Piso sintético	800	1 250	157,50	98 400
		Bancadas			20	16 000
	Standard	Piso betuminoso	1 500	2 300	123	184 500
		Piso sintético	1 500	2 300	157,50	236 000
		Bancadas			20	30 000

do território municipal, a processologia para a construção desse instrumento ordenador, os objectivos e a política de equipamentos e infraestruturas.

Decreto-Lei n.º 69/90 de 2 de Março – regula a elaboração, aprovação e ratificação dos planos municipais do ordenamento do território, abreviadamente designados por planos municipais.

Os Espaços do Desporto – Uma Gestão para o Desenvolvimento Humano

Pavilhões e Sala de desporto	Sala de desporto	-	225	1 500	668	150 300
	Reduzido	-	450	5 000	668	300 600
	Médio	-	1 100	10 000	668	734 800
	Standard	-	1 500	15 000	668	1 002 000
Piscinas (⁷)	Reduzidas	Cobertas	135	5 000	2 516	339 660
		Ar livre	100	2 500	2 378	237 800
	Standard	Cobertas	312,5	15 000	2 516	786 250
		Ar livre	315	7 500	2 378	749 070
	Polivalentes	Cobertas(⁷)	516,5	20 000	2 516	1 299 514
		Ar livre	500	12 500	2 378	1 189 000

Valores de referência dos equipamentos culturais e recreativos

Programa	Tipo	Tipologia	Área máxima (em metros quadrados)	População (habitantes) (²)	Custo por metro quadrado (em euros) (³)	Custo máximo (em Euros) (⁴)
Cultural	Sede de Associação	-	322	-	362	116 564
	Sede de Filarmónica	-	595	-	362	215 390
Recreativo	Com salão de Festas	A	800	1 000	362	289 600
		B	950	3 000	362	343 900
		C	995	10 000	362	360 190
	Com auditório	A	850	1 000	362	307 700
		B	1 020	3 000	362	369 240
		C	1 080	10 000	362	390 960
	Com aptidões cénicas	A	1 360	3 000	362	492 320
		B	1 420	10 000	363	514 040

Valores de referência dos equipamentos religiosos....[23]

(¹) Superfície desportiva útil.

(²) Corresponde à população da área abrangida pelo equipamento.

(³) Incui custo de construção e arranjos exteriores. No caso dos equipamentos desportivos, não se trata de um custo de construção por metro quadrado, mas de um custo reportado a 1 m^2 da superfície desportiva útil do equipamento.

(⁴) Não inclui os honorários do projecto e o IVA.

(⁵) Inclui instalações de apoio.

(⁶) Inclui instalações de apoio. A área refere-se à pista de atletismo.

(⁷) A área refere-se ao plano de água.

(⁸) Refere-se a uma instalação com piscina de 25 m x 16,66 e tanque de 12,5 m x 8 m.

Quadro n.° 8 – Valores de referência dos equipamentos desportivos e dos equipamentos culturais e recreativos segundo o Despacho n.° 7 187/2003 de 11 de Abril (2.ª série), do Ministério das Cidades, Ordenamento do Território e Ambiente

---

23 .... (não transcrevemos, embora possam ser mobilizados para o desporto, particularmente para actividades com realização similar a salas de desporto!)

O Espaço Desportivo

4. O **Decreto-Lei n.°** **448/91, de 29 de Novembro**, define o regime das operações de loteamento e das obras de urbanização, prevê os parâmetros para o dimensionamento das parcelas de terreno destinadas a espaços verdes e de utilização colectiva, infra-estruturas viárias e equipamentos, cuja fixação é realizada através da **Portaria n.° 1182/92 de 22 de Dezembro** do Ministério do Planeamento e da Administração do Território, estipulando obrigatoriamente, em operações de loteamento a realizar em áreas não abrangidas por planos municipais de ordenamento do território ou naquelas onde este não os defina, para várias tipologias de ocupação os seguintes valores[24]:

Portaria n.° 1182/92 de 22 de Dezembro			
Tipologia de Ocupação	Espaços Verdes e de Utilização Colectiva (a)	Equipamentos de Utilização Colectiva (b)	Infra-estruturas
			Estacionamento
Habitação	25 m² a 120 m² de área bruta de construção para habitação (ou 25 m²/fogo no caso de moradias unifamiliares).	35 m² a 120 m² de área bruta de construção para habitação (ou 35 m²/fogo no caso de moradias unifamiliares).	1,5 lugar/120 m² de área bruta de construção para habitação
Habitação, Comércio e Serviços	25 m² a 120 m² de área bruta de construção para habitação, comércio e serviços	35 m² a 120 m² de área bruta de construção para habitação, 25 m² a 100 m² de área bruta de construção para comércio e serviços	Habitação: 2 lugares/120 m² Comércio: − 1 lug./50 m² para estabeleci.°s > 200 m² e < ou = a 1000 m² − 1 lug./25 m² para estabeleci.°s de 1000 m² a 2500 m². − 1 lug./15 m² para estabeleci.°s > 2500 m². Serviços: − 3 lug./100 m² para estabeleci.°s < ou = a 500 m². − 5 lug./100 m² para estabeleci.°s > 500 m². Indústria: − 1 lug./150 m²

Quadro n.° 9 – Portaria n.° 1182/92 de 22 de Dezembro – fixa os parâmetros de dimensionamento dos espaços verdes e de utilização colectiva

---

[24] Este Decreto-Lei é complementado pela Lei n.° 26/96 de 1 de Agosto e pelos Decreto-Lei n.° 334/95 de 28 de Dezembro e Decreto Regulamentar n.° 63/91 de 29 de Novembro que estabelecem o regime jurídico e as operações relativas a loteamentos urbanos. O artigo 18.° (gestão dos espaços verdes e de utilização colectiva) e o artigo 19.° (contrato de concessão) do Decreto-Lei n.° 448/91, de 29 de Novembro, estabelecem **soluções participa-**

64 *Os Espaços do Desporto – Uma Gestão para o Desenvolvimento Humano*

(a) consideram-se *"(...) espaços livres, entendidos como espaços exteriores que se prestam a uma utilização menos condicionada, a comportamentos espontâneos e a uma estada descontraída por parte da população utente (Lynch, 1990). Inclui, nomeadamente, jardins, equipamentos desportivos a céu aberto e praças".*

(b) consideram-se *"(...) edificações destinadas à prestação de serviços à colectividade (saúde, educação, assistência social, segurança, protecção civil, ...), à prestação de serviços de carácter económico,. (matadouros, feiras, ...) e à prática, pela colectividade, de actividades culturais, de desporto e de recreio e lazer, ...*

5. A portaria n.º 1136/2001 de 25 de Setembro, vem alterar ligeiramente os valores apresentados na Portaria n.º 1182/92 de 22 de Dezembro que estabelecia estes parâmetros. Assim, verifica-se um aumento de 3 m^2/fogo na comparação entre os valores mínimos estabelecidos pelas duas portarias, bem como a diferenciação das tipologias habitacionais para o estabelecimento de valores correspondentes ao estacionamento, que sofre também aqui, um aumento de valor de aprovisionamento relativamente às actividades comerciais e produtivas.

---

das pelos residentes, mediante acordos de cooperação, na gestão, manutenção, segurança, higiene e conservação quer dos espaços verdes, quer dos equipamentos de utilização colectiva de recreio e lazer. Este conjunto de diplomas foi entretanto actualizado através do Decreto-Lei n.º 177/2001 de 4 de Junho que estabelece a redacção final do regime jurídico da urbanização e da edificação, estabelecido no Decreto-Lei n.º 555/99 de 16 de Dezembro, onde, a gestão de infra-estruturas e dos espaços verdes e de utilização colectiva passa a ser regida pelo conteúdo do artigo 46.º. Nele se refere o estipulado anteriormente, prevendo-se ainda a figura dos acordos e dos contratos de concessão para que estes objectivos sejam cumpridos.

O Espaço Desportivo

A portaria n.° 1136/2001 de 25 de Setembro			
Tipologia de Ocupação	Espaços Verdes e de Utilização Colectiva (a)	Equipamentos de Utilização Colectiva (b)	Infra-estruturas (c)
			Estacionamento
Habitação em moradia unifamiliar	28 m²/fogo	35 m²	– 1 lugar/fogo com área de construção < 120 m² – 2 lugares/fogo com área de construção entre 120 m² e 300 m². – 3 lugares/fogo com área de construção > 300 m². – O número total de lugares resultante da aplicação dos critérios anteriores é acrescido de 20% para estacionamento público.
Habitação colectiva	28 m²/120 m² de área de construção para habitação	35 m²/120 m² de área de construção para habitação	Habitação com indicação de tipologia: – 1 lugar/fogo T0 e T1; – 1,5 lugares/fogo T2 e T3; – 2 lugares/fogo T4,T5 e T6; – 3 lugares/fogo> T6; O número total de lugares resultante da aplicação dos critérios anteriores é acrescido de 20% para estacionamento público.
			Habitação sem indicação de tipologia: – 1 lugar/fogo para áreas médias < 90 m²; – 1,5 lugares/fogo para área média fogo entre 90 m² e 120 m²; – 2 lugares/fogo para área média fogo entre 120 m² e 300 m²; – 3 lugares/fogo para área média fogo > 300 m². O número de lugares resultante da aplicação dos critérios anteriores é acrescido de 20% para estacionamento público.

Quadro n.° 10 – Portaria n.° 1136/2001 de 25 de Setembro – altera os parâmetros de dimensionamento dos espaços verdes e de utilização colectiva fixados pela Portaria n.° 1182/92 de 22 de Dezembro.

a) consideram-se *"Espaços livres e de utilização colectiva – trata-se de espaços livres, entendidos como espaços exteriores, enquadrados na estrutura verde urbana, que se prestam a uma utilização menos condicionada, a comportamentos espontâneos e a uma estada descontraída por parte da população utente. Inclui, nomeadamente, jardins, equipamentos desportivos a céu aberto e praças, com exclusão dos logradouros privados em moradias uni ou bifamiliares"*.

b) consideram-se *"Equipamentos de utilização colectiva – Áreas afectas às instalações (inclui as ocupadas pelas edificáçoes e os terrenos envolventes afectos às instalações) destinadas à prestação de serviços às colectividades (saúde, ensino, assistência social, segurança pública, protecção civil, etc.), à prestação de serviços de carácter económico,. (mercados, feiras, etc.) e à prática de actividades culturais, de recreio e lazer e de desporto"*.

c) consideram-se *"Infra-estruturas – integram a rede viária (espaço construído destinado à circulação de pessoas e viaturas) e o estacionamento"*.

Se os padrões de consumo espacial da função habitação se situam em torno de valores aproximados de 200m²/habitante (o que poderá querer dizer entre 200 a 400m²/família)[25], incluindo nele o espaço de habitação e respectivos prolongamentos (área verde, equipamentos, e espaços públicos), o que nos parece, é que as economias geradas em termos económicos e de espaço, conseguidas nas formas colectivas e agrupadas das novas urbanizações, não revertem ou não reverterão em favor dos respectivos habitantes. Aqui, o espaço disponibilizado é ocupado com outros edifícios que aumentam a densificação populacional ou com edifícios que localizam actividades que não estão ligados à função habitação. Ao invés, sujeitá-los-ão a interdepedências em ordem a sistemas exteriores à própria função habitação, coagindo e condicionando os seus habitantes a opções mais onerosas na resolução de problemas simples e reduzindo o campo das livres escolhas que eles possam efectuar. Pensamos, obviamente, em distanciamento aos serviços e nas correspondentes ligações periféricas, descentradas, densificadas, senão mesmo desqualificadas que, por motivos de desconforto ou de falta de espaço, obrigam os habitantes ao aumento dos níveis de consumo de bens especializados, sem que por vezes sejam essas as suas livres e desejadas escolhas, mas apenas soluções de recurso. Não podemos afirmar que tal movimento, se existe, é o resultado de uma acção pré determinada, racional e consciente que os principais agentes que actuam na organização do espaço assumem, mas que por vezes parece, dadas as características do funcionamento do sistema económico, isso é uma verdade.

---

[25] Pode parecer um valor elevado, mas nele devem ser incluídos os valores que respeitam a todos os prolongamentos da habitação referidos. 200m²/família será um valor mínimo aceitável embora defina um padrão de vida apertado. Poderemos assistir à necessidade de procura espacial por parte dos habitantes, como forma de compensação do espaço de vida em falta. O valor de 400m²/família, parece mais próximo de uma situação de equilíbrio ou desafogo habitacional.

2. O Conceito de Desporto

Nesta análise dos espaços e respectivas tipologias face ao desporto, interessa-nos perceber que este tem uma capacidade dupla de utilizar, quer vários tipos, quer de produzir cada vez mais os seus próprios espaços. Contudo, o estabelecimento de um conceito de desporto estável torna-se necessário, para que tenhamos plataformas de entendimento possibilitadoras de referências comuns, para que não suscite dúvidas, que sempre aparecem e ocasionam frequentes escolhos nos processos e na comunicação entre pessoas.

Fazemos duas opções nesta matéria. A primeira prende-se com a assunção do conceito mais recente estabelecido na "Carta Europeia do Desporto" em Rhodes (Maio de 1992), pela 7.ª Conferência dos Ministros Europeus do Desporto e que define o desporto como sendo:

> ".. todas as formas de actividade física que através de uma participação organizada ou não, têm por objectivo a expressão ou o melhoramento da condição física e psíquica, o desenvolvimento das relações sociais ou a obtenção de resultados na competição a todos os níveis".

A segunda, tendo em conta todas as reflexões anteriores a esta, desenvolvida por diversos autores dos quais destacamos, entre muitos, os aspectos cultuais de Pierre de Coubertin (1934), a classificação dos jogos de Roger Caillois (1967), o significado social de Huizinga (1935), a satisfação de jogar de McIntosh (1970), Parlebas (1981) e particularmente Antonelli (1965) sobre a riqueza dos contributos psicológicos da actividade desportiva. Estas e outras contribuições foram reunidas e reflectidas por Gustavo Pires (1996)[26], com o objectivo de estabelecer um conceito que fosse suficientemente estável, abrangente e resolvesse as polémicas

---

[26] Pires, Gustavo (1996), *Desporto e Política – Paradoxos e Realidades*, Madeira, ed. "O desporto", pp. 366-370.

68 *Os Espaços do Desporto – Uma Gestão para o Desenvolvimento Humano*

que sempre se instalam quando se abordam diferentes formas de estar e praticar o desporto. Esta reflexão resultou no estabelecimento de uma dimensão pentadimensional do respectivo conceito, organizado segundo cinco eixos que o explicam. São eles: os três eixos relativos aos contributos psicológicos de Antonelli (**Jogo, Agonística e Movimento**) que encontram explicações nos contributos dos autores que sobre o desporto se pronunciaram previamente, um quarto eixo adiantado por Parlebas (**Instituição**), reflectindo a dimensão institucional, e um quinto onde Gustavo Pires define uma dimensão de **PROJECTO** na qual inclui uma estratégia de futuro à qual tem que ser associada a vertente de realização humana que o desporto deve conter.

Assumimos assim este conceito de Desporto, tal como Gustavo Pires, de forma aberta, pentadimensional, de geometria variável, inclusiva da variedade, da complementaridade e da multilateralidade que o desporto desenvolve, quanto às suas práticas e forma de organização e gestão das suas manifestações, que deve estar dirigido ao pleno desenvolvimento do Homem e à realização do seu projecto de vida.

2.1. O Desporto de Competição

O desporto de competição traduz uma área de expressão maximizada do desporto onde a vertente do rendimento se faz sentir, a todos os níveis. Encarar o desporto apenas pela expressão dupla do rendimento por um lado e da recreação por outro, é uma forma de esquecer todos os demais sectores onde ele se organiza institucionalmente (Cunha, L. M. 1997)[27], como resposta a populações-alvo diferenciadas, que encontram nesta multiplicidade de espaços, soluções adequadas para as suas formas particulares de estar no desporto, de o praticar e organizar. Contudo, interessa percebermos que, quem persegue objectivos de expressão máxima, associa valores próprios que legitimam atitudes e comportamentos e se expressam nestes níveis competitivos, mas que são, em tudo, diferentes de outros, que

---

[27] Cunha, L.M. (1997); *O Espaço, o Desporto e o Desenvolvimento,* Lisboa, Edições FMH, 21-31: Sectores desportivos: Federado, Escolar, Universitário, Especial (deficientes), Militar, Autárquico, Turismo, Trabalho, Prisional e Ambiente.

se aproximam mais de motivações diferentes e valores característicos das práticas recreativas. Motivações de vitória, êxito, superação ao mais alto nível por um lado, prática pela prática, vivência do gesto motor, procura do prazer, contemplação e convivência pelo outro, se quisermos olhar para os dois pólos de um espectro de possibilidades que se organiza não em banda mas num mosaico de diversidades.

2.2. O Desporto para todos, o Lazer e o Recreio (turístico)

O "Desporto para Todos" desencadeado na Europa pelo movimento *Trim* (1966) corroborado pelo Modelo FIN de Lamartine Pereira da Costa no Brasil, cuja expressão se desenvolveu na década de setenta no seu expoente máximo, veio alargar o conceito de desporto e reconhecer no seu âmbito um conjunto de práticas que nele não estavam incluídas. A conferência de Rhodes (Maio de 1992) veio sedimentar o alargamento deste conceito na definição que atrás referimos, relativamente ao desporto.

O desporto, nesta perspectiva, encontra expressões e características que o fazem incluir no universo das actividades de Lazer. O lazer, visto agora não apenas como um complemento reparador ou supletivo do tempo de trabalho, característico da organização da sociedade industrial, mas fundamentalmente como uma forma de vida, como a expressão de um tempo de liberdade e de festa que a tecnologia e os novos tempos e respectiva organização, se não permitem, pelo menos criam aspirações a tal. Dir-se-ia que é cada vez mais o lazer e o tipo de actividade que se desenvolve nesse tempo que é determinante para a vida das pessoas e não o contrário, e é também a partir dele que elas pretendem diferenciar-se e afirmar o seu projecto face aos demais. Como diria Carlos Paredes, guitarrista português, "O trabalho são os intervalos da vida".

O desporto, como forma de recreio turístico, traduz-se numa forma de associar aos locais que são visitados ou procurados, um conjunto de emoções positivas e deleitantes que as actividades desportivas podem proporcionar. O desporto, encarado sob esta forma, responde em espaços e tempos determinados às aspirações que as pessoas constroem em torno do ou dos lazeres.

2.3. O Desporto de Natureza

O desporto de natureza não é apenas uma forma de praticar desporto no espaço natural, mas é sobretudo a prática desse desporto associada ao padrão cultural próprio de cada lugar, assumindo para com ele uma atitude de envolvimento e de respeito. É uma forma de utilizar desportivamente os recursos naturais que nos são facultados em determinado lugar, de modo que essa utilização não ponha individual ou colectivamente em risco o equilíbrio dos sistemas naturais onde essa prática se insere e permita utilizações futuras. É também uma forma de procurar espaços, tempos e elementos estruturados de forma diferenciada.

A resolução do Conselho de Ministros n.° 102/96 vem, no sentido da Lei de Bases do Ambiente (Lei n.° 11 de 1987 de 4 de Abril), propor um apoio às actividades económicas, particularmente "... *a práticas turísticas de recreio e lazer, não nocivas para o meio natural"*.

O **Decreto Regulamentar n.° 18/99** de 27 de Agosto, estabelece o turismo de natureza e particulariza no seu articulado, a modalidade de desporto de natureza em áreas protegidas:

Artigo 2.° (Definições):

alínea
l): *"Desporto de natureza – aquele cuja prática aproxima o homem da natureza de uma forma saudável e seja enquadrável na gestão das áreas protegidas e numa política de desenvolvimento sustentável"*.

Artigo 3.° (Tipologia):

1 – Constituem actividades, serviços e instalações de animação as iniciativas ou projectos que integrem:
a) ...
e) as feiras festas e romarias;
f) as rotas temáticas;
g) as expedições panorâmicas e fotográficas;

h) os passeios a pé, de barco, a cavalo, de bicicleta;
i) os passeios de veículos de todo o terreno;
j) os jogos tradicionais;
l) os parques de merendas;
m) os pólos de animação;
n) ...
2 – ...
*3 – Constituem **actividades e serviços de desporto de natureza** as iniciativas ou projectos que integrem:*
a) o pedestrianismo;
b) o montanhismo;
c) a orientação;
d) a escalada;
e) o rapel;
f) a espeleologia;
g) a balonismo;

O Conceito de Desporto

h) o pára-pente;

i) a asa delta sem motor;

j) a bicicleta todo o terreno (BTT);

l) o hipismo;

m) a canoagem;

n) o remo;

o) a vela;

p) o surf;

q) o windsurf;

r) o mergulho;

s) o rafting;

t) o hidrospeed;

u) outros desportos e actividades de lazer cuja prática não se mostre nociva para a conservação da natureza.

Relativamente à sua prática, ao seu desenvolvimento, bem como à sua tipologia de instalações e serviços, o referido Decreto Regulamentar especifica:

Artigo 4.° (Requisitos gerais):

A prática das actividades, bem como as iniciativas e os projectos de animação ambiental referidos no artigo anterior devem obedecer aos seguintes requisitos gerais:

d) contribuir para a promoção do recreio e lazer;

e) contribuir para a atracção de turistas e visitantes nacionais e estrangeiros, ou constituir um meio para a ocupação dos seus tempos livres;

...

h) Respeitar as regras e recomendações constantes do código de conduta;

i) Não estarem próximos de estruturas urbanas ou ambientais degradadas, com excepção das já existentes ou a construir quando se enquadrem num processo de requalificação ambiental;

Artigo 5.° (Requisitos específicos):

1 – As iniciativas ou projectos de animação referidos no n.° 1 do artigo 3.° devem ainda preencher os seguintes requisitos específicos:

g) Os passeios a pé, de barco, a cavalo e de bicicleta previstos na alínea h) do n.° 1 do artigo 3.°, devem respeitar os trilhos e a sinalização existente, bem como as limitações estabelecidas quanto ao número de actividades ou visitantes em relação a alguns locais e ou época do ano;

h) Os passeios em veículos todo o terreno previstos na alínea i) do n.° 1 do artigo 3.° devem respeitar os requisitos referidos na alínea anterior e ter como objectivo a divulgação dos valores naturais e culturais;

i) Os jogos tradicionais previstos na alínea j) do n.°1 do artigo 3.° e os parques de merendas previstos na alínea l) do n.° 1 do mesmo artigo devem contribuir para a dinamização e revitalização de formas de convívio e ocupação dos tempos livres.

2 – ...

3 – As actividades, serviços e instalações de desporto devem ainda preencher os seguintes requisitos específicos:

a) respeitar o enquadramento legislativo próprio de cada actividade ou sector;

b) Respeitar os locais indicados para a prática de cada modalidade desportiva;

c) Respeitar os acessos e os trilhos definidos, bem como os locais de estacionamento e de acampamento;

d) Respeitar as condicionantes estabelecidas quanto aos locais, ao número de praticantes e à época do ano;

e) Acondicionar e dotar de forma adequada os locais com equipamentos de qualidade e segurança necessários à prática de cada modalidade;

f) Dotar os locais com sinalização e informação sobre as condições de utilização dos mesmos e recomendações para a prática de cada modalidade;

g) Garantir a manutenção dos equipamentos, sinalização, acessos, estacionamento e locais de pernoita, bem como a qualidade ambiental de cada local e respectiva área envolvente;

h) Respeitar as regras e orientações estabelecidas no código de conduta.

*Artigo 6.° (**Carta de desporto de natureza**):*

1 – Cada AP deve possuir uma carta de desporto de natureza e respectivo regulamento, a aprovar por portaria conjunta dos membros do Governo responsáveis pelas áreas do desporto e do ambiente.

2 – A carta referida no número anterior deve conter as regras e orientações relativas a cada modalidade desportiva, incluindo, designadamente, os locais e as épocas do ano em que as mesmas podem ser praticadas, bem como a respectiva capacidade de carga.

3 – Para efeitos do número anterior são consultadas as federações desportivas dotadas do estatuto de utilidade pública desportiva, representativas das diferentes modalidades e outras entidades competentes em razão da matéria.

Artigo 7.° (Guias de natureza):

1 – ...

2 – O plano de formação profissional dos guias de natureza é aprovado por portaria conjunta dos membros do Governo responsáveis pelo turismo, emprego e formação profissional, ambiente e desporto.

3 – Até à formação dos guias da natureza previstos no número anterior, os percursos interpretativos referidos na alínea c) do n.° 2 do artigo 3.° podem ser acompanhados por profissionais cujas habilitações sejam reconhecidas como adequadas pelo Instituto de Conservação da Natureza (ICN).

Artigo 8.° (Licença):

1 – Sem prejuízo de outras autorizações ou licenças exigíveis por lei, as iniciativas ou projectos que integrem as actividades, serviços e instalações de animação previstos no artigo 3.°

carecem de licença, titulada por documento a emitir pelo ICN após parecer prévio da Direcção Geral do Turismo (DGT) ou do Instituto Nacional do Desporto (IND), nas situações previstas no n.º 3 do mesmo artigo, quando realizadas por um comerciante em nome individual, um estabelecimento individual de responsabilidade limitada, uma sociedade comercial, uma cooperativa ou uma associação de desenvolvimento local.

Artigo 9.º (Pedido):

... Pedido de licença – tem vários aspectos importantes que interessa verificar, nomeadamente documentos solicitados.

Artigo 10.º (Parecer da DGT):

1 – ...

2 – Os pareceres da DGT ou do IND destinam-se a apreciar o interesse turístico ou desportivo das actividades, serviços e instalações de animação ambiental.

2.3.1. *O Desporto de Natureza – Uma Educação Desportiva Partilhada*

Este decreto-regulamentar, para além de definir o conceito, identificando a necessidade dos espaços naturais para o desporto e para a qualidade de vida e formação dos cidadãos, reconhece também a correspondente importância do desporto, como instrumento ao serviço da educação dos cidadãos visitantes, na requalificação da vida dos residentes e na animação e vivificação humana dos espaços naturais. Ao estabelecer o conceito de desporto de natureza, prevê também a constituição de um código de conduta relativo a regras de visitação e fruição das Áreas Protegidas. Entende o usufruto do espaço natural numa tripla perspectiva: **ambiental, turística e desportiva**. Contudo, não parece ainda estar construída uma visão global e integrada destes três aspectos que ainda aparecem em situação conflituante e não complementar. São assim visíveis algumas diferenças de entendimento latentes entre concepções conservacionistas de utilização do espaço natural e uma tipologia de regulamentação que pode colidir, quer com o espírito quer com as características próprias inerentes à prática de várias modalidades desportivas, que se manifestam nas soluções encontradas, para concretizar os respectivos objectivos e intenções e que pervertem quer o espírito quer os motivos que levam os praticantes ao espaço natural.

74 Os Espaços do Desporto – Uma Gestão para o Desenvolvimento Humano

Esta regulamentação, manifesta ainda algumas contradições que podem colidir com um possível e frutuoso proveito relativo a uma educação desportiva para o ambiente. Contudo, ela assume-se como um marco de grande relevo, dado que indicia o reconhecimento oficial da existência deste tipo de actividades nestes espaços, do seu valor intrínseco, se bem que mais tolerado do que totalmente reconhecido. Também prediz e mostra a necessidade de colocar, quer em confronto quer em entendimento, os agentes de gestão de espaços protegidos e os de gestão de processos desportivos, particularmente os das áreas científicas correspondentes e das respectivas instituições (universidades, ministérios, empresas, sectores desportivos e áreas protegidas). Por esse motivo, este decreto regulamentar configura e institucionaliza um primeiro momento tendente à constituição do sector desporto-ambiente.

O diálogo frutuoso a encetar entre os diferentes conhecimentos que suportam a formação dos agentes interventores nestes espaços darão provavelmente resultados, que farão sentir-se em todas as estruturas que participam e enquadram a gestão, quer dos espaços quer de processos, com reflexos particulares ao nível operacional, no relacionamento dos cidadãos com este novo poder.

O artigo 6.º (Carta de Desporto de Natureza) identifica, particularmente, uma janela de oportunidade em relação às possibilidades de efectuar estudos tendentes à construção de cartas de desporto de natureza e respectivo regulamento. Tal ensejo, a criar-se, vai ao encontro das competências, quer dos licenciados em Gestão do Desporto, quer ainda das Universidades e respectivas Faculdades que, ao nível dos processos de levantamento e de elaboração de cartas desportivas, têm já provas dadas. Esta elaboração será certamente também uma oportunidade para experimentar a formação de grupos interdisciplinares que terão certamente muito a aprender e a produzir em conjunto.

Pensamos que é dado um papel de demasiado destaque ao nível da consulta em matéria de desporto, às federações desportivas representativas das diferentes modalidades dotadas com utilidade pública desportiva, conforme estipulado no n.º 3 do artigo 6.º, esquecendo outras entidades com maior importância institucional e em termos de conhecimento e justificamos este nosso entendimento: Efectivamente, a filosofia subjacente ao consumo de práticas desportivas nos espaços naturais não tem nada a ver com lógicas formais e tradicionais de organização. As lógicas são alternativas quer em termos de pensamento, de espaços, de tempos, quer ainda em termos de organização. O formalismo é o que se pretende abandonar, a lógica racionalizada, rígida, competitiva e predeterminada. O pensamento é outro: é aquele que se aproxima mais do indivíduo, da pessoa, do lazer, do deslize, da contemplação, da informalidade, da suavidade, da empatia e do imprevisto.

Ora, as organizações desportivas em geral, particularmente as federações, não estão, muitas delas, vocacionadas, e também não é a sua missão, envolverem-se em projectos de promoção do lazer e do recreio, muito menos nas áreas protegidas. A intervenção das federações como consultores de referência trará associados os modelos do desporto formal quer em termos de pensamento quer de organização, o que em termos desportivos é, voltar a "dar mais do mesmo". Quererá dizer que toda a alternatividade face à expressão desportiva tradicional será perdida e teremos os espaços naturais como alvo de processos de estandartização e codificação, o que não interessa às actividades desportivas de aventura que seguem lógicas alternativas, de lazer, de fruição, de empatia com a natureza. Por outro lado, se é para reproduzir em espaço natural os fenómenos de massas dos desportos urbanos, então é evidente que as entidades gestoras dos parques naturais não estarão muito disponíveis para colaborarem nestes processos e levantarão as correspondentes reservas, receios e restrições, que são patentes nas atitudes cautelosas por parte do sector ambiente em encarar a inclusão do desporto nas áreas que gerem.

Curiosamente, aqueles que outrossim, podem constituir-se como os principais aliados, os parceiros indispensáveis e os principais interessados de uma utilização ambientalmente correcta são olvidados, ou minorada a sua intervenção, não sabemos porque motivos, neste Decreto Regulamentar, por via da aplicação do artigo 8.º, que trata das licenças, iniciativas ou projectos que integrem actividades serviços e instalações de animação. São assim esquecidos os clubes de aventura, os clubes desportivos, as escolas locais, colectividades culturais e recreativas, os agrupamentos de escuteiros, as comissões de compartes, comissões de festas das comunidades locais, comissões fabriqueiras das igrejas locais e outras instituições que congregam homens de boa vontade e que estarão disponíveis, não para serem excluídos deste processo, mas, através de acções de formação contínua a que pretenderão certamente ser sujeitos, colaborarem também em algo que assumem como objecto dos seus interesses e da sua defesa. São colocados sob uma designação genérica de associações de desenvolvimento local, sem a correspondente diferenciação e referência.

76 Os Espaços do Desporto – Uma Gestão para o Desenvolvimento Humano

A publicação da Lei de Bases do Desporto (**Lei n.º 30/2004 de 21 de Julho**), veio consagrar a existência deste sector, embora em situação de menoridade, apenas pelo reconhecimento tácito imposto pelo facto de este sector se impor pela força das circunstâncias!

CAPÍTULO IX – Articulação com outros sectores

Artigo 77.º (Desporto e ambiente):

1 – A prática de actividades físicas e desportivas ao ar livre, em contacto e no respeito pela natureza, deve ser fomentada.

2 – Em função de poderem ter um impacte multifacetado na natureza, as actividades desportivas e as infra-estruturas desportivas devem ser adaptadas aos recursos limitados da natureza e conduzidas em harmonia com o princípio do desenvolvimento sustentável e uma gestão equilibrada do ambiente, garantindo a conservação da diversidade biológica, a protecção dos ecossistemas e a gestão dos recursos e dos resíduos, da saúde, da segurança e da preservação do património cultural.

3 – Para o cumprimento do disposto no número anterior, o Estado e os corpos sociais intermédios públicos e privados que compõem o sistema desportivo devem promover programas ou campanhas de sensibilização da população para que esta tenha uma maior consciência das relações entre o desporto e o desenvolvimento sustentável e possa aprender a conhecer e compreender melhor a natureza.

(.../...)

Artigo 83.º (Espaços naturais):

1 – O acesso à natureza para efeitos de prática desportiva no meio urbano, rural ou aquático, a título competitivo ou recreativo, deve ser assegurado através de uma gestão equilibrada e metodologicamente compatível com os recursos ecológicos, em coerência com o princípio do desenvolvimento sustentável e uma gestão equilibrada do ambiente, nos termos dos números seguintes.

2 – O desporto praticado nos espaços naturais deve ter em conta os valores da natureza e do ambiente quando da planificação e da construção de instalações desportivas, bem como adaptar-se aos recursos limitados da natureza.

3 – O Estado e os corpos sociais intermédios públicos e privados que compõem o sistema desportivo devem zelar para que a população tenha plena consciência das relações entre desporto e desenvolvimento sustentável e aprenda a melhor conhecer e compreender a natureza.

4 – Na concepção de infra-estruturas apropriadas no quadro de actividades desenvolvidas nos espaços naturais, devem ser salvaguardados o meio ambiente e as especificidades da respectiva modalidade desportiva.

O Conceito de Desporto

A **Lei n.° 5/2007** de 16 de Janeiro – Lei de Bases da Actividade Física e do Desporto, complementou o estipulado no diploma anterior:

Artigo 31.° (Desporto na natureza):

1 – A actividade física e desportiva praticada fora de infra-estruturas desportivas deve reger-se pelos princípios do respeito pela natureza e da preservação dos seus recursos, bem como pela observância das normas dos instrumentos de gestão territorial vigentes, nomeadamente das que respeitam às áreas classificadas, de

forma a assegurar a conservação da diversidade biológica, a protecção dos ecossistemas e a gestão dos recursos, dos resíduos e da preservação do património natural e cultural.

2 – As actividades mencionadas no número anterior devem contribuir para a divulgação e interpretação do património natural e cultural, a promoção do turismo de natureza e a sensibilização e educação ambientais.

2.3.2. *O Perigo da Ditadura Mercantilista*

As estratégias e vocações que as organizações comunitárias e de desenvolvimento local elegem para si próprias face ao ambiente, são da sua defesa a longo prazo: formar cidadãos que protejam realmente, por utilização desportiva, o ambiente e façam um uso equilibrado, formativo e pedagógico, quer dos espaços quer dos recursos que a natureza põe à sua disposição.

Ao invés, são deixadas portas abertas, embora restringidas pela figura das licenças, à intervenção e iniciativa de todo um conjunto de entidades que têm do ambiente posturas predadoras em relação ao seu consumo, isto é, têm como objectivo principal, como vocação estratégica, não o usufruto do ambiente em-si, não a sua utilização educativa e pedagógica, muito menos têm do lazer e do desporto a postura mais adequada, mas sim o seu aproveitamento comercialista e lucrativo, dos valores e recursos da natureza, do(s) espaço(s) e das comunidades. Esta postura predadora associada ao negócio puro e duro provoca a respectiva deslocalização dos benefícios e das mais valias conseguidas, para territórios que são exteriores a esses mesmos espaços naturais e comunidades humanas que os ocupam.

A intervenção deste tipo de entidades comerciais também geram receitas em favor das entidades gestoras destas áreas, por via das licenças referidas no artigo 8.°, particularmente o próprio Estado e respectivos institutos. Tal facto, pode ocasionar dependências eventuais, na tomada de

78 *Os Espaços do Desporto – Uma Gestão para o Desenvolvimento Humano*

decisão a longo e médio prazo e comprometer a independência destes mesmos institutos. Pelo domínio dos meios e dos recursos, estas entidades adquirem um poder de intervenção, cuja capacidade de condicionar decisões por parte dos organismos reguladores e gestores dos espaços, que não têm meios de as contrariar, não é legítima. Mas tal é um facto, dados os recursos provenientes de tais entidades comerciais, das quais dependem em grande parte.

Pena é, que este diploma (**Decreto Regulamentar n.° 18/99 de 27 de Agosto**) esteja imbuído ou pareça estar, desta lógica comercialista e depredadora das potencialidades e dos recursos que o espaço natural pode oferecer e não numa lógica educativa e pedagógica de serviço público. Será com certeza, uma maneira de condicionar as cargas sobre o espaço natural que é feita fundamentalmente por via de um poder económico que o candidato a utilizador desse espaço deve ter, respondendo com uma barreira de acesso, o que compreendemos. Contudo, parece-nos que o critério "nível económico" não tem capacidade de diferenciar e seleccionar aqueles que têm da natureza, quer o respeito quer as necessidades contemplativas e de vontade de envolvimento com ela, quer emocionalmente, quer em termos de conhecimento, e que serão os seus correspondentes defensores. A procura dos espaços naturais, para além do gosto individual dos que os apreciam, prende-se com a possibilidade de acesso livre que o cidadão com menos recursos pretende ter a um bem colectivo, dele usufruindo de uma forma que não lhe adicione encargos.

Serão isso sim, como resultado, aqueles que, no espaço urbano, têm já a capacidade de acederem às vantagens que um elevado nível de equipamento põe à sua disposição, que frequentam bons ambientes seleccionados e desafogados e que têm do espaço uma visão selectiva e circunscrita, mas não necessariamente empática quer com os naturais dessas paisagens, quer ainda com o próprio ambiente, que terão maiores facilidades em acederem a esses espaços. Serão ainda algumas populações, portadoras de um novo-riquismo cultural e económico, oriundas de franjas suburbanas e desqualificadas, que vestem hoje novas roupagens ambientalmete correctas, que terão capacidade de a eles aceder, mas que, pelos seus comportamentos não alterados, serão eles mesmos a exigir níveis de serviço urbano. Falamos de exigências de proliferação de caixotes do lixo, alcatroamento de ruas e carreiros, parques de estacionamento, sinalização adequada de sítios através de placas e objectos estranhos à natureza e aos lugares, construção de passadeiras e passadiços, cais de embarque

O Conceito de Desporto 79

e desembarque e outras soluções cuja sua presença financiam, mas que, progressivamente, urbanizam os espaços naturais, retiram a sua intocabilidade e os desvirtuam nas suas características iniciais, pelas alterações provocadas.

> Efectivamente, segundo o articulado da Lei, são as entidades vocacionadas para uma utilização comercial dos recursos que são eleitas para a organização de actividades por via do artigo 8.º (licenças) e atraírem assim, estes tipos de clientes. A Lei coloca-se aqui claramente "ao lado do inimigo", viabilizando a actividade económica, pela criação voluntariosa de uma expressão de escassez, criando formas restritivas de acesso que, sem elas, veria certamente inviabilizadas as formas facilitadas de instituir o comércio destes usufrutos.[28]

O **Decreto-Lei n.º 204/2000 de 1 de Setembro**, publicado um ano mais tarde, estabiliza no domínio do negócio e nas respectivas unidades empresariais a capacidade de aceder aos espaços e às actividades nela realizados que pode ser interpretado de uma forma quase totalitária. Assiste-se por decreto, a uma apropriação privada e quase total dos espaços e dos valores naturais que são de todos. Por via do consumo de actividades, as entidades que gerem os negócios privados conseguem ser aqueles que definem os modos de acesso, pois passam a ser as entidades exclusivas com capacidades para canalizarem visitantes aos espaços e praticantes às actividades.

As actividades culturais, desportivas ou de lazer, transformam-se progressivamente em actividades de animação turística. Todos os despor-

---

[28] Anunciam-se para breve intenções de privatizar os espaços naturais, a sua gestão e a regulação do seu usufruto!

Ver também:

Decreto-Lei n.º 47/99 de 16 de Fevereiro – Regula o Turismo de Natureza.

D.R. n.º 2/99 de 17 de Fevereiro – Casas de Natureza.

RCM n.º 112/98 de 25 de Agosto – Programa Nacional de Turismo de Natureza.

Portaria n.º 450/2001 de 5 de Maio – Programas Integrados Turísticos de Natureza Estruturante e Base Regional.

Portaria n.º 1214 – B/2000 de 27 de Dezembro – SIVETUR – Sistema de incentivos a produtos turísticos de vocação estratégica.

Decreto-Lei n.º 204/2000 de 1 de Setembro e Portaria n.º 138/2001 de 1 de Março – Empresas de animação turística.

80   *Os Espaços do Desporto – Uma Gestão para o Desenvolvimento Humano*

tos e actividades de aventura, toda a relação com o espaço natural, passa a ser feita através de um mediador (comercial!) que são as empresas de animação (turísticas!).

O artigo segundo (2.°) deste diploma é claro no processo de atribuição dos valores culturais e naturais à guarda de sectores de actividade que estão vocacionados para aspectos logísticos e correspondente obtenção de maiores valias a esse nível. Muitos agentes interventores foram até aqui impulsionadores de comunidades através da dinamização de espaços, mantendo recursos e valores, conseguindo uma elevação e uma dignidade presentemente reconhecida. Até agora sem valor comercial e por isso, desvalorizados e marginalizados, os espaços, as comunidades, os produtos, a estrutura económica comunitária, as tradições, os lugares, os tempos, etc. adquirem agora uma capacidade de autosustentabilidade e de atractividade, em relação às quais as forças de mercado não são indiferentes. Na lógica desta legislação, estes agentes promotores do desenvolvimento, vêem agora ser-lhes retirada e impedida a possibilidade de continuarem o seu trabalho de investimento recolhendo os benefícios, as mais valias humanas, comunitárias, financeiras e civilizacionais, sendo-lhes impostos mediadores (turísticos, neste caso) que os transformam em objectos de visitação e *"voyerismo"* comercial, fazendo reverter para estes últimos e para o Estado as mais-valias do investimento realizado. É clara neste processo, a lógica que impede o acesso aos recursos necessários para que os primeiros possam continuar o seu trabalho de investimento e possam receber os respectivos benefícios, senão vejamos os respectivos conceitos que as definem:
… atente-se que:

1 – Artigo 2.° – *"são empresas (…) as que tenham por objecto a exploração de actividades lúdicas, culturais, desportivas ou de lazer (…) e não se configurem como (…) estabelecimentos de restauração e bebidas".*

2 – As empresas de (…) restauração e bebidas (*"sem prejuízo no disposto no número anterior (…))* "podem exercer actividades de animação turística".[29]

---

[29] **O Decreto-Lei n.° 108/2002 de 16 de Abril**, que efectua a compatibilização da legislação relativa à actividade seguradora com a responsabilidade civil das empresas de animação turística, por parte do Instituto de Seguros de Portugal, estabelece, também no seu artigo 2.° uma redefinição do conceito de empresa de animação turística:

Artigo 2.° – Noção

1 – São empresas de animação turística as que tenham por objecto a exploração de actividades lúdicas, culturais, desportivas ou de lazer, que contribuam

O Conceito de Desporto 81

Sente-se a necessidade de haver pessoas formadas para estarem à frente da direcção técnica destas empresas. Pessoas com uma tripla formação: (1) Formação em Ambiente, em (2) Desporto e em (3) Turismo. Também a direcção técnica com formação específica se faz sentir em matéria de gestão das instalações referidas no artigo 3.° com "*actividades próprias e acessórias das empresas de animação turística.*".

Artigo 3.° –

1 – (…) são consideradas actividades das empresas de animação turística as actividades de animação previstas no n.° 1 do artigo anterior desenvolvidas em:

a) marinas, portos de recreio e docas de recreio, predominantemente destinados ao turismo e desporto;

b) Autódromos e Kartódromos (*);

c) Balneáreos termais e terapêuticos;

d) Parques temáticos;

e) Campos de Golfe;

f) Embarcações com e sem motor, destinadas a passeios marítimos e fluviais de natureza turística;

g) Aeronaves com e sem motor, destinadas a passeios de natureza turística, desde que a sua capacidade não exceda um máximo de seis tripulantes e passageiros;

h) Instalações e equipamentos para salas de congressos, seminários,

colóquios, e conferências quando não sejam partes integrantes de empreendimentos turísticos e se situem em zonas em que a procura desse tipo de instalações o justifique;

i) Centros equestres e hipódromos destinados à prática de equitação desportiva e de lazer;

j) Instalações e equipamentos de apoio à prática do Windsurf, surf, bodyboard, wakebord, esqui aquático, vela, remo, canoagem, mergulho, pesca desportiva e outras actividades náuticas;

l) Instalações e equipamentos de apoio à prática da espeleologia, do alpinismo, do montanhismo e de actividades afins;

m) Instalações e equipamentos de apoio à prática de pára-quedismo, balonismo e parapente;

n) Instalações e equipamentos destinados a passeios de natureza turística

---

para o desenvolvimento turístico de uma determinada região e não se configurem como empreendimentos turísticos, empreendimentos de turismo no espaço natural, estabelecimentos de restauração e bebidas, agências de viagens e turismo ou operadores marítimo-turísticos.

Nesta definição parece iniciar-se um percurso onde as preocupações com o nível local e regional começam a fazer sentir-se. Contudo estas preocupações centram-se apenas no sector turístico: "*… que contribuam para o desenvolvimento turístico de uma determinada região…*"

82 Os Espaços do Desporto – Uma Gestão para o Desenvolvimento Humano

em bicicletas ou outros veículos de todo-o-terreno;

o) Instalações e equipamentos destinados a passeios de natureza turística em veículos automóveis, sem prejuízo do disposto no artigo 16.°;

p) Instalações e equipamentos destinados a passeios em percursos pedestres e interpretativos;

q) As actividades, serviços e insta-

(*)[30]

lações de animação ambiental previstas no decreto regulamentar n.° 18/99 de 27 de agosto, sem prejuízo das mesmas terem de ser licenciadas de acordo com o disposto nesse diploma;

r) Outros equipamentos e meios de animação turística, nomeadamente de índole cultural, desportiva, temática e de lazer.

A confusão de conceitos é farta e só beneficia quem está neste campo numa perspectiva predadora de valores, recursos e oportunidades que outros preservam ou constroem. Entre este dois diplomas legislativos, os conceitos de animação turística, animação ambiental, animação desportiva são confundidos quer no seu objecto, quer no seu domínio, quer ainda no seu conteúdo, atribuindo-se ao turismo, actividades que são desportivas, ao ambiente, actividades que são culturais e ao turismo permite-se-lhe a entrada por campos que não são a sua vocação nem a sua missão. Veja-se a forma como são utilizados em contextos diversos nos dois diplomas. Não se fala em visitantes, estudantes, estudiosos, desportistas, praticantes ou veraneantes – Tudo é reduzido ao conceito de turista, mais claramente denominado: CLIENTE!

> A intromissão do sector turístico-empresarial dentro do Desporto e do Ambiente é tão forte que, o Capítulo II, passa a esquecer por completo tudo quanto é organismos ligados ou tutelares destes dois domínios, para tudo ser decidido e tudo depender da Direcção Geral do Turismo. Os próprios Clubes e Associações Desportivas, Associações Juvenis, Instituições Privadas de Solidariedade Social, Misericórdias, Institutos Públicos, já depois de terem sido desmotivados por uma configuração do artigo 4.° (exclusividade e limites) são agora obrigados a comunicar à D.G. Turismo (artigo 10.°) a ocorrência de actividades após a respectiva verificação. É, em final o turismo que acaba por deter o poder de licenciar actividades e acontecimentos bem como o de efectuar os correspondentes mecanismos de regulação no que ao desporto

---

[30] (**Interessante a sua relação com os espaços naturais!!!** *O comentário é nosso!*)

O Conceito de Desporto 83

e ao ambiente dizem respeito. O mesmo pode confirmar-se pelo estabelecido no **Decreto-Lei n.º 56/2002 de 11 de Março** que estabelece o regime jurídico do turismo de natureza. Toda a componente desportiva manifesta progressivamente uma ausência inquietante no que respeita às suas referencias. Não é prevista uma presença declarada de técnicos superiores com formação desportiva, particularmente licenciados em Gestão do Desporto e Educação Física. Não há participação de técnicos de organismos governamentais do sector. Não há participação de técnicos de organismos autárquicos, nomeadamente dos serviços municipais de desporto, quer ao nível do licenciamento, dos procedimentos de segurança, na qualidade dos equipamentos, nos recursos materiais a serem utilizados, recursos humanos envolvidos, etc. Fala-se em segurança apenas para fazer incluir a participação das empresas e associações empresariais do sector dos seguros que, pela análise do conteúdo do próprio diploma se vê que não têm apetência pela realização de intervenções neste sector.

Entendemos que é importante regular uma actividade comercial, lucrativa, com valor e importância futura no tecido económico português. Já não aceitamos a exclusividade corporativa e monopolista das empresas sobre a expressividade desportiva e ambiental de outros organismos. Do mesmo modo não concordamos com o argumento esgrimido por estas com base em concorrência desleal, que visa impedir que os clubes e associações, por via dos serviços que prestam à comunidade (numa lógica comunitarista!), possam ver canalizados para as suas estruturas determinados recursos económicos que elevam a qualidade de prestação desses serviços. Os objectivos são outros, as lógicas são diferentes e os mecanismos de regulação não devem impor lógicas exclusivistas mas devem acima de tudo preservar os valores e o interesse público.

Por outro lado as entidades empresariais devem caminhar cada vez mais para a criação de espaços próprios privados, construídos até, com **paisagens autogeridas** e oferta de produtos e actividades estabilizadas quer em termos económicos quer em termos ambientais e turísticos. As coutadas, ao nível da caça e os parques temáticos ao nível dos lazeres, são bom exemplo de referência e que libertam os espaços públicos para a livre fruição.

O que se trata aqui é de uma dimensão desportiva da construção humana que se confunde com a expressão do espírito desportivo em cada

84   *Os Espaços do Desporto – Uma Gestão para o Desenvolvimento Humano*

uma das suas práticas realizadas em ambiente natural. As empresas não estão vocacionadas para desempenhar esse papel, porque não têm uma atitude de dimensão de partilha, de celebração, de convivência mútua, mas de saque, de maximização de proveitos, de extracção de recursos que acontecem nesta expressão social e cultural. Aqui, para que possa acontecer, é necessário adicionar recursos devidos a uma dimensão festiva e não retirá-los, é necessária uma atitude de entrega e não uma atitude de reserva. E, definitivamente, essa não é a vocação das empresas!

2.3.3. *A Defesa dos Espaços Naturais*

Os critérios de diferenciação devem dirigir-se, em nosso entender, à constituição de respostas espacialmente hierarquizadas e dirigidas a grupos-alvo específicos, que têm do ambiente diferentes posturas e motivações, diferentes capacidades e intenções de, sobre ele, exercerem a correspondente pressão (ou carga). A capacidade de prever nestes espaços áreas para diferentes funções que estes grupos perseguem e pretendem exercer, será o factor disciplinador fundamental que conduzirá os utilizadores aos locais onde desejam desempenhá-las. Prever e organizar, quer as intenções quer as concretizações, são desafios que se colocam aos gestores destes espaços, que darão aos utilizadores a possibilidade de aceder aos espaços naturais, exercer o mínimo de carga e trazer, não só o gozo que as actividades nestes espaços permitem, mas também a aprendizagem correspondente em matéria de vivência no ambiente. A penetração e o envolvimento com a natureza podem ser planeadas e hierarquizadas, se assim houver estudo, em função das motivações dos grupos-alvo que pretendem atingir-se.

Por isso é necessário fazer e divulgar estudos do ponto de vista ecológico sobre os comportamentos humanos das diferentes populações que se abeiram dos espaços naturais, sobre as suas motivações e atitudes *"in loco"*, de modo a que a exclusão, o impedimento, a palavra "NÃO", e a expressão "NÃO PODE SER" não seja a mais frequente.

Mas voltemos ao conteúdo do **Decreto Regulamentar n.º 18/99 de 27 de Agosto** que estabelece no seu articulado a figura do Guias de Natureza (artigo 7.º guias de natureza):

"1 – As actividades e serviços de animação ambiental nas suas diferentes modalidades serão acompanhadas por guias de natureza, os quais devem possuir formação profissional adequada.

2 – O plano de formação profissional dos guias de natureza é aprovado por portaria conjunta dos membros do Governo responsáveis pelo turismo, emprego e formação profissional, ambiente e desporto.

3 – Até à formação de guias de natureza previstos no número anterior, os percursos interpretativos referidos na alínea c) do n.º 2 do artigo 3.º. Podem ser acompanhados por profissionais cujas habilitações sejam reconhecidas como adequadas pelo Instituto de Conservação da Natureza (ICN)."

Esta figura cria oportunidades na concepção de planos de formação de agentes que vão ter uma relação directa com as pessoas e com os espaços. Serão estes os mediadores, a face visível, entre a procura e as necessidades de preservação dos espaços protegidos. As acções de formação e o respectivo planeamento podem definir, ao nível da concepção, um perfil de competências em ambos os domínios que permita a necessária adequação aos desafios e competências que se esperam que venham a desempenhar. Entre elas, a condução dos utilizadores dos espaços naturais às situações pedagógicas de contacto com a natureza apropriadas que os visitantes procuram, mas também de apoio complementar aos agentes de formação de organizações de ensino, de recreio e de desporto que elegem estes espaços como palco das suas acções.

Uma atitude comum de maior acessibilidade só é possível se não houver **preconceitos** face às tipologias de procura, se forem efectuados os correspondentes **estudos caracterizadores**, se houver **formação** continuada pela prática, e se houver a assunção individual ou colectiva de um **código de conduta** do desportista ou utilizador da natureza que será o instrumento fundamental de construção de atitudes. Mais do que uma lei estabilizada, com limites que serão facilmente contornáveis ou ultrapassáveis, mais do que um conjunto de regras proibitivas sobre o que pode e o que não pode ou deve fazer-se, o código de conduta deverá ser composto por princípios, e entendimentos a serem assumidos de forma voluntariosa e activa.

Por todos estes motivos, até que cada município, como unidade de base territorial, possua um espaço de paisagem construído dirigido às motivações dos seus habitantes, devem os espaços naturais ter esta capacidade de oferecerem aos cidadãos espaços de criatividade, beleza e de descompressão em que estes se constituem.

O sector privado, olhando para este tipo de necessidades e percebendo que o sector público não oferece esta tipologia de espaços com qualidade e desafogo acessível a todos, começou já a constituir uma tipologia própria de habitação – **os condomínios fechados** – que integram no seu perímetro um conjunto de espaços e equipamentos que a via pública deixa progressivamente de oferecer quer em termos de existência, quer em termos de qualidade. Em termos ambientais, deve também o sector privado constituir oferta no domínio das paisagens ambientalmente equilibradas que possam localizar e propor as respectivas actividades de lazer, turismo e desporto dentro da perspectiva empresarial de maximização dos seus lucros e proveitos.

A **Portaria n.º 450/2001 de 5 de Maio** (Programas Integrados Turísticos de Natureza Estrutural e Base Regional) cria, através do seu regulamento, um conjunto de oportunidades que as empresas devem tomar para si no cumprimento dos respectivos objectivos e que estão em consonância quer com o desenvolvimento integrado e sustentado, quer com as necessidades de preservação ambiental do espaço público.

3. O Espaço Desportivo não é isento de Conflitualidade

A luta entre o estatuto dos espaços, podendo eles serem públicos ou privados, de livre acesso ou condicionado, alimentou sempre muitas paixões e conflitos que estão inclusivamente na base de muitos processos ideológicos e doutrinários acerca da propriedade, do espaço, da economia e das relações entre pessoas, povos e comunidades [31]. Contudo, a crescente diminuição do espaço público ou da sua função como espaço de livre acesso, que se observa com mais evidência nas cidades, onde assistimos frequentemente à sua apropriação ou das suas funções, por entidades privadas, é outro motivo que impele os cidadãos a procurar fora delas o espaço restante, as paisagens não urbanizadas, para a realização de actividades.

Alan Metcalfe (1850-1914) (1993)[32], tendo como objecto de estudo a região mineira de East Northumberland, em Inglaterra, efectuou uma análise histórica do aparecimento das instalações desportivas e das relações das populações operárias/mineiras com o espaço, através do desporto. Esclareceu-nos nesse estudo que 90% do território inglês estava, na altura, privatizado, pelo que o desporto era jogado nos espaços públicos. Embora fosse tolerado, ele não era desejado nem pelas autoridades, nem pela classe dominante. Por isso, junto às tabernas, estalagens e estabelecimentos públicos, apareceram os primeiros recintos, clubes e respectivos patrocinadores (*sponsors*), sendo de seguida contrariados e reprimidos pelas forças da ordem, com o argumento de que eram sítios para beber e não

---

[31] Veja-se o recente conflito sobre a Lei da Caça, as reservas cinegéticas, as reservas de caça associativa e os "caçadores livres".

[32] Metcalfe, Alan; (1993), ***The Development of Sporting Facities: A Case study of East Northumberland, England, 1850-1914***, *in* International Revue for the Sociology of Sport, Vol. 28, n.º 2+3, Hamburg, 1993, p. 107-118.

88 Os Espaços do Desporto – Uma Gestão para o Desenvolvimento Humano

para o desporto. Por intermédio dos seus sindicatos, os operários adquiriram as primeiras propriedades com função de recreio e fruição da paisagem, destinados às suas famílias. Foi aí que vieram a nascer mais tarde os primeiros parques naturais e onde viriam a construir as primeiras instalações desportivas.

Em Portugal, na perspectiva de Noronha Feio (1985)[33], o desporto teve as suas origens noutro contexto, diferente do ambiente industrial inglês. A relação do homem com a Terra e com as forças da Natureza, moldou o carácter e a natureza humana do homem português e exerceu influência cultural sobre o desporto: O espaço livre, pelo contacto com o elemento natural através de actividades como a pesca, a caça, a navegação de rio e de mar, e os jogos com origem nas comunidades agrícolas. No nosso país, o desporto nasceu, tal como a vida nos seus primórdios, no mar: A Real Associação Naval de Lisboa foi, ao que se julga pelos documentos disponíveis, a primeira colectividade desportiva a ser fundada (1856) (Sousa, J.T., 1986)[34], ao tempo do nosso rei D. Carlos (conhecido como grande entusiasta e estudioso das coisas do mar). Pretendia o monarca, que os jovens e o povo português a ele se ligassem com mais intensidade. São do seu tempo, também, as disposições sobre o Domínio Público Marítimo (19.12.1898), onde se consagra o livre acesso à orla costeira. Permitindo o livre acesso, acreditava-se que os jovens portugueses se afeiçoariam mais a ele e que aí desenvolvessem mais actividades continuando o nosso processo histórico de afirmação universal que nos ligou ao mar.

Se existem, na paisagem, trechos cuja propriedade é privada, tendo por isso altas restrições à sua livre utilização, é necessário que os Parques Naturais prevejam na sua constituição, como forma de responderem aos seus objectivos, a existência de espaços de livre acesso para consumo dos cidadãos ávidos de paisagem. É preciso devolver alguns dos espaços a todos. O **Decreto-Lei n.° 613/76 de 27 de Julho** que instituía os parques naturais, criava as figuras de Reservas de Recreio e de Paisagem Protegida, respectivamente nos números 2 e 4 do seu artigo

---

[33] Noronha Feio, J.M., (1985), *Portugal Desporto e Sociedade*, Terra Livre, D.G.C.S., Lisboa, p. 37.

[34] Sousa, J. Teixeira de; (1986), *Para o Conhecimento do Associativismo Desportivo em Portugal*, Lisboa, UTL-ISEF, Vol. I, p. 197.

2.°[35] vocacionando-os para "(...) *a satisfação das necessidades das populações urbanas em matéria de recreio, activo ou passivo, são áreas por isso onde se acentua a função recreativa, (...)"*, respondendo de algum modo à previsão de espaços destinados a estes fins e as estes cidadãos. Os parques naturais, reuniam e consagravam assim as possibilidades e as restrições na utilização de um bem que é público e deve ser preservado para que a qualidade da sua oferta se mantenha. Contudo, pelo **Decreto-Lei n.° 19/93 de 23 de Janeiro**, que vem consagrar a Rede Nacional de Áreas Protegidas, esta vocação foi literalmente abandonada, em favor de uma concepção naturalista de conservação direccionada apenas para os ecossistemas selvagens, onde as actividades humanas têm uma referência mínima e a figura da reserva de recreio, deixa de vigorar explícita e implicitamente.

Tal movimento vem realizar-se na direcção oposta às motivações que estiveram na origem destes espaços e na respectiva proposição. Referimos já o aparecimento dos primeiros parques descritos por Alan Metcalfe, mas também, naquele que é considerado a referência na criação dos primeiros parques naturais, nomeadamente o Yellowstone Park – 1.° parque nos Estados Unidos (1872)[36], se assistiu na sua constituição, a definição dos mesmos propósitos, isto é, com funções de recreio.

---

[35] Decreto-Lei n.° 613/76 de 27 de Julho que instituía os parques naturais:

Artigo 1.° – A gestão dos parques e reservas será feita pelo Serviço Nacional de Parques, Reservas e Património Paisagístico em colaboração com as autarquias locais, assembleias de compartes e departamentos do Estado, de acordo com a legislação a aprovar.

Artigo 2.°, n.° 3 – Reserva de recreio – Corresponde ao que por vezes se tem designado por reserva turística pois considera-se que o turismo não é mais do que a comercialização do recreio, sendo este o preenchimento dos tempos livres dos trabalhadores de qualquer sector.

Nesta classificação consideram-se as áreas particularmente aptas para satisfazer as necessidades das populações urbanas em matéria de recreio, activo ou passivo; são áreas, por isso, onde se acentua a função recreativa, paisagística, etc, sem, contudo, se esquecerem as preocupações da defesa do meio natural e do equilíbrio ecológico.

Artigo 2.°, n.° 4 – Paisagem protegida – Corresponde ao que por vezes se tem designado por reserva de paisagem; com efeito, propõe-se salvaguardar áreas rurais ou urbanas onde subsistem aspectos característicos na cultura e hábitos dos povos e na concepção dos espaços, promovendo-se a continuação de determinadas actividades (agricultura, pastoreio, artesanato, etc.), apoiadas num recreio controlado e orientado para a promoção social, cultural e económica das populações residentes e em que estas participam activa e conscientemente.

[36] Resenha Histórica, *In* "O Verde" – Boletim sobre ambiente e património, suplemento – Conservação da Natureza, Lisboa, GEOTA, ed. EPSD, SET/DEZ 86, pp. 7, 8.

90 *Os Espaços do Desporto – Uma Gestão para o Desenvolvimento Humano*

O lazer e o desporto foram os primeiros a criarem parques e áreas protegidas. Eles são hoje também os motivos e as tecnologias que as entidades gestoras utilizam como forma de animarem e darem a conhecer, de uma forma não agressiva para esses sistemas, tudo o que há para ver e aprender sobre esses espaços e correspondentes dinâmicas e recursos. Há assim necessidade de repensar algumas estratégias de conservação, articulando-as com as necessidades de desfrute e de formação no domínio do ambiente.

A decisão e as tecnologias de desporto e lazer, tiveram assim um papel histórico no aparecimento e concepção destes espaços. Sempre o desporto e o lazer olharam para os espaços restantes, marginais ou alternativos quando, por via da pressão dos poderes constituídos (económicos, comerciais ou outros), os espaços públicos se fecharam ou condicionaram ao livre acesso e utilização dos cidadãos. À segregação ou encerramento destes espaços ou ainda à falta de desafogo que se implantou nas cidades, os habitantes responderam com actividades e com procuras que elegeram os espaços naturais e agrícolas como palco das suas práticas. Ao encerramento ou segregação impostas por concepções conservacionistas que resultaram no perfil do **Decreto-Lei n.º 19/93** de 23 de Janeiro (Áreas Protegidas), o desporto, pela importância crescente que tem na vida das pessoas e das cidades encontra agora soluções sustentadas, exigindo um direito de cidade próprio, assumindo uma maturidade legitimada, quando é motivo de requalificação dos ambientes urbanos e quando serve de tecnologia de aplicação de formas educativas e vivificadoras dos espaços naturais. Assistimos cada vez mais à proposição de espaços construídos com uma linguagem natural onde se integram vários motivos de tipologias de espaços. Referimo-nos aos parques radicais, parques urbanos, parques temáticos, científicos, de arte, de aventura, desportivos, parques aquáticos, quintas pedagógicas, aldeias rurais, jardins de bairro, parques florestais e outras formas de protecção e integração do ambiente no conjunto das actividades humanas. A jusante deste movimento é incluído o próprio espaço e ambiente urbanos, que encontra no lazer e no desporto novas linguagens sociológicas de requalificação das relações entre as pessoas.

A requalificação ambiental urbana referida, resultará certamente numa formação de cidadãos mais responsáveis, quer com o ambiente urbano quer com o natural, permitindo que mais facilmente se flanqueiem as portas dos espaços naturais à contemplação e recreio. As linguagens proibitivas ou condicionadoras dos gestores das áreas protegidas darão lugar, num futuro próximo, a um forçado apelo à visitação e ao usufruto das paisagens e motivos naturais dirigidas aos cidadãos urbanos, promovidos nos expositores das escolas, das colectividades desportivas e nos postos de turismo, para que o património natural seja visto, vivido e assimilado por todos.

3.1. A Produção do Espaço Desportivo e de Recreio

A intervenção sobre o espaço, é uma forma de inscrever nele o conforto sustentador dos projectos de vida dos diferentes grupos sociais. Manuel Castells (1975)[37], refere que a produção do espaço resulta de uma apropriação pelos sectores sociais com maior poder económico, o poder da classe dominante e que o espaço reproduz, na sua configuração, a estrutura e os mecanismos desse mesmo poder, no que respeita à sua ocupação, através da estrutura espacial. No seu entender, o espaço pode ser produzido:

> "Chamamos produção de formas espaciais ao conjunto de processos que determinam a articulação concreta de elementos materiais sobre um espaço dado. Mais concretamente, à determinação da organização, no espaço, dos indivíduos e grupos, dos meios de trabalho, das funções e das actividades, etc.".

Para a produção destas formas espaciais, Castells (1975), na linha de Weber (1922), considera a existência de *actores-sujeitos* portadores de valores, objectivos e concepções, afirmando-se por si mesmos e constituindo formas sociais através do seu afrontamento. Estes últimos, constituem a *estrutura espacial* que, no seu entender, é o sistema urbano. Define-o deste modo:

> "Chamaremos **estrutura espacial** (ou "sistema urbano", segundo a tradição) à articulação espacialmente específica dos elementos fundamentais da estrutura social".

A estrutura espacial urbana assenta fundamentalmente na capacidade de dominar ou utilizar os espaços onde são realizadas as respectivas fun-

---

[37] Castells, M. (1975), **Problemas de Investigação em Sociologia Urbana**, Lisboa, ed. Presença, 1979, pág. 65, 66.

ções, bem como aquelas relativas às actividades (a produção, o consumo, o intercâmbio e a gestão) e que são os elementos da estrutura urbana. O grupo social, pela apropriação que é capaz de realizar, assume-se ideologicamente com concepções mais restritivas ou mais permissivas face ao espaço. Determinados grupos sociais apropriam-se do espaço urbano pelo poder económico que conseguem suster, pela localização dos seus empreendimentos económicos e empresas no interior das cidades ou pela imposição de um código no espaço que determina as funções ou as actividades que aí se desenvolvem. É deste modo que o antagonismo dos projectos dos indivíduos ou grupos sociais, a que cada um deles normalmente se associa, produz, aquando da sua concretização, o choque dos imaginários, quando as interpretações do espaço são diferentes. É o resultado da luta social pela apropriação do espaço: cada um dos intervenientes entende o espaço como possibilidade de realização dos seus sonhos e projectos ou de efectivação das suas funções e actividades, sobre o que se pode ou deve e o que não se pode ou não se deve fazer num determinado lugar.

O desporto, pela importância social crescente, tem também uma capacidade própria de produzir os seus próprios espaços (John Bale,1989). A produção de espaço desportivo e de recreio constitui hoje uma necessidade e uma resposta artificial ao encerramento quer dos acessos ao espaço natural quer ao condicionamento da livre utilização dos espaços públicos urbanos. Os espaços desportivos constituem-se, pelas actividades que aí de realizam, como antecâmara da urbanidade e que preparam de modo activo os cidadãos para uma abordagem vivida quer da cidade quer dos espaços naturais. Os espaços desportivos dão assim resposta às necessidades do sistema desportivo formal, à expressão desportiva das populações em ambientes urbanos ou naturais. O desporto codifica o espaço não só das instalações desportivas, não apenas dos seus acessos, mas liberta-se delas, abandona-as e invade agora os espaços urbanos marginais ou disponíveis numa vivência mais humanizadora da cidade (Adamkiewicsz, 1994)[38].

---

[38] Adamkiewicz, Eric; (1994), *Autonomous Sporting Uses of the Town, Punctual Marginal Pratices or a New Approach for Urbanity?*, Second Europeean Congress on Sport Management – official proceedings, EASM, ISEF, Firenze, Scuolla dello Sport, CONI (Université Claude-Bernard, UFRAP-Lyon I – France).

3.2. A "Sociedade de Mercado" e o Desporto

A década de 1990 instalou entre nós a "Sociedade de Mercado". O resultado final das escaramuças travadas desde o tempo da guerra fria até à queda do muro de Berlim, foi construindo a "Economia de Mercado" que se opunha à "Economia Planificada ou de Estado". Dentro da *Economia de Mercado* coexistiam regimes mais liberais ou com maiores ou menores intervenções do Estado quer nas formas de regulação quer mesmo em termos de participação activa nas dinâmicas económicas.

A *"Sociedade de Mercado"* transportou para o conjunto das relações institucionais e sociais toda as dinâmicas e valores que estão subjacentes aos actos mercantis que são observáveis na troca de bens e serviços pelas empresas e agentes económicos. Todo este processo de construção foi acompanhado por uma nova ideologia ou conjunto de paradigmas baseados em verdades quase dogmáticas, porque foram de aplicação absoluta e a que Adriano Moreira denominou *Teologia de Mercado* (Adriano Moreira, 2003)[39].

A *"Sociedade de Mercado"* **matou** o conceito de cidadania e o substituiu-o pelo estatuto de cliente. A Humanidade inteira é transformada por este processo, na pessoa de cada um dos cidadãos, numa mole imensa de clientes, portadores de necessidades que têm que ser satisfeitas e às quais o mercado é capaz de satisfazer, senão já, pelo menos um dia. Em termos simbólicos, poderemos hoje dizer que o bilhete de identidade cuja função fundamental era a de expressar um estatuto de cidadania adquirido, perdeu o valor intrínseco que tinha para o cartão magnético (ou de crédito) de pagamentos electrónicos. É este último que define cada vez mais o estatuto que cada indivíduo detém e que por isso o caracteriza e o diferencia na escala social. É este cartão que dá acesso à nova cidadania que é o **direito ao consumo**.

Em termos desportivos, o tipo de relações e de conflitualidade que se assiste hoje ao nível dos processos que relacionam os clubes desportivos e as empresas são sintomáticos: os clubes com missões de promoção dos valores e vivências públicas do desporto, face às SAD's promotoras de espectáculos desportivos. Os primeiros têm preocupações de formação de

---

[39] Moreira, Adriano (2002), **Os Trópicos na Europa** – conferência produzida na sessão solene de abertura das novas instalações do ISCSP em 18 de Janeiro de 2002, publicado no Boletim da UTL – Universidade Técnica de Lisboa.

94 *Os Espaços do Desporto – Uma Gestão para o Desenvolvimento Humano*

comunidades de desportistas e visam por isso, a maximixação das eficiências ao nível da promoção do desporto e correspondente prática desportiva, enquanto as segundas poderão promover o desporto, mas com objectivos de maximização de lucro e proveitos, onde o objectivo será o de promover a formação de uma **carteira de clientes**.

Esta reflexão já tinha sido desencadeada anteriormente por dois autores da Universidade Técnica de Lisboa, nas suas Teses de Doutoramento: Teixeira de Sousa em 1986 (p. 596)[40] e Gustavo Pires em 1989 (pág. 376 a 384), que a desenvolveu. Nela, este refere as relações entre os clubes, os atletas, e as empresas, chamando a atenção para a ameaça das contrapartidas, dizendo que por detrás de cada apoio, existem potenciais ameaças à independência e autonomia dos atletas e dos organismos desportivos. Por vezes os apoios significam a corrosão dos valores éticos e morais, que devem, em quaisquer circunstâncias, orientar as práticas desportivas.

O Desporto encerra em si valores e produz imagens onde esses valores estão associados. Para além das imagens do desporto, este encerra também uma moralidade positiva que se associa à coragem, ao desafio, à competição, ao companheirismo, à lealdade, à determinação, à vontade de vencer adversidades, a corpos saudáveis, com imagens de vitalidade, energia, força, etc. Mas, a pressão mercantilista sobre o fenómeno desportivo, é cada vez mais forte e esta, tende a perverter o próprio desporto, quando as relações não são equilibradas.

O mercantilismo, cujo objectivo máximo é vender produtos ou serviços e maximizar os proveitos, tenta, por via do desporto, associar estas qualidades e valores aos produtos que pretende vender. As emoções associadas ao desporto são um bom atractivo, uma boa chamada de atenção, para que este passe as suas mensagens e efectue as suas vendas. Mas, ao praticante desportivo já não chega preocupar-se apenas com o seu desempenho. É-lhe é pedida a garantia de êxito comercial e visibilidade dos patrocinadores nos meios de comunicação social. Pouca importa ou cada vez menos, a vitória desportiva. O importante passa a ser se a mensagem comercial passou, se a marca do produto ou da empresa foi vista na TV ou fotos dos jornais, em quantos segundos e se em primeiro ou segundo plano. Dos valores desportivos passamos para os interesses comerciais e

---

[40] Sousa, J. Teixeira de; (1986), *Para o Conhecimento do Associativismo Desportivo em Portugal*, Lisboa, UTL-ISEF, Vol. I e II.

o desporto altera-se, como podemos assistir cada vez mais em modalidades desportivas como o ciclismo, o automobilismo e o próprio futebol.

3.2.1. *A pressão mercantilista e o desporto*

Desporto e mercado têm objectivos diferentes. Ao primeiro interessa a verdade desportiva, o mérito dos valores que referimos atrás, a vitória, a participação, a especialização ou a generalização das respectivas práticas, pela promoção de eventos onde esses valores se manifestem como fim a atingir. Ao segundo, agrada apenas a imposição de marcas ou produtos, a captação das atenções de uma forma directa ou indirecta, de modo que tal possa aumentar os proveitos da empresa. De um lado, o fenómeno desportivo, carente de recursos mas com uma capacidade atractiva muito forte, produtor de emoções e revelador de expressões e de valores. Do outro as empresas com a força dos recursos que dispõem e que são necessários ao desporto, apresentando-se com carências de visibilidade. Contudo os comportamentos económicos e a parcimónia com que gerem os recursos nas suas relações com o desporto, associado a alguma arrogância que possam ostentar por via da respectiva propriedade, colocam as empresas em situação de poder e vantagem nesta relação. Tal resulta numa troca desigual, onde os valores do desporto acabam por não ser devidamente remunerados face às mais valias obtidas pelas empresas participantes no fenómeno desportivo. Mais grave, é a crescente imposição de regras, processos e às vezes até resultados que são ditados por via desse poder e que desvirtuam e pervertem a própria essência dos valores desportivos.[41] "*As SAD's estão a matar o futebol*" (Moniz Pereira, 2002)[42]. Dir-se-ia que é uma luta desigual entre uma valorização materialista subjacente ao pensa-

---

[41] Veja-se o que aconteceu nas provas de automobilismo em Fórmula 1 entre dois pilotos da mesma marca em que o primeiro a poucos metros do final de um grande prémio em situação de vitória, teve que dar lugar ao segundo, por imposições comerciais (Ruben Barrichello e Michael Schumacher em 2002 – Grande Prémio da Aústria em Fórmula 1).

Relembre-se ainda a digressão do Real Madrid no início da Época 2003/2004 no Japão, comprometendo o final do campeonato, com o esgotamento das principais figuras dos "galácticos", com as correspondentes percas do título e da continuidade do treinador Carlos Queirós. A posição da equipa portuguesa no campeonato do mundo da Coreia/Japão também não foi estranha a este fenómeno.

[42] Moniz Pereira – Entrevista ao Jornal Record, (2000).

96 *Os Espaços do Desporto – Uma Gestão para o Desenvolvimento Humano*

mento da sociedade de consumo e uma reacção ao consequente cansaço instalado, que se traduz numa valorização progressiva dos aspectos simbólicos que o desporto arrasta. Equilíbrio, precisa-se!

3.2.2. *A pressão mercantilista e a utilização desportiva dos espaços públicos*

A prática livre ou de utilização do espaço de uma forma desportiva ou de recreio não organizada não é facilitadora de operações comerciais que não lhe estejam dirigidas. Para que um determinado tipo de actividade comercial de vizinhança se efectue, ele tem que ter a possibilidade de organizar-se e as práticas desportivas livres, espontâneas, inorganizadas, utilizadoras dos espaços públicos constituídos por praças, ruas, praias, espaços naturais, etc., não estão em consonância com as práticas ou rotinas associadas ao acto de venda do sector, da visibilidade ou atenção que pretende atrair sobre si. Após esta associação, o mercantilismo pretende apropriar os aspectos simbólicos reveladores de qualidades, de tal modo que a aquisição do produto signifique a integração da qualidade manifesta pela actividade desportiva. Se isto acontece num primeiro momento, como móbil inicial por forma a captar de uma forma sedutora as atenções do potencial cliente, numa segunda fase, pretende-se que este (o destinatário) crie uma necessidade cuja satisfação se assuma como imprescindível. A partir deste momento, foi criada uma relação de dependência e o negócio pode realizar os seus rituais de sedução, aproximação-afastamento, rejeição e todos os ciclos que se lhes seguem, até à satisfação da necessidade de comprar do cliente e da de vender do agente de mercado.

Ora, os valores do desporto têm que estar muito para além deste jogo sedutor, ardiloso, espectante, estático, onde as qualidades que lhe são apontadas no jogo desportivo são postas em causa num outro jogo onde outras destrezas que não as desportivas, são aplicadas. O espaço público, urbano ou natural é por vezes revelador de disputas acesas entre as práticas comerciais e as utilizações livres, inorganizadas, disputas essas que são infundadas, pois a actividade comercial terá sempre a lucrar com a atractividade das pessoas aos lugares e com ambientes de alegria e de festa. Para um determinado tipo de agente de mercado abusador, fundamentalista, o espaço público é um espaço a apropriar e a transformar em espaço de circulação até ao local de venda. Para ele, este deve ser codificado de modo a marginalizar ou a desvalorizar as utilizações livres e inorganizadas, porque está convencido que o prejudica.

A pressão mercantilista não se limita já ao apelo ao consumo. Ela é cada vez mais imperativa, impositiva, dominadora. Para compelir o consumidor a tomar a decisão de consumir, o sistema obriga-se ao controle do espaço e do tempo da vida das pessoas, através de processos estimulação ou de restrição. Ocupando os espaços de liberdade e os tempos onde essa liberdade é exercida, a possibilidade de direccionar os esforços e os investimentos para o acto de venda, é cada vez maior e cada vez mais eficiente. Daí a razão pela qual os pontos de venda são locais animados, onde as pessoas são conduzidas no espaço e onde o tempo de silêncio e reflexão é, do mesmo modo, ocupado com o respectivo preenchimento através de motivos musicais ou visuais. Por esses motivos se utilizam todas as técnicas que impeçam o cliente de ter um momento de liberdade e de racionalidade.

A existência de espaços públicos para utilização desportiva, com o nível adequado de qualidade e de manutenção simples e económica, não é muito simpática ao sistema economicista e mercantilista, mas é certamente bem simpática ao utilizador e cidadão comum com menos posses e com grande espírito e vontade de viver de um modo livre. Daí a pressão sobre estes espaços, tentando recrutar para o sistema mais e mais recursos, por vários meios:

1. através da figura das **concessões**, conseguir as melhores porções dos espaços públicos ou, em alternativa,

2. pela não mobilização de recursos necessários por **abandono** ou ainda;

3. conseguir, mesmo de modo activo e propositado, o nível de **degradação** adequado, para que a intervenção mercantilista possa efectivamente ser efectuada.

3.2.3. *A reacção dos poderes públicos à (o)pressão comercialista*

A pressão comercialista sobre o desporto é tal que o Conselho Europeu de Viena reunido em Dezembro de 1998 estabeleceu o "Modelo Europeu do Desporto" reconhecendo a função social do desporto. No seu segui-

Os Espaços do Desporto – Uma Gestão para o Desenvolvimento Humano

mento a DG X – organizou as primeiras Jornadas Europeias do Desporto (Maio de 1999 em Olímpia) onde foi reconhecido que

> *"O desporto europeu tem características que vão além da dimensão económica e deve ser preservado de distorções comerciais."*

A legislação portuguesa dá, também ela, os primeiros passos no sentido de separar as diferentes características de um e de outro, de modo a evitar situações menos claras na abordagem dos conceitos dos princípios e da respectiva aplicação, quando no **Decreto-Lei n.° 432/91 de 6 de Novembro**, relativo aos contratos-programa com o associativismos desportivo, refere no seu preâmbulo que:

> *"Beneficiários das comparticipações podem ser além do Comité Olímpico Português, tanto as Federações Desportivas como associações nelas inscritas e os próprios clubes"*...
> *"...inteiramente excluídas ficam as futuras sociedades com fins desportivos, dada a sua vocação comercial".*

O desporto, não tem que estar ao serviço do mercado, mas sim ao serviço do homem. É o mercado que deve disponibilizar-se para estar ao serviço do desporto, porque dele tirará, certamente benefícios em termos futuros e em termos da imagem que consegue associar aos seus produtos. Porque o desporto é, no seu conjunto, uma actividade múltipla e complexa e cria dinâmicas e necessidades em torno das respectivas práticas e do correspondente equipamento e apetrechamento. É o mercado, através do comércio, da indústria e dos serviços, que deve disponibilizar os recursos necessários à constituição de respostas aos problemas do desporto que importa resolver (cabe aqui também, às Universidades, desempenhar um papel a montante do processo): O apetrechamento colectivo das instalações desportivas, o apetrechamento individual, a alimentação dos desportistas, as viagens e o correspondente turismo desportivo, as tecnologias associadas aos equipamentos de sobrevivência e desempenho, o vestuário, o calçado e toda uma panóplia de produtos e serviços que importam ao desporto e que interessam à economia (comércio, indústria e serviços). Por isso o mercado tem de encarar o desporto como um espaço e uma oportunidade de investimento que tem riscos e pode resultar ou não, mas que tem proveitos enormes em matéria de mobilização da atenção e colagem de valores positivos do desporto aos correspondentes produtos ou marcas.

O desporto tem uma capacidade de desencadear motivos, testar situações, materiais, de desempenho corporal, tecnologias físicas e de procedimentos, de segurança. Estes motivos, fazem dele um fenómeno ímpar de inovação, beleza, com o correspondente interesse generalizado. Qualquer actividade humana associada ao desporto, consegue um parceiro que lhe acentua a respectiva visibilidade, pelos fenómenos que desencadeia, pelos espaços que codifica e produz, pelo protagonismo que é capaz de conseguir. Por isso, o espaço desportivo é ao mesmo tempo eleito como o palco de todas estas manifestações onde se revelam e entrechocam interesses vários: comerciais, económicos, sociais, etc.

3.2.4. *A livre e desimpedida utilização do espaço público e a liberdade de não consumir*

A livre e desimpedida utilização do espaço público como expressividade desafectada de interesses comerciais ou de actos de venda é desejável e é possível, como expressão de uma nova urbanidade na qual o desporto se integra. A participação das entidades comerciais e da promoção dos respectivos produtos é também possível numa justa medida, a qual é aferida sempre que não se perca a dimensão humana da expressividade desportiva e esta não fique condicionada aos interesses comerciais imediatos. A dimensão pública de utilização dos espaços não pode nem deve significar uma prática de abandono e desleixo que justifique a ditadura da visão mercantilista do desporto. Também não pode significar o esbanjamento dos recursos que são de todos e muito menos criando, por regulação, a necessária escassez viabilizadora de actos economicistas de negócios privados. As utilizações dos bens públicos impõem a mobilização dos recursos individuais e colectivos. Podem e devem por isso, ser pagas na justa medida, como forma de viabilizarem investimentos e manutenções, bem como lucros com utilidade e repercutividade social, principalmente pelos seus utilizadores, que os consomem. A utilização comercial dos espaços públicos deve ser ligeira e temporária, deve estar ao serviço das pessoas e não deve perverter, por apropriação, a respectiva vocação fundamental que é a de ser um espaço disponível ao livre e fortuito pulsar social das comunidades residentes ou utilizadoras.

> A qualidade dos espaços públicos urbanos ou das instalações desportivas de utilização livre, cujo nível de apetrechamento e especialização é necessariamente reduzido, é um factor dignificador da vida diária de todos os cidadãos e contribui para padrões mais elevados de qualidade em toda a comunidade. Esta qualidade de vida não tem que, forçosamente, ser obtida na sua totalidade à custa de um valor monetário por cada utilização, ela pode ser oferecida como um bem público que todos podem usufruir à sua medida e ao seu livre arbítrio. A oferta destes espaços terá tanto mais êxito, quanto mais descodificada e desafogada seja e ajustada for a unidades de dimensão local ou reduzida.
>
> Estes espaços devem ser oferecidos também como locais onde a liberdade de existir e de estar, sem ter que consumir obrigatoriamente, seja possível, onde a expressividade cultural e social possa ser realizada, sem depender de um exercício de consumo. Como é evidente, a sua existência é viável quando a sua estruturação e funcionamento obedecerem a níveis reduzidos de codificação e a rotinas quase inexistentes de manutenção, para o seu funcionamento, como é a via pública, como são as ruas e as praças de uma cidade. Nesta perspectiva, os espaços desportivos ganham em acessibilidade e a vida das pessoas em qualidade, pelo usufruto que lhes é dado, pelo desafogo que lhes é proporcionado.

Esta perspectiva parte de uma visão de cidade e de sociedade onde se reforça o sentimento de pertença de cada um, porque todos sentem que têm um lugar de referência e um espaço de afirmação e expressividade, no sentido que mais recentemente nos tem sido dado desde a Cimeira da Terra no Rio de Janeiro – 1992 e da Conferência Europeia sobre as Cidades Sustentáveis em Aalborg, na Dinamarca, com as respectivas cartas da Agenda 21 e Declaração de Aalborg. Desta última declaração, que aponta claramente para o reforço do compromisso e envolvimento com as comunidades e organizações locais, retiramos algumas intenções definidas e que para nós têm significado:

> *"Nós cidades, comprometemo-nos de acordo com o mandato conferido pela agenda 21, o documento chave aprovado na cimeira da Terra no Rio de Janeiro, a colaborar com todos os parceiros das nossas comunidades-cidadãos, empresários, grupos de interesses – no desenvolvimento dos Planos Locais da Agenda 21."*
>
> *"Devem-se integrar os princípios da sustentabilidade em todas as políticas e fazer das especificidades de cada cidade a base das estratégias locais adequadas".*

3.2.5. *Uma participação equilibrada do mercado no processo desportivo*

O mercantilismo apoia-se cada vez mais em princípios e em valores que o transformam em prática de vida, numa quase ideologia ou religião (Teologia de Mercado, Moreira, Adriano, 2002)[43]. Nas organizações e nos projectos, a componente de mercado, por via dos recursos que mobiliza, ocupa um papel da '*Logística*' (Henry Mintzberg, 1979)[44]: Constitui o conjunto dos abastecimentos, dos recursos necessários ao cumprimento de vocações e missões que são definidos no '*Vértice Estratégico*'. Como tal, não é sua função substituir-se ao '*Vértice Estratégico*' das organizações orientando, condicionando e alterando os respectivos objectivos, definindo as correspondentes estratégias, missões, valores, cultura e vocações. A mudança que se faz sentir, por via da tecnologia e pelo aparecimento de novos paradigmas, está a provocar alterações que são por vezes difíceis de compreender. As lições da história podem permitir-nos alguma interpretação sobre os fenómenos que estão a acontecer, dado que os sintomas identificam crises que, embora com novas roupagens, são em tudo idênticas àquilo que já anteriormente foi verificado. Na História portuguesa, quando o negócio da pimenta e das porcelanas da China passou a ser mais importante do que os desígnios do serviço a uma causa (a Fé) e a uma estratégia (atacar o inimigo – o Islão – pelas costas e no seu reduto (próximo de Meca – Lopo Soares de Albergaria – 1517), quando o negócio da escravatura para as Américas se sobrepunha ao humanismo renascentista de que fomos arautos, toda a estrutura sustentadora de uma ideia, de um projecto se altera e desfaz. Aí instala-se, como Camões referia a "...*vã Cobiça*..." a "...*Glória de mandar...*"" [45].

---

[43] Moreira, Adriano (2002), *Os Trópicos na Europa"* – ibidem.

[44] Mintzberg, Henry (1979), *Estrutura e Dinâmica das Organizações*, Lisboa, D. Quixote, 1999.

[45] Camões, *Os Lusíadas*, Canto IV, XCV:

XCV	XCVI
Ó glória de mandar! Ó vã cobiça	Dura inquietação dalma e da vida,
Desta vaidade, a quem chamamos Fama!	Fonte de desamparos e de adultérios,
Ó fraudulento gosto que se atiça	Sagaz consumidora conhecida
Cuma aura popular, que honra se chama!	De fazendas, de reinos e de impérios!
Que castigo tamanho e que justiça	Chamam-te ilustre, chamem-te subida,
Fazes no peito vão que muito te ama!	Sendo dina de infames vitupérios;
Que mortes, que tormentas,	Chamam-te fama e glória soberana
Que crueldades neles experimentas!	Nomes com quem se o povo nescio engana!

102 *Os Espaços do Desporto – Uma Gestão para o Desenvolvimento Humano*

Quando a *Logística* consegue condicionar ou substituir o *Vértice Estratégico* (Mintzberg, H.; 1979) o paradigma que subjaz à organização altera-se e com ele os objectivos e toda a respectiva estrutura. Pela sua participação no desporto, o Mercado, com as respectivas empresas, tem que ser o viabilizador de projectos dirigidos ao Homem e à sua transcendência, através da canalização dos recursos que dispõe. A dimensão humana do Desporto não pode ser abandonada à dependência do livre arbítrio dos interesses comerciais do negócio.

Deste modo, tem que ser encontrado um ponto de equilíbrio de tal modo que uma actividade não se sobreponha ou submeta à outra. A acontecer, a inviabilização ou perversão dos projectos será uma constante. Nesta relação a dois, a entrada do Estado e outros intervenientes institucionais é desejável, por via dos sectores educativo, autárquico e outros, não apenas com papéis reguladores, mas fundamentalmente como suporte e intervenção em favor das populações-alvo de recursos e poderes de reivindicação menores. As associações empresariais e as federações e organismos internacionais têm também um papel importante na definição de códigos de conduta e de processos de auto-contenção na agressividade comercial (na ganância) e respectiva parcimónia ao nível dos apoios. O Estado pode ser o representante das famílias entre o jogo desportivo e o jogo comercial de modo que os objectivos das organizações desportivas que se definem no Vértice Estratégico, não fiquem dependentes dos recursos e das estratégias dos sectores logísticos dessas mesmas organizações (Mintzberg, 1979)[46].

3.2.6. *Um Código de Ética para um Mercado Desportivo Global*

A Assembleia Geral da Associação Europeia de Gestão do Desporto (EASM – European Association for Sport Management), atenta a este fenómeno e pelo facto de reunir internacionalmente os principais agentes que intervêm neste fenómeno, propõe os seguintes princípios por forma a constituir um código que ensaie o primeiro mecanismo de autoregulação:

---

[46] Mintzberg, Henry (1979), ibidem

O Espaço Desportivo não é isento de Conflitualidade

CÓDIGO PARA UM MERCADO DESPORTIVO GLOBAL

Por forma a empreender um balanceamento focalizado no equilíbrio entre a oferta e a procura (fornecedores/produtores e consumidores (clientes e accionistas)) a indústria global do desporto comprometer-se-á a:

- *Operar em completa conformidade com as leis e regulamentos locais, nacionais e internacionais.*
- *Aceitar a responsabilização e a contabilidade ao nível das práticas éticas ao nível do negócio global.*
- *Resistir às práticas persuasivas e de influência na produção e consumo do desporto.*
- *Manter a dignidade humana e assegurar equidade e igualdade de oportunidades de acesso ao consumo.*
- *Optimizar as condições e as práticas de trabalho quer a um nível doméstico, quer a nível internacional.*
- *Realçar a saúde e o bem-estar dos produtores e dos consumidores.*
- *Promover o princípio do comércio livre e multilateral.*
- *Respeitar as necessidades das comunidades locais e do ambiente com base no conceito de **desenvolvimento sustentável**.*
- *Combater o imperialismo cultural e os reducionismos domésticos.*
- *Investir num futuro global melhor.*
- *Comprometer-se em gerar e partilhar prosperidade entre a oferta e a procura (fornecedores/produtores e consumidores (clientes e accionistas)) por forma a contribuir para a redução da pobreza à escala global.*

(nota – a tradução é nossa)

Quadro n.º 11 – Um Código de Ética para um Mercado Desportivo Global
(EASM – Congresso – FINLÂNDIA 2002)

A actividade comercial ou empresarial no desporto, não deve perder os seus objectivos estratégicos que, de uma forma integrada e à sua medida, devem ser os de contribuírem para o desenvolvimento do desporto, que é também uma responsabilidade social que lhes cabe.

4. Decidir implantar uma instalação desportiva

A decisão pela localização e implantação de uma instalação desportiva é normalmente uma decisão que levanta polémicas. Qualquer instalação ou equipamento desportivo é um factor de qualificação dos aglomerados urbanos que dela mais se aproximam ou das quais se constituem como destinatários. Se uma instalação ou um equipamento desportivo com funções iguais ou semelhantes for objecto de localização numa unidade geográfica vizinha, o benefício que oferece às comunidades desta unidade, concorre com os produtos ou serviços da primeira e tal pode ser entendido como desprestigiante ou desmobilizador de centralidades adquiridas face às segundas. Daí a razão pela qual se assistiu a partir da década de 80/90 ao arranque de um surto construtivista resultante na proliferação de piscinas[47] e de pavilhões polidesportivos muitos edificados na base da mesma tipologia, até do mesmo projecto e dimensão.

Este surto tinha já sido por nós identificado ao nível da Região de Lisboa e Vale do Tejo (Cunha, L.M. da, 1997)[48], cujos dados relativamente a esta problemática podem constituir um sinal com algum signifi-

---

[47]

PISCINAS MUNICIPAIS INAUGURADAS EM PORTUGAL CONTINENTAL

Década	Piscinas Municipais cobertas	Piscinas Municipais descobertas	Total
60	2	4	6
70	7	3	10
80	14	4	18
90	50	31	81
2000	126	47	173

Fonte – Inquérito às autarquias locais – estudo desenvolvido por Josina Bernardes e por nós dirigido, para a UTL-FMH e posteriormente publicado Bernardes, J. (2006); *Contibutos para a caracterização das Piscinas Municipais*, *in* "Administração Autárquica – Revista de Poder Local", Dezembro 2006, Editorial Caminho.

[48] Cunha, Luís M. da (1997), *O Espaço e o Acesso ao Desporto*, Estudo da acessibilidade ao desporto na sub-região do Vale do Tejo – Constituição de um modelo de avaliação, UTL/FMH: Conclusões!

106 Os Espaços do Desporto – Uma Gestão para o Desenvolvimento Humano

cado, dado que as condições político-económicas se fizeram sentir, com alguma analogia, por todo o país. Efectivamente, um estudo que identifique e determine este ciclo está por fazer, assim como o saldo dos custos de investimento, os de manutenção e os de utilização, relativos ao equipamento social construído, face aos benefícios que proporcionou às famílias portuguesas. A voracidade do tempo e das urgências associadas com outros motivos conjunturais ditou o perfil hoje presente como resultado: Não é raro observarmos dois ou três concelhos contíguos localizarem as mesmas tipologias de equipamentos, reconhecendo dificuldades em maximizarem o número de utilizadores e não terem, por outro lado, na sua proximidade, outras tipologias de maior grandeza ou nível de especialização, por não haver dimensão populacional que justifique e suporte o empreendimento. Por outro lado, a localização de qualquer empreendimento altera o uso e a fruição do espaço para um conjunto de pessoas que dele se servem. Se para uns esta alteração é pacífica, dadas as expectativas que são criadas, para outros a alteração do uso do espaço é geradora de grandes perturbações no seu espaço vivido (Frémont, 1976)[49].

A localização de um equipamento numa determinada unidade do espaço define-lhe também uma vocação. Esta, especializa, refina ou alarga uma outra anteriormente identificada, originando, pelo seu aparecimento o assumir de um **grau mais elevado de qualidade** do serviço (1) que presta, ou de uma capacidade de funcionamento. Se, por um lado, um equipamento, instalação ou complexo desportivo for implantado em local com fraco nível de ocupação territorial, tal mais-valia no processo de urbanização e de desenvolvimento, pode constituir-se como factor indutor de fluxos atractivos e gerar assim, pela sua singularidade, uma procura que anteriormente não existia ou um desperdício de recursos, se na vizinhança houver outros similares. Ao invés, a localização de novas instalações onde a densidade populacional é já elevada, deve **aumentar o nível de diversidade** (2) da oferta existente, fornecendo graus acrescidos no nível de desempenho dos espaços e dos apetrechamentos das instalações desportivas isto é, elevando o **nível de especialização**, pelo apetrechamento próprio ou vocação que forem considerados. Quer dizer assim, que o acréscimo do tipo de oferta já existente deve realizar-se em unidades do

---

[49] Frémont, Armand; (1976) *A Região, Espaço Vivido*, Liv. Almedina Coimbra, 1980.

território vizinhas, pela detecção da origem dos fluxos ocasionados pela atractividade verificada.

Daqui a necessidade de se efectuarem estudos prévios que envolvam a recolha de informação necessária acerca de diversas dinâmicas por forma a que a adequabilidade dos investimentos seja conseguida. Referimo-nos, necessariamente às dinâmicas da população e a própria dinâmica urbana, da cidade, do município, de cada um dos bairros ou freguesias, das respectivas articulações com outros centros urbanos vizinhos, mas também à distribuição da população activa pelos sectores económicos (secundarização, terciarização) e da mobilidade dos respectivos empreendimentos (localização/deslocalizações de empresas).

Estes estudos prévios destinam-se a resolver o dilema entre dois tipos de objectivos-base no processo de localização de instalações relativamente aos destinatários-tipo:

1. A responder às necessidades locais;
2. A atrair outras populações e satisfazer procuras do nível geográfico hierarquicamente superior (municipais, regionais, nacionais).

Um outro objectivo realiza-se quando se consegue determinar o nível económico da comunidade e a respectiva capacidade em sustentar o funcionamento das instalações por via da aquisição de serviços que ela proporciona.

O Estado assumiu para si próprio deveres em relação às populações em matéria de instalações desportivas, que são equacionadas nas leis e materializadas na aplicação de políticas de instalações desportivas. Para além do seu compromisso inscrito na Constituição da República, ele equaciona esta sua intenção no texto da **Lei n.° 5/2007** de 16 de Janeiro – Lei de Bases da Actividade Física e do Desporto, através do seu artigo 8.°:

Artigo 8.° (Política de infra-estruturas e equipamentos desportivos):

1 – O Estado, em estreita colaboração com as Regiões Autónomas e com as autarquias locais e entidades privadas, desenvolve uma política integrada de infra-estruturas e equipamentos desportivos com base em critérios de distribuição territorial equilibrada, de valorização ambiental e urbanística e de sustentabilidade desportiva e económica, visando a criação de um parque desportivo diversificado e de qualidade, em coerência com uma estratégia de promoção da actividade física e desportiva, nos seus vários níveis e para todos os escalões e grupos da população.

2 – Os instrumentos de gestão territorial devem prever a existência de

108 Os Espaços do Desporto – Uma Gestão para o Desenvolvimento Humano

infra-estruturas de utilização colectiva para a prática desportiva.

3 – Com o objectivo de incrementar e requalificar o parque das infra-estruturas desportivas ao serviço da população o Estado assegura:

a) A realização de planos, programas e outros instrumentos directores que regulem o acesso a financiamentos públicos e que diagnostiquem as necessidades e estabeleçam as estratégias, as prioridades e os critérios de desenvolvimento sustentado da oferta de infra-estruturas e equipamentos desportivos;

b) O estabelecimento e desenvolvimento de um quadro legal e regulamentar que regule a edificação e a utilização dos espaços e infra-estruturas para actividades físicas e desportivas, bem como a concessão das respectivas licenças de construção e utilização;

c) A adopção de medidas adequadas à melhoria efectiva das condições de acessibilidade, de segurança e de qualidade ambiental e sanitária das infra-estruturas e equipamentos desportivos de uso público.

4 – A comparticipação financeira do Estado na edificação de instalações desportivas públicas e privadas, carece de parecer prévio e vinculativo do membro do Governo responsável pela área do desporto.

5 – As comparticipações financeiras públicas para construção ou melhoramento de infra-estruturas desportivas propriedade de entidades privadas, quando a natureza do investimento o justifique, e, bem assim, os actos de cedência gratuita do uso ou da gestão de património desportivo público às mesmas, são condicionados à assunção por estas de contrapartidas de interesse público.

6 – Nos termos da lei, e observadas as garantias dos particulares, o Governo pode determinar, por períodos limitados de tempo, a requisição de infra-estruturas desportivas de propriedade de entidades privadas para realização de competições desportivas adequadas à natureza daquelas, quando o justifique o interesse público e nacional e se verifique urgência.

4.1. Estudos prévios

Para a realização de estudos prévios devem ser formuladas algumas perguntas e o empenhamento para obter as devidas respostas:

1. Implantar uma instalação **onde**? Quais os melhores locais para responder em termos de eficiência económica e social às necessidades e às aspirações da população em matéria de desporto. O problema da localização será assim abordado, embora um pouco mais à frente.

2. Implantar uma instalação ou espaço desportivo **para quê**? Oferecer um equipamento desportivo a uma população ou comunidade, pressupõe-se

que sirva ao cumprimento de determinados objectivos adequados aos seus desejos e necessidades. As alterações que provocará, serão promotoras de desenvolvimento quer ao nível do desporto quer a outros níveis? Importa então saber, qual o tipo de desenvolvimento que se quer para que a instalação desportiva se constitua num equipamento que persiga essas intenções. E qual tipo de desenvolvimento? Sustentado ou induzido?

3. Implantar uma instalação ou espaço desportivo **para quem**? – Quais os constituintes activos ou disponíveis da população que identificam a necessidade da respectiva construção? Serão as populações desportivas, que necessitam de maiores níveis de especialização ao nível da qualidade de oferta e de serviço, respondendo particularmente ao universo de atletas de nível elevado? Serão as populações escolares que necessitam em paralelo com as residenciais de equipamentos desportivos de base? Serão os mais idosos ou as crianças que estão nestas situações ou ainda, as empresas desportivas, os deficientes ou outras populações diferenciadas?

Começamos pela ordem inversa, pelo ponto 3., porque o desenvolvimento e o desporto elegem como fim último o Homem. O desporto é uma actividade da civilização humana e a sua transcendência manifesta-se pelo exercício manifesto de vontades em realizar projectos de vida. A construção de um empreendimento ou instalação desportiva, deve responder, por isso, às aspirações daqueles aos quais se escolhem como destinatários (Perroux, 1981)[50].

4.1.1. *Os Destinatários – populações-alvo (para quem?)*

Numa primeira fase, levantam-se e detectam-se necessidades. Recolhem-se informações. Determinam-se e analisam-se os destinatários, os "mercados" a serem atingidos. Efectua-se a identificação dos grupos-alvo de reais ou potenciais utilizadores no conjunto da população e qual o peso relativo desses grupos constituintes. Pretende saber-se também, se a respectiva capacidade económica ou predisposição para a prática desportiva vai permitir, não só uma utilização, mas a sustentabilidade financeira e a correspondente sobrevivência da instalação naquela unidade do território ou se, por outro lado, haverá necessidade, através de uma política de loca-

---

[50] Perroux, F.(1981), *Ensaio sobre a Filosofia do Novo Desenvolvimento*, Lisboa F.C. Gulbenkian, (1987).

110 *Os Espaços do Desporto – Uma Gestão para o Desenvolvimento Humano*

lização e da respectiva gestão, mobilizar, pela atractividade gerada, utilizadores em unidades do território vizinhas, com esse fim. Mas é à sua totalidade que as políticas de instalações desportivas devem ser dirigidas e é esta totalidade que justifica os investimentos a serem realizados. Este processo implica a definição de critérios diferenciadores.

4.1.1.1. Critérios de diferenciação dos destinatários

Quais serão então os critérios a utilizar nesta diferenciação? Serão certamente eleitos a partir das características próprias das populações que resultam em opções desportivas diferenciadas, através de modalidades escolhidas e modos de as praticar, formas de organização propostas e frequência do seu consumo. Podemos identificar alguns desses critérios:

– **Etários** – distinguindo gerações e faixas de diferentes idades, particularmente discriminadas ao nível das populações infantis e juvenis, dado que atenderão níveis de desenvolvimento somato-motor, culturais e de necessidade próprias de cada estádio individual de desenvolvimento juvenil e desportivo.

– Profissionais ou **sócio-económicos** – que nos identificam as ocupações profissionais dos habitantes pelos diferentes sectores (primário, secundário, terceário) e indirectamente, o nível sócio-económico, com as correspondentes disponibilidades financeiras e de tempo livre condicionadoras das opções em matéria de desporto.

– **Geográficos** – que permitem uma diferenciação territorial dos acontecimentos, das propostas e dos consumos desportivos como expressão da vontade dos grupos sociais, circunscritos no espaço, hierarquizado e dimensionado através da Rua, do Bairro, da Freguesia, do Concelho, da Região ou mesmo do País, bem como a situação urbana, sub-urbana e rural.

– **Desportivos** – caracterização da expressão desportiva actual (situação desportiva) – praticantes, clubes, sectores, modalidades, provas, nível competitivo ou de performance, eventos e outros elementos propriamente desportivos (Castejón, 1973), Sectoriais – diferentes sectores desportivos.

– **Outros** (estatuto, condição e género) – Trabalhadores, Deficientes, Terceira idade, Infância, sexo, etc.

4.1.2. *Os Instrumentos de análise e recolha de informação*

Na recolha da informação necessária recorre-se habitualmente a estatísticas da população ou estudos de mercado. Tal é conseguido por processo directos ou indirectos:

> 1 – processos directos – as estatísticas a um nível local, compreendendo dados totais.
> ou
> 2 – indirectos – os inquéritos dirigidos por amostragem.

4.1.2.1. *Os Processos directos*

Por processos directos entendemos aqueles que resultam de uma verificação, não por amostragem mas por informação censitária, geral e universal, não estimada, portanto. Os processos directos tendem a retirar da realidade a informação existente e verificável necessária não apenas à tomada de decisão mas fundamentalmente como verificação das diferentes expressões dessa mesma realidade, isto é de percebê-la o mais possível como ela é.

4.1.2.1.1. *Os dados estatísticos dos censos*

As estatísticas efectuadas periodicamente no nosso país relativas ao levantamento geral da população e da habitação, através dos respectivos censos, constituem uma boa base de trabalho na determinação de indicadores de referência, cuja confiança é máxima, dado que trabalhamos com valores totais das populações a analisar. A partir destes dados, podem elaborar-se as respectivas pirâmides etárias, sabendo-se assim, além do quantitativo em cada unidade do território, a estrutura da população dessa unidade relativamente à sua distribuição etária. A definição e identificação da unidade do território em que estamos a trabalhar é fundamental, para que a informação recolhida possa ter um nível de desagregação que ajuste os desejos das populações às decisões que lhes são dirigidas. Por vezes, é necessário descer ao nível da freguesia, do lugar ou até às unidades operativas de planeamento e gestão (UOPG – referidas habitualmente nos Planos de Ordenamento do Território Municipal – PDM's) para que tal se verifique.

A utilização destes dados é um bom ponto de partida, pois fornece-nos um grau de confiança elevado, mas identifica alguns problemas que se prendem com:

1 – Flutuações anuais – mobilidade urbana da população provocando alteração dos locais de residência de alguns núcleos. Estas modificações são normalmente lentas e por isso a sua expressão é reduzida.

2 – Desactualizações – a informação com que se trabalha é recolhida com ciclos de dez (10) anos de intervalo, pelo que está sujeita a diversas dinâmicas: geracionais, condicionamentos económicos, migrações externas e internas, alterações tecnológicas sobre o modo de viver, que modificam o perfil inicial que foi registado e que é tanto mais válido quanto nos situamos nos primeiros anos da década.

As fotografias aéreas (ou ortofotomapas) são hoje um bom instrumento complementar de trabalho a associar a estes dados, pois permitem uma leitura espacial completa e a determinação rápida da tipologia de ocupação residencial (m^2/fogo) e de actividades do território. Os sistemas de informação geográfica (SIG's) são os instrumentos mais recentes de apoio ao planeamento, gestão e intervenção sobre o território e por associarem, imagens e representações deste a bases de dados sobre os objectos aí inscritos, que simbolizam acidentes ou características do terreno e edifícios identificáveis (habitações, equipamentos, estradas, pontes, etc.), permitem uma consulta mais completa e consistente, quer sobre a existência de residentes quer de equipamentos e actividades sobre o território. Permitem ainda o tratamento da informação a escalas muito pequenas e escalas globais em simultâneo.

4.1.2.1.2. As pirâmides étárias

As pirâmides etárias são gráficos construídos a partir dos registos de população relativos ao seu ano de nascimento. A imagem obtida, permite de modo expedito perceber a estrutura da população numa determinada unidade de território. Assim, elas podem ser construídas com base em comunidades ou circunscrições administrativas, como sejam os concelhos, as freguesias, os bairros, os lugares ou ainda as UOPG – unidades operativas de planeamento e gestão no ordenamento municipal de território – PDMs (planos directores municipais). Podem ainda ser utilizadas na caracterização da estrutura humana de uma determinada organização. As pirâmides etárias permitem também a identificação de tendências de rejuvenescimento e de envelhecimento da população a partir do perfil identificado em cada um dos gráficos. Os exemplos abaixo indicados nas figuras de 1 a 3, mostram como podemos a partir de uma imagem, extrair a estrutura etária de uma população relativamente a uma dada circunscrição administrativa. Esta aplicação pode ser realizada num concelho, freguesia, lugar, região ou país e permite, percebendo a estrutura da população, definir, em matéria de desporto, as políticas correspondentes.

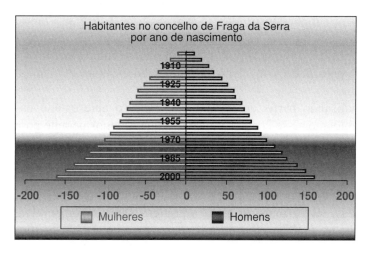

FIGURA n.º 1 – Pirâmide etária de uma população em equilíbrio

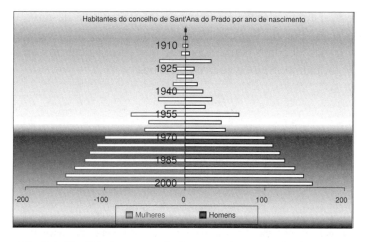

FIGURA n.º 2 – Pirâmide etária de uma população em crescimento (predominantemente jovem)

Na Figura n.° 1, estamos perante uma população normal, com uma distribuição das diferentes idades segundo um padrão de substituição por novas gerações que não manifestará grandes alterações. A Figura n.° 2 apresenta um perfil de uma população jovem, de uma comunidade em franco crescimento, quer em número de efectivos, quer em dinâmicas que dela se possam esperar. Qualquer decisão política de construção de instalações deve ser tomada tendo em conta as evoluções esperadas por parte da população, dado que estas demoram em média cerca de quatro anos a serem construídas (a não ser que sejam pré-fabricadas e de montagem rápida). A articulação das políticas de instalações com outras políticas é fundamental, particularmente com as políticas de actividades, para que os investimentos realizados sejam eficientes e consequentes.

Analisando perfis de distribuição como o apresentado na Figura n.° 3, rapidamente se chega à conclusão que estamos perante populações que inverteram a sua tendência de crescimento e que o número de idosos, serão brevemente em número significativo, face ao número de jovens. Tal modificação estrutural, obriga a uma gestão das instalações com maior conforto, com maior segurança, requalificando-as para novos tipos de utilizações, talvez mais dirigidas a práticas não tão competitivas como seriam de esperar no caso de uma população com características mais juvenis.

As populações caracterizadas nas figura n.° 2 são habitualmente mais frequentes nos concelhos suburbanos dos grandes centros ou em municípios que assistiram a recentes arranques em termos de desenvolvimento económico. As populações caracterizadas na figura n.° 3 revelam concelhos em franco declínio como acontece nos grandes centros urbanos do interior[51] (Alentejo, Beira e centro de Lisboa).

---

[51] Os nomes dos concelhos aqui apresentados são nomes de concelhos fictícios e servem apenas para ilustrar e diferenciar situações.

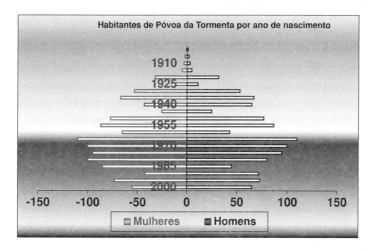

FIGURA n.º 3 – Pirâmide Etária de uma população em envelhecimento

4.1.2.1.3. *Os indicadores necessários:*

Podem ser assim construídos os **índices de jovialidade** (1) de uma determinada unidade do território, para que o processo de decisão se apoie nume base racional legitimadora dos investimentos e das políticas. O estabelecimento destes índices de jovialidade são determinados através de *ratios* entre duas gerações, determinando as percentagens que cabem a cada uma delas, no total da população, particularmente, neste caso o número de jovens.

(1) | **Índice de jovialidade** = n.º de jovens/total da população x 100 |

(nota – na construção deste índice é importante definir o conceito de "jovem" ou seja, identificar o intervalo etário considerado. Normalmente consideram-se os intervalos de idade de 1 a 24 anos e de 25 a 64 anos).

Um dado complementar é a recolha ou detecção do número de jovens em idade escolar, que são analisados conjuntamente com as tendências identificadas através das pirâmides etárias. Consoante o tipo de decisões que é preciso tomar assim o intervalo de idades a considerar para o conceito de jovem pode ser mais ou menos abrangente. Os dados são recolhidos através de estratos etários cujo intervalo, em nosso entender deverá ser de 4 anos, dado que os ciclos olímpicos e as correspondentes dinâmicas de planeamento, têm a correspondente duração.

4.1.2.2. A Estrutura de Emprego da População Activa

É importante determinar também a estrutura do emprego da população. Esta pode permitir perceber qual o tipo de actividade fundamental que uma comunidade desenvolve, quais os proveitos económicos que na generalidade detém e que canaliza para o desporto e quais as disponibilidades de tempo livre que consegue para poder desenvolver as práticas desportivas. Pode expressar assim a dimensão de cada um dos principais grupos profissionais. Sabemos hoje que os habitantes que dedicam as suas actividades ao sector secundário e terciário, têm uma maior propensão para o aproveitamento desportivo do tempo livre, particularmente os do terciário, dispondo estes de um rendimento normalmente mais elevado. Pelo que, importa por isso, saber sobre os quantitativos populacionais em cada um dos sectores de emprego:

Podemos assim estabelecer **índices** de distribuição da **população activa e passiva** (2) numa primeira fase:

(2) a)

| **Índice de distribuição da população activa =** |
| = n.º indivíduos da população activa/total da população x 100 |

b)

| **Índice de distribuição da população passiva =** |
| = n.º indivíduos da população passiva/total da população x 100 |

Neste indicador incluímos os jovens em idade escolar, os reformados, idosos e todos os que não têm uma actividade produtiva directa, contabilizável economicamente.

No que respeita à população activa interessa-nos verificar a expressão cada um dos sectores produtivos em relação ao total numa segunda fase (3). Tal consegue-se a partir da análise percentual de cada um deles face ao total da população activa:

Sectores Produtivos População activa	Quantitativo (habitantes)	Percentagem da população activa – %
Primário	xxxx	xr %
Secundário	yyyy	ty %
Terciário. serviços – logísticas	zzzz	sr %
Terciário superior – regulação social e produção de símbolos	wwww	wr %
Total pop. Activa	ttttt	100%

Os valores que se determinarem em cada linha da 3.ª coluna constituem os valores do indicador que revelam a expressão relativa da força ou peso de cada um dos sectores.

O interesse da determinação dos valores percentuais relativos à existência de população activa reside no facto de ser ela que identifica e detém poder económico e o correspondente nível. Por isso, através deste poder, ela dirige os destinos da comunidade e identifica quer as possibilidades quer os desejos e opções da comunidade.

Também a **localização** (4) dos indivíduos (habitantes) face às instalações e espaços desportivos, bem como à sua posição na estrutura da cidade, tem influência na determinação dos quantitativos de utilizadores prováveis a esperar nas instalações desportivas a serem propostas. O factor condicionante aqui é o *tempo livre* e o respectivo preenchimento, em actividades desportivas e culturais ou em mobilidade (distância a vencer – acessibilidade), a dois níveis: entre os locais de prática (*i*) ou nos movimentos pendulares diários casa-trabalho (*ii*). A determinação deste valor é difícil através de métodos de inferência estatística mas não é impossível, nomeadamente determinando o número e tipos de clubes que darão resposta a uma hipotética ocupação do tempo livre identificando uma expressão desportiva pré-existente por via institucional. Poder-se-á assim construir um indicador com base no número de **clubes/habitante** e comparar com outras unidades do território, embora este indicador revele mais a responsabilidade social dos clubes do que propriamente a expressão desportiva e a ocupação de um tempo livre que andamos a tentar detectar. Poder-se-ão, do mesmo modo realizar algumas inferências em relação ao nível de **consumo das famílias**, a partir das percentagens da população identificadas no indicador relativo à distribuição da população activa, bem como a análise do indicador de **despesas das famílias** em consumo de actividades culturais. Poder-se-á determinar e identificar o nível da **taxa de motorização**, particularmente o automóvel, por forma a detectar quais as faixas de população que perdem neste tipo de movimentos pendulares diários muito do seu tempo. No entanto, aqui será talvez importante a realização de inquéritos por amostragem, para ficarmos com uma ideia mais aproximada da expressão deste factor no tecido social local ou em análise, dado que há outras franjas que sofrem do efeito do mesmo fenómeno e deslocam-se em transporte público.

Indicador – **n.º de horas efectivas de tempo livre.**
(3 ou quatro grupos de expressão percentual)

4.1.2.3. *Os processos indirectos – inquéritos dirigidos por amostragem*

A realização de **inquéritos** sobre níveis de oferta e de procura continuamente realizados, de preferências de modalidades é uma operação normalmente dirigida a uma instalação desportiva, particularmente aos seus utilizadores. Para um grande número de instalações ou de um universo de população de maior dimensão a sua utilização não tem grande eficiência. É um processo moroso, obriga a grandes recolhas e tratamento de informação e a sua utilidade é, por vezes, posta em causa dada a tendência dos inquiridos para uma tipologia de resposta socialmente correcta e aproximada das concepções vigentes sobre as formas de praticar desporto ou do próprio inquiridor. Por outro lado, a expressão desportiva é uma manifestação social já inscrita no território, cujas flutuações não se alteram com grande variabilidade e esta expressão traduz um projecto de continuidade, quer das organizações que a enquadram quer, particularmente, dos seus dirigentes ou líderes, dado que "os homens de boa vontade" não abundam e aqueles que existem, tendem a reproduzir e a transferir para as gerações mais novas os seus modelos, projectos e concepções da vida. O mesmo se pode dizer dos profissionais que gerem os clubes e as instalações desportivas embora em crescendo, não têm ainda uma expressão quantitativa desejável.

Quer se utilizem métodos directos ou indirectos, o que é importante é saber recolher informações e procurar constituir padrões desportivos de expressão dos territórios e do fenómeno desportivo associado, assim como os padrões de referência (expressos através de indicadores) que, além da caracterização das existências, nos sugerem critérios para a correspondente definição racionalizada e mensurada de objectivos a concretizar.

Os objectivos a definir para o desporto, devem ser específicos, dirigidos a procuras que podem ter flutuações anuais, localizadas geograficamente em unidades mais pequenas, como são as freguesias de um concelho ou ainda relativas a uma instalação ou complexo integrado de instalações. Devem responder fundamentalmente às necessidades de gestão de uma instalação desportiva mas, orientados em função das populações que ela se propõe servir.

4.1.3. *A necessidade de instalações desportivas – (Para quê?)*

As instalações desportivas sistematizam as práticas desportivas num espaço (Parlebas, 1981)[52], os comportamentos dos jogadores, árbitros e demais intervenientes, e densificam das relações entre os participantes no fenómeno desportivo através das respectivas práticas (John Bale, 1993)[53]. As instalações desportivas revelam a expressão desportiva de uma comunidade no espaço ou território, de uma forma institucionalizada e permanente.

As instalações desportivas são também um instrumento de política desportiva. Castejón Paz (1973)[54] define Política Desportiva como sendo o conjunto de decisões que têm por objectivo desenvolver o Desporto. Realizar uma política de instalações desportivas significa codificar desportivamente o espaço, organizá-lo, impondo-lhe regras. Este processo de imposição de disciplina e de regras, chama-se racionalização, que identifica dois processos: A organização do *tempo* e a organização do *espaço*. A regra é imposta ao espaço pela implantação de um código que organiza as actividades que decorrem espacial e temporalmente dentro das instalações desportivas. Ter uma política de instalações desportivas quer dizer ter uma política de codificação e de qualificação do espaço criando de condições materiais efectivas que estabilizem a prática aumentando o nível de eficiência e forneçam conforto desportivo continuado. Desenvolver uma política de instalações desportivas quer dizer também que se organiza, por via do desporto, a vida das pessoas (o tempo) e se criam condições para que o desporto nela aconteça.

O desporto como manifestação cultural individual e colectiva é, pela sua expressão, um instrumento de felicidade das pessoas e dos povos. Aceder às instalações é viver o desporto. É esta possibilidade de

---

[52] Parlebas, P., (1981), *Contribuition à un Lexique Commenté en Science de L'action Motrice*, Paris, Institute Nationale du Sport et de la Education Physique.

[53] Bale, John; (1993), *The spatial development of the modern stadium, in* International Revue for the Sociology of Sport, Vol. 28, n.º 2+3, Hamburg, 1993.

[54] Paz, B. Castejon; (1973), *A Racionalização das Escolhas em matéria de Política Desportiva – os instrumentos conceptuais*, col. Antologia Desportiva, n.º 6, Lisboa, MEIC//SEJD/DGD/CDI, (1977): "...*o desenvolvimento do desporto é o objectivo maior de toda a política desportiva*".

120 *Os Espaços do Desporto – Uma Gestão para o Desenvolvimento Humano*

aceder fácil e confortavelmente que está nas motivações mais profundas dos cidadãos. Aos decisores políticos cabe interpretar estes desígnios e fazer corresponder as suas decisões aos reais anseios individuais e colectivos. Na prática desportiva, ao viver com o seu corpo, a sua motricidade a sua convivialidade social o cidadão expressa desportivamente a sua urbanidade e a de um povo de que é representante individual, que corresponde à expressão máxima da civilização e do seu capital cultural.

4.1.4. *A localização das instalações desportivas (onde?)*

A racionalidade inerente à decisão como forma de gerir os recursos a serem utilizados impõe aos processos de localização de instalações objectivos de maximização de benefícios isto é, destinando a oferta, pela proximidade, a um maior número de habitantes, e minimizando a utilização de recursos no ajustamento das respostas às necessidades e desejos das populações. Neste sentido, a adequação entre níveis de conforto e utilização, entre dimensionamentos diferentes de comunidades de utilizadores, entre níveis de especialização e diversidade deve ser equacionada para que esta racionalidade seja efectiva e que resulte em níveis de economia de utilização de recursos que resultam em benefício de todos. Vários autores, no domínio do estudos regionais, se dedicaram a esta problemática, no que respeita à localização de equipamentos.

Applebaum (1966) estabelece diferentes níveis para a localização de instalações desportivas: através de uma primeira *Macroanálise* onde aborda o nível *regional*, seleccionando uma determinada região e, dentro dela, pré-seleccionando alguma áreas que o autor denomina como *Selecção da Área de Mercado* (1), uma *Microanálise* ou *Análise da Área de Mercado* (2), onde demarca e selecciona o aglomerado urbano ao qual ela se destina e, dentro dele, a selecção específica da localização ou seja, a *Avaliação do Local – Site Evaluation* (3). Adiantou ainda a contribuição de John Rooney (1974)[55] da Universidade de Oklahoma, com o seu enquadramento conceptual (Conceptual Framework) sobre

---

[55] Rooney, John; (1974), **Geography of American Sport: From Cabin Creek to Anaheim**, Reading, Mass.: Addison-Wesley.

os protótipos, origens e difusão das inovações no desporto e os respectivos modelos de organização espacial. Posteriormente, John Rooney (1975)[56], viria a estabelecer num outro trabalho, a noção de *nós do espaço*, a partir dos estádios e as respectivas *esferas de influência*, pelo espaço delimitado pelos fãs dos respectivos clubes.

John Bale (1989), referiu-se igualmente à organização espacial dos clubes e à distribuição dos equipamentos (citando Aldini, C., 1981)[57], sustentando este que, as grandes cidades localizam em si instalações desportivas de nível hierárquico superior, sobrepondo-se às pequenas, segundo a teoria dos lugares centrais de Christaller. Os núcleos urbanos constituem-se como as âncoras ou nós das redes de serviços às populações, segundo parâmetros que têm vindo a ser estudados e desenvolvidos quer pelos geógrafos, economistas, e todas as áreas que utilizam a análise espacial. Em termos desportivos, são as instalações (John Rooney, 1975) que estruturam desportivamente o espaço, sendo através delas que as actividades desportivas têm uma expressão locativa. O tamanho da população residente e da envolvente (núcleos urbanos residenciais mais próximos) gera dimensão cuja expressão desportiva se modifica quer em qualidade, quer em tipologia. Os padrões observáveis ou exigíveis alteram-se consoante a dimensão da população.

---

[56] Rooney, John; (1975), *Sports from a geographic perspective*, in Ball, D.W. and Loy, J. eds., *Sport and social order: Contributions to the Sociologies of Sport*. Reading, Mass.: Adison-Wesley.

[57] Aldini, C.; (1981), *A regression model for baseball franchise location forecasting*, in J. Bale (ed.), *Geographical Perspectives on Sport*, London: Lepus Books.

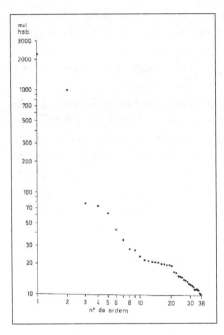

A identificação e dimensionamento dos principais aglomerados populacionais são hierarquizados segundo o seu número de ordem através de uma figura denominada "Curva de Zipff" onde são escalonados os principais centros urbanos em função da sua dimensão, numa ordem sequencial, partindo dos centros mais populosos (Lisboa e Porto) até aos de dimensões populacionais inferiores (Salgueiro, T., 1992)[58].

Esta figura, distribui os resultados por um sistema de eixos x e y, colocando em ordenadas (y) a dimensão dos aglomerados urbanos e em abcissas (x) o número de ordem do aglomerado urbano referenciado. A unidade geográfica considerada – dimensão das cidades – aparece assim como condicionante ou referência relativamente ao grau de dimensão e especialização das instalações. Quer dizer que cada nível hierárquico de dimensão populacional, obriga a tipologias de dimensão e de especialização diferenciadas e apropriadas às respectivas características.

Quadro n.º 12 – Curva de Zipff representadora do posicionamento demográfico dos Municípios Portugueses (Salgueiro, T., 1992)

Podem caracterizar-se assim, quatro (4) dimensões de base ou escalas de intervenção e de dimensão (Correia, P; Lobo, C. e Pardal, S., 1993)[59]:

Local (1 250 habitantes) (aldeia/bairro);
Urbana (5 000 hab. a 15 000 hab.) Bairro urbano (sub);
Regional (15 000 hab. a 200 000 hab.) (Cidade com Centralidade + hinterland);
Nacional (mais de 200 000 hab.).

Se o escalonamento dos principais centros urbanos é fundamental para definir tipologias de equipamentos de base, considerando mínimos aceitáveis a um quadro de acesso dos cidadãos ao desporto, tal não esgota

---

[58] Salgueiro, Teresa Barata; 1992, *A Cidade em Portugal – Uma Geografia Urbana*, Porto, Ed. Afrontamento, pág. 73.
[59] Correia, P.; Lobo, C. e Pardal, S; (1993), *Normas urbanísticas*, Lisboa, CESUR/UTL, Vols. I, II, III e IV.

a resposta às aspirações das populações, em termos da sua expressividade desportiva. Efectivamente, por via da localização de instalações desportivas, podem os aglomerados urbanos concorrer a níveis mais elevados de especialização ou de dimensão na localização de equipamentos desportivos, por forma a gerar fluxos de atracção de praticantes, utilizadores e espectadores do fenómeno desportivo. Podem ainda aspirar, por via do desporto, a uma função diferenciada a desempenhar face ao macro e microssistema urbano, e a um posicionamento funcional alternativo no escalonamento urbano.

A **localização geográfica** de instalações desportivas obedece a duas linhas diferenciadas, mas que são complementares e que explicam as lógicas subjacentes a este processo:

1. Uma lógica de **homogeneização** (1), que tem como objectivo fundamental oferecer uma situação mínima de aplicação de critérios de igualdade no acesso dos cidadãos ao desporto e às correspondentes instalações.

2. Uma lógica de **diferenciação** (2), que permita por outro lado, ao cidadão ou grupos de cidadãos que não se revêm nas práticas propostas, decidirem pelo consumo de actividades e instalações alternativas, desenquadradas dessas situações mínimas.

Mas estas duas lógicas prolongam-se noutros conjuntos dicotómicos. De um lado a **generalização da prática desportiva**, com o correspondente nível de instalações e do outro, a **especialização** que oferece aos mais dotados ou interessados a oportunidade de se afirmarem desportivamente até ao mais alto nível de excelência desportiva. Nas instalações, segundo esta lógica, estes dispõem dos respectivos espaços e apetrechamento com a qualidade que se esperam para que a prática desportiva de elevado valor desportivo seja possível. Finalmente a dicotomia que coloca de um lado, as grandes instalações com capacidade de servirem um elevado número de habitantes ou utilizadores, que, obviamente se destina a núcleos urbanos mais populosos e do outro, as instalações pequenas dirigidas a centros urbanos de menor dimensão. O que tem acontecido pelos indicadores propostos, pela localização observada e pelas próprias políticas aplicadas em matéria de instalações, mas também de financiamento, é que são os centros urbanos, em detrimento das periferias, que têm conseguido canalizar recursos, quer para instalações, quer para o apoio às actividades (Cunha, L.M.; 1997)[60].

---

[60] Cunha, Luís M. da (1997), *O Espaço e o Acesso ao Desporto*, Estudo da acessibilidade ao desporto na sub-região do Vale do Tejo – Constituição de um modelo de avaliação, UTL/FMH,

124 Os Espaços do Desporto – Uma Gestão para o Desenvolvimento Humano

As políticas desportivas em matéria de instalações e equipamentos desportivos devem equacionar as decisões em função de todos estes aspectos que acabámos de referir, no sentido de, segundo eles, identificar as populações-alvo e de proceder à respectiva adequação. Há ainda a considerar critérios ou lógicas de **diferenciação sectorial** (Pires, G., 1993)[61] que respondem institucionalmente a estas populações-alvo.

4.1.4.1. Os critérios de localização das instalações

Falámos já do índice de jovialidade, da sua importância na determinação da estrutura da população mas interessa-nos também abordar o problema da localização, em função da proximidade dos equipamentos desportivos às pessoas que se elegem como os seus utilizadores reais ou potenciais. Num mesmo momento estamos a aplicar os critérios etários, geográficos e também, os económicos, se se considerarem os custos temporais relativos à deslocação para aceder aos bens e serviços que as instalações e equipamentos desportivos oferecem.

A determinação dos custos temporais associados aos custos de transporte foram estudados por vários autores dos quais destacamos o sueco Gunnar Thörnqvist (1962)[62]. Ele sustenta que os custos de transporte analisados globalmente tendem a orientar ou direccionar os mercados e as fontes de matérias-primas. Contudo, considera as acessibilidades gerais aos serviços, como sejam, escolas, bancos, armazéns, hospitais e universidades, existentes nas unidades do território, como sendo factores de peso que desequilibram em favor delas a localização de investimentos e de empresas. Este autor é também responsável pela elaboração dos primeiros mapas de geografia do tempo, que estruturam o território a partir da velocidade de deslocamento. Na linha de pensamento deste autor, também o Japonês Niina, K. (1996)[63], no universo do Desporto, desenvolveu um

---

[61] Pires, G.(1993) – *Situação Desportiva (parte I)*, *in* Ludens, Vol. 13, n.º 2, Abril/Jun. 93, U.T.L.-F.M.H., Lisboa.

[62] Thörnqvist, Gunnar; (1962), *Transport Costs as a Location Factor for Manufacturing Industry – a method to calculate in data machine the regional variations in transport costs for differeny types of manufacturing industries*, Svensk Geografisk Arsbok, 38, Lund, edited by Sydesvenska Geografiska Sällskapet (South-Swedish Geographical Society), 1962.

[63] Niina K., (1996), *The location Strategies for fitness Clubs*, 4th European Congress on Sport Management, Proceedings, 2-5 Out, 1996, EASM – Montpellier, pág. 48.

Decidir implantar uma instalação desportiva

estudo relativamente à localização de ginásios e centros de actividades (health-clubs) na conurbação de Tóquio, chegando à conclusão que estes tendem a localizar-se no percurso casa-trabalho dos seus utilizadores. A preferência para a proximidade laboral é dada, no período temporal anterior ao decurso da actividade profissional e de casa, bem como no horário pós-laboral. Concluiu também que a respectiva localização é escolhida junto dos principais nós de entroncamento de vias de comunicação, os chamados *nós modais*, particularmente, linhas de caminho de ferro e de estações de maior dimensão. Um outro autor, Hebert Woratschek (1998),[64] desenvolve a explanação de modelos gravitacionais aplicados ao desporto onde identifica três (3) níveis de áreas de captação de utilizadores residentes das instalações desportivas:

Área de captação	População na Área de captação
Até 2 km	5 000 hab.
De 2 a 5 km	10 000 hab.
Acima de 5 km	20 000 hab.

Em Portugal M. João Palla (1992)[65] e o GEPAT (1990)[66], estipulam para as instalações desportivas critérios de localização determinando a respectiva área de influência em tempo de acesso, estabelecendo:

A – Dois (2) níveis temporais:	1.° nível – até 15 minutos
	2.° nível – de 15 a 30 minutos
B – Quatro (4) formas de locomoção:	A pé (1)
	de Bicicleta (2)
	de Transporte Público (3)
	de Automóvel (4)

A oferta dos serviços desportivos associados à unidade de habitação sustenta-se numa lógica baseada na unidade familiar. Nada impede que as

---

[64] Woratschek, Hebert, (1998); *Locational Choice of Sport Facilities – Spatial Models in Economic Theory*, *in* European Journal for Sport Management, Special issue 1998 "Service Quality", pp. 106-132.

[65] Palla, M. João (1992), *Os Espaços e os Equipamentos Desportivos* – Congresso Europeu de Desporto para Todos, Fidt/CMO, Jan.-1992, pp. 199-210.

[66] Vários, GEPAT (1990), *Normas para Programação de Equipamentos Colectivos*, Lisboa, GEPAT, MPAT, estudos urbanos e de ordenamento, vol. III, Cultura e Recreio, Culto, Desporto, Espaços Verdes, Janeiro 90, pp. 95-145.

126 *Os Espaços do Desporto – Uma Gestão para o Desenvolvimento Humano*

lógicas sejam outras e que se fundem num localismo a partir do ponto de trabalho como nos é sugerido a partir dos trabalhos de Niina, K. (1996)[67]. Estas opções têm a ver com o modelo de sociedade e na forma como ela está organizada. Em nosso entender, estas deverão ser localizadas na proximidade da habitação ou área de influência, particularmente as de dimensão menores e menos vocacionadas para o espectáculo desportivo de grandes massas de pessoas.

Os estudos que referimos tratam de algum modo esta preocupação de delimitar as áreas de influência das instalações, identificando as proveniências dos utilizadores, prevendo a necessidade do aumento da oferta localizada ou distribuída segundo elas e determinando a área ou unidade geográfica que a instalação desportiva deve prover em termos de serviços a prestar à população que aí se localiza. Este processo pode ser realizado de modo inverso, definindo a localização de instalações e a tipologia *à posteriori* consoante a população identificada. Contudo, a melhor estratégia é considerar ao mesmo tempo todos estes aspectos, pensando neles globalmente, para que no processo de decisão se consigam o maior número de opções e o melhor nível de satisfação para todos.

4.1.4.2. *Os indicadores necessários*

A localização tem assim por objectivo constituir-se como um indicador que nos informa da maior ou menor facilidade de um cidadão aceder a um espaço desportivo, constituindo para tal um indicador de **acessibilidade** (4) que pode ser física ou temporal, isto é, baseado na contabilização dos valores do *Espaço* percorrido, (metros, quilómetros, etc.) ou do *Tempo* necessário em percorrê-lo (a pé, de bicicleta, de transporte público ou em automóvel (Palla, 1992)[68]).

Pode estabelecer-se ainda, em relação à localização um indicador de **área de influência** (a) ou **raio de acção** (b) da instalação, a partir da determinação de um círculo que inclui a população a abranger, os utilizadores

---

[67] Niina K., (1996), *The location Strategies for fitness Clubs,* 4th European Congress on Sport Management, Proceedings, 2-5 Out, 1996, EASM – Montpellier.

[68] Palla, M. J., (1992), *Estudos de Sistematização dos Equipamentos Desportivos e Ordenamento do Território*, in *Os Espaços e os Equipamentos Desportivos,* Congresso Europeu de Desporto para Todos, Oeiras, CMO.

Decidir implantar uma instalação desportiva 127

necessários à viabilização ou funcionamento da instalação. No entanto podemos estabelecer uma pequena diferença entre um e o outro conceito:

Área de influência (a) de uma instalação desportiva: **Valor em m² ou km²** de um polígono centrado num ponto delimitado pela localização dos utilizadores reais ou potenciais em torno de uma instalação desportiva. Pode também ser representado por um círculo que se aproxime deste valor.

Considerando as proveniências dos seus utilizadores, por hipótese até, de unidades de território vizinhas ou distantes e, partindo delas, é possível identificar um **polígono espacial** onde caibam todas as origens dessas proveniências. Esta segunda perspectiva poderá ser também denominada como **área de atracção** que deriva da **atractividade** (qualidade que se traduz na capacidade que os equipamentos ou actividades nelas localizados têm, para atraírem pessoas ao seu consumo ou usufruto).

> **Área de influência de uma instalação desportiva =**
> Valor em m² ou km² de um polígono de localizações

Raio de Acção ou de influência (b): Valor da distância em linha recta desde a instalação desportiva ao limite do círculo que define a área de influência.

> **Raio de acção** = Raiz Quadrada do quociente entre o valor
> da área de influência e o valor de $\Pi(3,1416..)$

Revela a dimensão do raio de uma área circular em torno de cada instalação, indicando-nos o nível de acessibilidade espacial, em Km, em cada instalação.

Os indicadores que podem ser utilizados e construídos e que apresentam configurações mais dinâmicas são os **Indicadores de Espaço/Tempo** pois consideram na sua elaboração os dois eixos fundamentais que são o 'Espaço' e o 'Tempo'. Assim, a área de influência ou de mercado pode ser determinada a partir da elaboração dos mapas temporais (Thornqvist, 1962), considerando as vias de comunicação e o respectivo meio de transporte. Desde os modelos de Burgess, E. (1923) relativos à teoria das zonas concêntricas e dos estudos que se lhes seguiram e que constituem a Teoria das Áreas de Mercado (**Prédhol,** 1925; **Hotelling**, 1929[69]; **Palander**;

---

[69] Hotelling, (1929), *Stability in Competition*, Econonomic Journal, 1929.

128 *Os Espaços do Desporto – Uma Gestão para o Desenvolvimento Humano*

1930; e **Lösch**, 1954[70]), que se entende que as vias de comunicação (transporte) desequilibram a estrutura espacial do território permitindo somar as várias unidades ligadas por acessibilidades terrestres, dado que se encontram no mesmo nível de distância temporal de deslocamento. Estas, por este motivo, geram maior facilidade de deslocamento, possibilitando a ampliação da procura e a assunção de uma dimensão ou um número de destinatários (clientes/utilizadores) mais elevado, pela adição de populações.

Os sistemas de informação georeferenciada (SIGs) permitem a aplicação destas técnicas de modo algo explícito e de uma forma económica, sendo hoje um instrumento fundamental de auxílio à análise espacial e à decisão estratégica, com grande potência e rigor de avaliação ou de manipulação da informação. Os SIG têm associadas bases de dados com informação cuja aplicação é possível e desejável ao Planeamento em Desporto e desenvolvem estes procedimentos de forma automática. Dado que, em Planeamento e Desenvolvimento do Desporto se trabalha para e com as pessoas, os Sig's são uma tecnologia que disponibiliza a distribuição identificada dos habitantes através de manchas inscritas nos mapas. Formulações matemáticas realizadas com os valores das bases de dados que estão associadas permitem identificar o número de habitantes que se encontram a menos de um valor temporal estipulado da instalação desportiva. O que é importante determinar na aplicação destes instrumentos, é o valor do número de habitantes que residem na área de influência ou unidade territorial onde a instalação desportiva vai ser implantada. A partir deles, construir nova informação que nos permita visualizar e avaliar a sua configuração no espaço (mapas geotemporais).

4.1.4.3. *Os Padrões Desportivos*

Os padrões desportivos são referências generalizadoras ou particularizantes que permitem definir pontos de partida, patamares ou objectivos a atingir. Eles são estabelecidos a partir da observação da realidade, pelo conhecimento dos problemas a que dizem respeito ou definidos por convenção. Permitem também identificar características verificáveis (observáveis) de elementos da realidade que são explicáveis pela sua apresentação.

---

[70] Lösch, (1954), *The Economics of Location*, Yale U.P., 1954.

Os padrões desportivos europeus vigentes são fundamentalmente indicativos e estabelecem metas que se constituem como referências internacionais a serem seguidas com algum relativismo (não esqueçamos as diferenças culturais, desportivas e climatéricas de cada um dos países!). Os padrões nacionais ou locais, que não são estabelecidos por convenção, mas por observação directa, utilizam comummente os valores de tendência central (médias, modas, medianas) como forma de estabelecerem termos de comparação existentes entre várias parcelas do território que se pretendam analisar. Eles são a referência de base para quem procura desencadear processos de desenvolvimento desportivo de uma forma racional, objectiva e justa. Permitem, do mesmo modo identificar estádios do desenvolvimento.

Apresentaremos de seguida as principais referências que conseguimos reunir. Analisá-las-emos e discuti-las-emos e, em relação a algumas delas, indicaremos alternativas por nós já constituídas. Referir-nos-emos, numa primeira fase, aos padrões europeus e alguma normativa que ajuda a constituí-los, abordaremos depois os nacionais que podem estar definidos pela normativa ou apenas estabelecidos por verificação ou aproximação empírica.

Os padrões europeus traduzem-se por um conjunto de indicações e recomendações metodológicas que resultam fundamentalmente em valores, ao nível das instalações e dos principais índices de participação desportiva de comparação entre os vários países, atrás descritos. Relativamente às **instalações**, e como forma de prover as necessidades de espaços específicos para a prática desportiva, quer de iniciação, quer institucionalizada, o Conselho da Europa aconselha um valor de dimensão do espaço desportivo de 4m²/hab. No que respeita aos **praticantes**, o Conselho da Europa, através dos trabalhos de Castejón (1973)[71], é da opinião que deve haver um equilíbrio entre praticantes de elite de um país e o total de praticantes, na base proporcional de 4/10 mil praticantes.

Em relação aos padrões nacionais, a Legislação Portuguesa impõe normas de implantação de **instalações desportivas**, como já vimos, através da Lei de Bases do Sistema Desportivo (**Lei n.° 1/90** de 13 de Janeiro **+ Lei n.° 19/96** de 25 de Junho) no seu artigo 37.°, a Reserva de Espaços Desportivos nos Planos Directores Municipais e nos Planos de Urbani-

---

[71] Castejón Paz (1973), *ibidem*.

130   *Os Espaços do Desporto – Uma Gestão para o Desenvolvimento Humano*

zação. Também a Lei de Bases do Desporto (**Lei n.º 30/2004** de 21 de Julho) se refere no seu artigo 78.º (desporto e ordenamento do território) onde se recomenda a sua integração numa política de ordenamento do território equilibrada através do sistema de gestão territorial e respectivo planeamento no qual se inclui a reserva de espaços destinadas à localização e construção de infra-estruturas desportivas. Mais recentemente através do articulado da **Lei n.º 5/2007** de 16 de Janeiro – Lei da Actividade Física e do Desporto, através do artigo 8.º (Política de infra-estruturas e equipamentos desportivos), o Estado obriga-se articular o desenvolvimento de políticas de instalações e equipamentos desportivos com o sistema de gestão territorial e os seus instrumentos de planeamento. **O despacho normativo n.º 78/85** de 21 de Agosto apresentara já algumas especificações sobre o que mais tarde viria a ser consagrado na Lei de Bases do Sistema Desportivo e no que resulta agora no articulado da Lei de Bases da Actividade Física e do Desporto. Nesse despacho se adianta a previsão de algum equipamento desportivo nos Planos Directores Municipais PDM(s), Planos Gerais de Urbanização PGU(s), Planos de Pormenor PP(s), e loteamentos urbanos, definindo-os deste modo: (1) Unidades de base, (2) Núcleo desportivo e (3) Complexo desportivo.

Para o primeiro (1), propõe a construção de uma instalação de pequenos jogos (800 m^2) por cada 700 habitantes. Para o segundo (2), uma área coberta com o mínimo de 300 m^2 que incluirá uma piscina ou um ginásio e um espaço polivalente de 1 900 m^2, incluindo uma recta de corridas de velocidade, sectores para lançamento do peso, salto em altura, salto em comprimento e um circuito para corridas de manutenção, destinado a uma população de cerca de 1 200 habitantes. Finalmente para o terceiro (3), um estádio com pista, uma zona coberta evolutiva onde pode localizar-se um pavilhão ou uma piscina, um campo de pequenos jogos, dois campos de ténis, destinando-se este complexo a uma população de 6 000 habitantes.

O GEPAT (Grupo de Estudos e Planeamento da Administração do Território) do Ministério do Planeamento e da Administração do Território adianta um conjunto de tipologias que hoje são adoptadas, quer no registo quer na implantação das principais instalações desportivas no território. Estas tipologias foram constituídas por aproximação e consulta do que se ia efectuando noutros países e com a participação de arquitectos, geógrafos e técnicos portugueses deste grupo de estudos e da ex-Direcção

Geral dos Desportos (1990)[72], constituindo a normativa que hoje é seguida em termos de programação de instalações desportivas. A partir dela construímos a seguinte tabela:

Equipamentos							
/População-base	Grandes jogos	Pequenos Jogos	Pavilhões	Salas de Desporto	Piscinas	Pistas de Atletismo	Total
1 250	1						1
2 500	1 (reduzido)				1 (descob.)		2
3 750	X	X			X		3
5 000	X	X	1	1	1 (coberta)	1 (reduzida)	6
6 250	X	X	X	X	X	X	6
7 500					1(grd-desc.)		7
8 750					2X		8
10 000			1 – (méd)				9
11 250		2X					11
12 500	2X				1 (grd-desc.)	1 (Standart)	15
13 750		3X					16
15 000			1 (standart)		1(cob-stand)		18

Quadro n.° 13 – Tipologias de critérios de implantação de equipamentos desportivos – DGOT

nota[1]: Os algarismos isolados indicam a instalação que é proposta para o tipo de população respectiva. Os valores x indicam que, pelo valor do número de habitantes existentes, considerar-se-ia incluída a possibilidade de ter presente este tipo de instalação a este nível.

nota[2]: Publicada na nossa monografia de Mestrado em P.R.U. (Cunha, L.M., 1994)[73].

A análise desta tabela[74] (Quadro n.° 13) sugere-nos que o acesso dos cidadãos ao desporto, por via da programação das instalações, é cumula-

---

[72] Vários, GEPAT (1990), *Normas para Programação de Equipamentos Colectivos*, Lisboa, GEPAT, MPAT, estudos urbanos e de ordenamento, vol. III, Cultura e Recreio Culto Desporto Espaços Verdes, Janeiro 90, pp. 95-145.

[73] Cunha, Luís M. (1994), *Contribuições para o Planeamento das Instalações Desportivas no Território* – Tentativa da criação e do apuramento de processos e instrumentos de medida relativa das instalações desportivas e da acessibilidade dos cidadãos aos equipamentos desportivos na sub-região do Vale do Tejo, UTL/MPRU/1994, Julho, ed. própria, policopiada.

[74] A construção desta tabela foi efectuada a partir das fichas-tipo de equipamentos desportivos de base, Palla, M. João (1992), *Os Espaços e os Equipamentos Desportivos* – Congresso Europeu de Desporto para Todos, Fidt/CMO, Jan.-1992, pp. 199-210. Encontrámos uma constância de 1250 habitantes na proposição de equipamentos, sendo este valor o mínimo, para que possa localizar-se e construir-se o equipamento mais pequeno dos considerados (pequenos jogos).

tivo em relação ao número de habitantes, isto é, o facto de cada uma das instalações propostas apontar para uma determinada população-base, ajuda-nos a encontrar uma constância gradativa de 1250 habitantes e, para cada nível de adição deste valor, a determinar os equipamentos que nele se inserem e que a eles estão destinados.

Por outro lado, a inexistência de indicação de instalações para os níveis de 3750, 6250, 8750, e 11 250 habitantes, permite perceber que neles já devem estar incluídas as indicações dos níveis anteriores e tal não significar ausência de equipamentos. Poderá identificar também, as opções de quem definiu estes critérios, pela duplicação de existência de equipamentos que tenham sido referenciados no nível prévio, no sentido da hierarquização que Christaller propõe relativamente aos centros urbanos isto é, considerar-se que os níveis superiores contêm ou devem conter a oferta em termos de equipamentos que os níveis inferiores já detêm.

Efectivamente, na sua construção e pela análise das fichas-tipo de equipamentos presentes nestes trabalhos, considerámos que, a formação de um novo nível quantitativo de população (por cada 1250 habitantes a mais) obteria no mínimo, mais um equipamento além do quantitativo já existente.

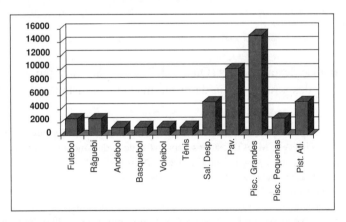

Gráfico n.º 1 – N.º de habitantes para os quais as instalações desportivas são destinadas – Critérios DGOT (valores mínimos)

Pela análise da tabela (Quadro n.º 13) e do gráfico (Gráfico n.º 1), podemos verificar que as instalações que obrigam à existência de um maior número de habitantes-destinatários (utilizadores) para a sua implan-

Decidir implantar uma instalação desportiva 133

tação, são as piscinas e os pavilhões grandes. Estes são também, como podemos ver na análise de custos que as fichas de equipamentos desportivos de base nos proporcionam, os mais onerosos, em termos do espaço a ser utilizado e dos investimentos a serem realizados.

Em relação ao número de habitantes que corresponde a cada instalação, a análise do conteúdo da normativa resumida no Quadro n.° 13, permite-nos estabelecer, pelo manuseamento dos valores em causa, um espectro do padrão da oferta que, partindo de uma base de 1250 habitantes por instalação, tenderá para um limite máximo de 833,3 habitantes, em relação às instalações tradicionais.

Estas propostas legislativas que vínhamos referenciando, são um primeiro movimento no sentido da implantação de instalações desportivas, que viria a ser posteriormente apoiado, através da normativa do Conselho da Europa ($4m^2$/habitantes como referência de base)[75], quando da elaboração destas tipologias de programação:

> *"O critério que se tem adoptado desde 1988 e que apresenta pequenas variações relativamente a outros que anteriormente se utilizaram para o mesmo fim, estabelecidos em 1977, baseia-se na atribuição de uma quota global de $\underline{4m^2}$ $\underline{de}$ $\underline{superfície}$ $\underline{desportiva}$ $\underline{útil}$ $\underline{por}$ $\underline{habitante}$ que se reparte pelas tipologias consideradas como equipamentos de base, de modo a atribuir cerca de:*
> *– 95% das áreas a reservar para actividades ao ar livre em terrenos de jogos e atletismo*
> *– 2 a 2,5% para salas de desporto*
> *– 1,5% para superfícies de plano de água em piscinas cobertas e ao ar livre."*[76]

---

[75] Veja-se o estudo **Políticas Europeias para os Equipamentos Desportivos – experiências e novas perspectivas**, Col. Desporto e Sociedade – Antologia de Textos, n.° 5, Lisboa, DGD, Jun., 1986.

[76] Vários, GEPAT (1990), **Normas para Programação de Equipamentos Colectivos**, Lisboa, GEPAT, MPAT, estudos urbanos e de ordenamento, vol. III, Cultura e Recreio, Culto, Desporto, Espaços Verdes, Janeiro 90, p. 107.

134 *Os Espaços do Desporto – Uma Gestão para o Desenvolvimento Humano*

EQUIPAMENTO DESPORTIVO DE BASE/CRITÉRIOS GERAIS DE PLANEAMENTO[77]

TIPO DE EQUIPAMENTO		DESIGNAÇÃO FUNCIONAL ESPECÍFICA	NORMA DE PROGRAMAÇÃO	DIMENSÃO FUNCIONAL	POPULAÇÃO – BASE	Obs.
ESPAÇOS	GRANDES CAMPOS DE JOGOS	Campo Futebol Campo Râguebi Campo Hóquei Polidesportivo de Grandes Jogos	2,0 m²/ /habitante	Standard: 8 000 m² Mínima: 5 000 m²	2 500 habitantes	(1)
AO AR	PISTAS DE ATLETISMO	Pista Regulamentar de 400 m Pista reduzida de 250m	1,2 m²/ /habitante	Standard: 15 000 m² Mínima: 6 000 m²	5 000 habitantes	(2)
LIVRE	PEQUENOS CAMPOS DE JOGOS	Polidesportivo Campo Basquete Campo Voleibol Campo Andebol Campo Ténis Áreas elementares para Atletismo	0,65 m²/ /habitante	Standard: 1 500 m² Mínima: 800 m²	1 250 habitantes	(3)
ESPAÇOS	PAVILHÕES E SALAS DE DESPORTO	Pav. Desportivo Pav. Polivalente Ginásio Sala de Desporto	0,09 m²/ /habitante	Standard: 1 100/1 500m² Mínima: 450 m²	5 000 habitantes	(4)
COBERTOS	PISCINAS COBERTAS	Pisc. Desportiva Pisc. Polivalente Pisc. Aprendizagem	0,02 m²/ /habitante	Standard: 250/350 m² Mínima: 100 m² (5)	5 000 habitantes	(6)
PISCINAS DESCOBERTAS	PISCINAS DESCOBERTAS	Pisc. Desportiva Pisc. Polivalente Pisc. Aprendizagem	0,04 m²/ /habitante	Standard: 250/350 m² Mínima: 100 m² (5)	25 00 habitantes	(6)

Quadro n.º 1 – Equipamento Desportivo de Base/Critérios Gerais de Planeamento – DGOT/DGD

OBSERVAÇÕES

(1) Pelo menos 50% com pavimento relvado.

(2) A pista regulamentar mínima deve possuir 6 corredores.

(3) Sempre que possível deverão prever-se versões polidesportivas. Os campos de ténis deverão constituir-se no mínimo por duas unidades e um paredão.

(4) A unidade base de dimensionamento não deve ser inferior ao módulo de 28x6x7 mais a área desportiva de 16x14x3,5.

(5) Poderão combinar-se ou funcionar isoladamente mas, neste último caso, a dimensão mínima é o tanque com 16,66x6 metros.

---

[77] Vários, GEPAT (1990), *Normas para Programação de Equipamentos Colectivos*, Lisboa, GEPAT, MPAT, estudos urbanos e de ordenamento, vol III, Cultura e Recreio, Culto, Desporto, Espaços Verdes, Janeiro 90, p. 109.

Nota – este quadro é um extrato do quadro apresentado no documento. Dele não fizémos incluir duas colunas por conterem informação que não era necessária em função do nosso discurso presente.

As políticas desportivas, particularmente as que respeitam às instalações, necessitam de indicadores que classifiquem de uma forma agregada e sintética o nível da respectiva oferta em cada unidade do território. Os estudos sobre a situação desportiva, que se baseiam neste indicador ($4m^2$/hab), foram postos em causa, na própria avaliação inicial da situação e mais tarde, na aplicação de programas desencadeados com o objectivo de nos aproximarmos destes quantitativos de referência. O problema revela-se ainda quando, ao analisar os níveis de oferta de instalações, se utiliza este indicador como termo de comparação e de classificação da oferta existente e, com base nele, se pretendem tomar decisões que respondam, de uma forma justa e equitativa, às necessidades e aspirações das populações em matéria de instalações desportivas. Pelo próprio manusear dos valores, observou-se que a grande diversidade de características e dimensões de cada tipo de instalação e as exigências formais e informais da prática da(s) respectiva(s) modalidade(s), gerava(m) uma contribuição desigual para o estabelecimento deste indicador. Por isso, a sua utilização com este fim é posta em causa. Ele não pode traduzir uma boa classificação da oferta de instalações e manifesta assim resultados enviesados da realidade (veja-se o exemplo do caso de um campo de futebol comparado com um de voleibol, onde as densidades de utilização do espaço são muito diferenciadas).

Tivémos já a oportunidade de propôr um instrumento de medida, o m^2n (metro quadrado normalizado)[78], que se constitui num processo tendente a ultrapassar estas limitações e de o testarmos com êxito na região do Vale do Tejo. Posteriormente, tem vindo a ser utilizado em alguns municípios portugueses como sejam Leiria, Moita, Oeiras, Mafra, Grândola, Montijo, Tondela, Óbidos, Albufeira, Faro, Sintra, Portimão, V. N. da Barquinha e nos concelhos da Região Autónoma dos Açores no apoio à decisão em política desportiva. Este indicador permite mergulhar um pouco mais no nível de especificação ou no grau de aprofundamento na análise sobre o aprovisionamento de instalações desportivas

---

[78] *"A normalização do m^2 desportivo é um processo que converte o m^2 real, através da utilização de uma taxa encontrada, num outro valor (o m^2 normalizado), onde são consideradas as condicionantes de dimensão, densidade por modalidade na utilização do espaço desportivo útil, número de utilizadores em simultâneo e diariamente e o tipo de utilização." L.M. Cunha (1994), **Contribuições para o Planeamento das Instalações Desportivas no Território"**, IV MPRU/UTL, Lisboa, p. 37.

136 Os Espaços do Desporto – Uma Gestão para o Desenvolvimento Humano

e dar um pouco mais de conhecimento a este nível oferecendo mais uma perspectiva de análise.

A título ilustrativo, divulgamos os valores mais recentes que obtivemos em alguns destes municípios[79]:

Município de	Valor em m^2n/ habitante	Município de	Valor em m^2n/ habitante
Abrantes (1997)	0.38	Cartaxo (1997)	0,08
Alcanena (1997)	0.32	Chamusca (1997)	0,07
Almeirim (1997)	0.07	Constância (1997)	0.18
Alpiarça (1997)	0.04	Coruche (1997)	0.04
Azambuja (1997)	0.06	Entroncamento (1997)	0.08
Benavente (1997)	0.43	Ferreira do Zêzere (1997)	0.06
Golegã (1997)	0.1	Torres Novas (1997)	0.08
Salvaterra de Magos (1997)	0.11	Vila Nova da Barquinha (1997)	0.07
Santarém (1997)	0.08	Vila Franca de Xira (1997)	0.07
Sardoal (1997)	0.11	Gavião (1997)	0.05
Tomar (1997)	0.09	**Lezíria e Médio Tejo (1997)**	**0.3 a 0.4**
Grândola (1995)	0.275	Praia da Vitória	0.15
Montijo	0.127	Santa Cruz da Graciosa	0.18
Mafra (2000)	0.26	Velas	0.23
Rio Maior	0.303	Calheta	0.15
Tondela (1999)	0.171	Lages do Pico	0.22
Óbidos (2001)	0.43	Horta	0.22
Sintra	0.012	Nordeste	0.33
Leiria (2000)	0.07	Vila do Porto	0.27
Grândola	0.275	Madalena	0.35
R. A. Açores	0.276	São Roque do Pico	0.30
Ponta Delgada	0.11	Lajes das Flores	0.39
Povoação	0.18	Santa Cruz	0.47
Angra do Heroísmo	0.23	Corvo	0.62

Quadro n.º 14 – Valores em (m2n) de instalações desportivas
de alguns municípios portugueses

Este instrumento de medida não visa substituir anteriores instrumentos de avaliação, nem muito menos colocar em causa a sua validade. Contudo, pensamos que este se constitui como um instrumento de intervenção

---

[79] Refira-se que estes dados resultam da aplicação desta técnica em trabalhos de Mestrado em Gestão do Desporto, que tivemos oportunidade de enquadrar no domínio dos Espaços e Instalações Desportivas.

adicional fornecendo mais uma perspectiva de análise com um grau de acuidade maior, embora obrigue sempre a uma reflexão cuidada acerca do significado dos resultados. Este indicador deve, agora num segundo momento, ser conjugado com um índice de diversidade respeitante a diferentes tipologias de instalações, de modo a complementar a análise da oferta desportiva. Os gestores de desporto que estão colocados ao nível da decisão política encontram, através deste, a possibilidade de iniciar um processo de construção de um padrão a nível nacional. Está ainda por determinar um padrão de referência que balize as metas de definição de uma política de instalações desportivas. Na região do Vale do Tejo o valor encontrado em 1997 era de 0,3 a 0,4 m^2n/habitante. Está também por encontrar o espectro que defina o intervalo de variação, bem como os valores que traduzam boas ou más classificações. Tal será o resultado de futuros estudos que possam vir a ser realizados. Sabemos apenas, nestes municípios, que uns apresentam melhores valores e outros não.

Por último, interessa-nos referir em termos legislativos o **despacho n.º 7187/2003** de 11 de Abril do Ministério das Cidades, Ordenamento do Território e Ambiente que estabelece o Regulamento do Programa de equipamentos urbanos de utilização colectiva onde se adiantam valores relativos a quantitativos de população para cada equipamento a ser financiado. Tivemos oportunidade de apresentar um quadro relativo ao Anexo I deste diploma, onde foi publicado através do Quadro n.º 8 – Valores de referência dos equipamentos desportivos e dos equipamentos culturais e recreativos segundo o Despacho n.º 7 187/2003 de 11 de Abril (2.ª série), do Ministério das Cidades, Ordenamento do Território e Ambiente, a páginas n.º 62. Nele, são-nos oferecidos, para além dos montantes de financiamento, os valores de população-base relativos a cada equipamento cuja localização se pretende financiar.

4.2. A Gestão do Espaço (Território)

A gestão do espaço pretende identificar as condicionantes espaciais ao fenómeno desportivo, as expressões territoriais dos principais agentes desportivos (individuais e colectivos), compreendendo as teorias explicativas fundamentais, os instrumentos de análise que adequam as decisões e as intervenções dos principais responsáveis. Gere-se por isso, a expressão

138 Os Espaços do Desporto – Uma Gestão para o Desenvolvimento Humano

das dinâmicas existentes que se efectuam sobre o espaço ou das que são desencadeadas. O desporto dá significado ao território pela codificação dos espaços e pela localização e institucionalização de actividades. Revela ainda a partir da sua expressão, as estratégias locativas dos agentes.

Numa perspectiva desportiva, a gestão do espaço é entendida de duas formas: a nível micro e a nível macro:

1. Nível micro – São considerados como objecto dos principais procedimentos e decisões de gestão, os espaços desportivos, particularmente as **áreas de competição e os espaços complementares** isto é, os locais onde a competição ou actividade desportiva se desenrola e todos os outros espaços que preparam ou apoiam os acontecimentos que vão ocorrer dentro da área de competição. Incluem-se neste tipo de espaços os que dizem respeito aos balneários, arrecadações, bancadas, serviços administrativos, logística, etc. Neste processo, efectua-se a procura e consideram-se as percepções de utilização do espaço que determinam e influenciam as decisões espaciais dos agentes localizados ou em movimento. Os resultados obtêm-se quer do ponto de vista espacial quer da perspectiva das actividades que decorrem e se exprimem nesses espaços.

2. Nível macro – É identificada a expressividade desportiva dos territórios através das suas actividades, instalações e recursos (materiais e humanos). Esta identificação traduz o conjunto das intervenções racionais dos agentes individuais e colectivos relativas à expressão de uma actividade humana sobre o território, particularmente a desportiva. São também reveladas pelas decisões, as *estratégias locativas*[80] das pessoas e das organizações que se traduzem na procura de vantagens económicas, de vitória ou de outro tipo. A continuidade destas expressões revelam o respectivo significado espacial.

Intervir num espaço ou sobre ele, implica um amplo conhecimento sobre os respectivos instrumentos e estatutos inerentes ao território, particularmente o solo e a respectiva utilização. Trata-se na prática de modificar o uso do solo através da localização de actividades humanas dirigidas,

---

[80] **Estratégia locativa** – (conceito) – Tentativa que os agentes ou decisores realizam de procurar localizações vantajosas sobre os principais concorrentes ou antecipação de respostas aos fenómenos do desporto, procurando o respectivo conforto e economia de meios utilizados.

Decidir implantar uma instalação desportiva 139

neste caso, ao desporto ou pelo desporto. Gerir o espaço numa perspectiva desportiva, pressupõe resumidamente, três (3) momentos:

1. Perceber a expressão desportiva no espaço. Esta percepção efectua-se através de vários processos que constituem a **Análise Espacial**. A análise espacial é um processo que compreende a utilização várias técnicas de análise da informação localizada. Ela permite detectar a configuração da expressividade desportiva do território, dos agentes que nele actuam e dos significados que explicam as respectivas dinâmicas, particularmente através das actividades desportivas realizadas pelas comunidades, dos espaços e equipamentos existentes e respectivo apetrechamento. Analisar o espaço, numa perspectiva desportiva, é detectar a expressão locativa (Callède, 1988) do fenómeno desportivo, verificar os nós do espaço (Rooney, 1975) que se constituem através das instalações, é detectar o grau de implantação de uma modalidade e a sua difusão no território (Gaspar, 1971, e Bale, 1989), a especialização que as unidades do território estabelecem pelas actividades desportivas específicas ou pelas suas vocações futuras, bem como pelos agentes e demais elementos desportivos.

2. Registar e **identificar padrões** (existentes: reais, observáveis) e convencionados (metas a atingir/níveis de qualidade)) num processo que se denomina de **Análise Normativa**. Com este processo pretende-se chegar aos padrões que podem ser de dois tipos: Os de **expressão** (1) e os de **convenção** (2). Aos primeiros chega-se através dos processos referidos no ponto anterior. Aos segundos por um exercício de procura de documentação que a eles nos dê acesso, com a posterior comparação entre os padrões de expressão (reais) e os de convenção (ideais). Procuram-se ainda os mecanismos reguladores estabelecidos que explicitam as principais normas que devem ser cumpridas. No final destes processos é necessário determinar e medir distâncias entre a realidade e os cenários a serem atingidos.

3. Intervir em função da definição de estratégias, de objectivos e metas definidas racionalmente, o que nos remete para as políticas. A formulação de objectivos implica a definição e o estabelecimento prévio de cenários variados que possam responder a vários tipos de evoluções. Neles foram incluídas as condicionantes dos territórios, as dinâmicas identificadas dos agentes individuais e institucionais com os respectivos padrões de expressão e de decisão, bem como extrapoladas as diversas alternativas de ocorrência e evolução futura das situações.

Para intervir é necessário determinar onde construir instalações, localizar actividades ou associar-lhes apetrechamento. Qualquer uma destas

140 *Os Espaços do Desporto – Uma Gestão para o Desenvolvimento Humano*

preocupações, são consumidoras de espaço, de solo urbano e alteram à sua medida a configuração do território.

A intervenção pode ser organizada a dois níveis:

1. Intervir **dentro** das instalações.
2. Intervir **fora** das instalações.

No **interior** das instalações (1), as preocupações apontam para o convite à prática desportiva, facilitando o seu exercício. Todas as demais actividades secundárias devem contribuir para o êxito e para o conforto máximo da prática dentro da instalação. Sobre este aspecto referir-nos--emos em capítulo próprio mais à frente (ver Capítulo 7 – O Conforto (Desportivo) a pág. 191).

No **exterior** (2), a lógica é semelhante: O objectivo é cumprido fundamentalmente através de uma codificação dos espaços exteriores de transição ou de condução à instalação. Este processo de codificação deve fazer com que o praticante se dirija o mais rapidamente possível para dentro dela para poder realizar a sua prática. Todas as acções de informação e conforto a serem oferecidas aos utilizadores devem ser constituídas com este objectivo. Sobre esta temática, também será apresentado o respectivo desenvolvimento em capítulo próprio (ver Capítulo 8.2.3 – O Acolhimento – conforto à chegada a páginas 244).

Por ora, iremos continuar a análise dos conteúdos relativos ao território e gestão do espaço, para a implantação e construção de instalações desportivas serem abordadas ao nível do Capítulo 5 – A Construção de Espaços e Instalações Desportivas, pág. 157 e seguintes.

Sobre os espaços naturais e respectiva avaliação para o desporto, remetemos para o Capítulo 10 – Decidir qualificar para o desporto um espaço natural, a páginas 519.

4.2.1. *As Tipologias de Espaços – Regime de Uso e Propriedade*

Quaisquer que sejam os três tipos fundamentais de intervenção (Instalações, Actividades ou Apetrechamento) há um entendimento sobre o enquadramento legal que o espaço a utilizar detém e que interessa saber, por forma a que as decisões ultrapassem as respectivas condicionantes. Como sabemos, o desporto consome espaço na sua expressão e é necessário, para a respectiva afectação, tomarmos consciência dos tipos de regime

Decidir implantar uma instalação desportiva 141

de propriedade que este pode assumir e que lhe está associado. Existem fundamentalmente três tipos de propriedade do solo a mobilizar para o processo do desporto numa óptica de desenvolvimento: O Espaço Público (1), O Espaço Privado (2) e O Espaço Comunitário (3).

1. Espaço Público – O espaço público é entendido como um bem de usufruto ou de livre acesso a todos. Pode ser acessível ou condicionado aos cidadãos. A utilização é feita sempre em favor do bem comum e os recursos são administrados nesse sentido. Os guardiões desse espaço, são as instituições que os administram, mas também os comportamentos individuais dos cidadãos e das relações que com ele estabelecem cumprem esse papel. As forças da ordem garantem em último caso, o normal funcionamento quer do espaços públicos quer das respectivas instituições. A gestão é normalmente efectuada pelo Estado e toda a sua organização administrativa. No entanto é preciso não confundir espaço público com espaço de propriedade do Estado. Ao primeiro, por princípio, podem aceder os cidadãos de modo mais ou menos livre. Ao segundo o acesso é mais restrito ou condicionado. Esta administração pode ser feita de forma indirecta por via de empresas públicas ou mesmo privadas que se candidatem a exercer essa missão.

2. Espaço Privado – É um território onde estão localizados ou dispostos recursos organizados em função dos interesses do proprietário (que também pode ser o Estado). Visa normalmente a utilização dos recursos por forma a conseguir a maximização dos lucros, a extrair rendimento deles. Visa o exercício da sua vocação, administrado por uma organização que pretende ordenar os recursos em seu favor, como forma de garantir a sua continuidade.

3. Espaço Comunitário – Este tipo de espaços destina-se a oferecer a possibilidade de dar um rendimento mínimo a comunidades que o não tinham, colocando à sua disposição um conjunto de recursos em troca de uma ocupação do território localizada. Vimos já os baldios como instrumento comunitarista de utilização do espaço (ver Capítulo 1.2.1.3 – Os Baldios, a pág. 46).

A tipologia de usufruto das propriedades coloca problemas de gestão do espaço. Quando se pretendem realizar intervenções, na óptica de uma gestão pública ligada ao desenvolvimento, por forma a localizar instalações ou actividades e saber quais são os proprietários de modo a solicitar quer as devidas autorizações quer as formas de encetar os necessários processos de negociação, colocam-se inúmeros problemas. Por vezes assiste-se a situações *sui generis* onde instalações estão implantadas no solo de

142 *Os Espaços do Desporto – Uma Gestão para o Desenvolvimento Humano*

um dono, cujo edificado é de outro proprietário e o promotor das actividades que aí se realizam constitui uma terceira entidade. Outras vezes são criadas expectativas sobre a localização de instalações em determinados locais que os regimes de ordenamento e protecção inviabilizam a respectiva concretização. Por isso se torna necessário deter um conhecimento mínimo dos instrumentos de gestão territorial.

4.2.2. *O Sistema de Gestão Territorial*

Os instrumentos de Gestão do Território são definidos pela Lei do Ordenamento do Território **Decreto-lei n.° 380/99 de 22 de Setembro** – Bases do Ordenamento do Território e Urbanismo. Nele é definido o regime jurídico das bases da política de ordenamento do território e de urbanismo.

Artigo 2.° (Sistema de Gestão Territorial):
1 – ....
2 – O âmbito nacional é concretizado através dos seguintes instrumentos:
a) O programa nacional da política de ordenamento do território;
b) Os planos sectoriais com incidência territorial;
c) Os planos especiais de ordenamento do território, compreendendo os planos de ordenamento de áreas protegidas, os planos de ordenamento de albu-

feiras de águas públicas e os planos de ordenamento da orla costeira.
3 – O âmbito regional é concretizado através dos planos regionais de ordenamento do território.
4 – O âmbito municipal é concretizado através dos seguintes instrumentos:
a) Os planos intermunicipais de ordenamento do território;
b) Os planos municipais de ordenamento do território, compreendendo os planos directores municipais, os planos de urbanização e os planos de pormenor.

Âmbitos	Instrumentos do Sistema de Gestão Territorial		
Nacional	PNPOT – Programa Nacional da Política de Ordenamento do Território		
	PSIT – Planos Sectoriais com Incidência Territorial		
	PEOT – Planos Especiais de Ordenamento do Território[81]	POAP – Planos de Ordenamento de Áreas Protegidas	
		POAAP – Planos de Ordenamento de Albufeiras de Águas Públicas	
		POOC – Planos de Ordenamento da Orla Costeira	
Regional	PROT – Planos Regionais de Ordenamento do Território[82]		
Municipal	PIOT – Planos Intermunicipais de Ordenamento do Território.		
	PMOT – Planos Municipais de Ordenamento do Território[83]	PDM – Planos Directores Municipais	
		PU – Planos de Urbanização	
		PP – Planos de Pormenor[84]	

Quadro n.º 15 – Instrumentos do Sistema de Gestão Territorial

Existem também um outro conjunto de diplomas que apenas indicamos em rodapé e que nos escusamos de desenvolver texto sobre eles, dado que o vamos fazendo ao longo deste trabalho.

---

[81] Planos Especiais de Ordenamento do Território:

D. L. n.º 151/95 de 24 de Junho – Harmoniza o Regime Jurídico dos Planos Especiais de Ordenamento do Território.

Lei n.º 5/96 de 29 de Fev – Altera o D. L. n.º 151/95 de 24 de Junho.

[82] PROT – Planos Regionais de Ordenamento do Território:

Decreto-Lei n.º 176-A/88 de 18 de Maio (revoga o Decreto-Lei n.º 338/83 de 20 de Julho)

Decreto-Lei n.º 367/90 de 26 de Novembro – Dá nova redacção aos artigos 3.º, 9.º, e 11.º do Decreto-Lei n.º 176-A/88 de 18 de Maio.

Decreto-Lei n.º 249/94 de 12 de Outubro – Altera o Decreto-Lei n.º 176-A/88 de 18 de Maio e revê a disciplina jurídica dos PROT(s).

Decreto-Lei n.º 309/95 de 20 de Novembro – Revê a a disciplina jurídica dos PROT(s).

[83] Decreto-Lei n.º 115/2001 de 7 de Abril – Planos Municipais de Ordenamento do Território – PMOT (vulgo PDM's) (alterações aos PDM(s) para simplificação de procedimentos destinados ao realojamento e à construção de habitação a custos controlados).

[84] Loteamentos urbanos:

Decreto-Lei n.º 334/95 de 28 Dezembro Altera o Decreto-Lei n.º 448/91 de 29 de Novembro – Regime Jurídico dos Loteamentos Urbanos.

Lei n.º 26/96 de 1 de Agosto – Regime Jurídico dos Loteamentos Urbanos.

Lei n.º 110/99 de 3 de Agosto – Autoriza o Governo a legislar sobre a competência das autarquias em matéria de loteamentos urbanos.

Lei n.º 90-A/95 de 1 de Setembro – Autoriza o Governo a legislar em matéria de ocupação e transformação do solo para fins urbanísticos e planeamento territorial.

D.R. n.º 63/91 de 29 de Novembro – Regime jurídico das operações de loteamento.

4.3. Os Processos de Análise Espacial
– A Análise Espacial como processo a utilizar no Desporto

A análise espacial é um processo que pretende encontrar formas de medir o valor dos espaços e dos territórios. Trata-se de medir o espaço a partir das suas características, ao nível dos seus elementos, mas também das suas dinâmicas, através das acções dos seus agentes individuais e colectivos. Tem como objectivo fundamental a construção de visões globais sobre essas mesmas características e delinear intervenções sobre esse território ou sobre fenómenos que aí acontecem. Permite assim detectar o comportamento dos seus agentes no espaço e perspectivar as respectivas estratégias locativas. Cria ainda a possibilidade de interpretar e entender a expressão de determinados fenómenos ou actividades, cujo significado é apercebido mais facilmente pela utilização deste processo. Para poder cumprir o seu desiderato, ela utiliza informação quantificada a partir dos elementos registados e das respectivas localizações.

O desporto tem também uma expressão espacial que não se esgota no espaço desportivo, delimitado ou codificado em função da prática desportiva. O desporto revela, a partir da sua expressão, as dinâmicas sociais e o seu significado espacial. Ele assume-se como um fenómeno humano que extravasa as áreas de competição e invade a vida das pessoas com os valores de que é portador. Detém expressões próprias que progressivamente dão significado aos espaços e aos territórios. Analisar o espaço, numa perspectiva desportiva, é detectar e expressão locativa (Callède, 1988) do fenómeno desportivo, verificar os nós do espaço (Rooney, 1975) que se constituem através das instalações. É também, detectar o grau de implantação de uma modalidade e a sua difusão no território (Gaspar, 1971, e Bale, 1989), a especialização que as unidades do território estabelecem, pelas actividades desportivas específicas ou pelas suas vocações futuras, bem como pelos agentes e demais elementos desportivos. A análise do território, segundo uma perspectiva desportiva, permite o exercício de uma política de desenvolvimento desportivo sustentada em instrumentos de racionalidade, com benefícios para as populações e comunidades residentes nas respectivas unidades espaciais.

Decidir implantar uma instalação desportiva 145

A intervenção dos decisores em desporto, deve ser assim efectuada com base numa contabilização dos efectivos existentes em cada unidade do espaço, no respectivo tratamento Tal consegue-se através das técnicas matemáticas de análise da informação e das teorias de análise espacial que as legitimam, de modo a perceber a estrutura e a dinâmica espacial do fenómeno desportivo. Assim facilita-se o processo de tomada de decisão na respectiva circunscrição administrativa. Tal pode ser realizado através dos processos de análise espacial. Trata-se de saber agora como é que essa intenção pode ser levada à prática, o que nos levanta algumas interrogações:

1. Como é que se mede o espaço numa perspectiva desportiva?
2. O que é que se pretende medir? É a expressão desportiva no território ou a facilidade de as populações acederem ao desporto? Ou ambas?
3. Pretende-se determinar as especializações desportivas dos espaços? Ou pretende-se determinar as especializações de algumas unidades do território?
4. Pretende-se fazer comparações entre diferentes unidades do território? Ou pretende-se fazer comparação entre diferentes actividades que têm expressão nesse mesmo território?
5. Qual é a importância disto tudo para o processo de gestão das instalações desportivas?

Os processos de análise espacial podem, neste sentido, serem utilizados por forma a medirem e a darem entendimento às expressões desportivas dos agentes e das actividades que estão inscritas nos territórios. Estes processos compreendem genericamente, a utilização da construção de indicadores de análise e quocientes reveladores dos equilíbrios e das dinâmicas dos sistemas e das unidades locais.

4.3.1. *As Técnicas de Análise Espacial*

As técnicas de análise espacial permitem desenvolver formas de apoio à tomada de decisão. Podemos através da utilização destas técnicas determinar padrões de referência sobre a expressão ou implantação de uma

146　*Os Espaços do Desporto – Uma Gestão para o Desenvolvimento Humano*

determinada actividade ou recurso (expresso através de uma variável quantificada) num determinado espaço composto por várias unidades de território. Permitem-nos ainda constituir padrões de comparação entre diferentes unidades de território e diferentes lógicas, facilitando a construção de visões globais, ajudando por isso na tomada de decisão estratégica.

> Quando, nos processos de comparação de unidades do território, se consideram as diferentes características de cada uma delas, nomeadamente as que se referem à dimensão territorial, dimensão da população, índice de desenvolvimento, participação nas práticas desportivas, detectam-se problemas que resultam desta variabilidade: os resultados não são comparáveis em termos absolutos, pois arrastam erros grosseiros de medida que advêm do facto de estarmos em presença de dados com escalas e atributos diferentes. Assim, a solução é a seguinte: em vez de serem utilizadas escalas diferenciadas, que caracterizam a recolha de dados apresentados em termos absolutos, com dificuldades óbvias ao nível da respectiva contabilização comparada, utilizam-se os dados convertidos numa escala percentual. Esta escala percentual, permite transformar os números reais numa estrutura, que trabalha agora em função de uma grandeza proporcional, isto é, compara a expressão de proporcionalidades que ajudam a caracterizar cada indivíduo. Esta expressão é apresentada através de indicadores (*ratios*) constituídos com base num denominador comum. Esse denominador comum, que vai estandartizar os valores e efectuar uma relativização dos resultados, é o "*score*" relativo à "população".

O peso da dimensão população permitirá identificar qual é a percentagem de um determinado atributo que corresponde a cada habitante. As unidades do território com dimensões populacionais diferentes irão apresentar assim diferentes porções percentuais relativas a cada habitante que resultam da expressão da variável a analisar. Deste modo, através das populações observadas, podem efectuar-se as necessárias comparações variável a variável, agrupando, emparelhando ou associando variáveis ou ainda obtendo por estas vias, as necessárias visões globais que sustentam, quer as tomadas de decisão, quer o planeamento, quer ainda as visões estratégicas que definem linhas para o futuro das comunidades e organizações que se inserem no espaço que estamos a tratar.

As técnicas de análise espacial (Aydalot, 1985)[85], permitem caracterizar os territórios segundo vários aspectos fundamentais: A **localização**, a **especialização** e a **concentração espacial** que se expressam através dos correspondentes indicadores. Para a constituição destes indicadores necessitamos desenvolver algumas operações bem como dispor previamente a informação recolhida para que essas operações sejam claras e rapidamente entendidas, quer consoante ao seu processo quer quanto ao seu significado. Neste sentido, temos de considerar a constituição de três (3) matrizes que têm em comum o facto de evoluírem umas a partir das outras.

Assim, a partir dos dados de base recolhidos, estabelece-se a primeira matriz onde esta informação é arrumada para se efectuar o correspondente tratamento. Cada elemento desta matriz (x_{ij}) traduz a expressão de uma determinada actividade (i) num determinado espaço (j). As expressões i e j traduzem respectivamente as linhas e as colunas representadas na Matriz (1). Obtém-se assim, uma primeira matriz de dados que resultam na expressão em cada quadrícula do nível da actividade i expressa no espaço j.

$i \setminus j$	População Espaço A	População Espaço B	População Espaço C	População Espaço D	**Total** $_j$
Actividade 1	x_{ij}	x_{ij}	x_{ij}	x_{ij}	X_i
Actividade 2	x_{ij}	x_{ij}	x_{ij}	x_{ij}	X_i
Actividade 3	x_{ij}	x_{ij}	x_{ij}	x_{ij}	X_i
Actividade 4	x_{ij}	x_{ij}	x_{ij}	x_{ij}	X_i
Total $_j$	X_j	X_j	X_j	X_j	X_{ij}

Matriz (1)

Cada elemento (X_j) da última linha da Matriz (1) traduz o somatório das actividades em cada espaço (**Total** $_j$). Cada elemento (X_i) da última coluna, traduz o somatório das populações que praticam determinada actividade (**Total** $_i$). O elemento (X_{ij}) traduz o valor do total da população da região envolvida no espaço em causa.

Cada linha traduz a expressão da actividade em cada porção do espaço geral em análise, através dos seus quantitativos. A análise 'linha a linha' permite detectar como é que cada actividade se distribui pelas dife-

---

[85] Aydalot, Philippe; (1985), *Economie Régionale et Urbaine*, collection economie, ed. Economica, Paris, 1985.

148 *Os Espaços do Desporto – Uma Gestão para o Desenvolvimento Humano*

rentes unidades do território em análise. Cada coluna traduz a dinâmica desportiva de cada território composta pela expressão das diferentes actividades.

A arrumação destes dados nesta tabela, feita através do lançamento em valores absolutos (reais) permite, no passo seguinte, equacionar o exercício de uma demonstração, que revelará duas perspectivas no modo de encarar o fenómeno desportivo: Neste caso, os dois pontos de vista essenciais são o do **'território'**, através das correspondentes unidades espaciais e o das **'actividades'**, conforme analisemos os dados em função de um ou de outro. Teremos assim, através de dois indicadores fundamentais, a visão do território entendida sob a perspectiva de cada actividade (1) e, por outro lado, encarada sob a perspectiva das unidades do território (2) que revelam a respectiva expressão.

A partir destas perspectivas construir-se-ão os respectivos **coeficiente de localização** e **quociente de localização** e determinar-se-ão os respectivos significados, o que constitui a base de aplicação das técnicas de análise espacial.

4.3.1.1. *O Coeficiente de Localização de Actividades*

O coeficiente de localização, segundo Aydalot (1985)[86], permite apreciar o grau de concentração das actividades no espaço ou território. Esta apreciação efectua-se em função de uma norma que é constituída pelo grau de concentração espacial da população. Considera assim uma actividade e um espaço. Sabendo qual o grau de envolvimento de uma população com uma determinada actividade a partir da distribuição da população, podemos determinar o nível de concentração dessa actividade em porções do território. O coeficiente de localização permite saber qual a percentagem de população que está envolvida com uma determinada actividade. Este coeficiente é utilizado normalmente na análise da distribuição do emprego numa região padrão, ao nível das análises económicas (Alves, M. Brandão; Martins, A. N.; Vaz Pinto, M.ª Luiza; Madruga, P. 2001/2002)[87].

---

[86] Aydalot, *ibidem*.

[87] Alves, M. Brandão; Martins, A. N.; Vaz Pinto, Mª. Luiza; Madruga, P. (2001/2002); *Economia Regional e Urbana – 2. – Métodos de Análise da Evolução do Sistema Espacial Português: As regiões, As cidades e os Fenómenos urbanos*, Lisboa, CIRIUS, UTL-ISEG, publicado na internet com o endereço: http://www.dge.ubi.pt/pguedes/ISEG2.pdf

Mas tal pode ser adaptado à expressão desportiva nos territórios. O objectivo do coeficiente de localização, segundo Rippel, R.; Lima J.; Alves, L.; e Piacenti, C. (2006)[88], é o de relacionar a expressão das actividades num determinado espaço expressa percentualmente, com a distribuição percentual que ela apresenta na região. Pretende-se assim saber se em cada espaço o padrão de distribuição da população apresenta correspondência com o padrão de distribuição do espaço global.

A determinação deste coeficiente é realizada a partir de uma tabela de dupla entrada onde as linhas (i) se referem às actividades e as colunas (j) às unidades de território. Os resultados (scores) que aparecem em cada quadrícula x_{ij} correspondem à expressão do nível da actividade i no espaço j da população.

O primeiro passo neste cálculo é a determinação dos valores de expressão da densidade de cada actividade no interior de cada espaço. Tal valor é obtido em função de uma norma relativa a cada um dos espaços que vai ser analisado. Essa norma é o valor da expressão desportiva desse espaço que se traduz pela expressão do conjunto de todas as suas actividades. Constrói-se assim uma outra matriz de dados que resulta da primeira deste modo:

1. Considera-se cada uma das colunas correspondente a cada território. Para cada coluna obtém-se um somatório X_j que resulta da adição de cada uma das parcelas x_{ij} correspondente a uma das colunas (Matriz 1).

2. Obtém-se o valor **p** quando se divide o valor de cada elemento x_{ij} pelo seu somatório X_j (correspondente à coluna): '$p = x_{ij}/X_j$'. '**p**' representa o nível de actividade (ou percentagem, se multiplicarmos por 100) naquela unidade do território face à expressão total dessa mesma unidade de território descrita na coluna. O total dessa coluna representa a expressão total dessa actividade naquele território.

3. Obtém-se assim uma matriz de dados '**p**' (Matriz 2) que traduz as diferentes expressões das actividades relativas a cada população analisada, do ponto de vista do território.

4. Os valores de **P**, correspondem as somatórios dos **p**(s) de cada coluna e de cada linha.

5. O valor $\mathbf{P}_{ij}$ representa o somatório de todos os **P**(s).

---

[88] Rippel, R.; Lima J.; Alves, L.; e Piacenti, C. (2006) *Notas sobre a localização da população urbana e rural no Oeste Paranaense: Uma Análise de 1970 a 2000*, Universidade de Campinas, Unicamp Publicado na Internet com o endereço: http://www.abep.nepo. unicamp.br/encontro2006/DOCSpdf/ABEP2006_445.pdf

150 *Os Espaços do Desporto – Uma Gestão para o Desenvolvimento Humano*

$I \setminus j$	População Espaço A	p_{ij}	População Espaço B	p_{ij}	População Espaço C	p_{ij}	População Espaço D	p_{ij}	Total	
Actividade 1	x_{11}	p	x_{12}	p	x_{13}	p	x_{14}	p	X_I	P_i
Actividade 2	x_{21}	p	x_{22}	p	x_{23}	p	x_{24}	p	X_I	P_i
Actividade 3	x_{31}	p	x_{32}	p	x_{33}	p	x_{34}	p	X_I	P_i
Actividade 4	x_{41}	p	x_{42}	p	x_{43}	p	x_{44}	p	X_I	P_i
Total	X_j	Pj_I	X_j	Pj_I	X_j	Pj_I	X_j	Pj_I	X_{ij}	P_{ij} Total

Matriz (2)

A Matriz (2) é a que está a cinza (a matriz dos 'p'(s)) e foi sobreposta à Matriz (1) cujos os elementos se representam imediatamente à esquerda.

Os valores de 'p' inscritos na Matriz (2) são os valores relativos às colunas (territórios) dado que foram normalizados em função do somatório em coluna, representado pela letra 'P'. Poderemos assim construir uma matriz de 'p' (s) que representam a normalização dos valores em função da expressão das actividades em cada um dos territórios. Este valor traduz uma medida de densidade da expressão da actividade nessa unidade do território e aferida em relação a ela.

O coeficiente de localização traduz assim uma diferença entre o perfil da distribuição em cada território face à distribuição entre os territórios (ou o total dos territórios). Este equilíbrio ou perfil dos territórios entre eles constitui a norma de comparação face à qual se pretende determinar a diferença. Traduzir-se-á deste modo através da seguinte fórmula:

$$\text{Coeficiente de Localização} \quad - \quad CL_i = 1/2 \sum_i |(x_{ij}/X_j)-(X_i/X_{ij})|$$

– Com o coeficiente a variar entre zero (0) e (1);
– Com i – relativo às actividades;
– Com j – relativo aos espaços;
– Com X_j – relativo ao somatório das actividades no espaço j;
– Com X_i – relativo ao somatório de cada actividade nos vários espaços e
– Com X_{ij} – relativo ao somatório das expressões de cada um dos espaços, representando a expressividade total do território.

Se o coeficiente de localização for igual a zero (0) significa que a actividade está distribuída (em termos de dispersão) em cada espaço da mesma forma em que se apresenta no conjunto de todos os espaços, isto é no espaço global. Quer dizer que apresentará uma dispersão semelhante por todo o território, pelo conjunto de todos os espaços. Se o valor se aproximar de um (1), revela que aquela actividade apresenta um padrão de concentração superior, mais intenso, face ao conjunto de todos os outros espaços. Quer dizer então, que identificamos através dos valores próximos de um (1) uma especialização não do espaço relativamente a uma actividade mas da actividade no conjunto de todos os espaços ou no espaço global de que estes são constituintes.

4.3.1.2. *O Quociente de Localização*

O Quociente de Localização é uma outra medida que pode ser empregue na análise que vimos efectuando. Ele obtém-se, não já pela diferença entre os dois termos, como é estabelecido no coeficiente de localização mas pelo quociente entre eles, segundo a fórmula abaixo indicada:

$$\text{Quociente de Localização} \quad - \quad QL_i = (x_{ij}/X_j)/(X_i/X_{ij})$$

– Com o quociente de localização a variar entre zero (0) e infinito (∞);
– Com i – relativo às actividades;
– Com j – relativo aos espaços.
– Com X_j – relativo ao somatório das actividades no espaço j;
– Com X_i – relativo ao somatório de cada actividade nos vários espaços e
– Com X_{ij} – relativo ao somatório das expressões de cada um dos espaços, representando a expressividade total do território.

Pretende-se com este indicador determinar o nível de correspondência dos *ratios* obtidos entre a expressividade de uma unidade do território face à expressividade da região ou território total ou global. Se o quociente for igual a zero (0), quer dizer que a correspondência é total e que esta unidade apresenta uma expressividade das suas actividades semelhante à que é observada no território. Quando o quociente for superior a um, tal indica que a actividade é representativa nesse espaço. Deste modo, poder-se-á visualizar a concentração de cada actividade em cada um dos espaços.

152   Os Espaços do Desporto – Uma Gestão para o Desenvolvimento Humano

* * *

Estes dois indicadores, para serem obtidos, obrigaram à organização da informação em torno da Matriz (1) e Matriz (2), permitindo determinar valores importantes para a tomada de decisão do ponto de vista das actividades. O mesmo tipo de raciocínio pode ser desenvolvido, reposicionando a inscrição das actividades e das regiões nas matrizes invertendo as suas posições ou utilizando a determinação dos valores de 'p' não em função de X_j, mas em função de X_i.

A determinação do valor 'p' permitirá a obtenção de dois tipos de coeficientes que nos indicam **densidades relativas** aos espaços ou às actividades. Assim poderemos obter os respectivos **indicadores de densidade relativa**[89] (Jean-François Bourg et Jean-Jacques Gouget, (1998)):

$I \setminus j$	População Espaço A	p_{ij}	População Espaço B	p_{ij}	População Espaço C	p_{ij}	População Espaço D	p_{ij}	Total	
Actividade 1	x_{11}	p	x_{12}	p	x_{13}	p	x_{14}	p	X_I	P_i
Actividade 2	x_{21}	p	x_{22}	p	x_{23}	p	x_{24}	p	X_I	P_i
Actividade 3	x_{31}	p	x_{32}	p	x_{33}	p	x_{34}	p	X_I	P_i
Actividade 4	x_{41}	p	x_{42}	p	x_{43}	p	x_{44}	p	X_I	P_i
Total	X_j	$P j_I$	X_j	$P j_I$	X_j	$P j_I$	X_j	$P j_I$	X_{ij}	P_{ij} Total

Matriz (2)

(1). – 'p_{ij}/P_i' – coeficiente com base nas linhas i – equivale à percentagem (%) de população que está envolvida na actividade e naquela unidade de espaço (x). Poderemos dizer que os valores foram normalizados em função das actividades.

(2). – 'p_{ij}/P_j' – coeficiente com base nas colunas j – corresponde à percentagem (%) da população daquela unidade do espaço que está envolvida numa determinada actividade. Os valores determinados respeitam a uma normalização em função dos territórios.

Onde:

– P_i – corresponde ao total da percentagem de população localizada em cada linha i ou seja, o somatório da percentagem de cada actividade, em cada um dos espaços de A a D, o que equivale a dizer 100% (da actividade na unidade do território).

---

[89] Jean-François Bourg et Jean-Jacques Gouget, (1998); **Analyse économique du sport**, Paris, PUF – Pratiques Corporelles, pág. n.° 99.

Decidir implantar uma instalação desportiva 153

– $\mathbf{P}_j$ – corresponde ao total da percentagem da população de cada coluna (unidade do território) que está envolvida com os quatro tipos de actividades ou seja, corresponde ao somatório da expressão percentual da contribuição de cada actividade na dinâmica da região.

$i \setminus j$	População Espaço A		População Espaço B		População Espaço C		População Espaço D		Total $_j$	
Actividade 1	X_{ij}	$\mathbf{p}_t$	x_{ij}	$\mathbf{p}_t$	x_{ij}	$\mathbf{p}_t$	x_{ij}	$\mathbf{p}_t$	X_i	
Actividade 2	X_{ij}	$\mathbf{p}_t$	x_{ij}	$\mathbf{p}_t$	x_{ij}	$\mathbf{p}_t$	x_{ij}	$\mathbf{p}_t$	X_i	
Actividade 3	X_{ij}	$\mathbf{p}_t$	x_{ij}	$\mathbf{p}_t$	x_{ij}	$\mathbf{p}_t$	x_{ij}	$\mathbf{p}_t$	X_i	
Actividade 4	X_{ij}	$\mathbf{p}_t$	x_{ij}	$\mathbf{p}_t$	x_{ij}	$\mathbf{p}_t$	x_{ij}	$\mathbf{p}_t$	X_i	
Total $_j$	X_j		X_j		X_j		X_j		X_{ij}	$\mathbf{P}_{ij}$ Total

Matriz (3)

(3). – '$\mathbf{p}_t = x_{ij}/X_{ij}$' – coeficiente com base valor no total da população de todo o território e que nos permite perceber qual a contribuição percentual (x100) de cada actividade de uma dada unidade do território para a actividade total de todas as actividades no território global. Os valores determinados respeitam a uma normalização em função de todo o território.

4.3.1.3. *Os Modelos Gravíticos – Determinação do centro de gravidade de uma região*

Os modelos gravíticos têm origem na Teoria da Localização Industrial de Alfred Weber (1909), naquilo a que chama "o triângulo locativo", na Teoria das Áreas de Mercado de Prédhol (1925), Hotelling (1929) Palander (1930) e Lösch (1954), e nos modelos gravitacionais de análise espacial com base na população concebidos por J. Estebanez Alvarez (1978). Eles pretendem aplicar ao território o entendimento de um sistema de vectores cujas componentes se traduzem no conjunto de variávies que estão a ser analisadas e que constituem a caracterização de cada unidade do território em análise. Cada uma das variáveis tem uma determinada força, num sistema de vectores que identifica as características da unidade em causa. Sem dúvida que a variável população é daquelas que revela a maior importância, porque, em termos de política desportiva, falamos de desenvolvimento, e este é dirigido às pessoas, quer seja nos seus objectivos e intenções, quer seja nos correspondentes processos que o aplicam. Esta variável é a que atravessa as demais pelo que nos processos de estandartização das variáveis, cada uma delas pode ser transformada numa

154   Os Espaços do Desporto – Uma Gestão para o Desenvolvimento Humano

outra que revela um equilíbrio, um *ratio* entre a variável a ser analisada e o valor da população a que diz respeito. Revelará, através deste processo, um conjunto de expressões *per capita* que ajudarão a traduzir melhor os processos de comparação entre cada uma. Trata-se aqui de perceber a força de uma determinada região ou de uma outra qualquer unidade do espaço, face a outra ou face a um espaço de uma unidade superior onde está inserida.

Este exercício foi de algum modo, já aplicado na apresentação dos indicadores descritos nos pontos imediatamente anteriores, particularmente ao nível do coeficiente e quocientes de localização e indicadores de densidade.

Temos assim três elementos a considerar:

1. A unidade do espaço que queremos caracterizar;
2. A unidade ou unidades do espaço com a qual queremos compará-la;
3. ou ainda uma unidade do espaço de nível de agregação ou nível hierárquico superior, onde a primeira pode ou não estar inserida.

Determinar a localização de uma instalação desportiva a partir destes métodos, implica criar-se um sistema de recolha de informação onde o tratamento através de técnicas estatísticas de 'Análise de Clusters', de 'Estatística Multivariada', e todas as técnicas de Cálculo Matricial, reunidas à volta do que se chama hoje a Econometria Regional. A aplicação destas técnicas matemáticas permitirá encontrar os diversos centros de gravidade que identificarão o local ideal das instalações a propôr. Os sistemas de informação geográfica têm na base da sua expressão o emprego delas, de modo a apresentarem as resultantes através de pontos coloridos ou não, que ganham significado, visibilidade e uma dimensão de imagem, quando são apresentados em ecrãs.

Uma outra técnica proposta por, Cécile Helle (1993)[90] revela-nos um índice de rugosidade do espaço, através da constituição de um modelo gravitacional, tendente a medir a atracção de uma cidade ou de um pólo, sobre o respectivo hinterland ou um território onde está incluído. Utiliza as leis

---

[90] Helle, Cécile; (1993), ***Essai de Mesure de la Rugosité de L'Espace***, in L'Espace Géographique, n.º4, CNRS, Montpelier, Doin ed., Velizy, 1993, pp. 346-352.

físicas da atracção gravitacional considerando, para cada unidade do território, uma massa e uma distância que a afasta das outras unidades[91]. Para cada cidade, considera a massa e a distância incluindo, respectivamente: na *massa* (1) os quantitativos referentes, à população, aos telefones, aos rendimentos, aos estabelecimentos comerciais, etc. e na *distância* (2) três referenciais: (dois tipos de distâncias euclidianas) – a pé (1), em quilometragem (2) e em tempo (3). Este modelo permitiu a determinação precisa das áreas de influência e da atractividade de cada unidade do espaço. A aplicação destes modelos ao desporto é uma mais-valia no processo de racionalização das escolhas em política desportiva, particularmente no que respeita às instalações.

---

[91] veja-se a fórmula proposta, segundo a qual, *"em condições normais, dois centros deslocam o comércio a retalho de uma cidade ou outro aglomerado menor, na razão directa de uma certa força da população das primeiras e na razão inversa de uma certa força da distância dos seus centros intermédios a cada uma das duas cidades"* (Helle, C.1993):

$$\frac{V_a}{V_b} = (\frac{P_a}{P_b})^n (\frac{D_b}{D_a})^n ,$$

onde P refere-se às massas de cada um dos pólos urbanos, considerando população, telefones, rendimentos, estabelecimentos, etc.; D refere-se à distância a percorrer do ponto a cada um dos centros (a e b) e V às cidades de referência.

Verificou-se que, em expoentes inferiores a 1,5 (*n*), o modelo revela inadaptações em relação à realidade e em expoentes superiores a 3,5 apresenta um determinado grau de estabilidade.

5. A Construção de Espaços e Instalações Desportivas

Após identificada a população-alvo para a qual a instalação ou instalações são destinadas, consideradas as suas condicionantes em termos etários, poder económico, localização e organização geográfica, acessibilidade, disponibilidade temporal e intenção de aderir ao movimento desportivo, reconhecidas as tendências da expressividade desportiva da comunidade, estabelecida a sua dimensão e examinada a sua pertinência na qualificação da vida das populações e no ordenamento das actividades humanas expressas no território, é chegado o momento de tomar uma decisão sobre a localização mais apropriada para a instalação desportiva ser construída. Assim, após cumprida esta etapa de tomada de decisão, as nossas próximas preocupações incidem sobre a normativa, não já nos aspectos relativos aos níveis de equipamento urbano e localização das instalações desportivas, mas naqueles que esclarecem novos níveis de explicitação de procedimentos e de intervenção, particularmente a construção da ou das instalações desportivas.

Referimo-nos em capítulos anteriores à produção de espaço e à capacidade do desporto em produzi-los ((Castells, 1975) a páginas n.º 91, ponto 3.1 – A Produção do Espaço Desportivo e de Recreio). Estabelecemos a diferença entre espaço natural e instalações desportivas e de que modo o primeiro se poderia converter no segundo. Com base no entendimento aí referido, poderemos dizer que as instalações "agarram" o desporto ao território pelas dinâmicas que os diferentes agentes imprimem e pelas actividades que estes desenvolvem no seu interior. Abordámos com base nesta perspectiva, os principais instrumentos de intervenção territorial (ver Quadro n.º 15 – Instrumentos do Sistema de Gestão Territorial, página n.º 143). Mencionámos as condicionantes espaciais e económicas para chegarmos aos padrões/normas como forma de percebermos quais as

158 *Os Espaços do Desporto – Uma Gestão para o Desenvolvimento Humano*

restrições que se colocam a um processo de racionalização de decisões e de formatação da tipologia da oferta.

Pretendemos nesta fase do nosso trabalho saber quais os processos relativos à construção de instalações desportivas. Mais do que perceber lógicas que foram explicadas nos capítulos anteriores, interessa-nos agora identificar qual a sequência de tarefas e preocupações a responder.

As preocupações prévias à construção de uma instalação desportiva, destinam-se a tentar identificar os espaços disponíveis para construir e todo o processo que permita levar a efeito essa intenção. Pretende-se responder aqui a dois tipos de pergunta "onde?" e "como?". As acções de concretização deste objectivo desenvolvem-se ao longo de diversos momentos:

1. Reserva do solo;
2. Possibilidade (necessidade ou não) de expropriação de terrenos;
3. Obtenção de licenciamento;
4. A obtenção de financiamento ou comparticipação financeira por parte do Estado;
5. Realização da empreitada – efectivação da obra de construção;
6. A entrada em funcionamento.

1. O primeiro momento dá resposta à pergunta "onde?". Relativamente à necessidade de reservar solo vimos, além de 'O Sistema de Gestão Territorial' descrito a páginas 142, o conteúdo **da Lei de Bases do Sistema Desportivo** (artigos 36.° – Infra-Estruturas Desportivas e 37.° – Reserva de Espaços Desportivos), depois revogada pela Lei de Bases do Desporto (**Lei n.° 30/2004** de 21 de Julho) que se refere no seu artigo 78.° (desporto e ordenamento do território) à sua integração numa política de ordenamento do território equilibrada através do sistema de gestão territorial e respectivo planeamento, no qual se inclui a reserva de espaços destinadas à localização e construção de infra-estruturas desportivas. Incluem-se ainda, a **Lei dos Baldios** (ponto 1.2.1.3 – Os Baldios, a páginas 46) e a **Portaria n.° 1182/92 de 22 de Dezembro,** MPAT relativa à área de estrutura verde urbana (ver Quadro n.° 4 – Quadro síntese da estrutura verde urbana (CEP-EUR, 1981) página n.° 52). A reunião destes diplomas é importante, de modo a conseguirmos uma certa legitimidade conferida por força da lei e do direito, necessárias à correspondente reserva de solo para a construção das ins-

talações desportivas, bem como a respectiva inscrição nos PDM(s), PGU(s) e PP(s)[92].

2. À disponibilização de solo para construir são necessárias respostas aos procedimentos do processo de expropriações descrito no respectivo código: (**Decreto-Lei n.º 845/76** de 11 de Dezembro + **Lei n.º 168/99** de 18 de Setembro – Código das Expropriações).

3. No que respeita ao licenciamento, ele é visto a dois níveis:

(1) Primeiro, ao nível da **construção** (das instalações): Existem licenciamentos prévios destinados a obter as necessárias autorizações de construção, localização, etc., e que terminam normalmente na elaboração dos projectos. São, portanto, procedimentos anteriores à construção propriamente dita e que se baseiam fundamentalmente no respeito pelos condicionalismos relativos a servidões e adequação regulada de direitos. Existe ainda uma outra fase que respeita à conformidade das instalações e respectivo apetrechamento urbano dos edifícios, onde participam diversas entidades que são especialistas, interessados ou competentes nessa matéria. O **Decreto--Lei n.º 317/97** de 25 de Novembro, é o instrumento normativo principal que estabelece o regime de instalação e funcionamento das instalações desportivas de uso público e que estipula este processo de obtenção da respectiva licença de funcionamento. Ele é complementado pelo **Decreto-Lei n.º 309/2002** de 16 de Dezembro que regula a instalação e o funcionamento dos recintos de espectáculos e de divertimentos públicos cujo conteúdo é também aplicável às instalações desportivas. Este último, remete no artigo 9.º (regime aplicável à instalação), para a obediência ao estipulado no

---

[92] É Importante a consulta da **Portaria n.º 1101/2000** de 20 de Novembro (e **Portaria n.º 1104/2001** de 17 de Setembro que a actualiza) respeitante às disposições legais aplicáveis ao projecto e à execução de obras, particularmente no **Capítulo II** (Política de solos e expropriações) **Secção I** (Política de solos) onde se refere o quadro legislativo relativo aos princípios e normas fundamentais sobre a política de solos inscritos nos seguintes diplomas:

Decreto-Lei n.º 794/76 de 5 de Novembro – Lei dos solos, alterado pelo

Decreto-Lei n.º 313/80 de 19 de Agosto, regulado pelos

Decreto n.º 862/76 de 22 de Dezembro do Gabinete do Ministro da Habitação e urbanismo e Construção, que regula o direito de preferência da Administração nas alienações a título oneroso de terrenos ou edifício, conforme o previsto na Lei, e o Decreto n.º 15/77 de 18 de Fevereiro dos Ministérios da Justiça, das finanças e da Habitação e Urbanismo, que estabelece as normas a que deverão obedecer as associações entre a Administração e os particulares para a execução de operações de expansão ou renovação urbana ou criação de novos aglomerados, e parcialmente derrogado pelo Decreto-Lei n.º 380/99 de 22 de Setembro (Regime Jurídico dos Instrumentos de Gestão Territorial).

160 Os Espaços do Desporto – Uma Gestão para o Desenvolvimento Humano

regime jurídico das edificações urbanas pelos **Decretos-Lei n.º 555/99** de 16 de Dezembro e **Decreto-Lei n.º 177/2001** de 4 de Junho, referindo os **bombeiros**, a tutela do **desporto**, da **cultura**, e as **autarquias locais** como sendo daquelas as primeiras a serem chamadas a participarem no processo e especifica no n.º 2:

Artigo 9.º (regime aplicável à instalação):
2 – A aprovação dos projectos para a emissão de licença de construção está sujeita a parecer favorável dos corpos de bombeiros profissionais, quando existam, ou do Serviço Nacional de Bombeiros.
3 – Os pedidos de licenciamento relativos à instalação dos recintos de

espectáculos e de divertimentos públicos devem ser instruídos nos termos da legislação referida no n.º 1 e ainda com os elementos constantes de portaria conjunta dos membros do governo responsáveis pela tutela da cultura ou do desporto, consoante o caso, do Serviço Nacional de Bombeiros e das autarquias locais.

(2) Em segundo, o licenciamento no que respeita à **utilização e funcionamento**, o que trataremos mais à frente através da análise dos diplomas respectivos (**Decreto-Lei n.º 317/97** de 25 de Novembro, que estabelece o regime de instalação e funcionamento das instalações desportivas de uso público e **Decreto-Lei n.º 309/2002** de 16 de Dezembro que regula a instalação e o funcionamento dos recintos de espectáculos e de divertimentos públicos cujo conteúdo é também aplicável às instalações desportivas). Mas também a existência da respectiva isenção, conferida a partir do estipulado no **Decreto-Lei n.º 177/2001 de 4 de Junho**, que estabelece a redacção final do regime jurídico da urbanização e da edificação[93].

---

[93] Isenção de licenças: Decreto-Lei n.º 177/2001 de 4 de Junho, que estabelece a redacção final do regime jurídico da urbanização e da edificação:
*Artigo 7.º – **Operações urbanísticas promovidas pela Administração Pública:***
1 – Estão igualmente isentas de licença ou autorização:
a) As operações urbanísticas promovidas pelas autarquias locais e suas associações em área abrangida por plano municipal de ordenamento do território;
b) As operações urbanísticas promovidas pelo Estado relativas a equipamentos ou infra-estruturas destinados à instalação de serviços públicos ou afectos ao uso directo e imediato do público, sem prejuízo do disposto no n.º 4;
(...)
3 – As operações de loteamento e as obras de urbanização promovidas pelas autarquias locais e suas associações em área não abrangida por plano director municipal devem ser previamente autorizadas pela assembleia municipal, depois de submetidas a

A Construção de Espaços e Instalações Desportivas

4. No que respeita à obtenção de financiamento ou comparticipação financeira por parte do Estado, é o **Despacho n.° 7187/2003** de 11 de Abril, (2.ª série) do Ministério das Cidades, Ordenamento do Território e Ambiente, que revoga o **Despacho n.° 41/MPAT/95** publicado no D.R. II.ª série de 26 de Abril, e estabelece a atribuição de comparticipações por parte de Estado para a instalação de equipamentos de utilização colectiva, promovidos por instituições privadas de interesse público sem fins lucrativos, bem como revê os critérios de despachos anteriores, aprovando o regulamento do programa de equipamentos urbanos de utilização colectiva e que apresentámos no capítulo – 1.3.1.4 – Os Espaços Desportivos ganham lugar no Espaço Urbano – a páginas n.° 60 e cujo processo de obtenção de financiamento comparticipado trataremos no Capítulo – 5.1.1 – A obtenção de financiamento ou comparticipação financeira por parte do Estado a páginas n.° 162.

5. As **Portarias n.° 1101/2000** de 20 de Novembro + **Portaria n.° 1104/2001** de 17 de Setembro relativas às disposições legais aplicáveis ao projecto e à execução de obras identificam, para vários sectores de actividade económica, social e cultural, as disposições legais aplicáveis aos respectivos projectos. Para o desporto, actividades culturais e desportivas identificam uma série de diplomas que são referidos no seu Capítulo XVI[94].

---

parecer prévio vinculativo da direcção regional do ambiente e do ordenamento do território, que deve pronunciar-se no prazo de 20 dias após a recepção do respectivo pedido.

4 – As operações de loteamento e as obras de urbanização promovidas pelas autarquias locais e suas associações ou pelo Estado, em área não abrangida por plano de urbanização ou plano de pormenor, são submetidas a discussão pública, nos termos estabelecidos no artigo 77.° do Decreto-Lei n.° 380/99 de 22 de Dezembro, com as necessárias adaptações, excepto no que se refere aos períodos de anúncio e duração da discussão pública que são, respectivamente, de 8 e de 15 dias.

Ver também a Lei n.° 15/2002 de 22 de Fevereiro que revê procedimentos do Código de Processo Administrativo procedendo a alterações que abrangem o teor do Decreto Lei n.° 555/99 de 16 de Dezembro.

[94] **Portarias n.° 1101/2000 de 20 de Novembro + Portaria n.° 1104/2001 de 17 de Setembro +Portaria n.° 69/2003 de 20 de Janeiro** – disposições legais aplicáveis ao projecto e à execução de obras:

Secção I – Eliminação de barreiras arquitectónicas – Decreto-Lei n.° 123/97 de 22 de Maio – Normas técnicas para acessibilidade a edifícios de pessoas com mobilidade condicionada.

Secção II – Decreto-Lei n.° 271/84 de 6 de Agosto – disposições a observar nos edifícios de espectáculos de divertimento público relativos a limitar a poluição sonora.

162 *Os Espaços do Desporto – Uma Gestão para o Desenvolvimento Humano*

Existem também outros diplomas relativos às empreitadas, particularmente de obras públicas que podem esclarecer-nos com maior profundidade neste âmbito e que trataremos no ponto seguinte: **5.1 O processo de implantação/construção de uma instalação desportiva.**

6. Sobre a entrada em funcionamento, incluiremos a respectiva abordagem dentro dos conteúdos de análise do ponto seguinte: **5.1 O processo de implantação/construção de uma instalação desportiva.**

5.1. O processo de implantação/construção de uma instalação desportiva

É um processo complexo. Talvez o respectivo domínio de intervenção não seja a vocação primeira de um gestor de desporto que é predomi-

---

– Decreto-Lei n.° 315/95 de 28 de Novembro – Instalação e funcionamento dos recintos de espectáculos e divertimentos públicos.

*Condições técnicas de **segurança dos recintos** de espectáculos e divertimentos públicos:*

– Decreto Regulamentar n.° 34/95 de 16 de Dezembro, regulado pela portaria n.° 510/96 de 25 de Setembro, com alguns artigos revogados pelo Decreto-Lei n.° 65/97 de 31 de Março.

Recintos com diversões aquáticas:

– Decreto-Lei n.° 65/97 de 31 de Março – Recintos com diversões aquáticas.

– Decreto Regulamentar n.° 5/97 de 31 de Março – Regulamento técnico das condições técnicas e de segurança dos recintos com diversões aquáticas.

Secção III – Actividades desportivas

a) disposições gerais

Lei n.° 1/90 de 13 de Janeiro, alterada pela Lei n.° 19/96 de 25 de Junho – Lei de Bases do Sistema Desportivo

D.L. n.° 317/97 de 25 de Novembro – Regime de instalação e funcionamento das instalações desportivas de uso público.

Lei n.° 38/98 de 4 de Agosto – Medidas punitivas da violência no desporto.

b) Espaços de jogo e recreio

Decreto-Lei n.° 379/97 de 27 de Dezembro – condições de segurança dos espaços de jogo e recreio.

Portaria n.° 379/98 de 2 de Julho – equipamentos e superfícies de impacte destinados a espaços de jogo e recreio

Portaria n.° 506/98 de 10 de Agosto – organismo de certificação das condições de segurança.

Ver também: Portaria n.° 33/2000 de 28 de Janeiro – Health-clubes e Ginásios.

nantemente a de gerir actividades ou recursos que as proporcionem onde o desporto esteja na primeira linha das suas preocupações. Contudo, mais tarde ou mais cedo ele terá de confrontar-se com muitos problemas que aqui agora enunciaremos sob pena de ver transferidos para outras áreas e outras pessoas decisões que o condicionam e lhe saem do âmbito das tarefas que ele pretende controlar. Trata-se de identificar processos e conjuntos de resoluções bem como os respectivos momentos, por forma a diminuir ansiedades que o processo administrativo é, vezes sem conta, delas gerador. Ao entenderem-se estes procedimentos, identificando os espaços e os tempos onde elas são tomadas e quais os instrumentos de apoio à tomada de decisão que ela obriga, adquirirmos capacidade e, sendo mais conhecedores, podemos agir em conformidade. Uma outra justificativa prende-se com a necessidade interdisciplinar de desenvolvimento que o desporto obriga. A participação de diversos actores com múltiplas formações, áreas de conhecimento e profissões, no seu âmbito exige de nós capacidades acrescidas de entendê-las, para que o ajustamento necessário possa ser realizado com maiores ganhos de economia, conforto e eficiência, mas também para que a liderança de processos se mantenha no âmbito da Gestão e do Desenvolvimento do Desporto.

A Normativa Portuguesa refere-se a um movimento de produção de vários diplomas ao longo da década de noventa[95], cuja versão final foi

---

[95] **Aspectos relativos ao regime público de construção aplicáveis à construção de Equipamento Desportivo**:

Decreto-Lei n.° 445/91 de 20 de Novembro + Decreto-Lei n.° 250/94 de 15 de Outubro + portaria n.° 1 115-A/94 de 15 de Dezembro + **Lei n.° 22/96 de 26 de Julho** – aprovam o regime jurídico de licenciamento municipal de obras particulares.

Decreto-Lei n.° 405/93 de 10 de Dezembro – novo regime – introduz novas premissas no contracto de empreitada de obras públicas.

Decreto-Lei n.° 55/95 de 29 de Março – regime de realização de despesas públicas com locação, empreitadas de obras públicas e aquisição de bens.

Decreto-Lei n.° 59/99 de 2 de Março – revoga o Decreto-Lei n.° 405/93 de 10 de Dezembro, com o objectivo de clarificar os processos de regulação do mercado (alterado pelo Decreto-Lei n.° 159/2000 de 27 de Julho).

Decreto-Lei n.° 60/99 de 2 de Março – revoga o Decreto-Lei n.° 59/99 de 2 de Março.

Decreto-Lei n.° 197/99 de 8 de Junho – revoga o Decreto-Lei n.° 55/95 de 29 de Março.

Decreto-Lei n.° 555/99 de 16 de Dezembro – Regime jurídico do licenciamento municipal das operações de loteamento das obras de urbanização e das obras particulares.

164 Os Espaços do Desporto – Uma Gestão para o Desenvolvimento Humano

estabilizada através do **Decreto-Lei n.º 177/2001** de 4 de Junho, que estabelece o regime jurídico da urbanização e da edificação. Neste decreto-lei desenvolve-se um conjunto de procedimentos, no que respeita ao licenciamento de edificações urbanas. O estipulado no **Decreto-Lei n.º 317/97** de 25 de Novembro, que estabelece o regime de instalação e funcionamento das instalações desportivas de uso público, embora sendo anterior, dando assim ao desporto a capacidade antecipadora sobre as dinâmicas sociais, integra-se neste conjunto de procedimentos, com as especificidades próprias, conforme descrito no seu artigo 8.º[96]. Esta aplicabilidade que se faz sentir, com as devidas adaptações que já referimos, na construção de instalações desportivas desenvolve-se ao longo de cerca de dezasseis (16) etapas cuja apresentação realizaremos de seguida em modo de listagem em quadro, cruzando a contribuição de ambos os diplomas:

Decreto-Lei n.º 159/2000 de 27 de Julho – Regime jurídico de empreitadas de obras públicas (altera o Decreto-Lei n.º 59/99 de 2 de Março).

Decreto-Lei n.º 348-A/86 de 16 de Outubro – Revisão dos preços nas empreitadas.

Decreto-Lei n.º 177/2001 de 4 de Junho – Regime jurídico da urbanização e da edificação.

São revogados com este diploma:

O Decreto-Lei n.º 445/91 de 20 de Novembro – estabelece o processo de licenciamento municipal de obras.

O Decreto-Lei n.º 448/91 de 29 de Novembro – define o regime das operações de loteamento e das obras de urbanização.

O Decreto-Lei n.º 83/94 de 14 de Março – Estabelece o regime jurídico do certificado de conformidade dos projectos de obras sujeitos a licenciamento municipal.

O Decreto-Lei n.º 92/95 de 9 de Maio – estabelece as regras de execução de ordens de embargo, de demolição ou de reposição de terreno nas condições em que se encontrava antes do início das obras.

Lei n.º 15/2002 de 22 de Fevereiro – Licenciamento da obra.

Portaria n.º 104/2001 de 21 de Fevereiro – Cadernos de encargos de empreitadas de obras públicas – complementa o Decreto-Lei n.º 59/99 de 2 de Março.

[96] Remete para a legislação que é revogada por este Decreto-Lei n.º 177/2001 de 4 de Junho que estabelece o regime jurídico da urbanização e da edificação.

A Construção de Espaços e Instalações Desportivas

N.°	Acção	Aspectos Complementares	OBS.
1	Entrega de requerimento escrito dirigido ao Presidente da Câmara Municipal do Concelho onde a instalação vai ser construída.	O requerimento deve ser efectuado em duplicado (ou mais se o presidente o solicitar posteriormente) e devem constar uma série de elementos: - Identificação; - Domicílio; - Identificação da faculdade urbanística do promotor	Nos elementos do requerimento devem ainda constar: - Tipo de operação urbanística - Localização - Solicitação das entidades que devem emitir parecer, autorização ou aprovação em relação ao pedido.
2	Pedido dos elementos instrutórios do processo a constituir Segundo portaria do Ministério de Eq.° Social e Ambiente e Território. (facultativo)	Requisição prévia de licenciamento à CCR quando se localizar em área não abrangida por plano de urbanização (D.L. n.° 317/97 de 25 de Novembro – instalação e funcionamento das instalações de uso público, artigo 9.°)	
3	É nomeado um instrutor do processo pelo presidente da Câmara que informará sobre a necessidade ou não de maior número de cópias do processo.		
4	Declaração dos autores do projecto em conformidade com o Plano Municipal de Ordenamento do Território.	Autores do projecto – Podem ser autores os técnicos profissionais reconhecidos por associação profissional pública Outros profissionais com habilitação adequada à actividade (regime de qualificação)	(Os técnicos de desporto intervêm apenas no processo de decisão a nível municipal, o que é realizado no passo seguinte.)
5	Presidente: - Acompanha tomando conhecimento - Delega tarefas em vereadores ou dirigentes de serviços municipais	Presidente: - Despacha negativamente no prazo de 8 dias se faltarem elementos instrutórios ao processo. - Despacha negativamente no prazo de 15 dias se os elementos instrutórios estiverem contrários às leis.	
6	Colocação de publicidade de autorização urbanística	Deve ser publicitado pelo requerente sob a forma de aviso	Deve ser colocado no local de execução de forma visível a partir da via pública
7	Pedido de informação prévia (facultativo)	Para saber da viabilidade, dos condicionalismos legais, regulamentos, servidões, cérceas, índices urbanísticos, etc.	
8	Consulta a entidades – pareceres: 1. EDP 2. Gás de Portugal 3. Portugal Telecom 4. Delegação de Saúde 5. Comissão Nacional contra a Violência no Desporto 6. Instituto do Desporto de Portugal (prazo de 30 dias) 7. Parecer da Comissão Coord. Regional - Direcção Regional do Ambiente 8. Serviço Nacional de Bombeiros	Promovida pelo Presidente da Câmara	D.L. n.° 317/97 de 25 de Novembro – regime de instalação e funcionamento das instalações de uso público: Subsecção II - Licenciamento da Construção: artigos 11.° e 12.°. D.L. n.° 177/2001 de 4 de Junho, artigo 42.° - Parecer Com. Coord. Regional

166 *Os Espaços do Desporto – Uma Gestão para o Desenvolvimento Humano*

9	As entidades podem solicitar outros elementos a aditar ao processo			Esta solicitação só pode ser efectuada por uma única vez!		
10	Solicitação de certidão de promoção de consultas (facultativo)			A sua importância revela-se em caso de litígio institucional		
11	Apreciação dos projectos de Obras e edificação (artigo 20.°)[97]	- Projecto de arquitectura - Conformidade do projecto com o PDM e outros regulamentos de inserção urbana - Apreciação formal e funcional da inserção urbana.				
12	Aprovação dos projectos das especialidades necessárias à execução da obra Pedido de informações prévias (artigo 14.°)	Informações prévias: - Infraestrutura - servidões administrativas - restrições de utilidade pública - índices urbanísticos - cérceas - afastamentos		Outros aspectos a indicar: - volumetria - condicionantes/envolventes - número de fogos - ligações às infraestruturas - encargos urbanísticos.		
13	Apreciação dos projectos de loteamento de obras de urbanização e trabalhos de remodelação dos terrenos					
14	Discussão pública	Anúncio com 8 dias de antecedência		Duração superior a 15 dias		
15	Deliberação final (do Presidente da Câmara Municipal)	Pedido de licenciamento	Deferimento	Indeferimento	- Sobrecarga nas infraestruturas - Pareceres negativos	
			Indeferimento			
			Reapreciação do pedido	Porque afecta:	Paisagem
					Património
					Cultura
16	Procedimentos especiais	(artigo 37.º) O equipamento desportivo pode ter necessidade de aprovação prévia da administração central				

Quadro n.° 16 – Acções relativas ao processo de licenciamento de construção aplicáveis a uma instalação desportiva

Também os recintos com diversões aquáticas se inserem dentro destas preocupações, cuja regulamentação é estabelecida através do **Decreto- -Lei n.° 65/97** de 31 de Março e pelo **Decreto Regulamentar n.° 5/97** de 31 de Março. O primeiro diploma, aplica através do seu artigo 4.°, o regime jurídico do licenciamento municipal de obras particulares ao respectivo processo de instalação, embora com especificidades, definindo o processo de licenciamento na sua secção II:

---

[97] Artigo 20.° – apreciação dos projectos de obras de edificação

1 – conformidade com os planos de ordenamento, restrições e servidões.

2 – (…) a apreciação da inserção urbana das edificações é efectuada na perspectiva formal e funcional, tendo em atenção o edificado existente, bem como o espaço público envolvente e as infra-estruturas existentes e previstas.

A Construção de Espaços e Instalações Desportivas

N.º	Acção	Aspectos Complementares	OBS.
1	Pedido de autorização prévia de localização à CCR quando não abrangida por plano de urbanização, pormenor ou alvará de loteamento	O requerimento é instruído em triplicado	
2	A CCR solicita parecer à Junta Autónoma das Estradas	Prazo de 10 dias úteis a contar da data de entrada do processo na CCR	Deve ser feito registo da correspondência
3	A CCR e JAE podem solicitar de uma só vez novos elementos ao requerente	Prazo de resposta do requerente não superior a 10 dias para o cumprimento.	Obrigatoriedade de comunicação da JAE à CCR.
4	Deferimento		
5	Processo de Licenciamento da construção		
6	Apreciação dos projectos	Consulta a entidades – pareceres: 1. Instituto do Desporto de Portugal 2. Delegação regional do Ministério da Economia 3. Delegado Regional de Saúde 4. Serviço Nacional de Bombeiros 5. Outras entidades da administração central	
7	Pronunciamento do IND – para projectos com obras dispensadas de licenciamento municipal	Pode pedir no prazo de 20 dias, por uma única vez, novos elementos	Deve pronunciar-se no prazo de 30 dias a contar da data da entrada ou do pedido de novos elementos Deve dar conhecimento à Câmara Municipal das alterações exigidas
8	Licenciamento para início das actividades		

Quadro n.º 17 – Acções relativas ao processo de licenciamento de construção aplicáveis aos recintos com diversões aquáticas

5.1.1. *A obtenção de financiamento ou comparticipação financeira por parte do Estado*

No que respeita à obtenção de financiamento ou comparticipação financeira por parte do Estado, é o **Despacho n.º 7187/2003** de 11 de Abril, (2.ª série) do Ministério das Cidades, Ordenamento do Território e Ambiente, que revoga o **Despacho n.º 41/MPAT/95** publicado no D.R. II.ª série de 26 de Abril, e estabelece a atribuição de comparticipações por parte de Estado para a instalação de equipamentos de utilização colectiva, promovidos por instituições privadas de interesse público sem fins lucrativos, bem como revê os critérios de despachos anteriores, aprovando o regulamento do programa de equipamentos urbanos de utilização colectiva. Às referências a que já aludimos em várias partes deste trabalho e que remetemos para o capítulo – 1.3.1.4 – Os Espaços Desportivos ganham lugar no Espaço Urbano, a páginas n.º 60, devemos acrescentar a nossa tentativa de descrever de uma forma arrumada os diversos passos e respectivos prazos que se desenham no respectivo articulado, a dar na perspectiva de obtenção de comparticipação financeira estatal para responder ao processo de construção de instalações e espaços desportivos.

168 Os Espaços do Desporto – Uma Gestão para o Desenvolvimento Humano

Assim, o **Despacho n.º 7187/2003** de 11 de Abril, (2.ª série) do Ministério das Cidades, Ordenamento do Território e Ambiente, que estabelece a atribuição de comparticipações por parte de Estado para a instalação de equipamentos de utilização colectiva, promovidos por instituições privadas de interesse público sem fins lucrativos, organiza-se em dois subprogramas (1 (1.ª e 2.ª fases) e 2) em função do estabelecimento de patamares de financiamento consoante se situem acima ou abaixo do montante de 100 mil Euros. As acções e os prazos relativos a cada fase descrevem-se nos quadros abaixo apresentados:

Subprograma 1 – acima de (+) de 100 000 Euros – 1.a Fase

n.º		Acção	Aspectos complementares	Sequência (ou consequência)	Obs.
		Selecção das Candidaturas (não há comparticipação financeira!)	- Programa - base - Estimativa de custos		
1	↓	Apresentação de elementos instrutórios nos serviços regionais desconcentrados do Ministério das Cidades e Ordenamento do Território e Ambiente: - Identificação da pessoa colectiva - Plantas de localização do equipamento (1:5 000) - Comprovativo da qualidade de proprietário, locatário, usufrutuário, superficiário ou comodatário (há + de 20 anos) - Licença de utilização do domínio público (quando for o caso) - Programa - base e estimativa orçamental) - Extracto da Planta do PDM, relativa ao local ou parecer da Câmara Municipal - Certidão de localização emitida pelos serviços da ADM central em função da tipologia do equipamento - Contratos de utilização celebradas entre autarquias o associações de direito público (n.º de horas de utilização semanais)			
2	↓	Apreciação dos elementos instrutórios - solicitação de pareceres às entidades que sectorialmente se devam pronunciar	Ausência de resposta em 22 dias	Inexistência de objecções	1.ª ok!
3	↓	Envio para os serviços "Programa Equipamentos" das listagens de candidaturas apreciadas	Nos 5 1.ºs dias do trimestre		
4	↓	Listagem dos 3 meses anteriores é submetida a apreciação do Ministro - as listagens devem incluir síntese dos indicadores de mensuração e critérios	Até dia 15 do 1.º mês do trimestre	Indicar a tipologia do equipamento	
5	↓	Selecção de Candidaturas	Até dia 30 do 2.º mês do trimestre		
6	↓	Despacho de selecção (não implica compromisso financeiro por parte do Estado	Os serviços informam os candidatos		2.ª ok!
7	↑	As candidaturas não seleccionadas serão reapreciadas por parte do Ministro	Nos três (3) trimestres subsequentes	Rejeição em caso de não selecção	
8	↓	Entrega do 'Estudo Prévio' nos serviços regionais desconcentrados do Ministério	Até 110 dias após a data de comunicação do despacho de selecção		
9	↓	Os serviços regionais desconcentrados solicitam Parecer às entidades sectoriais sobre: - Qualificação profissional dos técnicos autores dos projectos; - Organização funcional - Qualidade arquitectónica; - Inserção urbana e paisagística (formal e funcional - inclui atenção face ao edificado existente, espaço público envolvente e infra-estruturas existentes e previstas); - Articulação com os instrumentos de Gestão territorial aplicáveis; - Conformidade com as tipologias; - Adequação e dimensão do equipamento face aos utentes, necessidades da população existente na área de influência;	Prazo: - de 10 dias - + 22 dias - para apreciação pelas entidades sectoriais	Inexistência de objecções após 22 dias configura: 'não rejeição'	

A Construção de Espaços e Instalações Desportivas

10	↓	Apreciação dos serviços regionais desconcentrados do Ministério (podem ser solicitados novos elementos à entidade promotora, o que acresce + 22 dias para apreciação dos elementos entregues!)	Prazo de 22 dias após recepção dos pareceres	Novos elementos implicam novas apreciações e novos prazos	
11	↓	Aprovação do estudo prévio			2.ª Ok!
12	↓	Entrega de elementos pela entidade promotora: - Projecto de execução - Certidão da aprovação do projecto de Arquitectura pela Câmara Municipal - Processo de Concurso	Prazo de 132 dias	Pode ser prolongável por motivos comprovados de ausência de elementos	
13	↓	Serviços regionais desconcentrados apreciam e aprovam os elementos entregues pela entidade promotora incidindo sobre: - Qualificação profissional dos técnicos autores dos projectos - Conformidade do projecto com o estudo prévio aprovado - Verificação dos pareceres vinculativos emitidos pelas entidades sectoriais.	Prazo de 22 dias	Prazo de 10 dias para comunicar a decisão à entidade promotora	3.ª Ok!

Quadro n.° 18 – Acções do Subprograma 1 (+ de 100 000 Euros) 1.a Fase relativas à comparticipação do Estado para a instalação de equipamentos de utilização colectiva, promovidos por instituições privadas de interesse público sem fins lucrativos ao abrigo do Despacho n.° 7187/2003 de 11 de Abril, (2.a série) do Ministério das Cidades, Ordenamento do Território e Ambiente

Subprograma 1 – acima de (+) de 100 000 Euros – 2.a Fase

n.°		Acção	Aspectos complementares	Sequência (ou consequência)	Obs.
		Após aprovação de: - Projecto de execução; - Programa do concurso; - Caderno de encargos	A entidade promotora pode dar início à 2.ª fase.		
14	↓	Início da 2.ª fase pela entrega de candidatura nos serviços regionais desconcentrados	Prazo de 22 dias após comunicação da decisão de aprovação		
15	↓	Apresentação de candidaturas - documentos: - Orçamento da obra; - Declaração de montantes e fontes de financiamento e do comprovativo das entidades financiadoras; - Comparticipação do Estado - Programa Equipamentos a que se candidata; - Prazo de execução dos trabalhos.	Ausência de documentos implica rejeição de candidatura		
16	↓	Serviços regionais desconcentrados enviam as listagens do trimestre anterior para o Programa Equipamentos para aprovação	Nos cinco primeiros dias de cada trimestre		
17	↓	Os serviços do Programa Equipamentos submetem o conjunto das candidaturas à apreciação do Ministro	Prazo: até ao dia 15 do 1.° mês	Inclui alguns elementos	
18	↓	Selecção pelo Ministro dos equipamentos a financiar	O financiamento a atribuir pode ser total ou parcial	Depende das disponibilidades do Programa Equipamentos	
19	←	As candidaturas não seleccionadas são objecto de reapreciação pelo Ministro	Nos três trimestres subsequentes		
20	↓	Comunicação às entidades promotoras da decisão de selecção ou ulterior decisão		Indicação do montante aprovado	
21	↓	Resposta de aceitação da entidade promotora	Prazo de: - 22 dias para montante total; - 66 dias para montante parcial	Ausência de resposta origina caducidade do despacho	
22	↓	Celebração de contracto de financiamento: - exigência de manutenção em funcionamento do equipamento por um prazo de 20 anos	Prazo de 22 dias		

Quadro n.° 19 – Acções do Subprograma 1 (+ de 100 000 Euros) 2.a Fase relativas à comparticipação do Estado para a instalação de equipamentos de utilização colectiva, promovidos por instituições privadas de interesse público sem fins lucrativos ao abrigo do Despacho n.° 7187/2003 de 11 de Abril, (2.a série) do Ministério das Cidades, Ordenamento do Território e Ambiente

170 *Os Espaços do Desporto – Uma Gestão para o Desenvolvimento Humano*

O subprograma 2, que financia projectos abaixo de 100 000 Euros, tem uma estrutura de funcionamento processual extremamente seme-lhante, pelo que não efectuamos a sua análise em quadro pormenorizador, remetendo o leitor para mais pormenor para a leitura do referido diploma.

5.1.2. *A Empreitada*

A construção de instalações desportivas obriga à definição de uma etapa em termos administrativos que se convencionou denominar de empreitada. É o **Decreto-Lei n.° 405/93** de 10 de Dezembro[98] que estabelece o novo regime e introduz novas premissas no contracto de empreitada de obras públicas, que o define no Artigo 1.°, n.° 4:

> *"Entende-se por empreitada de obras públicas o contracto administrativo destinado, mediante o pagamento de um preço, à realização de trabalhos de construção, reconstrução, restauro, reparação, conservação ou adaptação de bens imóveis."*

As empreitadas podem ser de três tipos de acordo com o <u>modo de retribuição do empreiteiro</u> (artigo 6.°):

Por **preço global** (artigo 7.°)	*"... a empreitada cujo montante de remuneração corresponde à realização de todos os trabalhos necessários para a execução da obra ou parte da obra objecto do contrato é previamente fixado."*
Por **série de preços** (artigo 17.°)	*..."quando a remuneração do empreiteiro resulta da aplicação dos preços unitários previstos no contrato para cada espécie de trabalho a realizar às quantidades desses trabalhos realmente executadas"*
Por **percentagem** (n.° 1 do artigo 41.°)	*..."contrato pelo qual o empreiteiro assume a obrigação de executar a obra por preço correspondente ao seu custo, acrescido de uma percentagem destinada a cobrir os encargos de administração e remuneração normal da empresa".*

Quadro n.° 20 – Tipos de empreitadas consoante o acordo com o modo de retribuição do empreiteiro segundo o Decreto-Lei n.° 405/93 de 10 de Dezembro

Os contratos de empreitada podem ser celebrados de diferentes modos:

---

[98] Este diploma sofreu alterações através dos Decreto-Lei n.° 59/99 de 2 de Março, do Decreto-lei n.° 163/99 de 14 de Fevereiro e do Decreto-Lei n.° 159/2000 de 27 de Julho, que actualizam o regime jurídico das empreitadas de obras públicas, mas o texto deste articulado manteve-se, pelo que não foram alterados os conteúdos aqui descritos.

Por ajuste directo – quando a entidade é escolhida independentemente de haver ou não concurso		1. quando em concurso público ou limitado não houver nenhuma proposta 2. quando por motivos técnicos ou artísticos só possa ser entregue a uma entidade. 3. Por motivos de urgência motivados por acontecimentos não previsíveis 4. Repetição de obras similares
Por concurso	**Público** – quando as entidades que por lei se encontram em condições, possam apresentar proposta.	Fases: 1. abertura 2. habilitação dos concorrentes 3. verificação dos requisitos das propostas 4. Adjudicação
	Limitado – quando só podem apresentar proposta as entidades convidadas pelo dono da obra, não podendo ser em número inferior a cinco	Pode ser realizado com ou sem apresentação de candidaturas.
	Por negociação – quando o dono da obra negoceia directamente as condições de contrato com pelo menos três entidades	

Quadro n.° 21 – **Modos de celebração de contratos de realização de empreitadas segundo o Decreto-Lei n.° 405/93 de 10 de Dezembro e Decreto-Lei n.° 55/99 de 2 de Março que o altera (embora mantendo a mesma configuração a este respeito).**

As empreitadas consideram ainda a exigência de entrega de um **caderno de encargos**, necessário à descrição dos processos a elas relativos, bem como a identificação dos intervenientes e demais processos de regulação. A portaria que regulamenta todas estas disposições é a **Portaria n.° 104/2001** de 21 de Fevereiro relativa aos cadernos de encargos para as empreitadas de obras públicas. Nela se faz ainda a divulgação das listas de empreiteiros existentes em vários países da Europa com capacidade para levarem a efeito esse conjunto de operações.

O desporto é motivo para que outras áreas, particularmente o sector da construção, nele intervenham cada vez mais, por forma a edificar o espaço desportivo. Existem múltiplos agentes com os interesses correspondentes neste sector de actividade económica, pelo que é importante compreender alguns motivos que justificam decisões e intencionalidades fundamentais de cada um desses agentes, bem como a identificar a existência de algumas perversões. Estas podem ser geradoras *à posteriori* de problemas que se reflectem na gestão desportiva da instalação ou no conforto dos utilizadores, e na adequabilidade do serviço a prestar nelas. Caracterizar algumas expectativas que se constroem em torno deste fenómeno por parte destes agentes, permite identificar a raiz de alguns conflitos que estão na base de algumas dessas perversões, só ultrapassáveis com atitudes de abertura, de interdisciplinaridade e de mobilização conjunta em torno de um projecto.

172 *Os Espaços do Desporto – Uma Gestão para o Desenvolvimento Humano*

Neste sentido, e sem intuitos de estigmatizar qualquer profissão ou área de intervenção científica, de a minorar ou escarnecer, arriscar-nos--íamos a fazer uma caracterização de vários tipos de actuação dos agentes que intervêm nesta dinâmica, que resultam da aplicação maximizada dos respectivos interesses:

1. Arquitectos – São agentes que assumem para si próprios um estatuto de edificadores de obras de arte consumadas através de peças artísticas inigualáveis e assumem-se frequentemente como tal. Têm grandes preocupações estéticas, bem como vontade de agradar ao cliente e à comunidade para os quais destinam o seu trabalho. Pretendem através dele atingir notoriedade, constituindo a sua obra um marco da sua carreira, exemplo cuja utilidade reverterá em novas contratações. O fim último será a perpetuação da sua obra no tempo e no futuro. Estas intenções conflituam por vezes com as opções estéticas e funcionais dos destinatários das suas obras.

2. Engenheiros – Caracterizam-se normalmente por opções de elevado pragmatismo. Garantem a solidez e a segurança da estrutura, estando preocupados com a funcionalidade, o aspecto económico e a prontidão. A ausência de intervenção de arquitectos, por motivos económicos ou outros, impele-os frequentemente à resolução de problemas, para os quais não estão muitas vezes habilitados por formação de base. A conflitualidade está presente quando a sua intervenção se assume como suficiente para que a edificação possa ir avante.

3. Empreiteiros – Garantem a realização das acções necessárias à edificação do projecto. Utilizam processos expeditos e com economia de esforço no sentido de gerarem o máximo de economias, por isso a obra é feita ou deverá sê-lo com uma boa gestão de recursos. Nesta vontade de gerar economias, utilizam frequentemente o processo de substituição de materiais, por serem mais adequados, mais baratos, ou outros motivos. Tal é-lhes permitido por força da lei (artigos 30.° e 153.° a 157.° do **Decreto--Lei n.° 405/93** de 10 de Dezembro relativo às empreitadas de obras públicas. Embora o diploma que se lhe seguiu – **Decreto-Lei n.° 55/99** de 2 de Março o tenha alterado, os conteúdos destes artigo mantiverem-se na íntegra, só tendo sido alterada a numeração: do artigo 160.°, n.° 2 a 166.°). A conflitualidade aparece quando por troca de materiais não previamente acordados são geradas economias que podem pôr em causa a expectativa e a qualidade estética e visual das instalações, quando tal pode ser conseguido por via dos materiais a utilizar.

4. Autarca (Presidente da Câmara/Freguesia) – Quer que a instalação desportiva seja útil ao movimento desportivo e à comunidade em geral que, por via dela, pode ascender a um novo nível desportivo e de qualidade de

vida. Mas, gosta também que esta reconheça o seu esforço e que tal se reflicta na sua continuidade à frente dos seus destinos. Por isso, normalmente quer a obra feita e a ser inaugurada em fim de mandato, como prova demonstradora das promessas cumpridas.

5. Gestores de Desporto – Por missão, devem ser propiciadores de conforto e de funcionalidade aos praticantes e aos utilizadores das instalações desportivas em geral, as suas preocupações devem estar direccionadas para a eficiência e o conforto na prática desportiva. Este agente, deve acompanhar desde o início a concepção do projecto, bem como a execução da obra. Garante assim resultados adequados aos níveis de conforto das práticas desportivas, aos utilizadores, às rotinas de gestão e à geração das respectivas economias. São preocupações do gestor que a funcionalidade e o valor estético da instalação as torne atractivas ao maior número de pessoas. Tal pode originar emoções positivas provocando agrado às pessoas utilizadoras frequentes ou visitantes bem como facilidade e economia nos processos de gestão. A produção de boas emoções pode resultar também em resultados desportivos, em campeões e novas marcas ou grandes momentos de satisfação por via das práticas ou dos grandes espectáculos desportivos.

5.1.3. *O Processo de obtenção de licença para a entrada em funcionamento*

O **Decreto-Lei n.º 317/97** de 25 de Novembro, que estabelece o regime de instalação e funcionamento das instalações desportivas de uso público, é o instrumento normativo principal que estipula este processo de obtenção da respectiva licença de funcionamento. Ele é complementado pelo **Decreto-Lei n.º 309/2002** de 16 de Dezembro que regula a instalação e o funcionamento dos recintos de espectáculos e de divertimentos públicos cujo conteúdo é também aplicável às instalações desportivas. Trataremos dos conteúdos relativos ao primeiro e logo de seguida ao segundo. O primeiro refere, na sua subsecção III – Licenciamento de funcionamento:

Artigo 14.º (Início das actividades):
1 – O início das actividades nas instalações desportivas depende de licença de funcionamento a emitir pelo IND, com as excepções previstas nos n.ºs 2 e 3.

2 – Não carecem de licença de funcionamento emitida pelo IND as instalações desportivas de base recreativas que se configurem no âmbito do usos e categorias tipológicas previstos nos artigos 3.º, desde que se trate de obras de iniciativa autárquica ou possuam licença e o respectivo alvará de utilização emitido pela câmara nos termos do D.L. n.° 445/91, de 20 de Novembro, alterado pelo D.L. n.° 250/94, de 15 de Outubro, e pela Lei n.° 22/96 de 26 de Julho.

3 – Estão dispensadas da licença de funcionamento as instalações desportivas das categorias tipológicas referidas nas alíneas c), d) e e) do n.° 2 do artigo 4.°[99], desde que se constituam como:

a) Espaços complementares de apoio a unidade hoteleiras ou de alojamento turístico e destinados ao uso exclusivo por parte dos seus hóspedes, não admitindo espectadores;

b) Espaços complementares de unidades de habitação permanente ou integrados em condomínios e destinados ao uso exclusivo por parte dos residentes.

4 – O funcionamento das instalações referidas no número anterior é condicionado à posse de licença e do respectivo alvará de utilização emitido pela câmara Municipal, nos termos do D.L. n.° 445/91, de 20 de Novembro, alterado pelo D.L. n.° 250/94, de 15 de Outubro, e pela Lei n.° 22/96 de 26 de Julho.

Artigo 15.° (Licença de funcionamento):

1 – Concluída a obra, o interessado deve requerer ao IND a emissão da licença de funcionamento.

2 – A emissão da licença de funcionamento é sempre precedida de vistoria a efectuar por representantes do IND, um dos quais preside, e por um engenheiro civil, arquitecto ou engenheiro técnico civil nomeado pelo presidente do IND, quando os seus representantes não estiverem habilitados com essa formação.

3 – O IND deve solicitar a participação na vistoria da Câmara Municipal, do Serviço Nacional de Bombeiros (SNB) e da Delegação Regional de Saúde.

4 – A vistoria deve realizar-se no prazo de 60 dias a contar da data de recepção do requerimento referido no n.°1 do artigo anterior e, sempre que possível, em data a acordar com o requerente.

5 – A não realização da vistoria no prazo fixado no número anterior ou a falta de decisão final no termo do prazo referido no artigo seguinte valem como indeferimento do pedido de licença de funcionamento.

Artigo 16.° (Vistoria):

1 – A vistoria destina-se a verificar a adequação das instalações, do ponto

---

[99] c) Salas de desporto e pavilhões polivalentes;

d) Instalações normalizadas de pequenos jogos polidesportivos, campos de ténis e ringues de patinagem ao ar livre;

e) Piscinas de aprendizagem, piscinas desportivas e piscinas polivalentes ao ar livre ou cobertas.

de vista funcional, aos usos previstos, bem como a observância das normas estabelecidas no presente diploma e legislação complementar.

2 – Da vistoria será elaborado o respectivo auto, do qual se fará menção no livro de obra, e de que se fará entregar uma cópia ao requerente.

3 – Quando o auto de vistoria conclua em sentido desfavorável, não pode ser emitida a licença de funcionamento.

4 – Quando da vistoria resultar que se encontram desrespeitadas as condições técnicas e de segurança a que se referem os artigos 7.° e 8.° do presente diploma, sem prejuízo da coima que for aplicável, a entidade responsável pela exploração da instalação desportiva será notificada para proceder às alterações necessárias em prazo a fixar pela comissão referida no n.° 2 do artigo anterior.

5 – O IND promoverá a realização de todas as vistorias extraordinárias que entender por convenientes.

Artigo 17.° (Alvará da licença de funcionamento):

1 – A licença de funcionamento é titulada por alvará emitido pelo IND,

no prazo máximo de 30 dias a contar da data de realização da vistoria referida no artigo anterior, mediante a exibição do alvará da licença de utilização emitida pela câmara municipal.

2 – Deferido o pedido de licença de funcionamento, o respectivo alvará é emitido pelo IND, desde que se mostrem pagas as taxas de montante a fixar por portaria do membro do governo responsável pela área do desporto.

3 – Do alvará da licença de funcionamento, de modelo a aprovar por portaria do membro do governo responsável pela área do desporto, devem constar as seguintes indicações:

a) A identificação da instalação e do proprietário;

b) O nome de entidade responsável pela exploração das actividades desenvolvidas na instalação;

c) As actividades desportivas a que se destina a instalação;

d) A lotação da instalação para cada uma das actividades previstas com a discriminação do número de praticantes e de espectadores quando admissíveis;

e) A data da sua emissão e o prazo de validade da licença.

O **Decreto-Lei n.° 309/2002** de 16 de Dezembro que regula a instalação e o funcionamento dos recintos de espectáculos e de divertimentos públicos, o segundo diploma por nós referido, é posterior e é também aplicável às instalações desportivas, complementando o primeiro diploma que estivemos a referir. Do seu conteúdo, destacamos alguns artigos ilustradores dos principais passos que se seguem no processo de construção da instalação desportiva, vistos anteriormente, e que resultam na obtenção de

176 Os Espaços do Desporto – Uma Gestão para o Desenvolvimento Humano

uma licença de utilização que lhe permite o respectivo início de funcionamento, quando cumpridas as disposições estipuladas no **Decreto-Lei n.° 317/97** de 25 de Novembro.

Artigo 10.° (Licença de utilização):
2 – A licença de utilização destina-se a comprovar, para além da conformidade da obra concluída com o projecto aprovado, a adequação do recinto ao uso previsto, bem como a observância das normas técnicas e de segurança aplicáveis e ainda as relativas às condições sanitárias e à segurança contra riscos de incêndio.
3 – A licença é válida por três anos, renovável por iguais períodos, e está sujeita à realização de vistoria obrigatória nos termos do artigo 11.°.
5 – A emissão da licença de utilização depende de requerimento (…).

Artigo 11.° (Vistoria):
1 – Para efeitos da emissão da licença de utilização, a vistoria deve realizar-se no prazo de 30 dias a contar da data de apresentação do requerimento previsto no n.° 5 do artigo 10.° e, sempre que possível, em data a acertar com o interessado.
2 – A vistoria é efectuada por uma comissão composta por:
a) Dois técnicos a designar pela câmara Municipal, tendo pelo menos um deles, formação e habilitação legal para assinar projectos (…)
b) Um representante do Serviço Nacional de Bombeiros (…).
c) Um representante da Autoridade de Saúde (…), sempre que se considere relevante a avaliação das condições sanitárias do recinto (…).

Artigo 12.° (Emissão da licença e deferimento tácito):
1 – O alvará de licença de utilização para recintos de espectáculos e de divertimentos públicos é emitido pelo Presidente da Câmara Municipal, no prazo de 15 dias a contar da data de realização da vistoria (…).

Artigo 14.° (Certificado de inspecção):
1 – O certificado de inspecção visa atestar que o empreendimento cumpre e mantém os requisitos essenciais de segurança, habitabilidade, protecção ambiental funcionalidade e qualidade arquitectónica e urbanística.
3 – (…) são consideradas entidades qualificadas os organismos de inspecção acreditados no âmbito do Sistema Português da Qualidade, para os recintos previstos neste diploma.

Artigo 15.° (Responsabilidade e seguros dos empreiteiros):
(…/…)

Artigo 16.° (Responsabilidade dos proprietários dos recintos e dos divertimentos e dos promotores dos espectáculos):
Os proprietários dos recintos de espectáculos e dos divertimentos públicos, bem como os respectivos promotores, são obrigados a apresentar seguro de acidentes pessoais que cubra os danos e lesões corporais sofridos pelos utentes em caso de acidente.

A Construção de Espaços e Instalações Desportivas

Este processo de obtenção da licença de funcionamento pode ser descrito resumidamente em quadro deste modo:

N.º	Acção		Artigo n.º	Dec. - Lei n.º	Aspectos Complementares	Obs.
1	Após concluída a obra o interessado deve requerer ao IND a emissão da licença de funcionamento.		10.º e 15.º, n.º 1	309/200 2 de 16/Dez 317/97 de 25/Nov	Fotocópias autenticadas de: 1. Certificado de inspecção 2. Apólice de seguro de responsabilidade civil 3. Apólice de seguro de acidentes pessoais	Em caso de renovação, deve ser pedida com 30 dias antes do termo da sua validade, com apresentação do certificado de inspecção do recinto
2	Vistoria – realizada por uma comissão convocada pela Câmara Municipal – O IND deve solicitar a participação na vistoria dos elementos que pertencem à comissão		11.º, n.º 2 15.º, n.º 2 e 3	309/200 2 de 16/Dez 317/97 de 25/Nov	Pertencem à comissão: 1. Dois técnicos a designar pela Câmara Municipal um dos quais com formação e habilitação para assinar projectos 2. Representante do Serviço Nacional de Bombeiros 3. Representante da Autoridade de Saúde	Deve realizar-se no prazo de 30 dias após a apresentação do requerimento. Comissão é convocada com oito dias de antecedência mínima.
3	Elaboração do auto de vistoria		11.º, n.º 4 7.º, 8.º e 16.º, n.º 2 e 4	309/200 2 de 16/Dez 317/97 de 25/Nov	Nome do responsável pelas condições técnicas e de segurança do recinto Lotação para cada uma das actividades a que se destina	Até 15 dias após a data da vistoria Deve ser entregue uma cópia ao requerente
4	Emissão do Alvará		12.º 17.º, n.º 1	309/200 2 de 16/Dez 317/97 de 25/Nov	Emitido pelo IND, mediante alvará da licença de utilização emitida pelo Presidente da Câmara	O requerente é notificado no prazo de 20 dias. Após 30 dias (prazo) de realização da vistoria
5	Responsabilidade social	Dos autores do projecto e empreiteiros	15.º	309/200 2 de 16/Dez	Os autores do projecto, empreiteiros e construtores devem apresentar Seguro de responsabilidade civil	Contra-ordenações Coimas Sanções acessórias
	Seguros	Dos proprietários	16.º	309/200 2 de 16/Dez	Proprietários e promotores devem apresentar seguro de acidentes pessoais que cubra danos e lesões corporais sofridos em caso de acidentes.	

Quadro n.º 22 – Obtenção de licença de utilização de instalações desportivas
(D.L. n.º 309/2002 de 16 de Dezembro + D.L. n.º 317/97 de 25 de Novembro)

Da análise dos dois diplomas, diríamos que o primeiro incide mais sobre a componente técnica em termos desportivos, denominando a este processo de obtenção de 'licença de funcionamento', deixando para o segundo os aspectos que respeitam a elementos mais latos que compreendem outro tipo de instalações não desportivas, que denominou 'licença de utilização'.

Após a emissão do alvará de funcionamento, a **aceitação da obra** é um outro processo que é regulado pelo **Decreto-Lei n.º 177/2001** de 4 de Junho, que estabelece a redacção final do regime jurídico da urbanização e da edificação, através do seu artigo 87.º:

1 – Compete à câmara municipal deliberar sobre a recepção provisória e definitiva das obras de urbanização a partir de requerimento do interessado.

178   Os Espaços do Desporto – Uma Gestão para o Desenvolvimento Humano

2 – A recepção é precedida de vistoria a realizar por uma comissão da qual fazem parte o interessado ou um seu representante e, pelo menos, dois representantes da câmara municipal.

...

5 – O prazo de garantia das obras é de cinco anos.

Relativamente aos recintos com diversões aquáticas o processo de obtenção de licença de funcionamento é semelhante e é descrito nos diplomas seguintes: **Decreto-Lei n.º 65/97** de 31 de Março e pelo **Decreto Regulamentar n.º 5/97** de 31 de Março, no quadro abaixo indicado:

N.º	Acção	Artigo n.º	Dec.-Lei n.º	Aspectos Complementares	Obs.
1	Requerer ao Presidente do IND a emissão da licença de funcionamento.	11.º e 12.º,	65/97 de 31/Mar		
2	Vistoria – O IND deve solicitar a participação na vistoria das entidades necessárias	13.º e 21.º	65/97 de 31/Mar	Pertencem à comissão: 1. Um representante do IND que preside; 2. Um representante da Câmara Municipal; 3. Um representante do Serviço Nacional de Bombeiros; 4. O delegado regional de saúde 5. Um representante da delegação regional do Ministério da Economia	O IND promove a realização de vistorias anuais e extraordinárias
3	Licença de funcionamento	14.º	65/97 de 31/Mar	Emitido pelo IND até 15 dias após a data da vistoria, mediante a exibição do alvará da licença de utilização emitido pela Câmara Municipal	
	Emissão do Alvará	16.º	65/97 de 31/Mar	Desde que esteja munido do alvará de licença de utilização pode proceder-se ao início das actividades O prazo de validade é válido por 3 anos. A renovação implica nova vistoria	Do alvará devem constar: 1. identificação do recinto 2. nome da entidade exploradora 3. actividades a que o recinto se destina 4. lotação do recinto para cada um das actividades previstas 5. data de emissão e prazo de validade

Quadro n.º 23 – Obtenção de licença de funcionamento para os recintos com diversões aquáticas (Decreto-Lei n.º 65/97 de 31 de Março + Decreto Regulamentar n.º 5/97 de 31 de Março)

5.1.4. *A Servidão Desportiva*

A construção de instalações e espaços desportivos ou de recreio desportivo, pode integrar uma estratégia urbanística de melhoramento de infra-estruturas e equipamentos de uma determinada localidade ou circunscrição administrativa, dado o valor atractivo do desporto, cujo aproveitamento para as populações pode ser reduzido ou circunscrito a utilizadores de determinados empreendimentos que os financiam ou que estão na razão do seu aparecimento. A servidão desportiva é uma figura legislativa e destina-se a ampliar à comunidade este tipo de benefícios.

A **servidão desportiva** é um conceito que nos interessa, por isso, referenciar, dado que a existência de instalações numa determinada localização, constitui-se como um recurso que deve ser colocado ao dispor do movimento desportivo, quer o seu estatuto seja público ou privado. Foi a **Lei n.° 1/90 de 13 de Janeiro**, que estabelece a Lei de Bases do Sistema Desportivo, que primeiro se aproximou do conceito de servidão desportiva quando estabelece o seguinte no seu:

Artigo 37.° – (reserva de espaços desportivos):

1 – Os planos derectores municipais e os planos de urbanização devem reservar zonas para a prática desportiva.

2 – (…/…)

3 – Os espaços e as infra-estruturas que sejam licenciados com vista a serem consignados à prática desportiva não podem, independentemente da sua prática ser pública ou privada, ser objecto de outro destino ou de diversa afectação permanente durante a vigência do plano em que se integrem.

É o **Decreto-Lei n.° 432/91** de 6 de Novembro (Contratos-Programa de apoio ao associativismo desportivo – Comparticipação financeira à organização de competições desportivas), que estabelece este conceito, por forma mobilizar para o desporto a conjugação de esforços públicos e privados no domínio da construção de espaços e instalações desportivas:

Segundo o n.° 2 da alínea g) do artigo 12.° (conteúdo dos contratos) e do artigo 13.° (servidão desportiva), entende-se como servidão desportiva o *"destino dos bens adquiridos ou construídos"* ao abrigo dos contratos-programa de apoio ao associativismo desportivo, *"… a responsabilidade pela sua gestão e manutenção, bem como as garantias de afectação futura dos mesmos bens aos fins do contrato e a definição do conteúdo e do prazo da correspondente servidão desportiva"* (artigo 12.°, n.° 2 g)).

> *"Esta servidão tem a natureza de um direito real público de uso de bens privados, destinado a assegurar a utilização pelo público, ou por certas categorias de pessoas abstractamente determinadas, das infra-estruturas e equipamentos cuja aquisição ou construção tenha sido objecto de comparticipação financeira pública ao abrigo de contratos-programa de desenvolvimento desportivo." (artigo 13.°).*

180 *Os Espaços do Desporto – Uma Gestão para o Desenvolvimento Humano*

5.1.5. *A Responsabilidade Técnica pelas instalações desportivas abertas ao público*

A entrada em funcionamento de uma instalação desportiva obriga ainda à assunção de uma responsabilidade técnica pela sua abertura. Tal responsabilidade técnica é definida pelo teor do artigo 6.° do **Decreto-Lei n.° 385/99** de 28 de Setembro – Responsabilidade técnica pelas instalações desportivas abertas ao público:

Artigo 6.° (responsável técnico):
1 – O responsável técnico deve dispor de formação adequada ao exercício das funções.
2 – A formação exigida ao responsável técnico, consoante a respectiva instalação desportiva, será determinada por portaria do membro do governo responsável pela área do desporto.
3 – As funções cometidas ao responsável técnico podem, em qualquer

caso, ser exercidas por licenciado em estabelecimento do ensino superior na área da Educação Física ou Desporto.
4 – O responsável técnico é inscrito como tal no Centro de Estudos e Formação Desportiva, nos termos do disposto no artigo 9.° deste diploma.
5 – O responsável técnico pode ser coadjuvado por outras pessoas com a formação necessária, nos termos do presente artigo.

O **Decreto Lei n.° 100/2003** de 23 de Maio (Alterado pelo **Decreto-Lei n.° 82/2004**, de 14 de Abril) que aprova o Regulamento das Condições Técnicas e de Segurança das Balizas actualiza e reafirma este conceito no texto do articulado do seu regulamento:

Artigo 3.° (Entidade responsável):
1 – Considera-se entidade responsável pelos equipamentos desportivos qualquer pessoa singular titular de cargo de administração, direcção ou gerência, conforme o caso, e pessoa colectiva de direito privado, bem como os dirigentes dos serviços ou organismos da administração pública central, regional ou local, directa ou indirecta, que assegure o regular funcionamento do espaço onde esses equipamentos se encontram insta-

lados, bem como a respectiva instalação e manutenção.
2 – Aqueles a quem seja cedida a utilização, por período de tempo limitado, remunerada ou gratuitamente, dos espaços referidos no número anterior consideram-se, nos mesmos termos, entidade responsável, designadamente para os efeitos de obrigatoriedade de contratação de seguro de responsabilidade civil decorrente de má utilização dos equipamentos desportivos.

A Construção de Espaços e Instalações Desportivas

Esta responsabilidade técnica envolve ainda outro tipo de especificação que serão tratadas mais adiante, em capítulo próprio (9.3 – A Responsabilidade Técnica da Gestão de uma Instalação Desportiva, pág. n.º 351), quando tratarmos dos aspectos relacionados com a gestão da instalação desportiva.

6. O Simbolismo das Instalações

Os valores que vêm colados ao significado do símbolo, revelam-se e escondem-se ao mesmo tempo (Lima, Mesquitela; 1983) através de uma imagem, de uma designação, da forma de um edifício, de um espaço ou de um conjunto de emoções que envolvem um fenómeno. O simbolismo das instalações desportivas reside no conjunto de valores que os edifícios, os espaços e a imagem que a instalação desportiva comporta, consegue transmitir aos seus utilizadores ou àqueles que com ela contactam. Essa transmissão assume a forma de um código simbólico que impõe comportamentos ou cria a expectativa de estes virem a ser realizados nos espaços, que são constituídos para que tal aconteça.

6.1. A atractividade e o despertar das emoções

As instalações e os espaços desportivos são detentoras de uma imagem que pode, deve ser construída e comunicada aos utilizadores actuais e potenciais. Trata-se de, através dela, provocar o aparecimento de factores de atractividade no espaço, no sentido de Kurt Lewin (1935)[100] e da sua Psicologia Dinâmica, isto é, produzindo a inscrição de valências positivas que mobilizem as pessoas a partir das actividades. As instalações e espaços desportivos, pelas suas características desportivas, físicas, de dimensão, de imagem, de conforto, de ajustamento às práticas têm de ser capazes de maravilhar, de desafiar, de apetecer, de dar vontade de que delas sejamos frequentadores, de criarem nos seus potenciais utilizadores uma vontade imensa de a elas acederem e de, após a sua utilização, de as sentirmos como um espaço que é nosso e onde acontecem coisas com as

---

[100] Lewin, Kurt, (1935) *A Dynamic Theory of personality*, New York, McGraw-hill.

184 *Os Espaços do Desporto – Uma Gestão para o Desenvolvimento Humano*

quais nos identificamos. Este processo de resposta à atractividade gerada e de colagem aos valores inscritos no código presente nas instalações desportivas, desenvolvendo sentimentos de pertença e de defesa por parte dos utilizadores, denomina-se apropriação e deve ser fomentado.

Cada instalação desportiva tem uma linguagem externa e uma linguagem interna que veicula através da codificação espacial. Esta codificação começa na imagem visual inscrita em determinadas formas e motivos e continua-se pela forma de utilização de cada um dos seus espaços. Os primeiros, remetem para diferentes concepções filosóficas de cada um dos utilizadores ou praticantes ou para representações da corporalidade e formas de viver o corpo cuja expressão se faz sentir ao nível dos segundos. A correspondência entre vocações e objectivos que define para si própria constrói uma imagem mental positiva ou negativa nos seus utilizadores. Assim, uma instalação desportiva que esteja muito codificada numa óptica de alta competição poderá por processos directos ou indirectos, sugerir ou originar naqueles que não têm essas apetências ou virtudes o afastamento da respectiva utilização, ou, ao contrário, motivar à sua prática. Tudo depende de várias opções que vão sendo oferecidas ou sugeridas aos diferentes tipos de utilizadores que dela se abeiram ou até das formas de gestão que facilitam ou dificultam o respectivo acesso.

Uma instalação ou espaço desportivo deve ser capaz de desencadear nos seus utilizadores um conjunto de emoções: à entrada (1), uma vontade ávida de querer ingressar e de realizar as práticas que ela oferece com todo o processo de preparação; na permanência (2), o pleno envolvimento nas acções desencadeadas, nos papéis assumidos e nas práticas proporcionadas; à saída (3), a satisfação serena das expectativas criadas e à distância (4), a recordação dos bons momentos aí vividos e que se anseiam repetir.

6.2. A simbólica do espaço associada às instalações

As instalações e espaços desportivos fazem parte das cidades, sendo dela elementos constituintes. São assim espaços ou "peças" incluídas no tecido urbano, propositadamente construídos para a prática desportiva. Elas, através da forma dos seus edifícios, mas também pelas funções que desempenham, ajudam na construção de uma imagem real, vivida e ima-

O Simbolismo das Instalações 185

ginada da cidade, no sentido dado por Kevin Linch (1989)[101]. A imagem da cidade para este autor, cria processos de identificação dos seus habitantes com ela através dos seus edifícios, das suas praças e ruas e, pela distribuição das suas funções e símbolos, cria ritmos próprios. Os espaços de recreio, lazer e de desporto, são constituintes de uma determinada dinâmica urbana e social, porque marcam um tempo de não-trabalho, um espaço onde realizam funções nesses tempos e onde os seus habitantes constroem a sua personalidade e modo de vida. Por esse motivo as instalações desportivas são tão importantes para a simbólica da cidade e para os processos de identificação dos seus habitantes.

6.2.1. *As metáforas do imaginário nas instalações desportivas*

As metáforas são figuras de estilo que se empregam no discurso através de processos de analogia, de modo a permitirem uma extensão do significado ou o seu melhor esclarecimento, conseguindo novas formas e visões dos fenómenos, das coisas e do respectivo entendimento e utilidade. A participação das metáforas no processo de concepção das instalações desportivas e na respectiva gestão, pode permitir-nos chegar mais facilmente aos valores, às concepções e à expressão de emoções dos utilizadores significativamente valorizadoras dos espaços e das actividades que aí se realizam. Queremos servir-nos destas figuras de estilo na nossa abordagem, de modo a que a produção de imaginário possa ser inscrita nos processos, nas actividades e nos espaços onde elas se realizam.

As instalações desportivas podem assim remeter os utilizadores para práticas, competições ou mundos imaginários que vão sendo revelados desde o primeiro contacto, durante a utilização de cada um dos espaços e de cada um dos apetrechos com os quais se envolve. Podem por isso ser subordinadas a temáticas e ambientes passados ou futuros, locais ou longínquos, reais ou imaginários os quais, remetem cada um dos utilizadores, em termos de atitude mental, para uma forma de estar que corresponda aos comportamentos que se espera que cada um deles desenvolva na relação com cada espaço e cada actividade dessa instalação.

1. O portal dos imaginários – As instalações e espaços desportivos, constituem-se deste modo, como locais onde os seus utilizadores encontram

---

[101] Linch, Kevin (1989), *A Imagem da Cidade*, Lisboa, Ed. 70, 1989.

186 Os Espaços do Desporto – Uma Gestão para o Desenvolvimento Humano

inscrito no espaço físico e através das suas actividades a possibilidade de serem imaginariamente transportados para locais, situações ou estatutos diferenciados daqueles que fazem parte do seu ritmo de actividades diárias. Tal é o que acontece quando os praticantes assumem papéis de grandes campeões ou quando assistem a um espectáculo desportivo e o vivem com grande intensidade, valorizando o espaço como possibilidade de darem expressão aos seus sentimentos e ansiedades mais profundas. O mesmo sucede quando os espaços desportivos mais ligados a práticas de recreio produzem ambiências relacionadas com paisagens longínquas, permitindo a vivência de gestos, imagens e situações, só possíveis de serem vividas com a realização de viagens ou sendo imaginadas.

2. As oficinas de produção e consumo de emoções – É nestes espaços, em interacção com as pessoas e as actividades, que se constroem e se revelam as emoções de que o desporto é feito. É aqui, no mesmo momento, que a produção e o consumo dos gestos motores, da acção, do prazer, da vida e das emoções é realizado.

3. Os laboratórios de jogo e aprendizagem – Novos rituais de actividade lúdica são aqui experimentados, novos gestos motores, novas regras e processos de aprender uns e outras são desenvolvidos nas instalações e espaços desportivos e de jogo, novas configurações organizativas e de representação, são aqui ensaiadas.

4. As estâncias de experimentação de tecnologias – Novos materiais são adicionados às práticas, mas também novas tecnologias são experimentadas através da criação de novas modalidades e práticas desportivas, novos apetrechos e formas de os utilizar. Novas tecnologias são também empregues no domínio da informação, da saúde e da economia.

5. As clínicas de construção de comunidades – Porque o desporto pelo facto de ser uma actividade mobilizadora de vontades e de relações entre as pessoas, tem também uma "função ortopédica" (João Cabaço, 1990)[102], relativamente às disfunções comportamentais dos indivíduos motivadas pela sua relação com o espaço urbano (desurbanizado). Por ser requalificador das relações sociais e pessoais é construtor de comunidades e tem repercussões positivas visíveis ao nível do tecido social e local.

6. As câmaras de re-ligação do passado ao futuro – Porque as instalações desportivas ao proporcionarem autênticos momentos de festa por ocasião das competições, a sua constância e repetição traduzem-se na insti-

---

[102] Cabaço, João, (1990), *Planeamento Urbanístico e Prevenção da Delinquência: Os Espaços de Desporto e Lazer, in* Horizonte – Revista de Educação Física e Desporto, Vol VII, n.º 40, Nov.-Dez., 1990, pp. 129-131.

tucionalização de rituais e estes perpetuam os valores que aí se expressam, ligando, numa dinâmica temporal, o historial de acontecimentos realizados com futuras realizações. Dado o seu aspecto formal e emocional, o desporto regista o presente realizado e marca o tempo com efemérides, cujo sentido se expressa através de novas realizações.

7. Os átrios de expressão cultural e corporal – São locais onde a expressividade corporal pode ser partilhada com outras pessoas ou comunidades, como revelação de um processo de preparação prévia de gestos, sentimentos, vontades e capacidades. São locais que assumem uma certa vertente de **praça pública** onde se desenvolve uma certa teatralidade relativa aos papéis individuais e colectivos que os intervenientes escolhem para si próprios.

8. Os espaços de criatividade e de sonho – Na medida em que, por todos os motivos atrás expostos, a prática continuada do desporto em espaços com estas características permitem ao praticante a expressão de emoções que podem ser geradoras de processos de criatividade. (ver capítulo 11.1 – Os Espaços do Imaginário – Os Espaços Construtores do Futuro a páginas 554).

Poderíamos olhar para as instalações desportivas através da utilização de novas e infindáveis metáforas, tantas quantas a nossa imaginação pudesse construir e adaptar às características e funcionalidade, que cada utilizador pode observar e entender em cada espaço particular ou na totalidade da instalação desportiva. Esta metáforas tendem sempre a sobrevalorizar uma perspectiva de apropriação dos espaços desportivos com utilidade para todos.

6.2.2. *A Sacralização do Espaço Desportivo?*

A sacralização do espaço desportivo é uma metáfora representadora de um processo que tem como objectivo final dignificá-lo por via da sua qualificação material, humana e simbólica. Associa processos de codificação espacial com a regulação dos comportamentos dos respectivos utilizadores. As consequências revertem sempre a favor dos praticantes e respectivas práticas. A codificação espacial é a inscrição de símbolos no espaço. Para a efectivação deste processo, localizam-se organizadamente símbolos, determinam-se regulamentos, dispõem-se intencionalmente materiais, apetrechos ou mesmo pessoas, de tal forma que as respectivas

188 Os Espaços do Desporto – Uma Gestão para o Desenvolvimento Humano

presenças sugerem ou impõem comportamentos aos utilizadores de um determinado espaço.

A metáfora sagrada ou religiosa ajuda-nos, na análise de cada um dos espaços e de cada uma das actividades, a chegar a entendimentos mais profundos. Esta metáfora religiosa serve-nos para ilustrar o modo como Pierre de Coubertin (1934) olhava o desporto, isto é, como uma manifestação ritualizada de quase-religião: *"O desporto é um culto voluntário e habitual do exercício muscular intenso suscitado pelo desejo de progresso e não hesitando em ir até ao risco."*[103].

Através dos seus 'ofícios', fazem transcender o próprio desporto, na medida que integram os seus praticantes em dinâmicas interiores e exteriores que os obrigam a superarem-se, mas que ao mesmo tempo, dão sentido a esse processo de superação. Esse sentido é o da capacidade de vencer desafios, da descoberta de si próprio e da projecção de si mesmo no futuro e no da comunidade. É por isso um sentido de ligação entre o passado e o futuro entre o que o atleta ou desportista é e o que deseja ou aspira a ser, pela prática desportiva. Este sentido de ligação é o que está na base da religião, como conjunto de actos que ligam e re-ligam, tempos, espaços e entidades. O desporto pode encontrar por esta metáfora algum sentido para si próprio e para uma configuração mais humana mas também mais transcendente, mais projectada para o futuro, das suas actividades.

Estes ofícios, necessitam de um local próprio destinado à respectiva realização. Nesta perspectiva, os espaços e as instalações desportivas são as **Catedrais do Desporto** (veja-se o nome dado ao novo estádio da Luz aquando da sua inauguração (2003)!). Dentro delas, realizam-se rituais, ofícios e manifestam-se intenções que fazem com que, quem entra, o faça com um determinado estado de espírito e saia de lá com outro. Sofre-se uma modificação a vários níveis: em termos físicos (1) em termos psíquicos e mentais (2) e até em termos espirituais ou filosóficos (3). Não se sai igual ao que se entra após ter-se estado numa instalação desportiva a desenvolver uma actividade qualquer ou, pelo menos, tal não deve acontecer. Pelas práticas vividas ou assistidas, presencia-se uma mudança resultante de um caminho interior percorrido em busca de prazer, de satisfação, de afirmação, de conquista, de vitória e de todos os outros motivos que o desporto envolve, com alterações verificáveis a nível corporal, fisio-

---

[103] Cagigal, J. Maria; (1972), *Deporte, Pulso de Nuestro Tiempo,* Madrid, Editora Nacional, p. 37.

O Simbolismo das Instalações

189

lógico, psicológico e até filosófico. Assiste-se também a actos onde, através de rituais próprios, temos acesso a um determinado tipo de comunicação que é realizada entre todos os participantes nos acontecimentos, que faz com que todos se identifiquem com o fenómeno e que, através dessa linguagem, possam comunicar. É a **Liturgia do Desporto**, isto é, por definição, um conjunto de gestos e actos ordenados numa cerimónia que organiza o tempo exterior e interior de cada um dos participantes nesses rituais e a respectiva atitude interior. Todos os espectáculos públicos e particularmente o desporto carecem desta afirmação ritualizada onde são expostos os símbolos e são revelados os valores da organização de forma mais ou menos codificada, por vezes só acessível aos iniciados.

Muitas instalações desportivas, nesta acepção, assumem-se claramente como locais de culto do corpo, das respectivas acções, da expressão do vigor corporal, da saúde, da construção da respectiva imagem, da sua motricidade e da cultura desportiva. Elas diferenciam-se umas das outras pela inscrição de diferentes códigos e símbolos consoante as modalidades desportivas, mas também devido a outras significações como sejam a afirmação local da comunidade. As instalações desportivas devem exibir e ritualizar códigos como forma de oferecer aos seus utilizadores, de uma forma subtil ou directa, os princípios relativos ao quadro cultural da organização que balizam o comportamento que se espera que estes desenvolvam, dentro dessa instalação ou na relação com aqueles que aí trabalham. O Quadro Normativo institucionaliza-os através de regras e leis.

Esta metáfora religiosa foi já utilizada por Jorge Gaspar (1987)[104] na análise da apropriação e das dinâmicas dos centros comerciais, quando comparava o movimento, as acções e as intenções das pessoas dentro deles ao movimento efectuado pelos crentes dentro de um templo religioso. Ela pode vir a servir-nos mais à frente para estabelecermos um paralelismo entre os 'ofícios' desportivos, particularmente os rituais, e os respectivos espaços onde eles se desenvolvem.

---

[104] Gaspar, Jorge (1987), *Do pelourinho ao centro comercial*, in Revista Povos e Culturas, n.º 2 – A cidade em Portugal – onde se vive, Universidade Católica Portuguesa, pp 243-259.

7. O Conforto (Desportivo)

O conforto é um conceito fundamental a ter em conta na concepção, na construção, na gestão (e até na utilização) das instalações desportivas. Deve ser um objectivo a ser perseguido pelos agentes que intervêm em todas as fases destes três processos. Ele arrasta consigo outros conceitos que importa abordar e esclarecer, como forma de ajudar à respectiva racionalização que a gestão sempre solicita. São conceitos como os de 'Codificação do Espaço', 'Capacidade de Carga', 'Desconforto', 'Desafogo', etc.

É também usual fazerem-se referências ao conforto desportivo a partir de análises do nível de qualidade de serviços oferecidos pelas organizações que gerem determinados empreendimentos, onde se incluem instalações e serviços desportivos. Contudo, o conforto é uma qualidade justaposta à prática desportiva e ao tipo de utilização a ser desenvolvido, estando orientado para uma lógica de utilização relacionada com um praticante que quer aceder à prática, e não com um cliente, cuja essência remete para a preocupação de baixar o nível de ansiedade resultante de uma necessidade que é preciso satisfazer.

> O conforto é assim uma medida equilibrada que revela o ajustamento das condições de realização às necessidades da prática e do praticante desportivo cujo efeitos resultam a vários níveis, quer através de melhores prestações desportivas, de melhor mobilização e adesão às práticas correspondentes, quer inclusivamente originando sensações positivas, reforçadas em imagens mentais construídas pelos praticantes ou utilizadores dos espaços da instalação desportiva, que os impelem ao retorno e correspondente reutilização futura.

O conforto desportivo pode ser atingido por diversos modos:

1. por via das condições climáticas adequadas,

192 *Os Espaços do Desporto – Uma Gestão para o Desenvolvimento Humano*

2. por via das condições de apetrechamento (individual ou colectivo),

3. por via das condições físico-funcionais que ajustam os espaços e apetrechos à funcionalidade desportiva de cada actividade, espaço ou acção.

O conforto desportivo tende a ser não apenas a consciência de uma sensação, mas uma medida que deve ser avaliada segundo critérios qualitativos. O conforto desportivo caracteriza-se assim pelo cumprimento das seguintes características:

1) Adequação do espaço e do respectivo apetrechamento à prática desportiva.

2) Não ser factor de agressão física aos praticantes ou a outro nível, nomeadamente factor de risco para a sua integridade física, a saúde e a sua segurança.

3) Ser capaz de provocar sensações positivas (de prazer e de autoconfiança) e de reforço volitivo, por forma a desencadear no utilizador a vontade de voltar a usufruir da instalação e de nela realizar essa ou outra prática desportiva.

4) Permitir o desenrolar das acções relativas à prática desportiva e a todas as outras práticas complementares, nomeadamente o espectáculo desportivo, a festa do desporto e todas as outras actividades que as suportam (até as comerciais!)

5) Permitir a realização das acções necessárias com o correspondente desafogo.

O conforto desportivo implica o manuseamento do espaço desportivo e não desportivo. Este obriga ao estabelecimento de um processo de codificação do espaço pelos recursos disponíveis, por forma a regular e ajustar comportamentos que nele têm que ser realizados. A disposição de apetrechos, a definição dimensional dos mesmos espaços, a regulamentação das acções e das actividades, têm que ter uma correspondência em termos da codificação espacial que deve nele estar inscrita, ser percebida e apropriada pelos utilizadores, para que o conforto desportivo seja uma realidade.

7.1. Os Elementos do Conforto Desportivo

Os **elementos do conforto** são componentes, constituintes ou critérios de organização ou de codificação dos materiais, dos espaços e dos tempos, e prendem-se com a respectiva aplicação à funcionalidade requerida para as acções. Eles permitem, por estes motivos, uma focalização nos gestos das actividades a realizar garantindo um reforço dos estímulos de retorno e a criação de imagens e sensações positivas. Os elementos do conforto podem ser vários, conforme os pontos de vista de utilização ou valoração que estamos a realizar. Assim, podem ser:

1. Estéticos – incidem sobre a forma, a cor, o significado simbólico, os valores que estão associados quer à instalação quer às diferentes partes que a compõem. Neste conjunto, ainda incluímos a textura dos materiais e o apetrechamento desportivo (colectivo e individual) que, além de auxiliarem no ajustamento do praticante às actividades com os espaços e os esforços correspondentes, constituem padrões estéticos e assumem-se como símbolos de identificação do espaço, da modalidade e dos grupos que as praticam.

2. Funcionais – incidem sobre os recursos (**espaços, tempos e recursos**) submetidos à lógica das exigências na realização das actividades:
   1. a previsão dos **espaços**, a adaptação das suas características e a respectiva codificação;
   2. os **materiais e apetrechos** previstos e a correspondente disposição para as acções a desencadear;
   3. os **recursos humanos** recrutados e formados especificamente para as funções a desempenhar;
   4. as rotinas constituídas, os **tempos** reservados;
   5. os processos de **regulação** que discriminam os comportamentos adequados (ou inadequados) aos espaços e à utilização dos apetrechos estabelecidos.

Quando um objecto que cumpre uma função está junto do local onde essa necessidade se faz sentir, além de gerar economia de tempo, gera também conforto e um correspondente reforço positivo na actividade que se está a fazer. O conforto é também por isso, determinado pelo menor dispêndio de tempo, energia, atenção e de outros recursos, em actividades secundárias que concorrem para a actividade principal.

3. De Higiene – permitem uma garantia por parte dos utilizadores a dois níveis:
   1. **Apetência imediata** para a utilização dos espaços e dos apetrechos em estado de disponibilidade.

194   *Os Espaços do Desporto – Uma Gestão para o Desenvolvimento Humano*

2. Garantia de **ausência de doenças** ou contaminações adquiridas no contacto com os espaços e os apetrechos existentes nas instalações desportivas.
3. Garantia ao nível da **segurança**, dado que a falta de higiene leva ao desconforto ou desadequação dos materiais e das superfícies de utilização às solicitações que se lhes exigem, ocasionando por vezes acidentes ou outras situações desagradáveis.

4. De Segurança – incidem sobre os espaços próprios, os sistemas elaborados e os processos ou rotinas constituídos que salvaguardam a integridade das pessoas, a estabilidade dos espaços e a continuidade dos bens materiais e dos apetrechos. Materializam-se normalmente através de normativa variada, através da elaboração de regulamentos, protocolos, manuais de procedimentos e comportamento, onde se incluem esclarecimentos técnicos, permissão e utilização correcta dos materiais identificando formas de colocação, aparelhamento, desaparelhamento, local e forma de arrumação, bem como planos de segurança, de emergência e evacuação.

5. De Desafogo – possibilita a utilização diferenciada do espaço. Permite a identificação das vocações principais e complementares ou de outro tipo para os espaços e as instalações desportivas, o que origina a possibilidade de outros usos e a consequente rendibilização da instalação ou espaços desportivos. Identifica, do mesmo modo os limites a partir dos quais as situações de desafogo deixam de existir.

6. De reserva – espaços cuja função não está ainda definida e que permitem funções complementares múltiplas ocasionais, permitem ainda um certo desafogo, bem como a possibilidade de virem a ser utilizados no futuro, pela localização de actividades ou funções ainda por determinar.

7.2. Os tipos de conforto desportivo

O conforto corresponde a uma medida ou estado de ajustamento equilibrado relativo à presença ou ao emprego dos principais sentidos nas actividades desportivas. O exercício das sensações alusivas a cada um deles permite que as práticas desportivas se desenvolvam com maior índice de conforto. Daí a razão pela qual, no processo de codificação espacial na gestão das instalações e dos espaços desportivos, seja necessário dar atenção a muitos destes pormenores, por forma a que as sensações que o conforto provoca sejam associadas a valores positivos e que permitam uma construção das respectivas valências em torno das actividades, dos espaços e dos tempos onde elas se realizam.

Podemos enunciar, com algum grau de discriminação, alguns tipos de conforto que identificamos e que associamos ao exercício de um determinado sentido, ao nível da prática desportiva, sem contudo termos a pretensão de sermos exaustivamente completos. É isso que vamos tentar realizar ao abordar diferentes tipos de conforto.

7.2.1. *O Conforto Geral*

Numa situação de conforto geral, observa-se a existência de harmonia. Os elementos que compõem os processos ou os cenários onde as acções se desenrolam estão em estado de equilíbrio: anulam-se, opõem-se ou completam-se. Não há sobreposição de nenhum deles e identificam-se dinâmicas que são estáveis. O conforto geral no caso de uma instalação ou espaço desportivo, indicia uma predisposição do espaço para uma utilização que se adivinha proveitosa e agradável. Estes indícios revelam-se pela identificação das condições que sugerem uma utilização com higiene, segurança e arrumação. O conforto geral é aquele que o praticante sente quando toma contacto com o espaço respectivo e que o apercebe como sendo um espaço que está preparado para o receber. Se existe um desequilíbrio, ele revela-se neste convite à utilização.

7.2.1.1. *Os Indicadores de conforto desportivo geral – higiene e segurança, arrumação e desafogo espacial*

Os indicadores de conforto definem-se como o conjunto de informações sobre o nível de oferta de apetrechamento, dirigido às actividades e que informam sobre a qualidade de serviço que pode ser esperada para a respectiva realização. Eles identificam padrões de expressão dessa mesma oferta. Quando esse expressão está acima dos valores estabelecidos pelo padrão/norma estabelecido, estamos perante situações de conforto e de desafogo. Quando esses padrões têm um nível de expressão sobrelevado podemos eventualmente identificar a existência de deseconomias. Por outro lado, e no polo oposto, quando os valores expressos pelos indicadores se localizam abaixo dos padrões/norma estamos perante situações de menor conforto. O desconforto instala-se quando a expressão dos valores é tão reduzida que impede ou dificulta inclusivamente a realização e o cumprimento das funções.

Os indicadores de conforto podem ter expressões desportivas, que são naturalmente aquelas que mais nos interessam, mas podem estar dirigidas à codificação dos espaços de apoio às actividades desportivas. Cada modalidade tem consumos de espaços diferenciados, quer dentro do recinto desportivo, em situação de jogo, em situação de treino, bem como nos espaços de apoio directo ou indirecto à actividade ou ao conjunto das diversas acções ou operações que os praticantes desenvolvem em cada um dos tempos que fazem parte da prática dessa actividade.

Os **indicadores de conforto geral** permitem-nos reunir dados sobre informações que traduzam boas condições ambientais a vários níveis:

1. **Higiene** – n.º de intervenções por dia/semana – o utilizador é informado da pressão de utilização e da rotina de limpeza – Esta informação é divulgada através de quadros de ocorrência de tarefas de limpeza, existentes em vários espaços, como sejam os lavabos, sanitários, balneários ou mesmo os recintos desportivos ou áreas de competição, onde é aposta a assinatura da empresa ou funcionário responsável, correspondente às operações efectuadas.

2. **Segurança** – informação sobre as envolventes; sobre o número de acidentes ocorridos no interior da instalação; sobre a existência e facilidade de acesso a mecanismos de guarda de valores individuais; sobre n.º de funcionários relativos à segurança; sobre os pontos de socorro, saídas de emergência; etc, que será tratado em capítulo próprio (ver capítulo 9.11 – A Gestão da Segurança, pág. 400): compreende duas vertentes que são claramente diferenciáveis na língua inglesa: *Safety* and *Security* (ou seja, em Português, '**Prevenção e Acautelamento**' e '**Socorro e Defesa**'): Na primeira, incluem-se todos os comportamentos adequados e os procedimentos que dizem respeito a uma utilização correcta e segura de todos os materiais no decurso da realização de actividades e que se referem à manutenção da integridade física das pessoas. Na segunda incluem-se todos os aspectos que envolvem a guarda e a preservação de valores e da ordem pública. Em jeito de simplificação, tudo o que possa ter a ver com fardas (guardas, bombeiros, polícias, socorristas, etc.) está incluído nesta segunda componente.

O Conforto (Desportivo)

3. **Arrumação** – informação sobre a localização correcta dos apetrechos, números de referência, etc. – tal pode ser realizado através de regulamento (ver capítulo 9.3.1 – O Regulamento de Gestão das Instalações Desportivas a páginas 356).

4. **Desafogo espacial** – informação sobre os espaços de actividade principal, respectivas vizinhanças: informação descrita em m² por pessoa disponíveis estipulados para cada modalidade desportiva. (Espaço útil desportivo/Espaços de apoio – em m², Espaços/utilizadores).

5. **Desafogo tecnológico ou de equipamento** – informação sobre o n.° de equipamentos disponíveis por utilizador (Apetrechamento/ /utilizador, n.° de bolas/praticante, n.° de chuveiros/n.° máximo de utilizadores em simultâneo.).

6. **Consumo ou produtividade** – informações sobre o consumo de recursos (Espaço, Tempo, Recursos: materiais, financeiros, humanos e informacionais).

Existem ainda algumas especificações em diferentes tipos de espaços que respeitam às respectivas lotações que podem ilustrar esta necessidade de identificar padrões ou indicadores de utilização. Relativamente aos edifícios escolares, o **Decreto-Lei n.° 414/98** de 31 de Dezembro que estabelece o Regulamento de segurança contra incêndios em edifícios escolares refere no seu artigo 7.°, no n.° 3 o seguinte:

…/…

3 – Nos locais não abrangidos pelo número anterior, o número de ocupantes a considerar é o previsto no projecto, não devendo, contudo, os índices de ocupação correspondentes ser inferiores aos indicados no quadro seguinte, em função da sua finalidade e reportados a área útil:

Locais	Índices (pessoas/ metros quadrados)
Espaços de ensino não especializado	0,70
Salas de reunião, de estudo ou de leitura	0,50
Salas de convívio e refeitórios	1
Gabinetes	0,10
Secretarias	0,20
Recintos gimnodesportivos:	
Zona de actividades	0,20
Balneários e vestiários	1
Bares (zona de consumo)	2

4 – Em zonas destinadas a ocupantes em pé, tais como as de acesso a balcões de serviço de refeitórios e zonas sem lugares sentados de salas de espectáculos e recintos desportivos destinadas a espectadores, o número de ocupantes a considerar não deve ser inferior ao correspondente ao índice de três pessoas por metro quadrado.

5 – O número total de ocupantes do edifício, ou parte de edifício afecta a actividades escolares, deve constar do respectivo processo de licenciamento.

7.2.2. *O Conforto Estético*

Os padrões estéticos variam muito consoante cada tipo de apreciador e trazem por isso uma carga elevada de subjectividade. É a existência de harmonia, na combinação e na variedade das formas, das cores, dos motivos, dos materiais e todos os outros elementos, que organiza a linguagem dos valores estéticos. Ser bonito, no nosso entender implica que a instalação desportiva, pelos elementos e formas que a constituem, é capaz de fazer transparecer valores, de veicular uma imagética própria, de gerar atracção, o que faz com que os seus utilizadores com ela se identifiquem. Quer isto dizer que ela deve ser capaz de despertar imaginários sobre o que se poderá fazer no seu interior. Uns gostam outros não. Os primeiros devem ser aqueles que se utilizam delas ou que para elas queremos mobilizar. No conforto estético, poderemos incluir critérios de harmonia inscritos em códigos simbólicos ajustados à cultura da organização e aos eventos que se desenvolvem dentro da instalação desportiva. Neste tipo de conforto devem incluir-se as combinações ao nível das cores, das formas, da textura dos materiais, que revelam, quer por correspondência quer por contraste um padrão que expressa esses mesmos estados de equilíbrio. Este é claramente um domínio em que dominam superiormente o trabalhos dos arquitectos, coadjuvados com outros profissionais que exercem as suas preocupações de construção de elementos que ressaltam o belo e as emoções que ele provoca.

7.2.2.1. *Os Indicadores de conforto estético*

É muito difícil estabelecer padrões ou formas de identificação de referências estéticas das instalações desportivas ou de qualquer outra coisa, dado o carácter subjectivo dessa apreciação. Contudo, tal pode ser inquirido às pessoas que são seus utilizadores, tentando perceber o modo como as pessoas se identificam com os espaços e os símbolos da instalação desportiva.

Podem contudo caracterizar-se padrões estéticos identificáveis através de descrições onde se revelam formas e arquitectura do espaço, conteúdos e cores, bem como os processos de procura de estados de harmonia, quer por correspondência, quer por contraste.

7.2.3. *O Conforto Acústico e o Conforto Auditivo*

O conforto acústico consegue-se através da manipulação das características de reverberação do som ou de absorção de ruído dos materiais que constituem os diferentes elementos da instalação desportiva. O ruído é uma expressão anárquica e entrópica de sons resultantes da vibração de materiais provocados por actividades humanas e que são fonte de agressão e de desconforto para as pessoas[105]. O método mais eficaz de eliminação do ruído é reduzi-lo na fonte, por absorção, isolamento ou outro processo que o circunscreva e evite a sua disseminação e continuidade.

O conforto acústico está mais relacionado com as condições de reverberação do som. Quer isto dizer que as propriedades vibratórias e reflectoras dos materiais podem ser utilizadas inclusivamente com proveito desportivo. A manipulação do comportamento sonoro deve estar ajustada à função para a qual o espaço está vocacionado, particularmente quanto ao tipo de utilização que dele se fará: Ao gestor pede-se que seja capaz de prever, na fase de concepção das instalações desportivas ou na realização de actividades, os ajustamentos necessários à obtenção de níveis de conforto acústico ajustados às acções desportivas quer da prática, quer do espectáculo desportivo, quer ainda do exercício da actividade pedagógica a que o desporto obriga. É-lhe pedido ainda que seja capaz de utilizar as mesmas destrezas mas agora aplicadas a outros espaços e utilizações que fazem parte das instalações complementares dos espaços desportivos. Tal manipulação obriga à colocação de elementos de insonorização como sejam os painéis absorventes ou reflectores, por forma a circunscrever o ruído.

Em tempos diferentes o mesmo espaço pode solicitar diferentes usos do comportamento sonoro, com as correspondentes vantagens. Do mesmo modo, podemos identificar no mesmo espaço a existência de zonas em que o ruído deve ser absorvido, recorrendo para isso à colocação de reflectores laterais nas instalações desportivas de modo a reduzir o ruído de batimento de bolas ou das expressões dos praticantes, particularmente nas salas de

---

[105] O Decreto-Lei n.° 251/87 de 24 de Junho que estabelece as normas de prevenção e combate ao ruído, define o conceito logo nas primeiras linhas do seu preâmbulo deste modo: *"O ruído, como estímulo sonoro sem conteúdo informativo para o auditor, que lhe é desagradável ou que o traumatiza, constitui actualmente um dos principais factores de degradação da qualidade de vida ..."*.

200 *Os Espaços do Desporto – Uma Gestão para o Desenvolvimento Humano*

aquecimento, e de outras onde, contrariamente, ele deve ser aumentado. Veja-se, no caso de um estádio, da bancada do visitante e da bancada do visitado: a bancada pode ser organizada de modo a que o ruído seja mais reverberador do lado da equipa que joga em casa e ao contrário relativamente ao visitante. Observe-se por exemplo os painéis de absorção lateral de ruído, numa sala de aquecimento ou de utilização escolar, em contraste com a colocação de microfones nos relvados dos campos de futebol, destinados a captar o som das acções, dos toques de bola e das expressões dos jogadores, por forma a que sejam audíveis nos locais mais afastados das bancadas. No que respeita às instalações desportivas escolares, é preciso ter em conta que tanto os professores como os treinadores têm que ser capazes de se fazerem ouvir, pelo que precisam também de um nível de reverberação ajustado. Do mesmo modo a utilização de balneários, zonas de socorro, zonas administrativas, bares, etc., têm diferentes necessidades de silêncio ou de suporte ao ruído e para tal devem ser preparados. Assim, o nível de ruído deve estar adaptado às actividades que estão a desenvolver-se e às funções que aí são exercidas, sendo as condições acústicas o resultado de um conjunto de actos conscientes e de decisões tomadas na manipulação do comportamento sonoro esperado.

O conforto auditivo está relacionado com as condições de ajustamento do som à audição. Depende da acústica, mas informa-nos mais sobre os efeitos positivos que o som produz nos indivíduos. O ruído, por ser uma manifestação anárquica do som, produz rapidamente situações de desconforto. As actividades humanas porque são produtoras de ruído, impõem que aquelas que são as suas maiores produtoras sejam regulamentadas.

O **Decreto-Lei n.° 292/2000** de 14 de Novembro que estabelece o 'Regulamento Geral do Ruído', com alterações introduzidas pelo **Decreto-Lei n.° 259/2002** de 23 de Novembro, refere no n.° 2 do artigo 1.° (objecto e âmbito de aplicação) a ideia de ruído de vizinhança e de actividades ruidosas, especificando nos seus artigos seguintes os respectivos conceitos e campos de aplicação. Neles se inserem os espectáculos, diversões, manifestações desportivas entre outros, que abordaremos mais à frente noutros capítulos. (Capítulo n.° 9.5 – A Gestão Desportiva/Gestão das Actividades a páginas 369).

O **Decreto Regulamentar n.° 9/92** de 28 de Abril – estabelece a protecção dos trabalhadores contra os riscos decorrentes da exposição ao ruído durante o trabalho, inclui no seu articulado os conceitos gerais e

O *Conforto (Desportivo)* 201

definições relativos aos diferentes factores de exposição dos trabalhadores ao ruído, identificando os limites a partir dos quais estes se tornam fonte de agressão para o trabalhador[106]. Estabelece ainda as principais medidas de prevenção a implementar e os processos de avaliação dessa mesma exposição, aparelhos de medição, bem como refere a Direcção Geral de Higiene e Segurança no Trabalho como a entidade reguladora, em colaboração com a Caixa Nacional de Seguros de Doenças Profissionais, as organizações representativas dos empregadores e dos trabalhadores interessados e como a entidade de fiscalização, a Inspecção Geral do Trabalho, as autoridades de saúde e demais entidades com competência na matéria.

A literatura que trata estes assuntos, estabelece uma fronteira de 85 dB (decibéis) como sinal de alerta, a partir da qual, em situações de estimulação continuada, o ouvido e o organismo da pessoa atingida começa a sofrer danos a vários níveis. Outro aspectos dizem respeito à sujeição de ruídos por impulsos, embora de baixa expressão (na ordem de 2 a 4 dB), são ruídos breves que exercem também uma acção de danificação das

---

[106] O Decreto Regulamentar n.º 9/92 de 28 de Abril – estabelece a protecção dos trabalhadores contra os riscos decorrentes da exposição ao ruído durante o trabalho. Estabelece conceitos de:

a) nível de pressão sonora – valor expresso em décibel.

b) nível sonoro ponderado – valor do nível de pressão sonora, em dB, ponderado de acordo com a curva de resposta de filtro normalizado, segundo a norma portuguesa em vigor.

c) nível sonoro contínuo equivalente – nível sonoro ponderado num intervalo de tempo.

d) exposição diária de um trabalhador ao ruído durante o trabalho expressa em decibéis.

e) pico de nível de pressão sonora – valor máximo instantâneo do nível de pressão sonora expresso em dB.

f) ruído uniforme – ruído cujo nível sonoro ponderado se mantém praticamente constante, mesmo inferior a 5 dB.

g) ruído impulsivo – constituído por um ou mais impulsos de energia sonora, tendo cada um uma duração inferior a 1 s e separados por mais de 0,2 s.

h) nível de acção – o nível de acção e "exposição pessoal diária de um trabalhador ao ruído durante o trabalho" é igual a 85 dB.

i) Valor limite da exposição pessoal diária: o valor limite da "exposição pessoal diária de um trabalhador ao ruído durante o trabalho" é igual a 90 dB.

j) Valor limite de pico: o valor máximo do pico de nível de pressão sonora é igual a 140 dB, equivalente a 200 pascal de valor máximo da pressão sonora instantânea não ponderada.

estruturas de audição de cada pessoa. O limite máximo, a exigir já uma protecção adequada, situa-se ao nível dos 115 dB, a partir dos quais, ninguém deveria ser sujeito.

O **Decreto Regulamentar n.°** **9/92** de 28 de Abril, inclui ainda no seu anexo V uma *Lista indicativa e não exaustiva de medidas que devem ser tomadas para a redução dos riscos ligados à exposição pessoal diária dos trabalhadores ao ruído durante o trabalho.*

Anexo V

a) medidas de carácter geral:
Informação dos trabalhadores;
Sinalização e limitação de acesso das zonas muito ruidosas;
Vigilância médica e audiométrica da função auditiva dos trabalhadores expostos.

b) medidas de carácter específico:
Redução da produção de ruído na fonte por:
Utilização de máquinas, aparelhos, ferramentas e instalações pouco ruidosos;
Aplicação de silenciadores e atenuadores sonoros;
Melhorias da construção em chumaceiras, engrenagens, estruturas;
Evitar valores extremamente elevados como os que aparecem, por exemplo, nos choques muito fortes ou frequentes (pela utilização do material resiliente nas superfícies de impacte), quedas de grande altura ou fortes resistências aerodinâmicas;
Um dimensionamento correcto (reforços da estrutura com blocos de inércia, elementos antivibráticos), acabamentos à máquina (equilibragem, polimento de su-

perfícies) e uma escolha correcta dos materiais;
Manutenção feita com regularidade;
Redução da transmissão do ruído por:
Atenuação da transmissão de ruído de percussão, com reforço das estruturas;
Desacopulamento dos elementos que radiam o ruído da fonte: por exemplo, pela utilização de ligações flexíveis nas tubagens;
Isolamento contra vibrações;
Silenciadores nos escoamentos gasosos e nos escapes;
Redução da radiação sonora por:
Aumento da absorção da envolvente acústica, barreiras acústicas;
Encapsulamento das máquinas;
Separação dos locais, por:
Limitação da propagação do ruído, por exemplo pela compartimentação dos locais, colocação de divisórias e de cabinas;
Concentração das fontes de ruído em locais de acesso limitado e sinalizados;
Medidas respeitantes à acústica dos edifícios, tais como:
Aumento da distância entre a fonte

de ruído e o sítio em que se localizam os postos de trabalho;
Montagem de tectos, divisórias, portas, janelas, ou pavimentos com elevado isolamento sonoro;
Montagem de elementos absorventes do som;
Optimalização da difusibilidade sonora (aumento das distâncias entre as superfícies reflectoras e o posto de trabalho).

c) Outras medidas:
Organização do trabalho:
Organização da rotatividade de mudanças nos postos de trabalho;
Execução dos trabalhos mais ruidosos fora do horário normal de trabalho;
Limitação da duração do trabalho em ambientes muito ruidosos;
Protecção individual do ouvido:
Utilização de protectores de ouvido.

7.2.3.1. Os Indicadores de Conforto Auditivo

A ausência de ruído é normalmente um indicador de conforto auditivo. A existência de momentos de silêncio pode servir de período de reparação ou de intervalo entre novas situações de estímulos sonoros. O silêncio não é a ausência de ruído, pois considera-se que, até à expressão de 25 dB (A) estamos no domínio do silêncio. (Carla Barreira (2003), citando Saraiva, A. (1987))[107] O silêncio é assim entendido como a existência de níveis muito reduzidos da expressão de sons ou vibrações.

A expressão de sons transforma-se em ruído, quando esta se realiza através de um padrão anárquico, que normalmente resulta do desempenho de actividades humanas, da manipulação de objectos e recursos envolvidos nessa mesma actividade.

O ruído deve ser evitado e evitável ou mesmo banido e, quando tal não seja possível, deve ser minimizado e circunscrito. A realização de algumas actividades obrigam à não existência de ruído, embora outras sejam produtoras deste tipo de factor de perturbação, pelo que a localização das instalações devem ter em conta o factor "ruído" realizando os correspondentes mapas de modo a conseguir as melhores localizações. A responsabilidade de elaboração destes mapas depende das directrizes da

---

[107] Saraiva, A. (1987), *Apreciação das Características Acústicas de Locais destinados à Educação Física*, Antologia de textos Desporto e Sociedade. Ministério da Educação e Cultura, Direcção Geral dos Desportos citada por Barreira, C. (2003), *Parâmetros de qualidade e conforto ambiental em centros de condição física*, Tese de Mestrado em Gestão Desportiva, FCDEF – Universidade do Porto, 2003, ed. policopiada.

204 *Os Espaços do Desporto – Uma Gestão para o Desenvolvimento Humano*

Direcção Geral do Ambiente[108]. A Direcção Geral do Ordenamento do Território e Desenvolvimento Urbano, estrutura dependente desta, definiu alguns requisitos mínimos num documento orientador relativo à elaboração de **mapas de ruído** (princípios orientadores) segundo a Norma Portuguesa NP 1730[109].

Para além da localização, o equipamento dos recintos das instalações através da existência de absorsores de ruído, de painéis ou outros instrumentos tecnológicos, deve ser acompanhado com a existência de apetrechamento de protecção individual e colectivo, principalmente para as pessoas que lidam com actividades ou trabalham em locais com níveis elevados de ruído.

---

[108] O Decreto-Lei n.º 292/2000 de 14 de Novembro que aprova o regulamento geral do ruído estabelece no articulado deste regulamento, o seguinte:

Artigo 20.º *(formação e apoio técnico):*

2 – Cabe à Direcção Geral do Ambiente centralizar informação relativa a ruído ambiente no exterior e prestar apoio técnico, incluindo a elaboração de directrizes para a elaboração de planos de redução do ruído, planos de monitorização e mapas de ruído.

[109] Direcção Geral do Ambiente – Direcção Geral do Ordenamento do Território e Desenvolvimento Urbano – Elaboração de mapas de ruído – princípios orientadores (3.3 – requisitos mínimos):

Nos Mapas de Ruído a representação gráfica é feita de acordo com a NP 1730.

A escala não deve ser inferior a:

– 1:25 000, para articulação como PDM;

– 1: 5 000 (*), para articulação com o PU/PP.

(*) E outras que a regulamentação própria sobre cartografia venha a definir.

A informação mínima a incluir é a seguinte:

– denominação da área abrangida;

– período de referência;

– identificação dos tipos de fonte sonora considerada;

– menção ao tipo de avaliação utilizado (método de cálculo e/ou medições acústicas);

– legenda para a relação cores/padrões e classes de níveis sonoros;

* para o período diurno, pelo menos, as classes ≤ 55, $55 < L \leq 60$, $60 < L \leq 65$, $65 < L \leq 70$, > 70;

* para o período nocturno, pelo menos, as classes ≤ 45, $45 < L \leq 50$, $50 \leq 55$, $55 < L \leq 60$, > 60;

– escala;

– data de avaliação.

Cada mapa de ruído deve ser acompanhado de uma memória descritiva, com a explicação das condições em que foi elaborado e dos pressupostos considerados. A memória descritiva deve incluir um resumo não técnico para divulgação pública.

O **Decreto-Lei n.°** **129/2002** de 11 de Maio que estabelece o Regulamento dos requisitos acústicos dos edifícios determina para os **edifícios desportivos** no seu artigo 9.°:

Artigo 9.° (recintos desportivos):

1 – A construção de edifícios que se destinem a usos desportivos deve cumprir os seguintes requisitos acústicos:

No interior dos recintos desportivos, considerados mobilados normalmente e sem ocupação, o tempo de reverberação, T, corresponde à média aritmética dos valores obtidos para as bandas de oitava centradas nas frequências de 500 HZ, 1000 Hz e 2000 Hz, deverá satisfazer as condições seguintes (nas quais V se refere ao volume interior do recinto em causa):

i) $T_{500 \, hz - 2kHz} < ou = 0,15 \, V^{1/3}$

ii) $T_{500 \, hz - 2kHz} < ou = 0,12 \, V^{1/3}$ (se os espaços forem dotados de sistema de difusão pública de mensagens sonoras).

2 – A determinação do tempo de reverberação deve ser efectuada em conformidade com o dispositivo na normalização portuguesa aplicável ou, caso não exista, na normalização europeia ou internacional.

3 – Nas avaliações in situ destinadas a verificar o cumprimento dos requisitos acústicos dos edifícios deve ser tido em conta um factor de incerteza, I, associado à determinação das grandezas em causa.

4 – O edifício, ou qualquer das suas partes é considerado conforme aos requisitos acústicos aplicáveis quando verificar a seguinte condição:

O valor obtido para o tempo de reverberação, I (I=25% do limite regulamentar), satisfaz o limite regulamentar.

O **Decreto-Lei n.°** **129/2002** de 11 de Maio, estabelece o Regulamento dos requisitos acústicos dos edifícios – anexo II

QUADRO n.° 1 – Classificação dos locais para implantação de edifícios

Locais pouco ruidosos	Locais que satisfaçam os seguintes níveis sonoros: $L_{50} < ou = 65$ dB (A) entre as 7 horas e as 22 horas; e $L_{50} < ou = 55$ dB (A) entre as 22 horas e 7 as horas.
Locais ruidosos	Locais que não estão contemplados na definição de locais pouco ruidosos e que satisfaçam a: $L_{50} < ou = 75$ dB (A) entre as 7 horas e as 22 horas; e $L_{50} < ou = 65$ dB (A) entre as 22 horas e 7 as horas.
Locais muito ruidosos	Locais que não estão contemplados nas definições de locais pouco ruidosos e de locais ruidosos.

ANEXO II

QUADRO n.° 2 – Índice de isolamento sonoro para os sons por condução aérea (*ia*) em edifícios escolares

Tipo de compartimento	A	B	C
A	*Ia> ou = a 50 dB*	*Ia> ou = a 50 dB*	*Ia> ou = a 50 dB*
B	*Ia> ou = a 50 dB*	*Ia> ou = a 45 dB*	*Ia> ou = a 45 dB*
C	*Ia> ou = a 50 dB*	*Ia> ou = a 45 dB*	*Ia> ou = a 40 dB*

Notas

Compartimento tipo A – compartimentos pouco ruidosos, tais como gabinetes médicos, gabinetes de direcção e administração, bibliotecas, estúdios ou similares.

Compartimento tipo B – compartimentos ruidosos, tais como salas de aulas teóricas, salas de aulas práticas, laboratórios ou similares.

Compartimento tipo C – compartimentos muito ruidosos, tais como cozinhas, refeitórios, piscinas cobertas, salas de caldeiras, auditórios, salas de expediente, circulações.

QUADRO n.° 3 -Tempos de reverberação (*Tr*) em edifícios escolares

Tipo de compartimento	*Tr* para 125 Hz < ou = f < 250Hz	*Tr* para 250 Hz < ou = f < ou = 4000 < Hz
Salas de aula teórica	*Tr*< ou = 1,2 s	0,8 < ou = *Tr*<ou = 1,0 s
Salas de aula de educação musical.	*Tr*< ou = 1,5 s	1,0 < ou = *Tr*<ou = 1,3 s
Refeitórios	*Tr*< ou = 1,5 s	1,0 < ou = *Tr*<ou = 1,3 s
Ginásios	*Tr*< ou = 13,0 s	1,5 < ou = *Tr*<ou = 2,5 s

Quadro n.° 24 – Anexos ao Decreto – Lei n.° 129/2002 de 11 de Maio, que aprova o Regulamento dos Requisitos Acústicos dos Edifícios, onde se estabelecem os respectivos valores

Carla Barreira (2003)[110] num estudo apresentado na FCDEF – Porto que já referimos, resume as contribuições de várias entidades a nível internacional para a configuração acústica das salas de desporto, indicando, a partir do IND (Portugal, s/d) a necessidade de a duração da reverberação não ultrapassar os 3 segundos para frequências baixas (125-250 Hz) e 2 segundos para médias frequências (500-1000 Hz). Também a DGD, organismo análogo, em 1987 estabelece como tempo de reverberação os valores contidos no intervalo 1,2 a 2,0 segundos. A IAKS (s/d) refere 1,2 a 2,2 segundos para os valores de reverberação e que, com as janelas fechadas, só deve ser permitida a penetração de ruído exterior na ordem dos 40 dB (A). A norma francesa 90-207 (1986) refere-se, segundo esta autora, a 1,2 a 3,2 (para 125 Hz a 4000 Hz). O American College of Sports Medecine (1997) aponta para que os níveis sonoros se mantenham em valores não

---

[110] Barreira, C. (2003), *Parâmetros de qualidade e conforto ambiental em centros de condição física*, Tese de Mestrado em Gestão Desportiva, FCDEF – Universidade do Porto, 2003, ed. policopiada, pág. 43.

superiores a 70 a 80 dB (A) e não devem exceder os 90 dB (A). Apresenta esta autora um quadro resumo que a seguir expomos:

ENTIDADE	Nível de acção (1) (dBA)	Valor limite (1) (dBA)	Tempo de reverberação
Decreto Regulamentar n.º 9/92 de 28 de Abril	85	90	-
RRAE (2002)	-	-	$T_{500\,hz-2kHz} < ou = 0,15\ V^{1/3}$ $T_{500\,hz-2kHz} < ou = 0,12\ V^{1/3}$
American College of Sport Medecine (1997)	70 a 80	90	$0,8 < ou = TR < ou = 1,4$
IND s/d)	-	-	125 – 250 Hz, TR < 3 500 – 1000 Hz, TR = 2
DGD (1987)	-	-	$1,2 < ou = TR < ou = 2,0$
Sena (1987)	-	-	$1,2 < ou = TR < ou = 2,0$
IAKS (s/d)	-	-	$1,2 < ou = TR < ou = 2,2$
Norma Francesa 90207	-	-	500 – 2000 Hz, $1,1 < ou = TR < ou = 1,8$ 4000 - 8000 Hz, $2,2 < ou = TR < ou = 2,8$

Quadro n.º 25 – Quadro resumo dos valores limite para os níveis sonoros (dBA)
e tempos de reverberação segundo várias entidades, por Carla Barreira (2003)

A **directiva CNQ 23/93** estabelece para as piscinas um conjunto de requisitos de acústica deste modo:

1. Nas zonas de actividades ou banhos das piscinas cobertas ou convertíveis, as disposições construtivas serão de modo a conter os valores dos tempos de reverberação dentro dos seguintes limites, calculados com a nave não ocupada:

– 2,2 segundos, para as frequências baixas (125 – 300 Hz);

– 1,5 segundos, para as médias frequências (500 – 1000 Hz);

2. O nível de perturbação acústica nas zonas de banho ou de actividades, resultante do ruído exterior ou gerado pelo funcionamento das instalações tecnológicas, não deverá ultrapassar a intensidade de 40 decibéis.

7.2.4. *O Conforto Visual e Luminoso*

O **conforto visual** é traduzido pela existência de condições adequadas no ambiente ao exercício de uma faculdade que é, a capacidade de ver com ausência de interferências. A sensação de conforto relacionada com os aspectos visuais depende, nas instalações desportivas da forma como a luz natural e artificial são geridas desde a concepção à utilização dos espaços. Efectivamente a forma dos edifícios deve ser concebida de modo a proporcionar não apenas uma clareza ao nível da capacidade

208   *Os Espaços do Desporto – Uma Gestão para o Desenvolvimento Humano*

visual e da adequação às características das actividades, mas também, na perspectiva de Le Corbusier (Carta de Atenas, 1943) para os edifícios, permitir o exercício de jogos de luz e sombra, de claro e escuro, adequando os espaços à funcionalidade, mas também como forma de criação de estímulos diferenciados e ritmados que impõem a esses espaços vivências marcantes do ponto de vista das sensações e das emoções.

Para além da sua influência nos recintos de jogo e espaços complementares, os jogos de luz permitem a obtenção de conforto luminoso. Jogando com o conhecimento do comportamento da luz natural e artificial conseguem-se melhores efeitos ao nível da clareza, da nitidez. Salientando as formas dos objectos através da iluminação, um melhor nível de adequação à prática desportiva. Também se aplicam ao nível do descanso, do recolhimento, e da concentração através de, por exemplo, espaços, sombreados ou de pouca luz, ou de outras funções que assim exijam.

O conforto visual pode ser equacionado em termos desportivos segundo a perspectiva do praticante ou do espectador a dois níveis, através de:
1. Boa **visibilidade** no **interior** do recinto de jogo – do ponto de vista do praticante em actividade.
2. Boa **visibilidade** para o interior do recinto de jogo, a partir do seu **exterior** – do ponto de vista do espectador, através de um bom posicionamento e proximidade do decurso das acções que estão a desenvolver-se. Têm a ver com a profundidade de campo, com a possibilidade de ter horizontes visuais ajustados.

O conforto visual depende ainda de dois outros aspectos:
1. A adequação dos níveis de **luminosidade** às necessidades de realização das operações a efectuar.
2. A **direccionalidade** dos focos de luz e respectiva intensidade (sol, projectores, etc.)

Na concepção de espaços desportivos, particularmente nos recintos de jogo, o problema dos encandeamentos solares expressa-se por exemplo no desenlace relativo à orientação dos campos de futebol ou mesmo de voleibol. No que respeita ao primeiro, a sua implantação no terreno deverá obedecer a alguns critérios que se prendem com a hora provável de maior utilização diária. Assim, imaginando uma linha longitudinal que atravessa o centro do campo, partir do centro das duas balizas, esta deverá ter uma orientação compreendida entre as direcções NNO (Nortenoroeste) e NNE (Nortenordeste), afectando mais o primeiro direccionamento para utilizações matinais e a segunda para utilizações mais próximas do fim do dia. No caso das instalações cobertas a importância da orientação reflecte-se no posicionamento das janelas, as principais fontes de entrada da luz natural. Consoante as estações do ano e a localização geográfica (valor do paralelo ao equador), a entrada de luz solar tem incidência diferenciada e, particularmente no inverno, a sua capacidade de penetração nas janelas viradas a Sul é mais intensa. A orientação dos campos no interior das instalações desportivas devem levar em conta estes aspectos, que se relacionam também directamente com o conforto térmico.

O **Decreto Regulamentar n.º 10/2001** de 7 de Junho – Regulamento das condições técnicas e de segurança dos estádios responde a estas preocupações no seu texto, no Capítulo II – implantação e acessibilidade, no artigo 5.º (condições gerais de implantação), n.º 5:

5 – A implantação dos estádios deve permitir que a orientação do eixo maior do terreno desportivo se estabeleça, sensivelmente, segundo a direcção NNO-SSE, de tal modo que os espectadores da tribuna principal se situem de frente para o quadrante Este-Nordeste, e, no caso do recinto integrar uma pista de atletismo, a respectiva recta principal que contém a linha de chegada deve situar-se no lado poente do terreno desportivo, adjacente à tribuna principal.

Existe ainda o perigo dos encandeamentos provocados por luz artificial motivado fundamentalmente pelo facto de os projectores ou outras fontes de iluminação artificial ficarem colocados fora dos locais apropriados, particularmente em posições que põem em causa a verdade desportiva, introduzindo factores externos que são alheios à correspondente prestação individual e colectiva.

O conforto visual pode confundir-se com o conforto luminoso, sendo este último o conjunto das características de luminosidade adequada à realização de determinadas acções. Este último conceito, tem uma maior proximidade com o manuseamento dos processos relacionados com a luz artificial.

7.2.4.1. Indicadores de conforto visual

É o **Decreto Regulamentar n.° 10/2001** de 7 de Junho – Regulamento das condições técnicas e de segurança dos estádios que estabelece o único referencial relativo ao conforto visual quando refere no ponto 3 do seu artigo 11.° (disposições gerais nos locais para a permanência de espectadores) o seguinte:

> *"3 – Os lugares para os espectadores devem situar-se a distância não superior a 180 m dos limites opostos do terreno desportivo e reunir condições de conforto e garantia de plena visibilidade sobre o mesmos..."*

O **conforto luminoso** refere-se aos níveis de adequação luminosa (quantidade de luz) às actividades que estão a decorrer num determinado espaço ou instalação. A forma de o conseguir é através a iluminação. A iluminação, quanto ao âmbito, pode ser **geral** (1) ou **específica** (2): Se em relação à primeira ela é indiferenciada, sem identificação de um alvo e pretende permitir um nível mínimo e geral de iluminação, em relação à segunda ela apresenta uma localização de proximidade, uma focalização sobre um determinado objecto ou tarefa que lhe identifica e dirige a especificidade.

A iluminação pode ainda ser organizada em três tipos:

a) Vertical – é um tipo de iluminação geral e destina-se fundamentalmente à iluminação do solo dos espaços desportivos, bem como dos seus acessos. Identifica o direccionamento dos focos de luz no sentido (normalmente) descendente.

b) Horizontal – Pode complementar a iluminação vertical, de modo a reduzir ou evitar a expressão de sombras, quando tal se afirme necessário. Os focos de luz estão colocados em situação horizontal e direccionados desse modo ou obliquamente para baixo.

c) de Emergência – sistema alternativo de iluminação ou indicativo de saídas de emergência que funciona em permanência, fundamentalmente em situações de quebras de tensão eléctrica na rede ou na alimentação, constituídos por grupos geradores ou acumuladores independentes.

7.2.4.2. Os Indicadores de Conforto Luminoso

Os indicadores de conforto luminoso podem ser encontrados a partir de padrões internacionalmente estabelecidos como os do BIT (Bureau Internacional du Travail):

Níveis mínimos de iluminação recomendados para diversas categorias de locais ou de trabalhos (B.I.T./O.I.T.)

Natureza do trabalho	Nível mínimo de iluminação (lux¹)	Exemplos de trabalhos correspondentes
Percepção geral, somente	20	Circulação no corredores; desimpedimento, passagem
	100	Fornalhas (movimentação do carvão e das cinzas); armazenagem de materiais grosseiros a granel; vestiários.
Percepção grosseira dos pormenores	150	Trabalho grosseiro e intermitente na bancada ou na máquina; inspecção e contagem de peças em armazém; montagem de máquinas de grande dimensão.
Percepção moderada dos pormenores	300	Trabalho de peças médias na bancada ou na máquina; montagem e verificação de peças médias; trabalhos normais de gabinete (leitura, escrita)
Percepção elevada dos pormenores	700	Trabalhos apurados na bancada ou à máquina; montagem e verificação de pequenas peças; pinturas e envernizamento extra-apurados; costura de tecidos escuros
Percepção muito elevada dos pormenores.	1500	Montagem e verificação de peças de precisão; fabricação de ferramentas e matrizes; Leitura de instrumentos de medida, rectificação de peças de precisão.
Percepção extremamente elevada dos pormenores, trabalhos muito delicados	3000 ou mais	Relojoaria de precisão (fabricação e reparação)

Quadro n.º 26 – Níveis mínimos de iluminação recomendados para diversas categorias de locais ou de trabalhos[111]

A **directiva CNQ 23/93** estabelece para as piscinas um conjunto de requisitos de iluminação cujos valores se distribuem entre vários aspectos:

1. (…) O nível de iluminação de serviço sobre o cais e os planos de água não deve ser em nenhum ponto inferior a 200 lux, em geral, ou a 300 lux nos tanques desportivos. Nas restantes zonas de serviços anexos das piscinas, deverá assegurar-se um nível mínimo de 150 lux de iluminação geral.

2. Nas piscinas ao ar livre com funcionamento nocturno, deverá assegurar-se o nível mínimo de 300 lux sobre as superfícies de plano de água, e de 200 lux sobre o cais.

3. Deverão adoptar-se disposições construtivas que garantam a iluminação natural nas zonas de actividades ou de banho, através dos parâmetros exteriores ou dos tectos, com superfícies de passagem de luz dimensionadas na proporção mínima de 50% das áreas de plano de água. Nos vestiários e balneários, deverá assegurar-se um factor médio de luz diurna de 2%, relativamente às respectivas áreas construídas.

4. Deverão ser previstos e instalados sistemas iluminação de emergência para funcionamento em caso de cortes de energia no sistema de alimentação principal.

---

[111] BIT (Bureau Internacional du Travail), (1963), **Introdução ao estudo do trabalho**, Lisboa, Editora Portuguesa de Livros Técnicos e Científicos, Lda., Organização Internacional do Trabalho, 1984, pp. 56, quadro 3.

212 Os Espaços do Desporto – Uma Gestão para o Desenvolvimento Humano

O **Decreto Regulamentar n.º 10/2001** de 7 de Junho – Regulamento das condições técnicas e de segurança dos estádios especifica no seu articulado condições diversas de iluminação relativamente aos diferentes espaços e diferentes locais de actividades:

Capítulo VIII – instalações técnicas

Artigo 24.º (iluminação do terreno desportivo):

1 – As instalações para a iluminação artificial do terreno desportivo, dos estádios que delas disponham, devem ser concebidas segundo as normas de qualidade nacionais e internacionais aplicáveis a recintos desportivos desta natureza e tendo em consideração os seguintes factores:

a) As especificidades das diversas modalidades desportivas previstas e os seus vários ní-veis de prática;

b) A possibilidade de recolha de imagens fotográficas e de televisão a cores;

c) A contribuição da iluminação para a criação de um ambiente agradável e atractivo;

d) A realização de objectivos de economia e rendimento luminoso constantes;

e) A facilidade de segurança nas operações de exploração e manutenção;

f) A ausência de encandeamento ou de condições de perturbação luminosa, no campo visual dos praticantes desportivos e dos espectadores;

g) O recurso a soluções tais como postes, suportes e armaduras

cujos materiais e formas se integrem com os valores arquitectónicos e paisagísticos envolventes e não constituam factores de perturbação ou de poluição luminosa nas construções vizinhas;

h) A segurança dos praticantes desportivos e espectadores à luz da regulamentação aplicável, designadamente sobre a segurança das instalações eléctricas.

2 – Sem prejuízo da necessidade de adequação dos estádios às exigências requeridas pelas organizações desportivas para a realização de eventos de alto nível, as instalações de iluminação do terreno desportivo, quando existam, deverão satisfazer os seguintes parâmetros de referência:

a) Estádios das classes A e B:

Nível de iluminação vertical – Ev: 1000 lux, a 1400 lux, medidos a 1,5 m do solo, na direcção das câmaras de TV principais; em estádios com pista de atletismo, EV será no mínimo de 2000 lux, medidos na direcção da câmara de photo-finish;

Uniformidade – Emin/Emed: superior a 0,7;

Diversidade – Emáx/Emin: inferior a 2;

Nível de iluminação horizontal – relação Eh/Ev: entre 0,5 e 2;

b) Estádios da classe C:
Nível de iluminação vertical – Ev: 600 lux a 800 lux, medidos a 1,5 m do solo, na direcção das câmaras de TV principais;
Uniformidade – Emin./Emed: superior a 0,7;
Diversidade – Emáx./Emin: inferior a 2;
Nível de iluminação horizontal – relação Eh/Ev: entre 0,5 e 2;
c) Estádios da Classe D:
Nível de iluminação horizontal – Eh: 300 lux a 400 lux;
Uniformidade – Emin./Emed.: superior a 0,6;
Diversidade – Emáx./Emin.: inferior a 2,5;
3 – As instalações de iluminação do terreno desportivo, quando existam, devem contemplar sistema de iluminação de emergência em caso de quebra de tensão na rede de alimentação de serviço, dimensionado para assegurar um nível de alimentação mínimo de 15 lux sobre o terreno desportivo alimentado por grupos de emergência independentes e de arranque automático.

Artigo 25.º (iluminação dos locais para os espectadores):
1 – Os estádios previstos no n.º 1 do artigo anterior devem dispor de instalações para a iluminação artificial dos locais reservados aos espectadores das diversas categorias, incluindo camarotes e áreas reservadas para a comunicação social, dos respectivos caminhos de circulação interna e dos percursos de evacuação, concebidas

segundo as normas de qualidade nacionais e internacionais aplicáveis a recintos desportivos desta natureza e tendo em consideração os seguintes factores:
a) Garantia de visibilidade dos percursos, de identificação dos lugares e dos locais de serviço, em condições de normal utilização dos espaços;
b) Garantia de visibilidade necessária à identificação dos percursos de evacuação e de eventuais obstáculos em direcção às saídas em condições de emergência;
c) Garantia de segurança dos espectadores e utentes em geral, à luz da regulamentação aplicável, designadamente sobre a segurança das instalações eléctricas.
2 – As instalações de iluminação dos locais de permanência ou acessíveis aos espectadores deverão satisfazer os seguintes níveis mínimos de iluminação horizontal de serviço:
a) Locais das tribunas em geral e respectivos percursos internos: 100 lux;
b) Camarotes, tribunas de honra e locais reservados à comunicação social: 150 lux;
c) Percursos de acesso e de evacuação, locais de serviços anexos, instalações sanitárias e bares 80 lux;
d) Zonas de acesso e do recinto periférico exterior: 50 lux;
e) Parques de estacionamento e respectivos percursos pedonais de acesso: 30 lux.

3 – Os locais para os espectadores deverão dispor de um sistema de iluminação e sinalização de emergência, de funcionamento automático, que permita assegurar, em caso de falha de corrente na alimentação de serviço, os seguintes requisitos:

a) Nível médio de iluminação de 10 lux, no mínimo, medidos nos pavimentos de todos os locais acessíveis aos espectadores;

b) Condições de uniformidade e distribuição das fontes de modo a permitirem, em caso de emergência, a identificação dos percursos e de eventuais obstáculos e a facilitarem a evacuação dos espectadores em direcção às saídas e ao recinto periférico exterior.

O Laboratório Nacional de Engenharia Civil (1986) estabelece para os edifícios desportivos um nível de iluminação entre os 200 e os 2000 lux. O INDESP (1993) apontava para a iluminação os seguintes requisitos para salas de desporto: (1) iluminação natural com área entre os 6% e 12% da área de prática desportiva, da qual 1/3 distribuída pelo tecto: entre 200 lux (iluminação de base) a 300 lux (iluminação de serviço).

A **utilização das cores** contribui para o conforto visual, estético e é necessária para gerar conforto psicológico. As cores contribuem para estes tipos de jogos de luz, através da gestão de estímulos visuais, com os correspondentes efeitos psicológicos positivos mas, a existência de contrastes, permite o estabelecimento de melhores níveis de nitidez e realce da forma dos objectos, da sua atractividade visual, dos seus limites, particularmente as marcações dos recintos de jogo, placas indicativas, e outros objectos e espaços. A gestão das cores permite ainda melhores adequações dos espaços às actividades a realizar. Carla Barreira (2003) chama-nos também a atenção para um estudo de Langnon & Wilson (2002) para a necessidade de se usar uma fonte de luz "quente", luz natural de preferência, de modo a que os utilizadores das instalações desportivas não tenham uma aparência de "desmaiados ou mortos". As cores claras dos materiais reflectem a luz e a energia e as cores escuras absorvem-nas em situação diurna. À noite dá-se a inversão térmica e energética das qualidades das cores. Nos edifícios estas propriedades cromáticas devem ser consideradas para que se possam atingir as condições que se pretendem adequadas ao conforto desportivo.

7.2.5. *O Conforto Térmico*

O conforto térmico caracteriza-se pela adequação das condições de temperatura exterior ao tipo de esforço que está a ser desenvolvido. Em esforço físico, a temperatura do corpo aumenta, pela produção de calor, resultante desse esforço. As respostas orgânicas à produção de calor traduzem-se através da sudação e outros líquidos. A partir do momento em que o próprio organismo não consegue suportar os diferenciais acentuados entre a temperatura corporal e a temperatura ambiente ou seja, entre o meio interno e o meio externo, essas diferenças tendem a constituir-se como motivos de agressão. A continuidade do esforço físico, obriga a alterações relativas à intensidade de realização, e apresenta limites a partir dos quais a integridade física entra em risco de provocar lesões ou acidentes corporais ou físicos. Para evitar esses motivos recorre-se normalmente ao apetrechamento individual ou à manipulação das condições externas, normalmente através dos apetrechos das instalações desportivas fechadas.

O clima é a principal fonte de variação e de alteração das situações de conforto térmico. Em instalações desportivas cobertas, a manipulação das condições climáticas podem ser mais facilmente controláveis. Em ambiente natural, o praticante socorre-se de determinadas estratégias de preparação prévia ou de apoio continuado à manutenção do equilíbrio necessário à realização do esforço físico. Aqui, são as condições extremas de muito frio, muito calor, muita humidade ou outro motivo de elevada intensidade que podem ser as causas de origem do desconforto térmico. A continuidade do esforço físico exige que, a partir de determinado tempo, haja pausas para recuperação. Esta recuperação exige por vezes alguns recursos ou espaços equipados para o efeito. Em ambiente natural, as condições para esta recuperação poder ser realizada, encontra-se limitada material e temporalmente. O conforto nas actividades de natureza depende normalmente do grau de apetrechamento individual. Em situações agrestes é o apetrechamento individual que permite o conforto térmico. Mas a essência das actividades de desporto na natureza também está na tentativa de vencer algumas adversidades, particularmente as sensações de desconforto que elas possam ocasionar, colocando à prova as capacidades humanas para a própria superação, ou mesmo a capacidade para melhor utilizar e testar os equipamentos constituídos e que são agora postos à prova.

7.2.5.1. Os Indicadores de Conforto Térmico

O IND (1997) avança com valores de referência para as instalações desportivas cobertas de cerca de 15°C. a 21°C. no Inverno e de 18°C. a 26°C., no Verão para os padrões de conforto na prática desportiva. No que respeita aos edifícios a normativa relativa aos estádios e às piscinas especifica alguns aspectos que já tratámos no domínio da iluminação e que complementam as especificações que são definidas para o comportamento térmico dos edifícios conforme o **Decreto-Lei n.° 40/90** de 6 de Fevereiro que institui o Regulamento da características de comportamento térmico dos edifícios, onde são definidos com grande pormenor os índices e parâmetros de caracterização, particularmente as necessidades nominais de energia, os coeficientes de transmissão térmica, a classe de inércia térmica dos edifícios e o factor solar dos envidraçados. Especificam-se ainda nos anexos, os dados climáticos de referência para cada município de Portugal Continental e o modo de cálculo das necessidades de aquecimento dos edifícios a construir nos respectivos concelhos.

A **humidade** é também causa de desconforto ao nível das práticas desportivas, dado que obriga o corpo a um maior desgaste, provocado ou pelo frio ou pelo calor que lhe está normalmente associado. Os valores de humidade relativa do ar mais confortáveis para a prática desportiva (conforto higrotérmico) situam-se em torno de valores inferiores a 50%. Próximo destes valores, o desconforto instala-se e é apenas por processos de resistência continuada, e portanto, maior desgaste, é que a prática desportiva se desenrola. Acima deles entramos numa zona de risco e de desconforto em alto grau.

7.2.6. O Conforto Pneumático

Nas instalações desportivas, o consumo de ar no recinto de jogo, é muito elevado. Normalmente jogadores e espectadores partilham da mesma fonte de alimentação, embora as exigências de uma boa qualidade do ar sejam mais altas para quem está em situação de esforço.

As necessidades de ar respirável podem determinar-se deste modo, considerando os seguintes dados a partir dos conhecimentos da fisiologia do esforço:

O Conforto (Desportivo)

1. O ar tem cerca de 20% de oxigénio, o que o torna respirável.
2. O corpo humano necessita de cerca de 3,5 ml de O_2 por cada kg (quilograma) de peso por minuto em repouso.
3. Em esforço, a necessidade de O_2 é multiplicada por vinte vezes (20x), no caso de um atleta e dez vezes (10x) no caso de uma pessoa normal.

Assim, consideremos valores médios de 75 kg por pessoa para efeitos do nosso cálculo.

Cálculo do consumo de O_2 respirável pelo utilizador de uma instalação desportiva					
	Consumo O_2/minuto (em repouso)	Consumo O_2/minuto (em esforço)	Consumo O_2 /hora (em esforço)	Consumo O_2/ hora (30 atletas) (em esforço)	Consumo O_2/ hora (300 espectadores)
Praticante desportivo	3,5 x 75 Kg= 262,5 ml/	262,5 x 20 = 5250 ml = 5,25 Litros = 0,00525m³ aproximadamente (depende da temperatura e da pressão do ar).	5,25 Litros x 60 = 315 Litros	315 Litros x 30 = 9450 l = 9,450 m³ aproximadamente	
Espectador	3,5 x 75 Kg= 262,5 ml/	265,5 x 10 = 2620 ml = 2,62 Litros = 0,00262m³ aproximadamente	2,62 Litros x 60 = 157,2 Litros		157,2 Litros x 300 = 47160 l = 47,160 m³ aproximadamente

Quadro n.° 27 – Cálculo do consumo de O_2 respirável pelo utilizador de uma instalação desportiva

Considerando o número de utilizadores de uma instalação desportiva, as necessidades de O_2 são:

Consumo aproximado de O_2 dos utilizadores de uma instalação desportiva		
Número de utilizadores	Consumo O_2, hora / Praticante desportivo	Consumo O_2 / hora / Espectador
30	9,450 m³ aproximadamente	-
300	2 835 m³ aproximadamente	47,160 m³ aproximadamente
1000	-	157,2 m³ aproximadamente
2000	-	314,4 m³ aproximadamente
3000	-	471,6 m³ aproximadamente

Quadro n.° 28 – Consumo/hora aproximado de O_2 dos utilizadores das instalações desportivas

Finalmente, estes resultados devem ser multiplicados por 5, dado que o O_2 (Oxigénio) é apenas uma quinta parte (20%) da constituição do ar

218 Os Espaços do Desporto – Uma Gestão para o Desenvolvimento Humano

respirável. Assim, multiplicando os valores expostos na tabela acima descrita teremos:

Consumo aproximado de ar respirável dos utilizadores das instalações desportivas		
Número de utilizadores	Consumo hora de ar respirável – Para Praticantes desportivos	Consumo hora – Para Espectadores
30	47,25 m³ aproximadamente	-
300	14 175 m³ aproximadamente	235,8 m³ aproximadamente
1000	-	786,0 m³ aproximadamente
2000	-	1572,0 m³ aproximadamente
3000	-	2358,0 m³ aproximadamente

Quadro n.° 29 – Consumo/hora aproximado de ar respirável dos utilizadores das instalações desportivas

Embora tenhamos apenas feito estes cálculos de modo a podermos ter um ideia do nível de consumos, é preciso, no entanto, ter em conta que a partir de 1000 pessoas, e conforme as características do espaço e do acontecimento, o nível de emoção, de ansiedade aumenta pelo que, em ambiente de festa, como é a assistência a um espectáculo desportivo, o aumento do consumo de ar dos espectadores tem um comportamento não linear mas antes exponencial. Os espectadores efectuam consumos que se registam desde o nível de partida de uma situação de repouso até um outro onde, com as emoções à flor da pele, expressam consumos de ar mais elevados resultantes de altos níveis de ansiedade e de actividade física até, no apoio às equipas ou atletas.

O volume de ar da instalação desportiva tem assim, de ser suficiente para responder às necessidades de consumo de oxigénio das práticas desportivas e dos espectadores. Quando as instalações desportivas têm a volumetria adequada, esse problema não se coloca. Mas quando, tanto esta como a ventilação natural, são insuficientes, então requere-se a existência de sistemas de ventilação artificial forçada.

7.2.6.1. A ventilação

A ventilação é um sistema de trocas gasosas por forma a responder num determinado local às necessidades de consumo de ar dos praticantes e das actividades que aí se realizam. Utilizações diferentes precisam de quantidades e qualidades de ar diferenciados. O estabelecimento de redes especializadas e diferenciadas faz-se sentir fundamentalmente no domínio da extracção de volumes de ar que já foram utilizados e estão transformados em fumos, poeiras, odores e vapores. Os espaços desportivos precisam de volumes de ar em renovação contínua para responderem às necessidades respiratórias dos atletas e demais utilizadores dos espaços constituintes. Carla Barreira (2003)[112] no estudo já referido, resume num quadro as exigências propostas por diversas entidades, para a ventilação, a páginas 43, dessa obra.

Entidades	Renovações de ar por hora (N)	Velocidade do ar (m/s)
LNEC (1986)	1,5 renovações de ar por hora – Inverno 3 renovação de ar por hora – Verão (para edifícios com iluminação artificial)	-
DGD (1987)	Quantidades de ar novo não inferiores a 30 – 50 m^3 por hora e por desportista	-
IND (s/d)	Caudal do ar > ou = a 20 m^3/hora. Utente	< ou = a 2,0
IAKS		1,0
Norma francesa 90 – 208 (1986)	N > ou = 1,2 ou 1,3 no Inverno	
ASHRAE (1995)	0,008 a 0,03 m^3 por pessoa	
ACSM (1997)	8 a 12 renovações de ar	

Quadro n.° 30 – Quadro de valores de ventilação segundo Carla Barreira (2003)

O **Decreto Regulamentar n.° 34/95** de 16 de Dezembro que regulamenta as condições técnicas e de segurança nos recintos de espectáculos e divertimentos públicos, estabelece um **padrão relativo à ventilação** no seu artigo 173.° (ventilação dos locais de tipo A): *"Os locais de tipo A devem ser ventilados a partir do exterior, por sistemas que garantam constantemente uma renovação de ar mínima correspondente a 30m³/hora/pessoa."* A **Portaria n.° 987/93** de 6 de Outubro que estabelece as prescrições mínimas de segurança e saúde nos locais de trabalho, adianta por via do artigo 4.° do **Decreto-Lei n.° 347/93** de 1 de Outubro, alguns valores relativos à previsão de consumos de ar para os quais os espaços devem estar preparados no que respeita ao seu dimensionamento:

n.° 2, 3 – *" A cubagem mínima de ar por trabalhador é de 11,50 m³, podendo ser reduzida para 10,5, m³ caso se verifique uma boa renovação".*

---

[112] Barreira, C. (2003), ***Parâmetros de qualidade e conforto ambiental em centros de condição física***, Tese de Mestrado em Gestão Desportiva, FCDEF – Universidade do Porto, 2003, ed. policopiada, pág. 43.

220 Os Espaços do Desporto – Uma Gestão para o Desenvolvimento Humano

7.2.6.2. A salubridade do ar

A salubridade do ar quer dizer que nas suas qualidades, para além do ar ser respirável, a respectiva constituição é também suficientemente pura, não contendo partículas, cheiros ou aromas que provoquem situações de mau-estar ou mesmo interferência na função fisiológica de respiração e por isso, no normal decurso das actividades desportivas. Contudo, a salubridade do ar é uma qualidade que tem que ser mantida. A sua gestão tem de ser articulada com os diferentes espaços onde é utilizado e com as respectivas utilizações.

A expressão de indicadores que informem sobre a salubridade do ar pode ser dada pela revelação da existência de sistemas de filtragem e purificação do ar (número de filtros existente), a partir dos respectivos débitos de funcionamento, do pé direito das salas das instalações, etc. ou por valores relativos à análise da qualidade do ar no que respeita a partículas em suspensão e gases constituintes.

7.2.6.2.1. Os cheiros, fumos e vapores

A salubridade do ar é uma preocupação acrescida particularmente em locais específicos. Destacamos particularmente os balneários, o bar, as garagens e outras actividades que possam emanar cheiros, fumos ou vapores que podem ser desconfortáveis ou prejudiciais a um bom desempenho desportivo. Nestes casos, deve prever-se a utilização de canais de circulação de ar diferenciados, impedindo que se misturem. Podem assim ser identificadas e previstas diferentes redes de fluxos de ar para diferentes espaços ou diferentes utilizações. Esta separação de redes faz-se sentir mais particularmente ao nível das piscinas. Não é agradável aos nadadores estarem a fazê-lo com cheiros que provenham por exemplo do bar, bem como para os equipamentos de filtragem do ar é problemática a convivência com os vapores de cloro que estão em suspensão.

7.2.6.2.2. As doenças respiratórias

A qualidade do ar e a respectiva salubridade faz-se também sentir através dos esforços de prevenção, particularmente de motivos desconfortáveis aos praticantes que sofrem de doenças respiratórias, como sejam o caso dos alérgicos. Esta prevenção é feita, através da atenção às **espécies**

vegetais que alindam a envolvente exterior e os jardins (quando existam) da instalação desportiva. As câmaras municipais têm, normalmente, nos seus serviços, em colaboração com os serviços de saúde e os de ambiente, o necessário conhecimento sobre o tipo de espécies que são as principais causadores das crises mais agudas neste tipo de praticantes, observáveis tradicionalmente na Primavera.

7.2.7. *O Conforto Quinestésico*

O conforto quinestésico define-se pelo conjunto de sensações positivas que advêm por via do toque e pelo contacto das diferentes partes do corpo (particularmente a pele) em actividade com os objectos e os materiais dos quais eles são constituídos, com as respectivas textura e características, bem como pelas sensações plantares resultantes do contacto com diferentes tipos de pisos. Esta relação que se obtém por contacto com os materiais e objectos coloca problemas de segurança, pois podem ser causa de lesões, quer por escorregamentos, quer por fricção, abrasão, compressão, reacção química, torsão, queimadura, etc. Os materiais têm também, em contacto com o corpo, diferentes comportamentos em termos de construção de sensações de conforto, consoante o contacto seja feito em situações de repouso ou movimento reduzido, ou em situações dinâmicas de esforço.

7.2.7.1. *Os Indicadores de Conforto Quinestésico*

O estabelecimento de indicadores a este nível remeter-nos-ia para um aprofundamento ao nível das sensações psicológicas o que, embora tenham importância, o seu aprofundamento desviar-nos-ia do foco de preocupações. Pela análise da normativa que efectuámos, não encontrámos nenhuma referência à classificação dos materiais quanto à textura e à sensação psicológica que provocam. A única classificação por nós encontrada diz respeito à sua resistência ao fogo, o que é classificado no **Decreto Regulamentar n.° 34/95** de 16 de Dezembro que estabelece o regulamento das condições técnicas e de segurança dos recintos de espectáculos e divertimentos públicos no seu artigo 5.° e na respectiva remissão para anexo:

222 Os Espaços do Desporto – Uma Gestão para o Desenvolvimento Humano

Artigo 5.° (Qualificação dos materiais e dos elementos de construção):

A qualificação dos materiais e dos elementos de construção, da resistência ao fogo dos elementos estruturais e de compartimentação e, em geral, do comportamento ao fogo das paredes exteriores e de outros componentes de construção é feita de acordo com o disposto no anexo I ao presente diploma.

Anexo I (a que se refere o artigo 5.°):
Qualificação dos materiais e dos elementos de construção
I Materiais de construção:
1 – O comportamento face ao fogo dos materiais de construção, considerado em termos do seu contributo para a origem e desenvolvimento do incêndio, caracteriza-se por um indicador, denominado «reacção ao fogo», que se avalia pela natureza, importância e significado dos fenómenos observados em ensaios normalizados a que o material é, para o efeito, submetido.

2 – A qualificação dos materiais do ponto de vista da sua reacção ao fogo compreende as seguintes classes a seguir indicadas:
a) Classe M0 – materiais não combustíveis;
b) Classe M1 – materiais não inflamáveis;
c) Classe M2 – materiais dificilmente inflamáveis;
d) Classe M3 – materiais moderadamente inflamáveis;
e) Classe M4 – materiais facilmente inflamáveis.
2 – A atribuição da classe de reacção ao fogo deve ser efectuada com base em resultados de ensaio realizado com as normas portuguesas aplicáveis ou, na falta destas, segundo especificações estabelecidas pelo Laboratório Nacional de Engenharia Civil (LNEC).

7.2.8. Os limites do conforto e o desconforto (a capacidade de carga)

Os limites do conforto revelam-se quando as condições de realização adequada das actividades com as correspondentes qualidade e existência dos materiais deixa de existir. Os recursos, mobilizados e necessários à realização das tarefas, deixam de permitir as respostas que são expectáveis e um dos motivos prende-se com a pressão efectuada sobre esses mesmos recursos.

A capacidade de carga de um recurso pode ser definida como a maior ou menor pressão que os utilizadores exercem sobre ele. Os recursos, podem ser matérias-primas, tecnologias ou serviços, bem como pessoas, espaços ou tempos. Quando o número de utilizadores está ajustado aos recursos disponíveis, estamos perante situações confortáveis, isto é, de equilíbrio. Este ajustamento refere-se não só aos materiais mas também às acções que são desenvolvidas para responder à satisfação de necessidades. A maior ou menor quantidade de utilizadores simultâneos de uma instalação desportiva obriga a maiores ou menores níveis de especificação de funções por parte dos recursos afectados (mobilizados), quer sejam espaços, materiais, humanos, financeiros ou mesmo temporais.

Os recursos podem suportar variações em relação a este estado de equilíbrio na medida em que estas, pela sua dimensão, não coloquem em causa as respectivas continuidades ou capacidades de reposição ou regeneração. A **capacidade de carga** é um conceito que deverá identificar quantificadamente os limites a partir dos quais o sistema está em risco de entrar ou entra mesmo, em ruptura (1), sofrendo alterações (2) que o transformam, ou ainda em colapso (3). Obriga ainda a maiores esforços no uso de processos e técnicas de gestão rendibilizando a utilização dos recursos disponíveis.

Determinar as capacidades de carga ou os limites do conforto é importante, como forma de identificar padrões de referência que informam o gestor ou o utilizador dos momentos ou situações em que é necessário desenvolver acções de **acautelamento** (1), de **reposição de padrões** iniciais (2) ou de **alteração dos padrões** (3).

A capacidade de carga de um recurso ou de um espaço estabelecida até um certo limite, pode ser ampliada. Tal só pode ser efectuado através de intervenções. Assim, se adicionarmos novos recursos que aliviem a carga a que o primeiro está sujeito, ampliando os limites impostos deste, se adequarmos os espaços às lotações, funções e vocações para que foram determinados, ou criarmos ajustamentos mais consentâneos com a maximização das utilizações talvez consigamos, até um certo limite, aumentar essa mesma capacidade de carga.

7.2.8.1. *O Desconforto*

O desconforto revela-se quando o espaço está desadequado em relação às funções e às expectativas de realização de acções. Verifica-se uma descodificação ou uma codificação desajustada. O desconforto pode ser provocado por não haver higiene, luz, não haver arrumação, apetrechamento adequado ou materiais cansados, não haver segurança ou outros motivos. Os espaços enchem-se assim de *valências negativas* (Kurt Lewin, 1932) e são desmotivadores ou causadores de mau-estar, acidentes

224 Os Espaços do Desporto – Uma Gestão para o Desenvolvimento Humano

ou lesões. É muito difícil realizar a actividade principal que se deseja, sem primeiro ter que fazer um esforço de adaptação realizando umas quantas outras primeiro.

O desconforto, porque é uma disfunção do espaço, leva à criação de tensões no indivíduo, que, a continuarem-se, constituem-se como reforços negativos, criando barreiras progressivas que levam a comportamentos do utilizador progressivamente desviantes, desajustados e agressivos, até. A ausência de respostas, previamente constituídas, as necessidades que se fazem sentir num determinado espaço ou tempo, leva a que o utilizador procure resolver por si próprio a satisfação dessa necessidade imanente. A indisponibilidade do espaço, do apetrechamento ou do serviço disponível ou presente para responder-lhe, obriga à **improvisação** (1), com a consequente desadequação dos espaços e dos apetrechos às funções solicitadas. As primeiras consequências fazem sentir-se através de uma elevação da carga sobre os espaços e materiais, com o correspondente cansaço ou degradação, bem como com os primeiros pequenos acidentes sobre os utilizadores. O continuado impedimento de satisfação dessa necessidade leva a reacções que podem ser de, **habituação** (2) ou, ao invés, quando esta não se realiza, de **abandono** (3) ou que podem ir ainda até à **violência** (4), exercida quer sobre pessoas, quer sobre materiais, conforme o património de vivências e a estrutura psicológica individual ou colectiva dos envolvidos.

Acções	Características do espaço	Comportamento do utilizador	Efeitos do comportamento
Necessidade não satisfeita ↓	Indisponibilidade	Improvisação – voluntarismo	Desadequação – elevação da carga sobre espaços e apetrechos
Necessidade não satisfeita ↓	Cansaço dos materiais e degradação do espaço	Comportamento em continuidade	Primeiros acidentes sobre os utilizadores e sobre os materiais
Necessidade não satisfeita ↓	Continuidade	Habituação – adaptação dos praticantes às características do espaço	Abandono ou aumento do risco, das componentes negativas da prática e abaixamento da qualidade de prática
Necessidade não satisfeita ↓	Continuidade – em desalinho, desarrumo e desleixado	Actuante sobre o espaço e sobre os materiais: Descodificação e recodificação	Alto desgaste dos materiais, utilizações indevidas, inutilizações, aumento de reparações
Necessidade não satisfeita ↓	Continuidade – com alto desgaste ou quase em degradação	Actuação reforçada sobre o espaço sobre os materiais e até sobre as pessoas: Descodificação e recodificação	Situações de alto risco Provável exercício periódico de violência
Necessidade não satisfeita ↓	Continuidade Espaço degradado	Exercício de violência sobre pessoas e materiais	Altos prejuízos Violência, fuga ou alheamento

Quadro n.º 31 – Processo crescente de degradação do espaço por motivos de desconforto continuado

O Conforto (Desportivo)

> Quando os espaços não respeitam os utilizadores, com o correspondente conforto, térmico, acústico, funcional, de higiene, segurança, etc., os utilizadores respondem normalmente em conformidade com diferentes níveis de adaptação, como descrevemos. É por estes motivos que frequentemente se assiste, primeiro a actos voluntariosos de adaptação, depois, a actos de vandalismo, inscrições nas paredes, reapropriações, etc., destruição de materiais, conflitos entre pessoas, utilizadores, gestores, acidentes e traumatismos etc. **O código de comportamento** não está suficientemente inscrito nos espaços, nos apetrechos, nos rituais da vida das instalações e dos respectivos utilizadores, o **código cultural** não está ajustado às condições espaciais onde este pretende ser exercido ou às actividades e respectivas exigências e o **código de utilização** ou não está ajustado ou não é suficientemente apreendido, aceite e praticado pelos utilizadores, por motivos até que se podem prender com o **património civilizacional** de cada um.

Daí a razão para a necessidade de efectuar, em primeira prioridade, a identificação da vocação principal de cada espaço, codificá-lo, mas também reconhecer as situações que, por outros motivos, podem vir a assumir-se como vocações secundárias ou utilizações diferenciadas daquelas para as quais foram constituídos. Esta leitura vocacional permite que os objectivos de gestão sejam mais claramente estabelecidos e as decisões encontrem níveis melhores de correspondência aplicativa. Permite ainda gerir as utilizações em momentos diferentes entre as vocações principais e as actividades secundárias.

7.2.8.2. O Desafogo

Realizando uma análise da etimologia da palavra esta parece sugerir que desafogo poderá ser a definição de um espaço para não haver fogo. Desafogo, pelo dicionário é explicado como: expansão, alívio, largueza de meios, independência: viver com desafogo. Desembaraço, franqueza: falar com desafogo.

Nas instalações desportivas o desafogo poderá ser definido como a existência de espaços disponíveis, não codificados, que podem ser utilizados de modo diverso. Poderão confundir-se com espaços de reserva, mas são acima de tudo espaços que, na codificação dos seus limites, encontram a largueza, a possibilidade de utilização múltipla e a capacidade de carga maximizada pelo facto de terem estas mesmas propriedades. O desafogo

226 *Os Espaços do Desporto – Uma Gestão para o Desenvolvimento Humano*

pode ainda definir níveis de oferta bem dimensionada e com existência de folga, no caso de haver pressão sobre os espaços ou materiais. Poderá ainda informar-nos sobre o nível dos indicadores de conforto colocados acima dos padrões normais de utilização. Mas, este valor elevado deve ser encontrado só até um certo nível, pois a partir dele estamos perante desperdício ou "desgoverno", utilizando recursos a mais sem haver necessidade. Estaremos assim, deste modo, com espaço a mais.

Então o que é o **desafogo**? É ele gerador de conforto? É uma medida de segurança ou um espaço de reserva? O nosso entendimento vai no sentido de responder positivamente a estas interrogações: Para nós, o desafogo é um espaço de possibilidades, é um vazio que pode ser utilizado para descompressão, para ser mobilizado para a organização de actividades ou tarefas complementares pontuais que se destinam a várias finalidades:

1. Complemento de actividades;
2. Situações de socorro e emergência;
3. Localização de viaturas ou serviços complementares não habituais;
4. Local de realização de manobras ou realização de actividades de suporte à organização de eventos periódicos e de complexidade mais elevada;
5. Espaço de extensão de actividades;
6. Espaço de produção de eventos novos (FUTURO!) e que precisam de espaço de afirmação para se estabilizarem primeiro e depois definirem exigências de espaços próprios.

Os indicadores de desafogo podem ser assim estabelecidos em torno da identificação do n.° de m^2 desocupados, número de salas ou unidades de espaço sem vocação determinada, bem como a respectiva comparação percentual com o total de espaços da instalação a ser analisada.

7.2.9. *A Prontidão*

A prontidão é um estado de disposição dos recursos em conformidade com os requisitos necessários a vários tipos de actividades ou tarefas. A prontidão revela as tarefas, os recursos necessários à respectiva realização, a quantidade, localização específica e nível regulado de ajustamento de cada recurso à respectiva utilização. Os indicadores necessários à avaliação do grau de prontidão devem ser conferidos a partir dos protocolos que definem as condições de utilização que, para cada actividade, possam ser elaborados e que se prendem com:

1. Actividades;
2. Arrumação;
3. Higiene;
4. Segurança;
5. Utilizações especiais e outras.

8. Os Espaços das Instalações Desportivas

Os espaços de uma instalação são áreas constituintes dela dirigidas à execução de gestos desportivos ou actividades que as preparam ou executam. Definem locais diferenciados com funções específicas, orientadas para todas as acções a serem desenvolvidas no seu interior e que dão suporte às práticas desportivas. Incluem ainda a devida disponibilidade para alojar os equipamentos e apetrechos necessários ao exercício das correspondentes funções.

O modo como vamos analisar e olhar para os espaços de uma instalação desportiva, pretende perceber não só as componentes objectivas mas, tendo uma visão global que valorize as práticas desportivas, nos permita entender que a actividade humana se socorre de interpretações que podem aproveitar ao desporto e ao melhor entendimento das formas de estar nos espaços que para ele são constituídos. Assim, esta forma de olhar e perceber os espaços e as instalações desportivas permitir-nos-á considerar os aspectos **simbólicos** (1), **funcionais** (2), **vocacionais** (3) que completam as visões necessárias à racionalização dos processos de tomada de decisão e de gestão das instalações e espaços desportivos.

8.1. Os Tipos de abordagem às instalações desportivas

A abordagem das instalações desportivas pode ser realizada através de várias formas, sob uma perspectiva espacial, funcionalista ou simbólica. Todas elas nos ajudam a estruturar e a explorar os diferentes sentidos que fornecem as lógicas presentes à sua constituição e à respectiva gestão.

230   *Os Espaços do Desporto – Uma Gestão para o Desenvolvimento Humano*

8.1.1. *A abordagem de tipo vertical*

A abordagem de tipo vertical configura um envolvimento linear com cada um dos espaços das instalações desportivas que seguem uma sequência de decisões, cujo ponto de partida se inicia desde o momento em que o praticante ou utilizador se convence a praticar desporto e determina a acção de dirigir-se à instalação desportiva para realizar actividades, cumprir objectivos ou satisfazer necessidades. Por isso, optamos por realizá-la num trajecto que vai de fora da instalação e se dirige para dentro dela. Nas próximas linhas, identificaremos o fluxo que atravessa cada um dos espaços que se revelam neste percurso, e que se inicia no primeiro momento de decisão individual, se atravessa na instalação desportiva pela utilização, com a prática cumprida pelas actividades realizadas, e termina enfim, no regresso a casa. Estes serão assim caracterizados a partir do percurso funcional do utilizador e dos actos que ele realiza em cada um deles.

Esta perspectiva funcional, em *contínuum*, é complementada com um outro tipo: a abordagem horizontal.

8.1.2. *A abordagem de tipo horizontal*

A abordagem de tipo horizontal prefigura a identificação da vocação e da missão de cada espaço presente na instalação desportiva e a organização dos recursos e dos processos a eles inerentes, em função dessas mesmas vocações. Poderíamos identificar um conjunto de espaços que respondem a uma série de acções ou funções, identificando cada um como uma resposta localizada à correspondente vocação. Será sob esta perspectiva que iremos abordar os espaços das instalações desportivas.

A abordagem de tipo vertical, conjugada com a abordagem de tipo horizontal, permitir-nos-á listar uma série de funções ou acções articuladas que os utilizadores desenvolvem em cada instalação desportiva e que, em termos espaciais, corresponderá a cada um dos espaços que são definidos para essa função:

1. Entrada e saída: aproximação, proximidades, acessos, átrios externos e internos;

2. Transposição: espaços-canais: corredores, antecâmaras, escadas, saguões, elevadores, espaços de localização de redes (água, gás, electricidade) – condutas;

Os Espaços das Instalações Desportivas

3. Transfiguração: vestiários, balneários e outros aposentos de higiene;

4. Preparação, aquecimento e funções pedagógicas: salas de apoio (preparadoras da acção principal);

5. Acção fundamental/actividades: recintos e áreas de competição;

6. Segurança: enfermarias, salas de primeiros socorros, espaços das forças de segurança e espaços de descompressão e de desafogo, acesso a viaturas de socorro, salas de controlo, saídas de emergência;

7. Recuperação/Repouso – balneários, salas de banhos, spa(s);

8. Interacção social – instalações sociais, bares, salas de convívio, salas de espera;

9. Administrativas e Comerciais – direcção, gestão e áreas comerciais, (lojas desportivas e não desportivas, bares, restaurantes, etc.);

10. Espaços simbólicos – Salas de transmissão Rádio/TV, Espaços museológico, de troféus e espaços nobres (de representação), sala VIP, sala de imprensa.

8.1.3. *A abordagem simbólico-metafórica*

A abordagem simbólico-metafórica não entra em contradição com as anteriores perspectivas (funcionalista e vocacional) das instalações desportivas. Ela apenas utiliza a congregação de uma metáfora com o simbolismo das funções que os espaços podem adquirir. Servirmo-nos assim destes símbolos e destas imagens para criarmos um paralelismo, cujo resultado tem como objectivo fundamental dignificar a actividade desportiva. Pretendemos então, na linha do que já referimos no *Capítulo 6 – O Simbolismo das Instalações* (ver pág. 183), acentuar as funções integradas numa liturgia de rituais desportivos, olhando para a instalação desportiva como um espaço onde a actividade humana ganha significado para além do mero exercício físico, na linha de Jorge Gaspar (1987)[113], e Pierre de Coubertin (1934), olhando para esta através da visão de um Templo, de uma Igreja ou espaço sacralizado.

Neste sentido, dentro dela, cada um dos espaços acolhe e localiza um ofício específico que faz parte de um ritual que se continua por toda a litur-

---

[113] Gaspar, Jorge (1987), *Do pelourinho ao centro comercial*, *in* Revista Povos e Culturas, n.º 2 – A cidade em Portugal – onde se vive, Universidade Católica Portuguesa, pp 243-259.

gia do desporto, pelo desenvolvimento do *"sacrifício"* que é partilhado e participado por todos os oficiantes. São rituais de purificação ou apuramento que também se dão no desporto. São rituais que dão não só significado ao desporto, mas fundamentalmente à vida das pessoas. Cada um destes espaços localiza no espaço e no tempo o fluir do próprio desporto, do seu ritual continuado, ao longo de um campeonato, de uma época ou várias épocas, enfim, ao longo do tempo. São de algum modo, os diferentes espaços que, no interior da instalação desportiva e através da sua actividade, expressam aqui o mesmo movimento que as pessoas realizam em torno das diferentes lojas de um centro comercial, na lógica das capelas do culto comercial revelado por Jorge Gaspar (1987). As diferentes salas, as diferentes actividades numa qualquer instalação desportiva são as diferentes capelas e os diferentes ofícios do "culto" aí identificável. Infelizmente, vemos hoje, cada vez mais, o desporto a proporcionar nos estádios a possibilidade de constituir-se como mais uma actividade de exercício do culto comercial, integrável por isso, nas superfícies correspondentes.

A abordagem simbólico-metafórica permitir-nos-á encontrar mais facilmente a vocação de cada um dos espaços que pretendemos analisar e partir, posteriormente, para um tratamento mais racionalizador das questões que vão colocar-se no capítulo da respectiva gestão. Na apresentação de cada um dos espaços, vamos realizar no primeiro momento este tipo de reflexão, socorrendo-nos desta metáfora religiosa para, numa segunda fase realizarmos uma intervenção mais objectiva. Iremos assim, cruzar a contribuição destas metáforas com as características que pretendemos salientar na abordagem de cada um dos espaços e respectiva vocação.

Existem ainda outras metáforas que podem ser apostas às instalações desportivas como seja o **modelo da fábrica**, dado que o desporto é uma actividade em processo, que produz trabalho, desenvolve esforço, degrada energias acumuladas, liberta tensões, realiza catarses, cujo produto resultante se expressa pela actividade desportiva, mas que se pode desdobrar numa infinidade de produtos imateriais de satisfação de necessidades materiais ou psicológicas. A continuação deste percurso ir-nos-ia levar a uma metáfora mais parecida com aquela que utiliza o **paradigma do mercado**, que seria a metáfora comercial e sobre isso já reflectimos no ponto 3.2 – A "Sociedade de Mercado" e o Desporto a páginas 93.

Assim, iremos abordar cada um dos espaços das instalações desportivas utilizando cumulativamente a abordagem metafórica, a aproximação funcionalista como expressão de uma análise mais racionalizada, bem como numa terceira vertente, vocacional, integrando todo o conteúdo da lei nesta última abordagem. Incluiremos ainda algum conhecimento especializado, que nos ajude a esclarecer as melhores opções a tomar no capítulo da gestão de cada um dos espaços e dos respectivos problemas que se equacionam. Iremos também, na abordagem de cada espaço e respectiva vocação, enumerar alguns padrões, normativos ou indicadores de gestão, que possam ser constituídos ou descritos nos diplomas legislativos consultados, de modo a reunir o conhecimento já instituído e de aplicação obrigatória. Sobre alguns deles teceremos os devidos comentários e não nos inibiremos de aludir a alguns autores e referências que tenham produzido neste campo a respectiva contribuição.

* * *

Após o esclarecimento sobre estes tipos de abordagens iremos, de seguida efectuar um percurso que segue uma estrutura geral de abordagem vertical, complementada com abordagens específicas vocacionais feitas espaço a espaço, acompanhadas de abordagens de tipo metafórico com objectivos dignificadores do desporto ajudando à aplicação das duas primeiras.

8.2. A Vocação dos Espaços (tipologia)

O processo relativo à gestão de uma instalação desportiva, obriga a identificar e definir, explicitamente a vocação de cada um dos espaços de uma instalação desportiva. A vocação define uma pré-destinação (ou pré-definição) dos espaços ao exercício de uma determinada actividade, à realização de uma acção ou tarefa. Tal acto, permite dirigir, quer as operações de gestão, quer as decisões individuais de utilização, os recursos utilizados ou a utilizar, e o código espacial a constituir e a implantar, em função de uma modalidade ou da forma de ela ser praticada. Permite ainda o ajustamento dos comportamentos individuais às características dos espaços e dos recursos nele disponibilizados.

Dissemos já que os espaços das instalações desportivas são áreas, superfícies ou divisões que se identificam no seu interior. Eles alojam diferentes funções, operações ou recursos materiais que são importantes para

234   *Os Espaços do Desporto – Uma Gestão para o Desenvolvimento Humano*

a organização das práticas desportivas ou para o funcionamento da organização. Estas funções, operações ou recursos materiais definem a vocação de cada um dos espaços que são assim delimitados, orientados e organizados.

As acções que desenvolvemos dentro das instalações, diferenciam-se em duas grandes vertentes: Aquelas que directamente se relacionam com as práticas desportivas, como sejam as acções motoras de correr, saltar, andar, etc., e outras, que se dirigem ao exercício de tarefas preparadoras, complementares ou associadas, antecedendo ou sucedendo a realização das práticas desportivas, como sejam a recolha de informação, troca de indumentária, preparação do apetrechamento, actividade pedagógica, actividade social, arrumações, banhos, actividade higiénica, etc. São normalmente estas acções que, a partir da abordagem de tipo funcional, definem as vocações de cada um dos espaços. Também os espaços podem organizar-se a partir da definição das suas vocações em fundamentais, complementares, de apoio (logísticas), de reserva, desafogo ou expectância ou ainda de extensão, e de segurança.

A nossa abordagem será assim realizada a partir duma componente vocacional definida para cada um dos espaços, pelo que, para o fazermos nos interessa a procura de uma sistematização apropriada. Nesse sentido, iniciámos o nosso percurso pela procura na normativa estabelecida que ilustre a consideração de cada um deles.

Diploma	Conteúdo	Observação
A Lei n.º 38/98 de 4 de Agosto	Estabelece as medidas preventivas contra a violência no desporto	
O Decreto Regulamentar n.º 34/95 de 16 de Dezembro	Regulamenta as condições técnicas e de segurança nos recintos de espectáculos e divertimentos públicos,	Classifica os espaços em função da sua forma de utilização (também os desportivos)
O Decreto Regulamentar n.º 5/97 de 31 de Março	Regulamenta as condições técnicas e de segurança dos recintos com diversões aquáticas,	Classifica-os em quatro categorias através da lotação
O Decreto Regulamentar n.º 10/2001 de 7 de Junho	Regulamenta as condições técnicas e de segurança dos estádios	Define regras e vocações e funcionamento dos espaços
O Decreto-Lei n.º 414/98 de 31 de Dezembro	Estabelece o Regulamento de Segurança contra incêndio em edifícios escolares	Classifica os edifícios em três (3) classes (peq., méd. e grande) em função da altura, e os seus locais em classes de risco: A, B, C, e D. Determina taxas de ocupação, acessibilidades e evacuações.
A Lei n.º 9/89 de 2 de Maio	Lei de Bases da prevenção e reabilitação das pessoas com deficiência	Enquadra a regulamentação a publican (Revogada pela Lei n.º 38/2004 de 18 de Agosto)
A Lei n.º 38/2004 de 18 de Agosto	Define as Bases do regime jurídico da prevenção, habilitação e participação da pessoa com deficiência	Revoga a Lei n.º 9/89 de 2 de Maio
Decreto-Lei n.º 123/97 de 22 de Maio	Aprova as normas técnicas destinadas permitir a acessibilidade das pessoas com mobilidade condicionada	

Quadro n.º 32 – Diplomas Legislativos relativos aos espaços dos edifícios e respectiva identificação vocacional

A **Lei n.º 38/98 de 4 de Agosto**, que estabelece as medidas preventivas contra a violência no desporto, refere no seu artigo 3.º as definições de tipos diferentes de espaços desportivos:

Artigo 3.º (Definições):
Para efeitos do presente diploma entende-se por:
*a) **Complexo desportivo**: O conjunto de terrenos construções ou instalações destinado à prática desportiva de uma ou mais modalidades, pertencente ou explorado por uma só entidade, compreendendo os espaços reservados ao público e ao parqueamento de viaturas, bem como arruamentos particulares.*
*b) **Recinto desportivo**: O espaço criado exclusivamente para a prática do desporto, com carácter fixo e com estruturas de construção que lhe garantam essa afectação e funcionalidade, dotado de lugares permanentes e reservados a assistentes, sob controlo de entrada;*
*c) **Área de competição**: a superfície onde se desenrola a competição, incluindo as zonas de protecção definidas de acordo com os regulamentos internacionais da respectiva modalidade;*

O **Decreto Regulamentar n.º 34/95** de 16 de Dezembro que regulamenta as condições técnicas e de segurança nos recintos de espectáculos e divertimentos públicos, ensaia a constituição de uma primeira taxonomia de classificação de tipos de espaços, incluindo os das instalações desportivas estabelecendo no seu articulado (artigo n.º 2) a classificação dos recintos em função da sua forma de utilização:

236 Os Espaços do Desporto – Uma Gestão para o Desenvolvimento Humano

Tipos de Locais	Definição	Sub-tipos	Caracterização	Definição
A Locais acessíveis ao público	Locais destinados à permanência, passagem temporária ou circulação de público.	A1	Salas de espectáculos	Locais situados em edificações permanentes fechadas e cobertas, destinados à assistência pelo público a espectáculos de natureza artística, cultural ou recreativa, nos quais os espectadores se mantenham em lugares fixos;
		A2	Salas de Diversão	Locais situados em edificações permanentes, fechadas e cobertas, destinados a divertimentos públicos, nos quais os utentes circulem livremente no decurso do funcionamento do recinto
		A3	**Pavilhões desportivos**	**Locais situados em edificações permanentes, fechadas e cobertas, predominantemente destinados à assistência pelo público a manifestações de natureza desportiva**
		A4	Recintos itinerantes ou improvisados	Locais situados em edificações fechadas e cobertas itinerantes ou improvisadas, nomeadamente tendas e estruturas insufláveis, susceptíveis de utilização para actividades previstas nas alíneas anteriores;
		A5	**Locais ao ar livre**	**Locais situados ao ar livre, susceptíveis de utilização para as actividades previstas nas alíneas a), b) ou c).**
		A6	Locais de circulação	Caminhos de circulação horizontal ou vertical acessíveis ao público, incluindo átrios e vestíbulos, bem como zonas de acesso a vestiários, bilheteiras, bares e outros.
B Espaços cénicos	Locais destinados à exibição pública de espectáculos de natureza artística, cultural, desportiva ou recreativa	B1	Espaços cénicos isoláveis	Espaços cénicos situados em edificações fechadas e cobertas, isoláveis em caso de incêndio;
		B2	Espaços cénicos integrados	Espaços cénicos situados em edificações fechadas e cobertas, sem possibilidade de isolamento em caso de incêndio
		B3	Espaços cénicos ao ar livre	Espaços cénicos situados ao ar livre.
C Locais não acessíveis ao público	Locais reservados a artistas e a pessoal	C1	Locais de projecção e comando	Locais de instalação de equipamento de projecção ou comando de iluminação, sonorização ou efeitos especiais, constituindo ou não unidades independentes da sala;
		C2	Locais de apoio	Locais de apoio destinados a artistas, desportistas, pessoal técnico ou administrativo
		C3	Locais técnicos e de armazenagem	Locais destinados à instalação de equipamentos técnicos, desde que não classificados nos tipos B ou C1, a actividades de manufactura, reparação e manutenção ou armazenagem e depósito, incluindo a recolha de animais.
Os locais dos recintos concebidos para mais de uma das utilizações previstas nos números anteriores devem satisfazer as disposições do regulamento respeitantes a cada uma delas.				

Quadro n.º 33 – Taxonomia de classificação de tipos de espaços segundo o estipulado no Decreto Regulamentar n.º 34/95 de 16 de Dezembro – Regulamento das condições técnicas e de segurança nos recintos de espectáculos e divertimentos públicos

O **Decreto Regulamentar n.º 5/97** de 31 de Março que regulamenta as condições técnicas e de segurança dos recintos com diversões aquáticas, classifica-os em quatro categorias no seu artigo 2.º (classificação dos recintos):

1 – Os recintos ou conjuntos de recintos são classificados em categorias, consoante a lotação máxima instantânea (lotação de ponta) que lhes *for atribuída, a qual é determinada pelos critérios fixados no artigo 7.º do presente regulamento.*

Categoria	Lotação máxima instantânea	Critério de fixação da lotação máxima instantânea - Indicador de referência
1.ª	n> 1000;	Solo: 1 pessoa/5m² de superfície dos espaços livres de lazer
2.ª	500<n<1000;	
3.ª	200<n<200	Água: 1 pessoa/m² de plano de água
4.ª	n<200	

Artigo 5.° (Área dos recintos):

1 – A área que constitui o recinto com diversões aquáticas é determinada pelos espaços onde são implantadas as actividades aquáticas, as instalações de apoio e de prestação de serviços complementares, as zonas livres para expansão ou lazer e as zonas de circulação.

2 – Não se inclui na área do recinto o espaços destinado aos acessos e estacionamento de viaturas o qual deve ser dimensionado com base na propor-

ção de um lugar de estacionamento de viatura por cada 10 utentes do recinto, acrescido de lugares de estacionamento para autocarros de passageiros.

3 – A área destinada a zonas livres de lazer deve ser, pelo menos, igual ao somatório das que se destinam às actividades aquáticas, às das instalações de apoio e de serviços complementares.

4 – não se incluem nas zonas livres de lazer as áreas às actividades desportivas.

Estabelece ainda ao longo do seu articulado a consideração de diversos tipos de espaços, nestes tipos de recintos: Secção III – Distribuição dos espaços livres

Secção	Artigo	Conteúdo
Secção III		Distribuição dos espaços livres
	Artigo 22.°	Composição dos espaços: 1 – zonas verdes arborizadas, relvadas, sombras e solários 2 – zonas de lazer, terraços e esplanadas
	Artigo 23.°	Repartição dos espaços (sombreados)
Secção IV		Instalações
Subsecção I		Apoio ao público
	Artigo 24.°	Vestiários, Balneários e Sanitários
	Artigo 25.°	Serviços de Socorro
	Artigo 26.°	Postos de água para consumo público
Subsecção II		De apoio à exploração
	Artigo 27.°	Controlo e recepção
	Artigo 28.°	Zonas técnicas de armazenamento
	Artigo 29.°	Apoio ao pessoal

Quadro n.° 34 – Quadro dos espaços das instalações segundo o Decreto Regulamentar n.° 5/97 de 31 de Março que regulamenta as condições técnicas e de segurança dos recintos com diversões aquáticas

O **Decreto Regulamentar n.° 10/2001** de 7 de Junho que regulamenta as condições técnicas e de segurança dos estádios, distribui ao longo do texto dos seus diferentes artigos as regras necessárias ao codificar da vocação e do funcionamento dos espaços dos estádios desportivos. Pelo quadro abaixo indicado podemos ter uma ideia da distribuição dos respectivos conteúdos.

238 Os Espaços do Desporto – Uma Gestão para o Desenvolvimento Humano

Capítulo	Artigo	Conteúdo
Capítulo IV	Artigo 11.°	Locais para espectadores (tribunas, terraços de peão e camarotes)
Capítulo V	Artigo 15.°	Locais para os praticantes desportivos juízes e técnicos
	Artigo 16.°	Vestiários e balneários para árbitros e juízes
	Artigo 17.°	Disposições gerais para os vestiários, balneários e instalações sanitárias
	Artigo 18.°	Instalações de apoio médico e primeiros socorros
	Artigo 19.°	Instalações de controlo antidopagem
	Artigo 20.°	Instalações de aquecimento e musculação
	Artigo 21.°	Instalações para treinadores
Capítulo VI		Locais para a comunicação social
	Artigo 22.°	Instalações para órgãos de comunicação social
Capítulo VII		Instalações para os serviços complementares
	Artigo 23.°	Instalações para a administração e serviços auxiliares: portaria, recepção, secretaria, gabinetes de administração, salas para uso dos serviços de segurança policial e bombeiros, cabinas de bilheteiras
Capítulo VIII		Instalações técnicas
	Artigo 24.°	Iluminação do terreno desportivo
	Artigo 26.°	Instalação de difusão sonora
	Artigo 27.°	Central de comando das instalações e de segurança

Quadro n.° 35 – Articulado do Decreto Regulamentar n.° 10/2001 de 7 de Junho – Regulamento das condições técnicas e de segurança dos estádios, relativo à tipologia de espaços

Após apresentadas cada uma das tipologias, abordaremos agora os acessos às instalações desportivas para depois tratarmos cada um dos seus espaços.

8.2.1. A Acessibilidade às Instalações Desportivas – Proximidades

A acessibilidade às práticas desportivas é um direito das populações das diversas regiões e países, e está consagrado em várias cartas e acordos europeus e internacionais (Carta Europeia de Desporto para Todos)[114], bem como na Constituição da República Portuguesa (artigo 79.°) como já vimos. Esta acessibilidade às práticas desportivas, afirma-se desigualmente entre os cidadãos e as populações a que pertencem.

---

[114] *Carta Europeia de Desporto para Todos*:
Artigo I – *Todos têm direito à prática do desporto.*
Artigo VI – *Uma vez que a amplitude da prática do desporto depende, além de outros factores, do número de instalações disponíveis, da sua variedade e das possibilidades de acesso, a planificação global dessas instalações deve ser considerada como da alçada dos poderes públicos, deve ter em conta as necessidades locais, regionais e deve comportar medidas tendentes a assegurar a plena utilização dos equipamentos existentes.*

A acessibilidade ao desporto será definida, em nosso entender, como a maior ou menor facilidade que um cidadão, localizado numa determinada unidade do território, tem em aceder às práticas desportivas. Ela pode ter condicionantes sociais e económicas que se manifestam no espaço e que são fonte de reflexão para o planeamento desportivo. Ela é influenciada por processos, que resultam dos condicionalismos à actividade humana e ao desporto: as actividades diárias domésticas e laborais, as deslocações, o nível económico, as condições de habitação, a localização em relação à cidade e aos espaços onde o desporto se pratica, a maior existência de instalações que propiciem oportunidades de aceder a estas práticas, o melhor acesso à informação e às tecnologias necessárias ao desenvolvimento do processo desportivo e das suas actividades, a presença de organismos locais instituídos na sua promoção e desenvolvimento, a existência de políticas apropriadas, as motivações para a prática do desporto, os hábitos e culturas, etc., fazem com que certas comunidades ou povoações acedam mais facilmente ao desporto do que outras. Os condicionalismos referidos, apresentam uma expressão díspar nas diferentes parcelas do território. As soluções encontradas pelas populações, têm também expressões diversificadas e resultam em maiores ou menores êxitos na sua ultrapassagem.

8.2.2. *Os Acessos Externos*

O acesso às instalações desportivas por parte dos cidadãos, constitui-se como um primeiro filtro (Rodgers, B.; 1977)[115] a ser ultrapassado pelos que desejam praticar desporto. Falar da acessibilidade das instalações, remete para a identificação do modo mais económico e confortável de nos aproximarmos delas, proporcionando a decisão individual de aceder à prática desportiva. Este acesso pode ser medido determinando o grau de facilidade em que ele se manifesta[116].

---

[115] Rodgers, B. (1977), *Rationalizing Sport Policies; Sport in a Social Context: International comparitions*, Strasbourg, Council of Europe, citado por Taylor, Peter (1985), *Sport and Recreation: An Economic Analysis*, E. and F.N. Spon ltd, London.

[116] A acessibilidade define-se como a "facilidade de alcançar um lugar a partir de outras localizações. Em termos de transporte define-se acessibilidade como a qualidade possuída por um lugar(...) relativamente à sua localização particular numa rede de trans-

240   *Os Espaços do Desporto – Uma Gestão para o Desenvolvimento Humano*

O acesso fácil às instalações pode ser tanto maior quanto maior for o número e clareza dos referenciais informativos existentes para a sua localização. Os eixos rodoviários, as estações ou nós de transportes entroncamentos, estradas, auto-estradas, caminhos de ferro, autocarros, transportes públicos rodoviários, como vimos no capítulo da localização, constituem-se como pontos de referência a partir dos quais se torna possível, através uma navegação mais pormenorizada, uma chegada sem enganos e sem demoras, para além de se constituírem como eixos facilitadores dos fluxos atractivos gerados pela instalação e provenientes dos principais aglomerados urbanos de proximidade. A facilidade de acesso elimina ou ultrapassa um primeiro filtro de decisão (temporal e espacial) no processo de escolhas individuais (Rodgers, 1977). Reforça por isso a vontade de voltar. **O filtro temporal** de decisão para livre adesão que responde à proximidade e rapidez no acesso, identifica-se em torno de padrões entre **15 a 20 minutos** (ver M. J. Palla, ponto 4.1.4.1 – Os critérios de localização das instalações pág. 124).

Os acessos às instalações são facilitados pela existência de referências sinalizadoras em mapas, na internet ou na via pública. Contudo, a ausência de sinalização também pode ser boa, particularmente quando falamos de certas actividades como o surf onde os praticantes, pela necessidade que têm de contacto com a natureza e pelo sentimento gregário associado, retiram vantagens pelo facto dos locais onde essas práticas se realizam, não serem conhecidos. A pressão social/humana sobre o recurso é demasiado elevada gerando por isso processos de competição e desconforto resultante, donde quanto menos conhecido for, melhor.

Embora o acesso fácil a uma instalação desportiva seja recomendável, obrigando que a sua localização esteja próxima dos aglomerados urbanos, à medida que esta evolui na sua tipologia, dimensão, e grau de especialização desportiva, deve afastar-se progressivamente das zonas residenciais. De um factor de conforto e facilidade de acesso para a população, passa a ser factor de perturbação: Este factor é fundamentalmente dado pela dimensão concentrada de massas humanas em movimento e euforia, fora ou dentro das instalações aquando da realização de provas desportivas importantes, e quando a sua frequência começa a ser elevada.

---

portes, isto é, quantas mais estradas convergirem numa povoação, maior a sua nodalidade..." Small, John e Witherick, Michael; (1986), *Dicionário de Geografia,* Lisboa, ed. D. Quixote, (1992).

Os Espaços das Instalações Desportivas

Ele é contrário às características de silêncio e sossego que a função residencial obriga. Para que estes conflitos possam não existir devem as instalações desportivas de maior dimensão localizar-se junto de eixos rodoviários ou ferroviários principais, por forma a não perderem os seus motivos de atracção.

Estas preocupações relativas à existência de distanciamentos necessários de modo a evitar a geração de conflitos e as perturbações à função residencial, estão, decerto modo consagradas através do Decreto **Regulamentar n.º 10/2001** de 7 de Junho – Regulamento das condições técnicas e de segurança dos estádios e do **Decreto Regulamentar n.º 34/95** de 16 de Dezembro – Regulamento das condições técnicas e de segurança nos recintos de espectáculos e divertimentos públicos.

No que respeita ao regulamento dos estádios (**Decreto Regulamentar n.º 10/2001** de 7 de Junho) estas preocupações são abordadas no capítulo II – Implantação e acessibilidade,

Artigo 5.º: (Condições gerais de implantação):

1 – Os estádios devem ser implantados em locais que reunam condições de plena compatibilidade com as regras urbanísticas gerais e locais, nomeadamente o plano director municipal e plano de pormenor e, em particular, em áreas que não constituam fonte de perturbação relativamente às construções vizinhas ou sejam geradoras de impactes ambientais negativos,

mormente nos capítulos respeitantes às condições de circulação do tráfego, de poluição sonora e de integração na paisagem.

2 – As condições de implantação dos estádios devem possibilitar fácil acesso às redes de transportes públicos e às vias públicas de serventia e permitir realizar as ligações às infra-estruturas públicas de saneamento, de energia e de comunicações.

Também a "Lei do Ruído", através do **Decreto-Lei n.º 292/2000** de 14 de Novembro estabelece as actividades desportivas como causa de incómodo, incluindo-as na classificação de actividades ruidosas temporárias incluídas no ruído de vizinhança, ao nível do artigo 1.º, n.º 2 – e), artigo 3.º, 3 – b).

Quanto aos espectáculos e divertimentos públicos, é o **Decreto Regulamentar n.º 34/95** de 16 de Dezembro – Regulamento das condições técnicas e de segurança nos recintos de espectáculos e divertimentos públicos, que as aborda no capítulo II – *Situação e acessibilidade dos recintos:*

242 Os Espaços do Desporto – Uma Gestão para o Desenvolvimento Humano

Artigo 6.° (Critérios de segurança):
1 – Os recintos para espectáculos e divertimentos públicos devem ser situados em zonas onde o público não seja afectado ou incomodado por influência de actividades exercidas na sua proximidade.

2 – Nos recintos devem ser tomadas todas as medidas para que os espectáculos, as diversões ou quaisquer outras actividades neles exercidas não possam constituir incómodo para a vizinhança.

Este diploma estabelece ainda outras disposições relativamente aos acessos, mas que abordaremos no ponto 8.5.9 – Os Espaços-Canais ou de Circulação, (página 294).

Existem ainda outros aspectos relacionados com as condições de acesso aos edifícios e que se prendem com medidas e critérios de segurança, nomeadamente através da facilidade de acesso às viaturas dos bombeiros. Estas medidas e critérios são definidas pelo **Decreto Regulamentar n.° 10/2001** de 7 de Junho – Regulamento das condições técnicas e de segurança dos estádios no Capítulo II – implantação e acessibilidade, no artigo 6.° (vias de acesso), bem como no Capítulo II, do artigo 12.° ao 15.°, do **Decreto-Lei n.° 414/98** de 31 de Dezembro, que estabelece o Regulamento de Segurança contra incêndio em edifícios escolares, onde são estabelecidas as características e dimensões das vias de acesso à rede viária para este efeito. Abordaremos no capítulo da segurança o conteúdo destes artigos e destes diplomas (ver ponto 8.9 – Os Espaços de Segurança, pág. 312, e ponto n.° 9.11.4 – Os Acessos da Segurança, pág. 414). Aqui referiremos apenas o conteúdo do artigo 15.°, n.° 2, deste último diploma, onde se aponta para a **necessidade da existência de um quartel de bombeiros na proximidade de 3 km como condição necessária à implantação de edifícios de grande altura.**

8.2.2.1. *Os indicadores de medida dos acessos:*

Os indicadores são informações que servem, nesta fase, para que o utilizador possa antecipar as ocorrências que pode esperar e assim planear com mais certeza o conjunto das suas actividades e o tempo que quer despender em cada uma delas. A ausência deste tipo de informações resulta muitas vezes numa má gestão, onde o praticante gasta mais tempo no deslocamento, na preparação e em outras circunstâncias de espera, do que, na actividade propriamente dita. Quando estas situações se repetem, assiste-

Os Espaços das Instalações Desportivas 243

se normalmente ao aparecimento de sentimentos de desconforto e da correspondente recusa em repetir uma má experiência, com o consequente abandono da actividade desportiva.

Os indicadores que podem medir o conforto ao nível dos acessos, fazem-no com a contabilização das seguintes informações:

1. Determinação da **distância física e temporal** aos principais eixos/nós de vias de comunicação (medida em espaço e em tempo de percurso (Thornqvist, 1962) (a pé de transporte público e de automóvel) M. João Palla (1992)[117].) (ver ponto 4.1.4.1 – Os critérios de localização das instalações, na pág. 124).

2. Determinação das **áreas de influência** de cada instalação – Este processo permite ver e tomar consciência da respectiva envolvente populacional e geográfica.

3. Determinação do **n.° de nós de ligação na vizinhança** da instalação desportiva – informa-nos sobre a qualidade, as formas de deslocamento e de acesso:
   - n.° de carreiras de autocarro/eléctrico/comboio ou paragens e respectiva frequência – Dia/hora/semana.
   - n.° de vias e respectiva classificação (AE. (s), Estradas Nacionais, Municipais, caminhos para ciclistas, pedonais, etc.).

4. Determinação do **número de referências em mapas** da cidade, do país, da região, turísticos, desportivos, na internet, "MUPIS", etc.

5. Determinação do **número de placas sinalizadoras** da localização da instalação: tipo de placas; n.° de tipos; n.° de placas; – Estabelecimento de níveis concêntricos e densificadores do n.° de placas colocadas face à aproximação progressiva da instalação – círculos de 1/2/3 anéis de níveis de proximidade.

Estas informações permitem estimar, para além do tempo gasto no acesso, a qualidade desse deslocamento. Permite ainda ao praticante e ao gestor do desporto identificar os principais pontos de congestionamento e decidir em conformidade. Estes pontos podem ser podem ser físicos (semáforos, falta de sinalização ou outros) ou podem ter um cariz simbólico desvantajoso (proximidade de zonas não aconselháveis, em termos

---

[117] Palla, M. João (1992), *Os Espaços e os Equipamentos Desportivos* – Congresso Europeu de Desporto para Todos, Fidt/CMO, Jan.-1992, pp. 199-210.

244   *Os Espaços do Desporto – Uma Gestão para o Desenvolvimento Humano*

de permanência – má vizinhança, zonas de crime, zonas de acesso geográfico difícil, zonas com más proximidades, etc.). Ao gestor do desporto, esta informação interessa fundamentalmente porque, embora estas funções não sejam tarefas da sua responsabilidade, ele deve contudo, estar atento e desenvolver todos os esforços para contactar e sensibilizar os responsáveis para a resolução destes problemas, nomeadamente as autarquias, a polícia, as entidades gestoras de tráfego de transportes, no intuito de sensibilizá-los para a respectiva resolução.

8.2.3. *O Acolhimento – conforto à chegada*

Após medida a acessibilidade temporal e física, interessa perceber as características e as qualidades do acesso às instalações. A estas características podemos chamar a qualidade do acolhimento. O acolhimento compreende uma fase prévia de entrada na instalação propriamente dita. Utilizando a auxílio da metáfora sagrada diríamos que, à chegada ao Templo e para que possa participar condignamente nas "cerimónias" em inteiro envolvimento, o cavaleiro tem que se apear, tem de se despir de toda a indumentária da viagem, de todos os artefactos de protecção individual que lhe garantem imunidade no decurso da jornada física e pelo meio social de onde navega. Ele tem que expor-se e por isso tem de largar todos os objectos que o protegem a si e à sua imagem, mas que não fazem parte dele. Assim, todos os valores que não contam para os rituais e as acções que vão passar-se na instalação desportiva, ficam aqui, na cavalariças. Os "cavalos" ficam em sossego, e não entram pois não fazem parte do culto, como todos os seus objectos individuais. Do mesmo modo, hoje os automóveis ficam no parque de estacionamento, em segurança e os valores que possam estar no seu interior também. A garantia que, no regresso, eles aí se encontrarão, que não estão em perigo, é dada pela gestão da instalação.

O acolhimento identifica uma etapa fundamental no acesso à instalação desportiva. Trata-se de determinar os padrões que identificam um nível de conforto que o utilizador encontra quando acede à instalação desportiva. A verificação de níveis de conforto relativo ao acolhimento, é identificável através de um conjunto de indicadores que poderemos referir.

Os Espaços das Instalações Desportivas 245

8.2.3.1. *Os indicadores de conforto no acolhimento*

Estes indicadores informam o utilizador sobre a maior ou menor facilidade de desenvolver as acções, relativas à aproximação à entrada da instalação desportiva. Dão informações sobre os recursos disponíveis para quem quer efectuar as correspondentes tarefas de aceder à instalação. A existência de maior número destes recursos poderá querer dizer maior facilidade, maior rapidez e melhor desempenho nas acções a realizar, o que quer dizer menos tempo gasto para efectuar uma tarefa que não faz parte das tarefas desportivas:

– **Sinalização** facilitadora: número de placas; número de percursos identificados;

– Local de **estacionamento** automóvel, para bicicletas ou motos – Valor do espaço disponível em m^2 ou número de lugares de estacionamento; locais de estacionamento para deficientes, grávidas e famílias com crianças de colo – o que quer dizer, maior ou menor facilidade de encontrar facilmente lugar para estacionar o carro;

– Determinação de **débitos** e de capacidades nas entradas e saídas dos principais locais – Número de entradas pedonais no edifício ou complexo, torniquetes (n.° de passagem/hora ou minuto), N.° de lugares de estacionamento automóvel/n.° de utilizadores/hora, n.° de esquiadores/hora ou minuto, débito dos guindastes/embarcações/hora, etc.;

– Existência de serviço de **vigilância** ou de local para guardar a viatura, motociclo ou bicicleta – garantia de segurança de valores (bicicleta e valores no interior da viatura) – garantia de que, após ter largado da vista um objecto de que somos proprietários, esse objecto não vai desaparecer pelo facto de nos dele termos afastado.

Gabriela Rodrigues (2004)[118] estabelece cinco campos de intervenção como forma de medir o nível de acessibilidade exigível às interrelações desportivas realizadas num inquérito efectuado no município de Gondomar:

Nível de acessibilidade:

A – Acesso principal à edificação: estacionamento, sinalização, rampa, escada, piso, porta;

---

[118] Rodrigues, M. Gabriela (2004); *Instalações desportivas do Concelho de Gondomar: Estarão acessíveis às pessoas com mobilidade reduzida?*, Porto, FCDEF – UP, Tese de Mestrado em Gestão desportiva, pág. 76.

246 Os Espaços do Desporto – Uma Gestão para o Desenvolvimento Humano

B – Circulação horizontal: Espaço, portas, piso;
C – Circulação vertical: Escadas, rampas, elevadores, piso;
D – Sanitários/Vestiários: Espaço, sinalização, mobiliário, piso, portas, instalações sanitárias adaptadas;
E – Bancada: acesso, espaço reservado.

O **Decreto Regulamentar n.°** **10/2001** de 7 de Junho que regulamenta as condições técnicas e de segurança dos estádios define um conjunto de requisitos relativamente ao conforto à chegada, particularmente ao nível do estacionamento:

Capítulo II – Implantação e acessibilidade

Artigo 7.° (Áreas de estacionamento):
1 – As áreas onde se implantem os estádios devem permitir a instalação de parques de estacionamento de viaturas em conformidade com as lotações atribuídas, sem prejuízo das disposições contidas nos regulamentos urbanísticos locais, dimensionados com base nos seguintes critérios:
a) Parqueamento de viaturas ligeiras particulares à razão de 20 m² a 25 m² por lugar, incluindo vias de circulação e manobra:
Um lugar por cada 20 espectadores de lotação, quando, no raio de 1,5 km em redor do estádio, seja possível aceder a uma estação de comboios ou de metropolitano, terminal ou ponto servido por transportes públicos rodoviários;
Um lugar por 15 espectadores quando não seja possível aceder a serviços de transportes públicos, no raio de 1,5 km do estádio;
b) Parqueamento de autocarro à razão de 50 passageiros por veículo

e 80 m² por lugar, incluindo vias de acesso e manobra, recomendando-se a previsão de:
Um lugar por cada 300 espectadores de lotação, quando num raio de 1,5 km em redor do estádio, seja possível aceder a uma estação de comboios terminal ou ponto servido por transportes públicos rodoviários;
Um lugar por 150 espectadores quando não seja possível aceder a serviços de transportes públicos no raio de 1,5 km do estádio;
2 – Para a determinação das áreas de estacionamento definidas no número anterior poderão ser contabilizados os lugares disponíveis nos parques de estacionamento público existentes no raio de 1,5 km em torno das saídas do estádio.
3 – Das áreas de estacionamento definidas n.° 1 deste artigo, 1% dos lugares para viaturas, com o mínimo de 15 lugares, serão afectos a zonas de parque reservado para os praticantes desportivos, juízes, oficiais, personalidades, forças de segurança, serviços de emergência médica e bombeiros,

a estabelecer em condições de proximidade e comunicação directa com os vão de acesso aos respectivos sectores do estádio e inacessíveis ao público espectador.

4 – Por ocasião de competições de futebol nos estádios das classes A, B e C, metade do parqueamento previsto no n.º anterior, com o mínimo de 10 lugares, será reservada para os veículos ao serviço dos árbitros, dos delegados de jogo, dos praticantes despor-

tivos e da equipa técnica, além do espaço para estacionamento de dois autocarros, em condições de percurso e acesso directo aos respectivos sectores e balneários.

5 – As áreas de parqueamento definidas no n.º 1 deste artigo devem contemplar lugares reservados ao estacionamento de veículos de pessoas com deficiência, próximos de acesso pedonais do estádio, nos termos da legislação aplicável.

A análise do conteúdo, permite-nos dizer que são esquecidos neste Decreto Regulamentar alguns utilizadores que se movem através de outros modos de transporte e que necessitam de estacionar as suas viaturas, particularmente os utilizadores de bicicletas e os motociclistas. Quer uns quer outros têm a vida dificultada. Contudo, são estes que têm comportamentos mais económicos em termos espaciais, energéticos e por isso, ambientalmente e sustentadamente mais adequados e correctos. É preciso por isso, que o gestor vá para além do que a lei lhe obriga e crie condições para valorizar estes comportamentos, quer através da localização, quer pela discriminação positiva da localização dos espaços reservados para os referidos veículos.

O **Decreto Regulamentar n.º 5/97** de 31 de Março que regulamenta as condições técnicas e de segurança dos recintos com diversões aquáticas, estabelece um padrão de necessidade para os lugares de estacionamento no seu,

Artigo 5.º (Área dos recintos):
2 – Não se inclui na área do recinto o espaços destinado aos acessos e estacionamento de viaturas o qual deve ser dimensionado com base na

proporção de um lugar de estacionamento de viatura por cada 10 utentes do recinto, acrescido de lugares de estacionamento para autocarros de passageiros.

O **Decreto-Lei n.º 66/95** de 8 de Abril que estabelece o Regulamento de segurança contra incêndio em parques de estacionamento cobertos, a construir, de área bruta total superior a 200 m². O conteúdo que possa exis-

248 Os Espaços do Desporto – Uma Gestão para o Desenvolvimento Humano

tir, relativamente ao conforto nos acessos não está focalizado neste sentido. Por isso limitar-nos-emos aqui a referenciar apenas a existência de aspectos respeitantes à iluminação de base e de segurança, para além de todas as especificações técnicas que se prendem com a segurança relativa aos incêndios. Entendemos que o nível de especificidade é elevado, pelo que deve este Decreto-Lei ser consultado.

8.3. A Entrada (os Átrios)

O átrio da instalação é um espaço de mediação entre o interior e o exterior do edifício. Poderão existir átrios externos e internos. A utilização da metáfora sagrada que temos vindo a referir pode ajudar-nos a entender as funções que se desenvolvem nestes conjuntos de espaços.

Nas entradas dos edifícios poderão ser definidas duas ou mais entradas consoante a especificidade dos utilizadores. Podemos assim considerar a entrada **principal** (1), onde a expressão mais sagrada da metáfora que temos vindo a apresentar, e a respectiva codificação espacial, têm uma visibilidade mais acentuada e outro tipo de entradas como sejam, as entradas de **serviço**, de artistas ou desportistas, no caso de salas de espectáculo ou instalações desportivas.

O diploma que rege este tipo de entradas, é o **Decreto Regulamentar n.° 34/95** de 16 de Dezembro – Regulamento das condições técnicas e de segurança nos recintos de espectáculos e divertimentos públicos, que as aborda no artigo 111.°:

SECÇÃO VI – Locais de tipo C2

Artigo 111.° (Comunicações com o exterior do recinto):
1 – Os locais do tipo C2[119] devem ter acesso directo ao exterior do recinto, através de comunicações independentes daquelas que são utilizadas pelo público.

---

[119] Locais de apoio destinados a artistas, desportistas, pessoal técnico ou administrativo.

8.3.1. *O Átrio externo*

O primeiro tipo, à luz desta metáfora sagrada, assemelha-se ao adro da Igreja. Constitui-se como um espaço e um tempo de percurso que prepara a pessoa que vai entrar para os "ofícios" ou as actividades que vão desenvolver-se no interior do edifício, mas também no interior de si próprio. Os átrios têm ou devem ter determinadas dimensões que obrigam a um determinado tempo de percurso ou de estadia prévia, de preparação (vestíbulos). Este tempo é aquele cuja demora é necessária à realização do correspondente ajustamento mental para as acções que vão aí desenvolver-se. Funciona como o relembrar das memórias vividas no local ou a edificação de expectativas sobre as actividades que aí possam acontecer. Os átrios proporcionam assim não apenas a realização de um percurso exterior, mas sobretudo este caminho interior de levantamento de memórias e expectativas cuja mobilização é necessária à utilização da instalação, às actividades que aí se realizam. Pode também ser entendido como o ponto de partida e de descolagem do mundo real para o mundo sagrado, como que uma antecâmara de descompressão, uma zona de teletransporte entre um mundo profano e um outro onde acontecem coisas maravilhosas (o céu). Os átrios têm assim funções de distribuição entre os diversos locais onde estão localizadas as diferentes maravilhas ou ofícios que a instalação desportiva têm para oferecer, neste caso, a prática desportiva e todos os seus valores e emoções positivas. Por isso são locais onde está um espaço vazio, disponível para a realização de todo o tipo de acções preparatórias, para todo o tipo de encontros: é neste local que, do mesmo modo à saída, se encontram as pessoas que frequentaram a instalação e as que o não fizeram e que estão em contacto com todo o mundo real. Era no átrio exterior que os rapazes vinham esperar as raparigas à saída do ofícios religiosos. Hoje é também aqui que os pais esperam os filhos e os amigos se encontram para realizarem o contínuo da vida que foi intervalada com a ida à instalação desportiva.

O **Decreto Regulamentar n.º 10/2001** de 7 de Junho que estabelece o Regulamento das condições técnicas e de segurança dos estádios determina as especificações para estes tipos de espaços:

Artigo 9.º (recinto periférico exterior – zona de permanência temporária):
1 – As áreas da envolvente exterior dos estádios devem possibilitar o esta- *belecimento de um recinto periférico reservado para peões, com funções de distribuição e controlo de entradas, bem como de uma zona de permanên-*

250 Os Espaços do Desporto – Uma Gestão para o Desenvolvimento Humano

cia temporária dos espectadores e área de escapatória e fuga em caso de emergência, recomendando-se o dimensionamento do recinto periférico para uma ocupação de 0,50 m² por espectador.

2 – Os recintos periféricos dos estádios das classes A, B e C devem permi-tir a instalação de um anel de segurança exterior amovível, aquando da realização de eventos desportivos, ou outros, se as autoridades de segurança competentes o considerarem necessário e segundo os requisitos por elas estabelecidos.

8.3.2. O Átrio interno – recepção

O átrio interno é o espaço de contacto com a primeira imagem da instalação desportiva. É aqui que o utilizador contacta com a sua vida, a sua dinâmica. É neste espaço que a administração deve ser capaz de expressar as condições de salubridade, higiene, atendimento, informação, mas também os sinais particulares de organização, método, eficácia da organização, de empenho e dedicação dos seus funcionários, e demais qualidades que a instalação desportiva é capaz de oferecer aos seus utilizadores. Nele se inclui a informação sobre as actividades, o atendimento, as flores frescas nas jarras da recepção, como sinais desse mesmo empenho e dedicação. O átrio interior convida, acolhe e prepara o utilizador para a actividade. O convite é muita vezes feito através de um ambiente criado por imagens da actividade, seja em termos reais por contacto visual seja em fotografias, por símbolos e pela expressão de sinais que reforçam ou ampliam a imagem pré-concebida do recém-chegado à instalação. Daí a sua importância.

O átrio constitui um filtro e efectua um hiato temporal entre o interior e o exterior. Ele acolhe, porque é nele que encontramos diariamente a surpresa das novidades, o encanto de poder ser presenteado com novos estímulos interessantes e motivadores das informações e a segurança de encontrar tudo no mesmo sítio pela confirmação das rotinas, que automatizam gestos e dirigem mais rapidamente as pessoas para as actividades fundamentais. Encontramos "tudo no sítio" como se realizássemos o "patrulhamento dos nossos territórios" e tudo estivesse em conformidade com o que havíamos pensado ou visto da última vez, reafirmando a "nossa posse" ou reconfirmando as sensações havidas anteriormente.

Os Espaços das Instalações Desportivas 251

O átrio interior define um espaço onde se realizam funções (1), onde se identifica o apetrechamento que auxilia à sua realização (mobiliário) (2) e formas de veiculação de informação (3) que constroem a imagem da instalação desportiva. Assim, podemos distinguir para cada uma delas:

1. Funções – As funções que este espaço desempenha são as de distribuição, permanência, expectância (estar), transição, informação, contacto e preparação, operações financeiras e socialização.

2. Mobiliário – São objectos que estão orientados para a realização das funções. Eles organizam também o espaço permitindo a estruturação, por exemplo de uma sala de espera, através da disposição de sofás, mesas e cadeiras, de televisão, etc. Funcionar como sala de estar, depende de haver ou não mobiliário para isso e de a vocação estar definida como tal. Neste aspecto, podemos ainda incluir, afixadores informativos, painéis electrónicos, jornal de parede, etc. Podem ainda incluir-se serviços de acolhimento como sejam bilheteiras, Caixas multibanco ou outras formas de pagamento que interessam, quer ao utilizador quer à instalação. É de considerar ainda mobiliário directamente relacionado com os serviços de segurança e controle de entradas.

3. Informação – É neste espaço que deve ser considerada a existência de sinalização de encaminhamento, de modo a realizar a distribuição de fluxos de pessoas, de informação sobre a instalação desportiva (1), de informações sobre as **actividades** (2) que aí se efectuam, indicando os principais acontecimentos, de informações e sobre as **pessoas** (3) que aí trabalham (qualificação e identificação dos técnicos), sobre o perfil da organização (**organigrama**) (4) e o que demais a instalação tem para mostrar que oferece ou o que os utilizadores ou visitantes podem esperar dela.

A recepção é um serviço que, tal como os de controle de entradas e identificação, devem estar todos localizados neste espaço. É junto à recepção que devem encontrar-se as principais informações cujo padrão pode ser avaliado através de: n.º de quadros informativos; número de folhetos de balcão; número de produtos; número de pessoas no atendimento; etc.

O **Decreto-Lei n.º 385/99** de 28 de Setembro que define o regime da responsabilidade técnica pelas instalações desportivas abertas ao público apenas refere, no seu artigo 7.º (identificação do responsável técnico): *"Em cada instalação desportiva deve ser afixado em local bem visível para os utentes a identificação do responsável técnico (…)"*. Não especifica mais nenhum requisito ou determinação que entenda por bem regular, sendo deixado livremente para as administrações esse trabalho de organi-

252 Os Espaços do Desporto – Uma Gestão para o Desenvolvimento Humano

zação, de codificação do espaço, de construção da imagem da instalação desportiva através da organização do átrio. É o **Decreto-Lei n.º 135/99 de 22 de Abril** que estabelece as medidas de modernização administrativa relativas ao atendimento ao público que vem oferecer normas esclarecedoras a este nível. Este diploma embora tendo sido publicado anteriormente e no mesmo ano não é referido no articulado nem no preâmbulo do primeiro.

CAPÍTULO II – Acolhimento e atendimento dos cidadãos

Artigo 6.º (Horários de atendimento):
1 – Os serviços ou organismos que tenham atendimento ao público devem praticar um horário contínuo que abranja sempre o período da hora do almoço, salvo se estiverem autorizados pelo respectivo membro do Governo a praticar outro diferente.

2 – A prática do horário contínuo não prejudica o período legalmente fixado de duração de trabalho diário dos respectivos trabalhadores.

3 – Em todos os locais de acolhimento e atendimento de público deve estar afixado, por forma bem visível, o respectivo horário de funcionamento e atendimento.

Artigo 7.º (Acolhimento e atendimento):
1 – Sempre que a dimensão do serviços públicos o justifique, na entrada a que os utentes tenham acesso, deve permanecer um funcionário conhecedor da sua estrutura e competências genéricas e com qualificação em atendimento de público, que encaminhe os interessados e preste as primeiras informações.

2 – O espaço principal de acolhimento, recepção ou atendimento deve ter:
a) Afixada informação sobre os locais onde são tratados os diversos assuntos;
b) Afixada a tabela dos preços dos bens ou serviços fornecidos;
c) Afixado o organograma do serviço, em que sejam inscritos os nomes dos dirigentes e chefias respectivos;
d) Assinalada a existência de linhas de atendimento telefónico ao público;
e) Brochuras, desdobráveis, guias ou outros meios de divulgação de actividades e respectivas formalidades.

3 – Em função da aglomeração de pessoas, deve ser ponderada a instalação de sistemas de marcação de vez, sinalização para auto-encaminhamento e pictogramas de segurança, telefones públicos, instalações sanitárias, dispositivo para fornecimento de água potável, vídeo, televisor, computador que permita o acesso à Internet, ao INFOCID ou a outro meio de divulgação multimedia.

4 – Salvo casos excepcionais, devidamente autorizados pelo membro do

Governo responsável, o atendimento deve ser personalizado, isto é, em secretária individual, removendo-se os balcões e postigos, e os funcionários que o efectuem devem estar identificados.

Artigo 8.° (Prestação imediata de serviços):
Sempre que a natureza do serviço solicitado pelo cidadão o permita, a sua prestação deve ser efectuada no momento.

Artigo 9.° (Prioridades no atendimento):
1 – Deve ser dada prioridade ao atendimento dos idosos, doentes, grávidas, pessoas com deficiência ou acompanhadas de crianças de colo e outros casos específicos com necessidades de atendimento prioritário.
2 – Os portadores de convocatórias têm prioridade no atendimento junto do respectivo serviço público que as emitiu.

8.4. Os Espaços de Actividade Fundamental

Um espaço de actividade fundamental define claramente a sua vocação. É aquele que se caracteriza por ter um conjunto de características que se adequam à realização de uma actividade determinada e que estão claramente inscritas no espaço através de um conjunto de códigos. Estes códigos são visíveis quer pela imposição de limites, quer pela implantação de apetrechamento específico à realização da actividade, quer pela localização e imposição de outros motivos, que revelam a sua vocação principal, quer ainda pela existência de normas específicas, regulamentos ou mesmo legislação, que lhes estabelecem claramente a vocação fundamental e as actividades permitidas, proibidas, toleradas e o respectivo modo de realização (Parlebas, P.,1974)[120].

Este espaço pode suportar ou incluir outro tipo de actividades, contudo, o exercício destas últimas é feito sempre numa situação de recurso, de utilização temporária ou ainda em situação hostil, face aos códigos inscritos. A actividade fundamental é dominante na dimensão e utilização do espaço, na respectiva ocupação temporal, na saliência das inscrições dos códigos respectivos, nos apetrechos especializados que estão orientados

---

[120] Parlebas, Pierre; (1974), *Espace, sport et conduites motrices*, Education Phisique et Sport, Jan-Fev,1974, n.° 125.

254 Os Espaços do Desporto – Uma Gestão para o Desenvolvimento Humano

para o exercício da sua vocação, e nas formas como os utilizadores fazem corresponder os seus comportamentos ao respeito pelos códigos definidos.

Na óptica da metáfora sagrada que referimos, o recinto de jogo é, nesta óptica, o local dos "ofícios" onde estão presentes os iniciados e oficiantes. Aqui têm apenas acesso aqueles que fazem parte da comunidade desportiva. Aqui se realizam os desempenhos que só alguns são capazes de efectuar e de outros, que querem evoluir nessas mestrias. De um lado (o de dentro) os praticantes, do outro lado (o de fora) mas próximo, os assistentes, também eles talvez iniciados, partilhando e comungando do mesmo tempo e do mesmo espaço pelo exercício e vivência do fenómeno ritual. De fora da instalação ficarão aqueles que não querem ou não podem participar nas ocorrências dos ofícios. No recinto de jogo dá-se a comunhão do ritual das actividades entre adversários. Aqui se expressam e revelam os processos iniciáticos de aprendizagem individual e colectiva através das correspondentes prestações, pelo exercício de valores desportivos, da busca do prazer e da emoção, pelo êxtase expresso e teatralizado da vitória ou da perda da derrota honrosa e honrada pelos adversários, pela construção colectiva das emoções (Elias, N. e Dunning, E. (1992)[121] e António e Hanna Damásio (1995)[122]. É a liturgia do desporto!

Em termos legislativos a codificação e regulamentação destes espaços é verificável no texto de vários diplomas. A **Lei n.° 38/98** de 4 de Agosto, que estabelece medidas preventivas contra a violência no desporto, no seu artigo 3.° (definições) estabelece os conceitos de complexo desportivo, recinto desportivo, área de competição como vimos a páginas 235, embora sintamos a necessidade de voltar a reproduzir de novo aqui o texto já apresentado:

Artigo 3.° (Definições):
Para efeitos do presente diploma entende-se por:
*d) **Complexo desportivo**: O conjunto de terrenos construções ou instalações destinado à prática desportiva de uma ou mais modalidades, pertencente ou explorado por uma só entidade, compreendendo os espaços reservados ao público e ao parqueamento de viaturas, bem como arruamentos particulares.*

---

[121] Elias, N. e Dunning, E. (1992), *A Busca da Excitação*, Difel, Lisboa.

[122] Damásio, António, (1995), *O Erro de Descartes*, Lisboa, Europa-América, 22 edição, Nov 2001.

e) **Recinto desportivo**: *O espaço criado exclusivamente para a prática do desporto, com carácter fixo e com estruturas de construção que lhe garantam essa afectação e funcionalidade, dotado de lugares permanentes e reservados a assistentes, sob controlo de entrada;*

f) **Área de competição**: *a superfície onde se desenrola a competição, incluindo as zonas de protecção definidas de acordo com os regulamentos internacionais da respectiva modalidade;*

O **Decreto-Lei n.º 379/97** de 27 de Dezembro, que regula as condições de segurança a observar na localização, implantação, concepção e organização funcional dos espaços de jogo infantil define no seu artigo 3.º os conceitos de: *"a) Espaço de jogo e recreio – área destinada à actividade lúdica das crianças, delimitada física ou funcionalmente, em que a actividade motora assume especial relevância;"*.

Os espaços de actividade fundamental permitem a identificação da tipologia da instalação desportiva, a partir das dimensões, mas fundamentalmente a partir da lotação dos espectadores ou utilizadores dessa mesma instalação. É o **Decreto Regulamentar n.º 34/95** de 16 de Dezembro que estabelece o regulamento das condições técnicas e de segurança nos recintos de espectáculos e divertimentos públicos que efectua a correspondente classificação. Para as actividades fundamentais define o espaço de tipo B pelo conteúdo do Artigo 2.º – Classificação dos locais dos recintos em função da utilização: *"2 – Locais de tipo B (espaços cénicos) – locais destinados à exibição pública de espectáculos de natureza artística, cultural, desportiva ou recreativa"* Para as lotações apresenta os conteúdos dos artigos artigo 3.º e 4.º:

Artigo 3.º (Classificação dos recintos em função da lotação):

1 – Os recintos, ou conjuntos de recintos, são classificados em categorias, consoante a lotação máxima que lhes for atribuída, a qual é determinada a partir do número de lugares sentados, ou das áreas dos locais destinados ao público, ou pelo conjunto dos dois parâmetros.

2 – Segundo a lotação N que lhes for fixada, os recintos classificam-se em:

a) 1.ª Categoria ....   N> 1000
b) 2.ª Categoria ....500 < N < 1 000
c) 3.ª Categoria .... 200 < N < 500
d) 4.ª Categoria ....   50 < N < 200
e) 5.ª Categoria ....   N < 50

Artigo 4.° (Determinação da lotação dos recintos):

1 – A lotação dos recintos deve ser determinada de acordo com os critérios indicados nos números seguintes.

2 – O número dos ocupantes a considerar em cada local deve ser obtido pela razão entre a sua área interior e o índice de ocupação a seguir indicado, em função do seu tipo, arredondado para o inteiro superior:

a) tipos A1, A3, A4, e A5:

Zonas reservadas a lugares sentados individualizados – número de lugares;

Zonas reservadas a lugares sentados não individualizados – duas pessoas por metro de banco ou bancada;

Zonas reservadas a lugares em pé – três pessoas por metro quadrado de área ou cinco pessoas por metro de frente;

b) Tipo A2 – quatro pessoas por m^2 de área total do local, deduzida a cor-respondente aos espaços cénicos eventualmente integrados no local e a do mobiliário fixo, exceptuando mesas, bancos, cadeiras e poltronas;

c) Tipo A6 – quatro pessoas por metro quadrado de área exclusivamente destinada à estada temporária do público.

3 – Nos recintos alojados em estruturas insufláveis, a lotação não pode exceder a correspondente a uma pessoa por metro quadrado.

4 – A lotação a atribuir a cada recinto ou conjunto de recintos deve ser calculada pelo somatório das lotações que sejam fixadas por cada um dos respectivos locais do tipo A susceptíveis de ocupação simultânea.

5 – Nos recintos polivalentes, a densidade de ocupação a considerar deve ser o máximo da correspondente à mais desfavorável das utilizações susceptíveis de classificação nas condições do artigo 3.°, com um mínimo de uma pessoa por metro quadrado.

Sobre este género de espaços a sua caracterização é referida no Quadro n.° 33 – Taxonomia de classificação de tipos de espaços segundo o estipulado no **Decreto Regulamentar n.° 34/95** de 16 de Dezembro – Regulamento das condições técnicas e de segurança nos recintos de espectáculos e divertimentos públicos (página n.° 236). Este diploma apresenta a tipologia B3 – espaços cénicos ao ar livre e refere na subsecção IV.3 – Locais de tipo B3, o seguinte:

Artigo 94.° (Campos de jogos):

1 – Nas vedações que separam os campos de jogos dos locais acessíveis ao público devem ser previstas passagens que permitam aos espectadores o seu acesso, as quais devem ser apenas transponíveis em condições excepcionais.

2 – As passagens referidas no número anterior devem ser estabelecidas em todos os sectores do recinto com acesso vedado ao campo.

3 – O sistema de abertura das passagens deve ser comandado por elementos do serviço de segurança.

O **Decreto Regulamentar n.° 5/97** de 31 de Março que regulamenta as condições técnicas e de segurança dos recintos com diversões aquáticas classifica os recintos de modo muito semelhante através do seu artigo 2.°:

Artigo 2.° (Classificação dos recintos):
1 – Os recintos ou conjunto de recintos são classificados em categorias, consoante a lotação máxima instantânea (lotação de ponta) que lhes for atribuída, a qual é determinada pelos critérios fixados no artigo 7.° do presente Regulamento.

2 – Segundo a lotação máxima instantânea N que lhes for fixada, os recintos classificam-se segundo as seguintes categorias:
a) 1.ª categoria – N > 1000;
b) 2.ª categoria – 500 < N < 1000;
c) 3.ª categoria – 200 < N < 500;
d) 4.ª categoria – n < 200.

O **Decreto-Regulamentar n.°10/2001** de 7 de Junho que estabelece o Regulamento das condições técnicas e de segurança dos estádios, não trata nem define os espaços fundamentais de actividade, centrando a sua atenção sobre tudo o que está à volta do espaço desportivo, embora classifica as instalações em função da sua lotação no seu artigo 4.°:

Artigo 4.° (Classificação do estádios em função da lotação):
Com base nos critérios definidos no artigo 3.° os estádios são classificados de acordo com a lotação máxima N, que lhes for fixada, nas seguintes classes:
a) Classe A: N igual ou superior a 35 000

b) Classe B: N igual ou superior a 15 000 e inferior a 35 000
c) Classe C: N igual ou superior a 5 000 e inferior a 15 000 espectadores
d) Classe D: N inferior a 5 000 espectadores.

As especificações dos espaços de actividade fundamental não é totalmente esgotada na definição estabelecida por lei, mas antes pelos regulamentos da modalidade, que são constituídos pelas respectivas federações ou organismos internacionais dedicados. A lei, actua fundamentalmente na organização do espaço de vizinhança dos recintos, por forma a proporcionar conforto aos que partilham do espectáculo proporcionado pela prática desportiva e, na organização dos espaços que antecedem ou sucedem as práticas desportivas ou o espectáculo, apoiando e criando conforto ao desempenho das tarefas e funções que esta solicita. Tem ainda alguma participação em algumas especificações técnicas relativas ao enquadramento ambiental interno das áreas de competição conformes à determinação de níveis de conforto desportivo.

O **Decreto Regulamentar n.° 34/95** de 16 de Dezembro, que estabelece o regulamento das condições técnicas e de segurança nos recintos de espectáculos e divertimentos públicos que vimos atrás ainda refere as características dimensionais dos espaços no seu Artigo 54.° (espaços de Tipo A – Características dimensionais):

> *"As dimensões dos locais fechados e cobertos destinados à permanência do público, devem, em regra, estar relacionadas por forma a que, em valores médios, a largura não seja inferior a metade do comprimento".*

8.5. Os Espaços Complementares de Apoio

Os espaços complementares de apoio definem-se como sendo aqueles que embora não realizem funções que façam parte da actividade propriamente dita a ela estão ligados. Normalmente acolhem acções que são realizadas antes ou depois da respectiva decorrência, ou localizam apetrechos que importam ao seu decurso. São ainda espaços que acolhem acções de suporte à actividade principal e se destinam a dar conforto ou a estabelecer o contínuo das acções a realizar, para que a prática desportiva se efectue sem interrupções ou desconfortos.

As actividades secundárias ou acessórias, complementam as actividades principais, organizam-se em função delas, estabelecem o contínuo geral e escolhem os espaços complementares de apoio como locais de expressão dedicada.

O **Decreto Regulamentar n.° 34/95** de 16 de Dezembro – Regulamento das condições técnicas e de segurança nos recintos de espectáculos e divertimentos públicos define e classifica os espaços complementares de apoio como locais de tipo C:

Artigo 107.° (Campo de aplicação):

As disposições desta secção são aplicáveis às instalações dos recintos destinadas a artistas, a desportistas e a pessoal, as quais podem compreender camarins, vestiários, balneários, zonas de reunião, permanência, ensaio ou convívio, espaços destinados a actividades de natureza administrativa e outras dependências de apoio.

Artigo 109.° – (Instalações destinadas a desportistas):

1 – Os recintos destinados a exibições de natureza desportiva devem ser dotados de instalações privativas para desportistas, equipas de arbitragem, constituídas, no mínimo, por:

a) Vestiários e balneários;

b) Postos de socorros;

c) Instalações sanitárias;

d) Zonas de permanência.

2 – Os balneários devem ser equipados com chuveiros em número não inferior a metade do número de desportistas que devam servir.

3 – Nos recintos destinados a competição entre grupos distintos, as instalações referidas devem ser independentes para cada um.

4 – O posto de socorros deve satisfazer as disposições do n.° 4 do artigo anterior, devendo, nos recintos desportivos de grandes dimensões, os postos de socorros ser ainda equipados para receber e assistir o público.

O **Decreto-Regulamentar n.° 10/2001** de 7 de Junho que estabelece o Regulamento das condições técnicas e de segurança dos estádios, não estabelece um conceito para este tipo de espaços complementares de apoio, mas define vários capítulos onde estes tipos de espaços são previstos e a sua correspondente regulamentação e especificação técnica, particularmente do Capítulo V ao Capítulo VIII. Deles podemos obter uma panorâmica geral do seu articulado pela consulta do Quadro n.° 35 – Articulado do **Decreto Regulamentar n.° 10/2001** de 7 de Junho – Regulamento das condições técnicas e de segurança dos estádios, relativo à tipologia de espaços apresentados na página n.° 238. Sobre a análise do seu conteúdo teremos oportunidade de, nas próximas páginas, abordarmos as correspondentes especificidades.

A **directiva CNQ n.° 23/93** do Conselho Nacional da Qualidade sobre a qualidade das piscinas de uso público, identifica no seu capítulo IV um conjunto de serviços anexos, onde se incluem balneários, vestiários, sanitários, serviços de controle médico, primeiros socorros e análises anti-doping, bem como instalações técnicas e instalações para o pessoal da administração, da manutenção e limpeza. O Quadro n.° 36 – Especifica-

260 *Os Espaços do Desporto – Uma Gestão para o Desenvolvimento Humano*

ções técnicas respeitantes ao dimensionamento das salas dos edifícios escolares incluídas no articulado do **Decreto-Lei n.º 414/98** de 31 de Dezembro sobre a segurança contra incêndio no edifícios escolares – artigo 7.º, n.º 3, que apresentamos na pág. n.º 277 refere-se a um conjunto de indicadores de utilização, relativo à determinação do número de ocupantes dos edifícios, para vários destes espaços através do indicador: 'n.º de pessoas/m²'. Nele se incluem diversos tipos de espaços complementares aos edifícios escolares, onde se incluem os espaços com vocação desportiva.

8.5.1. *Os Espaços Complementares de Actividades*

Os espaços complementares de actividades são, como o próprio nome indica, organizados como forma de apoiarem o exercício das práticas desportivas através de outras. As práticas aqui realizadas são normalmente de tipo físico ou muito semelhante àquelas que irão desenvolver-se nos espaços de 'actividade fundamental', só que aqui adquirem aspectos de preparação para a primeira. Os espaços complementares destinam-se assim a dar acolhimento à realização das segundas e para elas devem vocacionar-se. Normalmente nestes espaços não se desenrolam actividades desportivas mas, a acontecerem, estão orientadas em função das actividades principais.

Estes espaços podem compreender a existência de equipamentos e funções especializadas que adquirem importância relevante no apoio às actividades principais e podem até, quando se institucionalizam como tal, adquirir um estatuto de actividade principal, assumindo-se como uma instalação diferenciada da prática desportiva. No entanto, nas instalações desportivas, elas estão submetidas à lógica, à dinâmica de funcionamento e às necessidades impostas pela prática desportiva. O **Decreto-Lei n.º 385/99** de 28 de Setembro que define responsabilidade técnica pelas instalações desportivas, refere-se à existência destes tipos de espaços com equipamentos especializados no texto do seu artigo 2.º:

Artigo 2.º (Definições):
1 – (...)
2 – Integram-se ainda na alínea c) (piscinas) do n.º 1 do presente artigo os equipamentos especializados ou *complementares ligados a fins de balneoterapia, designadamente saunas, banhos turcos, jacuzzis, hidromassagem, tanques de imersão e piscinas de dimensão inferior a 100 m².*

Os Espaços das Instalações Desportivas

O **Decreto Regulamentar n.º 34/95** de 18 de Dezembro que estabelece o Regulamento das condições técnicas e de segurança nos recintos de espectáculos e divertimentos públicos refere alguns espaços neste domínio, classificando-os no tipo A5:

Artigo 2.º (Classificação dos locais em função da utilização):
e) Tipo A5 (locais ao ar livre) – locais situados ao ar livre, susceptíveis de utilização para actividades previstas nas alíneas a), b) ou c);
(são salas de espectáculos, salas de diversão, e pavilhões desportivos)

8.5.2. *Os Espaços de Aquecimento e Musculação*

Os espaços de aquecimento e musculação estão localizados na vizinhança dos espaços fundamentais e, na condição de espaços de aquecimento, para além de suportarem e prepararem a actividade principal, adquirem por vezes o estatuto espaço de realização de actividades principais embora alternativas em relação às actividades principais.

O **Decreto Regulamentar n.º 10/2001** de 7 de Junho – Regulamento das condições técnicas e de segurança dos estádios considera a existência de espaços de apoio específico para o aquecimento e musculação:

Artigo 20.º – (Instalação de aquecimento e musculação):
1 – Na proximidade dos espaços de vestiários/balneários dos praticantes desportivos deverá prever-se uma sala destinada ao aquecimento, integrando área para musculação, com cerca de 150 m², não podendo a largura ser inferior a 5 m, com a possibilidade de compartimentação temporária, sendo recomendável, nos estádios das classes A e B, a previsão de duas unidades, a localizar na proximidade de cada um dos vestiários/balneários principais.
2 – A instalação referida no número anterior deve ser concebida de modo a permitir a utilização simultânea por cerca de 20 praticantes desportivos e reunir condições que possibilitem a colocação de diversa aparelhagem de treino dispondo de condições ambientais no mínimo semelhantes às requeridas para os vestiários/balneários.

8.5.3. *Os Espaços de Transmutação/transfiguração*
– Os balneários, vestiários e sanitários

Os balneários são espaços de apoio à prática desportiva de importância vital no que respeita ao conforto e higiene na vivência desportiva. Também eles têm um significado que não queremos deixar de abordar à luz da Metáfora Sagrada que nos propusemos constituir para o Desporto.

Os balneários são espaços que têm três tipos de entendimentos, dado que são utilizados em termos desportivos em três momentos: à entrada (1), no intervalo (2) e à saída (3) da prática desportiva e, utilizando esta metáfora, assim os poderemos considerar:

1. À entrada – É aqui que se dá a mudança de estatuto e de visual, por isso podem ser vistos como os **locais de transfiguração e transmutação** de pessoas normais em outros 'seres' que participarão em "ofícios" ou no exercício de um estatuto só reservado a alguns – os escolhidos, os seleccionados ou aqueles que estão a ser iniciados. É neste espaço que se realiza a preparação dos ofícios e dos rituais através da concentração, do treino mental, da oração ou pensamento individual e colectivo, são definidas as estratégias de intervenção, transmitidos os segredos e as últimas intenções são lançadas antes da entrada no recinto de jogo. É por isso também um local que realiza a preparação mental do clímax de entrada para o início do espectáculo ou do ofício. Nestes espaços estabelece-se o código comum de entendimento e coordenação das acções da equipa ou do atleta e é também aqui, que se partilha, numa intimidade efectuada apenas entre todos os 'oficiantes', o êxtase da vitória ou da perda da derrota honrosa. Os balneários são os camarins dos "artistas" que praticam o desporto. Também podem ser entendidos como um portal que faz passar o cidadão comum para uma outra realidade, para um outro espaço (mental), tal como os espaços de tele-transporte electrónico ou as câmaras de despressurização/pressurização, como vimos (Ponto 6.2.1 – As metáforas do imaginário nas instalações desportivas, página 185: O Portal dos Imaginários).

2. Nos intervalos – Os balneários identificam locais de trocas de informação que são importantes. São locais de "conspiração de estratégias" e de tácticas que antecedem as acções, mas também as reformulam durante os intervalos. O descanso cria um processo de paragem física, para remobilização dos aspectos mentais: o esforço de concentração e análise sobre o tipo de acções que estão a ser desenvolvidas pelo reforço ou renovação das estratégias e tácticas definidas. O intervalo prepara a continuação, pois recoloca os níveis de tensão e ansiedade ajustados aos níveis de resposta que se irão seguir. Os intervalos funcionam em termos simbólicos como uma reentrada nas 'câmaras de compressão' para fazer ajustamentos e compensações.

3. No fim da actividade desportiva existem duas situações distintas quanto à forma de como os balneários são utilizados:

– (Com pressa de utilização – sem tempo disponível) – Numa situação apressada, onde a disponibilidade de tempo para uma utilização mais prolongada do balneário é reduzida. Aplica-se a utilizadores que centram a sua atenção sobre a prática em início do dia ou intervalada entre tarefas laborais diárias.

– (Sem pressa de utilização) – Em situação em que, após a realização da prática desportiva e das emoções vividas no recinto de jogo, o regresso aos balneários permite o acesso a outros tipos de prazeres: (1) a recuperação e o retorno à calma (2) o banho por excelência, que funciona, na lógica metafórica como a 'purga final' (deste acto *litúrgico* do desporto) e o respectivo abandono de "misérias", (3) a recuperação fisiológica, com eventuais banhos especializados (imersão, jacuzzi, sauna, banho escocês, banho turco, etc.) e (4) massagens, hidratação e cura de ferimentos. Numa situação onde o praticante disponha do tempo necessário, o balneário adquire propriedades de extensor das compressões do tempo vividas na pressão do jogo, no recinto desportivo, e do prazer que é dado por todas as actividades de recuperação que ele oferece. O balneário é também um espaço de reflexão e de socialização: Nele, o praticante realiza um caminho interior para a estabilização e construção das emoções vividas, mas também é aqui que se faz algum do ajustamento mútuo, do "entrosamento", da autoavaliação que são necessários ao desempenho da equipa ou do próprio atleta. É através das "conversas de balneário" e de corredor que se integram os diferentes elementos no grupo e se constrói a auto-estima, o espírito de equipa e se faz a avaliação e análise sobre o resultado certo ou errado, sobre o que foi bem ou mal realizado. É no fundo a expressão de um mundo de valores, centrados em torno da higiene, mas ao mesmo tempo, é uma procura de legitimidades de intervenção e de manutenção de equilíbrios necessários para obtenção da vitória. Por isso, o balneário é um espaço de formação e deve deste modo, ser-lhe dada as necessárias condições para que tal possa acontecer.

O balneário permite nesta lógica metaforizada, o retorno à vida "mundana" mais purificado com o corpo, a "alma" (auto – estima) renovados, como se se estivesse limpo por dentro e por fora.

264 Os Espaços do Desporto – Uma Gestão para o Desenvolvimento Humano

O balneário aparece, por tudo isto, como um local 'mágico'. Tem uma simbologia própria que pode ser reforçada nesta componente. Ele é ao mesmo tempo, como dissemos, o local da transfiguração, do retorno à calma, o local das conversas preparatórias e dos comentários pós-prática que acompanham e fazem parte das práticas desportivas. Identifica-se no seu interior uma **sociologia própria de balneário** que resulta do tipo de comunicação entre os praticantes que aí é gerada. O "cheiro do balneário", nome do código utilizado por desportistas e os treinadores de futebol, revela um determinado conhecimento dado que, através de qualquer coisa que é invisível e que é essência, o tal cheiro, se simbolizam cumplicidades que se revelam num ambiente de intimidade, quer individual quer colectiva, a que a maioria dos que assistem ao espectáculo não têm acesso. O balneário, funciona quase como um **clube secreto juvenil**, onde, por princípio, os elementos do sexo oposto não entram (Gasset, O.; 1924/1987)[123]. É aqui que se definem estratégias de assalto, de combate, de defesa e contra ataque, onde no fundo, se conspira quer individual, quer colectivamente em função de um futuro próximo que se materializa na actividade desportiva. É neste espaço também que se revelam e partilham as últimas informações e acontecimentos que fazem parte da vida de cada elemento da comunidade desportiva e dos diferentes grupos.

> Funcionalmente, os balneários são mais um espaço de apoio aos atletas, utilizadores ou clientes, conforme a perspectiva de utilização. Eles organizam-se em torno de 3 funções:
> 1. Troca de indumentária (Vestir/despir);
> 2. Higiene: aspectos relacionados com a higiene (Lavar) – (a), Satisfação de necessidades fisiológicas (sanitários) (b);
> 3. Podem ser ainda incluídas funções complementares que se dirigem a aspectos ligados com outras funções: acção pedagógica (a); comunicação entre elementos da equipa (b), recuperação por massagem (c), preparação fisiológica (d) e cura de ferimentos (e).
>
> Os balneários organizam o seu espaço para responder a estas funções pela inclusão de apetrechamento ou, pelo contrário, diferenciam por compartimentação ou codificação, espaços especializados, embora na vizi-

---

[123] Ortega y Gasset; (1987), *A Origem Desportiva do Estado*, Lisboa, Direcção Geral dos Desportos, n.º 38.

nhança uns dos outros, para responder a diferentes acções, cuja expressão acontece em sequência ou em simultâneo (particularmente no caso das equipas). Neles se incluem por isso zonas diferenciadas de:

1. vestiários – com os correspondentes cacifos, cabides;

2. balneários – com chuveiros e outros tipos de possibilidades de banhos e respectivos equipamentos;

3. sanitários – lavatórios, espelhos e outro apetrechamento.

Seja por compartimentação seja por equipamento através de mobiliário, eles alojam as funções atrás referidas agrupando-os por zonas segundo critérios como sejam:

a) contacto com água – zona seca/zona húmida

b) calçado – zona pé-descalço/zona calçada

c) cheiros – zona ventilada/não ventilada

Os **balneários** são instalações que devem expressar diferentes padrões de conforto ajustados à diversidade dos seus utilizadores. Estes padrões devem ser enquadrados na estrutura dos espaços onde os praticantes ou utilizadores têm de realizar as funções prévias ou posteriores à prática desportiva. Este enquadramento gera diferentes tipos de utilizações e apropriações, implicando níveis mais elevados de conforto. O ajustamento dos níveis de conforto à especificidade de cada uma das populações pode colidir com a necessidade de cada espaço dar resposta à diversidade que elas apresentam, colidindo assim com níveis de estandartização e codificação do espaço que permitem melhores níveis de economia e de gestão dos recursos. Interessa-nos discutir esta problemática de modo a apresentarmos pontos de vista e perspectivas diferentes de abordagem. Enunciaríamos então cerca de cinco questões que envolvem normalmente os problemas de gestão ao nível dos balneários e que nos esclarecem acerca da **definição da respectiva vocação**:

1. Os balneários devem ser locais de **passagem** ou um local de **permanência**? Os balneários devem ser locais de utilização rápida de entrada e saída para a actividade desportiva e para a vida, ou pelo contrário, devem assumir-se com uma dinâmica própria, com uma sociologia própria, como um local com ofícios próprios e actividades características e diferenciadas que prolongam situações de recuperação, prazer e outras? Os balneários devem ter um **nível de apetrechamento** simples e reduzido ou alto, com elevado padrão de conforto e higiene, constituindo-se numa sala de banhos, massagens, centro de SPA (saúde pela água)? Os balneários devem ter o

conforto de uma casa de banho familiar ou devem ser o mais impessoais possível? Por exemplo: Deve poder fazer-se a barba no balneário/vestiário/higienário ou não é recomendável?

2. Deve haver uma diferenciação clara entre um balneário, um vestiário e um sanitário? Os vestiários devem ser colectivos ou, pelo contrário, com cabines individuais? Quais as modalidades desportivas ou de utilização que impõem diferentes formas de estruturar estes espaços? Os "fantasmas" corporais condicionam a **codificação espacial** dos balneários/vestiários?

3. Os balneários devem ser locais de actividade pedagógica? Ou esta deve ser realizada em espaço próprio?

4. Os balneários devem diferenciar-se apenas por critérios ligados ao **género** (masculino/feminino) ou podem apresentar outros critérios, como os de família ou pais e filhos, mães e filhos, populações especiais, etc.?

5. Os balneários são mais **importantes** que as instalações desportivas em locais onde não existe nenhum espaço desportivo ou recinto? Quererá dizer que a não existência de um espaço codificado desportivamente não implica a necessidade de não justificar a existência de uma estrutura balnear com servidão desportiva?

São estas as questões que vamos tentar abordar nas próximas linhas. Elas são, por vezes causa de conflitos ou embaraços quando as respostas não estão constituídas ou quando a direcção das instalações não tem ideias claras sobre elas e sobre as correspondentes decisões a tomar.

1. Em nosso entender, os balneários devem estar organizados para responder às duas ou três situações. Quando se está **a entrar**, há vontade de começar a actividade desportiva o mais depressa possível. Por vezes a ansiedade faz atrasar o início da actividade e prolongar a estada nos balneários e o nível de tensão ao entrar no recinto de jogo aumenta. Por isso, eles devem estar **organizados para permitir uma utilização rápida**, através da colocação do apetrechamento necessário às operações a efectuar na proximidade do indivíduo que as está a realizar. Quando se está em situação de maior centragem na actividade desportiva há necessidade de acelerar a entrada no recinto, o que não acontece após a actividade. Quando acaba a actividade (**à saída**), o cansaço requer o acesso a situações de recuperação da higiene, da temperatura do corpo, da hidratação, das energias e abaixamento do tónus muscular, recuperação de mazelas, socorro, massagens e cura de ferimentos. As **situações de conforto e de prazer** são naturalmente procuradas se tal se proporcionar ou houver tempo para isso, e tem de haver no balneário condições para que a tal se possa aceder de modo facilitado. Melhor ainda, é haver uma sala ou serviço especializado na respectiva vizinhança. Aqui a estância

pode prolongar-se e libertar os espaços dos vestiários para outras utilizações, oferecendo níveis mais rendosos de utilização. Nestes se incluem os serviços de SPA (saúde pela água), massagens, e até cabeleireiro, bar dietético, medicina física, etc., se for essa a filosofia da organização. Não nos choca por isso que o nível de conforto de um balneário permita a realização de uma série de funções que são normalmente pertença ou atribuições de uma residência, dado que em termos da evolução da vida urbana, é cada vez menor o número de tarefas e actividades que nela se realizam. Por isso, porque não oferecer na instalação um nível de qualidade semelhante ou mesmo superior ao que se poderia ter em casa?

2. A dimensão e a necessidade de responder a um maior ou menor número de utilizadores assim obriga à existência de um grau de diferenciação nas superfícies ou espaços especializados agregados a cada uma das funções (Vestiário, Balneário, Sanitário). Em instalações de pequeno uso esta diferenciação faz-se por vezes com cortinas ou em pequenos aposentos incluídos no mesmo espaço. Em instalações com número mais elevado e especializado de utilizadores cada uma dessas funções ganham estatuto e espaço próprio diferenciado.

A legislação portuguesa tem especificação para diversos tipos de instalações desportivas e as suas necessidades variam conforme a modalidade, mas também com o tipo de utilizadores. O **Decreto Regulamentar n.° 10/2001** de 7 de Junho – Regulamento das condições técnicas e de segurança dos estádios estabelece no capítulo V os correspondentes requisitos necessários à estruturação de um balneário:

Capítulo V – Locais para os praticantes desportivos, juízes e técnicos

Artigo 15.° (Vestiários e balneários para praticantes desportivos):

1 – Os estádios deverão estar dotados de vestiários/balneários, para ambos os sexos, destinados aos praticantes desportivos, em número não inferior a duas unidades para os recintos da classe D e a quatro unidades nas restantes classes, sendo recomendável nos estádios das classes A e B que integrem pistas de atletismo a previsão de um mínimo de seis unidades

de vestiário/balneário, duas das quais deverão reunir condições para utilização por pessoas com deficiência nos termos da legislação aplicável.

2 – Cada vestiário deverá estar dimensionado para servir em simultâneo cerca de 20 praticantes desportivos, na base de 1 m^2 a 2 m^2 por utente, com o mínimo de 25 m^2 por unidade, excluindo a área de balneário, e estar equipado com bancos e cabides de roupa individuais e dispor de espaço para uma mesa de massagens.

3 – Sem prejuízo do disposto na legislação aplicável, quando se trate de espaços para receber pessoas com deficiência, cada vestiário deve dispor de espaço contíguo destinado a balneário e instalações sanitárias, com as seguinte condições:

a) Mínimo de oito postos de duches, dos quais pelo menos metade preferencialmente instalada em compartimentos individuais nos estádios das classes A e B, servidos com rede de água fria e quente, com capacidade para disponibilizar um mínimo de 40 l por banho à temperatura de 38° C a 40° C;

b) Instalações sanitárias com o mínimo de dois lavatórios, duas cabinas com retretes e dois urinóis.

4 – Nos estádios de classes A, B e C é recomendável prever-se em, pelo menos, dois vestiários/balneários a instalação de um tanque de imersão, com assentos para cerca de oiro praticantes desportivos em simultâneo, com dimensões mínimas de 2,4 m x 2 m e dispondo eventualmente de um sistema integrado de hidromassagem, podendo este equipamento integrar-se com outros serviços e instalações de hidroterapia, designadamente saunas, banhos turcos e duche escocês, acoplando áreas para repouso e relaxamento.

Artigo 16.° (Vestiários e balneários para árbitros e juízes):

1 – Os estádios deverão estar dotados de, pelo menos, um vestiário/balneário para cada sexo, destinado aos árbitros e juízes, dispondo, por unidade, de 10 m² de área de vestir, além de um balneário integrado ou contíguo a cada vestiário, constituído por:

a) Dois postos de duche em cabinas individuais, equipados com rede de água fria e quente com capacidade para disponibilizar um mínimo de 40 l por banho, de 38° C a 40° C;

b) Um lavatório e uma cabina sanitária com retrete.

2 – Os vestiários/balneários dos árbitros e juízes devem ser individualmente dimensionados para possibilitar a instalação do seguinte mobiliário e equipamento:

a) Uma mesa de secretária, duas cadeiras e quatro cacifos individuais;

b) Bancos para quatro pessoas e oito cabides individuais de roupa.

Artigo 17.° (Disposições gerais para os vestiários, balneários e instalações sanitárias):

1 – Os acessos dos praticantes desportivos e dos árbitros ao terreno desportivo, a partir dos respectivos balneários, em especial nos estádios vocacionados para a realização de competições de futebol, devem ser estabelecidos em túnel subterrâneo ou através de vão de saída protegido por manga fixa ou telescópica composta por estrutura resistente a impactes, desembocando junto aos limites do terreno desportivo.

2 – Os locais destinados aos serviços de vestiário/balneário para praticantes desportivos e árbitros, bem como as instalações sanitárias em geral previstas para apoio ao público, devem ser concebidos e realizados de forma que respeitem exigências de funcionalidade, de qualidade sanitária e de segurança, facilitem as condições *de utilização e de conservação e satisfaçam nomeadamente os seguintes requisitos:*

a) implantação preferencial em locais arejados que disponham de janelas com abertura controlada, ou sejam equipados com sistemas de ventilação e tratamento do ar que garanta as seguintes condições ambientais:

Renovação do ar: 5 l por segundo por utente;

Temperatura do ar: 18º C a 24º C;

Humidade relativa do ar: 60% a 80%;

b) Ausência de elementos e apetrechos com saliências ou arestas vivas e interdição da utilização de materiais porosas ou susceptíveis de se constituírem como substrato para o desenvolvimento de microrganismos patogénicos, designadamente o uso de estrados de madeira, tapetes ou alcatifas;

c) Instalação de pavimentos construídos com materiais impermeáveis, antiderrapantes, resistentes ao desgaste e às acções dos desinfectantes comuns e de fácil limpeza, devendo, além disso, estar dotados de dispositivos de drenagem que evitem a formação de zonas encharcadas e facilitem a evacuação das águas de lavagens;

d) Instalação de paredes e divisórias, evitando arestas côncavas, com revestimentos até uma altura de pelo menos 2 m. com materiais impermeáveis, resistentes aos desinfectantes e detergentes correntes;

e) Adopção de disposições especiais na escolha, localização e protecção de aparelhos e acessórios, nomeadamente tomadas e cabos eléctricos, *torneiras, tubagens de águas quentes e aparelhos de aquecimento, de modo que não se constituam como fontes de risco para a segurança dos utentes e do pessoal encarregado da manutenção.*

3 – Os vestiários dos praticantes desportivos e dos árbitros serão equipados com cabides fixos e disporão de assentos dimensionados na relação de 0,4 m lineares de banco por cada utente, considerando a capacidade dos respectivos locais, devendo, preferencialmente, dispor de armários/cacifos individuais com fechadura.

4 – Os postos de duche previstos nos balneários, e sem prejuízo dos requisitos exigidos quando destinados a pessoas com deficiência, devem dispor de um espaço de banho, com escoamento de nível sem rebordo e com o mínimo de 0,8 m x 0,8 m, acrescido de uma área de passagem e secagem contínua de cerca de 1,5 m² por cada posto de duche individual ou colectivo.

Artigo 21.º – (Instalações para treinadores):

Em correspondência e na proximidade de dois vestiários/balneários principais dos praticantes desportivos devem estar previstas duas instalações para treinadores, constituídas individualmente por um gabinete polivalente com o mínimo de 8 m², equipado com uma secretária, duas cadeiras, dois sofás e quatro cacifos individuais devendo, preferencialmente, dispor de instalação sanitária privativa com um lavatório, uma retrete e um posto de duche.

270 Os Espaços do Desporto – Uma Gestão para o Desenvolvimento Humano

O **Decreto Regulamentar n.**° **10/2001** de 7 de Junho – Regulamento das condições técnicas e de segurança dos estádios, no que respeita à regulamentação dos balneários, está apenas organizado, em função da lógica de funcionamento do espectáculo desportivo. Ele ignora outros tipos de utilizações, como sejam as escolares e até formas maximizadoras de utilização do terreno desportivo (área de competição) como sejam a realização de saraus ou outros tipos de manifestações não necessariamente desportivas. Mais, os estádios, neste particular, inserem-se por vezes em espaços onde existem áreas de implantação elevada com terrenos circundantes que também podem ser utilizados numa vertente desportiva. Estes terrenos incluem-se dentro de complexos desportivos, definindo para a cidade terrenos com vocação desportiva, e por isso, podem ser mobilizados para a realização de actividades. A existência de balneários dentro do estádio pode servir deste modo, não só o terreno desportivo que está definido dentro da instalação, mas também terrenos ou recintos adjacentes, com menor grau de codificação para desporto mas mobilizáveis para a realização de actividades, nomeadamente através de um serventia informal à qual os balneários dão apoio.

A **directiva CNQ n.**° **23/93** do Conselho Nacional da Qualidade sobre a qualidade das piscinas de uso público estabelece no seu capítulo 4 (serviços anexos) as seguintes especificações para os balneários na qual integra dentro do conceito de serviços anexos:

4.1. Os serviços anexos – vestiários, balneários e sanitários – destinados aos banhistas devem ser distintos por sexos e divididos em dois sectores separados e proporcionados, considerando uma igual presença de homens e mulheres, e sem barreiras arquitectónicas que impeçam a sua utilização por deficientes, crianças ou idosos. Estes locais devem ser para utilização exclusiva dos utentes da piscina, mesmo quando esta se integre em complexos com outras instalações desportivas e recreativas.

4.2. Os locais dos serviços anexos devem ser concebidos e realizados de forma a que respeitem os mais elemen-

tares requisitos de segurança e qualidade sanitária, de facilidade e de utilização e conservação, nomeadamente no que respeita à idoneidade dos materiais, organização dos espaços e dos elementos, e á qualidade da construção. Em particular, deverão ser respeitados os seguintes requisitos:

a) É formalmente interdita a instalação de elementos e apetrechos com saliências ou arestas vivas e a utilização de materiais porosos ou susceptíveis de se constituírem como substrato para o desenvolvimento de microrganismos patogénicos, tais como estrados de madeira, tapetes ou alcatifas.

b) Os pavimentos devem ser realizados com materiais impermeáveis, antiderrapantes, resistentes ao desgaste e às acções dos desinfectantes comuns e serem de fácil limpeza. Devem, além disso, dispor de sistemas de drenagem que evitem encharcamentos e facilitem a evacuação das águas de lavagens.

c) As paredes dos vestiários, balneários e instalações sanitárias devem desenvolver-se evitando arestas côncavas e ser revestidas até uma altura de pelo menos 2 m, com materiais impermeáveis, resistentes aos desinfectantes e fáceis de limpar.

d) Devem adoptar-se disposições especiais na escolha, localização e protecção de aparelhos e acessórios, tais como tomadas e cabos eléctricos, torneiras, tubagens de águas quentes e aparelhos de aquecimento, de modo que não se constituam como fontes de risco para a segurança dos utentes e do pessoal encarregado da manutenção.

4.3. Os vestiários dos banhistas devem, do ponto de vista estrutural e funcional, constituir-se como 'locais secos' e funcionar como elementos de separação entre os circuitos dos utentes vestidos e com calçado de rua e os circuitos dos utentes em pés descalços e traje de banho. Estes circuitos devem estabelecer-se de um e outro lado de cada local destinado a vestiário e em comunicação directa com os respectivos espaços para 'pé calçado' e 'pé descalço'.

4.3. Os vestiários dos banhistas podem organizar-se em espaços colectivos para o serviço de grupos ou equipas, ou com cabines de uso individual e rotativo. Em piscinas com tanques desportivos, tanques de aprendizagem ou tanques polivalentes, vocacionadas sobretudo para a utilização por grupos organizados, os vestiários serão implantados preferencialmente em espaços colectivos complementados com pelo menos duas cabines de uso individual, integradas nos respectivos blocos de vestiários para cada sexo.

4.5. A área total dos locais de vestiários será de 0,3 m^2 por cada 1 m^2 de plano de água, com o mínimo de dois espaços de 15 m^2 cada um. Se os vestiários forem organizados exclusivamente com cabines rotativas individuais, o número destas será estabelecido na proporção de uma cabina por cada 10 m^2 de plano de água, igualmente distribuídas para os dois sexos, e com o mínimo de 1 m^2 de superfície por cada unidade. Em cada bloco, uma destas cabines será dimensionada e apetrechada para o uso por deficientes e famílias.

4.6. Os vestiários colectivos serão equipados com cabides fixos e disporão de assentos dimensionados na relação de 0,40m lineares de banco por cada utente, considerando a afluência total igual à lotação máxima instantânea.

4.7. Os vestiários devem dispor de um serviço de depósitos de roupas, que poderá ser organizado com sistemas individuais ou colectivos. Estes serviços, quando colectivos – guarda-roupa central –, deverão localizar-se de forma a salvaguardar a separação dos circuitos de pé calçado e de pé descalço exigida na utilização dos blocos de serviços. No sistema individual, as roupas são colocadas em armários-cacifos com fechadura, distribuídos pelos locais de serviços acessíveis aos utentes em pés descalços.

4.8. Em comunicação directa com os vestiários colectivos, ou na imediata vizinhança dos circuitos de pés descalços, serão previstos os blocos de balneários e sanitários igualmente distribuídos e separados por sexos, constituídos por zonas de duches, lavatórios e instalações sanitárias, dimensionados para as seguintes proporções:

a) Chuveiro: – 1 por cada 30 m^2 de plano de água, com o mínimo de 4 para cada sexo, dos quais 1/4 instalados em cabines de uso individual. Nas piscinas com tanques ao ar livres e superfícies de plano de água superiores a 1000 m^2, poderão contabilizar-se os chuveiros instalados nos lava-pés exteriores até 1/4 do total.

b) Lavatórios: – 1 por cada 50 m^2 de plano de água, com o mínimo de 2 lavatórios por cada bloco de balneário.

c) Instalações sanitárias: – 1 cabina com sanita por cada 50 m^2 de plano de água, com o mínimo de 2 unidades por cada bloco de serviços.

d) Urinóis: – nos locais de serviços reservados para homens, e quando o número de sanitários for superior a 2 unidades, 1/2 destas poderá ser substituído por urinóis, na proporção de dois urinóis por cada sanita suprimida.

4.9. Cada duche deve dispor de um

espaço de banho com o mínimo de 0,80 x 0,80 m, acrescido de uma área de passagem e secagem contígua, num total de 1,5 m^2 por cada posto de duche. Deverão instalar-se distribuidores automáticos de sabão na zona dos duches.

4.10. Nas piscinas cobertas, deve ser prevista a instalação de secadores de cabelo em número igual ao de chuveiros.

4.11. No dimensionamento dos serviços anexos das piscinas para uso exclusivo dos hóspedes, em estabelecimentos hoteleiros, parques de campismo, aldeamentos turísticos e condomínios, poderá considerar-se apenas 1/4 das necessidades calculadas de acordo com os critérios precedentes, mas prevendo como mínimo um bloco de serviços para cada sexo, com a seguinte constituição:

– 1 local de vestiário com 6 m^2 ou 2 cabines individuais;

– 2 chuveiros colectivos ou duas cabines de duche;

– 2 instalações sanitárias com lavatórios.

4.12. Nas piscinas com mais de 100 m^2 de plano de água, e integrados na zona de serviços anexos, serão previstos locais para uso exclusivo dos monitores e vigilantes, localizados na proximidade imediata das zonas de cais e, preferencialmente, com possibilidade de controle visual destas zonas. Estes locais deverão dispor de um gabinete de trabalho e de um bloco de serviços, compreendendo pelo menos uma cabine de vestiário e duche e uma instalação sanitária com lavatório por cada 300 m^2 de plano de água.

(.../...)

Os Espaços das Instalações Desportivas

O **Decreto Regulamentar n.**° **5/97** de 31 de Março que regula a instalação e o funcionamento dos recintos com diversões aquáticas estabelece algumas disposições relativamente a estes tipos de espaços, na Secção IV (Instalações), subsecção I (Apoio ao Público):

Artigo 24.° (Vestiários, balneários e sanitários):

1 – Os vestiários, balneários e sanitários devem ser distintos por sexos e concebidos por forma a permitir a sua utilização por cidadãos com deficiência, idosos e crianças.

(...)

4 – Os vestiários devem dispor de um serviço de depósito para roupas, que pode ser organizado com sistemas individuais ou colectivos desde que os diferentes tipos de unidades receptoras possuam características de concepção que garantam a sua repetida limpeza e desinfecção.

5 – Os balneários e vestiários devem integrar-se em dependências ou em áreas adjacentes que comuniquem com os depósitos para a roupa, localizando-se preferencialmente junto à entrada do recinto.

6 – A área dos vestiários, com um espaço comum afecto a cada zona destinada a homens e mulheres, deve ser equipada com cabides fixos e dispor de bancos para os utentes, devendo ainda respeitar as seguintes regras:

a) Os espaços comuns devem ser, no mínimo, de 15 m² para os recintos de 3.ª e 4.ª categorias e de 30 m² para os recintos de 2.ª e 1.ª categorias;

b) À última categoria são acrescidos 8 m² por cada 1000 pessoas a mais que excedam o limite inferior da lotação fixada para a mesma;

c) As fracções superiores a 500 pessoas são arredondadas para o milhar imediato.

7 – Os blocos sanitários devem dispor de água corrente potável, de secadores de mãos ou toalhetes de papel, de doseadores de sabão e de papel higiénico.

8 – Quando a dimensão do recinto o justificar, os aparelhos sanitários devem ser distribuídos por blocos de menor capacidade, cuja dispersão permita a cada utente, onde quer que se encontre, a sua utilização sem ter de percorrer mais de 120 m.

9 – Os núcleos de balneários podem combinar áreas destinadas a duches colectivos ou com cabina individual, cabendo a cada espaço de banho uma área de 0,8 x 0,8 m, acrescida de área própria contígua de passagem e secagem.

10 – Tendo em conta o disposto no n.° 1, o número de aparelhos sanitários a distribuir por cada uma das instalações nele referidas deve ser calculado de acordo com a lotação máxima instantânea fixada para o recinto e com as seguintes proporções:

a) Um lavatório por cada 100 utentes, com o mínimo de três;

b) Um chuveiro por cada 100 utentes, com o mínimo de quatro;

c) Bacias de retrete:

Mulheres: Uma por cada 100 utentes, com o mínimo de quatro;

274 Os Espaços do Desporto – Uma Gestão para o Desenvolvimento Humano

Homens: Uma por cada 200 utentes com o mínimo de duas.

d) Um urinol de descarga automática por cada 100 utentes, com o mínimo de quatro;

A problemática de *existência de cabinas individuais ou colectivas* nos vestiários e mesmo nas zonas de duches é interessante ser analisada sob diversos pontos de vista. Trata-se de um aspecto relacionado com a codificação do espaço que o torna mais simpático ou antipático a determinado tipo de utilizadores. Como dissemos estes espaços são locais onde a intimidade se revela, onde o corpo é exposto inclusivamente aos olhares dos companheiros de balneário. É natural que pessoas com defeitos físicos, idosos, obesos ou mesmo crianças em idade pré-pubertária sintam necessidade de ter um maior recolhimento no que respeita à vivência da sua própria corporalidade. Estamos, quase poderíamos dizer no reino dos **"fantasmas" corporais**, na preservação da imagem social do corpo e a sua importância faz-se sentir, tanto mais quanto estes mesmos fantasmas têm reflexos nos consumos dos recursos das instalações desportivas, nas exigências de codificação espacial dos vestiários/balneários e nos aspectos ligados com a higiene dos utilizadores. Assim, não é de estranhar que estes tipos de utilizadores que adiantámos, tomem o seu banho em casa ou desistam de praticar desporto por não terem a preservação da sua intimidade corporal garantida pelas condições dos vestiários/balneários. É evidente que a não tomada de duche nas instalações desportivas é mais económica para a organização do ponto de vista da utilização dos recursos. Contudo, promover esta estratégia não é a maneira mais correcta de estar na gestão do desporto, pois os objectivos de direcção da instalação desportiva devem estar mergulhados na própria cultura desportiva e a higiene faz parte dela. Também a cultura da higiene, que envolve o desporto, é motivo para a constituição de produtos e serviços que beneficiam a entidade responsável pela gestão do equipamento.

Não é fácil, por outro lado, garantir uma dinâmica adequada de uma equipa e organizar a pré-entrada no recinto de jogo através de uma última palestra, num balneário que esteja organizado por cabinas individuais e que não disponha de espaço específico para o fazer. Além disso, em termos de economia de recursos humanos e de destreza específica, um balneário é limpo de modo mais eficiente se as suas características se aproximarem mais de um espaço amplo do que de um espaço subdividido em cabinas.

3. Os balneários/vestiários são sempre, como dissemos, locais de **actividade pedagógica**. Começa, na iniciação, pela aquisição de hábitos de higiene, mas é aqui que normalmente são realizadas palestras que têm

a ver com a assimilação de conteúdos relativas à prática desportiva. As situações de concentração, focalização de atenções sobre a definição de estratégias, obriga a que os balneários/vestiários se transformem em espaços pedagógicos. É também aqui que são efectuados algumas primeiras intervenções no domínio de massagens e mesmo algum primeiro socorro das mazelas mais ligeiras. Contudo, o melhor é haver, na vizinhança destes espaços, um outro, que pode até estar especificamente equipado para o efeito, destinado especificamente para a actividade pedagógica de transmissão de conteúdos.

4. Os balneários devem ser constituídos com alguma versatilidade. O critério de **diferenciação** não deve ser apenas baseado no género sexo. O que podemos observar hoje nas instalações desportivas, é que os balneários alteram esta perspectiva exclusivista dependente de um critério de diferenciação sexual, para assumirem situações mistas e até de algum *nonsense* à primeira vista, que resultam de novas populações, e formas diferentes de utilizações. Até aqui, a presença do sexo oposto era proibido num espaço de exclusividade como são os balneários. Hoje há necessidade de dar resposta a situações como sejam as colocadas pelos acompanhantes, nomeadamente pai e filhas e mãe e filhos, pelo que os balneários de família são cada vez mais solicitados. Outros critérios como a mobilidade ou mesmo a preservação da intimidade corporal pode obrigar a situações de codificação espacial específica. Consideremos ainda, por exemplo, as crianças, os árbitros, os professores, os idosos, a obrigarem à existência de mobiliário específico complementar, particularmente as crianças que normalmente são esquecidas na concepção dos lavabos, e os idosos com especificidades ao nível da existência de apoios e puxadores para a realização de manobras simples.

5. Como já referimos na análise do conteúdo do diploma que trata dos estádios de futebol, os balneários adquirem, numa óptica de política de desenvolvimento do desporto, uma importância que chega por vezes a ser maior do que a presença de instalações desportivas. Os balneários podem permitir a realização de actividades de ar livre ou com baixo grau de codificação desportiva do espaço ou mesmo a adaptação simples de terrenos disponíveis na sua proximidade e mobilizáveis para o desporto.

8.5.4. *Os Espaços de Apoio Didático*

Os espaços de apoio didáctico são constituídos para a transmissão de conteúdos através de actividades pedagógicas. Podem ser compostos por

276 Os Espaços do Desporto – Uma Gestão para o Desenvolvimento Humano

salas de visionamento, salas de aula, auditórios, salas de reunião, etc. As bancadas de vários tipos de instalações desportivas não têm sido muito aproveitadas, através de soluções técnicas e arquitectónicas apropriadas. Efectivamente as bancadas amovíveis, ou sistemas de rotação e de inversão de sentido permitiriam o aproveitamento destas para auditórios, salas de espectáculos, com a correspondente realização de congressos, cinemas e outras formas de visionamento ou assistência colectiva.

Os espaços de apoio didáctico têm localização na vizinhança da sala de actividade principal ou espaço de referência. Têm possibilidades de ter ou não contacto visual directo com os espaços ou naves principais de realização das actividades de referência. Têm normalmente comunicação e acesso directo ou facilitado à área principal do recinto, onde se realizam as actividades. O **Decreto Regulamentar n.º 34/95** de 16 de Dezembro que estabelece o regulamento das condições técnicas e de segurança nos recintos de espectáculos e divertimentos públicos refere este tipo de ligações embora a partir do espaço cénico principal:

Artigo 78.º (Campo de aplicação):
1 – As disposições desta subsecção aplicam-se aos espaços cénicos com possibilidade de isolamento físico, os quais são normalmente encerrados em caixas de palco comunicando com a sala através de uma das suas paredes.
2 – São contudo, de admitir outros

tipos de espaços cénicos isoláveis, desde que considerados como tal pela entidade licenciadora.

Artigo 79.º (Localização):
– Os locais de tipo B1 não devem comunicar directamente com o corpo de camarins nem com qualquer local do tipo C3.

O **Decreto Regulamentar n.º 10/2001** de 7 de Junho – Regulamento das condições técnicas e de segurança dos estádios neste aspecto, olvida mais uma vez, a componente pedagógica nos seus espaços de apoio. Efectivamente a crescente existência de maior número de escolas de formação de agentes desportivos, bem como a utilização das instalações por outras escolas, obriga a que sejam previstas salas de apoio pedagógico/didáctico, por forma a que, através delas se possa melhorar o próprio nível de prática desportiva. Estas instalações podem ter outro tipo de utilizações que não didácticas por forma a serem rendibilizadas, mas assumiriam neste caso, um estatuto de complementaridade.

Os Espaços das Instalações Desportivas 277

Existem em relação a diversos espaços de apoio algumas especificações técnicas respeitantes ao dimensionamento, particularmente das salas dos edifícios escolares incluídas no articulado do **Decreto-Lei n.° 414/98** de 31 de Dezembro sobre a segurança contra incêndio no edifícios escolares apresentado no artigo 7.° no n.° 3 (índices de ocupação):

Locais	Índices (pessoas/ metros quadrados)
Espaços de ensino não especializado	0,70
Salas de reunião, de estudo ou de leitura......	0,50
Salas de convívio e refeitórios........................	1
Gabinetes..	0,10
Secretarias...	0,20
Recintos gimnodesportivos..............................	
Zona de actividades...............................	0,20
Balneário e vestiários.............................	1
Bares (zonas de consumo)...........................	2

Quadro n.° 36 – **Especificações técnicas respeitantes ao dimensionamento das salas dos edifícios escolares incluídas no articulado do Decreto-Lei n.° 414/98 de 31 de Dezembro sobre a segurança contra incêndio no edifícios escolares – artigo 7.°, n.° 3**

8.5.5. *Os Espaços de Apoio ao Pessoal*

As instalações desportivas são também organizações onde se desenvolve trabalho que é feito por pessoas. O apoio às suas necessidades e a resolução de todos os problemas prévios e posteriores, que nada tenham a ver o trabalho a efectuar dentro da organização, disponibilizará, em teoria, os funcionários para o seu cumprimento. A existência de condições de conforto, bem como de espaços dedicados ao pessoal, permitirá a realização de um melhor nível de ajustamento mútuo e de desempenho das tarefas.

É habitual que os responsáveis pela concepção de edifícios que alojam organizações ou mesmo os seus gestores se esqueçam da importância que estes espaços têm para a dinâmica organizacional, para o conforto e para a auto-estima dos funcionários. Muitos destes auferem rendimentos menores com ordenados mais baixos passam muito tempo no seu posto de trabalho pelo que este também faz uma parte importante das suas vidas. Têm por isso vidas mais difíceis e é através da realização de operações dedicadas que conseguem resolver muitas das suas tarefas do foro individual. Têm a mobilidade reduzida e nem sempre têm o tempo necessário

278 Os Espaços do Desporto – Uma Gestão para o Desenvolvimento Humano

para desenvolverem as estratégias para a resolução dos seus problemas através das soluções mais económicas. É por vezes através da dedicação e de grande esforço que os resolvem e são por isso detentores de estratégias de resolução que podem interessar à organização. Mas são sempre os eternos esquecidos quer no que respeita ao conforto, quer no que se refere à posse deste tipo de conhecimento. Cabe ao gestor da organização permitir, através da consideração de espaços e do apetrechamento e mobiliário adequado, que essas tarefas tenham um nível de operacionalidade e cumprimento elevado e que este conhecimento seja partilhado entre os diferentes elementos da organização. Estes aspectos são factor de mobilização dos funcionários para as tarefas presentes e para o futuro ou seja, para a resolução de problemas.

O **Decreto Regulamentar n.º 10/2001** de 7 de Junho que estabelece o Regulamento das condições técnicas e de segurança dos estádios considera um mínimo de instalações para este fim:

Capítulo VII – Instalações para os serviços complementares

Artigo 23.º (Instalações para administração e serviços auxiliares):
...
2 – Devem ser previstas áreas destinadas aos serviços auxiliares e de manutenção, em número e dimensão adequados, localizadas em articulação funcional com as áreas de adminis-

tração e percursos de serviço e comportando, designadamente, os seguintes espaços, a ajustar em função da importância e da natureza dos serviços desportivos do recinto:
(...)
d) Instalações para o pessoal dos serviços de manutenção e serviços auxiliares integrando zonas de vestiários com cacifos e instalações sanitárias, distintas para cada sexo.

Este diploma, esquece algumas especificações ao nível do conforto, como seja a instalação de cozinhas e balneários para o pessoal, salas de estar e de convívio para que haja satisfação e circulação de informação horizontal.

O **Decreto Regulamentar n.º 5/97** de 31 de Março – Regulamenta as condições técnicas e de segurança dos recintos com diversões aquáticas, prevê estes tipos de espaços. Efectivamente no seu articulado prevêem-se alguns deles e constituem um indicador de uma qualidade de vida no trabalho mais elevada:

Artigo 29.° (Apoio ao pessoal):

1 – Devem ser previstos vestiários, balneários e instalações sanitárias para apoio ao pessoal localizados em zonas que não interfiram ou coincidam com as destinadas ao público.

2 – Os vestiários devem ser providos de cacifos individuais para guarda de roupa, bancos e cabides fixos em número suficiente ao das pessoas a servir.

3 – Nos casos em que o pessoal esteja exposto a substâncias tóxicas irritantes ou desinfectantes, os armários devem ser constituídos por dois compartimentos independentes, que permitam guardar a roupa de uso pessoal em local diferente destinado ao fato de trabalho.

4 – As instalações devem estar dimensionadas em relação ao número de funcionários a servir e respeitar as seguintes condições:

a) A existência de blocos independentes para homens e mulheres;

b) No caso de a totalidade do pessoal ser igual ou superior a 100 pessoas, deve ser prevista uma divisão com área não inferior a 16 m^2, que servirá de sala de convívio ou de descanso;

c) As instalações devem ser dotadas do seguinte:

Um lavatório fixo;

Uma bacia de retrete por cada 15 mulheres ou fracção trabalhando simultaneamente;

Uma bacia de retrete por cada 25 homens ou fracção trabalhando simultaneamente;

Um urinol, na antecâmara da retrete e na proporção anterior;

Um chuveiro por cada grupo de 10 pessoas ou fracção que cessem simultaneamente o trabalho.

(…)

Também a **directiva CNQ 23/93** do Conselho Nacional da Qualidade sobre qualidade das piscinas de uso público estabelece alguma especificações relativas aos balneários do pessoal:

4.16. Nas piscinas com mais de 100 m^2 de plano de água serão previstos locais de vestiário, balneários e instalações sanitárias para serviço de pessoal encarregado da limpeza, manutenção e condução das instalações técnicas, em proporção adequada ao número de funcionários previstos.

O **Decreto Regulamentar n.° 34/95** de 16 de Dezembro que estaelece o Regulamento das condições técnicas e de segurança nos recintos de espectáculos e divertimentos públicos prevê também a existência de espaços deste tipo no artigo 2.°, n.° 3, alínea b): *Tipo C2 (locais de apoio) – locais de apoio destinados a artistas, desportistas, pessoal técnico ou administrativo;*

280 Os Espaços do Desporto – Uma Gestão para o Desenvolvimento Humano

Estes espaços que referimos, não têm que ser necessariamente organizados pelas administrações. A sua organização, pode ser factor de mobilização dos próprios trabalhadores através de dinâmicas próprias acometidas em torno de associação de trabalhadores ou mesmo cooperativas (**Lei n.º 51/96** de 7 de Setembro – Código Cooperativo, alterado pelos **Decreto-Lei n.º 343/98** de 21 de Abril, **Decreto-Lei n.º108/2002** de 6 de Abril e o **Decreto-Lei n.º 76-A/2006** de 29 de Março).

8.5.6. *Os Espaços de Apoio ao Público/Espectadores*

A organização e ordenamento dos espaços de apoio aos espectadores permite que o desporto se transforme num espectáculo e numa festa e por isso seja partilhado por todos. À luz da metáfora sagrada do Desporto que temos vindo a desenvolver, os espaços dos espectadores constituem-se como aqueles que são organizados para que um maior número de pessoas possam partilhar dos rituais, das cerimónias que encerram as emoções, as alegrias do desporto e da festa que é o espectáculo dos seus eventos. Estes espaços são organizados em função da permanência, do conforto e da mobilidade e constituem os "outros espaços" onde se alojam todos os demais utilizadores das instalações organizados em: bancadas, tribunas, camarotes, zonas de associados e dos visitantes, o 'peão', etc. Estes espaços, definem o local de assistência e participação, quer dos que fazem parte dos 'ofícios' quer daqueles que se encontram em graus imediatamente abaixo na escala de envolvimento, quer com as acções, com os rituais e os respectivos ofícios: os sócios que fazem parte do clube, da congregação, do grupo e, os outros. A instalação desportiva nesta lógica, organiza o mundo à luz da prática desportiva e o mundo, é aqui o espaço que ela organiza e que se expressa nos momentos de realização dos acontecimentos. Sobre este aspecto é interessante socorrermo-nos das contribuições de alguns autores que utilizam a metáfora do desporto como forma de interpretação sociológica do espaço:

> Para Frémont (1976)[124], *"Todo o lugar é assimilável a um estádio."*
> *(…) "O estádio abriga o jogo contemporâneo. O etnólogo deveria decifrar a sua estrutura interna para descobrir as suas riquezas, aparentes ou dis-*

---

[124] Frémont, Armand; (1976), *A Região, Espaço Vivido*, Liv. Almedina Coimbra, 1980, p. 141.

farçadas, em tudo análogas às aldeias Bororo de Lévi-Strauss. Ao centro, no terreno, em estruturas severamente codificadas, duas equipas simulam um enfrentamento com todas as aparências de uma verdade crível. (...) O corte do estádio em dois campos opostos (tanto entre jogadores como entre os «suporters») constitui uma clivagem muito exteriorizada, mas fictícia na sua realidade social. Esta é mais subtilmente disfarçada entre o público, pela predominância dos homens, por uma estratificação social ordenada pelo conforto e pela visibilidade (as tribunas sentadas numeradas, as tribunas não numeradas, o peão, as cabeceiras, etc.). Toda uma sociedade se encontra num estádio, dos notáveis às classes populares. Mas as confrontações fictícias da festa mascaram os enfrentamentos reais da vida que, no entanto, por vezes se exprimem em filigrana sob as máscaras".

Para John Bale (1993)[125], *"O espaço desportivo coloca as pessoas em compressão (concentra-as). O espaço desportivo comprime o espaço normal, dado que coloca em comum na mesma actividade e no mesmo local, em interacção quem usualmente não gosta de interagir" (...). "O desporto tem geralmente parâmetros e medidas espaciais rigorosas".*
"A compartimentação do espaço em áreas socialmente homogéneas serve para reforçar as barreiras entre grupos e pessoas e caminha literalmente para o reconhecimento do próprio espaço, funcionando como uma estaca identificadora de um território particular, encorajando a aceitação do status quo *vigente (Sibley, 1981)".*

Os espaços de apoio aos espectadores não se esgotam nos espaços de permanência e de contacto com o recinto desportivo onde o espectáculo se está a realizar. Eles consideram ainda um conjunto de estruturas que permitem garantir níveis de conforto, não apenas relativo à acção de assistência ao espectáculo, mas também às outras funções que respondem a necessidades que entretanto se manifestam no decorrer das realizações. Nesta categoria de espaços consideram-se os sanitários, os bares, os espaços de circulação e descompressão, os vestíbulos (espaços de permanência e espera), bem como espaços de segurança, que serão tratados em capítulo próprio (Capítulo – 8.9 – Os Espaços de Segurança, a páginas n.° 312).

Os espaços de apoio aos espectadores, como sejam os espaços de espectar, mais conhecidos por bancadas e todos os outros onde, durante

---

[125] Bale, John; (1993), ***The spatial development of the modern stadium,*** *in* International Revue for the Sociology of Sport, Vol. 28, n.° 2+3, Hamburg, 1993, p. 126.

282 Os Espaços do Desporto – Uma Gestão para o Desenvolvimento Humano

a permanência nos espaços das instalações desportivos, os espectadores permanecem, devem ser pensados segundo várias ópticas, estimulando através da aplicação de vários processos, quer o desejo de ver mais e melhor, quer inclusivamente o desejo de querer participar nos processos do desporto. O espectador é curioso e esta qualidade pode ser posta ao serviço do desporto ou da captação de recursos para o desporto ou para a instalação desportiva, através da concepção e organização dos espaços: Jogando com as formas o jogo de ver/ocultar, de permitir/proibir, com o acesso facilitado ou dificultado: o acto de ver tenta e, havendo tentação, tem-se vontade de aceder, o que estimula ao consumo de actividades ou de produtos. Ocultar pode gerar também curiosidade e ela pode provocar dinâmicas, mas terá que haver um mínimo de informação sobre o que se está a passar nos espaços ocultados para que esse nível de curiosidade mobilizadora exista. A existência de permissividade visual para alguns espaços de prática em algumas instalações desportivas, logo a partir da recepção, pode permitir que logo no momento de entrada esteja à disposição daquele que vai solicitar informações sobre os serviços, que possa de imediato ter contacto visual com eles. A relação e contacto visual com o espaço desportivo a partir do átrio do bar ou sala de espera é, à partida, um convite à prática desportiva.

A normativa portuguesa regulamenta com algum grau de pormenor estas especificidades, particularmente nos estádios e nas salas de espectáculos e divertimentos públicos. O **Decreto Regulamentar n.° 34/95** de 16 de Dezembro que estabelece o regulamento das condições técnicas e de segurança nos recintos de espectáculos e divertimentos públicos refere-se a este tipo de espaços no seu Artigo 58.°:

Artigo 58.° (Instalações de apoio ao público):

1 – Nos recintos em que se exibam espectáculos devem ser previstas zonas livres que permitam aos espectadores de cada piso a livre movimentação durante os intervalos.

2 – A área mínima das zonas referidas deve ser determinada pela fórmula:

$$S= n/4$$

*Em que **n** representa o número de espectadores a que as mesmas se destinam e **S** a área correspondente, em metros quadrados.*

3 – Os recintos devem, em geral, dispor de vestiários (bengaleiros) para uso do público, com frentes livres correspondentes a 1m por 200 pessoas, no mínimo.

4 – Os recintos devem ser dotados de instalações sanitárias destinadas ao público.

5 – No caso de recintos alojados em edificações permanentes, as instala-

ções sanitárias devem ser separadas por sexo, providas de antecâmara e dotadas com equipamento para uso por deficientes.

6 – As instalações sanitárias referidas no número anterior devem ser

dimensionadas de acordo com os seguintes critérios:

a) Sanitários para homens:
Um urinol por 40 pessoas;
Uma retrete por 100 pessoas;

b) Sanitários para senhoras:
Uma retrete por 50 pessoas

Este diploma regulamenta ainda uma série de disposições relativas aos locais de permanência do público nas salas de espectáculos que são desenvolvidas entre os artigos 53.° a 55.° e 58.° a 65.°, cujo conteúdo encontra aplicação, na organização destes tipos de espaços ao nível dos diplomas especificamente desportivos, nomeadamente no que respeita aos espaços para espectadores nos estádios de futebol.

O **Decreto Regulamentar n.° 10/2001** de 7 de Junho que estabelece o Regulamento das condições técnicas e de segurança dos estádios estipula, sobre este assunto, o seguinte:

CAPÍTULO IV – Locais para os espectadores

Artigo 11.° (disposições gerais nos locais para a permanência de espectadores):

1 – Os locais destinados à permanência do público, sejam tribunas, terraços de peão ou camarotes não se poderão situar em pavimentos cuja cota, abaixo do nível do pavimento exterior em que se situem as correspondentes saídas, seja superior aos seguintes valores:

a) Locais fechados ou interiores, um piso ou 3,5 m;

b) Locais ao ar livre ou em franco contacto com o ar livre, 7 m, podendo este valor ser excepcionalmente ultrapassado nos estádios das classes A e B, quando os vãos de saída do local comuniquem directamente com o exterior

ou com zonas de percurso de evacuação situado ao ar livre ou dispondo de condições de desenfumagem.

2 – Os locais destinados ao público para assistência dos eventos desportivos devem distribuir-se por camarotes, tribunas ou terraços para peões, quando admissíveis, com os percursos sinalizados e os lugares identificados e numerados, e estabelecidos de modo que o acesso aos lugares se faça, preferencialmente a partir da cota mais alta do respectivo sector.

3 – Os lugares para os espectadores devem situar-se a distância não superior a 180 m dos limites opostos do terreno desportivo e reunir condições de conforto e garantia de plena visibilidade sobre o mesmo, devendo, ainda, nos estádios das classes A e B, pelo menos dois terços ser cobertos e protegidos das intempéries.

4 – Os lugares a reservar para espectadores com deficiência que se desloquem em cadeira de rodas serão distribuídos por diferentes locais do estádios, de preferência em zonas cobertas e abrigadas das intempéries e estabelecidos de modo a garantir ainda os seguintes requisitos:

a) Permitir o acesso, em caso de emergência, a percursos de evacuação em que as dificuldades de locomoção e de deslocação rápida não constituam factor de obstrução ou de redução da capacidade de escoamento do respectivo caminho;

b) Dispor, sempre que possível, de vão de acesso directo e próprio aos respectivos lugares, quando ocupados por portadores de deficiência motora que utilizem cadeiras de rodas;

c) Prever, de um e de outro lado de cada lugar de espectador reservado para cadeira de rodas, um lugar sentado para o respectivo acompanhante;

d) Estar localizados na proximidade e em correspondência com o respectivo sector de instalações sanitárias, preenchendo os requisitos adequados.

5 – As tribunas e zonas de permanência ou acessíveis ao público ao público deverão dispor de vãos de saída, túneis ou vomitórios a localizar preferencialmente acima da cota média do sector respectivo, dimensionados na base de 1 up/250 espectadores, com o mínimo de 2 up, quando sirvam áreas com capacidade superior a 200 pessoas, número a partir do qual deverão dispor de duas saídas, no mínimo.

6 – A distância máxima real a percorrer para se atingirem os vãos de saída definidos no número anterior, a partir de qualquer ponto de permanência de espectadores, não poderá ser superior aos seguintes valores:

a) Locais interiores e tribunas em espaços fechados, 30 m;

b) Locais e tribunas ao ar livre, 40m.

7 – As zonas de tribunas e terraços para os espectadores devem repartir-se em sectores independentes e claramente identificados, dispondo de vãos de saída e percursos de evacuação independentes e dimensionados, nos termos do n.° 3 deste artigo, com capacidades de lotação até 4000 lugares, podendo, excepcionalmente, admitir-se nos estádios das classes A e B sectores com capacidade superior até 10 000 lugares, desde que disponham de um mínimo de quatro saídas.

8 – Os sectores contíguos, nos locais para espectadores, serão separados por meio de parâmetros de vedação solidamente fixados, constituídos por materiais não combustíveis e de forma que não perturbem a visibilidade, com altura não inferior a 2,2 m e dimensionados para suportar impactes de corpos rígidos e esforços de derrubamento resultantes da aplicação de um impulso horizontal de 1 kN/m, ao longo do bordo superior.

9 – As zonas para os espectadores devem estar separadas do terreno desportivo por meio de guarda-corpos solidamente fixados e resistentes a impactes, constituídos por materiais não combustíveis e concebidos de modo que não perturbem a visibilidade, com altura de 0,9 m a 1,10 m, e à distância mínima de2 m dos limites do terreno desportivo, sem prejuízo da verificação das distâncias de segurança impostas pelos regulamentos federativos para determinadas provas ou níveis de competição.

10 – Nos recintos particularmente destinados às competições de futebol ou quando se realizem manifestações desportivas classificadas de alto risco, em estádios das classes A, B e C, as autoridades competentes poderão impor que os dispositivos de separação previstos no número anterior sejam reforçados e complementados com estruturas de vedação com altura de 2,2 m dimensionadas nos termos do n.° 8 deste artigo, pelo que a estrutura de apoio do guarda –corpos deve estar preparada para adaptação a tais circunstâncias.

11 – Os dispositivos de separação previstos nos números anteriores deverão dispor de vãos de passagem para o terreno desportivo utilizáveis em caso de emergência, munidos de portas com fecho de abertura simples e manobrável pelo lado do campo, dimensionadas para a capacidade do respectivo sector, na base de 1 up/500 espectadores em número de dois vãos distintos por cada sector, com a largura mínima de 2 up. Estes vãos não poderão ser contabilizados para o cálculo da capacidade de evacuação referida no n.° 5 deste artigo.

12 – Os desníveis a vencer no sistema de circulações integrado nas tribunas e terraços para ios espectadores

serão realizados com rampas de declive não superior a 12% ou por lanços de escadas de directriz recta entre patamares, com superfície antiderrapante, respeitando as seguintes condições:

a) Altura dos degraus máxima – H = 0,2 m; recomendada – 0,15 m< H < 0,17 m;

b) Largura útil dos cobertores: mínima – L = 0,25 m; recomendada – 0,3 < L < 0,35 m;

c) Relação recomendada entre H e L: 0,6 m < L + 2H < 0,65m;

d) Entre a altura e a largura dos degraus das escadas e os correspondentes degraus das fileiras de bancadas ou dos terraços de peão deverá procurar-se que se verifiquem relações de homoteticidade ou de proporcionalidade geométrica.

13 – Cada sector deverá dispor dos seus próprios serviços de instalações sanitárias, organizados em blocos e separados por sexos, equipados com, no mínimo, um lavatório por cada duas retretes, dimensionados com base no seguinte critério e relativamente à lotação total do sector:

a) Para homens: mínimo de cinco urinóis e duas retretes por cada 1000 espectadores;

b) Para senhoras: mínimo de cinco retretes por cada 1000 espectadores;

c) Para deficientes: mínimo de uma instalação sanitária por cada 10 lugares previstos, de preferência integrados nos blocos próximos aos sectores com lugares destinados a pessoas com deficiência.

14 – Devem ser previstos, em locais adjacentes aos respectivos sectores de

286   Os Espaços do Desporto – Uma Gestão para o Desenvolvimento Humano

espectadores, espaços que permitam a movimentação do público durante os intervalos e que funcionem como áreas de expansão, de segurança e permanência temporária, dimensionadas na base mínima 1 m² por cada quatro espectadores do sector a servir, onde se poderão integrar os espaços destinados a postos ou balcões para venda de bebidas e alimentos, os quais deverão respeitar a legislação específica em vigor de modo a garantir a segurança alimentar dos consumidores.

Artigo 12.° (Tribunas com lugares sentados):

1 – As tribunas com lugares sentados para os espectadores devem organizar-se em filas de bancadas com os lugares identificados e numerados, dispondo de 0,5 m de largura por lugar.

2 – Os lugares sentados nas tribunas são constituídos por assentos com costas ou banquetas individuais solidamente fixadas ou desenvolvidos em bancadas corridas, com os lugares demarcados por traços bem visíveis e a 0,5 m entre si.

3 – O número de lugares sentados por fila, entre coxias laterais, não poderá ser superior a 40, ou a 20 lugares, quando sitiados entre uma coxia e uma parede ou vedação.

4 – Deverão prever-se camarotes para personalidades e convidados, integrados em zonas reservadas da tribuna principal, à razão de 1 lugar por cada 200 espectadores da lotação total, com o mínimo de 60 lugares, dos quais 12 a 20 lugares serão estabeleci-

dos em camarote central ou de honra para altas personalidades. Estes espaços devem possuir acessos através de circuitos independentes e reservados e dispor de antecâmaras e salas de estar anexas, bem como de serviços de bar/cafetaria e de instalações sanitárias de uso privativo.

5 – As coxias laterais de acesso às filas de bancadas deverão ter, em cada secção do seu percurso largura útil correspondente ao afluxo de espectadores convergente nessa secção, calculada na base de 1 up/250 pessoas, com o mínimo de 2 up, podendo admitir-se, excepcionalmente, o valor de de 1 up nas coxias adjacentes a túneis de saída ou situadas nos extremos dos sectores com lotação até 4000 lugares.

6 – Quando as coxias não conduzam directamente a um vomitório ou saída, os lanços das bancadas que compõem as tribunas serão interrompidos a cada máximo de 15 filas através do estabelecimento de corredores de circulação, paralelos às fileiras das bancadas e transversais às coxias, com a largura mínima de 2 up, admitindo-se que, sem prejuízo do seu dimensionamento na base de 1 up/250 pessoas, a largura possa ser de 1 up em sectores cuja lotação seja inferior a 4000 lugares.

7 – Os corredores de circulação definidos no número anterior, pelo menos do lado contíguo ao lanço de tribuna descendente, serão providos de guarda-corpos solidamente fixados à altura de 0,75 m a 0,9 m, dimensionados para suportar um esforço horizontal de 1,2 kN/m, aplicado no seu bordo superior.

8 – Nas zonas de tribunas com bancadas corridas, ou que apenas disponham de assentos em banqueta não individualizada, os degraus que constituem as respectivas fileiras devem respeitar os seguintes requisitos:

a) Profundidade mínima dos degraus da bancada de suporte: 0,65 m;

b) Profundidade mínima do assento: 0,3 m;

c) Altura medida entre os planos de assentos em filas contíguas: 0,2 m < A < 0,58 m;

d) Altura do assento relativamente ao plano de apoio dos pés: 0,38 < H < 0,45 m;

e) Espaçamento medido entre a vertical que passa pelo elemento mais saliente da traseira da fila imediatamente em frente: mínimo de 0,3 m;

f) Altura máxima de eventuais apoios de costas do assento, relativamente ao plano de apoio dos pés da fila imediatamente anterior: 0,15 m.

9 – Nas tribunas e nos camarotes com lugares dispostos em assentos individualizados ou cadeiras rigidamente fixas deverão ser satisfeitos os seguintes requisitos:

a) Profundidade mínima dos degraus da bancada de suporte: 0,75 m;

b) Profundidade mínima do assento ou cadeira: 0,35 m;

c) Largura de cada assento ou cadeira: igual ou superior a 45 m;

d) Altura medida entre os planos de assentos em filas contíguas: 0,2 m < A < 0,58 m;

e) Altura do assento relativamente ao plano de apoio dos pés: 0,38 < H < 0,45 m;

f) Espaçamento mínimo entre a vertical que passa pelas costas ou pela extremidade mais saliente do tardoz de um assento e o plano vertical que passa pelo elemento mais saliente do assento da fila imediatamente atrás: 0,35 m;

g) Altura máxima dos apoios de costas do assento, relativamente ao plano de apoio dos pés da fila imediatamente atrás: 0,35 m, admitindo-se alturas superiores nas cadeiras instaladas em camarotes ou sectores equiparados.

Artigo 13.° (Tribunas de peão e zonas com lugares em pé):

1 – Não é admissível a previsão de lugares de peão em estádios a construir, devendo, por um lado, proceder-se progressivamente à eliminação ou reconversão dos existentes, especialmente nos estádios de classes A, B e C, e, por outro, às adaptações necessárias à verificação da sua conformidade com os requisitos previstos nos números seguintes.

2 – Nos estádios em que existam lugares de peão, a lotação conjunta das respectivas tribunas ou sectores não poderá ser superior a 20% da lotação total, não sendo permitida a sua ocupação em ocasiões de competições de futebol, nos estádios das classes A, B e C.

3 – As zonas com lugares de pé em tribunas ou terraços de peão, quando existam, devem subdividir-se em sectores com capacidade não superior a 500 lugares e estabelecer-se em rampas com inclinação compreendida entre 9% e 12%, sendo preferível 7%.

288 Os Espaços do Desporto – Uma Gestão para o Desenvolvimento Humano

4 – Para zonas com declives superiores ao previsto no número anterior, as filas de lugares serão talhadas em degraus, com altura máxima de 0,25 m e as seguintes larguras mínimas constantes em cada fileira:

a) 0,35 m, para uma fila de espectadores;

b) 0,8 m, para duas filas de espectadores.

5 – As tribunas e terraços de peão deverão dispor de elementos de amortecimento de movimentos, constituídos por guarda-corpos (barreiras de contenção ou de choque) colocados de cinco em cinco filas, dispondo de vãos de passagem desencontrados entre filas sucessivas, e com as seguintes características:

a) Altura compreendida entre 0,9 m e 1,1 m;

b) Comprimento das barreiras entre 5 m e 10 m;

c) Vãos de passagem entre barreiras, mínimo de 1,4 m (2 up).

6 – O Número máximo de lugares por cada fila nas zonas de peão, as dimensões das coxias laterais e as características das vedações entre os sectores deverão respeitar as condições previstas no artigo 11.°.

Artigo 14.° (Dispositivos de controlo de espectadores):

1 – Os estádios das classes A, B e C deverão estar dotados de sistemas de

controlo e vigilância, constituídos por equipamento de recolha e gravação de imagens em suporte vídeo, em circuito fechado.

2 – Os sistemas previstos no número anterior deverão ser geridos a partir de um local protegido ou integrados nas instalações de comando e segurança do recinto e devem garantir, através de imagens de elevada qualidade e nitidez, a observação e o controlo das zonas e percursos destinados aos espectadores, desde os acessos e vãos situados no recinto periférico à totalidade das zonas de permanência ou acessíveis ao público.

3 – Os estádios das classes A, B e C devem estar dotados de sistemas de controlo e contagem automática de entradas, concebidos e instalados de modo que possam ser desactivados manualmente pelo interior e libertar os vãos para as saídas, quando tais dispositivos se encontrem instalados em vãos compreendidos no sistema de percursos de evacuação do estádio.

4 – Os dispositivos de controlo de entradas referidos no número anterior, a prever na proporção mínima de uma unidade por cada 1000 espectadores do sector que servem, devem estar distribuídos ao longo e em correspondência com as entradas para os respectivos sectores de espectadores e, de preferência, integrados nos limites da vedação do recinto periférico exterior.

O conteúdo deste diploma merece-nos alguns comentários, particularmente em termos dos espaços e lugares previstos para os deficientes.

Efectivamente, este estabelecimento não foi realizado à luz de uma forma integrada de fruição do espectáculo desportivo mas, ao contrário, a sua concepção utiliza uma lógica de prestação de um serviço individualizado que faz com que o deficiente vá ao futebol como quem vai aos sanitários ou esteja num estabelecimento comercial a ser servido de um produto, serviço ou espaço qualquer. Quer dizer que o deficiente não pode acompanhar em ambiente de festa, em conjunto com os seus amigos não deficientes, o normal desenrolar de um jogo, porque, talvez por questões de economia, os espaços não estão preparados para os receber a não ser numa lógica exclusiva e não integrada, num mundo à parte e especificamente organizado para eles. Podemos estar a assistir a uma forma de afastamento dos outros, embora com a previsão dos melhores lugares, mas a obrigar o deficiente a dispensar a companhia dos seus amigos para ocupar um local que lhe é devido, prescindindo durante a festa do desporto da presença do seu grupo de acompanhantes.

A **directiva CNQ 23/93** do Conselho Nacional da Qualidade sobre qualidade das piscinas de uso público estabelece alguma especificações relativas aos espaços de apoio aos espectadores, particularmente os sanitários:

4.15. Nas piscinas em que se admitam visitantes espectadores, estes disporão de instalações sanitárias próprias, dimensionadas na base de 1 instalação sanitária e 1 lavatório, para cada sexo, por cada 100 lugares de público ou fracção. Estas instalações poderão eventualmente ser comuns às destinadas aos funcionários encarregados da administração e manutenção do estabelecimento.

8.5.7. *Os Espaços de Apoio Médico*

Os espaços de apoio médico são considerados aqueles que alojam as actividades dos elementos clínicos presentes nas instalações desportivas. Neles se incluem as enfermarias ou posto de socorro, onde podem estar os aparelhos necessários a uma intervenção de emergência destinada aos praticantes ou uma outra, de maior envergadura para responder a situações de catástrofe e de grande pressão. Poderão ainda servir para efectuar as primeiras operações de recolha de análise várias de rastreio e anti dopagem ou outros, bem como estarem associados a actividades de recolhas de dados clínicos ou fisiológicos sobre os atletas.

290 Os Espaços do Desporto – Uma Gestão para o Desenvolvimento Humano

A directiva CNQ n.° 23/93 do Conselho Nacional de Qualidade sobre qualidade das piscinas de uso público, a este título adianta o seguinte:

4.14. Nas piscinas que disponham de tanques para competições desportivas com mais de 500 m² de plano de água, deverá prever-se um local para serviços de controle médico e análises "anti-doping", eventualmente integrado no espaço de primeiros socorros e constituído por sala de espera, gabinete de observações, sala de recolha de análises e instalação sanitária. Estes locais serão dimensionados e equipados de acordo com o nível de importância das instalações, nos moldes definidos pelas autoridades da tutela do desporto.

O **Decreto Regulamentar n.° 10/2001** de 7 de Junho que estabelece o Regulamento das condições técnicas e de segurança dos estádios considera para estes tipos de espaços o seguinte:

Artigo 18.° (Instalações de apoio médico e primeiros socorros):

1 – Será previsto, pelo menos, um local para apoio médico e prestação de primeiros socorros aos praticantes desportivos, árbitros e juízes, localizado na proximidade dos vestiários/balneários e de forma a permitir fácil comunicação, quer com o terreno desportivo quer com os percursos de saída para o exterior e os acessos para as ambulâncias.

2 – Os locais definidos no número anterior deverão dispor de uma área não inferior a 15 m² e possibilitar a instalação do seguinte apetrechamento mínimo, sem prejuízo de outro equipamento a definir pela actividade competente do Ministro da Saúde:

Uma marquesa de 0,8 m x 2 m e uma maca;

Uma secretária com mesa de apoio e duas cadeiras;

Um armário com produtos médico--farmacêuticos de primeiros socorros;

Uma cabina com retrete, um lavatório e uma pia sanitária;

Um conjunto de material de reanimação de modelo aprovado.

3 – Nos locais mencionados no número anterior é recomendável a existência, em área adicional, de uma sala de espera.

4 – A largura dos corredores de comunicação com estes locais será de 1,4, no mínimo, e as respectivas portas de passagem terão largura útil superior a 1,1 m.

5 – Nos estádios das classes A,B, e C, em correspondência com os sectores destinados aos espectadores e na proporção mínima de uma instalação por cada 15 000 espectadores, devem ser previstas salas de primeiros socorros de apoio ao público, concebidas nos termos anteriores dets artigo, com localização em zonas opostas do estádios e de forma a permitir fácil comunicação, quer com as tribunas e locais de permanência do público quer com os percursos de saída para o exterior e de acesso ao parque de ambulâncias.

6 – Nos estádios da classe D em que não estejam previstas as instalações referidas no número anterior deve haver condições para o acesso e utilização em caso de necessidade, das instalações de primeiros socorros destinadas aos praticantes desportivos.

Artigo 19.º (Instalações e serviços de controlo antidopagem):

1 – Na proximidade dos espaços de vestiários/balneários dos praticantes desportivos, nos estádios das classes A, B, e C, deverá prever-se um local

para serviços de controlo antidopagem, constituído por sala de espera, gabinete de observações, sala de recolha de análises com instalação sanitária, dimensionado e equipado de acordo com o nível de importância das instalações, nos termos definidos pela lei e requeridos pelas autoridades competentes.

2 – Nos estádios da classe D, a instalação de controlo antidopagem, definida no número anterior, poderá estar integrada no espaço destinado ao gabinete de apoio médico e de primeiros socorros destinado aos praticantes desportivos.

8.5.8. *Os Espaços de Apoio à Comunicação Social*

Os espaços de apoio à comunicação social compreendem uma parte das instalações desportivas destinadas ao conforto daqueles que recolhem informações ou produzem um outro tipo de espectáculo a partir dos eventos realizados dentro da instalação, mas para ser oferecido a consumidores que não estão presentes. Compreendem todos aqueles espaços onde se realizam as acções quer de preparação quer de produção de acontecimentos que interessam aos órgãos de comunicação social. Neles se integram as salas e os locais para entrevistas, salas de imprensa, os auditórios, as salas de 'Régie' (ou controlo) de Televisão, as cabinas para relatadores de rádio, as cabinas telefónicas, as salas de computadores, os painéis electrónicos, os locais e tecnologias para envio de faxes e mensagens, bem como tudo o que tem que ver com o desempenho das funções, com o conforto e com o bem estar dos profissionais que trabalham neste sector.

O sector da comunicação social é o responsável pela "exportação" do espectáculo desportivo, mas também exporta as imagens, os símbolos sobre a instalação desportiva e todas as valências positivas e negativas, a cultura que os seus utilizadores criam e transmitem junto destes meios e destes profissionais. Deste modo, este sector pode ser gerador de fluxos que trarão benefícios económicos e de atractividade à instalação despor-

292 *Os Espaços do Desporto – Uma Gestão para o Desenvolvimento Humano*

tiva e aos acontecimentos que se desenvolvem ou podem desenvolver no seu interior. Daí a razão da sua importância cada vez maior e da preocupação dos gestores em criar as condições mais adequadas possíveis à realização do trabalho destes profissionais. Não se trata apenas de prever a existência dos espaços, mas todo o apetrechamento que permita e facilite o seu trabalho.

O **Decreto Regulamentar n.º 10/2001** de 7 de Junho que estabelece o Regulamento das condições técnicas e de segurança dos estádios considera e define com algum pormenor a especificação destes tipos de espaços no seu articulado:

Capítulo VI – Locais para a comunicação social

Artigo 22.º (Instalações para órgãos da comunicação social):

1 – Sem prejuízo da necessidade de adequação temporária dos estádios às exigências impostas pelas organizações desportivas para a realização de eventos de alto nível internacional e de carácter extraordinário, será recomendada para os estádios das classes A, B e C a existência de instalações para os representantes dos órgãos de comunicação social, constituídas por:

a) 25 lugares para a imprensa escrita e comentadores, em zona reservada da tribuna principal, com visibilidade geral de todo o terreno desportivo, constituídos por assentos individuais e meseta frontal de apoio, com possibilidade de instalação de monitor de vídeo, candeeiro individual e telefone de linha exterior;

b) Três cabinas de reportagem rádio/TV com cerca de 1,8 m x 2 m

cada uma, com condições de visibilidade geral sobre todo o terreno desportivo, apoiadas por uma sala de controlo e realização com cerca de 4 m^2;

c) Três plataformas para câmara de televisão com cerca de 2 m x 2 m, uma das quais localizada em zona central da tribuna principal;

d) Uma sala de reunião e entrevistas com cerca de 25 m^2, eventualmente compartimentável em dois espaços através de divisória acústica;

e) Uma sala de imprensa e redacção com cerca de 15 m^2 a 20 m^2, adjacente à sala de entrevistas, reunindo condições para poder ser equipada com mesas de apoio, telefones, aparelhos de telecópia e fotocopiadoras.

2 – As instalações da comunicação social devem reunir condições de acesso reservado apenas aos profissionais credenciados, com circuitos de comunicação adequados, quer aos camarotes das personalidades quer ao terreno desportivo, e devem dispor de instalações sanitárias de uso privativo.

Os Espaços das Instalações Desportivas

A legislação que regulamenta os outros tipos de instalações desportivas não contempla a existência de espaços específicos, nem o correspondente apetrechamento para as actividades da comunicação social. Pensamos que será uma questão de tempo e que no espírito dos legisladores estará certamente presente, aquando da próxima regulamentação de outras instalações desportivas, a necessidade da previsão deste tipo de espaços, dado que o desporto é cada vez mais factor de atractividade, pelo espectáculo que proporciona. Consequentemente, as instalações desportivas devem ter multivalências cada vez maiores, dados os crescentes recursos que envolvem e os custos correspondentes na sua concepção e investimento.

8.5.8.1. *Os espaços para as instalações de difusão sonora*

Os espaços para as instalações de difusão sonora, são incluídos nesta secção e revelam a sua utilidade na criação de condições de difusão de notícias e mensagens com aplicabilidade também ao nível da gestão da segurança, dado que permitem um comando centralizado, através das informações veiculadas, do comportamento dos espectadores e todas as pessoas presentes no interior da instalação. É na continuidade do articulado deste diploma relativo aos estádios que encontramos os conteúdos regulamentadores e deles especificadores:

Artigo 26.º (Instalação de difusão sonora):

1 – Os estádios das classes A, B e C devem dispor de instalações para a difusão sonora, concebidas segundo critérios de qualidade adequados a recintos desta natureza e conformes com as normas e regulamentos aplicáveis, designadamente o Regulamento Geral sobre o Ruído, de modo a satisfazer os seguintes requisitos gerais:

a) Permitir a transmissão de mensagens relacionadas com o desenrolar dos eventos desportivos, informações gerais, avisos de emergência e música ambiente;

b) Limitar a propagação e o nível de sons aos limites do recinto desportivo, de modo a atenuar os seus efeitos perturbadores sobre as construções na vizinhança;

c) Possuir condições de máxima potência e de inteligibilidade de sons adequadas, prioritariamente, às necessidades de difusão de avisos de segurança, em situações de emergência ou de pânico;

d) Garantir condições de potência do sistema e de distribuição das fontes sonoras que permitam a captação de mensagens e sons no terreno desportivo, nos balneários dos praticantes desportivos e em todas as áreas acessíveis aos espectadores, incluindo as

zonas junto às portas de acesso e saída do estádio;

e) ...

f) ...

8.5.9. *Os Espaços-Canais ou de Circulação*

Os espaços-canais definem nas instalações desportivas áreas que são reservadas ao trânsito de pessoas, recursos e energias. Eles podem organizar-se em corredores, quando falamos do trânsito de pessoas ou de ductos, calhas técnicas ou galerias, quando nos referimos ao trânsito de recursos.

Os corredores identificam o trânsito das pessoas entre o exterior e o interior, mas também fazem a ligação entre os espaços, as actividades e as funções de toda a instalação. Obrigam a que sejam entendidos e concebidos a partir de diferentes tipos de utilizações e destinatários (praticantes, espectadores, alunos, etc.), mas também como momentos de diferenciação temporal entre espaços e acções, contribuindo para a realização de percursos mentais de ajustamento prévio necessários à respectiva realização.

À luz da Metáfora Sagrada que temos vindo a descrever, e na óptica do utilizador (espectador ou praticante), que vem à instalação desportiva realizar a sua prática periódica ou o seu ofício, os corredores podem assumir-se como lançadores do cidadão comum, projectando-o para um estatuto de participante em ofícios e pela aquisição de estatutos mais elevados que vão posteriormente expressar-se nos espaços para onde nos dirigimos. Aparecem-nos como o "corredor da morte e da salvação", como aquele caminho que nos pode levar à morte anunciada, ao cadafalso, ao circo das feras ou, por outro lado, serem as catacumbas a percorrer que têm em vista a chegada a patamares de vida e de usufruto superiores, até ao clímax da expressão das expectativas, até à vontade de realizar o combate no terreno de jogo, ao encontro com todos os outros oficiantes que participam na cerimónia e que esperam de nós a chegada à vitória, à nossa glória que também é deles e que se expressa no desporto. Trata-se aqui, pela utilização desta metáfora, de efectuar um caminho físico e um caminho mental que tem lugar neste tempo e neste espaço: Os corredores conduzem-nos às maravilhas do desporto e aumentam a ansiedade do querer participar nos ofícios da sua festa.

Os espaços canais, compreendem além dos corredores, todos aqueles espaços que alojam estruturas onde circulam fluxos, dentro das instalações desportivas. Estes fluxos podem ser de acesso, de segurança e emergência, de pessoas, de materiais, de energia (eléctrica, gás, ou térmicos (temperatura)), de informação, de ar (limpo, usado ou de efluentes), água (brancas ou pretas/quentes ou frias) e lixos ou efluentes, etc. A sua especificidade, obriga tal como os outros, a codificações específicas que se prendem com as tarefas de manutenção e renovação, bem como com as medidas de acautelamento, dado que muitos desses recursos são incompatíveis, quanto à sua convivência mútua ou proximidade. Dado que esta convivência é por vezes conflituante ou causadora de perigos vários, a normativa portuguesa para além de definir conceitos, estabelece normas regulamentadoras, para que tal não aconteça.

O **Decreto Regulamentar n.º 34/95** de 16 de Dezembro – Regulamento das condições técnicas e de segurança nos recintos de espectáculos e divertimentos públicos define locais de circulação de pessoas no seu artigo 2.º n.º 1, alínea *"f): Tipo A6 (locais de circulação) – caminhos de circulação horizontal ou vertical acessíveis ao público, incluindo átrios e vestíbulos, bem como zonas de acesso a vestiários, bilheteiras, bares e outros."* Inclui ainda mais algumas especificações relativas aos locais que classifica de tipo C2:

Artigo 111.º (Comunicações com o exterior do recinto):

1 – Os locais de tipo C2 devem ter acesso ao exterior do recinto através de comunicações independentes daquelas que são utilizadas pelo público.

2 – Contudo, é permitido que, em casos excepcionais, e nomeadamente naqueles em que a reduzida dimensão dos recintos torne particularmente difícil ou onerosa a aplicação do disposto no número anterior, sejam utilizados os mesmos caminhos de evacuação.

Artigo 112.º (Comunicações com espaços destinados às práticas desportivas):

1 – Os locais de apoio para desportistas e arbitragem devem comunicar com os espaços destinados a práticas desportivas através de percursos sem contacto possível com o público.

2 – Nos casos visados no n.º 3 do artigo 109.º (equipas adversárias) *as comunicações devem ser independentes para cada grupo.*

A **Lei n.º 9/89** de 2 de Maio – Lei de Bases da prevenção e reabilitação das pessoas com deficiência (revogada pela **Lei n.º 38/2004** de 18 de Agosto que estabelece o regime jurídico da prevenção, habilitação, rea-bilitação e participação da pessoa com deficiência) enquadra a regulamen-tação que é posteriormente estipulada pelo **Decreto-Lei n.º 123/97** de 22 de Maio que aprova as normas técnicas destinadas permitir a acessibili-dade das pessoas com mobilidade condicionada. Este diploma, refere-se particularmente à sua aplicação aos equipamentos de utilização pública como sejam *(alínea i) recintos desportivos, designadamente estádios, pavilhões gimnodesportivos e piscinas, e (alínea j) espaços de lazer, nomeadamente parques infantis, praias e discotecas.* Estabelece normas técnicas no seu anexo I referindo:

Capítulo III – Mobilidade nos edifícios
1 – Entrada dos edifícios
1.1 – A largura útil mínima dos vãos das portas de entrada dos edi-fícios abertos ao público é de 0,90 m, devendo evitar-se a utilização de ma-çanetas e de portas giratórias, salvo se houver portas com folhas de abrir con-tíguas.
(…)
3 – Corredores e portas interiores – as portas interiores deverão ter uma largura livre de passagem de 0,80 m e os vestíbulos e corredores uma dimen-são mínima que possibilite para os pri-meiros a inscrição de uma circun-ferência com 1,50 m de diâmetro e para os segundos 1,20 m de largura mínima.

Capítulo IV – Áreas de intervenção específica
1 – (…)
2 – Recintos e instalações despor-tivas:
2.1 – Balneários – O espaço mínimo de pelo menos uma das cabinas de duche, com WC e lavatório, é de 2,20 m x 2,20 m, sendo colocadas barras para apoio bilateral a 0,70 m do solo.

A altura máxima dos comandos da água é de 1,20 m da superfície do pa-vimento.
2.2 – Vestiários – nos vestiários, a área livre para circulação é de 2 m x 2 m e a altura superior de alguns dos cabides fixos é de 1,30 m da superfície do pavimento.
2.3 – Piscinas:
2.3.1 – A entrada das piscinas deve ser feita por rampa e escada no sen-tido do comprimento ou da largura ou ainda através de meios mecânicos não eléctricos.
2.3.2 – As escadas e rampas devem ter corrimãos duplos, bilaterais, situa-dos respectivamente, a 0,75 m e 0,90 m de altura da superfície do pavimento.
2.3.3 – Os acessos circundantes das piscinas devem ter revestimento anti-derrapente.
3 – Edifícios e instalações escolares e de formação:
3.1 – As passagens exteriores entre edifícios são niveladas e cobertas.
3.2 – A largura mínima dos corre-dores é de 1,80 m.
3.3 – Nos edifícios de vários andares é obrigatório o acesso alternativo às es-cadas, por ascensores e ou rampas.

4 – salas de espectáculos e outras instalações para actividades sócio-culturais:

4.1 – A largura mínima das coxias e dos corredores é respectivamente, de 0,90 m e de 1,50 m.

4.2 – Neste tipo de instalações, o espaço mínimo livre a salvaguardar para cada espectador em cadeira de rodas é de 1 m x 1,50 m.

4.3 – O número de espaços especialmente destinados para pessoas em cadeira de rodas é o constante da tabela seguinte, ficando, porém, a sua ocupação dependente da vontade do espectador:

Capacidade de lugares das salas ou recintos	Número mínimo de lugares para cadeiras de rodas
Até 300..............................	3.
De 301 a 1000...................	5.
Acima de 1000.................	5 mais 1 por cada 1000.

5 – Parques de estacionamento:

5.1 – Os acessos aos parques de estacionamento, quando implantados em pisos situados acima ou abaixo do nível do pavimento das ruas, serão garantidos por rampas e ou ascensores.

5.2 – Nos parques até 25 lugares devem ser reservados, no mínimo, 2 lugares para veículos em que um dos ocupantes seja uma pessoa em cadeira de rodas. Quando o número de lugares for superior, deverá aplicar-se a tabela seguinte:

Capacidade de lugares das salas ou recintos	Número mínimo de lugares para cadeiras de rodas
De 25 a 100......................	3.
De 101 a 500....................	4.
Acima de 500..................	5.

5.3 – Os lugares reservados são demarcados a amarelo sobre a superfície do pavimento e assinalados com uma placa indicativa de acessibilidade (símbolo internacional de acesso).

5.4 As dimensões, em planta, de cada um dos espaços a reservar devem ser, no mínimo de 5,50 m x 3,30 m.

Existe ainda um conjunto de normativa que aborda esta temática sob o ponto de vista da concepção deste tipo de espaços embora se dirija mais para uma funcionalidade relacionada com situações de emergência e evacuação. São eles:

1. O **Decreto Regulamentar n.º 10/2001** de 7 de Junho que estabelece o Regulamento das condições técnicas e de segurança dos estádios e que considera um conjunto de disposições técnicas no seu articulado que são tratados no seu Artigo 10.º (Percursos de evacuação e vãos de saída).

2. O **Decreto-Lei n.º 414/98** de 31 de Dezembro sobre o Regulamento e a segurança nos edifícios escolares que os identifica, na sua Secção II – Disposições Gerais, artigo 56.º, e seguintes até ao artigo 87.º discorrendo sobre locais com diferentes graus de risco, e neles,

298   *Os Espaços do Desporto – Uma Gestão para o Desenvolvimento Humano*

> sobre caminhos, vias verticais e horizontais, distâncias a percorrer, localizações, características, portas, escadas e rampas.
>
> 3. O **Decreto-Lei n.**º **368/99** de 18 de Setembro que aprova as medidas de segurança contra riscos de incêndio aplicáveis aos estabelecimentos comerciais, refere-se no seu **anexo** no n.º 2 às saídas e caminhos de evacuação.
>
> 4. O **Decreto-Lei n.**º **66/95** de 08 de Abril que estabelece o Regulamento de segurança contra incêndio em parques de estacionamento cobertos, que aborda os caminhos de evacuação nos seus artigos 12.º e 13.º.
>
> 5. A **Portaria n.**º **1444/2002 de 7 de Novembro** que estabelece os **planos de emergência das escolas** refere-se, neste domínio ao desimpedimento e livre utilização dos caminhos de evacuação, no seu artigo 7.º
>
> Por este motivo, e dado o conteúdo que cada um aborda preferencialmente, decidimos pela sua transcrição apenas no capítulo 9.11.4 – Os Acessos da Segurança – 9.11.4.1 – As Vias de Evacuação, a páginas n.º 421.

O **Decreto-Lei n.**º **414/98** de 31 de Dezembro sobre a segurança nos edifícios escolares identifica na sua subsecção III especificidades sobre isolamento e canalização de condutas, particularmente ao nível do seu artigo 29.º (Âmbito de aplicação):

As disposições desta subsecção aplicam-se a canalizações eléctricas, de esgoto e de gases, incluindo as de ar comprimido e de vácuo, bem como a condutas de ventilação, de tratamento de ar, de evacuação de efluentes de combustão, de desenfumagem e de evacuação de lixos, sem prejuízo das disposições específicas do presente Regulamento relativas às instalações a que respeitam.

Esta subsecção desenvolve-se pelos artigos 30.º, 31.º e 32.º regulamentando respectivamente os meios, as condições de isolamento e as características dos ductos. Na subsecção IV tratam-se os aspectos relativos às câmaras corta-fogo e respectivas portas de acesso e dispositivos de fecho e retenção. (artigos 34.º a 37.º).

Quanto aos acessos aos edifícios, particularmente no que respeita aos acessos às viaturas dos bombeiros são tratados, com teores muito semelhantes em vários diplomas que temos vindo a abordar. A eles iremos referir-nos quando abordarmos os espaços de segurança, onde estes se inserem, pelas funções que consideram. Tratámos também alguma desta matéria ao nível dos acessos às instalações nos pontos 8.2.3 – O Acolhimento – conforto à chegada, pág. n.º 244 e 8.3 – A Entrada (os Átrios), pág. n.º 248.

É de considerar ainda a necessidade da existência de espaços de entrada de viaturas de logística e do estabelecimento de canais de acesso aos recintos de actividades e de circulação interior.

8.6. Os Espaços de Gestão e Administração

Os espaços de gestão e administração são áreas existentes dentro das instalações desportivas que se destinam à realização de operações ou tarefas de enquadramento institucional, ou de gestão do apoio logístico a estabelecer às actividades desportivas que se realizam no seu interior. Eles organizam-se segundo lógicas diferentes daquela que temos vindo a utilizar, dado que estes se situam para além daqueles espaços que definem a vocação dominante pelos tipos dos utilizadores, quer sejam praticantes ou espectadores.

Os espaços de gestão e administração identificam, por um lado, alguns recintos que estão em contacto directo com o utilizador, o cliente, o praticante, e que se destinam a dar-lhe as respostas da administração às suas necessidades neste âmbito. Inserem-se neles os espaços de atendimento que abordámos ao nível dos átrios internos. Por outro lado, outros definem-se e organizam-se para dar uma resposta eficiente e optimizada às tarefas e exigências das administrações. Seguem por isso outras lógicas.

Nesta segunda vertente, os espaços de gestão e administração constituem-se como espaços reservados, não acessíveis ao comum dos utilizadores, onde se encontram e localizam aqueles que detêm o poder, os que criam e gerem as condições de existência e de realização dos acontecimentos dentro das instalações desportivas. É um local que se assume como o centro de comando das operações que são desenvolvidas em toda a instalação. Define um mundo dos responsáveis, dos detentores de conhecimentos, de especialidades e por isso diferenciado dos demais. À luz da Metáfora Sagrada, é o mundo daqueles que constroem as possibilidades para que a magia da festa do desporto se revele a todos. É por isso um mundo menos visível, o "mundo dos magos", onde as competências de direcção e apoio são exercidas. É um conjunto de locais onde se cria, manipula e se envia toda a informação que diz respeito a todas as actividades que se realizam dentro da instalação. São espaços que estão "para além" do controle imediato do utilizador, fora da visibilidade rotineira dos percursos de acessibilidade imediata, por isso adquirem foros de importância simbólica, dado que, só quando há algo de extraordinário e importante é que o utilizador normal tem tendência a aceder a esses espaços. É um mundo quase secreto, onde se acede só em caso de extrema necessidade. São locais onde se pedem 'interferências' (ou deferências) na resolução de problemas fulcrais que não puderam ser resolvidos em patamares intermédios da organização. É aqui que está o poder e a decisão, a capacidade de fazer a regra, a justiça, a lei que gere os comportamentos, as rotinas, os regulamentos e até, de algum modo a vida das pessoas na instalação. É nestes espaços que são construídos os modelos sobre as informações relativamente a tudo o que se passa na instalação. O aspecto reservado resulta apenas e cada vez mais de um critério funcional ou de frequência, pelo facto das práticas de gestão se diferenciarem das práticas desportivas. Os processos expeditos de acesso à informação e as regras de transparência aproximam cada vez mais os utilizadores dos processos decisórios e, se outras distancias houver, elas serão diminuídas.

Os espaços de gestão e administração compreendem vários constituintes e aposentos consoante as actividades. Por um lado consideram espaços que manipulam e organizam informação para a tomada de decisão e todas as acções que a ela dizem respeito. Neste tipo, se incluem as salas da Direcção/Administração, salas de reuniões, a Secretaria, a Tesouraria, a Recepção, a Contabilidade, etc. Existem ainda outros tipos de espaços que dão apoio administrativo e técnico que é preciso considerar que se relacionam com as respostas técnicas necessárias ao funcionamento da instalação.

O **Decreto Regulamentar n.º 10/2001** de 7 de Junho que estabelece o Regulamento das condições técnicas e de segurança dos estádios considera estes vários tipos de espaços:

Capítulo VII – Instalações para os serviços complementares

Artigo 23.º (Instalações para administração e serviços auxiliares):

1 – Em todas as classes de estádios devem ser contemplados espaços destinados aos serviços de administração geral e de apoio à condução das actividades desenvolvidas no recinto, equipados e apetrechados de acordo com as respectivas funções e organizados em condições de articulação funcional com a entrada principal e entradas de serviço, comportando, designadamente, os seguintes locais e instalações, a ajustar em função e natureza de serviços praticados no recinto:

a) Portaria e recepção geral, com balcão de informações e área de recepção de público com o mínimo de 15 m²;

b) Secretaria e gabinetes de administração com cerca de 12 m² cada um e eventual sala de reuniões anexa;

c) Sala para uso dos serviços de segurança policial e dos bombeiros;

d) Cabinas de bilheteira, em número, dimensão e distribuição a estudar em cada caso;

e) Dois blocos de instalações sanitárias, distintos por sexo, equipados com lavatórios e cabinas com retrete.

O **Decreto-Lei n.º 414/98** de 31 de Dezembro que se debruça sobre a segurança contra incêndio nos edifícios escolares refere-se a este tipos de espaços (tipo C) e para eles estabelece dimensões apropriadas:

Artigo 70.º (Limitação das dimensões das arrecadações e dos arquivos):

1 – As arrecadações e os arquivos não devem, em geral, ter um volume unitário superior a 1200 m³.

2 – O limite referido no número anterior é reduzido a metade no caso de arrecadações ou arquivos situados em edifícios de grande altura ou em pisos enterrados.

3 – No caso de locais para depósito ou armazenamento de materiais que apresentem carga de incêndio particularmente reduzida, ou que sejam dotados de meios de extinção especiais, pode a entidade licenciadora autorizar dimensões superiores às indicadas nos números anteriores.

A noção com que ficamos é que não são definidas na normativa portuguesa especificações técnicas sobre os espaços administrativos nas instalações desportivas, que tal não tem sido até agora uma preocupação em termos da criação de condições de optimização do trabalho das pessoas que desenvolvem actividades neste sector.

302 *Os Espaços do Desporto – Uma Gestão para o Desenvolvimento Humano*

Quanto aos outros tipos de espaços, entendemos que a temática obriga à abordagem em capítulo próprio relativo às especificidades das instalações de apoio técnico, pelo que o efectuamos de seguida.

8.7. Os Espaços para as instalações técnicas e de apoio

As instalações técnicas obrigam à definição de um conjunto de espaços nas instalações desportivas que revelam a sua importância, tanto maior quanto o respectivo nível de especialização e a categoria dimensional for mais elevada. São espaços complementares com funções específicas, fundamentalmente vocacionadas para alojarem equipamentos ou apetrechos de suporte às actividades complementares ou para o funcionamento da componente não desportiva das instalações. Neles se incluem assim as arrecadações, as oficinas, os armazéns, as casas de máquinas, as lavandarias, as garagens, as centrais de controle e segurança, as centrais térmicas, os reservatórios de água e gás, as centrais eléctricas, de projecção e salas de comando, etc. As instalações técnicas ligadas às centrais de televisão, cabinas de relatadores e salas de armazenagem de aparelhagens de som, foram já abordadas no ponto 8.5.8 – Os Espaços de Apoio à Comunicação Social – página 291.

Existe muita normativa com especificações técnicas cuja abordagem não é objectivo deste nosso trabalho. Contudo, é em termos ilustrativos e de consulta primeira que eles aqui são incluídos, de modo a podermos oferecer ao leitor um entendimento específico sobre estes espaços.

É na legislação que temos vindo a abordar que vamos recolher a informação já produzida e regulamentada relativamente às especificações necessárias à tipificação deste tipos de espaços. São espaços que encontram a respectiva definição quer em edifícios relacionados com o desporto, o recreio, os espectáculos ou mesmo edifícios escolares. Por esse motivo consultámos os respectivos diplomas e deles podemos retirar o correspondente conteúdo principal.

O **Decreto Regulamentar n.º 10/2001** de 7 de Junho que estabelece o Regulamento das condições técnicas e de segurança dos estádios refere-se-lhes como serviços complementares e auxiliares:

Capítulo VII – Instalações para os serviços complementares

Artigo 23.° (Instalações para administração e serviços auxiliares):

(1. ...)

2 – Devem ser previstas áreas destinadas aos serviços auxiliares e de manutenção, em número e dimensão adequados, localizadas em articulação funcional com as áreas de administração e percursos de serviço e comportando, designadamente, os seguintes espaços, a ajustar em função da importância e da natureza dos serviços desportivos do recinto:

a) arrecadação de material desportivo de treino e de competição, em condições de fácil comunicação com o terreno desportivo, com área mínima de 10 m² , ou de 60 m² nos estádios que comportem pista de atletismo;

b) Arrecadação de material de manutenção, preferencialmente compartimentada em dois espaços distintos, sendo um reservado para a guarda de máquinas e equipamentos de manutenção com cerca de 10 m² a 15 m² , e outro para armazenamento de sementes e produtos de tratamento do terreno desportivo com cerca de 8 m² a 10 m² , em condições de proximidade e fácil comunicação com este e com os acessos ao exterior;

c) Arrecadações para materiais, produtos gerais de limpeza e higiene, distribuídas em correspondência com os vários grupos de instalações anexas e complementares que compõem o recinto;

d) Instalações para o pessoal dos serviços de manutenção e serviços auxiliares integrando zonas de vestiários com cacifos e instalações sanitárias, distintas para cada sexo.

O **Decreto Regulamentar n.° 5/97** de 31 de Março que Regulamenta as condições técnicas e de segurança dos recintos com diversões aquáticas também considera estes tipos de espaços:

Artigo 28.° (Zonas técnicas e de armazenamento):

1 – As dependências destinadas às zonas técnicas ou de armazenamento devem localizar-se em áreas adjacentes aos equipamentos que servem, mas distanciadas e isoladas das áreas e percursos acessíveis ao público.

2 – As áreas necessárias ao seu funcionamento devem dispor de condições higiénicas e de ventilação que garantam a segurança do pessoal que ali presta serviço.

3 – As dependências para a instalação de sistemas de tratamento de água por cloro em estado gasoso devem respeitar os seguintes requisitos:

a) Os pavimentos devem situar-se à cota do terreno exterior adjacente, sendo proibida a instalação do sistema em cave;

b) As instalações ou dependências devem localizar-se a uma distância não inferior a 25 m de qualquer entrada ou do sistema de ventilação de outras instalações;

304 Os Espaços do Desporto – Uma Gestão para o Desenvolvimento Humano

c) Deverá ser observado um afastamento relativamente às áreas ou caminhos públicos que desincentive o acesso a estranhos e previna acções de vandalismo;

d) As portas devem abrir para o exterior e ser dotadas de frestas para ventilação;

e) As instalações não podem comunicar com outras partes do edifício em que se integrem e o seu acesso deve fazer-se apenas pelo exterior, no qual será colocado um dístico referindo «Perigo – Cloro em gás»;

f) O dimensionamento do compartimento destinado às botijas atenderá ao número mínimo de cilindros de espera de 2 m x 1,25 m, por forma a evitar o encerramento completo de uma pessoas no seu interior.

4 – Os diversos elementos necessários à activação, bombagem, filtração e tratamento da água, bem como os geradores, os transformadores de energia eléctrica e outros equipamentos de apoio às instalações existentes, serão instalados em dependências de acesso interdito ao público.

Podemos ainda referir a contribuição o **Decreto-Lei n.° 414/98** de 31 de Dezembro sobre a segurança contra incêndio nos edifícios escolares:

Artigo 6.° (Classificação dos locais dos edifícios):

(1. ...)

2 – Os locais de risco C, referidos na alínea c) do número anterior compreendem:

a) Oficinas de manutenção e reparação (...)

b) Laboratórios, oficinas...(...)

c) Locais de ensino e investigação, e respectivos espaços complementares (...)

d) Cozinhas e lavandarias (...)

e) Arquivos, depósitos e arrecadação de material diverso com volume superior a 50 m³;

f) Locais de recolha de contentores ou de compactadores de lixo com capacidade total superior a 2 m³;

g) Locais afectos a serviços técnicos (...) em que sejam instalados equipamentos eléctricos, electromecânicos ou térmicos, ou armazenados em combustíveis;

Este mesmo diploma adianta algum conteúdo referente a pormenores técnicos sobre várias instalações técnicas, associadas às preocupações com a segurança. Contudo, referimos aqui apenas o número dos artigos e a instalação técnica correspondente sem grandes preocupações sobre o seu conteúdo.

Capítulo V – Instalações técnicas
Secção II – Instalações eléctricas:

Subsecção I – Equipamentos de potência – artigos 89.º a 91.º
Subsecção II – Instalações eléctricas de segurança – artigos 92.º a 95.º
Subsecção III – Instalações de iluminação – artigos 96.º a 99.º.
Secção III – Instalações de elevadores – artigos 100.º a 104.º
Secção IV – Instalações de aquecimento e de tratamento de ar – artigos 105.º a 122.º
Subsecção I – Centrais térmicas – artigos 105.º a 111.º
Subsecção II – Ventilação e condicionamento de ar – 112.º a 117.º
Subsecção III – Aparelhos de aquecimento autónomo – 118.º a 119.º
Secção V – Confecção de alimentos – 120 a 122.º
Secção VI – Outras instalações técnicas – 123.º a 124.º
Capítulo VI – Instalações de Alarme – 125.º a 134.º
Secção IV – concepção das instalações de alarme – artigo 134.º a 137.º.

O **Decreto Regulamentar n.º 34/95** de 16 de Dezembro que estabelece o Regulamento das condições técnicas e de segurança nos recintos de espectáculos e divertimentos públicos considera no seu articulado as especificações relativas a este tipo de espaços como abaixo descriminamos. Classifica-os respectivamente em locais de tipo C: C1, e Locais de Tipo C3:

Secção V – Locais de tipo C1

Artigo 98.º (Campo de aplicação):
As disposições desta secção são aplicáveis a locais destinados à instalação de equipamentos de projecção e de comando de sistemas de iluminação, de sonorização ou de efeitos especiais.

Artigo 99.º (Constituição):
Os locais de projecção isoláveis em caso de incêndio devem ser constituídos pela cabina de projecção e por uma ou mais dependências anexas, para apoio, com comunicação directa entre si.

Artigo 100.º (Dimensões):
1 – As cabinas de projecção não

devem ter área inferior a 9 m^2 nem altura inferior a 2,50 m.
2 – A área referida no número anterior deve ser acrescida de 3 m^2 por cada máquina de projecção de cinema para além da primeira.
3 – Os anexos à cabina de projecção não devem possuir área inferior a 2 m^2.
.../...

Subsecção VII.2 – Oficinas, depósitos e armazéns

Artigo 115.º (Recintos situados em edificações permanentes, fechadas e cobertas):
1 – Quando alojados em edificações

permanentes, fechadas e cobertas, as oficinas, os depósitos, as arrecadações e os armazéns onde sejam manipuladas ou guardadas matérias inflamáveis, e possuam carga de incêndio considerável, devem satisfazer as seguintes condições:

a) Possuir área inferior a 400 m² e volume inferior a 1000 m³, valores limite que são ainda reduzidos a metade nos casos em que aqueles compartimentos se situem em pisos enterrados ou a uma altura superior a 28 m;

b) Ser separados do resto do edifício por paredes e pavimentos da classe CF 90 e não comunicar com quaisquer locais do tipo A ou B;

c) As comunicações com outros locais do recinto ser obturadas por portas da classe CF 60, abrindo no sentido da saída;

d) Os materiais de revestimento de tectos e paredes ser da classe M0;

e) Os materiais de revestimento dos pavimentos ser da classe M3, excepto nas centrais térmicas, em que devem apresentar classe M0.

2 – As oficinas, os depósitos e os armazéns com área superior a 300 m² devem ser dotados de uma instalação de controlo de fumos, em caso de incêndio, nas condições do disposto no capítulo VIII.

…/…

Para as centrais térmicas de potência útil inferiores ou superiores a 70kw, o diploma através do seus artigos 122.º a 129.º estabelece a obrigatoriedade de estas estarem separadas dos recintos por paredes e pavimentos da classe CF 60 para as primeiras e de CF 90 para as segundas. Considera ainda a exigência de previsão de duas saídas opostas no caso de centrais do segundo tipo referido e que gerem vapor de alta pressão. As centrais térmicas são geradoras de conforto desportivo, na medida que permitem ajustamentos de temperatura nos fluxos de ar e de água, cuja utilidade se faz sentir nas práticas desportivas mas também ao nível dos espectadores.

Este diploma refere ainda outras especificações, das quais apenas indicamos o título do seu articulado, dado que o respectivo conteúdo tem apenas importância relativa, no caso neste trabalho, pelo seu grau de especialização não desportiva:

Capítulo V – Instalações técnicas:
1 – Instalações eléctricas:
a) Equipamentos de potência (artigo 147.º);
b) Instalações eléctricas de segurança (artigo 149.º a 151.º);
c) Instalações de iluminação (artigo 152.º, 153.º – iluminação de segurança);

Os Espaços das Instalações Desportivas

    d) Instalações de projecção e de efeitos especiais (artigo 154.º a 157.º);

    e) Instalações de elevadores (artigo 158.º a 162.º).

2 – Instalações de aquecimento, tratamento de ar e pressurização:

    a) Aparelhos de aquecimento em instalações centralizadas (artigo 164.º a 165.º);

    b) Aparelhos de aquecimento autónomos (artigo 166.º a 172.º);

    c) Ventilação e aquecimento de ar (artigo 173 a 180.º);

    d) Instalações de pressurização (artigo 181.º).

3 – Instalações para confecção de alimentos (artigo 182.º a 185.º).

4 – Instalações de alarme e comando (artigo 186.º 194.º).

Numa perspectiva comercial, pode e deve ser pensada, com as necessárias separações funcionais e arquitectónicas, a existência de espaços comerciais ou de serviços, desportivos e não desportivos que permitam, pela sua actividade, rendibilizar as instalações desportivas. Referimo-nos à existência de restaurantes, cabeleireiros, solário e serviços de bem-estar e outros.

8.8. Os Espaços Sociais

Os espaços sociais definem-se como aqueles locais que se destinam ao exercício de funções de estância e aproximação das pessoas em actividade informal, à fruição da companhia dos outros, ao usufruto do tempo livre, do espaço, da espera, de pausa ou intervalo ou ainda de descanso, de concentração, ponto de partida ou reunião prévia, de ajustamento mútuo, de troca de informações e de projectos individuais, de reconforto por refrescamento, tonificação ou aquecimento, etc. Os espaços sociais nas instalações desportivas aparecem como locais que adquirem uma dinâmica própria, mas por outro lado, fornecem também à organização uma possibilidade de temporização das suas dinâmicas. Os espaços sociais, por serem locais onde as pessoas se encontram, tendem a organizar o tempo e por isso, os ritmos das pessoas que trabalham ou usufruem da instalação desportiva. Neles, o tempo social organiza o pulsar da própria instalação. É dos espaços sociais que frequentemente partem as dinâmicas com um determinado destino, seja ele a actividade desportiva, a actividades laboral ou outra, e é a ele que, naturalmente regressam, após a sua realização,

308 *Os Espaços do Desporto – Uma Gestão para o Desenvolvimento Humano*

as pessoas que pretendem intervalar ou usufruir uns momentos após finalizadas as actividades. Os espaços sociais, bem concebidos, bem organizados e apetrechados, podem desempenhar funções muito interessantes que trazem proveitos e benefícios à instalação desportiva, à sua gestão e à sua vida social: Fundamentalmente constroem comunidades em torno dela e das suas práticas, respondem aos acompanhantes dos praticantes, edificam processos de identificação, reforçando as representações e as referências simbólicas que são construídas, e criam formas de integração e de expressão em todos os diferentes tipos de utilizadores.

Nesta categoria de espaços sociais podemos incluir as Salas de Convívio, os Bares, Salas de Estar, Salas de Chá e Chocolate, Salas de Diversão, Salas de Televisão, Vídeo, Cinema, Computadores, Salas de Estudo, Biblioteca, etc. Podemos considerar ainda uma subcategoria onde incluiríamos os Espaços Nobres ou de elevada referência simbólica, como sejam as Salas de Protocolo (ou VIP), o Salão Nobre, os Auditórios, o Salão de Festas, etc.

Na linha da Metáfora Sagrada que temos vindo a apresentar os espaços sociais identificam genericamente duas categorias: Os **espaços nobres** (1) e os **espaços de convívio** (2) como sejam o bar ou equivalentes atrás descritos.

8.8.1. *Os Espaços Nobres*

Os espaços nobres localizam a realização de cerimónias que produzem símbolos e acontecimentos com significado para a organização ou para a instalação. Estes acontecimentos, para além de reforçarem as componentes culturais das organizações, assumem-se como "os marcadores" ou "transferidores do tempo", isto é são rituais que funcionam como os pilares de uma ponte que atravessa um rio. O rio é o tempo, a ponte é a existência perpétua ou continuada da organização ou da instalação que se pretende que perdure. Os pilares da ponte, são cada uma das cerimónias que ocorrem periodicamente e que permitem atravessar o tempo e realizar assim a transposição do passado para o futuro oferecendo a continuidade, pela reorganização e renovação em cada expressão desse mesmo ritual e das actividades que dela fazem parte. São os rituais que celebram o tempo, as emoções e as memórias. Neste tipo de espaços se incluem os Salões Nobres, os salões de festas e outros espaços de comemoração. Eles caracterizam-se pela sua reserva de acessibilidade (1), pela utilização vocacionada (2) para a realização destes acontecimentos, pelas dimensões apresentadas (3), normalmente de maior dimensão, pelos elementos estruturantes (4) e pela exibição de objectos e motivos decorativos (5) de alto valor material, simbólico, cultural ou rememorativo.

8.8.2. *Os Espaços de Convívio*

Os espaços de convívio têm uma dupla função: Estância ou espectância (A), por um lado e, de recuperação (B) energética (1), alimentar (2) e psicológica (3) por outro. No que respeita à primeira, eles podem ser preparadores do clima social necessário à prévia entrada nas actividades ou práticas oferecidas na instalação. Permitem assim o acto de reunião e concentração que antecedem o início das sessões. É também, numa perspectiva laboral um local de troca livre de informações, de ajustamento mútuo (Mintzberg, 1979)[126]. Referente à segunda, os bares, cafés, pastelarias, salas de chá ou de chocolate, assumem-se como locais de reposição, de recuperação de energias físicas e de energias psicológicas: o bar repõe o equilíbrio orgânico, permitindo alguma recuperação alimentar ao nível da sede (reposição de líquidos) ou do apetite, mas também o equilíbrio psicológico. O bar é, na primeira perspectiva, um local de tomada de alimentos (comidas e bebidas) mas é ao mesmo tempo, numa perspectiva mais próxima da metáfora sagrada, um ponto de repartição e de partilha, pela prova de sabores, pela tomada em comum de iguarias leves e de 'poções' estimulantes ou refrescantes (café, chocolate ou sumos de fruta, etc.), o que nos faz aproximar da segunda perspectiva. Ele materializa a existência de um momento de pausa psicológica, propícia à ocorrência e expressão de algumas alterações do estado de espírito, mobilizadora da auto-estima, incentivante ou reequilibador. A partilha que se realiza aqui, é um momento de comunhão entre todos aqueles que participam ou participaram na festa que é o desporto e as suas actividades realizadas ou a realizar. As iguarias fazem parte dos actos de celebração diária que aqui se realizam e podem contribuir à sua medida, para colaborarem no respectivo enriquecimento. As bebidas e as iguarias são apenas complementos de estímulo

---

[126] Mintzberg, Henry (1979), *Estrutura e Dinâmica das Organizações*, Lisboa, D. Quixote, 1999.

310 *Os Espaços do Desporto – Uma Gestão para o Desenvolvimento Humano*

necessários à criação do ambiente propício. Participam deste modo na 'magia' e no encanto de que o desporto é feito. É por isso um local de troca de afectos, de emoções e de conhecimentos, um espaço de convívio, e de consolidação de pequenos grupos informais bem como de projecção psicológica dos comportamentos individuais.

Em termos económicos, os bares revelam-se como uma das principais fontes de geração de receitas, muitas vezes superior às quotizações ou verbas relativas aos recursos destinados à realização das actividades desportivas. Tal acontece particularmente nos pequenos clubes (Sousa, J. Teixeira de; (1986)[127]. A concessão destes espaços e desta actividade económica deve ser muito bem pensada, dado que os proveitos e rendimentos que gera são de grande importância para o desporto, para suporte das suas dinâmicas e para a instalação que está a ser gerida.

As salas de estar, salões, salas de jogos de mesa ou de televisão constituem um outro conjunto de espaços que interessa considerar, dentro desta perspectiva.

* * *

A legislação portuguesa é omissa no que respeita à regulamentação e previsão destes dois tipos de espaços, particularmente os espaços nobres, quer na definição da sua vocação simbólica de produção e reprodução de símbolos, quer ainda no estabelecimento de espaços de reposição e recuperação de níveis energéticos e alimentares que podem estar dirigidos à componente social das organizações e espaços desportivos, no que respeita às correspondentes especificações.

O **Decreto Regulamentar n.º 34/95** de 16 de Dezembro que estabelece o Regulamento das condições técnicas e de segurança nos recintos de espectáculos e divertimentos públicos, considera apenas no seu articulado as especificações técnicas relativas a cozinhas e outros locais de confecção de alimentos no seu artigo 130.º, o que poderá ter apenas alguma utilidade na organização das copas dos bares ou similares a constituir. Existe um outro tipo de normativa específica, relativamente aos estabelecimentos de restauração e bebidas que nos interessa referenciar, mas que não as faz

---

[127] Sousa, J. Teixeira de; (1986), *Para o Conhecimento do Associativismo Desportivo em Portugal*, Lisboa, UTL-ISEF, Vol. I e II.

incluir necessariamente como partes constituintes das instalações desportivas, mas que regulamentam o respectivo funcionamento. São eles o **Decreto-Lei n.°** **57/2002** que republica com alterações o **Decreto-Lei n.°** **168/97** de 4 de Julho que estabelece os processos de instalação de estabelecimentos de restauração e bebidas e o **Decreto Regulamentar n.° 38/ /97** de 25 de Setembro que estabelece os requisitos a que estão sujeitos os estabelecimentos de restauração e bebidas.

A existência de ideias claras sobre os aspectos relativos a estes tipos de espaços e funções, poderia permitir melhores formas de inclusão de destinatários diferenciados por vários tipos de critérios, como sejam jovens, famílias, crianças, seniores, adultos, senhoras, acompanhantes, grupos profissionais, populações especiais, etc. Poderiam estes espaços ter um papel de inclusão reforçada, dirigida aos acompanhantes que estão no primeiro nível de assédio ou sedução para as práticas desportivas e que dispõem de um tempo que não é aproveitado desportivamente (ou até economicamente) e que o deverá ser. Referimo-nos aos pais ou avós que acompanham os descendentes ou outros que podem fazer reverter para benefício mútuo (pessoal e da instalação) o tempo de espera dispendido. Podem constituir um conjunto de serviços complementares à prática desportiva, sendo bons mobilizadores de recursos e vontades integradoras.

8.8.2.1. *As instalações de apoio logístico à vida social*

As instalações de apoio logístico à vida social de um clube ou organização desportiva que podem ser presenciadas nas instalações desportivas, referem-se fundamentalmente aos serviços ou espaços que apoiam os espaços nobres, os espaços de convívio, bares, restaurantes etc. Mas, neles podemos identificar alguns cujos serviços, embora não claramente relativos ao desporto, podem pelas suas valências, constituir-se como construtores da imagem do desportista ou utilizadores das instalações desportivas. Referimo-nos à existência de:

1. Centros de estética, clínica de beleza e cabeleireiro, pedicura, manicura;
2. Centros de bem estar, com massagens, spa's, solário;
3. Centro de eventos, salas de reuniões,
4. Centros de lazer: salas para entretenimento de crianças, salas de aniversários, etc.

312 *Os Espaços do Desporto – Uma Gestão para o Desenvolvimento Humano*

Estas instalações de apoio à vida social podem também constituir serviços localizados em actividades comerciais. A normativa que enquadra este tipo de actividades tem vindo a ser por nós abordada naquilo que ao desporto se refere. Contudo, para alguma utilidade extensiva deixamos em termos indicativos aquela que conseguimos recolher e que se refere aos estabelecimentos e actividades comerciais nas quais o desporto e actividades complementares se podem constituir:

a) O **Decreto-Lei n.º 370/99** de 18 de Setembro que estabelece o regime de instalação dos estabelecimentos de comércio e armazenagem de produtos alimentares e prestação de serviços;

b) A **Portaria n.º 33/2000** de 28 de Janeiro que identifica em anexo o tipo de estabelecimentos a que se refere o Decreto-Lei n.º 370/99 de 18 de Setembro;

c) O **Decreto-Lei n.º 57/2002** que republica com alterações o **Decreto-Lei n.º 168/97** de 4 de Julho que estabelece os processos de instalação de estabelecimentos de restauração e bebidas;

d) O **Decreto Regulamentar n.º 38/97** de 25 de Setembro que estabelece os requisitos a que estão sujeitos os estabelecimentos de restauração e bebidas;

e) O **Decreto-Lei n.º 243/86** de 20 de Agosto que aprova o Regulamento Geral de higiene e segurança no Trabalho nos estabelecimentos comerciais;

f) A **Portaria n.º 987/93** de 6 de Outubro, relativa às prescrições mínimas de segurança e de saúde nos locais de trabalho.

8.9. Os Espaços de Segurança

Os espaços de segurança dizem respeito àquelas áreas da instalação desportiva onde estão localizados os serviços correspondentes (1). Podem incluir-se ainda nesta denominação os espaços de descompressão (2) necessários à prevenção de riscos ou à localização da resposta a situações de acidente efectivo ou catástrofe em curso cujos efeitos se podem verificar nas instalações desportivas, bem como os espaços e vias de acesso (3) necessários à manobra (a) e ao comando (b) dos correspondentes agentes, suas viaturas e apetrechamento.

A organização deste tipo de espaços deve por isso ser sujeita a dois modos fundamentais de orientação ou entendimentos do conceito de segu-

Os Espaços das Instalações Desportivas 313

rança: A 'Prevenção e Acautelamento' (1) por um lado e o 'Socorro e a Defesa' (2) por outro. A língua inglesa diferencia claramente estas duas vertentes do conceito segurança, incluindo os respectivos conceitos em torno de duas expressões, denominando-as *Safety* and *Security*: Na primeira, incluem-se todos os comportamentos adequados e os procedimentos que dizem respeito a uma utilização correcta e segura de todos os materiais no decurso da realização de actividades e que se referem à manutenção da integridade física das pessoas. Na segunda incluem-se todos os aspectos que envolvem a guarda e a preservação de valores e da ordem pública. Em jeito de simplificação, tudo o que possa ter a ver com fardas (guardas, bombeiros, polícias, socorristas, etc.) está incluído nesta segunda componente.

Há assim espaços reservados para a descompressão e desafogo, necessários a evitar a ocorrência de acidentes e outros, que se constituem como reserva de intervenção destinada a situações de socorro ou de defesa. Nos primeiros, incluímos os caminhos horizontais de fuga e de evacuação, as vias verticais, os espaços de antecâmara e pós-câmara, que são espaços de desafogo e descompressão de pessoas em caso de catástrofe. Nos segundos, devem considerar-se as enfermarias, os postos de primeiros socorros, o hospital, e os espaços destinados a diferentes forças de segurança: segurança interna (1) e forças de segurança exteriores (2) à instalação desportiva. Se para os primeiros se faz sentir a necessidade apenas da sua existência e consideração, para os segundos, para além da sua existência, há a imposição de estes estarem equipados devidamente para darem resposta às funções e conforto funcional às pessoas que aí desempenham as suas actividades.

A fase de concepção das instalações deve prever a existência destes tipos de espaços e considerar as correspondentes funções. A sua previsão resolve a montante, problemas que se revelam a jusante, na fase de gestão das instalações desportivas.

O **Decreto Regulamentar n.º 34/95** de 16 de Dezembro que estabelece o Regulamento das condições técnicas e de segurança nos recintos de espectáculos e divertimentos públicos, obriga à aplicação de critérios de segurança nas suas disposições construtivas. Este diploma estabelece assim os principais conceitos a eles respeitantes:

314 *Os Espaços do Desporto – Uma Gestão para o Desenvolvimento Humano*

CAPÍTULO III – Disposições construtivas.

Artigo 14.° (Critérios de segurança):
2 – Os recintos fechados e cobertos de grandes dimensões devem ser divididos em espaços delimitados por elementos de construção com resistência ao fogo para fraccionar a carga calorífera do seu conteúdo.

3 – As comunicações horizontais e verticais, bem como as canalizações e as condutas técnicas dos recintos, não devem comprometer a compartimentação dos espaços, o isolamentos dos locais e a protecção das vias de evacuação.

CAPÍTULO IV – concepção e utilização dos espaços dos recintos.
*Secção I – **Critérios de segurança e terminologia***

Artigo 47.° (Critérios de segurança):
Os espaços interiores do recinto devem ser organizados por forma a proporcionar condições de comodidade, funcionalidade, higiene e segurança de utilização e de modo a que, em caso de emergência, os seus ocupantes alcancem, fácil, rápida e seguramente o exterior pelos seus próprios meios.

O **Decreto-Lei n.° 414/98** de 31 de Dezembro que estabelece o Regulamento de Segurança contra incêndios nos edifícios escolares refere este tipo de espaços e classifica-os consoante o seu sentido de risco:

Artigo 6.° (Classificação dos locais dos edifícios):
1 – Para efeitos de aplicação do presente Regulamento, os locais dos edifícios são classificados, de acordo com a sua natureza, do seguinte modo:
*a) **Locais de risco A**, são os locais caracterizados pela presença dominante de pessoas sem limitações de mobilidade ou nas capacidades de percepção e de reacção a um alarme, exercendo actividades que não envolvam riscos agravados de incêndio e em que o número total de ocupantes não exceda 100;*
*b) **Locais de risco B**, são os locais*

que possam receber mais de 100 pessoas nas condições da alínea anterior;
*c) **Locais de risco C**, Locais que apresentem riscos agravados de incêndio, devido quer às características dos produtos, materiais ou equipamentos que contenham, quer às actividades meles desenvolvidas;*
*d) **Locais de risco D**, são os locais destinados a pessoas com limitações na mobilidade ou nas capacidades de percepção ou de reacção a um alarme, ou que possam estar a dormir na altura do sinistro.*

Este diploma refere-se ainda às disposições relativas à construção de edifícios particularmente no seu capítulo III, nos artigos 16.° e seguintes:

Artigo 16.° (Critérios de segurança):

1 – Os elementos estruturais dos edifícios devem apresentar resistência ao fogo suficiente para limitar o risco de colapso, nomeadamente durante o período necessário à evacuação das pessoas e às operações de combate a incêndio.

2 – Os edifícios devem ser divididos em espaços delimitados por elementos de construção com resistência ao fogo adequada para fraccionar a carga de incêndio do seu conteúdo.

.../...

Secção III – Medidas de compartimentação, isolamento e protecção no interior dos edifícios

Subsecção I – compartimentação corta-fogo

Artigo 20.° (Condições de estabelecimento da compartimentação corta-fogo):

1 – A compartimentação corta-fogo dos edifícios deve, em geral, ser assegurada pelos pavimentos e, nos edifícios com grande desenvolvimento em planta, por paredes que os dividam em espaços com a altura de um piso e área não superior a 1600 m².

2 – Sem prejuízo do disposto no número anterior, são, no entanto, permitidos:

a) Espaços com a altura de dois pisos e área máxima de 800 m², desde que o seu pavimento mais baixo se situem a uma altura não superior a 28 m;

b) Espaços livres constituindo pátios interiores prolongados até à cobertura, desde que:

aa) a menor das suas dimensões, medida em planta, seja superior a (raiz quadrada de 7H), com um mínimo de 7 m, sendo H a altura do pátio medida até ao pavimento do último piso;

bb) As paredes do edifício que confinem com o pátio satisfaçam o disposto nos n.ºs 1 ou 2 do artigo 45.°;

cc) Os materiais constituintes da cobertura, no caso de existir, garantam a classe M2;

dd) Quando os pátios forem cobertos, os materiais de revestimento das paredes garantam a classe M2, no caso geral, ou M1, no caso de confinarem com locais com camas.

Para além dos espaços de segurança, desafogo e descompressão que possam ser previstos, interessa-nos do mesmo modo perceber qual a oferta de regulação ao nível dos espaços de acesso aos primeiros, dado que é uma necessidade complementar que se faz sentir em situação de socorro, urgência ou perturbação da ordem pública. Fizemos já uma primeira abordagem

316   *Os Espaços do Desporto – Uma Gestão para o Desenvolvimento Humano*

ao nível do Capítulo 8.5.9 – Os Espaços-Canais ou de Circulação a páginas n.º 294. Continuaremos esta abordagem relativa aos acessos, no capítulo 9.11 – A Gestão da Segurança no ponto 9.11.4 – Os Acessos da Segurança a páginas n.º 414 e seguintes onde se tratam também as vias de evacuação.

Devemos ainda considerar para além dos acessos e espaços correspondentes, a previsão e a regulamentação de espaços específicos quer para o estacionamento das forças de socorro ou segurança (eventual e permanente), quer para a realização de operações de comando dessas mesmas forças.

O **Decreto Regulamentar n.º 10/2001** de 7 de Junho – Regulamento das condições técnicas e de segurança dos estádios prevê, neste sentido, a existência de instalações específicas, nomeadamente no seu artigo 27.º:

Artigo 27.º (Central de comando das instalações e de segurança):

1 – Os estádios das classes A, B e C devem dispor de um espaço com localização central e possibilidade de controlo visual de todo o recinto, que se deve constituir como centro de comando das instalações para monitorização dos sistemas de vídeo-vigilância e de controlo dos espectadores e de preferência integrados ou adjacentes ao local onde sejam instalados

os quadros eléctricos, consolas de controlo e os comandos dos sistemas de iluminação e de difusão sonora.

2 – Os estádios das classes A, B e C devem ainda prever espaços para uso das forças de segurança e serviços de bombeiros, que constituirão o centro de coordenação e segurança para as operações de monitorização dos sistemas de segurança e alerta, preferencialmente com o centro de comendo das instalações.

O **Decreto Regulamentar n.º 34/95** de 16 de Dezembro que estabelece o Regulamento das condições técnicas e de segurança nos recintos de espectáculos e divertimentos públicos, no capítulo das condições de exploração faz incluir a previsão deste tipo de espaços no seu artigo 235.º:

Artigo 253.º (Posto de Segurança):

1 – Os recintos devem ser dotados de um posto de segurança sempre que exigido pela DGESP ou pela Câmara Municipal quando a categoria ao as actividades neles exercidas o justifiquem.

2 – O posto de segurança deve possuir acesso fácil e ser localizado sempre que possível ao nível da chegada dos meios de socorro exteriores.

3 – No posto de segurança devem ser instaladas as centrais de alarme, quando existam, bem como os dispo-

sitivos de comando manual das instalações de segurança do recinto.

4 – O posto de segurança e os seus acessos devem ser protegidos contra um incêndio que ocorra no recinto.

5 – No posto de segurança deve ser instalado um posto telefónico, ou qualquer outro meio de transmissão,

rápido e fiável, do alerta aos meios de socorro e intervenção.

6 – Nos recintos desportivos de grandes dimensões, o posto de segurança deve ser localizado, dimensionado e equipado como central de comando unificado das entidades afectas à segurança.

A **directiva CNQ 23/93** do Conselho Nacional da Qualidade sobre qualidade das piscinas de uso público estabelece algumas especificações em relação aos espaços destinados à prestação dos primeiros socorros:

4.13. Nas piscinas com mais de 100 m² de plano de água, devem prever-se locais para a prestação de primeiros socorros, localizados de forma a permitir fácil comunicação com as zonas de cais e com o exterior para o transporte de acidentados para zona acessível a ambulâncias. Este gabinete será preferencialmente integrado ou adjacente aos gabinetes destinados aos vigilantes e monitores, e disporá de uma área igual a 0,04 m² por cada m² de plano de água, com o mínimo de

10 m². Este local será dotado com o seguinte apetrechamento mínimo:

– 1 marquesa de 2,0 x 0,80 m;
– 1 maca e 2 cobertores de lã;
– 1 mesa de apoio
– 1 armário com produtos médico-farmacêuticos de primeiros socorros;
– 1 conjunto de material de reanimação de modelo aprovado;
– 1 lavatório e uma pia sanitária.

A largura das portas de acesso e dos corredores de comunicação com esta zona terá 1,20 m, no mínimo.

Na localização e estruturação dos acessos a estes tipos de espaços, bem como aos restantes, existem especificidades respeitantes à capacidade de permissão à fuga e ao evacuamento, que interessa sinalizar. O **Decreto Lei n.° 414/98** de 31 de Dezembro que estabelece o Regulamento de Segurança contra incêndios nos edifícios escolares refere a este nível:

Artigo 61.° (limitação das distâncias a percorrer):

*1 – Nos locais de **risco A** com uma única saída a distância máxima a percorrer de qualquer ponto até à saída deve ser de 15m.*

2 – Nos locais dotados de mais de uma saída a distância máxima a percorrer de qualquer ponto até à saída mias próxima deve ser de;

a) 40 m, nas zonas com acesso a saídas distintas;

318   Os Espaços do Desporto – Uma Gestão para o Desenvolvimento Humano

b) 15 m, nas zonas em situação de impasse.

Artigo 65.º (limitação das distâncias a percorrer):
Nos locais de **risco B** *a distância máxima a percorrer de qualquer ponto até à saída mais próxima deve ser de:*
a) 40m, nas zonas com acesso a saídas distintas;
b) 10 m, nas zonas em situação de impasse.

Artigo 72.º (limitação das distâncias a percorrer):
Nos **laboratórios e oficinas** *desti-nados aos alunos a distância máxima a percorrer de qualquer ponto até à saída mais próxima deve ser de:*
a) 20 m, nas zonas com acesso a saídas distintas;
b) 5 m, nas zonas em situação de impasse.

Artigo 74.º (limitação das distâncias a percorrer):
Nos locais de **risco D** *a distância máxima a percorrer de qualquer ponto até à saída mais próxima deve satisfazer o disposto no artigo 65.º.*

8.10. Os Espaços Comerciais

A existência de espaços comerciais podem associar sinergistica-mente recursos e vontades, dimensão e atractividade, com resultados benéficos para a sustentabilidade da instalação desportiva ou para a entidade que a gere. A atractividade que o desporto proporciona pode viabilizar a realização de negócios complementares que o desporto deve beneficiar também. O contrário pode também acontecer, quando o desporto é mais uma actividade a adicionar à localização comercial de uma série de atractivos, complementando-os.

Nestes espaços comerciais das instalações desportivas podem ser considerados, a dois níveis: aqueles que se relacionam directamente com a actividade ou motivos desportivos, como sejam as lojas de material desportivo ou de venda de símbolos do clube proprietário ou utilizador da instalação, proposição de actividades complementares para acompanhantes, ou outros que aproveitam a atractividade gerada para desencadearem um conjunto de impulsos motivacionais com interesse meramente económico e comercial. Podemos ainda incluir outros tipos de espaços que revelam a sua importância tanto maior quanto maior for, também, a dimensão das respectivas lotações, como sejam os bares. Os bares permitem através

Os Espaços das Instalações Desportivas 319

de uma oferta de um serviço não-desportivo canalizar para a organização um conjunto de receitas considerável (T. de Sousa, 1986)[128].

Ainda a respeito destes espaços é necessário termos em conta que a atractividade gerada pelo desporto é do mesmo modo, necessária ao acto económico e que tal coloca problemas do ponto de vista ético-ideológico, como vimos e reflectimos já no capítulo 3.2 – A "Sociedade de Mercado" e o Desporto, páginas 93 a 103, principalmente no que respeita à focalização dos esforços de gestão, que no nosso entender dever centrar-se em objectivos fundamentalmente desportivos.

O "casamento" destas duas atractividades (comercial e desportiva) tem vindo a originar o aparecimento de soluções mistas ou de proximidade, nos centros urbanos de grande dimensão onde os centros comerciais e de negócios se integram nos espaços de vocação desportiva, ou se localizam na sua vizinhança. Vejam-se por exemplo, os casos dos grandes estádios em Portugal, Estádio da Luz, Estádio do Dragão e Estádio José Alvalade (Alvaláxia XXI). Neles, temos a possibilidade de ver expressos os diferentes exemplos referidos. Sobre estes aspecto já nos referimos atrás a um conjunto de normativa que enquadra a relação das actividades comerciais com as instalações desportivas: Capítulo – 8.8.2.1 – As instalações de apoio logístico à vida social a páginas 311.

Os espaços comerciais das instalações desportivas podem apresentar algumas características que se configuram como indicadores de atractividade, os quais se materializam numa capacidade de previsão do nível de oferta: lotação de lugares de utilizadores, diversificação de ofertas de serviços, actividades e produtos oferecidos, e a viabilidade económica que tal obriga.

---

[128] Sousa, J. Teixeira de; (1986), *Para o Conhecimento do Associativismo Desportivo em Portugal*, Lisboa, UTL-ISEF, Vol. I.

9. A Gestão das Instalações Desportivas
– Os Processos de Decisão

A gestão das instalações desportivas é um processo complexo de desenvolvimento e tomada de decisão. Envolve uma ideia, um conjunto de conhecimentos, uma aplicação de diversas técnicas reunidas em torno de rotinas que devem ser constituídas e que o organizam, e um conjunto de recursos humanos, materiais e financeiros que nele são utilizados. Este processo implica uma direcionalidade em torno dessa ideia onde as melhores decisões são orientadas por valores e objectivos que lhes são definidos à priori, que operacionalizam a vocação das instalações desportivas e a consequente afectação de recursos necessárias ao seu funcionamento. Trata-se assim de identificar aquelas que se encontram com melhor nível de ajustamento face às expectativas das pessoas que as utilizam, aos contextos e aos recursos disponíveis, por forma a cumprir eficientemente os desígnios para os quais as instalações foram constituídas.

Antes de entender as diferentes fases nas quais se constitui este processo, é importante percebermos que a resultante que se procura reside na busca de equilíbrios com vista a encontrar a optimização funcional, económica e financeira, política, social, através das decisões certas. Através delas, gerem-se equilíbrios na utilização dos diferentes **recursos** (materiais, humanos, financeiros, espaciais e temporais), gerem-se **vontades,** que se expressam por **dinâmicas** (sociais, políticas, psicológicas, espaciais) dos diferentes **agentes** (dos utilizadores, dos praticantes, dos gestores, dos espectadores), etc., que se traduzem na revelação, pelos símbolos, de valores, de expectativas, de emoções e de vontades de cada um deles. Tomam-se opções que, por vezes, são **dilemas**, abandonando algumas expectativas criadas, dado que os recursos não são suficientes para tudo. Por isso os esforços de racionalidade impõem-se e o processo decisório obriga a ter por base o uso de informação de suporte.

A tomada de decisão deste modo, implica um processo de racionalidade na utilização dos recursos, por forma a rendibilizar a respectiva utilização, bem como a maximizar os esforços efectuados. A racionalidade implica o manuseamento de informação de suporte, cuja necessidade se faz sentir cada vez mais em todos os actos da vida da nossa sociedade e da comunidade desportiva. A tradução das dinâmicas e dos recursos inventariados e utilizados ou a utilizar, através de suportes informativos onde estes são quantificados, permite uma manipulação onde os actos de medida podem ser efectuados de modo racional e objectivo.

A interdisciplinaridade, participando desde a fase de concepção e lançamento de uma ideia até à entrada em funcionamento de uma instalação desportiva, deve ser um exercício que à partida deve incluir o Gestor da instalação desportiva, o Arquitecto, representantes do dono da obra, dos destinatários, etc., para que possam ser conseguidos os melhores ajustamentos e as maiores economias no futuro funcionamento da instalação.

9.1. A Informação e o Desporto

Vivemos hoje numa sociedade da informação. A informação é a ferramenta fundamental de gestão dos sistemas complexos, sociais, produtivos e simbólicos. Os diversos sistemas abertos ou fechados, mecanicistas ou biológicos, vivos ou burocráticos, produzem informação. A informação é importante para a tomada de decisão, pois permite gerir recursos. Qualquer processo racional de tomada de decisão implica a produção e o manuseamento de quantidades crescentes de informação que legitima e suporta as decisões que são tomadas. Estas informações respeitam à utilização dos recursos existentes ou a mobilizar para a instalação desportiva, cujo significado se refere também aos processos que pretende gerir. Permitem ainda que esta cumpra os seus desígnios e realize os seus objectivos. Por isso temos que gerir com base na informação.

Gerimos crescentemente informação que se assume, ela própria, como um recurso a ser também gerido. Gerimos conteúdos, conhecimento, símbolos, significados e pretendemos, a partir de indicadores que vamos produzindo, identificar os equilíbrios ou os desequilíbrios que se podem encontrar nas dinâmicas e nos elementos dos sistemas. Produzem-se dados, informação primária, os quais podem ser posteriormente trabalha-

A Gestão das Instalações Desportivas – Os Processos de Decisão

dos para produzirem informação mais elaborada. Procuramos padrões de expressão dessas dinâmicas por forma a encontrar os elementos significativos, permanentes ou críticos desses mesmos sistemas, para actuarmos sobre eles.

A informação pode assim definir-se como o registo quantificado dos elementos caracterizadores de um sistema estático ou dinâmico. Através deles, podem ser efectuadas as necessárias operações de conhecimento, manuseamento e gestão. A informação expressa-se através de dados, que são o modo mais primário de registá-la quantificadamente, de indicadores que expressam situações em que o estado da informação passa a ter significado, de decisões onde ela identifica níveis de estabilidade, de objectivos quantificados, de critérios de êxito, de padrões de expressão e de normativa, de confirmações de controle, de processos de monitorização, avaliação, etc.

Todo o fenómeno desportivo, porque é feito por pessoas, porque utiliza recursos, porque identifica dinâmicas com expressão própria e se organiza em sistema, produz informação. A informação é produzida a todos os níveis, desde o registo dos resultados das provas que o desporto organiza e promove, a todas as dinâmicas que vão do gesto desportivo individual, passando pelo colectivo, pelo organizativo, pelo social e económico, terminando na constituição e desenvolvimento de sistemas onde a informação se produz a si própria, embora orientada a partir dele e tendo o desporto como campo de intervenção. O desporto é um fenómeno civilizacional da Sociedade da Informação e integra as suas dinâmicas como parte integrante dela. Contudo, para o poder fazer, tem que definir um código próprio que esteja em consonância com o código que subjaz aos sistema informacionais da Sociedade da Informação.

9.1.1. *Um Código para o Desporto na Sociedade da Informação*

As tecnologias que hoje se empregam e que enquadram as dinâmicas dos sistemas e a respectiva gestão, obrigam à utilização de códigos que estejam ajustados ao respectivo manuseamento. Também a atitude dos agentes que as utilizam e que com elas se relacionam, devem estar adequadas às respectivas características e possibilidades de uso, orientadas numa perspectiva de desenvolvimento que se traduza em ganhos de eficiência e de benefício em prol de todos. Cada um dos agentes individuais

324 *Os Espaços do Desporto – Uma Gestão para o Desenvolvimento Humano*

e colectivos deve ser assim portador e utilizador de um novo código de conduta, que se traduz na realização de atitudes, de comportamentos e de domínio de destrezas e competências que lhe permitem o necessários ajustamentos a estes tipos de requisitos. São formas de estar de devem ser comuns a todos os agentes dos sistemas globais, quer sejam individuais ou colectivos, informais ou institucionais, cuja repercussão das suas acções se traduzem em ganhos para o desenvolvimento do sistema e da vida de todos, particularmente do desporto.

O novo código prende-se com a vontade e a capacidade de desenvolver projectos para uma sociedade civil global. O desporto, como actividade com repercussões à escala global e local encontra aqui uma grande janela de oportunidade. Para tal, é necessário ter uma atitude que se traduza numa capacidade real de execução e de mobilização da comunidade local, mas também da abertura, pelas redes, à participação da sociedade global. Os projectos de intervenção e desenvolvimento desportivo podem ter uma base local de realização, mas devem projectar-se, através das redes de informação, a vários níveis:

1. A nível nacional, pelas dinâmicas existentes nos sectores desportivos;

2. A nível internacional, pelos quadros competitivos sectoriais correspondentes, nos quais as instituições desportivas e os diversos agentes se encontram integrados;

3. Por último, assumindo uma capacidade de atraírem outros intervenientes, utilizadores singulares dessas dinâmicas, que por elas têm acesso a este tipo de informação e actividades.

> Qual é então o novo código que, no nosso entender, subjaz à comunidade desportiva na sociedade da informação, permitindo o acesso às instituições e aos seus agentes? Ele baliza-se por um conjunto de regras que estes perseguem e que se caracterizam por:
>
> 1. **Utilizar informação** pelos diferentes processos que a constituem, produzindo-a (1 – **Produção**), pelo registo conjunto das suas acções, consumindo-a (2 – **Consumo**) na elaboração dos seus projectos, permutando-a com os demais agentes por **Intercâmbio** (3) e empregando-a na **Gestão** (4) ao nível da tomada de decisões (P., C., I., G.).
> 2. Ter uma **referência no espaço virtual** ou cibernético isto é, estar ligado ou ter acesso a uma rede de comunicação, através da utilização de uma tecnologia apropriada (página electrónica na rede global–internet).

A Gestão das Instalações Desportivas – Os Processos de Decisão 325

3. Ser um agente desportivo **integrado** numa instituição desportiva (Leis de Bases da Actividade Física e do Desporto)[129].
4. Ser capaz de **adquirir uma dimensão** de escala na comunidade local e de **exportar serviços** para um mercado global. Queremos com isto dizer que é necessário constituir produtos e serviços desportivos, direccionados a uma população-alvo (comunidade residencial, sócios de uma colectividade, etc.) ou ao mercado local, criando uma base de sustentação, uma massa crítica inicial e, pensando também para um mercado global, exportá-los, pela utilização da informação e dos respectivos canais, através de uma rede (network). Geram-se assim expectativas noutros destinatários, noutras comunidades, ganha-se dimensão nos projectos realizados e consequentemente, atractividade para as unidades de gestão espacial em que estão integrados, particularmente as instalações.
5. Optimizar recursos pela **gestão da informação** em função dos objectivos das várias políticas desportivas aplicadas em vários domínios.
6. Saber utilizar as **tecnologias** da sociedade da informação e dominar a cultura desportiva nas instalações.

---

[129] Na Lei n.º 1/90 de 13 de Janeiro (Lei de Bases do Sistema Desportivo), *artigo 4.º, n.º 4: São considerados agentes desportivos, os praticantes, docentes, treinadores, árbitros e dirigentes, pessoal médico e, em geral, todas as pessoas que intervêm no fenómeno desportivo.* Na Lei de Bases do Desporto (**Lei n.º 30/2004** de 21 de Julho), os agentes desportivos são denominados Recursos Humanos no Desporto e a explicação sobre o seu estatuto está consignada entre os artigos 33.º a 36.º. No artigo 33.º assiste-se a uma diferenciação entre aqueles que intervêm directamente no desporto (R.H. 'do' desporto) e os que com ele estão relacionados (R.H. 'no' desporto). Na actual Lei de Bases da Actividade Física e do Desporto (**Lei n.º 5/2007** de 16 de Janeiro), que revoga as anteriores, a figura dos recursos humanos desaparece e reaparece o conceito de agentes desportivos cujo estatuto é diferenciado pelo tipo de acção desenvolvida no sistema desportivo, considerando também um estatuto diferenciado relativo à situação profissional ou de voluntariado que cada um possa assumir (artigo 34.º até ao artigo 39.º).

9.2. Os Processos e os Instrumentos Decisórios na Gestão das Instalações Desportivas – Arquitectura de Sistemas de Informação

A gestão das instalações desportivas é um processo de decisão que encerra em si várias etapas as quais importa respeitar. Considera uma atitude de rigor e sustentabilidade na decisão que se traduz numa disciplina, num método que importa aqui assinalar. Obriga à utilização de instrumentos como forma de exercício de uma certa racionalidade que subjaz aos comportamentos de gestão. Estes devem ser direccionados para o cumprimento de objectivos desportivos e os respectivos actos devem por isso estar imersos no contexto desportivo, na cultura desportiva, nas atitudes e valores do desporto e do desenvolvimento humano.

Os instrumentos de gestão das instalações desportivas integram um conjunto de ferramentas que operacionalizam esse mesmo rigor. Contudo, é importante referir que os valores da eficiência, da optimização, da economia na utilização dos recursos não devem comprometer a vocação e as missões inerentes aos actos de gestão da organização que gere um espaço desportivo.

O processo decisório presente na gestão das instalações desportivas, compreende, como dissemos, várias etapas:

A – O **levantamento** (1), com a constituição de processos de monitorização da informação, a **análise** (2) e a avaliação da situação (3), pelo estabelecimento de *padrões de expressão* caracterizadores do funcionamento da organização, das pessoas, das actividades e dos recursos, identificando os factores críticos ou limitantes;

B – A análise **prospectiva** (4), pela definição de linhas estratégicas e políticas de intervenção (5) determinando e identificando *janelas de oportunidade* (5 – a) face às estratégias que foram definidas;

C – O estabelecimento de **objectivos** a serem atingidos (6) realizando a respectiva quantificação (6 – a) objectivos quantificados) e integração (6 – b) objectivos integrados) no planeamento;

D – Este processo considera ainda o estabelecimento de processos de **optimização** (7), pelo ajustamento do uso dos recursos às situações e às aspirações e necessidades das pessoas, utilizando-os da forma mais eficiente e económica, pelo estabelecimento de rotinas optimizadas (8) e ajustamento de funções. Nesta fase devem incluir-se também os proces-

> sos de **codificação** (9) *espacial* (9,a), de *procedimentos* (9,b) e *simbólica* (9,c), pelo estabelecimento de regras, de processos de funcionamento e imposição de símbolos.
>
> E – Finalmente pode ser considerada ainda uma fase final de **avaliação** (9) e de relançamento de novos ciclos de gestão ou de objectivos (bem como a capitalização de experiências para novas situações – extrapolação).

A descrição dos principais processos ou métodos para gerir as instalações desportivas aqui adiantados, não se constituem como uma 'receita' a ser aplicada de modo imperativo e universalizante. A relatividade inerente às diferentes situações, estilos do gestor, especificidades regionais e outros tipos de variáveis, configurarão diferentes desenhos organizativos ao nível da estrutura, considerarão diferentes prioridades na obtenção de soluções ajustadas aos problemas detectados e aos anseios dos utilizadores, e diferentes especificidades aplicadas à diversidade desportiva que se expressa em cada uma das actividades, das suas práticas e em todo o conjunto do fenómeno desportivo a ser gerido dentro dos espaços e instalações. Contudo, o produto desta nossa reflexão e pesquisa deve ser entendido como um conjunto de estímulos que devem ser postos ao serviço de todos os que, empenhados na procura dos estados de optimização e da valorização dos recursos, são ou serão responsáveis pelos processos de gestão das instalações desportivas.

9.2.1. *Um Método de Abordagem e os Pressupostos*

A gestão de instalações desportivas é um fenómeno complexo, porque lida com muitas variáveis, factores e recursos que condicionam e embaraçam por vezes o decisor, estando na origem do aparecimento de compromissos geradores dos consensos e equilíbrios necessários ao bom funcionamento dos processos desportivos e do funcionamento das instalações e espaços desportivos. Propõe-se assim o estabelecimento de um método de abordagem dos problemas, identificando fases, prioridades e formas de a realizar. Tal desiderato que o definirá, deve cumprir alguns **pressupostos** faseados, a saber:

1 – Atitude do Gestor – Racionalidade e utilização de instrumentos:
A gestão deve ser efectuada com base numa atitude de **racionalidade**, por parte do gestor, devendo por isso ser dirigida a finalidades, a objectivos num contexto de uma gestão para o desenvolvimento com implicações na aplicação de processos de planeamento. A racionalização é um processo que aplica esta atitude do gestor e que implica o manuseamento e a manipulação da informação de uma forma quantitativa e pensada objectivamente, com conta, peso e medida.

2 – Comportamento Estratégico – Gestão direccionada:
A gestão direccionada aplica os instrumentos de planeamento na prossecução e cumprimento dos objectivos definidos para cada um dos processos de gestão. Ela identifica as **decisões** e os respectivos alvos e selecciona aquelas que são decisivas para a determinação do futuro da organização (gestora), da respectiva vocação e do correspondente exercício das suas missões.

3 – Constituição de processos e instrumentos:
A gestão utiliza e constitui vias de fundamentação das respectivas decisões e cria instrumentos de análise dos processos que se desenvolvem na realidade. Manipula informação cuja importância é reveladora de estados da situação e das lacunas sobre as quais é necessário intervir. Estas destrezas obrigam à constituição de sistemas de informação e ao reunir de **instrumentos** de análise dessa mesma informação.

4 – Optimização – de processos e de produtos:
Após constituídos os processos e mobilizados os instrumentos, optimizar é uma intenção que deve revelar-se em cada uma das decisões tomadas como forma de encontrar os melhores processos, os melhores instrumentos, os melhores produtos e os melhores recursos a serem utilizados da forma mais eficiente em cada situação. A optimização pressupõe também a determinação da **medida exacta** ou certa de uso de um determinado recurso ou de ajustamento temporal de uma decisão ou de uma tarefa. Ela compreende o identificar dos *factores determinantes* na expressão de um fenómeno, o doseamento dos recursos utilizados e a previsão dos respectivos resultados, traduzidos em ganhos de eficiência.

5 – Avaliação – de diagnóstico, de processo e de resultados:
A avaliação é realizada no início dos processos, no seu decurso e no seu final. Estabelece uma avaliação de diagnóstico, de processo e de resultado. Compara objectivos com o seu cumprimento, mas avalia também a **efi-**

A Gestão das Instalações Desportivas – Os Processos de Decisão   329

ciência utilizada em todas as decisões implementadas nas diferentes fases do processo. Introduz alternativas em situação de inêxito e reformula decisões e práticas quando os processos não são os estabelecidos e os resultados não são atingidos.

6 – Extrapolação:

A extrapolação é uma atitude de atenção que deve apurar-se através de registo ou **relatórios**, como forma de as experiências adquiridas poderem servir de modelo comparativo para outras situações quer por referência positiva, negativa ou análoga. Pode ser aplicada na gestão do espaço ou instalação em causa ou pode ser aproveitada para outras situações.

Estes pressupostos, dão origem, por continuidade de reflexão, a um conjunto de processos que nos interessa referenciar, de modo a podermos entender previamente dinâmicas existentes ou que podem ser desencadeadas. Estes processos têm uma atenção que se legitima no desenvolvimento humano e se aplica numa expressão de níveis de conforto com visibilidade nas práticas desportivas e actividades complementares, bem como de eficiência na utilização de recursos, traduzida numa boa gestão das instalações e dos espaços desportivos.

9.2.2. *A Gestão de Processos (alvos de incidência)*

Estes processos destinam-se a identificar alvos de incidência ao nível das decisões cujo grau de importância e empenhamento será definido quer por posicionamentos estratégicos dos seus gestores (1), quer pelas circunstâncias (2), quer ainda pelo valor dos recursos (3) utilizados no cumprimento das necessidades.

9.2.2.1. *A Gestão Direccionada (focalização?)*

A gestão direccionada implica não só uma atitude de aplicação racional das decisões, mas associa a necessidade de utilização de instrumentos. Esta pressupõe a **definição de objectivos** e utilização de **instrumentos de planeamento**, como sejam o estabelecimento de um Plano Estratégico Geral (1) e um Plano Específico de Actividades com duração identificada (2) (normalmente um Plano Anual de Actividades). Considera ainda a necessidade da existência de regulamentações definidoras de procedi-

330 *Os Espaços do Desporto – Uma Gestão para o Desenvolvimento Humano*

mentos de trabalho e de administração das relações entre os diferentes intervenientes (3) (Regulamento Interno). Gerir com racionalidade é gerir através de instrumentos, pelo estabelecimento de um conjunto de decisões sustentadas em informações recolhidas previamente. A intervenção é determinada com antecedência e é calculada na aplicação dos diferentes passos ou fases pela constituição de instrumentos de intervenção. A racionalidade implica o acto de medida. Medir obriga à elaboração de indicadores e a partir dos dados recolhidos (em bruto), ao esclarecimento do respectivo significado (produção de informação), sobre as realidades sobre as quais se pretende intervir.

9.2.2.2. *A Arquitectura de Sistemas de Informação – Monitorização da Informação*

A monitorização da informação é um processo que permite intervir no respectivo uso, conseguindo atingir níveis de registo e recolha mais próximos dos acontecimentos e das operações que se desenvolvem nos diferentes processos. A monitorização ou arquitectura de sistemas de informação, permite um **acto de medida** com maior nível de acuidade e rigor de análise. Ela tem como objectivo detectar as expressões de diferentes elementos, partes ou acontecimentos que se manifestam dentro do sistema a gerir ou na relação deste com outros sistemas. A partir de um referente estruturador que pode ser do tipo factores de desenvolvimento, recursos, elementos, fases, dimensões ou outro, organizam-se previamente o tipo de informações que se pretendem recolher e quais os procedimentos que vão efectuar-se posteriormente.

Pretende criar-se com ele numa primeira fase, um sistema de recolha de informações, a montagem de uma **bateria de contadores**, que organizam indicadores e *ratios* a estabelecer entre os diferentes elementos e atributos das informações recolhidas, seleccionando os mais significativos para a condução dos processos de gestão e de decisão. Pretende assim perceber a dimensão e a respectiva importância dessas mesmas expressões, dos relacionamentos que se estabelecem entre essas unidades, isto é, dos fluxos que se cruzam entre eles, da dinâmica de todo o sistema.

A Gestão das Instalações Desportivas – Os Processos de Decisão   331

> Esta arquitectura de sistemas, compreende duas fases:
> 1. Caracterização/Avaliação – Nesta fase, constituem-se indicadores a partir do registo de elementos caracterizadores do sistema. Identificam-se **padrões de expressão** do respectivo comportamento. Estabelecem-se de quadros de referência, seleccionando uma bateria de indicadores. Constituem-se painéis de articulação da informação para o estabelecimento de cálculos dirigidos aos processos de optimização. Realiza-se uma avaliação comparativa entre os padrões de expressão e os padrões de convenção ou idealizados. No final, é preciso interpretar com parcimónia e com rigor, certificando as conclusões obtidas com a análise da expressão do fenómeno que se está a analisar através da arquitectura destes sistemas.
>
> 2. Organização de **Fluxos (A)** e Estabelecimento de **Rotinas (B)**:
> A) Organização de **fluxos**: Os fluxos a identificar podem ser organizados em vários tipos: de informação (a), de conjuntos de **decisões** (b), de procedimentos (c), de trabalho (d) (conjuntos de **tarefas**), e de recursos (e).
> B) Estabelecimento de **rotinas**: As rotinas constituem ciclos e, pela repetição, identificam períodos de ocorrência e ritmos de gestão. Podem, por isso ser libertadoras pois estabilizam tarefas pela mecanização, disponibilizando recursos para a concepção e execução de projectos. Tal, é conseguido pela **optimização** que considera a cronometrização de rotinas (a), a determinação de lacunas (b), a identificação de folgas (c) e a determinação de funções caracterizadoras (d). Permite por outro lado o planeamento e a programação com antecipação das decisões e da distribuição do trabalho.

A monitorização da informação resulta na criação de uma gestão mais organizada, mais dirigida e focalizada e com um grau de erro menor, dado que os instrumentos têm uma capacidade mais elevada de extraírem e produzirem informação acerca dos fenómenos que estão a gerir.

9.2.2.3. *A Avaliação dos Fluxos pela Constituição de Indicadores*

Para gerir uma instalação é necessária informação. São os indicadores que permitem perceber a dinâmica desportiva do sistema que preten-

332   *Os Espaços do Desporto – Uma Gestão para o Desenvolvimento Humano*

demos analisar, que nos esclarecem sobre o respectivo estádio de desenvolvimento, quer internamente quer nas relações que a instalação estabelece com o exterior, com os outros sistemas.

> A informação é o principal indicador da existência de fluxos e é através dela, pela recolha de dados, pelo seu cruzamento e pelo estabelecimento de indicadores que a tratam de forma relativizada, que podemos avaliar e comparar fluxos diferentes e determinar a sua importância[130]. Como vimos, ela nem sempre existe, pelo que é preciso procurá-la, produzi-la e adequá-la para responder às nossas intenções. Este processo compreende a constituição de indicadores relativos que manipulam a informação, de forma a ser possível comparar unidades de proveniência, de contexto e de grandezas diferentes.

Os **indicadores** relacionam a informação em bruto (os dados – estado primário da informação), estabelecida em termos absolutos e transformam-na em termos relativos produzindo equilíbrios traduzidos através de *ratios*. Estes *ratios* são a expressão dos indicadores e são eles que nos permitem produzir e acrescentar informação aos dados recolhidos. É a análise do significado de cada um dos *ratios* estabelecidos e dos dados que eles cruzam que permitem extrair deles informação. Os indicadores não se constituem apenas como o resultado da apresentação de dados traduzidos numericamente. Eles devem deter algumas propriedades e características (Silva, P., 2005)[131] a saber:

1. Serem **representativos** da realidade que descrevem;
2. Serem de fácil entendimento;
3. Terem sido **testados** e validados, como prova da sua eficácia;
4. Serem **eficientes** na sua construção e aplicação;
5. Serem **simples** na sua apresentação;
6. Terem capacidade de análise.

---

[130] Sobre a problemática dos fluxos e respectivo sistema integrado numa organização, recomendamos a leitura de Mintzberg, H. (1979), *Estrutura e Dinâmica das Organizações*, Lisboa, D. Quixote, Gestão e inovação, (1999) 2.ª edição.

[131] Silva, Pedro (2005), *Indicadores de Gestão e de Desempenho de instalações desportivas – O Caso prático da piscina de 25 metros Rio Maior*, trabalho realizado para o VIII Mestrado em Gestão do Desporto, sob Orientação do Prof. Doutor Luís Miguel Cunha, Lisboa UTL-FMH (não editado).

A Gestão das Instalações Desportivas – Os Processos de Decisão

O que nos interessa, fundamentalmente, é criar através deles os identificadores dos equilíbrios relativos existentes e detectar assim, as posições correspondentes que cada elemento, de cada factor, de cada recurso e da respectiva expressão.

A constituição de indicadores relativos é importante para a tomada de decisão em termos gerais e, particularmente em desporto, aquando da aplicação das políticas através dos factores de desenvolvimento. Deste modo, os fluxos em desporto são medidos essencialmente através da constituição de indicadores que contemplam, recursos e a respectiva utilização.

9.2.2.4. A Constituição de Painéis de Referentes

A gestão das instalações e dos processos desportivos que nelas ocorrem obrigam a respostas rápidas e continuadas. A urgência na decisão manifesta-se em muitos momentos, de forma variada e continuada pelo que precisamos de ter informação disponível e o mais actualizada possível. Esta informação deve ser apresentada já com um nível de tratamento adequado, o que pressupôs a sua reunião em torno de factores que explicam os comportamentos dos sistemas, e a respectiva apresentação num painel de referentes.

A constituição de painéis de referentes é assim a próxima etapa ou processo a ser constituído. Os painéis identificam registos que traduzem **padrões de expressão** do comportamento dos elementos ou dos factores. Reúnem-se em torno de tabelas constituídas por diferentes indicadores que explicam o comportamento do próprio sistema ou dos processos. Eles devem identificar o comportamento dos factores críticos do funcionamento da organização/instalação e da respectiva dinâmica. Esta dinâmica será certamente geradora de fluxos e são estes que se pretendem medir. A configuração e selecção de uma **bateria de indicadores** com estas características e a sua reunião física em torno de um mesmo lugar permite constituir o que poderemos denominar como os **contadores** ou **painéis** do sistema. A sua apresentação nesta bateria de contadores é realizada a partir da constituição de 'indicadores de síntese' agregados que reúnem vários outros indicadores e que se organizam num conjunto de operações sequencializadas – os algoritmos. Os algoritmos reúnem uma rotina de cálculo constituída por várias operações necessárias à determinação de um índice, indicador composto ou determinação de um resultado com significado para a tomada de decisão. Eles divulgam a informação tratada e pronta

334   Os Espaços do Desporto – Uma Gestão para o Desenvolvimento Humano

para a sua utilização na decisão e respectivo processo. Expressam assim os equilíbrios ou os dilemas do sistema preparadores do acto de decisão.

9.2.2.5. A Elaboração de Rotinas e Listagens de Procedimentos

As rotinas são tarefas ou decisões que se repetem em ciclos e identificam um período, um ritmo e traduzem o pulsar de uma instalação desportiva, entendida como um organismo com vitalidade. As rotinas automatizam gestos, pela repetição e pela previsibilidade da sua ocorrência e modo de realização, e expectativas ou respostas no que respeita a decisões. Dão confiança e credibilidade às instituições e permitem, pela estabilidade oferecida, a organização dos tempos e dos espaços em lógicas que são entendidas e respeitadas por todos, permitindo ainda a realização de eventos extraordinários, fora da ocorrência normal das rotinas, que se organizam em contraciclo, mas que contribuem para o equilíbrio funcional do sistema.

A antecipação das expectativas de ocorrência de determinadas acções ou rotinas é um propósito cuja aplicação expressa o valor da sua necessidade. Assim, listam-se as **operações** (a) a efectuar a partir das várias possibilidades que se desenham e estabelecem-se as **rotinas** (b) ou os ciclos de actividades que se repetem, por forma a identificar um ritmo próprio de funcionamento basilar das instalações ou dos ciclos de gestão.

9.2.2.6. A Construção de Cenários

A elaboração de cenários é um processo que interessa à gestão das instalações e espaços desportivos. Ela considera o exercício da determinação da capacidade de resposta da instalação ou espaço desportivo perante um determinado enquadramento estratégico que se coloca. Este, oferece um conjunto de estímulos perante os quais a organização que a dirige é capaz ou não de responder em termos de eficiência de funcionamento ou em termos do exercício de uma capacidade estratégica de sobrevivência. Os cenários permitem identificar situações extraordinárias que podem acontecer e determinar as tarefas, os recursos, as decisões e o nível de mobilização necessários à constituição das correspondentes respostas.

Os cenários que são equacionados podem nunca acontecer mas exercem um esforço de reapreciação da organização na sua globalidade que fazem identificar lacunas, preparam o futuro e redefinem a componente estratégica das organizações, pela reafirmação ou definição da respectiva vocação e das correspondentes missões.

Devem assim ser ensaiadas formas de identificar funcionalidades máximas e mínimas, bem como **situações de catástrofe** por forma a constituir os correspondentes planos de intervenção, de emergência e de segurança como iremos ver no Capítulo 9.11 – A Gestão da Segurança, ponto n.º 9.11.6 – Os Planos de Evacuação e de Emergência a páginas 444.

9.2.2.7. A Tomada de Decisão

Estamos integrados cada vez mais numa sociedade de informação e temos que tomar decisões de modo integrado, considerando um número cada vez maior de variáveis, nos actos de medida que, neste exercício de racionalização dos processos de gestão das instalações desportivas, nos propusemos realizar, por forma a que estas decisões tenham um nível de adequação e ajustamento cada vez maior.

Este acto de medida deve ser organizado em torno das nossas intenções, consubstanciadas em objectivos, através dos principais factores de desenvolvimento e da tipologia de recursos que são utilizados. Efectivamente, os **factores de desenvolvimento do desporto** são uma boa ferramenta, se não de intervenção, pelo menos um instrumento conceptual que permite organizar e sistematizar a informação em grandes conjuntos de problemas que são necessários ao processo de tomada de decisão em desporto. Após o estabelecimento dos conjuntos de processos e operações, dos ciclos de rotinas e respectiva identificação, avança-se para o processo de decisão pela correspondente escolha das que foram pré-constituídas ou fundadas na informação tratada e apresentada nos painéis.

9.2.2.8. O Controle e ajustamento/avaliação – Optimização

A fase de controle e ajustamento corresponde ao estabelecimento de critérios de êxito relativos ao cumprimento dos objectivos e aos processos de optimização no uso dos diferentes recursos, factores, dinâmicas desencadeadas, etc., com registo expresso da eficiência e da eficácia nas decisões tomadas. Pretende-se encontrar o doseamento óptimo, ajustado às tarefas a cumprir, bem como saber do respectivo grau de consecução. Nesta fase verificam-se os objectivos (1), os critérios de êxito (2), as decisões tomadas (3), as tarefas realizadas (4), os recursos mobilizados (5), os

336 Os Espaços do Desporto – Uma Gestão para o Desenvolvimento Humano

instrumentos escolhidos e aplicados (6), os modos de realização (7), os impedimentos e condicionantes correspondentes (8), os resultados obtidos (9) e efectua-se o saldo (10) dos êxitos e dos inêxitos conseguidos. Trata--se assim de verificar tudo por forma a perceber as necessidades de reformulação (A), ajustamento (B) e afinação (C) de cada um dos aspectos que acabámos de referir.

A optimização é um processo matemático efectuado através da aplicação de uma técnica denominada programação linear. Esta técnica tem uma grande capacidade para lidar com problemas de gestão e afectação de recursos a serem utilizados por actividades em competição. Ela é utilizada predominantemente em situações de aplicação industrial, mas a sua utilidade verá em breve assistir à correspondente aplicação no domínio quer das actividades quer dos demais recursos a serem utilizados nas instalações desportivas. Trata-se da aplicação de um algoritmo matemático que é construído em função dos objectivos (função objectivo) que se pretendem atingir e das restrições que se pretendem introduzir no desempenho das tarefas a desencadear com a correspondente alocação de recursos. No final do processo de cálculo (*Simplex*) são identificadas as funções que caracterizam a expressão e o doseamento dos diferentes recursos a utilizar.

9.2.2.9. As Extrapolações

As extrapolações resultam da experiência adquirida e da possibilidade de esta ser aplicada a outras situações e a outros contextos organizativos ou temporais, quer por analogia, quer por contraste. Esta só pode ser mobilizada se houver da parte dos organismos que gerem os processos o necessário cuidado na elaboração de **relatórios** que guardem para memória futura o respectivo património de informações adquiridas e trabalhadas, bem como as decisões sobre as quais foram fundamentadas. A publicação destes relatórios ou de estudos onde esta informação possa ser incluída permitirá a partilha de informação nos locais próprios (fórum, internet, assembleias, comunicação, etc.) e em tempos futuros.

9.2.3. Os Domínios do Processo de Tomada de Decisão

Os processos decisórios sobre os quais nos debruçamos agora assumem-se assim como conjuntos ou áreas estratégicas de intervenção, como

A Gestão das Instalações Desportivas – Os Processos de Decisão   337

campos de exercício e de aplicação de procedimentos, de constituição de rotinas de intervenção, como atitudes processuais que os gestores devem adquirir e exercer continuadamente e que podem produzir efeitos sinergísticos e capitalização de ganhos em vários domínios. Deste modo identificaremos os seguintes domínios ligados ao processo de tomada de decisão:

1. Política – Enquadramento em termos valorativos de **finalidades** a atingir com as acções a desenvolver. Revela a expressão de valores de organização social da comunidade onde está inserida e pelas finalidades, contextualiza os seus actos e a sua ideologia no edifício e desenvolvimento de uma sociedade com uma vida melhor.

2. Desportiva – Estabelece e identifica **objectivos desportivos** a cumprir, como sejam organizar provas, campeonatos, ou ter mais praticantes, pessoas e clientes envolvidos com o desporto. Permite ainda identificar os níveis qualitativos na prática desportiva, dos seus espaços e das suas formas de organização. Toma decisões que contribuem para a festa do desporto.

3. Gestão – Pressupõe uma atitude e um exercício de racionalidade contínua por parte do gestor desportivo na abordagem estratégica dos problemas, de realidades simples ou complexas que estão presentes nos processos de decisão. Assume-se como um exercício de focalização de atenção, de decisões e de recursos em torno do cumprimento de objectivos, pela procura de eficiência nas tarefas realizadas. Determina as **funções-objectivo** e identifica as correspondentes **restrições** e o modo como se expressam[132]. Demarca os factores críticos e as funções que explicam o fenómeno, encontrando a respectiva dimensão de intervenção. Utiliza instrumentos informáticos no cálculo, na apresentação de objectivos, na mobilização de recursos e na partilha de resultados. O domínio da *Gestão* preocupa-se ainda com a identificação dos *padrões de referência* em termos dos comportamentos das variáveis observadas, com o planeamento de actos e com a estabilização de comportamentos das variáveis através da identificação de constâncias ou "velocidades de cruzeiro", e na utilização doseada de recursos, através da optimização.

4. Temporal – É sua preocupação maximizar a **utilização desportiva do tempo** e minimizar a afectação deste a actividades não fundamentais, não desportivas. Esta dimensão organiza as actividades não desportivas de modo a que estas não sejam fonte de trabalho, sobrecarga, atractivas ou

---

[132] O método mais conhecido onde estas técnicas de programação e optimização linear são aplicados, é o método Simplex de construção de algoritmos.

mobilizadores de esforços que compitam, no consumo do recurso "Tempo", com as actividades desportivas.

5. Espacial – Interessa-se por **maximizar** a utilização ou a dignificação do espaço desportivo (codificação e manutenção) por forma a atingir os objectivos desportivos em relação aos quais os processos de gestão se devem organizar.

6. Codificação – Define-se como a criação e implantação de códigos de diferentes tipos que são aplicados de diversas maneiras aos espaços, aos tempos, aos processos, aos comportamentos dos agentes, à utilização dos recursos, através da constituição de protocolos, regulamentos e assunção de compromissos:

Institucional – Processo de institucionalização – pela criação de regras, pela formalização de procedimentos, pela estandartização de processos, pela imposição de rotinas, pela definição de cargos e responsabilidades nas estruturas orgânicas.

Simbólica – Criação e valorização dos símbolos identificadores e representadores dos valores e das dinâmicas existentes na organização. Reforço da imagem interna e externa da organização e dos respectivos projectos. Implementação de sinalizadores.

7. Sacralização – é um processo de valorização e de dignificação de **espaços**, através da imposição de códigos, pela dignificação dos materiais utilizados, pelas restrições de utilização dos espaços, e dos processos, pela construção de **rituais**, e de **dinâmicas**, pelo agendamento e organização de acontecimentos. Estes, normalmente expressam-se através de **actos de celebração**, onde ambos estão presentes. Neles, assistimos à reprodução e reafirmação de valores pelo exercício da representação, pela criação de símbolos e aplicação de metáforas que constituem os actos de ritualização e construção daquilo que para muitos é de extrema valorização, do que é "Sagrado". Neste processo, organiza-se o espaço e o tempo, pelo respectivo preenchimento com actos ou eventos simbólicos, carregados de expressão ou da representação de valores com significado para os diferentes agentes da organização. Através do incremento destes actos de celebração recolocam-se os 'sinalizadores do Tempo', faz-se a '*religação*' entre passado e futuro, entre os projectos individuais e colectivos, entre as coisas e as pessoas, reafirmam-se os objectivos, repensa-se a organização, as suas estruturas, a vocação e as missões. Dá-se expressão às ansiedades e às tensões colectivas e individuais e por isso 'esconjuram-se os fantasmas', libertam-se as expectativas e aspirações, e tal processo resulta num prolongamento em continuidade e durabilidade da organização. Por isso se assemelha a um processo quase religioso que se confunde com a expressão daquilo que é mais sagrado para as pessoas que se envolvem nos processos e que constituem ou usufruem da organização.

8. Socialização – É um processo que reúne decisões que afectam as relações entre as pessoas. Trata-se de focalizar atenções na construção de laços entre elas através do reforço das respectivas cumplicidades e compromissos, dos afectos e das emoções e que resulta na **criação de comunidades**. As decisões prendem-se com a organização de espaços e de tempos com função específica afecta a estas preocupações. Referimo-nos à gestão dos processos de utilização dos espaços sociais e de convívio, bem como dos momentos ou tempos de **comemoração**, que se traduzem na ocorrência de eventos com significado social e definem os respectivos ritmos sociais. As dinâmicas propostas e que acontecem nestes espaços são a expressão de uma responsabilidade social que o gestor deve exercer através da tecnologia desportiva, quer das instalações, quer das actividades formais e informais. As pessoas revêem-se nos eventos, na sua estrutura, nos seus acontecimentos.

9. Cultural – O domínio de gestão ao nível da cultura revela os contributos dos espaços e das práticas desportivas como veículos de expressão de um **projecto de vida**, de uma maneira de viver e de toda a beleza e encanto que isso encerra. As decisões que se tomam neste domínio relacionam-se com esta expressão que é inerente à manifestação das actividades desportivas pertencentes a esse projecto, do respectivo desenvolvimento e dos benefícios que traz às pessoas e respectivas comunidades.

10. Económica – Este domínio identifica processos que se destinam a gerar **eficiência** na utilização dos recursos necessários ao desenvolvimento das actividades das organizações ou, neste caso, da instalação desportiva. Ele envolve a recolha de recursos de vária ordem, privilegiando o reforço dos fluxos de entrada a vários níveis, particularmente em termos económicos: ter lucros e proveitos, conseguir gerir os recursos para perpetuação da organização e das respectivas actividades, como forma de responder aos desafios internos e externos.

11. Comercial – Ele traduz a criação de processos de recrutamento de recursos, pela criação de produtos, pela realização de trocas de modo a **maximizar proveitos**. Traduz também a recolha de benefícios para a organização, para os seus destinatários, para os seus membros, para os seus trabalhadores, clientes e accionistas (se estivermos perante entidades comerciais) e de reforço do seu poder. Este domínio identifica processos que se relacionam com a prevalência dos fluxos de entrada, particularmente os financeiros e com a disseminação de produtos e benefícios. Complementa também a vertente económica dos processos de decisão.

12. Logística – A decisão neste domínio corresponde à constituição e estabelecimento de circuitos de **fornecimento** de bens materiais necessá-

340 *Os Espaços do Desporto – Uma Gestão para o Desenvolvimento Humano*

rios ao desenvolvimento de actividades fundamentais, como sejam as desportivas, e todas as outras acções ou outras actividades que necessitam de recursos, mas que, sendo complementares ou de suporte, contribuem para as actividades principais.

13. Manutenção – Esforço de atenção e análise sobre o desgaste dos materiais e procura das melhores estratégias para a **maximização da duração** temporal e **funcional** destes, dos apetrechos, dos espaços e respectiva funcionalidade. As decisões ao nível da manutenção destinam-se também à identificação e estabelecimento de rotinas de trabalho e verificação sobre o estado de funcionamento dos materiais para o agendamento das respectivas operações de arranjo (1), remediação (2), reposição (3) ou substituição (4). A manutenção é também orientada para as condições higiénicas e de salubridade dos espaços e dos respectivos apetrechos e é aquela que deve apresentar mais frequentemente a aplicação de ciclos de rotinas de verificação (1), de controle (2) e reparação (3).

14. Responsabilidade pública – É a oferta a todos da possibilidade do **exercício de um direito**, através dos espaços e das instalações desportivas localizadas e das respectivas actividades. Responde a um avanço civilizacional desejado e esperado. Permite o acesso a bens da civilização pela oferta de modernidade aos utilizadores, contribuindo por isso para a promoção da comunidade residencial. Oferece mais qualidade de vida aos cidadãos, clientes e utilizadores. Facilita a prática desportiva aos clubes e praticantes elevando o nível de prática desportiva.

15. Responsabilidade técnica (Decreto-Lei n.º 385/99 de 28 de Setembro[133]) – É o exercício e a demonstração de uma competência que se traduz em confiança para os utilizadores das instalações desportivas. As pessoas que as dirigem, estão habilitadas com competência técnica, o que implica o domínio dos conhecimentos necessários para a gestão dos recursos necessários à tomada das decisões apropriadas à constituição das respostas às expectativas dos utilizadores. Oferecem por isso confiança, serviços com segurança e fidelidade a uma comunidade de utilizadores. No respectivo entendimento, há a percepção de uma garantia em que os produtos a oferecer não enganam as pessoas. **Confiança** que se ganha através do cumprimento entre o que é prometido e o que é fornecido. Oferecem confiança na medida em que se presta ao desenvolvimento dos necessários esforços de reposição da normalidade, no caso de incidentes com a integridade física das pessoas ou dos materiais, assumindo os riscos inerentes à abertura de um estabelecimento.

---

133 Decreto-Lei n.º 385/99 de 28 de Setembro – regime de responsabilidade técnica das instalações desportivas abertas ao público.

16. A Projecção/**Comemoração** – É um domínio onde se exerce um esforço de legitimação pelo reforço dos valores próprios, pela expressão das finalidades, da estratégia, pela projecção do desenvolvimento da organização no futuro. Este processo efectua-se através da redefinição e reafirmação estratégicas dos objectivos, da expressão da vocação, das missões e dos objectivos da organização gestora. Este exercício afirmativo é facilmente realizado através dos **actos celebrativos** que ligam o passado com o futuro projectando deste modo a organização no tempo. Trata-se de fazer a Festa. A Festa celebra a Vida, faz as pessoas felizes e contentes com o desporto, comemora a Graça pelo exercício da Gratituidade, constrói uma dinâmica de partilha, celebra o tempo pela constituição e expressão dos respectivos marcadores, enche os símbolos construídos de significado, liberta as tensões propondo a desordem para criar uma nova ordem temporal e social (baralha as cartas do jogo social e volta a dar!). Por último, faz história e perpetua-se na continuidade. Dominar a tecnologia de realização da Festa é um domínio de intervenção que deve também preocupar o gestor dos espaços, das instalações e das actividades desportivas.

9.2.4. *As Decisões Organizadas por Factores de Desenvolvimento do Desporto e por Recursos*

No processo para a tomada de decisão relativo a espaços e a instalações desportivas, após determinados os domínios de actuação, interessa-nos identificar as decisões que devem ser tomadas inicialmente e quais as que se lhes sucedem, quais as prioritárias e as secundárias, quais as que são mais estruturantes e as acessórias enfim, quais as que provocam maiores alterações ou sustentabilidade no sistema e as que se constituem com um estatuto de indiferença maior.

Qual é então o objecto de gestão e qual é a 'matéria prima' utilizada nesse mesmo processo decisional? No processo de procura de uma resposta, trata-se de identificar decisões que incidem sobre recursos, rotinas, fluxos, objectivos, expectativas e resultados: Os diferentes tipos de **recursos** que se utilizam na composição das tarefas de planeamento e programação são um referencial que pode ser mobilizado para o direccionamento das decisões a tomar nas instalações desportivas. A organização das decisões é habitualmente realizada em torno dos principais factores de desenvolvimento desportivo, mas a incidência destas faz-se sentir sobretudo em relação à tipologia e ao doseamento dos diferentes

342 Os Espaços do Desporto – Uma Gestão para o Desenvolvimento Humano

tipos de recursos utilizados ou a utilizar, consoante os objectivos definidos e os critérios de êxito estabelecidos para o cumprimento destes, através da realização de tarefas.

A **tarefa do gestor** está agora em encontrar a dose certa de cada
recurso a afectar a cada decisão, que faz cumprir um objectivo promotor de
um determinado factor de desenvolvimento desportivo. Para a realização
desta manipulação, o gestor utiliza informação, como vimos anteriormente,
em torno de actos contínuos de medida. A informação tem que ser cruzada
com os recursos das instalações (os espaços, as actividades, os tempos
e outros recursos). Ele necessita de construir indicadores em torno das decisões que quer tomar: O acto de medida ajuda a identificar os fluxos de recursos, o estabelecimento de sequências de decisões, o desenvolvimento de
algoritmos e o estabelecimento de rotinas e correspondentes processos de
optimização.

Trata-se agora de cruzar os diferentes tipos de recursos com os factores de desenvolvimento e, a partir dos indicadores construídos e dos
padrões de expressão ou de referência encontrados, avançar para as decisões a tomar. O cruzamento destas duas taxonomias pode ser feito através
da construção de uma tabela de duas entradas onde os factores de desenvolvimento se cruzam com os recursos, dando origem ao aparecimento de
uma matriz. Este cruzamento permitirá organizar as decisões a vários
níveis, quer pelo seu levantamento e enumeração, quer pela sua organização, numa lógica operacionalizadora dos processos de desenvolvimento,
o que iremos efectuar mais à frente.

Para realizarmos este cruzamento de taxonomias numa matriz,
constituímos uma tabela de múltipla entrada. Com ela, pretende-se constituir um painel de reflexão para que possam tomar-se decisões racionais
com base em instrumentos de medição real. Nele, pode reunir-se a informação significativa num quadro de bordo onde sejam listadas, quer as
tarefas a realizar quer a sugestão de decisões, quer ainda os indicadores
reveladores dos equilíbrios existentes para a tomada de decisão sobre
essas tarefas. O quadro não pretende esgotar com soluções constituídas
o trabalho a realizar no interior das instalações desportivas mas, ao
invés, destina-se a reflectir, a montante do processo decisório, sobre a
necessidade de inventariar as decisões que se colocam à respectiva ges-

tão. Pretende assim ser um auxiliar de reflexão, a partir do qual o gestor pode identificar problemas ou constituir respostas com base no manuseamento e constituição de informação. O quadro, neste sentido, ajudará o gestor a desencadear perguntas, a formular desafios, mais até do que encontrar respostas. Pensamos que este quadro poderá constituir uma boa ferramenta de modo a que o gestor possa inventariar um conjunto de necessidades e correspondentes decisões necessárias ao processo da gestão do desporto.

Para a constituição desta tabela enumeraremos os respectivos constituintes: Os dados relativos aos **recursos (1)** nas instalações desportivas organizam-se em cinco grandes grupos (+1) e que são o alvo das nossas decisões:

Tipos de Recursos:
1. Materiais   5. Espaço   balhamos ele passa a ser
2. Humanos   6. Informação (é o "+1"!)   incluído na manipulação
3. Financeiros   (como a informação é o   dos próprios dados refe-
4. Tempo   instrumento que nós tra-   rentes aos outros recursos)

Os **Factores de Desenvolvimento do Desporto (2)** são doze:
1. Actividades   5. Promoção/marketing   9. Documentação
2. Instalações   6. Formação   10. Informação
3. Apetrechamento   7. Quadros Humanos   11. Legislação
4. Financiamento   8. Orgânica   12. Gestão

O quadro a seguir, serve para identificar tarefas, decisões a constituir ou recursos a serem utilizados na gestão das instalações desportivas. Pode servir ainda como fonte de reflexão que propicie a constituição de indicadores relativos aos recursos utilizados nas decisões que forem enunciadas.

Quadro n.º 37 – Quadro-Síntese de Associação de Recursos aos Factores de Desenvolvimento do Desporto na Gestão das Instalações e Espaços Desportivos

Recursos/Factores desenvolvimento	Materiais (Apetrechos e meios técnicos) (A)	Humanos (agentes desportivos/ trabalhadores/empresários) (B)	Financeiros (C)	Espaço (D)	Tempo (E)
Actividades (1)	1) Recintos; 2) Apetrechos; 3) Equipamentos individuais; 4) Material desportivo.	1) Jogadores; 2) Treinadores; 3) Juízes; 4) Espectadores; 5) Empresários e voluntário, etc.	1) Deslocações; 2) Equipamentos individuais; 3) Prémios de jogo; 4) Salários e honorários; 5) Gratificações, etc.	Espaço consumido – m^2. 1) Recinto desportivo; 2) Áreas de competição – m^2. Estabelecimento de indicadores - actividade/ m^2.	Decorrências (duração) de: 1) Actividades; 2) Treinos; 3) Aulas; 4) Competições, set's, etc. Indicadores de ocorrência! (unidade/tempo).
Instalações (2)	1) Espaços Naturais, Domínio público e espaços públicos; 2) Campos, Pavilhões, Piscinas, Salas de Desporto, Pistas de Atletismo, Kartódromos, Hipódromos, Especiais; 3) Salas de aulas e de visionamento; 4) Balneários, Saunas, jacuzis; 5) Salas de Imprensa; 6) Salas de Espectáculos desportivos e salões de festas; 7) Parques temático-desportivos, etc.	1) Gestores de instalações 2) Professores; 3) Animadores; 4) Directores técnicos; 5) Técnicos; 6) Secretárias; 7) Pessoal médico, massagistas; 8) Nadadores-salvadores; 9) Recepcionistas; 10) Roupeiros; 11) Segurança: Guardas; 12) Pessoal de limpeza, etc.	1) Determinação de preços; 2) Bilhetes; 3) Alugueres; 4) Aquisição e utilização de apetrechamento desportivo; 5) Despesas de manutenção; 6) Vencimentos do pessoal; 7) Energia; 8) Águas; 9) Publicidade Estabelecimento de indicadores - custos de utilização, preços, etc.	Espaços de: 1) Desportivos-Actividade(s) principal (ais); 2) Desportivos-Actividades secundárias ou complementares; 3) Transfiguração; 4) Recuperação; 5) Didácticos; 6) Sociais e simbólicos; 7) Higiénicos; 8) Arrecadação e armazenagem, 9) Segurança, prevenção e acautelamento de desafogo e de socorro; 10) comerciais, etc.	1) Ciclos de funcionamento; 2) Turnos de utilização: - Decorrência das actividades; - Treinos; - Aulas; - Duração das competições; - Set's, etc.; - Tempos mortos; - Tempos nobres; - Tempos diurnos; - Tempos nocturnos; - etc.
				Continuums funcionais - estabelecimento e identificação de: **Ciclos, Turnos e Rotinas**	
Apetrechamento (3)	1) Desportivo (i); 2) Não-desportivo (i); 3) De apoio à instalação; 4) Inventários; 5) Gestão de efectivos; 6) Segurança, prevenção e socorro. (i) - Na lógica do prestador de serviço e na lógica do praticante	Técnicos auxiliares: 1) Pessoal de limpeza; 2) Carpinteiros; 3) Cadastro e inventário; 4) Faz-tudo, etc.	Determinação de custos: 1) de investimento e aquisição; 2) de utilização; 3) de amortização; 4) de manutenção e de reposição Estabelecimento de indicadores - tabela com valores unitários.	1) Dimensões; 2) Consumo de espaço em situação de utilização e de arrumo; 3) Espaço de mobilidade e circulação.	Determinação de: 1) Tempos de utilização; 2) Tempos de montagem e de desmontagem; 3) Tempos de mobilidade; 4) Tempos de manutenção; 5) Tempos de conservação; 6) etc.
Financiamento (4)	a) Determinação de **custos unitários** (i) 1) de Investimento; 2) de Utilização; 3) de Amortização; 4) de Manutenção. b) Determinação de **receitas** - Valores unitários. (i) - Na lógica do prestador de serviço e na lógica do praticante.	1) Vencimentos; 2) Custos unitários do trabalho: - em cada tarefa a desenvolver; - por cada recurso humano existente. 3) Despesas com os praticantes - custos unitários.	Custos do dinheiro; 1) Investimentos; 2) Empréstimos; 3) Investimentos, etc.	Custos unitários ($\$/m^2$) de: 1) utilização dos espaços desportivos; 2) utilização dos restantes espaços: - estacionamento; - salas de apoio.	Determinação de custos unitários dos diferentes tipos de intervalos de tempo considerados: Custo/hora.

Promoção/ Marketing (5)	1) Folhetos; 2) Publicidade; 3) Construção de imagem e conteúdos; 4) Expositores; 5) Painéis; 6) Outros.	1) Relações Públicas; 2) Agente de Marketing; 3) Gestor de imagem; 4) Gestor de clientes/ utilizadores; 5) Gestor de fornecedores; 6) Consultor/delegado de imprensa; 7) Gerente comercial, etc.	Determinação de custos unitários relativos: 1) Imagem e sua construção; 2) Páginas de jornais; 3) Páginas electrónicas - sítios da internet; 4) Minutos em spots publicitários (Rádio e TV).	1) Imagem dos espaços; 2) Reforço de vocações espaciais - codificação do espaço; 3) Espaços de publicidade – MUPIS; 4) Sinalização: - indicativa; - sugestiva e - de segurança.	1) Identificação de ritmos temporais; - dos utilizadores/clientes; - dos fornecedores; - dos trabalhadores. 2) Constituição de produtos criados em função dos ritmos de diferentes destinatários; 3) Ciclos e turnos de utilização.
Formação (6)	Acções de formação: 1) Conhecimento das tipologias de espaços, materiais e meios técnicos pertencentes à instalação; 2) Manuseio de apetrechos e meios técnicos relativos aos espaços; 3) Manuseio e montagem de apetrechamento desportivo; 4) Ciclos de montagem e desmontagem dos materiais e meios técnicos (liga e desliga).	1) Responsáveis por acções e cursos de formação; 2) Distribuição e certificação de: - atribuições; - competências e; - responsabilidades. 3) Acreditação de Recursos Humanos e acções; 4) Selecção e formação de formadores.	Financiamento de acções de formação: 1) Vencimentos, honorários e gratificações dos formadores; 2) Despesas de economato e equipamentos; 3) Despesas de alugueres de salas e limpeza; 4) Receitas (propinas e inscrições).	Espaços didácticos: 1) Salas; 2) Auditórios e anfiteatros; 3) Laboratórios; 4) Estudios; 5) Salas de visionamento e observação; 6) Outros.	Duração das acções de formação: 1) Sessões teóricas; 2) Sessões práticas; 3) Duração das unidades didácticas. Duração dos períodos de avaliação e certificação.
Quadros Humanos (7)	Tipologias de consumos de materiais consoante: 1) As categorias de pessoal; 2) As categorias de utilizadores; 3) As categorias de ferramentas necessárias a cada posto de trabalho.	Categorias de: 1) Utilizadores; 2) Desportistas (praticantes); 3) Pessoal; 4) Técnicos; 5) Espectadores; 6) Fornecedores, etc.	1) Vencimentos; 2) Categorias; 3) Determinação de custos unitários em: - cada tipo de tarefa a desenvolver - em cada categoria. 4) prémios de produtividade.	Técnicos Responsáveis pela funcionalidade e vocação dos espaços desportivos, espaços didácticos, etc. Existência de: 1) Gabinete de recursos humanos; 2) Salas de pessoal; 3) Salas de formação; 4) Salas de convívio; 5) Salões Nobres.	1) Jornadas de trabalho do pessoal: - ordinário; - extraordinário; - ocasional. 2) Descansos: férias e feriados; 3) Projectos.
Orgânica (8)	1) Organigrama; 2) Funciograma; 3) Fluxograma; 4) Estatutos e papéis; 5) Definição de órgãos, de atribuições e de competências.	Atribuição de cargos com a definição de: 1) competências e atribuições de cada um; 2) responsabilidades; 3) Sanções; 4) Desenhos de organigramas.	1) Definição de categorias; regalias, vencimentos, etc.; 2) Indicadores de desempenho: Produtividade por unidade; 3) Orçamentos e relatórios por departamento ou secção.	1) Salas dos órgãos sociais; 2) Salas dos diversos corpos ou órgãos; 3) Salas dos departamentos; 4) Salas adstritas a funções.	1) Calendarização da Orgânica de Projectos; 2) Comissões temporárias de trabalho; 3) Comissões de trabalho temporário.
Documen- Tação (9)	1) Livros e cadernos de regras desportivas; 2) Manuais de funcionamento; 3) Manuais de segurança; 4) Livro de registos de funcionamento; 5) Documentos de acções de formação; 6) Documentos de acções de promoção; 7) Folhetos informativos, preçários, etc. 8) Estatutos e regulamentos de funcionamento.	Processos individuais dos: 1) Utilizadores; 2) Técnicos; 3) Pessoal; 4) Fornecedores, etc.	Determinação dos custos: 1) efectuados na produção de documentos; 2) Aquisições da biblioteca, videoteca e museu; 3) Economato; 4) Página electrónica da internet; 5) Publicações.	1) Secretaria; 2) Biblioteca; 3) Salas de acervo documental: Arquivo morto e vivo; 4) Videoteca; 5) Salas de computadores; 6) outros.	1) Horários; 2) Histórico de documentos da Organização -Álbum de memórias; 3) Programas e software para gestão do tempo e de arquivos.

Informação (10)	Página electrónica; Painel electrónico; Circuitos de informação: ao utilizadores; ao pessoal; aos fornecedores. Folha informativa; Gabinete de imprensa.	1) Sinalização externa e interna sobre os Recursos Humanos da instalação; 2) Localização dos recursos humanos; 3) Canais de comunicação entre o pessoal, a administração e os utilizadores, 4) Rede de contactos nos órgãos de comunicação social; 5) Conteúdos e mensagens informativas, propaganda, etc.	Preços de publicidade e espaço de informação: 1) Nos principais meios escritos e falados; 2) Dentro e fora da instalação desportiva.	1) Cabine de som; 2) Régies e sala de televisão; 3) Sala de Imprensa - localização e assentamento de órgãos de informação; 4) Sala de conferências de Imprensa 5) Painéis informativos; 6) Página electrónica – sítio internet, etc.	1) Dossier de imprensa - n.º de Notícias publicadas; 2) Tempo de antena em rádios locais ou nacionais, Televisão, ou número de ocorrências; 3) Anúncios; 4) Etc.
Legislação (11)	Normas: 1) ISO - Qualidade: ISO 14000 Ambiente; 2) Normas de Higiene e segurança no trabalho; 3) Segurança espectáculos; 4) RGEU - Regulamento geral de edificações urbanas; 5) Normas desportivas das modalidades - nacionais e internacionais; 6) Normas escolares e municipais; 7) Normas da entidade proprietária; 8) Contratos-programa.	1) Cargos e categorias; 2) Legislação laboral: direitos e deveres; regalias; férias. etc.	1) Normas de pagamentos: - Mensalidades; - Quotas; - Contribuições; - Taxas. 2) Contratos desportivos, etc.	1) Normas de utilização dos espaços (codificação de vocações). 2) Normas de Segurança - Plano de segurança, emergência e evacuação; 3) Normas de Higiene e Segurança no trabalho; 4) Normas de higiene individual, relativas: - aos utilizadores; - ao pessoal; - a técnicos. etc.	Regulação temporal - Definição dos tempos: - de início; - de duração; - de fim. relativos a: 1) das sessões; 2) tarefas; 3) períodos de trabalho; 4) etc.
Gestão (12)	1) Construção de indicadores com valores unitários e elaboração de relatórios; 2) Critérios de manutenção, reposição e aquisição de novos materiais; 3) Agendamento das diferentes fases ligadas à manutenção; 4) Verificação das condições de Qualidade, Higiene e Segurança; 5) Determinação e identificação de pontos críticos, optimização; 6) Optimização e determinação de critérios de eficiência.	1) Adequação das pessoas aos cargos e tarefas; 2) Avaliação de desempenho; 3) Controlo; 4) Gestão de carreiras e do processo produtivo.	1) Afectação de recursos financeiros às decisões; 2) Gestão financeira de excedentes; 3) Gestão de fluxos financeiros; 4) Determinação de custos unitários: - dos diferentes recursos utilizados; - dos vários indicadores determinados. 5) Elaboração de relatórios.	1) Gestão dos espaços: - gestão de funções associadas; - gestão das actividades que neles se realizam. 2) Determinação de valores de consumo espacial por tipos de utilização.	1) Gestão de horários; 2) Entradas e saídas de pessoal, técnicos, utilizadores; 3) Períodos de descanso; 4) Períodos de manutenção; 5) Períodos de recodificação espacial (monta e desmonta); 6) Períodos de higienização e de sintetização; 7) Gestão de tempos de tarefas.

Nota – Esta matriz, mantendo a estrutura, evoluiu nos seus conteúdos e na sua arrumação graças à resposta aos estímulos e reflexão crítica efectuada conjuntamente com os estudantes de Mestrado de Gestão do Desporto.

9.2.5. *As Matrizes de Decisão*

As matrizes de decisão são utilizadas na gestão das organizações, e pretendem gerar vantagens competitivas em termos concorrenciais. Constituem formas expeditas de arrumar rapidamente as decisões e de equacionar os principais problemas ou dilemas a resolver. Funcionam como formas de organizar e explicitar a informação, configurando-a de tal modo que o processo decisório possa ser desenvolvido com rapidez e racionalidade. Consideram assim as informações do meio envolvente, externo, bem como as do meio interno às próprias organizações. Nelas se incluem ainda as dinâmicas dos mercados e dos produtos e é face a elas que definem o respectivo posicionamento estratégico. Gera-se economia na decisão, actua-se sobre o que é relevante e decisivo e deixa-se para depois aquilo que não é urgente ou não é importante.

Em termos estratégicos definem-se fundamentalmente dois tipos de matrizes de decisão: A Matriz BCG – Boston Consulting Group e a Matriz SWOT (também da autoria do Boston Consulting Group (Albert Humpphrey da Universidade de Standford, 1960-1970), mas conhecida apenas por estas iniciais)[134]. Embora a primeira aqui referida seja mais antiga e a segunda tenha evoluído a partir das insuficiências detectadas na primeira, o que é certo é que ambas são necessárias ao processo decisório e são de grande auxílio na gestão estratégica dos negócios e das organizações em geral e neste caso ao nível das instalações desportivas. Por motivos que se prendem com as organizações e a respectiva sobrevivência e competitividade, falaremos primeiro da segunda, para logo de seguida abordarmos a primeira que se refere aos produtos e dinâmicas de gestão do respectivo ciclo de vida.

9.2.5.1. *A Matriz SWOT de Decisão Estratégica*

A matriz SWOT, assim denominada resulta de um exercício de identificação e análise de aspectos caracterizadores de uma instituição ou organização e aplica-se ao comportamento destas ou a situações que podem pela sua complexidade, gerar situações de impasse. A Matriz SWOT indicia pelas suas letras, as iniciais de Strengs, Wakeness, Oportunities and

---

[134] Segundo a Wikipédia, estas ideias têm mais de 3 mil anos e fazem parte do património de conhecimentos de Sun Tzu segundo Taraparoff (2001:209).

348 *Os Espaços do Desporto – Uma Gestão para o Desenvolvimento Humano*

Threats (respectivamente: Forças, Fraquezas, Oportunidades e Ameaças. Em português é comummente conhecida como a matriz FOFA).

Factores externos	Factores internos	
	Forças (F)	Fraquezas (R)
Ameaças (A)	1	2
Oportunidades (O)	3	4

Quadro n.º 38 – A Matriz SWOT de Decisão Estratégica

Estratégias a definir:

1. Forças face às Ameaças (FA) – As forças da organização são mais fortes e conseguem responder através de actos de repelência.

2. Forças face às oportunidades (FO) – As forças e vantagens que a organização dispõem respondem positivamente às oportunidades que surgem e promovem a evolução e o desenvolvimento.

3. Ameaças face às fraquezas – (RA) – A organização é seriamente ameaçada e é necessário criar os mecanismos de resistência ou retirada para que se possa sobreviver.

4. Fraquezas e oportunidades (RO) – É necessário, para responder positivamente às oportunidades efectuar alianças, partilhar algo com mais alguém que possa ser complementar na resposta aos desafios colocados.

A utilização desta matriz, desenvolve-se a partir de dois momentos:

1. Pela identificação e descrição dos pares de factores externos e internos à organização ou ao fenómeno a analisar;

2. Pela identificação e definição das estratégias resultantes das combinações que se podem efectuar, tentando uma postura positiva, encarando as ameaças como factores de perturbação que podem encerrar estímulos aos quais a organização possa responder e possa, assim, transformá-las em oportunidades, bem como às fraquezas.

9.2.5.2. *A Matriz BCG – Boston Consulting Group*
(de análise da estratégia de produto ou mercado)

A Matriz BCG é uma matriz de decisões mas, pelas suas características pode ser adaptada e aplicada à identificação do modo como se classificariam os produtos ou actividades. Relativamente aos mercados,

A Gestão das Instalações Desportivas – Os Processos de Decisão

aos seus produtos e actividades, considera que cada um identifica um ciclo de vida sob o qual importa tomar as convenientes decisões de modo a posicionar a entidade gestora numa atitude e situação ganhadora e em continuidade. Assim, considera quatro (4) fases de vida: Introdução (1) Crescimento (2), Maturidade (3) e Declínio (4) onde, para cada uma, identifica as características apresentadas quanto à taxa de crescimento (1) à quota de mercado (2), ao lucro ou rendimento (3) e ao meios financeiros libertados (4).

Matriz BCG – Boston Consulting Group		Quota de Mercado do Produto	
		Fraca	Alta
Crescimento da Procura no Mercado – Rendimento	Elevada	Actividades **Dilema** (1)	Actividades **Vedeta** (2)
	Baixa	**Pesos Mortos** (animais de estimação) (4)	**Vacas Leiteiras** (3)

Quadro n.º 39 – A Matriz BCG (Boston Consulting Group (de análise da estratégia de produto ou mercado)

1. As actividades **Dilema** – são aquelas que estrategicamente nos colocam perante uma necessidade de termos de optar por uma delas. São actividades similares quanto às características que apresentam, quer em termos de utilização de recursos quer no que respeita aos proveitos ou ganhos que geram. Um exemplo em termos desportivos, pode ser dado pela necessidade de resolver uma competitividade identificada entre actividades na disputa pelo mesmo espaço físico ou temporal entre por duas modalidades, como sejam o basquetebol e o andebol, onde as características em termos de necessidades e de consumo de recursos são muito semelhantes. Do ponto de vista do ciclo de actividades, elas estão a atingir o ponto de maturidade e por isso ameaçam outras que estão num estatuto de estabilidade. Podem por decisão do gestor, transformar-se em actividades "vacas leiteiras" (explicaremos de seguida, em baixo).

2. As actividades **Vedeta** – são as que apresentam elevadas necessidades de investimento e, das duas uma: Ou têm elevado rendimento do ponto de vista **financeiro**, o que permite gerar situações de equilíbrio em relação a outras actividades ou, do ponto de vista **simbólico**, geram grande atractividade e prestígio, quer às actividades quer às organizações, permitindo desenvolver, ao lado, actividades complementares, quer em termos de oferta quer em termos de colmatar o rendimento menor que possa ser gerado. Têm normalmente um ciclo de vida muito curto, sendo por isso de desgaste rápido e obriga à definição de estratégias agressivas e combativas,

350 *Os Espaços do Desporto – Uma Gestão para o Desenvolvimento Humano*

bem como de reforço quer dos aspectos simbólicos, quer das emoções que produz associadamente. Estão neste caso o tipo de actividades características dos ginásios, clubes de saúde (Health Clubs).

3. As actividades **Vacas Leiteiras** – identificam para além da vocação da organização e o foco para o qual ela foi constituída, o conjunto das actividades que, embora tenham um rendimento baixo, constituem a maior fatia de mercado, em termos de vocação da organização, sendo por isso aquela actividade que não pode ser colocada em risco pois dela depende a sobrevivência da organização. Estas actividades são o tronco de referência principal, a mãe de todas as outras actividades ou estratégias, que se organizam suplementarmente em relação a estas e tem de ser por isso, entendida como uma vaca, como fonte de rendimento permanente e segura: "Pode dar pouco leite, mas todos os dias dá o fundamental para prover às necessidades de alimentação" – da organização, do negócio, da instituição – "Matando a vaca, morremos nós também!".

4. As actividades **Pesos mortos** – ou "animal de estimação" – são aquelas que nas instalações identificam populações destinatárias de fracos recursos ou que têm uma função social não sustentada e que por motivos morais ou outros vêm a sua obrigatoriedade de existirem, mas que do ponto de vista económico ou outro são efectivamente um peso para a organização gestora. O ciclo de vida pode ser longo e é objectivo da entidade gestora acabar com elas ou transformá-las num outro tipo de actividades que possam ser integradas numa gestão do tipo Vacas Leiteiras. São ainda aquelas actividades que podem constituir-se como emblemáticas, que consomem recursos mas que, não tendo proveitos, a sua existência constitui-se como obrigatória, como forma de responder a determinado significado social, histórico ou outro.

A aplicação destas matrizes ao Desporto (P. Chazaud (1993)[135]) é de grande utilidade dado que este é um grande consumidor de recursos. O problema fundamental é que o Gestor do Desporto muitas vezes não sabe bem qual é o fulcro da sua gestão e está perante dilemas continuados: Não sabe se está a gerir recursos, numa perspectiva de optimização das componentes logísticas, que viabilizam a ocorrência do desporto, se está a gerir as actividades e as correspondentes tarefas e necessidades ou ainda, se está a gerir vontades e desejos das pessoas que estão envolvidas nos processos desportivos. Na prática, ele tem de fazer um pouco de tudo isso.

---

[135] Chazaud, P. (1993); *Marketing ou Ordenamento do Território?*, *in Ludens*, Vol. 13, n.º 3/4, Jul.-Dez., Lisboa, 1993, pp. 66-78.

9.3. A Responsabilidade Técnica da Gestão de uma Instalação Desportiva

A responsabilidade técnica é um conceito que na normativa desportiva portuguesa não está definido, como iremos ter a oportunidade de registar. É a capacidade, em termos do domínio de conhecimentos, competências, destrezas e atitudes, de poder gerir os recursos de uma instalação desportiva dirigidos ao cumprimento dos objectivos inerentes ao exercício da respectiva vocação e correspondentes missões. Embora este conceito não esteja claramente definido no texto da Lei, pode conseguir obter-se, através da análise do seu conteúdo, pela aproximação progressiva daquilo que é o entendimento das competências técnicas a exercer e das consequentes repercussões das decisões dos principais responsáveis, no domínio das instalações desportivas.

A responsabilidade técnica envolve também uma componente de domínio do risco e da assunção das correspondentes consequências sobre as pessoas, sobre os materiais e sobre os processos e actividades que decorrem no seu interior. É o desenvolvimento de uma **atitude de "estabelecimento"**, isto é, corresponde à definição de um local com ligação à via pública ("uma porta aberta") onde se localiza ou estabelece um conjunto de actividades e o correspondente exercício, que interessam aos utilizadores e aos prestadores de serviços desse mesmo estabelecimento, à comunidade onde está localizado e ao mercado que ela gera.

As pessoas que dirigem as instalações desportivas estão habilitadas com competência técnica, o que implica o domínio dos conhecimentos necessários à gestão dos recursos utilizados na tomada das decisões apropriadas à constituição de respostas às expectativas dos utilizadores. Oferecem por isso confiança, serviços com segurança e fidelidade a uma comunidade de utilizadores. Reconhece-se que há garantia de que os produtos a oferecer não enganam as pessoas. Existe correspondência entre o que é prometido e o que é fornecido, o que gera confiança. Estes gestores, pela sua acção, decisões e atitudes oferecem esta qualidade, na medida em que se prestam ao desenvolvimento dos necessários esforços de reposição da normalidade no caso de incidentes com a integridade física das pessoas, dos materiais, das actividades e respectivo decurso e correspondentes serviços e direitos. O gestor da instalação desportiva é assim aquele que assume para si próprio a capacidade de correr estes riscos e de assumir as

352 *Os Espaços do Desporto – Uma Gestão para o Desenvolvimento Humano*

consequências e as vantagens inerentes às responsabilidades que dele se esperam no exercícios dos actos de gestão e correspondentes decisões.

> A responsabilidade técnica tem aqui, duas componentes que nos interessa salientar: Por um lado, a vertente do **domínio técnico**, com as correspondentes competências, conhecimentos tecnológicos e científicos que habilitam ao desempenho dos cargos, por outro, a **responsabilidade pública** que reúne a componente anterior à consciência que o gestor deve possuir sobre as repercussões da existência de uma instalação desportiva numa comunidade residencial ou não, sobre os impactos positivos e negativos que essa instalação desportiva pode proporcionar. Esta última é a vertente humana da responsabilidade técnica, uma vertente de relação com as pessoas que interessa aqui também considerar.

É o **Decreto-Lei n.º 385/99** de 28 de Setembro que define o regime de responsabilidade técnica pelas instalações desportivas. Embora este conceito não seja definido no seu conteúdo, é pelo conjunto de competências explicitadas e a exercer pelos principais agentes e responsabilidades aí estipuladas, que podemos encontrar a correspondência com o que poderia ser o seu conceito. Este Decreto-Lei centra o exercício desta responsabilidade técnica na pessoa de um responsável máximo da instalação desportiva, que dirige uma equipa e que dá cumprimento a essa responsabilidade.

(do preâmbulo):

"De entre as medidas ora consagradas, avulta a obrigatoriedade da existência de um responsável técnico nas instalações desportivas, cuja formação é determinada consoante a tipologia da mesma ou, em qualquer caso, tratando-se de licenciado em estabelecimento de ensino superior na área de educação física ou desporto".
(...)

Artigo 5.º (Entrada em funcionamento das instalações desportivas):
Sem prejuízo do disposto no artigo 17.º do Decreto-Lei n.º 317/97 de 25

de Novembro, as instalações desportivas devem ainda dispor de um responsável técnico nos termos do presente diploma, por forma a assegurar o seu controlo e funcionamento.

Artigo 6.º (Responsável técnico):
1 – O responsável técnico deve dispor de formação adequada ao exercício das funções.
2 – A formação exigida ao responsável técnico, consoante a tipologia da respectiva instalação desportiva, será determinada por portaria do membro do Governo responsável pela área do Desporto.
3 – As funções cometidas ao res-

A Gestão das Instalações Desportivas – Os Processos de Decisão 353

ponsável técnico podem, em qualquer caso, ser exercidas por licenciado em estabelecimento de ensino superior na área da Educação Física ou Desporto.

...

5 – O responsável técnico pode ser coadjuvado por outras pessoas com formação necessária nos termos do presente artigo.

Artigo 7.º (Identificação do responsável técnico):
Em cada instalação desportiva deve ser afixado em local bem visível para os utentes a identificação do responsável técnico, bem como os elementos comprovativos da sua inscrição junto do Centro de Estudos e Formação Desportiva.

Artigo 8.º (Presença do responsável técnico):
É obrigatória a presença do responsável técnico, ou de quem o coadjuve,

na instalação desportiva durante o seu período de funcionamento.

Artigo 10.º (Funções do responsável técnico):
O responsável técnico superintende as actividades desportivas desenvolvidas nas instalações desportivas, competindo-lhe zelar pela sua adequada utilização.

Artigo 11.º (Pessoal técnico):
Os monitores ou instrutores com funções nas instalações desportivas actuam sob a orientação técnica do responsável técnico.
.../...

Artigo 16.º (Responsabilidade):
O proprietário da instalação desportiva aberta ao público ou o cessionário responde pelas infracções ao presente diploma perante as autoridades competentes.

Sobre a **responsabilidade pública**, ela pode identificar também duas vertentes:

> a) Responsabilidade social – onde se inclui o impacto positivo ou negativo que esta instalação gera, pelo facto de ser introduzida ou estar localizada numa determinada comunidade, na maneira de viver, nos benefícios civilizacionais introduzidos e por constituir um equipamento que responde aos anseios de uma população ou pelo facto de constituir-se como fonte de agressão, desconforto ou intromissão na vida dessa mesma comunidade.
>
> b) Responsabilidade civil – onde se inclui a capacidade de ressarcir pessoas ou grupos que tenham ficado diminuídos, prejudicados ou sujeitos a agressões devidas ao uso dos espaços que são pertença ou que estão sobre a gestão da instalação desportiva. A responsabilidade

354 *Os Espaços do Desporto – Uma Gestão para o Desenvolvimento Humano*

> civil é assim a capacidade exercer o ressarcimento dos lesados por motivos que sejam assacados ao mau funcionamento ou existência de acidentes involuntários que constituam motivo de prejuízo a terceiros no que respeita à respectiva integridade (física ou outra!). Como forma de diluir essa responsabilidade, que pode por vezes, colocar em causa a continuidade do empreendimento (veja-se o sucedido no Aquaparque do Restelo em Lisboa onde em Julho de 1993 morreram duas crianças sugadas pelos equipamentos de renovação de água), são contratualizados seguros com companhias que assumem para si o risco inerente a essa responsabilidade.

O **Decreto-Lei n.º 379/97** de 27 de Dezembro que estabelece o regulamento sobre as condições de segurança na localização, implantação, concepção e organização funcional dos espaços de jogo e recreio, respectivo equipamento e superfície de impacte, estabelece no seu:

Artigo 4.º (Obrigação geral de segurança):
Os espaços de jogo e recreio não podem ser susceptíveis de pôr em perigo a saúde e segurança do utilizador ou de terceiros, devendo obedecer aos requisitos de segurança constantes deste Regulamento.

O **Decreto-Lei n.º 385/99** de 28 de Setembro que estabelece a Responsabilidade Técnica pelas Instalações Desportivas que temos vindo a analisar, refere-se também à necessidade da existência de um seguro, particularmente no seu artigo 13.º:

Artigo 13.º (Seguro):
1 – As instalações desportivas devem dispor de um seguro que cubra os riscos de acidentes pessoais dos utentes inerentes à actividade aí desenvolvida.
2 – O seguro garantirá no mínimo as coberturas seguintes:
  a) pagamento das despesas de tratamento, incluindo internamento hospitalar;
b) Pagamento de um capital por morte ou invalidez permanente, total ou parcial, por acidente decorrente da actividade praticada nas instalações desportivas.
3 – Os valores das coberturas mencionadas nas alíneas a) e b) do número anterior não podem ser inferiores às praticadas no âmbito do seguro desportivo.

4 – *No caso de o utente já estar abrangido por contrato de seguro que cubra os riscos de acidentes pessoais,* *deve o mesmo declarar a assunção de tais responsabilidades.*

O **Decreto-Lei n.º 100/2003** de 23 de Maio c/alterações introduzidas pelo **Decreto-Lei n.º 82/2004** de 14 de Abril, que estabelece o regulamento das condições técnicas e de segurança das balizas e equipamentos das instalações desportivas, estabelece no seu artigo 11.º do regulamento, vem reafirmar ao longo do seu articulado todos estes preceitos bem como estabelecer a necessidade de existência de um contrato de seguro de responsabilidade civil:

Artigo 11.º (Seguro de responsabilidade civil):

1 – A entidade responsável pelos equipamentos desportivos deve celebrar um contrato de seguro de responsabilidade civil que abranja o ressarcimento de danos causados aos utilizadores, designadamente em virtude de deficientes condições de instalação e manutenção dos referidos equipamentos.

2 – As condições do contrato de seguro referido no número anterior e *o valor mínimo do respectivo capital são fixados em portaria conjunta do Ministro das Finanças e do membro do Governo responsável pela área dos desportos.*

3 – Sem prejuízo do disposto no artigo 3.º do presente diploma, nos casos em que os equipamentos desportivos se encontrem instalados em estabelecimentos de educação e ensino, aplica-se o disposto no regulamento do seguro escolar.

A **Portaria n.º 1049/2004** de 19 de Agosto dá aplicação ao previamente estabelecido nos dois diplomas referidos anteriormente estabelecendo, pela existência de um seguro de responsabilidade civil, uma cobertura dos danos causados aos utilizadores em virtude deficientes condições da instalação e manutenção dos equipamentos desportivos com um capital mínimo de 200 000 Euros.

Artigo 31.º (Seguro de responsabilidade civil):

1 – A entidade responsável pelo espaço de jogo e recreio terá de cele- *brar obrigatoriamente um seguro de responsabilidade civil por danos corporais causados aos utilizadores em virtude de deficiente instalação e ma-*

356 Os Espaços do Desporto – Uma Gestão para o Desenvolvimento Humano

nutenção dos espaços de jogo e recreio, respectivo equipamento e superfícies de impacte.

2 – O valor mínimo obrigatório do seguro referido no número anterior é fixado em 50 000 000$ e será automa-

ticamente actualizado em janeiro de cada ano, de acordo com o índice de preços no consumidor verificado no ano anterior e publicado pelo Instituto Nacional de Estatística.

A expressão destas responsabilidades é efectuada através de um meio que é o regulamento das instalações desportivas.

9.3.1. *O Regulamento de Gestão das Instalações Desportivas*

O Regulamento da Instalação Desportiva é o instrumento administrativo e de regulação de referência dentro das instalações desportivas. Permite que a oferta desportiva se estabilize e perpetue no tempo através de um processo de institucionalização. Inclui a estrutura orgânica da organização gestora. Estabelece o estatuto dos funcionários, utentes e demais intervenientes nos processos que decorrem no interior delas, através do esclarecimento explícito dos correspondentes direitos e principais deveres. Identifica os diferentes tipos de espaços e estabelece para eles a correspondente vocação e articula o contributo para a dinâmica da respectiva organização gestora. Define (ou deve definir) critérios de utilização dos espaços e demais recursos sujeitos a objectivos definidos, os quais permitem desse modo, dirimir conflitos em caso de disputas de uso. Por fim, tipifica os diferentes tipos de respostas que devem ser realizadas perante situações hipotéticas mas que devem ser equacionadas claramente às quais deve corresponder uma resposta constituída do mesmo modo.

A elaboração de um regulamento de uma instalação desportiva é objecto de obrigação estabelecida por Lei, particularmente através do **Decreto-Lei n.º 385/99** de 28 de Setembro que estabelece a Responsabilidade Técnica pelas Instalações Desportivas que temos vindo a analisar, particularmente no seu artigo 12.º:

Artigo 12.º (Regulamento):

1 – As instalações desportivas devem dispor de um regulamento de utilização

elaborado pelo proprietário ou cessionário, contendo as normas de cumprimento a serem observadas pelos utentes.

2 – O regulamento a que se refere o número anterior deve estar afixado *em local visível na entrada das instalações.*

A necessidade da existência de **regulamento interno** é também objecto de regulamentação em outros tipos de espaços onde o desporto marca também presença quer por efectividade quer por analogia de tipos de espaços onde se desenvolva.

O **Decreto Regulamentar n.º 34/95** de 16 de Dezembro que estabelece o Regulamento sobre os Recintos de Espectáculos e Divertimentos Públicos, refere-se à necessidade da sua existência particularmente quando se refere aos recintos com diversões aquáticas:

Artigo 260.º (Recintos com diversões aquáticas):

1 – Todos os recintos com diversões aquáticas disporão de um regulamento interno, a aprovar pela entidade licenciadora, o qual conterá as normas de observância obrigatória pelos utentes e entidade interessada na exploração.

2 – O regulamento referido no número anterior deve ser disponibilizado a qualquer utente que o solicite.

3 – À entrada do recinto e no seu interior, em locais estratégicos, devem ser colocados cartazes com a inscrição das principais regras de observância por parte do público.

4 – Junto às actividades aquáticas deve ser aposta sinalética, indicando com precisão as regras de utilização a tomar em consideração.

5 – Os estabelecimentos com diversões aquáticas disporão obrigatoriamente de pessoal de vigilância, de salvamento, com cursos de nadadores-salvadores, e de prestação de socorros médicos.

O **Decreto Regulamentar n.º 5/97** de 31 de Março que estabelece o Regulamento das Condições Técnicas e de Segurança dos Recintos com Diversões Aquáticas, refere-se à necessidade da existência de um regulamento interno com estas características e funções:

Artigo 56.º (Regulamento interno):

1 – Os recintos abrangidos pelo presente diploma devem dispor de um regulamento interno a elaborar pela entidade exploradora, que estabeleça o regime de uso e de funcionamento do mesmo.

2 – A entidade exploradora deve submeter à aprovação da entidade licenciadora do funcionamento uma cópia do regulamento interno no prazo de 30 dias antes da entrada em funcionamento do recinto ou de eventuais alterações ao referido regulamento.

3 – Como normas gerais, o regulamento interno deve conter disposições sobre:

a) Pessoal, nomeadamente as instruções sobre a organização e respectivas obrigações;

b) A não admissão de menores de 12 anos que não se façam acompanhar por pessoas de maior idade que se responsabilizem pela sua vigilância e comportamento;

c) A proibição de acesso a pessoas que, pelo seu estado, possam perturbar a ordem ou tranquilidade públicas;

d) A interdição do acesso a pessoas portadoras de armas ou objectos que possam ser utilizados como tal;

e) A proibição de comer, beber ou fumar nas zonas das actividades aquáticas;

f) A interdição do acesso de animais ao recinto;

g) O não abandono no recinto de artigos ou materiais sem préstimo.

4 – O referido regulamento deve ainda estabelecer que as actividades aquáticas não poderão ser utilizadas por pessoas com óculos ou portadoras de anéis, relógios, pulseiras, fios ou quaisquer outros objectos que possam causar dano nas superfícies de deslizamento ou aos restantes utentes.

5 – ...

Também o **Decreto-Lei n.º 277/88** de 5 de Agosto que estabelece as condições para a gestão das instalações desportivas escolares prevê a existência de um regulamento para cada uma das instalações desportivas, no seu artigo 10.º:

Artigo 10.º (Regulamento):

1 – Compete ao IASE definir, por regulamento, homologado pelo Ministro da Educação, os parâmetros gerais e o respectivo quadro flexível de aplicação no tocante às condições de utilização das instalações desportivas objecto do presente diploma, designadamente no que respeita a:

a) Montante das taxas a cobrar pela utilização;

b) Condições de concessão e cancelamento de autorização de utilização;

c) Forma de comparticipação eventual por algum ou alguns utilizadores nos encargos de manutenção.

2 – Compete ao Conselho Directivo de cada estabelecimento de ensino fixar os termos exactos de aplicação de regulamento referido no número anterior, dentro dos limites deste e em moldes adequados à respectiva situação e instalações desportivas.

3 – A tabela de taxas e os respectivos parâmetros flexíveis são objecto de actualização anual a propor pelo IASE e homologada por portaria do Ministro da Educação.

A Gestão das Instalações Desportivas – Os Processos de Decisão 359

O **Decreto Regulamentar n.° 10/2001** de 7 de Junho, que estabelece o Regulamento das Condições Técnicas dos Estádios curiosamente, talvez por assumir ele próprio uma grande dose de regulamentação das condições técnicas dos diferentes espaços e correspondente funcionalidade que constituem os estádios, esquece a necessidade de procederem à elaboração de um regulamento interno que preveja a definição dos direitos e deveres dos utilizadores e dos respectivos funcionários integrados na entidade gestora, bem como o exercício das correspondentes responsabilidades pública e técnicas.

Também o **Decreto-Lei n.° 65/97** de 31 de Março, que regula a Instalação e o Funcionamento dos Recintos com Diversões Aquáticas não prevê a existência de regulamento interno, remetendo para posterior regulamentação a respectiva existência.

O **Decreto-Lei n.° 379/97** de 27 de Dezembro, que estabelece o regulamento relativo às condições de segurança na localização, implantação, concepção e organização funcional dos espaços de jogo e recreio, respectivo equipamento e superfície de impacte, constitui ele próprio um regulamento, não na perspectiva da utilização destes espaços e aparelhos, embora muito do seu articulado permita a listagem de algumas tarefas ao nível da gestão funcional. Referimo-nos às acções indicadas como 'Elementos do livro de manutenção (artigo 30.°)' e que abordaremos no capítulo da manutenção (Capítulo – 9.12 – A Gestão da Manutenção a páginas 456) as 'Acções de fiscalização (artigo 33.°)', '(artigo 38.°) Relatório de inspecção' e '(artigo 39.°) Poderes da comissão técnica'.

9.4. A Gestão da Imagem (externa e interna) da Instalação Desportiva

As instalações desportivas produzem, nos seus utilizadores e nos cidadãos de uma comunidade, imagens que reforçam ou ameaçam a sua continuidade, a estima e os processos de identificação e apropriação que estes desenvolvem. Kurt Lewin (1932)[136] através da sua psicologia dinâmica e das respectivas noções de campo, chamou-nos a atenção para as valências positivas e negativas dos espaços. Estes adquirem um significado positivo ou negativo para os respectivos utilizadores em função do

---

[136] Sobre este autor, ver também H.Kendler (1974); *Introdução à Psicologia"*, Lisboa, F. Calouste Gulbenkian, 5.ª edição, Junho (1980), pp. 791-799.

360 Os Espaços do Desporto – Uma Gestão para o Desenvolvimento Humano

resultado de uma experiência de contacto que as pessoas efectuam com ele de alguma maneira, traduzido num êxito ou inêxito, visível numa reacção psicológica de satisfação ou de repressão, com os correspondentes efeitos de reforço positivo ou negativo. Face ao primeiro a instalação ou a actividade torna-se atractivo, face ao segundo estas assumem-se como repulsivas. Neste sentido, os espaços das instalações desportivas têm de ser significativos quanto à capacidade não só de gerarem atracção, mas também de produzirem emoções positivas, desde o primeiro contacto até à maximização do prolongamento dessas recordações em tempos futuros.

Os edifícios que alojam estes espaços produzem uma imagem construída associada à imagem mental dos seus utilizadores. A gestão de uma instalação desportiva passa também pela construção e pela gestão dos elementos que ajudam a construir esta imagem. Ela deve conseguir ser positiva, atractiva, convidativa, confirmadora, recompensadora e relembradora dos momentos que aí se passaram com cada um dos seus frequentadores. Para além da atractividade criada com as correspondentes expectativas geradas, promove-se a satisfação, a confirmação e por vezes até, ultrapassa-se o nível criado anteriormente, conseguindo-se, naqueles espaços e naqueles tempos, através das actividades e dos momentos, viver emoções, produzir acontecimentos com significado que impelem aqueles que aí estiverem a retornarem em tempos ulteriores. A imagem resulta assim de um processo continuado de construção de significados geradores de atractividade e de emoções vividas ou a viver.

> Criar uma imagem significa manipular um código cultural através de símbolos com significados e significantes que se constituem como elementos a serem manipulados e geridos. A imagem a construir resulta desta manipulação e cria, gere e manipula expectativas com o objectivo de erigir um determinado tipo de destinatário que interessa à instalação desportiva ou às actividades que ela apresenta. O gestor do desporto gere estes elementos constitutivos e construidores da imagem e manipula-os para a obtenção do correspondente resultado. Também os arquitectos sabem que as instalações desportivas, pelos fenómenos que localizam e pelo significado social e gregário que o desporto tem no nosso tempo, pelos edifícios que estas são capazes de motivar a construir, assumem-se elas próprias, como elementos constitutivos ou peças de um sistema urbano que compõe a cidade (Kevin Linch, 1990)[137]. Elas são ao mesmo tempo a presença de uma imagem materializada numa forma e parte da imagem que se quer construir para a cidade.

---

[137] Linch, Kevin; (1990) *A imagem das cidades*, Lisboa, ed. Presença.

A Gestão das Instalações Desportivas – Os Processos de Decisão   361

Quando falamos em gerir a imagem de uma instalação desportiva estamos a referir-nos à capacidade do gestor do desporto edificar uma ideia que constrói as expectativas dos utilizadores, organiza o seu comportamento e prepara as decisões da organização que lhe responde. O seu objectivo será o de aumentar a atractividade da instalação desportiva, atingindo as motivações que chamam as pessoas às instalações e aos espaços desportivos. Estamos no domínio da componente cultural da gestão e da manipulação de alguns elementos produtores de alguma subjectividade, o que pode parecer contraditório à necessidade de alguma racionalidade nos processos de tomada de decisão. Contudo, o que se pretende manipular é um conjunto de aspectos que estão objectivados na obtenção de um resultado positivo no sentimento dos utilizadores, que se traduz em satisfação de necessidades, em pertença, em comunhão de interesses e em procura de desenvolvimento que se alojam em cada uma das pessoas.

A imagem de uma instalação desportiva tem duas vertentes: Uma vertente **externa** e uma outra **interna**:

> 1. À primeira corresponde a **imagem social** que as instalações sugerem, mas também a **imagem interior** individualizada em cada pessoa, que é construída, como vimos, desde a primeira estimulação à satisfação confirmadora. A imagem externa associa o exercício de uma responsabilidade social em consonância com os objectivos. A maior correspondência significa uma atracção reforçada ou adaptação desta imagem projectada ao resultado da qualidade percebida. A esta respeitam as campanhas de promoção pública da imagem, que vão da sinalização promotora e indicadora, à divulgação das formas como decorrem os acontecimentos no seu interior, bem como as correspondentes emoções que ela desencadeia. É o universo das campanhas, da sinalização exterior e da promoção.
>
> 2. À segunda, equivale a demonstração do exercício de uma **capacidade anunciada de cumprir expectativas** e que se traduzem em utilizadores satisfeitos, "conquistados" e mobilizados, portadores de um sentimento de pertença, de apropriação e de identificação destes com a instalação, bem como a trabalhadores que comungam dos objectivos, têm competência e capacidade para levar por diante as missões e a vocação da organização, ("que vestem a camisola"). A esta respeitam a Filosofia e a Cultura da organização, através do enunciar da vocação e do estabelecimento das correspondentes missões que ela se propõe. É ainda construída através das estruturas orgânicas e do seu desempenho e tem visibilidade através dos seus recursos humanos, dos respectivos processos de atendimento, pelos seus documentos, fardas de trabalho, sinalética interna, condições de higiene e segurança no trabalho etc.

362 *Os Espaços do Desporto – Uma Gestão para o Desenvolvimento Humano*

A gestão da imagem de uma instalação desportiva pretende assim efectuar a correspondência entre a imagem externa e a interna da instalação por um lado e a imagem percebida, como imagem social e imagem interior de cada um dos indivíduos, por outro. Para gerir a imagem de um modo mais racionalizado, é necessário criar processos de medida da realidade e dos elementos correspondentes. Pretende-se saber da atractividade da instalação desportiva:

– se os tipos de espaços oferecidos são convidativos ou não;
– se há desafogo ou não na utilização deles;
– se o valor de referência está abaixo ou acima das normas e dos padrões exigíveis em termos de funcionalidade e de qualidade (normas ISO 9000).

Neste sentido, pretende-se ainda saber qual é o factor preponderante de atractividade: É o espaço que convida ou é o mobiliário, a decoração, as actividades ou até o nada, a existência do vazio, o livre, o disponível, o possível, a ausência, o sossego que determina esse mesmo factor preponderante?

A avaliação da importância da imagem de uma instalação desportiva pode ser contabilizada através da medida de vários aspectos:

Indicadores e estratégias:

A. Ligação à comunidade:

Pretende-se medir o modo através do qual a instalação se liga à comunidade, de como ela se faz aparecer.

1. Página da Internet – Presença na internet através de:

a) Página existente e activa: Nela se efectua a apresentação (1) da organização revelando a sua vocação e missões, a respectiva orgânica (2), identificando individualmente os seus recursos humanos (3), as competências de que são portadores (4), as atribuições e correspondentes missões (5), os principais serviços, produtos (6), os indicadores de desempenho global da organização (7) que permitem a correspondente avaliação externa (8), etc.;

b) Endereço electrónico; Ligações a outras páginas similares ou complementares; ligações a outras organizações a que está associada;

c) Contacto telefónico; (o fax está cada vez mais em desuso!);

d) Existência de folha informativa associada ou por envio solicitado (newsletter) onde são relatadas informações de interesse geral e se revelam produtos, serviços e acontecimentos realizados ou a realizar;

e) Registo do n.º de visitas ou consultas efectuadas: Existência de um mecanismo que pode inclusivamente mostrar estatísticas sobre os tipos de opções que genericamente os utilizadores tomam;

f) Outras.

2. Lista telefónica, páginas amarelas: modo como aparece por comparação com as demais referências;

3. Presença nos escaparates das Lojas de Desporto, seja por informação, seja por referências ou folhetos;

4. Folhetos Turísticos e Municipais – referência com incidência localizada;

5. Caracterização dos utilizadores:

a) Institucionais (clubes, empresas, autarquias, associações, escolas, etc.), com as respectivas percentagens de utilização. Este valor pode ou não ser divulgado, conforme interesse ou não à correspondente política de gestão;

b) Individuais (populações-alvo específicas – utilizadores habituais (classes etárias, classes profissionais, etc.)), especiais e carismáticas (Visitantes VIP's – existência de livro de visitantes, de visitas: registo do número de pessoas famosas que frequentam a instalação.

B. Acontecimentos:

Os acontecimentos são portadores de emoções e revelam a expressão social das instalações desportivas. Eles marcam o tempo vivido das pessoas que neles participam e são um motivo gerador de grandes dinâmicas. Assim, o seu registo torna-se importante como fonte de atracção a medir:

1. Número de eventos com significado aí realizados;

2. Registo das referências positivas na imprensa: número de referências, notícias, acontecimentos relatados por unidade de tempo: mês/ano/temporada.

3. Actividades, produtos ou serviços que a instalação proporciona.

C. Inquéritos de qualidade:

Os inquéritos de qualidade ajudam a adaptar a imagem da instalação ao imaginário dos respectivos clientes ou utilizadores. A apropriação progressiva dos espaços, produtos e serviços e o maior envolvimento do utilizador é gerador de um processo de acomodação, por um lado, mas também de um processo que cria continuamente novas necessidades, confortos e desconfortos que modificam a percepção que os utilizadores vão fazendo da instalação. Aqui é o cliente ou o utilizador que vai construindo a imagem colectiva ou geral da instalação desportiva, pois estes inquéritos destinam-se a realizar esse mesmo ajustamento. A existência de mecanismos e processos de registo e de comuni-

364 *Os Espaços do Desporto – Uma Gestão para o Desenvolvimento Humano*

cação, como sejam os meios electrónicos, o livro de reclamações e outros, constituem formas de recolha de informação de ajustamento na gestão da instalação desportiva.

D. Cultura da organização

A cultura da organização é apercebida através do reconhecimento claro da Filosofia, da Vocação, das Missões, dos produtos e dos serviços que presta. Ela transparece a partir das atitudes dos seus recursos humanos, do perfil de decisões que são anunciadas e tomadas. Ela é sinalizada pela utilização de símbolos identificadores da organização, dos espaços, dos serviços e dos produtos. É a imagem corporativa (corporate) que se traduz na construção de um "espírito de equipa" ou de corpo e que passa pela produção de uma simbólica própria que se traduz em emblemas, uniformes e fardas, músicas alusivas e estimuladoras, linguagem e conceitos próprios, hinos, etc. A maior ou menor conformidade da organização e das respectivas decisões com a legalidade, com uma forma correcta de realizar as suas missões, ajudam também na identificação desta cultura, as preocupações com a segurança, com a qualidade, com a prestação de um serviço ajustado aos utilizadores dos espaços da instalação e dos serviços prestados pela entidade gestora. A própria característica dos produtos, a funcionalidade que proporcionam, bem como a imagem social que a sua posse ou utilização, pretensamente confere, pode proporcionar a expressão dessa linguagem simbólica para o seu exterior.

9.4.1. *A Sinalização e os Símbolos*

Relativamente à utilização de símbolos e sinalização nas instalações e espaços desportivos, o **Decreto-Lei n.º 141/95** de 14 de Junho que procede à harmonização da sinalização de segurança e de saúde a utilizar no trabalho, estabelece um conjunto de definições relativas aos diferentes tipos de sinalização a ser estabelecida no interior das instalações de trabalho no seu artigo 3.º. Nele são incluídas designações como: sinalização de segurança e de saúde, sinais de proibição, aviso, obrigação, salvamento ou socorro, indicação, luminoso, acústico, gestual, bem como símbolo ou pictograma, cor de segurança, placa e comunicação verbal. São também estabelecidas no seu articulado as obrigações do empregador relativas à sinalização, no seu artigo 5.º:

Artigo 5.° (Obrigações do empregador):

1 – O empregador deve garantir a existência de sinalização de segurança e de saúde no trabalho adequada, de acordo com as prescrições deste diploma, sempre que esses riscos não puderem ser evitados ou suficientemente diminuídos com meios técnicos de protecção colectiva ou com medidas, métodos ou processos de organização do trabalho.

2 – Na colocação e utilização de segurança e de saúde no trabalho deverá ter-se em conta a avaliação de riscos a que se refere o artigo 8.° do Decreto-Lei n.° 441/91, de 14 de Novembro.

3 – ../...

4 – É proibida a utilização da sinalização de segurança e de saúde do trabalho que contrarie as regras técnicas estabelecidas na portaria referida no artigo anterior (*).

5 – Tendo o empregador ao seu serviço trabalhadores com capacidades auditivas ou visuais diminuídas, ou quando o uso de equipamentos de protecção individual implique a diminuição dessas capacidades, devem ser tomadas medidas suplementares ou de substituição que tenham em conta essas especificidades.

Artigo 6.° (Sinalização permanente):
Têm carácter permanente:
a) As placas de proibição, aviso e obrigação;

b) As placas de localização e identificação dos meios de salvamento e de socorro;
c) As placas e cores de segurança destinadas a localizar e a identificar o material e equipamento de combate a incêndios;
d) As placas e cores de segurança destinadas a indicar o risco de choque contra obstáculos e a queda de pessoas;
e) As placas e rotulagens de recipientes e tubagens;
f) A marcação, com uma cor de segurança, de vias de circulação.

Artigo 7.° (Sinalização acidental):
Têm carácter acidental, devendo a sua utilização ser restringida ao tempo estritamente necessária:
a) Os sinais luminosos ou acústicos, ou as comunicações verbais destinadas a chamar a atenção para acontecimentos perigosos, a chamar pessoas para uma acção específica ou a facilitar a evacuação de emergência de pessoas;
b) Os sinais gestuais ou as comunicações verbais destinadas a orientar pessoas que efectuam manobras que impliquem riscos ou perigos.
(*)[138]

---

[138] Artigo 4.° (regulamentação) refere-se às regras técnicas a serem aprovadas por portaria conjunta dos Ministros do Emprego e Segurança Social e da Saúde.

(o rodapé é nosso!)

A sinalização revela a sua importância não apenas na componente de reconhecimento dos constructos culturais da organização gestora, mas fundamentalmente como a inscrição de um código cultural no espaço que modela, sugere e impõe os comportamentos necessários (1), permitidos (2) e proibidos (3) que devem realizar-se num determinado espaço ou tempo ou ainda como forma de utilizar um determinado recurso. A sinalização permite ainda melhorar os níveis de comunicação, disseminando nos espaços os códigos que melhor se ajustam aos comportamentos dos utilizadores dos diferentes recursos, nas diferentes situações, ampliando assim a correspondente eficiência. Realiza deste modo uma extensão das decisões da entidade gestora tipificando e antecipando comportamentos dos utilizadores sem necessidade de um intervenção centralizada por parte desta.

9.4.2. *A Gestão dos Acessos*

O que se gere no domínio dos acessos é um conjunto de recursos que dá conforto ao acolhimento, que facilita a rápida passagem do utilizador pela entrada da instalação desportiva em direcção à prática. A avaliação do que deve ser medido, e correspondentemente gerido, foi já objecto de tratamento parcelar em páginas anteriores (Capítulo n.° 8.2.2 – **Os Acessos Externos**, pág. n.° 239, e Capítulo n.° 8.9 – **Os Espaços de Segurança**, pág. n.° 312). Trata-se agora de perceber os equilíbrios dinâmicos. Assim, no sentido do que nos refere Brian Rodgers (1977), trata-se de identificar os principais filtros de probabilidade e de decisão anteriores à prática desportiva e tentar suprimi-los ou reduzi-los para que não se constituam como entraves ao acesso à prática desportiva.

Determinar a existência de filtros e perceber quais as tarefas e os consumos de tempo em cada um dos acessos, medindo-os, detectando os valores e tentando chegar, pela obtenção de dados, à identificação dos correspondentes padrões de expressão, procurando reduzir a respectiva influência, agilizando o desempenho das tarefas inerentes, é uma forma de poder intervir, tomando consciência que, algumas delas, possam estar a impedir acessos ou a ser causa da desistência de alguns praticantes.

> O que se gere na vertente 'acessos' é um conjunto de informações e de resultados de pesquisa informativas, cujos indicadores foram por nós já apontados e que medem desde as envolvências, pela atractividade da instalação, até à presença em termos de imagem ou sinalização na via pública que comprove essa mesma facilidade em aceder à mesma. Pretende-se ainda determinar o consumo temporal, financeiro e até espacial que são necessários despender para aceder à instalação, isto é quanto tempo se demora a entrar (1), e, dentro dela, quanto tempo é necessário para percorrer os espaços (2) que antecedem o início da prática desportiva, ou seja, realizar um conjunto de tarefas relacionadas com o acolhimento: Chegar à envolvente da instalação, estacionar, entrar, percorrer os átrios, ser recebido, passar a recepção e entrar nos balneários, até dar início à prática desportiva. Medem-se assim consumos de tempos, de espaços e de recursos vários que essas tarefas utilizam. Acelera-se o percurso, cumpre-se o objectivo de entrar rápido para o recinto desportivo (sobre estes indicadores ver os pontos n.° **8.2.2.1 – Os indicadores de medida dos acessos:**, página n.° 242 e n.° **8.2.3.1 – Os indicadores de conforto no acolhimento**, página n.° 245).

A gestão dos acessos compreende ainda a previsão das decisões a tomar para percorrer também os caminhos de saída, de evasão em situação de emergência, aqueles que se referem às múltiplas ligações entre os diferentes espaços e correspondentes funções e actividades, bem como entre os diferentes tipos de intervenientes em circulação. O conteúdo do **Decreto-Lei n.° 141/95** de 14 de Junho que procede à harmonização da sinalização de segurança e de saúde a utilizar no trabalho, estabelece um conjunto de definições relativas aos diferentes tipos de sinalização a ser estabelecida no interior das instalações de trabalho, que atrás apresentámos (9.4.1 – A Sinalização e os Símbolos, a páginas n.° 364) expressa aqui a sua aplicabilidade.

Nesta fase, importa-nos questionar sobre que tipo de recursos é que se gerem nesta vertente de gestão dos acessos? Para além da determinação dos **espaços/padrão** necessários e dos **tempos/padrão** consumidos, são analisados os comportamentos dos utilizadores e as funções correspondentes, bem como o mobiliário existente e todos os aspectos que se prendem com as codificações inerentes. Gere-se **informação de encaminhamento**, divulgam-se símbolos, códigos, sinalética apropriada, **dispõem-se espaços**, organizando-os:

1. em **zonas de estância** – onde se reforça o conforto pela colocação de **mobiliário** (cacifos, bancos, cabides, sistemas de segurança individua-

368 *Os Espaços do Desporto – Uma Gestão para o Desenvolvimento Humano*

lizada) e apetrechos, de modo a acelerar a realização das tarefas que devem ser desenvolvidas pelo utilizador;

2. em **zonas de desconforto** – para "empurrar" (por rejeição) o utilizador das instalações para espaços onde desenvolve acções, que lhe permitem poder chegar à prática desportiva o mais rapidamente possível (se estivermos numa gestão cujos objectivos são desportivos!).

Ainda nesta vertente, inserem-se particularidades relativas à mobilidade das populações especiais, sejam crianças, deficientes, idosos ou mesmo atletas de alta competição que podem apresentar especificidades na entrada ou no interior de cada um dos espaços da instalação. A **Lei n.º 38/2004** de 18 de Agosto que define as bases do regime jurídico da prevenção, habilitação, reabilitação e participação da pessoa com deficiência assegura no seu artigo 37.º o direito à prática do desporto e de tempos livres. Contudo, é o **Decreto-Lei n.º 118/99** de 14 de Abril que estabelece o direito de acessibilidade dos deficientes visuais, que se refere no seu artigo 2.º (direito de acesso) aos recintos desportivos de qualquer natureza bem como salas e recintos de espectáculos e jogos. O **Decreto-lei n.º 123/97** de 22 de Maio, que estabelece as normas técnicas destinadas a permitir a acessibilidade das pessoas com mobilidade condicionada, alarga este conceito a todos os portadores de deficiência em edifícios de estabelecimentos de utilização pública e via pública. No seu anexo I, onde adianta as normas técnicas, estabelece para além de algumas disposições construtivas, uma focagem no acesso aos edifícios (capítulo II), mobilidade (capítulo III), bem como as áreas de intervenção específica.

De referir também o estabelecido no **Decreto-Lei n.º 135/99** de 22 de Abril que define os princípios gerais a que devem obedecer os serviços e organismos da Administração Pública na sua actuação face ao cidadão que pelo que obriga o gestor à criação dos necessários mecanismos de informação e de formação do seu pessoal, para responder em conformidade:

Artigo 9.º (prioridades no atendimento):
1 – Deve ser dada prioridade ao atendimento dos idosos, doentes, grávidas, pessoas com deficiência ou acompanhadas de crianças de colo e outros casos específicos com necessidades de atendimento prioritário.

A Gestão das Instalações Desportivas – Os Processos de Decisão

9.5. A Gestão Desportiva/Gestão das Actividades

As actividades são o factor de desenvolvimento principal em desporto. Sem actividades não há desporto, particularmente, sem competição. As competições são o motivo mobilizador de tudo o que acontece em desporto e à volta dele. A competição é a festa que todos convoca, por isso arrasta e orienta tudo em função do que nela acontece. É para a competição que os atletas, os praticantes, os dirigentes, os espectadores e até os profissionais que se servem do desporto se preparam. Todos os recursos e as respectivas decisões são orientados em função da ocorrência de actividades, cujo ponto máximo é a competição. As actividades desportivas que decorrem nos espaços e instalações desportivas podem ter um grau de expressão formal de competição reduzido ou serem mesmo actividades de treino, formativas, de recreio ou lazer.

A expressão das actividades nas instalações desportivas identificam as seguintes variantes:

1. Actividades **fundamentais** ou de referência – São modalidades efectuadas em ambiente competitivo ou de expressão maximizada ao nível da sua formalidade, da intensidade do esforço e da respectiva pressão sobre os materiais, apetrechamento constituintes e respectiva utilização.
2. Actividades de **demonstração** – São actividades de fomento, exibição ou promoção. Destinam-se a dar a conhecer uma forma de praticar uma determinada modalidade desportiva e a angariar praticantes para serem nelas iniciados. Realizam-se normalmente em ambientes de festa ou incluídos noutras realizações. Expressam as suas formas de validação, os respectivos valores e os códigos culturais pelos quais se regem. Exibem situações de espectacularidade que lhe são inerentes, bem como situações reveladoras dos esforços e dos prazeres que elas comportam.
3. Actividades **formativas** – Os habitantes de uma determinada comunidade querem ter a possibilidade de contactarem de viverem as emoções, os gestos motores e as vivências que estão associadas a determinada modalidade desportiva e aos fenómenos que elas geram: o tipo de convívio, o vestuário, o tipo de pessoas que mobiliza, etc. Motivados pela curiosidade ou sensibilizações prévias, pelos gestos motores e situações proporcionadas, revelam uma vontade de serem iniciados nos gestos, nas correspondentes mestrias e domínio técnico e na capacidade de as realizarem em situações provocadoras de emoções.

370 Os Espaços do Desporto – Uma Gestão para o Desenvolvimento Humano

> 4. Actividades de **aperfeiçoamento, treino ou manutenção** – os habitantes, depois de serem iniciados nessa mestria, depois de terem tido êxitos ou prazeres que lhes são associados e de se sentirem bem com eles, pretendem um reforço de empenhamento, de continuidade, de envolvimento em todas as suas vertentes. Revelam ainda intenções de progressão na performance dos gestos técnicos que lhe garantirão êxitos em próximas realizações ou a repetição das boas emoções já vividas.
>
> 5. Actividades de **comemoração** – Destinam-se a dar valor a situações ocorridas no passado ou a celebrar datas com significado para a vida de uma determinada comunidade. Reconhecem aos mais velhos o seu valor e respectiva contribuição para a vida colectiva, expressando as pequenas ou grandes glórias do passado.
>
> 6. Actividades **complementares** às actividades desportivas – São actividades que podem ser realizadas nas instalações desportivas que não obrigam a grandes graus de codificação não desportiva e de respectiva recodificação e que são viabilizadoras dos recursos nela empregues ou da dinâmica social da comunidade que a suporta ou dela se serve. São actividades que decorrem nas instalações desportivas pelo facto de estas oferecerem desafogo e características adaptáveis que podem ser utilizadas por outras actividades sociais ou culturais sem colocarem em risco a respectiva vocação desportiva desses espaços.

De qualquer modo, são as 'Actividades', pela competição, que dão significado ao fenómeno desportivo e são responsáveis pela sua visibilidade e existência.

A gestão das actividades implica, nas instalações desportivas, a utilização de um conjunto de recursos os quais se organizam no espaço e no tempo. A necessidade de gerir estas ocorrências deriva da pressão crescente de utilização e da competição inerente que cada actividade faz pela utilização dos recursos disponíveis. Cada actividade tem características diferentes ao nível de consumo de recursos espaciais, temporais, de apetrechamento, de financiamento, etc., e os modos da sua organização (competição, treino, recreio, formativas ou complementares), com a correspondente afectação de recursos, provocam a entrada em competição com as demais. A expressão de cada uma delas, pelas suas características diferenciadas, produz

A Gestão das Instalações Desportivas – Os Processos de Decisão

informação caracterizadora e o exercício da sua prática (competitiva ou não) revela a dimensão máxima dessa produção de informação.

> A necessidade de haver gestão das actividades manifesta-se tanto mais quanto maior for a correspondente pressão sobre os recursos existentes. A tomada de decisões é uma forma de aplicar com racionalidade a utilização dos recursos de modo a poder satisfazer mais praticantes e situações, com um mínimo de afectação. O objectivo aqui, é **maximizar** o número de praticantes (1) que se servem do local, maximizar a realização de actividades (2) ou, maximizar a qualidade desportiva de utilização (3) que o espaço proporciona. Tal consegue-se adequando os espaços aos objectivos definidos, pela definição e exercício das vocações fundamentais dos espaços (1), pelo estabelecimento do nível de apetrechamento (2) de cada um deles e pelo reconhecimento da capacidade de utilização desportiva (3), através da determinação dos **padrões de expressão** relativos à utilização para cada uma das modalidades, dos espaços utilizados e dos respectivos utilizadores. A sua expressão efectuar-se-á pelo estabelecimento de índices de diversidade/especialização de cada uma delas, de *ratios* de utilização de recursos espaciais, temporais, materiais, humanos e financeiros. As diferentes modalidades arrastam consigo diferentes quantitativos e o confronto entre eles obriga à correspondente gestão de interesses, valores, necessidades e de resultados. É esse o campo de intervenção da gestão!

A expressão das actividades desportivas nos correspondentes espaços não é pacífica. Ela é reveladora de disputas de uso e de tentativas de apropriação pelas diferentes modalidades, tentando cada uma relegar as demais, para espaços e tempos de utilização de menor nobreza, como vimos no Capítulo 3 – **O Espaço Desportivo não é isento de Conflitualidade**, na página n.° 87. A gestão revela aqui a sua pertinência. Coloca-se o problema de saber quais as modalidades que devem ser escolhidas prioritariamente para ocuparem ou utilizarem um mesmo espaço desportivo em disputa. A necessidade de administrar justiça pela definição de objectivos, aplicação de critérios e de bom senso nas decisões a tomar no domínio das decisões de gestão é também aqui revelada.

A existência de padrões de comportamento para além de explicar as motivações intrínsecas dos utilizadores, permite aos decisores constituírem respostas mais adequadas e em tempo mais aproximado às aspirações das pessoas. Trata-se agora, de perceber e determinar os **padrões de com-**

portamento dos utilizadores expressos pela adesão às actividades.Tal, traduz-se em saber que as actividades numa determinada comunidade têm ciclos de vida, as quais dependem do suporte quantitativo de pessoas ou são fenómenos de moda, que influenciam a adesão dos jovens e dos outros habitantes a determinadas práticas desportivas. Permite-lhes assim, a assunção de atitudes pedagógicas, estratégicas e políticas que interpretam os desejos mais profundos de uma comunidade desportiva e que por isso adequam os objectivos das políticas desportivas que se desenham e aplicam.

A matriz de decisão estratégica SWOT tem aqui a sua aplicação, bem como a Matriz BCG (Boston Consulting Group) como forma de criarem métodos expeditos e formais de ajuda à decisão, com resultados ao nível dos objectivos e da justeza de decisões. Sobre a aplicação destas matrizes, remetemos para capítulos anteriores: Capítulo – 9.2.5 – As Matrizes de Decisão a páginas n.º 347.

No entanto, a lei portuguesa estabelece alguma prioridades e preferências na utilização das instalações desportivas de utilização pública, que importa revelar. O **Decreto-Lei n.º 277/88** de 5 de Agosto, relativo à gestão das instalações desportivas escolares revelas estas prioridades neste tipo de instalações:

Artigo 2.º (Ordem de preferência na utilização):

1 – Na gestão das instalações objecto do presente diploma procurar-se-á a optimização da sua utilização numa perspectiva de abertura à comunidade em que se insiram, observando-se a seguinte ordem de prioridades:

1.º Actividades escolares curriculares;

2.º Actividades escolares extracurriculares;

3.º Desporto no Ensino Superior;

4.º Actividades desportivas apoiadas pelas autarquias locais;

5.º Desporto Federado;

6.º Outros utilizadores.

2 – No escalonamento das prioridades referentes a actividades escolares será sempre dada preferência às actividades do estabelecimento de ensino a que as instalações estejam afectas.

3 – No escalonamento das restantes prioridades será sempre dada preferência aos utentes com prática desportiva mais regular e que movimentem um maior número de praticantes.

A **Portaria n.º 68/89** de 31 de Janeiro do Ministério da Educação, que estabelece o regulamento das condições de utilização das instalações

A Gestão das Instalações Desportivas – Os Processos de Decisão 373

sócio – desportivas dos estabelecimentos oficiais de ensino, define através delas algumas regras estabelecedoras quer de critérios, quer de determinações com incidência sobre a gestão das actividades que decorrem nestes espaços:

Capítulo II (Utilização das instalações):
9 – A utilização das instalações sócio-desportivas obedecerá aos horários fixados pelos conselhos directivos dos estabelecimentos de ensino, tendo em conta o normal funcionamento das actividades escolares, os regulamentos e as determinações aplicáveis.

10 – Devem ser estabelecidos horários distintos para os dias úteis e para os sábados, domingos e feriados.
11 – As sessões diárias deverão, em princípio, estar terminadas pelas 23 horas e 30 minutos.

9.5.1. *Indicadores de gestão de actividades*

Os indicadores de gestão das actividades são padrões que revelam níveis de prestação a atingir, ou a não ultrapassar, na gestão dos recintos desportivos. Eles têm sido constituídos pela experiência e o bom senso dos responsáveis pelas actividades e das instalações, carecendo contudo de um padrão de estandartização e uniformidade de modo a que possam ser comparáveis entre diferentes instalações desportivas. Contudo, outros se revelam a partir da normativa e estão por isso já instituídos, embora nem sempre aplicados. O **Decreto Regulamentar n.º 5/97** de 31 de Março que Regulamenta as condições técnicas e de segurança dos recintos com diversões aquáticas, classifica-os em quatro categorias no seu artigo 2.º (classificação dos recintos) e tem a oportunidade de nos revelar padrões de utilização importantes para a gestão desses recintos:

1 – Os recintos ou conjuntos de recintos são classificados em categorias, consoante a lotação máxima instantânea (lotação de ponta) que lhes

for atribuída, a qual é determinada pelos critérios fixados no artigo 7.º do presente regulamento.

Categoria	Lotação máxima instantânea	Critério de fixação da lotação máxima instantânea – Indicador de referência
1.ª	n> 1000;	Solo: 1 pessoa/5m² de superfície dos espaços livres de lazer Água: 1 pessoa/m² de plano de água
2.ª	500<n<1000;	
3.ª	200<n<200	
4.ª	n<200	

Existem ainda algumas especificações em diferentes tipos de espaços que respeitam às respectivas lotações que podem ilustrar esta necessidade de identificar padrões ou indicadores de utilização. Relativamente aos edifícios escolares, o **Decreto-Lei n.º 414/98** de 31 de Dezembro, que estabelece o Regulamento de segurança contra incêndios em edifícios escolares refere no seu artigo 7.º, no n.º 3 o seguinte:

.../...
3 – Nos locais não abrangidos pelo número anterior, o número de ocupantes a considerar é o previsto no projecto, não devendo, contudo, os índices de ocupação correspondentes ser inferiores aos indicados no quadro seguinte, em função da sua finalidade e reportados a área útil:

Locais	Índices (pessoas/ metros quadrados)
Espaços de ensino não especializado	0,70
Salas de reunião, de estudo ou de leitura.....	0,50
Salas de convívio e refeitórios....................	1
Gabinetes..	0,10
Secretarias...	0,20
Recintos gimnodesportivos..........................	
Zona de actividades..........................	0,20
Balneário e vestiários.........................	1
Bares (zonas de consumo).........................	2

4 – Em zonas destinadas a ocupantes em pé, tais como as de acesso a balcões de serviço de refeitórios e zonas sem lugares sentados de salas de espectáculos e recintos desportivos destinadas a espectadores, o número de ocupantes a considerar não deve ser inferior ao correspondente ao índice de três pessoas por metro quadrado.
5 – O número total de ocupantes do edifício, ou parte de edifício afecta a actividades escolares, deve constar do respectivo processo de licenciamento.

O **Decreto Regulamentar n.º 10/2001** de 7 de Junho, que estabelece o regulamento das condições técnicas e de segurança dos estádios, não adianta para os espaços de actividade nenhum valor, fazendo-o apenas para os espaços relativos aos espectadores e demais utilizadores.

9.5.2. *A Gestão do Apetrechamento*

O apetrechamento constitui um conjunto de elementos materiais que apoiam directamente as práticas desportivas através das diferentes expressões que adquirem, seja elas competição, treino, formação, etc., pelo que, a forma como previamente o dispusermos, orientado para um determinado modo de utilização, assim criará respostas ao nível da decisão e da utilização e do correspondente acto de gerir.

A gestão do apetrechamento trata das operações necessárias à utilização adequada dos materiais que se empregam na prática das modalidades desportivas. Ela constitui-se como uma área que pode ser eventualmente confundida com a manutenção das instalações e do respectivo apetrechamento. Contudo, é diferente, pois trata a forma como este deve ser desportivamente utilizado. A gestão do apetrechamento resulta em conforto desportivo e maiores níveis de eficiência nas acções e tarefas que constituem os actos desportivos e alguns actos preparatórios.

> A gestão do apetrechamento desportivo implica:
> 1. O conhecimento, através de **inventário** dos número, situação e das características de cada um dos apetrechos a serem geridos.
> 2. O conhecimento dos **fluxos de utilização** desses apetrechos e que caracterizam a prática de cada modalidade desportiva e das diferentes situações em que ocorrem ('fluxos de trabalho', Mintzberg, Henry; 1979)[139].
> 3. A determinação dos **indicadores de frequência** de uso dos diferentes recursos e da previsão das diferentes situações de maior ou menor pressão sobre esses mesmos recursos (nela se incluem indicadores que se referem aos usos preparatórios e aos que se sucedem à correspondente utilização desportiva, não esquecendo os momentos de reparação, reposição e substituição).
> 4. À realização de listagens de material cadastrado deve ser adicionada informação sobre o seu **estado de conservação**, ser actualizado em inventário (com material fichado individualmente com fotografia, esquema e/ou outras representações, código de barras, ou outras referências acompanhadas de informações sobre indicadores de frequência de utilização, horas de uso, estado de conservação e prontidão,

---

[139] Mintzberg, Henry; (1979), *The Struturing of Organizations*, Prentice-Hall, inc., ed Portuguesa, Lisboa 1995, ed. Publicações Dom Quixote.

> por exemplo. (Esta informação pode ser guardada electronicamente em bases de dados ou registos individualizados por meio de fichas, na falta de meios electrónicos)).
> 5. A existência de um **Regulamento** específico, com a identificação das tarefas relativas à sua utilização e que permita estabelecer rotinas, produzir informação e gerir deste modo os apetrechos desde o momento que são adquiridos, pela preparação, armazenagem, utilização e manutenção até ao momento de retorno a uma situação expectante de novo uso, ou correspondente abate no fim do ciclo de vida.
> 6. Identificação dos locais de guarda e armazenamento aplicando **critérios de armazenagem** por:
>   – calibre, peso, ou frequência de utilização (n.º de horas) ou cumulativo, utilizando racionalidade neste processo;
>   – estado de conservação, qualidade ou outros critérios
> 7. Constituição de uma **biblioteca** com os manuais de instruções dos diferentes equipamentos e livros especializados nas especificidades dos materiais necessários à sua recuperação.
> 8. Identificação de intervenções periódicas de **revisão** a partir das recomendações dos fabricantes.
> 9. Constituição de um espaço ou local de pequenas operações de reparação.
> 10. Criação de um processo de **registo** de entradas, saídas e utilizações dos materiais e apetrechos utilizados.

A normativa portuguesa refere-se a estas preocupações apenas ao nível dos espaços de jogo e recreio, particularmente através do **Decreto-Lei n.º 379/97** de 27 de Dezembro que estabelece a localização, implantação, concepção e organização funcional dos espaços de jogo e recreio, respectivo equipamento e superfície de impacte, particularizando ao nível da fase de concepção os requisitos de segurança quer dos espaços quer dos materiais relativos aos apetrechos:

Secção I – (Segurança dos equipamentos)

Artigo 16.º (Conformidade com os requisitos de segurança):

1 – A conformidade com os requisitos de segurança deve ser atestada pelo fabricante ou o seu mandatário ou pelo importador estabelecido na União Europeia, mediante a aposição sobre os equipamentos e respectiva embalagem, de forma visível, legível e indelével, da menção «Conforme os requisitos de segurança».

2 – O fabricante ou o seu mandatá-

rio ou importador estabelecido na União Europeia de equipamentos destinados a espaços de jogo e recreio devem apor, ainda, de forma visível, legível e indelével, sobre:

a) o equipamento e respectiva embalagem:

i) O seu nome, denominação social, o endereço, a identificação do modelo e o ano de fabrico;

ii) A idade mínima e máxima dos utilizadores a quem se destina;

iii) O número máximo de utentes em simultâneo;

b) O equipamento e os avisos necessários à prevenção dos riscos inerentes à sua utilização

3 – A menção a que se refere o n.º 1 apenas pode ser aposta sobre os equipamentos e superfícies de impacte cuja concepção e fabrico satisfaçam uma das seguintes condições:

a) Obedeçam ao disposto nos normativos europeus, projectos normativos europeus ou a outras especificações técnicas aplicá-

veis constantes de lista a publicar por portaria conjunta dos ministérios da economia e do ambiente;

b) Estejam conformes com modelo que possua certificado de conformidade com os requisitos de segurança, emitido com base em exame de tipo efectuado por organismo acreditado, constante de lista dos organismos de certificação acreditados no âmbito do Sistema Português da Qualidade, a publicar por portaria do Ministério da economia.

Artigo 17.º (Manual de instruções):
Todo o equipamento e superfície de impacte devem ser acompanhados de um material de instruções, redigido em português, que contenha indicações adequadas, claramente descritas e ilustradas, respeitando os requisitos previstos nos documentos normativos aplicáveis constantes de lista a publicar pela portaria a que se refere a alínea a) do n.º 3 do artigo anterior.

A gestão do apetrechamento, inclui ainda normas para a sua manutenção e conservação, o que irá ser abordado mais à frente no Capítulo n.º 9.12 – A Gestão da Manutenção a páginas 456.

9.6. A Gestão do Espaço

A gestão do espaço trata de gerir um recurso que se reparte por um conjunto de unidades diversificadas que vão desde a área de competição,

378 Os Espaços do Desporto – Uma Gestão para o Desenvolvimento Humano

a todos os outros que temos vindo a caracterizar, particularmente no Capítulo n.º 8 – **Os Espaços das Instalações Desportivas,** páginas 229 e seguintes. Trata-se aqui de saber quais as necessidades em termos do consumo do espaço, mas também do modo como cada um dos espaços vai ser gerido. Não iremos fazê-lo agora, relativamente a cada um deles mas com certeza fá-lo-emos em relação a um conjunto de itens, preocupações e procedimentos que a eles são relativos e comuns. Estas preocupações devem ser equacionadas desde a fase de concepção na procura de eficiências à anteriori, até à fase da gestão das operações previstas para esse espaço, já em fase de funcionamento pleno da instalação desportiva, o que obriga normalmente a um frequente contacto e ajustamento mútuo entre o Gestor Desportivo e o Arquitecto.

Assim, numa primeira fase diríamos que a gestão do espaço comporta o estabelecimento de requisitos específicos de cada espaço e que podem ser funcionais, ambientais, de dimensão, de relação com outros espaços, de equipamento, mobiliário, material, etc. Estes requisitos estão incluídos em cerca de sete operações que abaixo descriminamos:

> 1. Definição da **vocação** – Listagem dos espaços, das funções ou das funcionalidades de cada um e os objectivos para os quais foram constituídos. Denominação em função do estatuto.
> 2. Estabelecimento e definição de **proximidades**, vizinhanças e componentes espaciais bem como de enquadramento em diversas lógicas funcionais e estéticas com outros espaços.
> 3. Estabelecimento dos padrões de concepção e dos padrões de funcionamento que deve respeitar:
>   a) Definição das dimensões, **codificação** desportiva, limites;
>   b) Definição das lotações – Lotações máximas: **Instantânea, Parcial** e **Diária** (Nazário, Rui P. 2004)[140] e mínimas (necessárias à viabilização do funcionamento);

---

[140] Nazário, Rui P. (2004), *Importância da Gestão no Programa Base do Projecto de Arquitectura – Os Health Clubs*, Dissertação apresentada com vista à obtenção do grau de Mestre em Ciências do Desporto, na área de especialização m Gestão Desportiva, FCEDEF-UP, Porto.:

LMI – Lotação Máxima Instantânea – Corresponde ao número máximo de clientes que uma instalação ou actividade pode receber num dado momento.

LMP – Lotação Máxima Parcial – É a LMI de um serviço ou espaço específico a multiplicar pelo CF (ciclo de frequência – unidades de tempo ou número de

A Gestão das Instalações Desportivas – Os Processos de Decisão

c) Definição das **actividades principais** e complementares (e eventualmente as acessórias ou ocasionais) que aí vão realizar-se;

d) Identificação dos **indicadores** de consumo espacial e de recursos relativos a esse espaço. Inscrição na tabela de referentes do gestor do desporto. Estabelecimento/cálculo dos principais **padrões** de referência;

4. Definição dos elementos constituintes e lógicas de **funcionamento**:

a) Definição do apetrechamento e do mobiliário que respeitará ao espaço em causa (elaboração de listagens por cada espaço);

b) Definição dos correspondentes modos de uso, identificando as necessidades em termos de consumo (dinâmico) de espaço;

c) Estabelecimento dos principais **circuitos** dinâmicos de movimentação de pessoas (percursos e sequências de tarefas), materiais e operações conjuntas na realização das acções ou tarefas previstas para aqueles espaços (fluxos de trabalho);

5. Estabelecimento de **padrões de utilização** e respectivos níveis: normal, de conforto, de desconforto e de desafogo;

6. Identificação das formas e das operações necessárias à codificação e descodificação do espaço para actividades diferenciadas a realizar em simultâneo ou em separado (determinação do tempo – para a gestão do tempo);

7. Regulação de casos especiais. Inscrição no **Regulamento** de funcionamento da instalação desportiva.

8. Estabelecimentos dos **custos unitários** por área dedicada (Metzger (2005)[141]: Cálculo dos montantes de entradas (income) e saídas (outcome) financeiras a imputar a cada espaço para aluguer, ou classe de exploração ou para avaliar a sua eficácia, dividindo pela área total, passível de gerar rendimento, do empreendimento Determina-se assim o valor de cada utilização, de cada utente e de cada espaço e a respectiva contribuição para o total[142].

---

aulas) desse mesmo serviço. Corresponde à capacidade máxima de um determinado serviço ao longo do dia.

LMD – Lotação Máxima Diária – é o somatório das diversas LMP's do Ginásio/Clube.

[141] Metzger; (2005), *Proccedings of small Business boot camp*, Cincinnati, OH., citado por Sousa, Alvaro (2005); *Complexo Municipal de Ginástica da Maia – estudo de caso*, Porto, FCDEF, pag. 70.

[142] Este modo de organizar a gestão dos espaços tem um paralelismo em relação à administração de condomínios e à respectiva contribuição de cada uma dos proprietários para as despesas comuns a efectuar. Trata-se aqui não de olhar para a gestão e suas neces-

380 *Os Espaços do Desporto – Uma Gestão para o Desenvolvimento Humano*

Estes itens consubstanciam de algum modo as preocupações que devem constituir-se para que possa estabelecer-se um conjunto de procedimentos ajustados às necessidades de uma boa gestão dos espaços das instalações desportivas. Como se trata de gerir a utilização de um recurso de referência, as matrizes de decisão são também aqui chamadas, pois as actividades ou os acontecimentos que se ancoram neste espaço, podem obrigar a decisões que devem ser tomadas segundo critérios de economia, de justiça, de equidade e racionalidade às quais as matrizes de decisão estratégica prestam um bom auxílio.

Sobre os aspectos que se relacionam com a concepção dos espaços e as respectivas especificações ao nível da concepção, para além da normativa que temos vindo a apresentar, convém referir o **Decreto-Lei n.º 379/97** de 27 de Dezembro, que estabelece o regulamento relativo às condições de segurança na localização, implantação, concepção e organização funcional dos espaços de jogo e recreio, respectivo equipamento e superfície de impacte, no seu artigo 3.º, define conceitos de:

a) espaço de jogo e recreio;
b) equipamento de espaço de jogo e recreio;
c) superfície de impacte.

Estabelece ainda aspectos que se relacionam com a presença de mobiliário e equipamentos desses espaços e as correspondentes regras de manutenção dos recursos a utilizar. Estabelece ainda códigos de segurança de materiais e equipamentos.

9.7. A Gestão do Tempo

O tempo é normalmente um recurso de difícil definição. Habitualmente define-se o tempo através da sua forma de utilização por cada pes-

---

sidades na perspectiva da despesa, mas ao contrário, na perspectiva da receita. Os diplomas que estabelecem doutrina a este nível são:
    – Decreto-Lei n.º 267/94 de 25 de Outubro – Regime Jurídico da propriedade horizontal.
    – Decreto-Lei n.º 268/94 de 25 de Outubro – Regulamenta o regime de condomínio previsto no Código Civil.

soa. A maior ou menor sensação de disponibilidade de tempo está directamente ligada ao número de acções que num determinado intervalo de tempo são realizadas e ao êxito conseguido no respectivo cumprimento ou nos resultados obtidos: A existência de mais acções ou acontecimentos cria a sensação psicológica de que não há tempo. Menos acções efectuadas no mesmo intervalo cria a impressão de que o tempo corre mais devagar. O tempo organiza-se normalmente em unidades e em escalas diferentes: Os dias, as semanas, os meses, os anos, etc., e as horas os minutos, segundos, etc. Gerir o tempo, é organizar um conjunto de tarefas ou acções que decorrem dentro de unidades. Ter a sensação psicológica de ganhar tempo é saber que as tarefas foram realizadas de uma forma temporalmente mais económica e decorrem com êxito, que os objectivos foram cumpridos e os correspondentes resultados alcançados, o que lhe confere uma sensação de reforço positivo.

> Gerir o tempo do desporto e para o desporto nas instalações desportivas é criar formas de dispor o decurso temporal das diferentes actividades em correspondência com os padrões de expressão dessas mesmas actividades. Podemos identificar tempos que são próprios à realização das actividades e outros que, não sendo os tempos de desporto, são contudo identificados como os seus prolongamentos, isto é, tempos que acabam por se orientarem em função dele. O desporto tem um tempo próprio de realização onde, para aquém e além dele, não são validadas as respectivas acções que possam aí decorrer. Tal verifica-se em situação de leccionação ou competição e identifica o princípio e o fim da respectiva ocorrência.

A gestão do tempo nas instalações desportivas inclui estes dois tipos de tempo pois incluem nele todas as acções desportivas e não desportivas que no interior dos seus espaços acontecem. A gestão dos tempos nas instalações desportivas revela um objectivo composto de duas vertentes:

1. Maximizar os tempos de utilização desportiva dos espaços;
2. Minimizar os tempos não desportivos.

Estas duas vertentes deste objectivo, são tanto mais expressivas quanto o contexto onde está incluído seja definido por uma estratégia de gestão predominantemente desportiva. Poder-se-á dar o caso de termos contextos

Os Espaços do Desporto – Uma Gestão para o Desenvolvimento Humano

estratégicos mais subordinados a interesses económicos, sociais, políticos, de generalização de prática desportiva ou outros, que podem, por isso, condicionar ou alterar a respectiva formulação.

> A gestão do tempo nas instalações desportivas implica a definição das unidades de tempo que vão ser utilizadas, como por exemplo:
>
> 1. A hora;
> 2. O dia;
> 3. A semana;
> 4. O mês; o ano;
> 5. As sub-unidades, (minutos, segundos, etc.).
>
> O *Turno* ou *Ciclo* identifica a unidade-base de trabalho e de referência para o processo de decisão em que a gestão se constitui: A unidade temporal. O turno ou o ciclo expressa assim o tipo de dinâmica temporal imprimida ou que se quer imprimir. Revela um conjunto de acções ou actividades, normalmente sequencializadas, com um início determinado, com as respectivas e correspondentes durações, com objectivos a cumprir e a finalizar, com tarefas terminais e de retorno a uma situação de partida (ou seja, princípio, meio e fim!). Ele pode ser composto por várias unidades temporais que consideram cada actividade, embora possamos diferenciar 'Ciclo' de 'Turno' deste modo:
>
> 1. O **Ciclo** identifica uma cadeia funcional e sequencializada de acções normalmente em espaços diferenciados. Ele pode, por exemplo, identificar o conjunto da duração temporal de todas as acções que um **praticante** desenvolve nas instalações desde que entra até que sai: Chegada + preparação + actividades + banho + sauna + massagem + cabeleireiro/barbeiro + bar = 1 ciclo.
> 2. O **Turno** traduz-se através de um registo de ocorrência que se repete normalmente no mesmo espaço. É assim uma designação aplicável à utilização de um espaço por uma mesma **actividade**, como por exemplo, a identificação do momento de entrada de uma classe de desporto num espaço, a sua utilização e finalização, até à entrada de uma outra classe que vai efectuar uma mesma prática ou semelhante ou ainda servir-se do mesmo espaço com uma prática diferente, sem necessidade de grande recodificação espacial.

A gestão do tempo nas instalações desportivas implica a identificação dos diferentes ciclos e turnos, quer se refiram a utilizações quer ainda à gestão dos diferentes recursos. Gerir é um acto que pretende combinar

A Gestão das Instalações Desportivas – Os Processos de Decisão

a sequência dos diferentes ciclos ou a ocorrência dos turnos de recursos de modo a estabelecer um *contínuum* (ou fluxo) que poderíamos denominar como *"O Contínuum Funcional"* das instalações desportivas. Esta designação incluiria no seu conceito o conjunto de esforços necessários ao funcionamento harmonioso das instalações e espaços desportivos, no cumprimento dos objectivos definidos para essa instalação e esperados pelos seus utilizadores ou responsáveis.

A identificação da ocorrência de um ciclo pode, do mesmo modo, revelar a existência de um contra-ciclo que se manifesta em oposição ou como consequência do desenrolar de acções que constituem o ciclo ou turno (acerto com as tarefas de manutenção). Os ciclos ou turnos podem ser de pessoas, de materiais, de acontecimentos ou outros. Os turnos identificam-se associados fundamentalmente a espaços que repetem actividades ou acções. Ambos geram fluxos em ciclo e em contraciclo (ou contrafluxos.). O que a gestão pretende é um acerto lógico dos ciclos de gestão das actividades (1), das tarefas (2), dos recursos (3), das pessoas (4), dos fluxos (5) de modo a cumprir os objectivos, identificar circuitos funcionais e, pela optimização, gerar eficiência.

O acerto lógico de todos estes fluxos e tarefas em ciclo e em contra-ciclo é que permite o *Contínuum Funcional* (ou fluxo de trabalho) onde se articulam tarefas principais, secundárias, de apoio à prática desportiva e de retorno a situações de normalidade e de prontidão dos recursos e das pessoas, para as tarefas ou turnos seguintes. Podem assim identificar-se ciclos de frequência, com a identificação dos respectivos tempos, de 'actividades desportivas'(1), do desenvolvimento de 'rotinas de trabalho'(2), dos ciclos de 'manutenção' e de 'reparação' (3).

> Nem sempre o acerto das actividades e o estabelecimento do *Contínuum Funcional* é possível, observando-se a existência de tempos mortos, por um lado e de tempos sobrecarregados, por outro. Estes são os dipólos de uma escala que poderá hierarquizar a estrutura temporal dos ciclos, bem como das actividades e os restantes tarefas e funções:
>
> 1. Actividades mais ou menos demoradas (turnos);
> 2. Actividades de duração fixa ou variável (turnos);
> 3. Tarefas de reposição do apetrechamento em situação de normalidade;
> 4. Operações de limpeza;
> 5. Operações de fiscalização e reparação de material;
> 6. Operações de manutenção contínua ou periódica.

> Os tempos podem ser ainda caracterizados hierarquicamente em:
> 1. 'Tempos nobres', onde a ocupação temporal dos espaços é feita por actividades que cumprem critérios de valoração mais elevados (normalmente de ocorrência ocasional);
> 2. 'Tempos de preenchimento normal' – onde as actividades de decorrência normal se realizam;
> 3. 'Tempos mortos' (ou disponíveis), em cuja duração haja vaga a ocupar;
> 4. 'Tempos de substituição' – alteração – codificação e descodificação.
>
> A construção de indicadores deve ser efectuada de modo a poder cumprir os seguintes objectivos:
> 1. Estabelecimento de capacidades – (Máxima, Mínima, Adequada e Usual);
> 2. Determinação dos níveis de pressão e carga sobre os espaços e os tempos em causa;
> 3. Determinação de padrões – Conforto desportivo/Desafogo e de decorrência desportiva.

Falámos em ciclos e em contraciclos, mas é no segundo grupo que se alojam e identificam tempos que são importantes para o desporto, que se consomem recursos na gestão das instalações desportivas, mas que usualmente não são considerados, pois encontram-se fora da visibilidade social e das atenções da maioria das pessoas: São tempos de preparação das actividades e das acções comuns: são os tempos de montagem e de desmontagem, onde se repõem materiais e apetrechos ou se recodificam espaços. Devemos neles incluir ainda, aqueles que se destinam aos momentos de comemoração, de celebração e de festa que normalmente sucedem a ocorrência de algumas actividades ou são por outras intervaladas que se destinam, como vimos, à preparação e codificação do espaço, para que aconteçam com a melhor configuração.

Os ciclos do tempo, os turnos e a expressão continuada ou cíclica das actividades e dos correspondentes fluxos de trabalho, identificam, no evoluir do *Contínuum Funcional* das instalações, a expressão de um ritmo próprio que se expressa nas diferentes unidades de organização temporal: as horas, os turnos, os dias, as semanas, os meses, as épocas, os anos, etc. Assinalar os tempos é provocar a ocorrência de registos com significado

A Gestão das Instalações Desportivas – Os Processos de Decisão   385

que marcam os tempos e os ciclos. O 'Tempo de Festa' (tempo nobre) marca o tempo das instalações e marca também o ritmo social da comunidade que delas se serve. Ele marca o espaço, com as ocorrências e com a expressão de símbolos com significado, e é um tempo onde se reafirmam, se projectam, conjuntamente com o espaço, para o futuro, para além desse tempo e para além desse espaço.

O espaço e o tempo aqui combinam-se e entrecruzam as suas propriedades e valências, isto é, algumas actividades organizam-se em função do espaço e outras em função do tempo e, segundo uma visão mista, poderão fazê-lo utilizando simultaneamente os dois referenciais.

9.8. A Gestão Económica das Instalações

A gestão económica das instalações desportivas traduz todo o processo de decisão que envolve os respectivos fluxos financeiros. Toda a informação necessária à tomada de decisão é transformada no respectivo valor financeiro e tem como objectivo final, consoante os objectivos de gestão que devem ser previamente definidos, atingir dois tipos de situações:

    1. Conseguir uma gestão financeiramente equilibrada;
    2. Maximizar os proveitos económicos em função da obtenção de lucros.

A primeira situação (1) aplica o exercício de uma capacidade de **autossustentabilidade** financeira em termos de funcionamento. Esta qualidade diz respeito a toda a instalação desportiva e não apenas às suas actividades, pelo que devem, no seu conjunto, serem considerados todos os custos inerentes à amortização do investimento realizado na construção, na utilização do apetrechamento, etc., o que é por vezes frequentemente esquecido.

A segunda perspectiva (2), considera a necessidade de verificação da primeira, mas orienta-se para a **maximização** das receitas, dos proveitos, através de todos os processos possíveis, pelo número de serviços que presta, pelos produtos apresentados.

É frequente reconhecer a existência de um conflito latente entre as duas perspectivas, particularmente entre uma perspectiva economicista que identifica objectivos de maximização do lucro, colocando o desporto

386 Os Espaços do Desporto – Uma Gestão para o Desenvolvimento Humano

ao seu serviço, como todas as outras actividades complementares e de suporte logístico, e uma outra, mais desportiva, mais próxima de uma gestão social, onde os proveitos de uma actividade podem ajudar a financiar outra (sejam elas desportivas ou não). Nesta última situação os proveitos são contabilizados de outra forma, através dos serviços prestados, dos benefícios ou do número de pessoas que usufruíram, constituindo-se como padrões de referência, quantificados e que podem ser objecto de comparação com outras situações similares ou com os objectivos definidos nos programas de planeamento da gestão da instalação. São possíveis situações mais extremadas, bem como outras mais conciliadoras, o que iremos tratar mais à frente (ver Capítulo 9.14 – As Políticas de Gestão definem Modelos Institucionais de Intervenção, a páginas n.º 507.

Este dilema tinha já sido por nós referido aquando da abordagem dos espaços naturais (ver Capítulo 2.3.2 – O Perigo da Ditadura Mercantilista a páginas n.º 77, e Capítulo 3 – O Espaço Desportivo não é isento de Conflitualidade – no ponto 3.2 – A "Sociedade de Mercado" e o Desporto a páginas n.º 93) e prende-se com decisões políticas e modelos de sociedade que atravessam o desporto e estão nas bases ideológicas das decisões.

> A gestão económica funciona com informação traduzida em indicadores de tipo económico. Estes indicadores são *ratios* que cruzam dados sobre vários recursos com o recurso financeiro. Traduzem custos e proveitos, definem consumos e aquisições, vendas e reabilitações e aprovisionamento de capitais. Procuram o significado do valor financeiro de todos os actos da vida da instalação desportiva e da respectiva contribuição ou peso para o conjunto geral das despesas, receitas, capitalizações e investimentos da gestão da instalação desportiva. Contabilizam os ciclos identificados (como vimos atrás no ponto 9.7 – A Gestão do Tempo, a páginas 370). Identificam ciclos de funcionamento e de consumo. Estabelecem os principais indicadores de utilização dos diversos **recursos** (1), dos **fluxos internos** (2) e os **resultados externos** (3), ou seja da produção alcançada em relação aos objectivos ou vocações definidas. O estabelecimento e a determinação destes indicadores interessam, quer numa óptica desportiva quer numa óptica de utilização dos recursos, pois é a partir deles que podem ser identificados os êxitos no cumprimento dos objectivos de gestão.
>
> É importante neste processo procurar inventariar os **valores unitários** de cada consumo e de cada 'consumidor-tipo', traduzindo-os no respectivo valor financeiro (1). Após esta determinação é possível efectuar comparações com outros consumos e com outros utilizadores (2). Seguidamente, estamos em condições de traçar objectivos de equilíbrio financeiro, de lucro, de política social, desportivos ou outros conforme aqueles que se pretendam atingir.

A Gestão das Instalações Desportivas – Os Processos de Decisão   387

É também necessário assumir que, na gestão económica das instalações desportivas, o conflito entre estas diferentes perspectivas – (dar lucro (1), gestão social ou pública (2), prestação de serviços (3), resultados desportivos (4), generalização da prática desportiva (5)) – na definição de objectivos, existe e que se expressa nos interesses dos diferentes actores. Tal, obriga-nos ao estabelecimento e aplicação do princípio do "utilizador–pagador" – (praticante (1), utilizador (2), espectador (3), outros (4)) – onde a ele(s) deve(m) ser imputados o respectivo custo ou preço ou, em caso mínimo, a maior parte dos custos de manutenção e utilização dos espaços e instalações desportivas. A aplicação deste princípio pode ser alterado se houver outros objectivos ou decisões políticas que os suplantem e sobreponham. Contudo, a identificação destes montantes que corresponde à aplicação deste princípio deve ser realizada, de forma a ser balizado um valor de referência, do qual todos os intervenientes nos actos de gestão têm consciência e conhecimento, bem como eventualmente os beneficiários ou destinatários dos actos de gestão.

> A gestão económica das instalações trata assim da forma financeiramente mais económica (e racional) da utilização de recursos que alimentam o fluxo de trabalho que ocorre normalmente no espaço desportivo[143]. Ela identifica os padrões de consumo (de recursos) que podem ser estabelecidos através de dois tipos de padrões:
> 1) Padrões de **expressão** resultantes da respectiva utilização;
> 2) Padrões **convencionados** que devem ser respeitados e cumpridos ou que se constituem como referência indicativa.
>
> A utilização dos padrões de consumo é normalmente orientada em função de uma estratégia que se operacionaliza através de objectivos. A gestão económica actua assim, através de todos estes processos, identificando e maximizando capacidades efectivas a dois níveis:
> 1) de gerar receitas;
> 2) de gerar economias.
>
> Gerir economicamente uma instalação desportiva é assim tentar cumprir os objectivos de gestão que para ela foram definidos, utilizando nesse processo as formas mais eficientes no aproveitamento dos respectivos recursos, canalizando benefícios de toda a ordem para os envolvidos e por eles distribuídos de forma justa e adequada.

---

[143] Mintzberg, Henry; (1979), *The Struturing of Organizations*, Prentice-Hall, inc., ed Portuguesa, Lisboa 1995, ed. Publicações Dom Quixote, pág. 55-60.

388   *Os Espaços do Desporto – Uma Gestão para o Desenvolvimento Humano*

Uma outra forma proposta por Metzger (2005)[144] referida por Sousa, A. (2005)[145] é a de constituir e determinar, para cada espaço, o rendimento correspondente à utilização e afectação de recursos identificados em termos financeiros. Traduz-se assim em identificar para cada espaço o valor monetário de cada utilização e do total desse mesmo espaço, determinando qual o custo relativo em função das despesas e das receitas de utilização do total dos espaços constituintes da instalação. Consegue-se identificar, deste modo a contribuição relativa para o total das receitas e das despesas. Nestes, são contabilizados todos os custos por utilização do espaço e todas as receitas que esse espaço gera. (Ver também capítulo 9.13 – A Gestão da Qualidade, ponto n.º 9.13.4 – Dos espaços a páginas 494). Este processo é também aplicado em relação a tipologias de classes e são determinados indicadores financeiros por cada classe, obtendo-se assim a identificação da capacidade geradora de receita, de despesa e do respectivo saldo[146].

---

[144] Metzger (2005); ***Proceedings of small Business Boot Camp,*** 12-16 May, Cincinnati, Ohio.

[145] Álvaro José Carvalho Sousa (2005); ***Complexo Municipal de Ginástica da Maia – Estudo de caso***, Porto, FCDEF-UP.

[146] Esta modo de organizar a gestão dos espaços tem um paralelismo em relação à administração de condomínios e à respectiva contribuição de cada uma dos proprietários para as despesas comuns a efectuar. Trata-se aqui não de olhar para a gestão e suas necessidades na perspectiva da despesa, mas ao contrário, na perspectiva da receita. Os diplomas que estabelecem doutrina a este nível são:

    – Decreto-Lei n.º 267/94 de 25 de Outubro – Regime Jurídico da propriedade horizontal.

    – Decreto-Lei n.º 268/94 de 25 de Outubro – Regulamenta o regime de condomínio previsto no Código Civil.

Espaço			Receita gerada		Despesa gerada		Saldo	
Denominação	Lotação	m²/%	Euros/ m²	%	Euros/ m²	%	Euros /m²	%
Sala1								
Sala 2								
Ginásio 1								
Ginásio 2								
Sauna								
Piscina								
Bar								
Balneários								
Corredores								
Outros espaços								
Total		100		100		100		100

Quadro n.° 40 – Quadro de gestão de uma instalação desportiva através do rendimento dos espaços (Metzger 2005)

Os indicadores de referência que devem ser utilizados combinam o valor financeiro com a utilização dos outros recursos: espaços, tempos, recursos humanos, etc. Podemos assim identificar custos ou preços/m², \$/hora, \$/utilizador, (custo e receita) \$/classe, etc. Este quadro-tipo (Quadro n.° 40 – Quadro de gestão de uma instalação desportiva através do rendimento dos espaços (Metzger 2005)), pode ser utilizado não apenas considerando a superfície e respectivo custo, mas também todo o conjunto de recursos como sejam os recursos humanos utilizados, os recursos materiais, as classes, etc. A utilização desta metodologia proposta por este autor sugere que a gestão económica implica a utilização dos recursos necessários, e apenas esses. Relativamente ao doseamento e utilização económica dos recursos teremos oportunidade de efectuar uma ligeira abordagem no Capítulo 9.13 – A Gestão da Qualidade – a páginas n.° 475, onde poderemos assistir à estandartização de processos e dos próprios recursos.

9.9. A Gestão de Recursos Humanos

A gestão de recursos humanos trata da optimização do uso de um recurso, que é o trabalho das pessoas que participam dentro das organizações ou dos processos. Trata-se assim de identificar e ajustar as pessoas às tarefas, ao respectivo exercício e de fazer com que esta distribuição de tarefas ou cargos corresponda aos desejos dessas mesmas pessoas, fazendo com que se traduza numa correspondência entre os seus desejos, a identificação pessoal, a motivação face aos fins e às missões e às necessidades das organizações ou processos. Gerir recursos humanos trata-se assim de um processo de optimização da participação das pessoas em organizações ou processos, de modo a maximizar as respectivas contribuições ou níveis de satisfação ou participação elevados nas respectivas dinâmicas.

> A gestão de recursos humanos implica a definição de dois conceitos fundamentais: O 'Estatuto' e o 'Papel' para a organização:
>
> 1. O Estatuto – resulta da ocupação de um cargo, é conferido a partir do poder institucional, identifica-se a partir da respectiva designação, tem as respectivas funções definidas em termos do que deve e do que não deve ser feito, bem como sobre o modo de executá-las. O estatuto é conferido a partir da prova de capacidade ou mérito comprovado, através de habilitação para o cargo e para o desempenho das funções que estão estipuladas.
> 2. O Papel – é a função que a pessoa desempenha, exercendo um conjunto de responsabilidades identificáveis. É o que a pessoa efectivamente é capaz de fazer. Ela mesma pode desenvolver essas acções fora do âmbito de um cargo ou mesmo sem ter competências comprovadas para o realizar, sem dispor do cargo, com as correspondentes competências instituídas. O papel pode também ser considerado como o exercício de funções que estão estipuladas no estatuto, contudo este exercício é realizado fora do enquadramento institucional que o estatuto confere.

A gestão de recursos humanos, para além da identificação dos estatutos e dos papéis relativos às pessoas que operam dentro das estruturas das organizações, efectua a organização dos **fluxos de trabalho** (1) e de **autoridade** (2), efectuando a correspondente hierarquização. Para tal efectua a construção de organigramas e funciogramas. Os primeiros estabelecem os níveis hierárquicos e a correspondente distribuição do poder, identificando diferentes categorias de pessoal. Os segundos, identificam as sequências a efectuar no desempenho dos cargos e das operações que foram definidas.

A Gestão das Instalações Desportivas – Os Processos de Decisão   391

Na gestão dos recursos humanos devem ser considerados todas as pessoas que nela desenvolvem alguma actividade e que através dela se relacionam, as respectivas características e necessidades: Consideramos assim o pessoal (funcionários e demais recursos humanos das instalações), os utilizadores/clientes, os desportistas praticantes, os sócios (se for de uma colectividade), os acompanhantes, os espectadores e respectivas claques organizadas ou não, os alunos de escolas, visitantes, clientes e fornecedores (representantes, vendedores e entregadores de mercadorias), patrocinadores, agentes de imprensa e meios de comunicação social, V.I.P. (*Very important person*), etc.

No que respeita à Gestão do Pessoal nas instalações desportivas devem ser consideradas duas categorias, dentro das quais podem ser organizadas outras mais: São as categorias de pessoal Desportivo e não Desportivo. Dentro delas, genericamente consideram-se três níveis de categorias: o pessoal superior, o pessoal técnico e o pessoal auxiliar.

Categorias dos recursos humanos – Pessoal –	Desportivos	Não desportivos		Funções
Superior	Gestores de Desporto, Prof. Licenciados, Treinadores licenciados	Gestores, Dirigentes		Direcção, Gestão, Coordenação, Recrutamento
Técnico	Monitores, treinadores, Nadadores-salvadores	Técnicos, verificadores	Administrativos	Com formação Enquadramento técnico
Auxiliar	Nadadores salvadores, monitores, animadores	Auxiliares, manutenção, higiene e limpeza, guarda, segurança e vigilância	Operadores, recepcionistas	Tarefas operacionais

Quadro n.º 41 – Categorias dos recursos humanos – Pessoal das instalações desportivas

O **Decreto Regulamentar n.º5/97** de 31 de Março que regulamenta as condições técnicas e de segurança dos recintos com diversões aquáticas, aborda esta temática da gestão do pessoal no seu texto, desde o artigo 41.º até ao artigo 50.º:

Secção III – requisitos do pessoal e suas funções

Artigo 41.º (Distribuição de funções):
1 – O funcionamento dos recintos deve ser assegurado por um conjunto de pessoas com adequada formação para as tarefas que lhes são distribuídas, sem prejuízo dos acordos laborais que possam estar estabelecidos para as actividades em causa.

2 – O desempenho das funções que garantem o funcionamento do recinto é distribuído por pessoal de:

392 Os Espaços do Desporto – Uma Gestão para o Desenvolvimento Humano

a) *Direcção;*
b) *Vigilância;*
c) *Recepção e controlo;*
d) *Salvamento – Nadadores-salvadores;*
e) *Manutenção e conservação;*
f) *Segurança;*
g) *Auxiliar.*

Artigo 42.º (Pessoal de direcção):
1 – A direcção do empreendimento compete a um director, sem prejuízo das competências e responsabilidades que cabem à entidade exploradora.
2 – O director do empreendimento representa a entidade exploradora, a menos que a mesma tenha sido conferida a outrem.
3 – O director do empreendimento é o responsável pela ordem e correcto funcionamento de todas as actividades, bem como pelo cumprimento das disposições regulamentares estabelecidas para a exploração.
4 – O director do empreendimento e a entidade exploradora do recinto respondem solidariamente pelas ocorrências sucedidas durante a exploração e pelo incumprimento de todas as formalidades legais relativas à mesma.
5 – O directo permanece no recinto durante todo o período de funcionamento, podendo ser substituído por pessoa por ele designada, que assumirá as suas responsabilidades durante o período de impedimento ou ausência temporária.

Artigo 43.º (Pessoal de vigilância):
1 – O pessoal de vigilância garante a ordem e o correcto funcionamento
das actividades do empreendimento, exercendo todas as tarefas relacionadas com o seu cargo que lhe sejam fixadas pelo director.
2 – Nas plataformas de partida de cada actividade deve existir pelo menos um vigia, sem prejuízo do disposto no anexo I.

Artigo 44.º (Pessoal da recepção e controlo):
1 – O pessoal de controlo e recepção encarrega-se de controlar a entrada dos utentes e visitantes, prestando as informações ou esclarecimentos que lhe sejam solicitados.
2 – A este pessoal compete assegurar que as pessoas que se encontram dentro do recinto em nenhum momento excedam a lotação máxima autorizada.

Artigo 45.º (Pessoal de salvamento – nadadores-salvadores):
1 – O pessoal de salvamento deve estar habilitado com um certificado de nadador-salvador e ainda com o curso de primeiros socorros emitido por entidade autorizada para o efeito.
2 – A este pessoal compete zelar pela segurança e direcção das actividades aquáticas, desenvolvendo as acções que se revelarem ajustadas.
3 – consoante a dimensão do empreendimento, este pessoal organiza-se pelas seguintes funções:
a) *Supervisor – cargo a desempenhar por um monitor nadador-salvador, que será o responsável pela aptidão e treino do restante pessoal interessado na*

segurança das actividades, bem como por todo este sector, que coordenará, estabelecendo para o efeito as necessárias ligações com a direcção do empreendimento, com o serviço de segurança e com o serviço de socorro;

b) *Chefe da zona* – cargo a desempenhar por um nadador-salvador com experiência comprovada nesta área, que será o responsável por um grupo de actividades aquáticas, nas quais coordena a acção e distribuição dos nadadores-salvadores afectos à sua zona;

c) *Nadador-salvador* – é o responsável directo pela segurança de cada actividade que lhe tenha sido confiada, devendo vigiar atentamente os utentes, para garantir a sua integridade física, não permitindo qualquer infracção às normas estabelecidas de conduta e utilização dos equipamentos e prestando os primeiros socorros em caso de acidente ou doença súbita, que comunicará imediatamente o facto ao chefe de zona

Artigo 46.º (Pessoal de prestação de socorros):

O pessoal de prestação de socorros é constituído por pessoal médico ou de enfermagem e socorristas que pos-suam formação necessária, a quem compete a decisão do recurso aos meios externos de socorro e tratamento, cuja comunicação é obrigatoriamente efectuada ao responsável pela segurança do empreendimento.

Artigo 47.º (Pessoal de manutenção e conservação):

1 – Ao pessoal de manutenção e conservação compete assegurar o regular funcionamento dos equipamentos e instalações.

2 – O referido pessoal organiza-se de acordo com as categorias profissionais que lhe permita adequada intervenção nas áreas da sua competência.

3 – A coordenação do pessoal a que se refere o presente artigo compete a um encarregado geral de experiência comprovada.

Artigo 48.º (Pessoal de segurança):

O pessoal de segurança é constituído por elementos com formação profissional adequada para o cargo e integra o serviço de segurança descrito na secção III do capítulo IV do presente Regulamento.

Artigo 49.º (Pessoal auxiliar):

Considera-se pessoal auxiliar o que realiza tarefas de natureza executiva simples e diversificada, que lhe venham a ser fixadas pela empresa exploradora do recinto.

394 *Os Espaços do Desporto – Uma Gestão para o Desenvolvimento Humano*

Na gestão dos recursos humanos das instalações desportivas, para além das funções e atribuições dos cargos e do pessoal, pretende-se identificar, para cada um dos diferentes utilizadores, as tarefas e as acções que desenvolvem nos espaços das instalações desportivas. A sua definição, caracterização e tipificação, permitem uma melhor gestão a todos os níveis. Deste modo, pretende-se saber para cada um:

1. Acções principais ou mais frequentes;
2. Acções secundárias, complementares ou esporádicas;
3. Sequências de acções ou tarefas e respectivas durações;
4. Tipificação de comportamentos: normal, esperado, activo, positivo, negativo, desviante, etc.;
5. Significado imagético individual da instalação, dos serviços e dos produtos, dos cargos e funções para os respectivos utilizadores e pessoal, respectiva valorização e importância;

No sector público, o pessoal dirigente apresenta diversas categorias ou cargos dirigentes, conforme o estipulado na **Lei n.º 51/2005** de 30 de Agosto[147] que regula o exercício dos titulares de cargos de direcção Superior da Administração Pública – carreira técnica superior. É o seu artigo 2.º (cargos dirigentes) que as estabelece dividindo-os em cargos de direcção superior e de direcção intermédia, e em cada um deles dividido em 1.º grau e 2.º grau, organizados conforme a seguinte tabela:

---

[147] Altera e republica a Lei n.º 2/2004 de 15 de Janeiro relativa aos cargos de direcção da Administração Pública.

A Gestão das Instalações Desportivas – Os Processos de Decisão

Cargos dirigentes na Administração Pública - Central, Regional e Local			
Direcção Geral Superior		**Direcção Geral Intermédia**	
1.º Grau	2.º Grau	1.º Grau	2.º Grau
- Director Geral - Secretário-Geral - Inspector Geral - Presidente	- Sub-Director Geral - Adjunto do Secretá-rio-Geral - Subinspector Geral - Vice - Presidente - Vogal de direcção	- Director de serviços	Chefe de Divisão
Competências: - Planos anuais e plurianuais de actividades - Controlo e avaliação dos Planos An. Activid. - Relatórios de Actividades - Gestão dos recursos Humanos, Financeiros, Materiais e Patrimoniais - Definir a orgânica do serviço - Elaborar Planos de Acção - através de Cartas de Qualidade - Representação - Regime de Avaliação - Planos de formação de recursos humanos - Regular horários de trabalho - Autorizações - Projectos de orçamentos e execução - .../...	Competências: - as mesmas que lhe forem delegadas	Competências: - Definir objectivos de actuação da unidade orgânica - Avaliação de desempenho - Coordenação das actividades - Gestão de recursos materiais, humanos, patrimoniais e tecnológicos	Competências: - Assegurar a qualidade técnica do trabalho - Acompanhamento profissional - Divulgar documentos e normas de procedimento - Avaliação de mérito dos funcionários - Identificar necessidades de formação - Controlo de assiduidade .../...
Competências no domínio da gestão das instalações: - Superintender na utilização racional das instalações - Melhoria do atendimento - Velar pelas condições de higiene e segurança no trabalho - Factores de risco e planificação das acções de controlo - Conservação			

Quadro n.º 42 – Cargos dirigentes na Administração Pública – Central, Regional e Local segundo a Lei n.º 51/2005 de 30 de Agosto

Estas categorias não estão directamente relacionadas com os cargos e tarefas esperados na gestão das instalações desportivas, contudo, muitas delas são cometidas ao exercício de administração e gestão de cargos ao nível do sector público, particularmente no Poder Local ou em Institutos Públicos, no domínio do Desporto, pelo que as incluímos aqui, dado que em muitas destas organizações existem pessoas que, com estes cargos, se dedicam a missões desportivas.

Os recursos humanos das instalações desportivas não se esgotam nos conteúdos das leis dado que as práticas desportivas, as instalações e as necessidades que elas impõem estão em mudança permanente. Para além do estipulado na lei em matéria de direitos e deveres dos trabalhadores, são os **regulamentos** que os definem e contextualizam ao universo da instalação desportiva a gerir.

396 *Os Espaços do Desporto – Uma Gestão para o Desenvolvimento Humano*

A qualidade dos recursos humanos é revelada pela identificação dos recursos com formação que estão apropriadamente afectos aos cargos e tarefas existentes, que detêm formação para o exercício das tarefas e das missões que lhes são acometidas e da expressão do desempenho por estes efectuado, medido segundo indicadores de performance e de realização.

A construção de uma imagem para o futuro da instalação desportiva e da organização que a gere passa por uma abordagem do ponto de vista da qualidade o que será efectuado no Capítulo 9.13 – A Gestão da Qualidade, no ponto 9.13.5 – Das pessoas – recursos humanos, a páginas n.º 497.

9.10. A Gestão da Dinâmica Social e Cultural – Gestão das Emoções (Vida)

Nas instalações desportivas existem componentes que interessam ser geridas do mesmo modo que os diferentes recursos e actividades, mas que se prendem, não apenas com os aspectos focais do desporto, mas com os significados e os valores que dele fazem parte e que ele arrasta consigo, nas suas diferentes expressões. Trata-se da gestão da dinâmica social e cultural constituindo um património de emoções de uma comunidade que se reúne por causa do desporto. Estas emoções devem ser também objecto de gestão, desde a sua produção até ao doseamento e consumo, pois são elas que cimentam as ligações entre os membros da comunidade e os diferentes momentos pelos quais ela vai passando.

A instalação desportiva, à luz da metáfora sagrada que temos vindo a utilizar (ver capítulo – 6.2.2 – A Sacralização do Espaço Desportivo?, a páginas 187), é ao mesmo tempo um local de Festa, de celebração: a celebração da Festa do Desporto. Ora, a Festa, é por excelência um momento onde a comunidade se revê e se expressa colectivamente. Nela, são libertadas diferentes tensões e expressões sociais, acompanhadas das correspondentes emoções. Nela se traduz também a estrutura social com visibilidade expressa através de uma **organização social do espaço**, onde assistimos à proximidade dos "crentes" mais importantes junto ao altar e o afastamento dos demais para outros espaços menores. A Festa do Desporto revela, pela sua inscrição no espaço, um conjunto de regras regulamentadoras das relações entre os diversos grupos sociais, representados

A Gestão das Instalações Desportivas – Os Processos de Decisão 397

pelas equipas desportivas ou identificados com elas ou os seus praticantes e faz com que esse espaço assuma esse código de regulamentação (Parlebas, P. 1974), Frémont (1976)[148], (Bale, John; 1993)[149]. Trata-se então de, segundo esta perspectiva, equacionar espacial e temporalmente a expressão da Festa como produção de cultura através de um ritual de afirmação e participação da comunidade e gerir, dentro das instalações, a expressão dessas mesmas emoções. Trata-se também de gerir as expectativas e as emoções individuais que o desporto revela e expressa colectivamente. São processos que fazem parte do Desporto, da aprendizagem colectiva das vivências civilizacionais que se expressam (nas cidades e neste caso) nas instalações desportivas.

Revela-se aqui a importância social da instalação a dois níveis: Como um espaço que localiza esta expressão cultural (1), através da organização e gestão de eventos sociais desenvolvendo a correspondente capacidade de utilização 'multiusos', pela expressão do equilíbrio entre a especialização funcional e a resposta a uma diversificação de expressões e generalização

---

[148] Frémont, Armand; (1976) *A Região, Espaço Vivido*, Liv. Almedina Coimbra, 1980, p.141:

> *"Todo o lugar é assimilável a um estádio." (…) "O estádio abriga o jogo contemporâneo. O etnólogo deveria decifrar a sua estrutura interna para descobrir as suas riquezas, aparentes ou disfarçadas, em tudo análogas às aldeias Bororo de Lévi-Strauss. Ao centro, no terreno, em estruturas severamente codificadas, duas equipas simulam um enfrentamento com todas as aparências de uma verdade crível. (…) O corte do estádio em dois campos opostos (tanto entre jogadores como entre os «suporters») constitui uma clivagem muito exteriorizada, mas fictícia na sua realidade social. Esta é mais subtilmente disfarçada entre o público, pela predominância dos homens, por uma estratificação social ordenada pelo conforto e pela visibilidade (as tribunas sentadas numeradas, as tribunas não numeradas, o peão, as cabeceiras, etc.). Toda uma sociedade se encontra num estádio, dos notáveis às classes populares. Mas as confrontações fictícias da festa mascaram os enfrentamentos reais da vida que, no entanto, por vezes se exprimem em filigrana sob as máscaras".*

[149] Bale, John; (1993), *The spatial development of the modern stadium*, in International Revue for the Sociology of Sport, Vol. 28, n.º 2+3, Hamburg, 1993, p. 126.

> *"A compartimentação do espaço em áreas socialmente homogéneas serve para reforçar as barreiras entre grupos e pessoas e caminha literalmente para o reconhecimento do próprio espaço, funcionando como uma estaca identificadora de um território particular, encorajando a aceitação do status quo vigente (Sibley, 1981)".*

de benefícios, mas também como uma vertente de responsabilidade social (2) traduzida numa capacidade efectiva de oferecer emprego, postos de trabalho, um leque de serviços e outros, que contribuem para o aumento da qualidade de vida de todos e a respectiva produção de riqueza.

A gestão da dinâmica social das instalações desportivas é assim o conjunto de decisões que promovem e enquadram a vida da comunidade desportiva e social que interage com a instalação desportiva. A maior ou menor interacção da comunidade com ela revela a importância da relação que se estabelece entre ambas.

9.10.1. *Os indicadores necessários*

A importância social da instalação desportiva pode ser avaliada através da recolha de um conjunto de informações e de indicadores de medida como sejam:

a) O n.º de **praticantes**, utilizadores, clientes ou espectadores;

b) O n.º de **produtos** ou serviços prestados que oferece à população onde está localizada. (actividades e produtos complementares);

c) O n.º de utilizadores de referência ou prestígio (**VIP**) que contam entre os seus utilizadores;

d) O n.º de **apetrechos** que dela fazem parte e que lhe permitem responder a maiores solicitações desportivas e não só;

e) O n.º **programas** culturais e utilizações complementares: Espectáculos; festas desportivas, reuniões sociais, eventos, acontecimentos políticos, de aniversário, casamentos e baptizados (como por exemplo os salões paroquiais polivalentes, pavilhões multiusos), etc,.

f) O n.º de **entidades** com que se relaciona – n.º de instituições desportivas e não desportivas que dela se servem quer como utilizadoras, quer como fornecedoras.

g) O n.º de **empregos** directos e indirectos que gera – (responsabilidade social).

h) A rápida capacidade de codificação, descodificação e **recodificação** dos seus espaços, revelando a sua capacidade (multiusos ou de especialização).

– outras

A importância social da instalação também se revela, pelo espaço de expressão que oferece, consoante a dimensão, a especialização e a respectiva acessibilidade, como locais de brincadeira, particularmente para os mais novos, mas em geral para toda a população, dado que as cidades, pela sua estrutura, oferecem cada vez menos espaços onde uma expressividade livre possa ter lugar.

> Gerir a vida das pessoas nas instalações desportivas é ser capaz de gerar e catapultar as emoções do desporto em favor das comunidades que se servem dessa mesma instalação, promovendo-as e fazendo com que se tornem instrumentos de desenvolvimento. Neste processo, a gestão das instalações incide fundamentalmente num tipo de preocupações que envolve a gestão dos **bens intangíveis** (1), por complemento à gestão dos **bens tangíveis** (2). A tangibilidade é uma característica que se associa aos recursos e aos bens, que tem a ver com a sua componente material. Eles identificam--se claramente:
>
> 1. Os bens **tangíveis** – são os recursos materiais físicos, têm um valor associado, e resultam numa expressão palpável – espaço, tempo, recursos materiais, humanos e financeiros + informação. Geram processos de: gestão do espaço, gestão do tempo, gestão das actividades e acontecimentos.).
> 2. Os bens **intangíveis**: prendem-se com as componentes qualitativas e fenomenais que resultam da utilização desses mesmos bens. Consideram componentes imateriais, virtualidades. Um serviço prestado ou a prestar com qualidade, a qualidade, a simpatia, o atendimento, bem como a higiene, a harmonia, arrumação e o conforto a todos o níveis, de uma instalação, fazem parte do universo dos bens intangíveis. Provocar boas sensações e boas emoções com significado para os momentos de vida que as pessoas passam nas instalações desportivas deve ser a preocupação fundamental desta vertente da gestão. (É o domínio das significações, das sensações, emoções, pensamentos e formas de ligação dos espaços, dos tempos e das pessoas, das virtualidades, dos fantasmas: gestão de emoções, gestão de acontecimentos, gestão de símbolos, celebração).

Gerir a dinâmica social e fazer despertar as emoções é um exercício que envolve a componente social e humana das instalações organizando-a no espaço e no tempo em relação estreita com os outros recursos.

9.11. A Gestão da Segurança

O desporto é uma actividade de risco, pois coloca as pessoas em situação de confronto, movimento, de festa e alegria, na busca de prazer e todas as dinâmicas que estimulam o cidadão, pela sua prática a abandonar uma situação estática de equilíbrio. Viver é um risco constante e o desporto, como parte da vida, comporta também riscos no desenvolvimento das suas práticas. As situações estáticas são situações mais seguras, mas são também mais pobres do ponto de vista das vivências e da produção das emoções de que a vida e o desporto são feitos. Em situação de adversidade, os praticantes com um capital de vivências menores têm também menores capacidades de resistência e de resposta às situações de risco, de encontrar soluções para os problemas que se lhes apresentam. A vivência prévia e preparadora de situações de risco, pode apetrechar melhor as pessoas para solucionar problemas quando eles aconteçam.

A gestão da segurança no desporto implica um posicionamento diferente, impõe, nomeadamente, uma perspectiva mais dinâmica de definir e entender os conceitos de segurança, da vida e do próprio desporto, dado que este é uma actividade que comporta o risco. Trata-se aqui de desenvolver o conhecimento desses factores de risco, os respectivos comportamentos dos intervenientes (1) e o doseamento das acções (2), bem como as correspondentes probabilidades de ocorrência de acidentes (3). Este conhecimento é fundamental para, por antecipação, poderem prever-se alguns deles, evitando-os, ou minimizando a expressão dos seus efeitos e consequências, constituindo as necessárias respostas, por preparação prévia e pela criação de respostas automatizadas e formalizadas, para a respectiva remediação e socorro.

> Gerir Segurança, é assim, gerir o risco, fazendo com que ele ocorra a níveis mínimos de expressão, prevenindo o acidente, tentando evitar que este aconteça. Tal consegue-se definindo comportamentos correctos ou adequados a ter, bem como os de risco a evitar. De modo a dar cumprimento a estes objectivos, elaboram-se regulamentos e protocolos, onde esta antecipação é efectuada. Neles, define-se o que pode e o que não pode fazer-se, bem como o modo de o efectuar correctamente, doseando as acções, tipificando os gestos, bem como a forma da respectiva aquisição. Integrar comportamentos de segurança nas actividades faz diminuir a expressão dos acidentes, e o risco que

as pessoas correm baixa consideravelmente, pois as medidas para os evitar foram tomadas por **prevenção** e **acautelamento**.

Planear as actividades a decorrer nas instalações tendo em conta a segurança deve ser uma preocupação do gestor. Para o fazer é necessário prever as situações de risco e de multiplicação de acidentes incluindo-as nas acções em termos do planeamento de segurança. O melhor planeamento é imaginar as situações de catástrofe e ter constituídas as situações de resposta adequadas para lhes responder quer em prevenção quer em socorro (**Planear a Catástrofe**). É ter também em conta os registos dos acidentes já ocorridos ao longo do tempo de gestão, desde a sua abertura. Saber as ocorrências que se deram em instalações, espaços ou acontecimentos similares, recolhendo as respectivas experiências, consultando os correspondentes relatórios, bem como outras fontes de informação, constitui preciosa ajuda complementar.

Falar-se de segurança, remete-nos imediatamente para o problema da responsabilidade face à ocorrência de acidentes e do direito que as vítimas têm de serem ressarcidas dos respectivos prejuízos causados. Tal encaminha-nos para o papel das Associações de Socorro Mútuo e para as companhias de seguros, cuja função é a de, por um lado, acudir com determinados recursos a essas mesmas vítimas, de modo a minorar, compensar ou indemnizar, e de, ao mesmo tempo, diluír por todos uma responsabilidade individual das causas de um comportamento de risco ou da ocorrência de um acidente. Estas entidades gerem a partilha do risco e da respectiva responsabilidade, fazendo repartir por muitos a capacidade de ressarcir as vítimas dos principais prejuízos de que foram alvo, por terem ficado diminuídos por motivos de acidentes, lesões, perdas materiais ou psicológicas.

9.11.1. *Os Conceitos de Segurança*

Conforme já fizemos referência atrás, nos pontos 7.2.1.1. – Os Indicadores de conforto desportivo geral – higiene e segurança, arrumação, a página 195, e 8.9. – Os Espaços de Segurança, a página n.º 312, a Segurança é um conceito que compreende duas vertentes que são claramente diferenciáveis aquando da respectiva aplicação:

1. A '**Prevenção** e Acautelamento' por um lado e
2. O '**Socorro** e a Defesa' por outro.

A língua inglesa diferencia claramente estas duas vertentes do conceito segurança, incluindo os respectivos significados em torno de duas expressões, denominando-as *Safety* and *Security*: Na primeira (1), incluem-se todos os comportamentos adequados e os procedimentos que dizem respeito a uma utilização correcta e segura de todos os apetrechos no decurso da realização de actividades e que se referem à manutenção da integridade física das pessoas, bem como todos os tipos de intervenções ao nível da concepção dos espaços e disposição dos materiais que diminuam a ocorrência de riscos ou acidentes. Na segunda (2) incluem-se todos os aspectos que envolvem a guarda e a preservação de valores e da ordem pública e o socorro. Em jeito de simplificação, tudo o que possa ter a ver com fardas (guardas, bombeiros, polícias, socorristas, etc.) está incluído nesta segunda componente.

Os conceitos têm já um elevado grau de regulamentação, pois são fartos os diplomas que estendem as suas preocupações de intervenção a vários sectores sociais e de tipologias de edifícios. De entre os que se relacionam com a segurança das instalações desportivas e edifícios similares em que estas se podem constituir a partir das respectivas funcionalidades ou tipologias de utilizadores, podemos incluir os seguintes:

Diploma	Objecto do Diploma	Artigo(s) n.º	Conceito e Âmbito de aplicação	Aspectos complementares	Obs.
Decreto-Lei n.º 317/97 de 25 de Novembro	Estabelece o regime de instalação e funcionamento das instalações desportivas de uso público,	15.º, n.º 3	Vistoria da Câmara Municipal, S.N. Bombeiros e Delegação Regional de Saúde		Não define especificações no domínio da segurança
Decreto-Lei n.º 385/99 de 28 de Setembro	Responsabilidade técnica pelas instalações desportivas abertas ao público	12.º, 2, 13.º: 1, 2, 3 e 4, 19.º, 2	- Regulamento - Seguro - Integridade dos utilizadores		
Decreto Regulamentar n.º 10/2001 de 7 de Junho	Estádios – Regulamento das condições técnicas e de segurança dos estádios	3.º, 3. e 4., 6.º, Capítulo III, 8.º, 9.º, 10.º, Capítulo IV: 11.º a 14.º, 18.º, Capítulo VIII, 24.º, 1., h), 27.º	- Lotação, Plano de emergência interna - Vias de acesso – socorro e ordem pública - Definições, evacuação e saídas - Locais para espectadores - Instalações de apoio médico e prim. Socorros - Segurança dos praticantes - Central de comando das instalações e de segurança		
Decreto-Lei n.º 65/97 de 31 Março	Regula a instalação e o funcionamento dos recintos com diversões aquáticas		Vistoria da Câmara Municipal, S.N. Bombeiros, Delegação Regional de Saúde e Deleg. Regional do Ministério da Economia		Não define especificações no domínio da segurança
Decreto Regulamentar n.º 5/97 de 31 de Março	Regulamento das condições técnicas e de Segurança dos recintos com diversões aquáticas	19.º 1, 2, 3, 4 e 5, Capítulo IV de 58.º a 65.º, Anexos	- Segurança nas pistas - Dos meios de segurança	Meios de apoio ao salvamento, Sistema de comunicações, Serviços de segurança, posto, acções de formação	
Directiva CNQ 23/93	A qualidade das piscinas de uso público	Capítulo V	- Segurança nos tanques (concepção)		Não define mais especificações no domínio da segurança
Decreto-Lei n.º 379/97 de 27 de Dezembro	Estabelece as condições de segurança na localização, implantação, concepção e organização funcional dos espaços de jogo e recreio, respectivo equipamento e superfície de impacte	16.º 19.º 1, 2 e 3 secção III, Capítulo IV, Capítulo V	- Segurança dos equipamentos - Superfícies de impacte - Manutenção - Seguro	A portaria n.º 506/98 de 10 de Agosto, atribui provisoriamente ao I. P. Qualidade a certificação	
Decreto-Lei n.º 100/2003 de 23 de Maio	Aprova o Regulamento que fixa as condições técnicas e de Segurança a observar na concepção, instalação e manutenção das **balizas** de futebol, de andebol, de hóquei e de pólo aquático e dos equipamentos de basquetebol existentes nas instalações de uso público.				
Decreto-Lei n.º 82/2004 de 14 de Abril	Altera o artigo 11.º do Regulamento publicado através do o Decreto-Lei n.º 100/2003 de 23 de Maio – Segurança das Balizas		Alarga a abrangência da cobertura aos danos ou prejuízos a todos os equipamentos desportivos		
Portaria n.º 1049/2004 de 19 de Agosto	Balizas – Cobertura por danos causados aos utilizadores das instalações desportivas	2.º b)	Seguros – cobertura de capital mínimo de 200 000 Euros	Dá continuidade ao Decreto-Lei n.º 141/95 de 14 de Junho	
Decreto Regulamentar n.º 34/95 de 16 de Dezembro	Espectáculos – regulamenta as condições técnicas e de Segurança nos recintos de espectáculos e de divertimentos públicos	Capítulo II, 6.º e de 9.º a 13.º, Capítulo III, Capítulo IV, Secção VIII 47.º 48, Capítulo V, Capítulo VI, Capítulo VII, Etc.	- Localização e acessos - Disposições construtivas - Concepção e utilização dos espaços - Critérios de segurança, terminologia - Vias de evacuação - Instalações técnicas - Instalações de alarme e comando - Meios de extinção - Condições de Exploração, Serviço de segurança, exercícios de instrução		

Decreto-Lei n.º 414/98 de 31 de Dezembro,	Estabelece o Regulamento de Segurança contra incêndio em edifícios escolares	6.º, 1, 2 e 3. Capítulo II Capítulo III Capítulo IV Capítulo V Capítulo Vi Capítulo VII	- Classificação dos locais de risco - Acesso aos edifícios - Disposições relativas à construção - Concepção dos espaços interiores - Instalações técnicas - Instalações de alarme - Meios de extinção	Locais de risco A,B,C, e D Electricidade, elevadores, aqueci. Ar Concepç. Caracter. Component.	
Portaria n.º 1444/2002 de 7 de Novembro	Planos de emergência das escolas	7.º	- Praticabilidade dos caminhos de evacuação		
Decreto-Lei n.º 69/2005	Segurança dos produtos e serviços colocados no mercados		- Define o conceito de produto e serviço seguros e perigosos - Estabelece obrigações e códigos de conduta - Exige ensaios e informação	Estabelece coimas e sanções	
Portaria n.º 506/98 de 10 de Agosto	Cria o organismo com competência para emitir o certificado de conformidade dos parques infantis		Entrega ao Instituto Português da Qualidade a responsabilidade para emitir os certificados de segurança previstos no D.L. n.º 379/97 de 27 de Dezembro		
Decreto-Lei n.º 368/99 de 18 de Setembro	Estabelece as medidas de segurança contra riscos de incêndio, aplicáveis aos estabelecimentos comerciais	4.º 5.º, 1, 2, 3 e 4. 7.º Anexo	- Estudo segurança aprovado (incêndios) - Plano de emergência, instrução segurança - Manutenção condições segurança - Medidas de segurança (incêndios)	Objectivos, caminhos de evacuação, características construtivas, instalações várias, ventilação, alarme, Planos de emergência, Normas.	
Decreto-Lei n.º 370/99 de 18 de Setembro	Licenciamento sanitário dos estabelecimentos comerciais	22.º	Vistoria da Câmara Municipal, S.N. Bombeiros, Delegação Regional de Saúde e Médico Veterinário Municipal		Não define especificações no domínio da segurança
Portaria n.º 1299/2001 de 21 de Novembro	Medidas de Segurança contra incêndio a observar em estabelecimentos comerciais ou prestação de serviços com área < 300 m2.	1.2.2 1.3 3.	- Evacuação – Medidas - Saídas - Meios de alarme alerta e primeira intervenção.		
Decreto-Lei n.º 243/86 de 20 de Agosto	Regulamento Geral de Higiene e Segurança no Trabalho nos estabelecimentos comerciais, de escritório e serviços	Capítulo IX	- Prevenção de incêndios e protecção contra o fogo	Equipamento extintor e instrução dos trabalhadores	
Decreto-Lei n.º 141/95 de 14 de Junho	Procede à harmonização da sinalização de segurança e de saúde a utilizar no trabalho	3.º 5.º, 1, 2, e 4 7.º e 8.º	- Conceitos - Obrigações de sinalização - Sinalização – colocação		
Portaria n.º987/93 de 6 de Outubro	Prescrições mínimas de segurança e de saúde nos locais de trabalho	4.º 1 a 7. 5.º 1 a 4 21.º	- vias de emergência: medidas, número, sinalização localização, tipos - Meios de detecção e combate a incêndios, localização, sinalização. - Instalações de primeiros socorros	Dá continuidade ao Decreto-Lei n.º 347/93 de 1 de Outubro	
Decreto- Lei n.º 50/2005 de 25 de Fevereiro	Prescrições mínimas de Segurança e de saúde para a utilização pelos trabalhadores de equipamentos de trabalho.	Capítulo II, 10.º a 29.º Capítulo III	- Requisitos mínim. segurança equip. trabalho - Regras de utilização dos equipament. trab.		
Decreto Regulamentar n.º 2-A/ /2005 de 24 de Março	Regula a realização de provas desportivas na via pública	3.º, 2 c) e d) 10.º d) condicionantes	- Regulamento e Parecer das forças de segurança - Encargos com medidas de segurança		

Quadro n.º 43 – Legislação relativa à Segurança nas Instalações Desportivas

A Gestão das Instalações Desportivas – Os Processos de Decisão 405

Existe um conjunto de conceitos e terminologia no domínio da segurança, em relação aos quais nos interessa saber a sua definição de forma a captar rapidamente o respectivo significado. A sua utilidade revela-se nos momentos de aplicação de acções quer ao nível da preparação e instrução dos agentes que no seu domínio vão operar, quer ainda na fase de concepção de espaços e de sistemas onde a segurança tem de estar presente. Esses conceitos são definidos em legislação própria embora o seu conteúdo esteja distribuído por vários diplomas. O Decreto **Regulamentar n.° 10/2001** de 7 de Junho – Regulamento das condições técnicas e de segurança dos estádios, neste âmbito, refere no seu:

Capítulo III – Segurança de utilização

Artigo 8.° (Terminologia e definições):
1 – Para efeitos do disposto no presente Regulamento, no âmbito da avaliação dos critérios de segurança de utilização, adoptam-se as seguintes designações de referência:
  a) «percurso de evacuação» – percurso compreendido entre qualquer ponto do estádio ou sector susceptível de ocupação compreendendo o percurso até à respectiva saída e o percurso desse ponto até ao recinto periférico exterior de permanência temporária ou às vias e caminhos de evacuação no exterior;
  b) «Saída» – qualquer vão disposto ao longo dos percursos de evacuação e que os ocupantes devam transpor para se dirigirem ao exterior do estádio, designadamente os túneis de saída ou vomitórios para saída das tribunas;
  c) «Capacidade de evacuação de um sector ou de uma zona» – somatório das larguras úteis das
saídas correspondentes a essa zona, medida em unidades de passagem;
  d) «Saídas distintas» – duas saídas serão consideradas distintas, em relação a um ponto de ocupação, quando entre elas e esse ponto de referência se puderem estabelecer linhas de percurso divergindo de um ângulo superior a 45.°;
  e) «Impasse» – zona do recinto sem acesso a saídas distintas, designadamente em percurso de evacuação, onde a trajectória de fuga só é possível num único sentido;
  f) «Sector» – espaço delimitador por vedação ou outro meio de separação, reservado aos espectadores possuidores de ingresso válido para esse local, e que inclui, além dos respectivos lugares nas tribunas, as respectivas zonas de apoio aos espectadores, nomeadamente áreas de permanência de público nos intervalos, instalações sanitárias, pontos de venda de alimentos e bebidas, quiosques de informação, etc.;

406 Os Espaços do Desporto – Uma Gestão para o Desenvolvimento Humano

g) *«Unidade de passagem (up)» – largura tipo de vãos para a passagem de pessoas, caminhando de frente, no decurso da evacuação, medida pelo número inteiro mais próximo, arredondado por defeito, e resultante da conversão da respectiva dimensão em unidades métricas, com as seguintes correspondências:*
1 up = 0,9 m;
2 up = 1,4 m;
N up = N x 0,6 m, sempre que N seja igual ou superior a 3.
2 – A medição das larguras úteis dos percursos de evacuação e das saídas, para efeito da determinação da respectiva capacidade de passagem, deve ser assegurada até à altura mínima de 2 m acima do pavimento ou dos focinhos dos degraus das escadas.

3 – na medição das larguras úteis das saídas e dos caminhos de evacuação, determinadas nos termos da alínea g) do n.° 1 e do n.° 2 deste artigo, é permitida uma tolerância de 0,1 m nas seguintes situações:
a) *Nas zonas de transposição de portas com largura igual ou superior a 2 up;*
b) *Nos percursos de evacuação que comportem guardas e corrimãos, e até ao bordo destes, desde que a respectiva altura máxima em relação ao pavimento seja inferior a 1,1 m.*

O **Decreto Regulamentar n.° 34/95** de 16 de Dezembro que estabelece o regulamento das condições técnicas e de segurança dos recintos de espectáculos e divertimentos públicos, apresenta o mesmo conteúdo nos seus artigos 47.° e 48.°, pelo que não o transcrevemos.

O **Decreto-Lei n.° 414/98** de 31 de Dezembro que estabelece o regulamento de segurança contra incêndios em edifícios escolares estabelece, no seu artigo 16.° e 17.° os critérios e as definições de segurança respeitantes.

CAPÍTULO III – Disposições relativas à construção

SECÇÃO I – **Critérios de segurança e definições**

Artigo 16.° (Critérios de segurança):
1 – Os elementos estruturais dos edifícios devem apresentar resistência ao fogo suficiente para limitar o risco de colapso, nomeadamente durante o período necessário à evacuação das pessoas e às operações de combate a incêndio.

2 – Os edifícios devem ser divididos em espaços delimitados por elementos de construção com resistência ao fogo adequada para fraccionar a carga de incêndio do seu conteúdo.

3 – Os locais dos edifícios que sejam ocupados por entidades distintas e sem ligação directa entre si, ou que apresentem riscos agravados, devem ser convenientemente isolados para não favorecer a propagação do incêndio.

4 – As vias de evacuação dos edifícios devem, nas circunstâncias de maior risco, ser protegidas contra a intrusão dos gases de combustão e do fumo produzidos no incêndio, bem como da exposição ao fogo, para facilitar a evacuação dos ocupantes e o acesso dos bombeiros.

5 – As comunicações horizontais e verticais, bem como as canalizações e as condutas dos edifícios, não devem comprometer a eficácia da compartimentação corta-fogo e do isolamento e protecção dos locais e das vias de evacuação.

6 – Os materiais utilizados nos acabamentos dos edifícios, nos elementos de decoração e no mobiliário principal fixo devem ter reacção ao fogo adequada para limitar os riscos de deflagração e de desenvolvimento de incêndio.

7 – A constituição e a configuração das paredes exteriores e das coberturas, bem como a disposição dos vãos nelas existentes, devem ser concebidas de modo a limitar os riscos de propagação do fogo entre locais do mesmo edifício ou entre edifícios vizinhos.

Artigo 17.º (Definições):
Para efeitos de aplicação do presente Regulamento, entende-se por:

a) «Local com camas», o local de internatos, lares ou residências de estudantes destinado a dormida;

b) «Câmara corta-fogo», o dispositivo de comunicação entre espaços do edifício que, para além de apresentar resistência ao fogo, permite a sua transposição sem colocar em contacto directo as atmosferas dos espaços que liga;

c) «Via de evacuação», a comunicação horizontal ou vertical do edifício que, de acordo com o presente Regulamento, apresenta condições de segurança para a evacuação dos seus ocupantes;

d) «Via de evacuação protegida», a via de evacuação dotada de meios que conferem aos seus utentes abrigo contra os gases, o fumo e o fogo, durante o período necessário à evacuação;

e) «Via de evacuação enclausurada», a via de evacuação protegida, estabelecida no interior do edifício, dotada de envolvente com resistência ao fogo;

f) «Via de evacuação ao ar livre», a via de evacuação protegida, separada do resto do edifício por elementos de construção com resistência ao fogo e dispondo de aberturas permanentes para o ar livre.

408   *Os Espaços do Desporto – Uma Gestão para o Desenvolvimento Humano*

Este diploma desenvolve ainda aspectos que se prendem com resistência ao fogo dos elementos estruturais, (do artigo 18.° ao 19.°) e medidas de compartimentação corta-fogo (do artigo 20.° ao 27.°) que nos escusamos de apresentar aqui nesta secção.

Ainda relativamente aos conceitos e critérios de segurança é de referir conteúdos que são similares aos de outros diplomas ao nível dos artigos 54.° e 55.°, relativos a algumas características técnicas face à concepção dos espaços interiores:

CAPÍTULO IV – Concepção dos espaços interiores

*SECÇÃO 1 – **Critérios de segurança e definições***

Artigo 54.° (Critérios de segurança):
Os espaços interiores do edifício devem ser organizados por forma que, em caso de incêndio, os ocupantes possam alcançar o exterior pelos seus próprios meios, de modo fácil, rápido e seguro, para o que devem ser tidas em conta as seguintes exigências:
a) *Os locais de permanência devem dispor de saídas em número e com largura suficientes;*
b) *As vias de evacuação devem ter largura adequada e, quando necessário, ser protegidas contra o fogo e contra a intrusão do fumo e dos gases de combustão;*
c) *As distâncias a percorrer devem ser limitadas.*

Artigo 55.° (Definições):
Para efeitos de aplicação do presente Regulamento, entende-se por:
a) *«Caminho de evacuação» o percurso total de qualquer ponto do edifício susceptível de ocupação até ao seu exterior, compreendendo, em geral, um percurso inicial num local de permanência e outro nas vias de evacuação;*

b) *«Saída» qualquer vão, disposto ao longo dos caminhos de evacuação, que os ocupantes devam transpor para atingir o exterior do edifício;*
c) *«Saídas distintas em relação a um ponto» duas saídas para as quais, a partir desse ponto, se possam estabelecer linhas de percurso para ambas, tendo em conta o mobiliário principal fixo e o equipamento, divergindo de um ângulo superior a 45.°;*
d) *«Impasse» qualquer zona do edifício sem acesso a saídas distintas, designadamente de vias de evacuação onde a fuga só seja possível num único sentido;*
e) *«Unidade de passagem (up)» a largura tipo necessária à passagem de pessoas caminhando em fila, no decurso da evacuação, com as seguintes correspondências em unidades métricas:*
aa) *1 up=0,9 m;*
bb) *2 up=1,4 m;*
cc) *N up=Nx0,6 m (para N > 2);*
f) *«Capacidade de evacuação de um conjunto de saídas» o somatório das larguras úteis das saídas que formam o conjunto, medidas em unidades de passagem.*

A Gestão das Instalações Desportivas – Os Processos de Decisão

O **Decreto-Lei n.° 368/99** de 18 de Setembro que estabelece as medidas de segurança contra riscos de incêndio, aplicáveis aos estabelecimentos comerciais, desenvolve no seu anexo, de uma forma operacional, as diferentes medidas de segurança contra riscos de incêndio a aplicar a este tipo de estabelecimentos em vários pontos:

1. Objectivo da implementação de segurança nos estabelecimentos comerciais;
2. Caminhos de evacuação (saídas, escadas, portas e câmaras corta-fogo, distribuição de hidrantes);
3. Características construtivas (estruturas dos edifícios, compartimentações, escadarias, etc.;
4. Revestimentos;
5. Instalações eléctricas;
6. Instalações com combustíveis líquidos ou gasosos;
7. Sistemas de ventilação
8. Ascensores;
9. Meios de alarme, alerta e primeira intervenção;
10. Depósitos de água preventivos para o serviço de incêndio;
11. Planos de emergência;
12. Manutenção das condições de segurança;
13. Qualificação dos materiais e dos elementos de construção;
14. Conformidade com as normas – ensaios laboratoriais
15. Critérios de dimensionamento (das passagens).

Não os desenvolveremos aqui por acharmos que devem ser objecto de consulta, dado o seu nível de especificação relativo à normativa específica de segurança, e pelo facto de estas preocupações específicas, embora possam e devam acompanhar o Gestor de Desporto e das instalações desportivas, obrigarem a uma análise cuidada do diploma e das suas especificidades.

9.11.2. *Os Recintos da Segurança*

Existem, como vimos, espaços específicos cuja vocação está definida em função da segurança. Neles são considerados fundamentalmente os que se destinam a assegurar a funcionalidade nas intervenções, o estacionamento de forças e respectivos meios de socorro ou guarda, bem como o armazenamento dos principais meios de intervenção. Neles se incluem

410 *Os Espaços do Desporto – Uma Gestão para o Desenvolvimento Humano*

também os espaços concebidos para a prevenção e acautelamento, bem como espaços de desafogo que se destinam normalmente a constituírem--se como espaços estância ou de descompressão a serem mobilizados em situação de emergência, situados normalmente na vizinhança dos espaços de actividade fundamental.

O **Decreto Regulamentar n.º 10/2001** de 7 Junho – Regulamento das condições técnicas e de segurança dos estádios estabelece, no seu articulado, a identificação e regulamentação de alguns desses tipos de espaços, cuja função particular é a de constituírem-se como espaços de desafogo, descompressão e de evacuação. É o seu artigo 9.º que se refere a um deles, particularizando as preocupações de segurança ao nível dos átrios exteriores. A ele nos referimos e transcrevemo-lo no Capítulo – 8.3.1 – O Átrio externo a páginas 249, pelo que remetemos para aí o leitor.

9.11.2.1. *A Central de Comando das Instalações e o Posto de Segurança*

Existem porém outros recintos com funções específicas directamente relacionados com as funções de segurança como sejam a central de comando das instalações de segurança, que são estipuladas neste diploma e também noutros: **Decreto Regulamentar n.º 10/2001** de 7 Junho – Regulamento das condições técnicas e de segurança dos estádios:

Artigo 27.º (Central de comando das instalações e de segurança):

1 – Os estádios das classes A, B e C devem dispor de um espaço com localização central e possibilidades de controlo visual de todo o recinto, que se deve constituir como centro de comando das instalações, contemplando áreas reservadas às instalações para monitorização dos sistemas de video-vigilância e de controlo dos espectadores, e de preferência integrados ou adjacentes ao local onde estejam instalados os quadros eléc-

tricos, consolas de controlo e os comandos dos sistemas de iluminação e de difusão sonora.

2 – Os estádios das classes A, B e C devem ainda prever espaços para uso das forças de segurança e serviços de bombeiros, que constituirão o centro de coordenação e segurança para as operações de monitorização dos sistemas de segurança e alerta, preferencialmente anexos ou articulados funcionalmente com o centro de comando das instalações.

A Gestão das Instalações Desportivas – Os Processos de Decisão   411

O **Decreto Regulamentar n.º 34/95** de 16 de Dezembro que estabelece o regulamento das condições técnicas e de segurança nos recintos de espectáculos e divertimentos públicos prevê no seu artigo 253.º a existência de um posto de segurança:

Artigo 235.º (Posto de segurança):

1 – Os recintos devem ser dotados de um posto de segurança sempre que exigido pela DGESP ou pela Câmara Municipal quando a categoria ou as actividades neles exercidas o justifiquem.

2 – O posto de segurança deve possuir acesso fácil e ser localizado, sempre que possível, ao nível de chegada dos meios de socorro exteriores.

3 – No posto de segurança devem ser instaladas as centrais de alarme quando existam, bem como os dispositivos de comando manual das instalações de segurança do recinto.

4 – O posto de segurança e os seus acessos devem ser protegidos contra um incêndio que ocorra no recinto.

5 – No posto de segurança deve ser instalado um posto telefónico, ou qualquer outro meio de transmissão, rápido e fiável, de alerta aos meios de socorro e de intervenção.

6 – Nos recintos desportivos de grandes dimensões, o posto de segurança deve ser localizado, dimensionado e equipado como central de comando unificado das entidades afectas à segurança.

9.11.3. *Os Serviços de Segurança*

Os serviços de segurança são o conjunto dos recursos humanos que detêm responsabilidades, conhecimentos e meios técnicos de intervenção ao nível, quer da prevenção e acautelamento, quer no socorro de pessoas, quer ainda na guarda de valores e da ordem pública. Detêm formação específica e atribuições definidas e constituem a maior parte das vezes um corpo próprio que intervém dentro das instalações desportivas, podendo ser-lhes ou não pertencentes. A dimensão da instalação desportiva e o correspondente número de pessoas que movimenta assim exige maior ou menor institucionalização de serviços próprios, a requisição junto de entidades públicas ou a contratualização externa.

O **Decreto Regulamentar n.º 34/95** de 16 de Dezembro, que regulamenta as condições técnicas e de segurança nos recintos de espectáculos e divertimentos públicos, estabelece os serviços de segurança no seu artigo 250.º:

412 Os Espaços do Desporto – Uma Gestão para o Desenvolvimento Humano

Artigo 250.° (Serviço de segurança):

1 – Nos períodos de abertura ao público, deve permanecer no recinto um membro da direcção da entidade exploradora ou um representante por ele designado, a quem compete a responsabilidade pelo serviço de segurança.

2 – Os elementos do serviço de segurança devem ser habilitados por cursos de formação reconhecidos pela DGESP ou câmara municipal.

3 – Com a excepção prevista no n.° 2 do artigo 252.°, os elementos do serviço de segurança podem desempenhar, cumulativamente, outras tarefas, desde que, em caso de emergência, possam ser reunidos no mais curto espaço de tempo.

Artigo 251.° (Atribuições do serviço de segurança):

Ao serviço de segurança devem ser confiadas as seguintes atribuições:

a) Zelar pelo desimpedimento dos caminhos de evacuação durante os períodos de presença do público;

b) Zelar pela operacionalidade de todos os dispositivos e instalações de segurança;

c) Zelar pela manutenção adequada das restantes instalações que possam afectar as condições de segurança e, de um modo geral, pelo cumprimento das disposições regulamentares relativas à exploração dos recintos;

d) Elaborar relatórios escritos referentes a todas as ocorrências anómalas relacionadas com a segurança dos recintos, bem como às medidas tomadas para as corrigir, os quais devem ser emitidos à entidade licenciadora num prazo não superior a quarenta e oito horas;

e) Acompanhar o delegado da entidade fiscalizadora nas suas visitas periódicas ou inopinadas;

f) Colaborar com os bombeiros quando solicitados a tal;

g) Orientar e auxiliar a evacuação do público sempre que necessário.

Artigo 252.° (Composição do serviço de segurança):

1 – A composição do serviço de segurança deve ser determinada pela DGESP ou pela câmara municipal em função das características e das dimensões de cada recinto e de acordo com as disposições dos números seguintes.

2 – Nos recintos de 1.ª categoria, o serviço de segurança deve ser assegurado por três elementos, no mínimo, devendo, no caso de lotações superiores a 3000 pessoas, o chefe de equipa, nos períodos de presença do público, ser adstrito exclusivamente à sua tarefa.

3 – Nos recintos de 2.ª categoria, o número mínimo de elementos afectos ao serviço de segurança deve ser de dois.

A Gestão das Instalações Desportivas – Os Processos de Decisão   413

O **Decreto Regulamentar n.º5/97** de 31 de Março que regulamenta as condições técnicas e de segurança dos recintos com diversões aquáticas, estabelece para o funcionamento dos serviços de segurança o seguinte:

Capítulo IV – Dos meios de segurança

Secção III – **Serviço de segurança**

Artigo 62.º (Funções do serviço de segurança):

1 – Nos períodos de abertura ao público deve permanecer no recinto um representante da entidade exploradora, a quem compete a responsabilidade pelo serviço de segurança.

2 – Os elementos do serviço de segurança podem desempenhar, cumulativamente, outras tarefas desde que, em caso de emergência, possam ser rapidamente reunidos.

3 – Ao serviço de segurança são confiadas as seguintes funções:

a) Zelar pelo desimpedimento dos caminhos de evacuação durante os períodos de presença do público;

b) Garantir a operacionalidade de todos os dispositivos e instalações de segurança;

c) Garantir a manutenção adequada das instalações que possam afectar as condições de segurança e, de um modo geral, pelo cumprimento das disposições regulamentares relativas à exploração dos recintos;

d) Elaborar relatórios escritos referentes a todas as ocorrências relacionadas com a segurança dos recintos;

e) Orientar e auxiliar as acções que

envolvam a participação do público sempre que alguma situação de emergência as torna necessárias.

Artigo 63.º (Composição dos serviços de segurança):

1 – Nos recintos de 1.ª categoria, o serviço de segurança será assegurado, no mínimo, por três elementos para além do responsável, devendo o responsável pelo serviço ser afecto à sua tarefa no caso de lotações superiores a 3000 pessoas.

2 – Nos recintos de 2.ª categoria, o número de elementos afectos ao serviço de segurança deve ser de dois além do responsável.

3 – Nos recintos das restantes categorias, este serviço pode ser desempenhado apenas por um elemento, que será igualmente o responsável.

Artigo 64.º (Posto de segurança):

1 – Os recintos de 1.ª e 2.ª categorias devem ser dotados de uma dependência destinada ao posto de segurança, com acesso fácil, devidamente identificado e localizado sempre que possível, ao nível da chegada dos meios de socorro exteriores.

2 – As centrais de alarme, bem como os meios de comunicação interna ou externa necessários ao eficaz funcionamento do serviço, devem ser instalados no posto de segurança.

414 Os Espaços do Desporto – Uma Gestão para o Desenvolvimento Humano

Artigo 65.º (Acções de formação):

1 – A entidade exploradora deve promover acções de formação dirigidas ao seu pessoal tendentes ao conhecimento e execução prática do regulamento da exploração.

2 – A entidade exploradora organizará ainda, ou promoverá por recurso a terceiros, cursos práticos em que se estudem e resolvam diferentes situações especiais que podem ocorrer durante a exploração do recinto, asse-

gurando a comparência do pessoal afecto à segurança.

3 – Os cursos ou acções de formação referidos nos números anteriores obedecem a um programa previamente estabelecido pela entidade exploradora, no qual serão também registados os participantes, as apetências mostradas, a duração da acção de formação, a data em que a mesma se realizou e o monitor ou monitores que a acompanharam.

9.11.4. *Os Acessos da Segurança*

Os acessos da segurança são os espaços existentes nas instalações desportivas e nos edifícios complementares cuja vocação e funcionalidade estão definidas para serventia e movimentação de meios e pessoas ligadas às actividades de segurança, sejam elas de vigilância, prevenção ou socorro. São três os diplomas que temos vindo a tratar e que abordam a problemática da regulamentação dos acessos às viaturas de segurança relativas aos edifícios, nomeadamente através de medidas e critérios de segurança[150]. São também poucas as diferenças que podem identificar-se entre os conteúdos de cada um deles, ao nível da concepção do espaço, que respondam às exigências operacionais de movimentação dos agentes de socorro das suas viaturas e apetrechos, e se existem, todas mantêm o espírito de encontrar as melhores formas e as mais apropriadas de o fazerem. Esta referência já tinha sido por nós indicada noutras partes deste trabalho (Capítulo 8.2.2 – Os Acessos Externos, a páginas 239 e Capítulo 8.9 – Os

---

[150]   1 – O Decreto Regulamentar n.º 34/95 de 16 de Dezembro – Regulamento das condições técnicas e de segurança nos recintos de espectáculos e divertimentos públicos;

2 – O Decreto Regulamentar n.º 10/2001 de 7 de Junho – Regulamento das condições técnicas e de segurança dos estádios;

3 – O Decreto Lei n.º 414/98 de 31 de Dezembro que estabelece o Regulamento de Segurança contra incêndios nos edifícios escolares.

A Gestão das Instalações Desportivas – Os Processos de Decisão   415

Espaços de Segurança, a páginas 312) e também prometido o seu trata-mento e apresentação nesta secção, em conjunto com outros diplomas.
O **Decreto Regulamentar n.º 34/95** de 16 de Dezembro – Regula-mento das condições técnicas e de segurança nos recintos de espectáculos e divertimentos públicos, estabelece num primeiro momento a regulamen-tação destas vias no seu artigo 9.º – vias de acesso a recintos alojados em edificações permanentes:

Artigo 9.º (vias de acesso a recintos alojados em edificações permanentes):

1 – As vias de acesso devem ter ligação permanente à via pública, mesmo que estabelecidas em domínio privado.

2 – As vias de acesso devem possibilitar o estacionamento das viaturas de socorro a uma distância não superior a 30 m de toda e qualquer saída do recinto que faça parte dos caminhos de evacuação, nem superior a 50m dos acessos aos ascensores, para uso dos bombeiros em caso de incêndio, quando existam.

3 – Nos recintos cujos pisos acessíveis ao público se situem a uma altura não superior a 9 m, as vias de acesso devem possuir uma faixa, situada nas zonas adjacentes às paredes exteriores referidas no n.º 4 do artigo 6.º, destinada a manobras das viaturas de socorro apresentando as seguintes características:

a) Largura livre mínima de 3,50 m, que nas vias em impasse deve ser aumentada para 7m;

b) Altura livre mínima de 4 m;

c) Raio de curvatura mínimo, ao eixo de 13 m;

d) Inclinação máxima de 15%;

e) Capacidade para suportar um veículo de peso total kN, correspondendo 40kN à carga do eixo dianteiro e 90 kN à carga do eixo traseiro e sendo 4,50 m a distância entre eixos.

4 – Nos recintos com pisos acessíveis ao público situados a uma altura superior de 9 m, a faixa referida no número anterior deve satisfazer o disposto nas alíneas a), b) e c) do mesmo número e ainda as seguintes condições:

a) Distância do bordo da faixa à parede do recinto compatível com a operacionalidade das auto-escadas dos bombeiros;

b) Comprimento mínimo de 10 m;

c) Largura livre mínima de 4 m, que nas vias em impasse deve ser aumentada para 7 m;

d) Inclinação máxima de 10%;

e) Capacidade para resistir ao punçoamento de uma força de 100 kN aplicada numa área circular com 0,20 m de diâmetro.

5 – Nas vias de acesso das viaturas de socorro, o estacionamento só deve ser permitido se dele não resultar prejuízo relativamente ao cumprimento das exigências expressas neste capítulo.

416 Os Espaços do Desporto – Uma Gestão para o Desenvolvimento Humano

Artigo 10.º (Vias de acesso a recintos alojados em tendas e estruturas insufláveis):

1 – As tendas e as estruturas insufláveis que alojem os recintos devem ser servidas por duas vias de acesso a partir da via pública, tão afastadas quanto possível, com a largura mínima de 7 m em recintos de 1.ª categoria, ou de 3,50 m em recintos das restantes categorias.

2 – Em torno dos recintos deve ser previsto um corredor, mantido permanentemente livre, com as seguintes características:

a) Largura não inferior a 3 m;

b) Comprimento não inferior a metade do perímetro do recinto, sem prejuízo do disposto no n.º 3 do artigo 12.º;

c) Altura livre mínima de 3,50 m tendo em conta os eventuais sistemas de ancoragem da estrutura.

3 – O estacionamento de veículos deve ser condicionado pelo disposto no n.º 5 do artigo anterior, sendo, contudo, permitida a utilização de veículos como pontos de ancoragem das estruturas.

Artigo 11.º (Situação dos recintos com pisos a uma altura superior a 28 m):

1 – Os recintos com pisos a uma altura superior a 28 m devem ser situados em edifícios localizados a menos de 3 km de um quartel de bombeiros devidamente apetrechado para intervir em edifícios deste porte.

2 – .../...

Artigo 12.º (Situação dos recintos itinerantes, improvisados ou ao ar livre):

1 – .../...

2 – Os recintos das duas primeiras categorias só podem ser instalados em zonas nas quais possa ser garantida a intervenção imediata e eficaz dos meios de socorro.

3 – .../...

Artigo 13.º (Situação dos recintos com actividades perigosas):

1 – Os recintos onde possam ser exercidas as actividades perigosas devem ser delimitados por elementos de construção ou zonas livres que previnam o público e a vizinhança de quaisquer riscos.

Refere ainda a necessidade de aplicação de **critérios de segurança** relativos aos espaços interiores:

Artigo 47.º (Critérios de segurança):

Os espaços interiores do recinto devem ser organizados por forma a proporcionar condições de comodidade, funcionalidade, higiene, e segu- *rança de utilização e de modo a que, em caso de emergência, os seus ocupantes alcancem, fácil, rápida e seguramente, o exterior pelos seus próprios meios.*

A Gestão das Instalações Desportivas – Os Processos de Decisão

O **Decreto Regulamentar n.° 10/2001** de 7 de Junho – Regulamento das condições técnicas e de segurança dos estádios, é o diploma que mais recentemente aborda estes aspectos relacionados com a concepção dos espaços destinados ao estabelecimento das vias de acesso ao socorro e segurança. Embora algumas regulações se repitam, há especificidades relativamente aos estádios que importa procurar.

*Capítulo II – **Implantação e acessibilidade***

Artigo 6.° (Vias de acesso):

1 – Para permitir a realização de acções de socorro e operações de manutenção, os estádios devem ser servidos por vias de acesso, integrando pelo menos um vão de penetração no recinto até ao terreno desportivo, sendo recomendável a previsão de dois vãos, no mínimo para os estádios das classes A e B, a localizar em pontos opostos do recinto e com características definidas nos artigos seguintes.

2 – Os estádios cujos pisos acessíveis ao público se situem a uma altura não superior a 9 m, medidos em relação às vias de acesso, devem ser servidos por vias de acesso que permitam a aproximação, o estacionamento e a manobra dos veículos dos serviços de socorro e emergência, com as seguintes características:

a) Largura livre mínima de 3,5 m em geral, e de 7 m, nas vias em impasse;

b) Altura livre não inferior a 4 m;

c) Declive máximo de 10%;

d) Raio de curvatura mínimo de 13 m, ao eixo;

e) Pavimentos com capacidade de carga para suportar veículos de peso bruto não inferior a 200 kN.

3 – Nos estádios com pisos acessíveis ao público a alturas superiores a 9 m, medidos em relação às vias de acesso, estas devem satisfazer o disposto no número anterior e ainda as seguintes condições:

a) A distância do bordo da via à parede do recinto deve ser compatível com a operacionalidade das auto-escadas dos bombeiros;

b) Comprimento mínimo do troço da via de 10 m;

c) Largura livre mínima de 4 m que, nas vias em impasse, deve ser aumentada para 7 m;

d) Via com capacidade de resistir a uma força de punçoamento de 100 kN, aplicada numa área circular de 0,2 m de diâmetro.

4 – As vias de acesso devem possibilitar o estacionamento das viaturas de socorro a uma distância não superior a 30 m de qualquer saída do estádio que faça parte do sistema de percursos de evacuação, sem que, contudo, possam obstruir as saídas de evacuação ou dificultar a sua utilização.

5 – As vias de acesso, mesmo que estabelecidas em domínio privado, devem ter ligação permanente à via pública e ser mantidas livres para utilização por veículos de socorro.

418 Os Espaços do Desporto – Uma Gestão para o Desenvolvimento Humano

O **Decreto Lei n.°** **414/98** de 31 de Dezembro que estabelece o Regulamento de Segurança contra incêndios nos edifícios escolares refere-se no seu capítulo II às condições de acesso aos edifícios estabelecendo nos artigos 12.° e seguintes os principais aspectos relacionados com a segurança a este nível.

Artigo 12.° (Critérios de segurança):
1 – Os edifícios devem ser servidos por vias que permitam a aproximação, o estacionamento e a manobra das viaturas dos bombeiros, bem como o estabelecimento das operações de socorro.

2 – As vias referidas no número anterior devem dar acesso a paredes exteriores através da quais seja possível a entrada dos bombeiros no interior dos pisos ocupados que estejam ao seu alcance.

3 – A construção de edifícios de grande altura deve ser condicionada pela existência de um quartel de bombeiros convenientemente apetrechado para intervir em edifícios daquele porte e pela disponibilidade de acessos que permitam uma pronta intervenção.

Artigo 13.° (Vias de acesso aos edifícios):
1 – As vias de acesso aos edifícios devem ter ligação permanente à rede viária pública, mesmo que estabelecidas em domínio privado, e possibilitar o estacionamento das viaturas dos bombeiros a uma distância não superior a 30 m de qualquer saída do edifício que faça parte dos caminhos de evacuação, nem superior a 50m dos acessos dos ascensores para uso dos bombeiros em caso de incêndio, quando existam.

2 – No caso de edifícios de pequena altura, as vias de acesso devem dispor de uma faixa, situada nas zonas adjacentes às paredes exteriores referidas no n.° 2 do artigo anterior, destinada à operação das viaturas dos bombeiros, apresentando as seguintes características:
a) Largura livre mínima de 3,5 m que, nas vias em impasse, deve ser aumentada para 7 m;
b) Altura livre mínima de 4 m;
c) Raio interior de curvatura mínimo de 11 m e, nas vias com raio interior de curvatura inferior a 50 m, produto da sobrelargura pelo raio, ambos medidos em metros, não inferior a 15 m;
d) Inclinação máxima de 15%;
e) Capacidade para suportar um veículo de peso total de 130 kN, correspondendo 40 kN à carga dp eixo dianteiro e 90 kN à carga do eixo traseiro, sendo de 4,5 m a distância entre eixos.

3 – No caso de edifícios de média ou grande altura, a faixa referida no número anterior deve satisfazer o disposto nas alíneas b), c) e e) daquele número e, ainda, as seguintes condições:
a) distância do bordo da faixa à parede do edifício compatível com a operacionalidade das auto-
-escadas;

b) extensão mínima de 10m;

c) Largura livre mínima, excluindo estacionamento, de 4 m, que, nas vias em impasse, deve ser aumentada para 7 m;

d) Inclinação máxima de 10%;

e) Capacidade para resistir ao punçoamento de uma força de 100 kN aplicada numa área circular com 0,2 m de diâmetro.

Artigo 14.° (Pontos de entrada dos bombeiros):

1 – As paredes exteriores referidas no n.° 2 do artigo 12.° devem dispor de vãos com características adequadas à sua transposição pelos bombeiros, os quais devem ser previstos em todos os pisos abrangidos pelo alcance das auto-escadas, e cujo acesso não deve ser comprometido por quaisquer obstáculos, nomeadamente elementos de vegetação, publicitários ou decorativos.

2 – Os pontos de entrada referidos devem ser localizados à razão de 1 ponto, no mínimo, por cada 800 m², ou fracção de 800 m², de área do piso que servem e podem consistir em vão de porta ou de janela, eventualmente ligados a varandas ou galerias, desde que não disponham de grades, grelhagens ou vedações que dificultem a sua transposição e que a partir deles seja assegurada a fácil progressão no piso.

3 – Quando os pontos de entrada forem vãos de janela, o pano de peito não deve ter espessura superior a 0,3 m numa extensão de 0,5 m abaixo do peitoril, no mínimo, para permitir o engate das escadas de ganchos

4 – Os pontos de entrada exclusivamente destinados aos bombeiros devem ser sinalizados por forma a garantir a sua inequívoca identificação a partir das vias que lhes dão acesso(*).

(*)[151]

Existem ainda outros aspectos a considerar na problemática dos acessos de segurança relacionados com o acesso aos parques de estacionamento que se situam quer na vizinhança, quer mesmo dentro dos próprios edifícios. Estes elementos têm regulamentação própria que lhe é conferida pelo **Decreto-Lei n.° 66/95** de 08 de Abril o qual estabelece o Regulamento de segurança contra incêndio em **parques de estacionamento cobertos**, e do qual extraímos os artigos com abordagens alusivas:

---

[151] Sobre caminhos e vãos de saída, ver o ponto 8.5.9 – Os Espaços-Canais ou de Circulação, pág. 294 e seguintes, particularmente quando aborda o O Decreto Regulamentar n.° 10/2001 de 7 de Junho – Regulamento das condições técnicas e de segurança dos estádios.

420 Os Espaços do Desporto – Uma Gestão para o Desenvolvimento Humano

CAPÍTULO II – **Facilidades para intervenção dos bombeiros**

Artigo 5.° (Condições de acesso):

1 – As entradas e saídas dos parques destinados a veículos ou a peões devem ser servidas por arruamentos que permitam o acesso, estacionamento e manobra das viaturas dos bombeiros.

2 – Os arruamentos referidos no n.° 1, mesmo que estabelecidos no domínio privado, devem ter ligação permanente com a rede viária pública e dispor de uma faixa de rodagem que satisfaça as seguintes condições:

a) Nos arruamentos ligados à rede viária pública nos dois extremos, a largura da faixa de rodagem não deve ser inferior a 3 m, excluídos eventuais espaços para estacionamento de veículos;

b) Nos arruamentos ligados à rede viária pública num só extremo, a largura da faixa de rodagem não deve ser inferior a 7 m, excluídos eventuais espaços para estacionamento de veículos;

c) Em toda a extensão da faixa de rodagem devem poder circular viaturas de 3,5 m de altura;

d) A inclinação da faixa de rodagem não deve ser superior a 15%;

e) A capacidade resistente da faixa de rodagem deve ser suficiente para suportar uma viatura que transmita uma carga de 40 kN através do eixo dianteiro e uma carga de 90 kN através do eixo traseiro, sendo de 4,5 m a distância entre eixos;

f) Nos troços curvos de desenvolvimento circular da faixa de rodagem, o raio interior R da faixa não deve ser inferior a 11 m e, sempre que ele for inferior a 50 m, a sobrelargura S da faixa, no troço considerado, deve ser igual ao quociente 15/R, sendo R e S expressos em metros;

3 – As aberturas nas paredes exteriores dos parques que possibilitem o acesso directo dos bombeiros a pisos situados a uma altura superior a 9 m em relação ao nível de referência devem ser servidas por arruamentos que permitam o acesso, estacionamento e manobra das auto-escadas dos bombeiros.

4 – Os arruamentos referidos no número anterior, mesmo que estabelecidos no domínio privado, devem ter ligação permanente com a rede viária pública e dispor de uma faixa de rodagem que satisfaça as condições indicadas no n.° 2, sem prejuízo dos ajustamentos e complementos seguintes:

a) Nos arruamentos ligados à rede viária pública nos dois extremos, a largura da faixa de rodagem, num troço rectilíneo de extensão não inferior a 10 m destinado ao estacionamento de auto-escadas, não deve ser inferior a 4 m, excluídos eventuais espaços para estacionamento de veículos;

b) Nos arruamentos ligados à rede viária pública num só extremo, a largura da faixa de rodagem, num troço rectilíneo de extensão não inferior a 10 m destinado ao estacionamento de auto-escadas,

*não deve ser inferior a 7 m, ex-
cluídos eventuais espaços para
estacionamento de veículos;*

*c) A inclinação da faixa de roda-
gem, no troço destinado ao estacionamento de auto-escadas, não
deve ser superior a 10%;*

*d) A capacidade resistente da faixa
de rodagem, no troço destinado
ao estacionamento de auto-escadas, deve ser suficiente para
suportar uma carga de 100 kN
aplicada sobre uma superfície de
0,2 m de diâmetro;*

*e) No caso de o troço da faixa de
rodagem destinado ao estacionamento de auto-escadas ser paralelo a uma parede exterior com
aberturas que possibilitem o
acesso dos bombeiros aos pisos
do parque, a distância entre a
faixa de rodagem e a parede deve
estar compreendida entre 1 m e
3 m se as auto-escadas disponíveis tiverem um alcance de 18 m,
entre 1 m e 6 m se as auto-escadas disponíveis tiverem um alcance de 24 m e entre 1 m e 8 m*

*se as auto-escadas disponíveis
tiverem um alcance de 30 m;*

*f) No caso de o troço da faixa de
rodagem destinada ao estacionamento de auto-escadas ser
perpendicular a uma parede exterior com aberturas que possibilitem o acesso dos bombeiros
aos pisos do parque, o referido
troço deve terminar a menos de
1 m da parede e as referidas
aberturas devem situar-se numa
extensão da parede de largura
igual à largura de faixa de rodagem se as auto-escadas disponíveis tiverem um alcance de
18 m ou igual à largura da faixa
de rodagem acrescida, para um
e outro lado, de 2 m se as auto-
escadas disponíveis tiverem um
alcance de 24 m e de 6 m se as
auto-escadas disponíveis tiverem
um alcance de 30 m;*

*5 – O estacionamento de veículos
nos arruamentos referidos nos números 1 e 3 deste artigo deve ser condicionado de modo a não comprometer
as serventias ali indicadas.*

9.11.4.1. *As Vias de Evacuação*

As vias de evacuação são espaços por onde podem circular pessoas,
que se destinam a permitir que estas, estando dentro das instalações, possam rapidamente, em caso de emergência, por motivos de incêndio, inun-
dação, desabamento ou outro motivo qualquer, abandonar o seu interior,
preservando a sua vida (em primeiro lugar), permitindo o livre fluxo e
seguro até a uma localização suficientemente afastada dos locais onde está
o foco do risco.

As vias de evacuação têm de ser concebidas em função do tipo de utilização que se espera vir a ser necessária, maximizando as respectivas capacidades de utilização para valores de desafogo, necessários às situações de catástrofe e emergência. Cada espaço, palas características físicas, de dimensão, de forma, funcionalidade e lotação, apresenta especificidades próprias no que respeita às necessidades de evacuação.

No conceito de vias de evacuação podem ser considerados vários elementos, como sejam: As saídas, as portas, os caminhos, as rampas, as escadas, as vias horizontais e as vias verticais, as dimensões, as distâncias a percorrer, o número de saídas e respectiva localização, o grau ou tipo de risco (A, B, C, e D) e outras especificações que são aplicáveis na concepção dos edifícios.

A **Resolução do Conselho de Ministros n.º 31/89** de 15 de Setembro que estabelece medidas cautelares contra incêndios em edifícios públicos, refere no seu artigo 3.º (objectivo), n.º 2 a) o seguinte:

Artigo 3.º (objectivo):
.../...
2 – Com vista à satisfação destas exigências devem ser tomadas, sempre que possível, as providências seguintes com os ajustamentos adequados à dimensão dos serviços:
a) Estabelecer os caminhos de evacuação adequados que facilitem a evacuação rápida e segura dos ocupantes;
.../...
d) Instalar sistemas de aviso, alerta, iluminação de segurança e sinalização apropriados;
e) Providenciar a afixação em lugares adequados, de instruções de segurança, incluindo esquemas relativos aos caminhos de evacuação referidos na alínea a) para cada compartimento;
.../...

Artigo 4.º (facilidades para evacuação dos edifícios):
1 – Definição, em função das condições concretas do edifício, de caminhos de evacuação para o exterior, de modo a satisfazer, dentro do possível, os condicionamentos seguintes:
a) Ao nível de cada piso, os caminhos de evacuação devem conduzir os ocupantes para as escadas;
b) Os corredores e escadas que constituem os caminhos de evacuação devem encontrar-se desimpedidos de obstáculos (mesas, armários, etc.) que dificultem a deslocação dos ocupantes;
c) As escadas, quando não são protegidas quanto à invasão por fumos gases quentes e chamas, devem ser complementadas por outras que constituam uma saída alternativa;
d) Na parte superior das caixas de escada devem ser previstas aberturas com uma área total não

A Gestão das Instalações Desportivas – Os Processos de Decisão   423

inferior a 1 m² (clarabóias ou janelas envidraçadas), guarnecidas com obturadores munidos de dispositivo que permita a sua fácil abertura a partir do piso de entrada do edifício;

e) As portas existentes nos caminhos de evacuação devem abrir no sentido da saída; caso algumas delas tenham de estar normalmente fechadas, devem poder abrir-se, em qualquer circunstância e por qualquer pessoa, pelo lado interior;

f) O edifício deve estar dotado de uma instalação de iluminação de segurança que entre em funcionamento sempre que o sistema de iluminação normal deixe de funcionar;

g) Os caminhos de evacuação devem dispor de indicativos de fácil interpretação, tanto de dia como de noite, de modo a orientar os ocupantes no sentido da saída do edifício.

A **Portaria n.º 1101/2000** de 20 de Novembro, que estabelece as disposições legais aplicáveis ao projecto e à execução de obras, identifica a normativa necessária para responder às necessidades de especificações relativas à concepção destes tipos de espaços, particularmente na secção V Capítulo XII, em várias páginas e particularmente a páginas 6658 do Diário da República, onde são referidos os diplomas correspondentes.

O **Decreto-Lei n.º 414/98** de 31 de Dezembro que estabelece o Regulamento de Segurança contra incêndios nos **edifícios escolares** refere para os diferentes tipos de espaços interiores especificações diferenciadas para cada um deles, quer sejam de tipo A, B, C, ou D.

*SECÇÃO II – **Disposições gerais***

Artigo 56.º (Medição da largura útil das saídas e dos caminhos de evacuação):

1 – A largura útil das saídas e dos caminhos de evacuação é medida em unidades de passagem e deve ser assegurada desde o pavimento, ou do focinho dos degraus das escadas, até à altura de 2 m.

2 – O número de unidades de passagem a considerar para um componente dos caminhos de evacuação é o

inteiro resultante do arredondamento por defeito do número obtido pela conversão da sua largura em unidades métricas.

3 – Nas vias de evacuação com mais de 1 up é permitida a existência de elementos de sinalização e decoração ou de equipamentos compreendidos nos espaços de circulação, desde que satisfaçam as seguintes condições:

a) Sejam solidamente fixados às paredes ou aos pavimentos;

b) Não reduzam as larguras mínimas impostas em mais de 0,1 m;

c) Não possuam saliências susceptíveis de prender o vestuário ou os objectos normalmente transportados pelos ocupantes.

4 – Nas zonas de transposição de portas com largura superior a 1 up é permitida uma tolerância de 5% nas larguras mínimas requeridas, medidas em unidades métricas.

Artigo 57.° (Características das portas dispostas nas saídas):
1 – As portas de saída utilizáveis por mais de 50 pessoas devem satisfazer as seguintes condições:
a) Abrir facilmente no sentido da evacuação sem recurso a meios de desbloqueamento de ferrolhos ou outros dispositivos de trancamento;
b) Se a evacuação for possível nos dois sentidos, ser do tipo vaivém e comportar superfícies transparentes à altura da visão.
2 – As portas de saída utilizáveis por mais de 200 pessoas devem ser equipadas com sistemas de abertura antipânico.
3 – O disposto nos números anteriores não se aplica aos componentes de obturação dos vãos que sejam mantidos fixados na posição aberta durante os períodos de ocupação, desde que não sejam providos de dispositivos de fecho automático em caso de incêndio.
4 – As portas que abram para o interior de vias de evacuação devem, quando possível, ser recedidas, a fim de não comprometer a passagem nas vias quando se encontrem total ou parcialmente abertas.

5 – Nos casos de manifesta impossibilidade do cumprimento do disposto no número anterior, as respectivas folhas devem ter possibilidade de rodar segundo um ângulo que lhes permita encostar totalmente à parede adjacente à porta quando se encontrem na posição aberta.
6 – Nas posições intermédias de abertura as portas de saída que dão acesso a vias de evacuação não devem reduzir em mais de 50% as larguras úteis mínimas impostas no presente Regulamento.
7 – As portas de laboratórios e oficinas destinadas aos alunos, bem como de outros locais de risco C com fortes riscos de incêndio ou de explosão, devem abrir no sentido da saída.

Artigo 58.° (Portas de tipos especiais):
1 – As portas giratórias e as portas de deslizamento lateral não motorizadas não são consideradas como portas de saída em caso de incêndio.
2 – As portas motorizadas dispostas nas saídas devem, em caso de falta de energia ou de falha no sistema de comando, abrir por deslizamento lateral automático, libertando o vão respectivo em toda a sua largura, ou poder abrir-se por rotação no sentido da evacuação, obtida por pressão manual, segundo um ângulo não inferior a 90.°.
3 – Sempre que existam nos caminhos de evacuação portas dos tipos referidos no n.° 1, devem ser dispostas, junto a elas, outras portas, satisfazendo as condições do artigo anterior, tendo afixada a inscrição «Saída de emergência».

*Artigo 59.º (Guardas das vias de eva-
cuação elevadas):*

A altura mínima das guardas das
vias de evacuação elevadas, medida
em relação ao pavimento ou ao focinho dos degraus da via, deve ser a
constante do quadro seguinte, em função da diferença de cotas entre o pavimento ou o cobertor do degrau da via,
no ponto considerado, e o plano horizontal a que sejam sobranceiras:

SECÇÃO III – **Locais de risco A**

*Artigo 60.º (Situação dos locais desti-
nados aos alunos):*

1 – Sem prejuízo do disposto no n.º 3,
os locais destinados aos alunos não
devem situar-se em níveis inferiores ao
do piso imediatamente abaixo do piso
de saída do edifício.

2 – Se os locais referidos no número
anterior se situarem abaixo do piso de
saída do edifício, a diferença entre a
cota do piso de saída e a cota do ponto
mais baixo do pavimento do local não
deve ser superior a 6 m.

3 – Em jardins-de-infância, os locais
destinados às crianças não devem situar-
-se abaixo do piso de saída do edifício.

*Artigo 61.º (Limitação das distâncias
a percorrer):*

1 – Nos locais de **risco A** com uma
única saída a distância máxima a percorrer de qualquer ponto até à saída
deve ser de 15 m.

2 – Nos locais dotados de mais de
uma saída a distância máxima a percorrer de qualquer ponto até à saída
mais próxima deve ser de:

a) 40 m, nas zonas com acesso a
saídas distintas;
b) 15 m, nas zonas em situação de
impasse.

3 – Sempre que todos os caminhos
de evacuação de um local de **risco A**
incluam percursos num outro local,
classificado nos riscos A, B ou D, e
este disponha de uma única saída, a
distância máxima a percorrer de qualquer ponto do primeiro até à saída do
segundo deve ser de 20 m.

Artigo 62.º (Acessibilidade das saídas):

Nos locais de **risco A** o mobiliário,
os equipamentos e os elementos decorativos devem ser dispostos por forma
que os percursos até às saídas sejam
clara e perfeitamente delineados.

Artigo 63.º (Largura das saídas):

Nos locais de **risco A** com área
superior a 50 m' a largura mínima de
cada saída deve ser de 1 up.

SECÇÃO IV – **Locais de risco B**

Artigo 64.º (Situação):

1 – Os locais de **risco B** devem ser
situados a níveis próximos do piso de
saída do edifício e, sempre que possível, comunicar com o ar livre.

2 – Os locais de **risco B** que se
situem abaixo do piso de saída do edifício devem satisfazer o disposto no
n.º 2 do artigo 60.º

*Artigo 65.º (Limitação das distâncias
a percorrer):*

Nos locais de **risco B** a distância máxima a percorrer de qualquer

ponto até à saída mais próxima deve ser de:

    a) 40 m, nas zonas com acesso a saídas distintas;

    b) 10 m, nas zonas em situação de impasse.

Artigo 66.° (Acessibilidade das saídas):

    1 – Os locais de **risco B** *devem satisfazer o disposto no artigo 62.°*

    2 – O mobiliário e os equipamentos dispostos nas proximidades dos percursos de acesso às saídas devem ser solidamente fixados ao pavimento ou às paredes sempre que não possuam peso ou estabilidade suficientes para prevenir o seu arrastamento ou derrube, pelos ocupantes, em caso de fuga precipitada.

    3 – As diferenças de nível existentes nos percursos para as saídas devem ser vencidas por rampa com declive não superior a 10%, ou por grupos de degraus iguais, em número não inferior a três, elementos estes que devem distar mais de 1 m de qualquer saída.

Artigo 67.° (Número e localização das saídas):

    1 – Os locais de **risco B** *devem ser dotados de duas saídas, no mínimo, comunicando directamente com vias de evacuação ou com o exterior do edifício.*

    2 – Nos locais que possam admitir mais de 500 pessoas o número de saídas não pode ser inferior a três.

    3 – As saídas devem ser criteriosamente distribuídas pelo perímetro dos locais, por forma a prevenir o seu bloqueio simultâneo em caso de sinistro.

    4 – Quando o pavimento dos locais não seja horizontal, como é o caso nos anfiteatros, as saídas devem ser posicionadas por forma que pelo menos metade da capacidade de evacuação exigida para o local seja situada abaixo do nível médio do pavimento.

Artigo 68.° (Largura das saídas):

    1 – A largura mínima das saídas deve ser de 1 up.

    2 – No caso de locais que possam receber mais de 200 pessoas, apenas podem ser consideradas para a determinação da capacidade de evacuação saídas com largura não inferior a 2 up.

    3 – A largura das saídas dos locais deve ser determinada de modo que, sendo N o número de saídas do local, a capacidade de qualquer conjunto de N – 1 saídas seja a correspondente a 1 up por 100 pessoas, ou fracção de 100 pessoas.

SECÇÃO V – *Locais de risco C*

Artigo 69.° (Situação):

    1 – Os locais de **risco C** *afectos a serviços técnicos devem ser situados, sempre que possível, na periferia dos edifícios, ao nível do terreno circundante, e não comunicar com locais de riscos B ou D, nem com vias verticais de evacuação.*

    2 – Os locais de **risco C** *não devem comunicar com os pátios prolongados até à cobertura previstos na alínea b) do n.° 2 do artigo 20.° quando estes sejam cobertos e confinem com locais com camas.*

Artigo 70.° (Limitação das dimensões das arrecadações e dos arquivos):

1 – As arrecadações e os arquivos não devem, em geral, ter volume unitário superior a 1200 m3.

2 – O limite referido no número anterior é reduzido a metade no caso de arrecadações ou arquivos situados em edifícios de grande altura ou em pisos enterrados.

3 – No caso de locais para depósito ou armazenamento de materiais que apresentem carga de incêndio particularmente reduzida, ou que sejam dotados de meios de extinção especiais, pode a entidade licenciadora autorizar dimensões superiores às indicadas nos números anteriores.

Artigo 71.° (Locais de depósito ou armazenamento de líquidos inflamáveis):

1 – Os locais destinados a depósito ou armazenamento de líquidos inflamáveis em quantidade superior a 2001 devem satisfazer as seguintes condições:

a) Dispor de superfícies de descompressão para o exterior do edifício em caso de explosão, consistindo em vãos abertos ou fechados por elementos frágeis;

b) Ter pavimento rebaixado e impermeabilizado, por forma a conter líquidos acidentalmente derramados;

c) Ser dotados de ventilação nas condições do artigo 123.°

2 – O limiar indicado no número anterior é reduzido para 10 1 no caso de líquidos com ponto de inflamação inferior a 0.°C e com ponto de ebulição, à pressão normal, inferior a 38.°C.

Artigo 72.° (Limitação das distâncias a percorrer):

Nos laboratórios e oficinas destinados aos alunos a distância máxima a percorrer de qualquer ponto até à saída mais próxima deve ser de:

a) 20 m, nas zonas com acesso a saídas distintas;

b) 5 m, nas zonas em situação de impasse.

*SECÇÃO VI – **Locais de risco D***

Artigo 73.° (Situação):

1 – Os locais destinados ao ensino especial de deficientes devem satisfazer as seguintes condições:

a) Situar-se em níveis próximos do piso de saída do edifício e, de preferência, neste;

b) Não se situarem abaixo do piso de saída do edifício quando destinados a deficientes visuais ou motores;

c) Satisfazer o disposto no n.° 2 do artigo 60.° quando situados abaixo do piso de saída do edifício.

2 – A inclusão de espaços destinados a deficientes que se desloquem em cadeira de rodas em pisos acima do piso de saída do edifício deve ser condicionada à existência de meios de evacuação adequados.

3 – Os locais com camas não devem situar-se abaixo do piso de saída do edifício.

428 Os Espaços do Desporto – Uma Gestão para o Desenvolvimento Humano

Artigo 74.° (Limitação das distâncias a percorrer):
*Nos locais de **risco D** a distância máxima a percorrer de qualquer ponto até à saída mais próxima deve satisfazer o disposto no artigo 65.°*

Artigo 75.° (Acessibilidade das saídas):
*1 – Nos locais de **risco D** deve ser satisfeito o disposto no artigo 62.°*
2 – As diferenças de nível existentes nos percursos para as saídas devem ser vencidas por rampas com declive não superior a 10%, as quais devem distar mais de 1 m de qualquer saída.
*3 – As saídas dos locais de **risco D** devem conduzir, directamente ou através de outros locais de **risco D**, a vias de evacuação ou ao exterior do edifício. I*

Artigo 76.° (Saídas):
*1 – As saídas dos locais de **risco D** com lotação superior a 100 ocupantes devem satisfazer o disposto nos artigos 67.° e 68.°*
*2 – A largura mínima das saídas de locais de **risco D** destinados a deficientes que se desloquem em cadeira de rodas é de 1 up.*

*SECÇÃO VII – **Caminhos horizontais de evacuação***

Artigo 77.° (Características gerais):
1 – Os caminhos horizontais de evacuação devem proporcionar o acesso rápido e seguro às saídas de piso através de encaminhamentos claramente traçados e tão curtos quanto possível.

2 – As vias horizontais de evacuação devem conduzir directamente a vias verticais de evacuação ou ao exterior do edifício.
3 – Nos pisos que, por força do presente Regulamento, sejam servidos por duas ou mais vias verticais de evacuação protegidas, os caminhos horizontais de evacuação não devem ter percursos no interior daquelas, de modo a garantir a evacuação de todos os ocupantes do piso em caso de bloqueio de uma das vias verticais por um sinistro noutro piso.
*4 – Nos caminhos horizontais de evacuação de locais de **riscos A, B e D** não são permitidos percursos em locais ocupados por outras entidades.*
5 – Aos desníveis existentes nas vias horizontais de evacuação é aplicável o disposto no n.° 3 do artigo 66.°

Artigo 78.° (Vias horizontais de evacuação a proteger):
As vias horizontais de evacuação devem ser protegidas, nas condições do artigo 26.°, em qualquer das seguintes circunstâncias:
a) Vias, ou troços de via, incluídas nas comunicações comuns do edifício;
b) Vias, ou troços de via, compreendidas em edifícios de grande altura e de comprimento superior a 5 m;
*c) Vias incluídas nos caminhos horizontais de evacuação de locais de **riscos B** ou **D**, nos casos em que os locais não disponham de vias alternativas com características adequadas;*

A Gestão das Instalações Desportivas – Os Processos de Decisão 429

d) Vias, ou troços de via, em situação de impasse com comprimento superior a 5 m, excepto se todos os locais que servirem dispuserem de saídas para outras vias de evacuação com características adequadas.

Artigo 79.° (Largura das vias horizontais de evacuação):

1 – A largura útil em qualquer ponto das vias horizontais de evacuação não deve ser inferior à correspondente a 1 up por cada 100 utilizadores, ou fracção, com um mínimo de 2 up nos seguintes casos:

a) Vias de evacuação de locais de **risco B;**

b) Vias de evacuação situadas em edifícios de grande altura e utilizáveis por mais de 50 pessoas.

2 – Para determinação da largura útil mínima dos troços de vias que estabeleçam ligação entre vias verticais de evacuação e saídas para o exterior do edifício deve ser considerado o maior dos seguintes valores:

a) Número, de utilizadores provenientes do piso de saída;

b) Número de utilizadores considerados para o dimensionamento das vias verticais de evacuação.

Artigo 80.° (Limitação das distâncias a percorrer):

1 – A distância máxima a percorrer nos impasses de vias horizontais de evacuação deve ser de 15 m, excepto nos casos em que todos os locais de permanência servidos possuam saídas para outras vias de evacuação.

2 – Os caminhos horizontais de evacuação devem ser organizados por forma que a distância máxima a percorrer no piso, de qualquer ponto susceptível de ocupação até à saída que lhe esteja mais próxima, não exceda, em regra, 50 m.

3 – A distância referida no número anterior é reduzida para 40 m nos pisos que se encontrem numa das seguintes circunstâncias:

a) Situados em edifícios de grande altura;

b) Situados abaixo do piso da saída.

SECÇÃO VIII – **Vias verticais de evacuação**

Artigo 81.° (Número e localização das vias):

1 – O número de vias verticais de evacuação a considerar no edifício é o decorrente da limitação das distâncias a percorrer nos seus pisos, de acordo com o disposto nos artigos correspondentes.

2 – Nos edifícios que, por força do presente Regulamento, disponham de mais de uma via vertical de evacuação, estas devem ser convenientemente espaçadas, por forma a prevenir o seu bloqueio simultâneo em caso de incêndio.

Artigo 82.° (Características gerais das vias):

1 – As vias verticais de evacuação devem, sempre que possível, ser contínuas ao longo da sua altura até ao piso de saída do edifício.

2 – *Quando, excepcionalmente, o desenvolvimento de uma via não for contínuo, os percursos horizontais de ligação devem ter comprimento reduzido e traçado simples e claro.*

3 – *Com a excepção prevista no número seguinte, as vias que sirvam pisos situados abaixo do piso de saída do edifício não devem comunicar directamente com as que sirvam os seus pisos elevados.*

4 – *O disposto no número anterior é dispensado nos edifícios com um número de pisos não superior a três.*

5 – *Devem ser reduzidos ao mínimo os recantos e outros espaços que encorajem o armazenamento nas vias, ainda que temporário, de quaisquer materiais ou equipamentos.*

Artigo 83.° (Vias verticais de evacuação a proteger):

1 – *As vias verticais de evacuação, bem como o percurso horizontal no piso de saída até ao exterior, devem, em geral, ser protegidas nas condições do artigo 27.°*

2 – *A protecção exigida no número anterior pode ser dispensada nas vias situadas em edifícios com um máximo de três pisos, desde que não constituam a única via vertical de evacuação de locais de **riscos B** ou **D**, bem como nos casos previstos no n.° 2 do artigo 19.°*

3 – *As comunicações entre vias protegidas e locais de **risco C** devem ser estabelecidas através de câmaras corta-fogo.*

Artigo 84.° (Largura das vias verticais de evacuação):

1 – *A largura útil em qualquer ponto das vias verticais de evacuação não deve ser inferior à correspondente a 1 up por cada 60 utilizadores, ou fracção, com um mínimo de 2 up em edifícios de grande altura.*

2 – *O número de utilizadores a considerar em cada piso é o correspondente à maior de entre as lotações desse piso e dos que lhe são superiores, ou inferiores, no caso de pisos situados abaixo da saída para o exterior, não sendo necessário acumular lotações de diferentes pisos.*

3 – *No caso de pisos com acesso a mais de uma via, o número de ocupantes a evacuar por cada uma delas é calculado distribuindo a sua lotação proporcionalmente às larguras úteis das vias.*

Artigo 85.° (Características das escadas):

1 – *As escadas incluídas nas vias verticais de evacuação devem ter as seguintes características:*

a) *Declive máximo de 78% (38.°);*

b) *Número de lanços consecutivos sem mudança de direcção no percurso não superior a dois;*

c) *Número de degraus por lanço compreendido entre 3 e 25.*

2 – *Em cada lanço os degraus, com eventual excepção do primeiro inferior, devem ter as mesmas dimensões.*

3 – *Se os degraus não possuírem espelho, deve existir uma sobreposição mínima de 50 mm entre os seus cobertores.*

A Gestão das Instalações Desportivas – Os Processos de Decisão 431

4 – A distância mínima a percorrer nos patamares, medida no eixo da via em escadas com largura de 1 up e a 0,5 m da face interior em escadas com largura superior, deve ser de 1 m.

5 – Nas escadas curvas os lanços devem ter as seguintes características:

a) Declive constante;

b) Largura mínima dos cobertores dos degraus, medida a 0,6 m da face interior da escada, de 0,28 m;

c) Largura máxima dos cobertores dos degraus, medida na face exterior da escada, de 0,42 m.

6 – As escadas devem ser dotadas de, pelo menos, um corrimão, o qual, nas escadas curvas, se deve situar na sua face exterior.

7 – As escadas com largura igual ou superior a 3 up devem ter corrimão de ambos os lados.

Artigo 86.º (Características das rampas):

As rampas incluídas nas vias verticais de evacuação devem ter as seguintes características:

a) Declive máximo de 8 %;

b) Distância mínima a percorrer nos patamares, medida no eixo da via em rampas com largura de 1 up e a 0,5 m da face interior em rampas com largura superior, de 2 m;

c) Piso antiderrapante.

Artigo 87.º (Condições de utilização das escadas mecânicas e tapetes rolantes):

1 – As escadas mecânicas e os tapetes rolantes são permitidos em vias verticais de evacuação sempre que os pisos que sirvam disponham de outras vias de evacuação com capacidade não inferior a 50% da capacidade exigida pelo presente Regulamento.

2 – As espadas mecânicas e os tapetes rolantes incluídos nas vias de evacuação devem ter as seguintes características:

a) Operarem, em exploração normal, no sentido da saída;

b) Possuírem dispositivos, de accionamento fácil e evidente, em cada um dos seus topos, que promovam a sua paragem;

c) A distância a percorrer nos patamares, medida no eixo da via, não ser inferior a 5 m, ou a 3 m no caso de vias com a largura de 1 up.

3 – As escadas mecânicas dispostas nas vias de evacuação devem satisfazer o disposto nas alíneas b) e c) do n.º 1 do artigo 85.º.

O **Decreto Regulamentar n.º 34/95** de 16 de Dezembro – Regulamento das condições técnicas e de segurança nos recintos de espectáculos e divertimentos públicos, refere do mesmo modo no seu articulado um

432 Os Espaços do Desporto – Uma Gestão para o Desenvolvimento Humano

conjunto de disposições relativas às vias de evacuação horizontal e vertical, definindo-as deste modo:

Artigo 135.º (Disposições comuns) – definição de conceitos:
1. Vias de evacuação horizontal (artigos 136.º, 137.º, 138.º e 139.º) – "As vias de evacuação horizontal devem permitir o acesso rápido cómodo e seguro do público às saídas do respectivo piso, ou do recinto (artigo 136.º).

2. Vias de evacuação vertical (artigos 140.º, 141.º, 142.º, 143.º, 144.º e 145.º) – "As vias de evacuação vertical podem consistir em escadas, escadas mecânicas, ou rampas, nas condições do Regulamento.

A **Portaria n.º 1444/2002** de 7 de Novembro que estabelece os planos de emergência das escolas refere-se, neste domínio ao desimpedimento e livre utilização dos caminhos de evacuação:

Artigo 7.º (Praticabilidade dos caminhos de evacuação):
1 – Os caminhos de evacuação devem ser mantidos desimpedidos.
2 – Não devem ser colocados nas vias de evacuação, mesmo que a título provisório, quaisquer objectos, materiais ou peças de mobiliário ou de decoração que possam criar os seguintes efeitos:
a) Favorecer a deflagração ou o desenvolvimento do incêndio;
b) Ser derrubados ou deslocados;

c) Reduzir as larguras exigíveis no capítulo IV do Regulamento;
d) Dificultar a abertura de portas de saída;
e) Prejudicar a visibilidade da sinalização ou iludir o sentido das saídas;
f) Prejudicar o funcionamento das instalações de segurança, nomeadamente de alarme, extinção ou controlo de fumos em caso de incêndio.

Também o **Decreto Regulamentar n.º 10/2001** de 7 de Junho – Regulamento das condições técnicas e de segurança dos **estádios**, apresenta o que há de mais moderno e actual no domínio da concepção destes espaços, relativamente à evacuação:

Artigo 10.° (Percursos de evacuação e vãos de saída):

1 – Em todos os locais de um estádio acessíveis à circulação e à permanência de pessoas, em particular naqueles reservados às pessoas com deficiência que se desloquem em cadeira de rodas, devem ser tomadas em consideração todas as medidas que permitam facilitar a saída e a evacuação dos ocupantes a todo o instante, e pelos seus próprios meios, designadamente pela eliminação de todos os eventuais obstáculos construídos ou móveis que, de alguma forma, possam dificultar ou inviabilizar a utilização dos percursos integrados nos percursos de evacuação.

2 – Os vãos de acesso e de saída do estádio, as escadarias, as rampas e os corredores que façam parte dos percursos de evacuação dos locais destinados à circulação e permanência de espectadores, devem ser independentes do sistema de acessos e circulações destinados a servir o terreno desportivo e zonas de actividades conexas.

3 – As circulações e os vãos de passagem integrados nos percursos de evacuação definidos no número anterior devem satisfazer os seguintes requisitos:

a) A largura útil de passagem deve ser calculada na base de 1 up/ /250 pessoas, com a dimensão mínima de 2 up, com as excepções previstas para os sectores de permanência dos espectadores;

b) A distância real máxima a percorrer a partir de um vomitório, da saída de um sector ou de qualquer local de permanência acessível ao público, até atingir a saída do estádio ou uma área do percurso de evacuação situada ao ar livre ou com condições de desenfumagem, não poderá ser superior a 80 m, ou a 20 m nos percursos em impasse;

c) As distâncias referidas na alínea anterior são reduzidas a metade quando o percurso se desenvolva em espaços interiores ou sem condições de desenfumagem.

4 – As portas que se situem nos locais e percursos referidos no número anterior não poderão possuir fechaduras accionáveis por chave ou qualquer dispositivo de trancamento e serão dotadas de batentes que permitam a sua pronta abertura, sempre que pressionadas no sentido da saída, devendo ser munidas de barras antipânico, quando sirvam locais ou sectores utilizáveis por mais de 200 pessoas.

5 – Exceptuam-se do disposto nos números anteriores as portas e os gradeamentos articuláveis ou de deslizamento lateral destinados a protecção exterior do estádio contra intrusão, desde que sejam mantidos abertos, em posição fixa, durante os períodos de abertura do recinto ao público.

6 – Os desníveis a vencer no sistema de percursos de evacuação serão realizados com rampas de declive não

434 *Os Espaços do Desporto – Uma Gestão para o Desenvolvimento Humano*

superior a 12% ou por escadas que poderão apresentar largura crescente no sentido da saída, compostas com lanços de directriz rectilínea e degraus com superfície antiderrapante, em número não inferior a 3 nem superior a 25, possuindo as seguintes características:

a) Altura dos degraus: máxima – H = 0,2 m; recomendada – 0,15 m < H < 0,17 m;

b) Largura útil dos cobertores: mínima – L = 0,25 m; recomendada – 0,3 m < L < 0,35 m;

c) Relação recomendada entre H e L: 0,6 m < L + 2 H < 0,65 m.

7 – Os patamares de ligação das escadas e rampas definidas no número anterior deverão ter largura igual à da escada e comprimento no mínimo igual à largura, podendo ser de directriz circular, desde que mantenham a largura constante, sendo admissível a confluência de dois lanços de escada num único lanço, desde que este último tenha uma largura útil igual à soma dos outros dois, medidas em unidades de passagem.

8 – As escadas devem possuir corrimãos laterais, solidamente fixados à altura de 0,9 m a 1,1 m do pavimento ou do focinho dos degraus, de modo a que as suas extremidades rematem nas paredes ou nos pavimentos e não constituam elemento de bloqueio do vestuário dos utilizadores, e com dimensões que não reduzam a largura útil de passagem em mais de 0,1 m em percursos com largura igual ou inferior a 2 up, ou a 0,2 m nos restantes casos.

9 – As escadas e rampas com largura útil superior a 3 m serão divididas por corrimãos em passagens com larguras mínimas de 2 up.

10 – As disposições dos n.ºs 8 e 9 deste artigo não se aplicam às escadas integradas nas circulações internas das tribunas.

Para além dos espaços de prática desportiva e com ela relacionada, particularmente todas as acções complementares, é preciso considerar também as vias de evacuação em outros tipos de espaços como sejam os parques de estacionamento que são reguladas em diploma próprio: É o **Decreto-Lei n.° 66/95** de 08 de Abril que estabelece o Regulamento de segurança contra incêndio em **parques de estacionamento** cobertos que no seu Capítulo IV apresenta as normas técnicas relativas aos caminhos de evacuação, no seu artigo 12.° (Caminhos dentro dos pisos) e 13.° (Saídas para o exterior dos pisos):

Artigo 12.° (Caminhos dentro dos pisos):
1 – Em cada piso ou sector resultante da compartimentação dos pisos, *os caminhos de evacuação devem ser definidos por passadeiras de circulação de peões marcadas nos pavimentos.*

2 – A largura de passagem ao longo das passadeiras, livre de quaisquer obstáculos até à largura de 2m e não comprometida pela abertura de portas deve ser inferior a 0,90 m.

Artigo 13.° (Saídas para o exterior dos pisos):

1 – A evacuação dos pisos ou dos sectores resultantes da compartimentação dos pisos para o exterior do parque deve, em geral, ser realizada por escadas, mas, nos pisos ou sectores que têm ligação directa por rampa com o exterior do parque, a evacuação pode ser feita por passeio, marginando

a rampa, de largura não inferior a 0,90 m e sobrelevado de, pelo menos, 0,08 m em relação à rampa.

2 – Em cada piso ou sector resultante da compartimentação dos pisos, o número de saídas para o exterior do piso ou sector e localização dessas saídas devem ser estabelecidos de modo que a distância a percorrer ao longo das passadeiras de circulação de peões entre qualquer ponto do piso ou do sector e uma saída não exceda 40 m, no caso de haver um percurso alternativo para outra saída, nem exceda 25m, no caso contrário.

Finalmente, é ainda de considerar o **Decreto-Lei n.° 368/99** de 18 de Setembro que aprova as medidas de segurança contra riscos de incêndio aplicáveis aos estabelecimentos comerciais, refere-se no seu **anexo** no n.° 2 às saídas e caminhos de evacuação:

2 – Caminhos de evacuação

2.1 – Generalidades:

2.1.1 – Os caminhos de evacuação devem permitir aos ocupantes a evacuação rápida e segura para o exterior e desembocar numa rua ou num espaço livre que lhes possibilite afastarem-se do edifício. Para tal devem possuir largura útil calculada na base de 1 UP/100 pessoas servidas, ou fracção de 100 pessoas, com o mínimo de 1 UP.

*2.1.2 – **Saídas**:*

2.1.2.1 – Cada piso com área acessível ao público, igual ou superior a 100 m², deverá dispor de duas ou mais saídas para a via pública ou

para caminhos de evacuação que a ela conduzam, ou a um espaço livre, as quais deverão ser distribuídas de forma a garantir que a distância máxima a percorrer, de qualquer ponto, para atingir uma delas, medida segundo o eixo dos caminhos de circulação, não seja superior a 35 m e nos casos de impasse a 15 m.

2.1.2.2 – Duas saídas só podem ser consideradas distintas quando, de qualquer ponto do espaço que servem, possam ser vistas segundo um ângulo superior a 45.°.

2.1.2.3 – Os pisos com área acessível ao público inferior a 100 m² podem dispor de apenas uma saída.

2.1.2.4 – No caso de locais com lotação compreendida entre 100 e 1000 pessoas, devem ser previstas, no mínimo, três saídas distribuídas pelo seu perímetro e nas condições de 2.1.2.2. Para lotações superiores a 1000 pessoas deve ser prevista mais uma saída por a cada grupo de 500 pessoas ou fracção.

2.1.2.5 – Nos locais com duas saídas, a largura mínima de cada uma deve calcular-se na base de 1 UP/100 pessoas.

*2.1.2.6 – Nos locais onde existam **n** saídas, com **n** ≥ 2, a capacidade de qualquer conjunto **n** -1 saídas deve satisfazer o critério referido em 2.1.2.2.*

2.1.2.7 – Nos locais que recebem mais de 200 pessoas, a largura mínima de cada saída não pode ser inferior a 2 UP, podendo nos restantes casos ser de 1 UP.

2.1.3 – Os ascensores e caminhos que incluam escadas mecânicas não são considerados como caminhos de evacuação

2.1.4 – As portas, escadas, saídas e caminhos que conduzam ao exterior, devem estar sinalizados com sinais de segurança normalizados e visíveis.

2.1.5 – Nos caminhos de evacuação não devem ser colocados espelhos susceptíveis de induzirem o público em erro relativamente ao sentido correcto do percurso para as saídas e para as escadas.

*2.2 – **Portas**:*

2.2.1 – As portas situadas nos caminhos de evacuação devem abrir no sentido previsto para essa evacuação.

2.2.2 – A porta de saída de um caminho de evacuação deve poder ser, em qualquer circunstância, facilmente aberta pelo interior do estabelecimento por qualquer pessoa que, em caso de sinistro, tenha de abandonar o edifício.

2.2.3 – As saídas através de portas giratórias, ou de correr, não devem ser consideradas no cálculo do número de saídas de evacuação, a não ser que disponham de sistemas que lhes permitam abrir no sentido da evacuação.

2.2.4 – As portas situadas nos caminhos de evacuação que não devam ser utilizadas pelos utentes em caso de incêndio deverão ser munidas de dispositivo que as mantenham normalmente fechadas e possuir um sinal normalizado de proibição de passagem.

2.2.5 – As portas de saída utilizáveis por mais de 50 pessoas devem satisfazer as seguintes condições:

a) Ser dotadas de batentes que as abram prontamente, sempre que pressionadas no sentido da evacuação;

b) Se a evacuação for possível nos dois sentidos, ser do tipo vaivém e comportar superfícies transparentes à altura de visão que garanta perfeita visibilidade;

c) Se possuírem ferrolhos, ou outros dispositivos de travamento, não ser necessário o uso de cheve para abertura das portas pela sua face interior;

d) Os dispositivos de encravamento devem possuir desbloqueamento simples e imediato, de operação fácil, mesmo com má visibilidade, e não dificultarem ou prejudicarem, em qualquer posição a passagem de pessoas;

e) Serem equipadas com barras antipânico.

2.2.6 – O dispositivo nos números anteriores não se aplica às portas, portões ou gradeamentos articulados, de deslizamento lateral ou abrindo no sentido inverso ao da saída, desde que sejam mantidos fixados, na posição aberta, durante os períodos de abertura ao público do estabelecimento.

*2.3 – **Escadas:***

2.3.1 – Devem existir escadas protegidas (interiores ou exteriores) localizadas de modo a servir facilmente todas as áreas do estabelecimento e a permitir o encaminhamento rápido dos ocupantes em direcção às saídas para o exterior.

2.3.2 – A largura das escadas deve ser suficiente para assegurar a evacuação do público e para tal respeitar os critérios de dimensionamento definidos em 2.1.1.

2.3.3 – Se as escadas existentes derem acesso a pisos abaixo do nível da saída para o exterior (arruamento

ou zona protegida), deverão ser devidamente sinalizadas para evitar que as pessoas possam desorientar-se e descer abaixo desse nível, devendo, sempre que possível, com aquela finalidade, ser criadas barreiras físicas que interrompam a continuidade das escadas.

2.3.4 – Para edifícios a construir não será permitida a continuidade das escadas entre os pisos acima e abaixo do nível de saída.

2.3.5 – As escadas devem ter lanços rectos de inclinação não superior a 78% e ser providas de corrimão não interrompido no patamares, devendo os degraus ser dispostos por lanço, num mínimo de 3 e num máximo de 12, e no caso de não possuírem espelho, apresentar uma sobreposição não inferior a 5 cm.

2.3.6 – As diferenças de nível nas comunicações horizontais comuns devem ser vencidas por meio de rampa com inclinação não superior a 10%, ou por conjuntos de, pelos menos, três degraus.

2.3.7 – A largura das escadas não pode ser diminuída pela instalação de mostruários, colocação de móveis, motivos de ornamentação ou conforto ou por quaisquer outros objectos.

9.11.5. *Os Meios de Segurança, Socorro e Intervenção*

Os meios de segurança são os recursos e apetrechos colocados à disposição das situações de emergência e de socorro. Podem ser reunidos em

438 Os Espaços do Desporto – Uma Gestão para o Desenvolvimento Humano

local próprio de modo centralizado ou distribuídos previamente por locais disseminados pela instalação e serem ajustados ao cálculo dos riscos esperados para esse local, ficando assim presentes na proximidade do foco emergente quer de situação de socorro quer de combate a incêndio ou outro tipo. A sua distribuição deverá assim ser hierarquizada consoante as necessidades, o grau de prevenção e de previsibilidade de risco e respectiva frequência, e as correspondentes disponibilidades de recursos, entre situações mais centralizadas ou mais distribuídas.

Mais uma vez, a legislação desportiva não é completa no que respeita a esta temática, o que nos obriga, tal como temos vindo a fazer, a socorrermo-nos de legislação similar e com capacidade de aplicação adpatada a espaços diferenciados, embora de características análogas ao que aqui é apontado.

A legislação portuguesa considera como principais meios de combate a incêndio, para além das características relativas à concepção dos espaços, a existência disseminada de extintores, redes armadas de água e bocas de incêndio e reservas de água. No domínio do socorro refere-se a meios de salvamento nos recintos aquáticos, tecnologias de ressuscitação, de primeiros socorros e de imobilização.

O **Decreto-Lei n.º 414/98** de 31 de Dezembro, que estabelece o regulamento de segurança contra incêndios em **edifícios escolares**, estabelece no articulado do regulamento, os principais meios de primeira intervenção no caso de incêndio desde os seus artigos 135.º até 151.º. Deles, destacamos os seguintes:

*Extintores – Secção II – **Meios de 1.ª intervenção***

Artigo n.º 140 (Condições gerais de instalação de extintores):

1 – Os edifícios devem, em regra, ser equipados com extintores portáteis, da classe de eficiência 8 A, adequadamente distribuídos, à razão de 18 l de agente extintor padrão por 500 m² de área de pavimento do piso em que se situem, com um mínimo de *dois, e por forma a que a distância a percorrer de qualquer ponto susceptível de ocupação até ao extintor mais próximo não exceda 15 m.*

2 – Os extintores devem ser instalados em locais bem visíveis e convenientemente sinalizados, sempre que possível nas comunicações horizontais ou no interior das câmaras corta-fogo, quando existam, e colocados de modo a que o seu manípulo fique a cerca de 1,2m do pavimento.

Artigo 141.° (Casos particulares):

1 – Devem ser dotados de extintores de água pulverizada com capacidade unitária de 6l os seguintes locais:
  a) Arquivos;
  b) Cozinhas e lavandarias;
  c) Depósitos e arrecadações;
  d) Locais de recolha de lixo.
  (…)
4 – Nos parques de estacionamento devem ser instalados extintores portáteis ou móveis, das classes 13 A ou 21 B, ou extintores polivalentes das classes 13 A/21 B.

*SUBSECÇÃO II – **Redes de incêndio armadas***

Artigo 142.° (Exigências de estabelecimento):

Devem ser servidos por redes de incêndio armadas os espaços que se encontrem em qualquer das seguintes circunstâncias:
  a) Locais que possam receber mais de 200 pessoas;
  b) Zonas do edifício de acesso difícil, por serem situadas em empreendimentos complexos, ou que não apresentem uma organização simples dos espaços interiores, sempre que exigido pela entidade licenciadora.

Artigo 143.° (Número e localização das bocas de incêndio):

1 – As bocas de incêndio devem ser dispostas por forma que:
  a) Permitam atingir todos os pontos do espaço a proteger a uma distância não superior a 5 m;

  b) O seu manípulo de manobra se situe a uma altura do pavimento não superior a 1,5 m;
  c) Sempre que possível, exista uma boca de incêndio a uma distância não superior a 5 m de cada saída do piso.
2 – Nas proximidades das bocas de incêndio deve existir um espaço desimpedido e livre de quaisquer elementos que possam comprometer o seu acesso ou a sua manobra, com área mínima, medida em planta, de 1 m' e altura mínima de 2 m.

Artigo 144.° (Características das bocas de incêndio):

1 – As bocas de incêndio devem ter calibre mínimo de 25 mm e ser armadas com mangueiras semi-rígidas do mesmo calibre, dotadas de difusor de três posições, enroladas em carretéis.
2 – Os carretéis devem ser devidamente sinalizados e, se forem encerrados em armários, as portas respectivas não podem ter fechadura.

Artigo 145.° (Redes de alimentação e disponibilidades de água):

1 – A alimentação das bocas de incêndio deve, em geral, ser assegurada por canalizações independentes a partir do ramal de ligação do edifício.
2 – A rede de alimentação das bocas de incêndio deve garantir as seguintes condições, em cada boca de incêndio em funcionamento, com metade das bocas abertas, com um máximo exigível de quatro:
  a) Pressão dinâmica mínima de 250 kPa;

440 Os Espaços do Desporto – Uma Gestão para o Desenvolvimento Humano

b) Caudal instantâneo mínimo de 1,5 l/s.

3 – Nos casos em que as condições de pressão e de caudal exigidas no número anterior sejam asseguradas por grupos sobrepressores accionados a energia eléctrica, estes devem ser apoiados por fontes de energia de emergência, nas condições dos artigos 92.° e 94.°

4 – Sempre que a entidade licenciadora o exija, em zonas onde o sistema de abastecimento público não apresente garantias de continuidade, pressão ou caudal, devem ser previstas reservas de água que assegurem o funcionamento da rede durante uma hora nas condições indicadas no n.° 2.

Artigo 146.° (Controlo da pressão da água):

A pressão da água nas redes de incêndio deve ser indicada por meio de manómetros instalados nos seus pontos mais desfavoráveis.

*SECÇÃO III – **Colunas secas ou húmidas***

Artigo 147.° (Exigências de estabelecimento):

Os pisos situados a uma altura superior a 20 m ou a mais de 9 m abaixo do piso de saída devem ser servidos por colunas secas ou húmidas instaladas em todas as vias verticais de evacuação protegidas que lhes dêem acesso.

Artigo 148.° (Características das colunas):

1 – Cada coluna deve ter diâmetro nominal não inferior a 70 mm e ser

dotada, em cada piso que serve, de duas bocas de incêndio.

2 – As colunas que sirvam pisos situados a uma altura superior a 28 m devem ter diâmetro nominal não inferior a 100 mm.

3 – As colunas húmidas devem ser dotadas de meios, designadamente bocas exteriores e válvulas, que permitam a sua utilização como colunas secas em caso de necessidade.

Artigo 149.° (Localização e características das bocas):

1 – Ao nível de cada piso servido, as bocas de incêndio interiores devem ser dispostas nas comunicações verticais, ou nas câmaras corta-fogo, quando existam, ser devidamente tamponadas e satisfazer as exigências da alínea b) do n.° 1 e do n.° 2 do artigo 143.°

2 – As bocas exteriores de alimentação das colunas devem ser devidamente protegidas e sinalizadas.

3 – Os modelos das bocas exteriores e interiores devem ser definidos pelo SNB.

*SECÇÃO IV – **Hidrantes exteriores***

Artigo 150.° (Exigências e condições de estabelecimento):

1 – A localização dos hidrantes exteriores deve ser definida pelos serviços camarários, ouvidas as corporações de bombeiros locais, de acordo com os seguintes critérios:

a) Sempre que seja viável dispor de um ramal de alimentação com diâmetro nominal igual ou superior a 90 mm, devem ser instala-

A Gestão das Instalações Desportivas – Os Processos de Decisão

dos marcos de água junto ao lancil dos passeios que marginam as vias de acesso referidas no artigo 13.º de modo que um marco, pelo menos, fique situado a uma distância não superior a 100 m de qualquer entrada do edifício;

b) Nos casos em que não seja possível dispor de ramais nas condições da alínea anterior, devem ser consideradas bocas de incêndio situadas nas paredes exteriores do edifício através das quais se preveja realizar as operações de combate ao incêndio, as quais devem ser alimentadas por ramais com diâmetro nominal não inferior a 45 mm.

2 – Os modelos dos marcos de água e das bocas de incêndio exteriores devem ser definidos pelo SNB.

O **Decreto Regulamentar n.º 34/95** de 16 de Dezembro que estabelece o Regulamento das condições técnicas e de segurança nos recintos de espectáculos e divertimentos públicos refere-se a estes tipos de meios no seu:

*Capítulo VII – **Meios de extinção***

*Secção I – **Critérios de segurança e definição dos meios***

Artigo 198.º (Critérios de segurança):
1 – Os recintos devem dispor de meios próprios de intervenção, que permitam a extinção imediata dos focos de incêndio pelos próprios utentes ou ocupantes, e de meios que facilitam aos bombeiros o lançamento rápido de operações de socorro.

*2 – Os locais de tipo **B1** devem ainda ser dotados de sistemas especiais de extinção que assegurem a contenção imediata de qualquer início de incêndio neles iniciado.*

Artigo 199.º (definição dos meios de extinção exigíveis):
Os meios de extinção nos recintos podem consistir nos seguintes:

a) Extintores portáteis e outros meios de 1.ª intervenção;
b) Redes de incêndio armadas;
c) Colunas secas;
d) Sistemas especiais de extinção nos locais de tipo **B1**;
e) Outros meios a exigir pela entidade licenciadora, de acordo com as disposições deste capítulo.

*Secção II – **Extintores portáteis e outros meios de primeira intervenção***

Artigo 200.º (Condições de instalação):
1 – Os recintos fechados e cobertos devem ser equipados com extintores portáteis da classe de eficácia 8A, em regra de água pulverizada, convenientemente distribuídos.

2 – Nos recintos situados em edificações permanentes, os extintores devem ser distribuídos à razão de 18 l

442 *Os Espaços do Desporto – Uma Gestão para o Desenvolvimento Humano*

*de agente extintor padrão por 500 m²
de área do piso em que se situem, com
um mínimo de dois, e por forma que
a distância a percorrer de qualquer
ponto susceptível de ocupação até ao
extintor mais próximo não exceda 15 m.*

*3 – Nos recintos alojados em tendas
ou em estruturas insufláveis, os extintores devem ser distribuídos à razão de
um por cada saída.*

*4 – Nos recintos ao ar livre, apenas
é exigida a instalação de extintores em
locais de tipo C.*

*5 – Os extintores devem ser instala-
dos nas comunicações horizontais
sempre que possível, ou no interior das
câmaras corta-fogo, quando existam,
a cerca de 1,50 do pavimento, e em
locais bem visíveis e convenientemente
assinalados.*

Secção IV – Disponibilidades de água

*Artigo 213.° (Reservas de água):
1 – São exigidas reservas de água*

*privativas em recintos situados em edi-
ficações permanentes, classificados
nas 1.ª e 2.ª categorias, ou classificados na 3.ª categoria e compreendendo
espaços cénicos, os quais sejam servidos por redes de abastecimentos que
a DGESP ou câmara municipal não
considerem apresentar garantias de
continuidade no fornecimento, com
pressão e caudal suficientes.*

*2 – As reservas de água privativas
devem assegurar o funcionamento das
bocas de incêndio referidas no n.° 1 do
artigo 202.°, durante o período de uma
hora, no mínimo, em simultâneo com
os sistemas especiais de extinção da
caixa de palco, quando existam.*

*3 – Nos casos em que as condições
de pressão e de caudal exigidas sejam
asseguradas por grupos sobrepressores, estes devem ser apoiados por
fontes de energia de emergência, nas
condições do regulamento.*

O **Decreto Regulamentar n.° 5/97** de 31 de Março que regula o funcionamento dos recintos com diversões aquáticas, refere-se, no que respeita a meios de intervenção, aos principais recursos dirigidos ao salvamento e ao socorro, na sua:

*SECÇÃO II – **Meios materiais***

*Artigo 59.° (Meios de apoio ao salva-
    mento):
Devem existir meios de apoio ao
pessoal de salvamento em número suficiente para que em qualquer momento*

*possam ser utilizados pelo pessoal em
serviço:*

   *a) Bóias circulares com retenida de
       36 m de comprimento;*
   *b) Bóias-torpedo, que constituem
       equipamento próprio do sal-
       vador;*

A Gestão das Instalações Desportivas – Os Processos de Decisão

c) *Varas de salvamento telescópicas de 3 m a 6 m de comprimento;*

d) *Maca portátil para transporte dos acidentados;*

e) *Maca portátil rígida, com possibilidade de flutuação, dotada de correias para imobilização do acidentado;*

f) *Coletes salva-vidas;*

g) *Dispositivos de emergência, consistindo num interruptor ou similar, que permitam a paralisação imediata dos mecanismos de agitação da água, os quais deverão situar-se em lugar de acessibilidade imediata;*

h) *Barcos salva-vidas com capacidade para dois socorristas e o acidentado, nos casos em que as actividades o justifiquem;*

i) *Máscaras de ressuscitação para adultos e crianças;*

j) *Outro material de apoio ou de primeiros socorros e imobilização.*

Artigo 60.° (Meios passivos):

São considerados meios passivos de salvamento todos aqueles que, uma vez instalados, informam o público, facilitam o trabalho do pessoal de salvamento, indicam as disposições regulamentares e as características que particularizam o uso de cada actividade, nomeadamente:

a) *Placas indicadoras de normas regulamentares e de uso de cada actividade, bem assim como as proibições ou limitações impostas, a colocar em locais visíveis,* devendo manter-se legíveis em todas as circunstâncias, sendo os respectivos textos escritos nas línguas portuguesa, inglesa e francesa;

b) *Inscrições com as marcas de profundidade dos tanques, traduzidas em metros, tomando como referência o fundo destes e a sua superfície de espelho de água, cuja colocação em todos os tanques obedece às condições referidas no artigo 14.°;*

c) *Cabos flutuadores, dispondo de pequenas bóias de cor bem visível, que se utilizam para separar entre si duas ou mais zonas dos tanques;*

d) *Elementos de descanso e apoio dos pés, colocados em todos os tanques onde a profundidade máxima exceda 1,75 m em qualquer ponto, colocados 1,2 m abaixo do nível da água, com um máximo de 0,15 m de largura e localizados nas zonas onde a profundidade exceda o limite indicado;*

e) *Barreiras arquitectónicas que impeçam a entrada descontrolada dos utentes nos tanques das actividades aquáticas, exceptuando nas zonas de acesso ou saída dos mesmos, protegidas neste caso por lava-pés;*

f) *Cadeiras de vigilância para os nadadores-salvadores, com toldo e plataforma elevada em relação ao plano de água com 2 m acima do nível de apoio da torre;*

444 Os Espaços do Desporto – Uma Gestão para o Desenvolvimento Humano

*g) Escadas e rampas para acesso/
/saída dos tanques, nas condições fixadas no artigo 15.°*

*Artigo 61.° (Sistema de comunicações):
1 – Cada actividade deverá ser dotada de meios de comunicação que permitam o estabelecimento directo de contacto com os responsáveis do sector da segurança das instalações e do posto de socorros.
2 – Todos os elementos integrados no pessoal de salvamento ou vigilância devem dispor de um dispositivo so-*

*noro, podendo ser accionado por sopro, facilmente audível, e que, por sinais sonoros estabelecidos no regulamento da actividade do recinto, comuniquem entre si através de código ou sirvam de chamada de atenção dirigida aos utentes.
3 – Sempre que a distância entre postos de uma mesma actividade aquática o justifique, deve ser criado um sistema de comunicação entre o pessoal de salvamento e os vigilantes por recurso a rádios emissores-receptores portáteis.*

O **Decreto-Regulamentar n.° 10/2001** de 7 de Junho que regula as condições técnicas dos estádios, não se refere aos meios de segurança, socorro, emergência e combate a incêndios, embora pelas disposições relativas à concepção dos espaços constituintes e respectivas exigências se possam deduzir quer a possibilidade do respectivo equipamento, quer deste processo ser feito à posteriori aquando do respectivo licenciamento como edifício de ocorrência de espectáculos, sendo por isso regulamentado pelo respectivo diploma.

9.11.6. *Os Planos de Evacuação e de Emergência*

Os planos de evacuação e emergência podem definir-se como a identificação de um número de tarefas sequenciadas relativas à utilização dos espaços da instalação em situação de emergência. Estas tarefas são definidas e organizadas em função de vários tipos de risco e de várias fontes. Organizam os movimentos das pessoas, o comportamento dos agentes de socorro e definem espaços de actuação e procedimentos, bem como testam a eficácia do cumprimento dos seus objectivos particulares face a um objectivo geral central organizado em três tipos de preocupações:
1. Eliminar a fonte de risco;

A Gestão das Instalações Desportivas – Os Processos de Decisão

> 2. Afastar as pessoas dessa mesma fonte e
> 3. Socorrer os que já foram atingidos.
> Os planos de evacuação e emergência devem ainda verificar as condições técnicas de disseminação dos aparelhos de socorro e segurança, bem como as codificações espaciais ao nível da concepção e da sinalização relativa a cada um dos espaços. Para validar estes planos de emergência e evacuação, procede-se à realização de simulacros e de exercícios de instrução.

9.11.6.1. Os Simulacros e Exercícios de Instrução

A legislação desportiva particularmente o **Decreto-Lei n.º 385/99** de 28 de Setembro, que define o regime de responsabilidade técnica das instalações desportivas, não refere a necessidade da existência de planos de emergência nem a realização de simulacros. São os diplomas que temos vindo a tratar quer ao nível dos estabelecimentos de ensino, quer ao nível dos recintos de espectáculos e divertimentos públicos que permitem por aplicabilidade comparativa, estabelecer a correspondente extensão quer relativas às características dos espaços quer à respectiva funcionalidade. Os estádios de futebol, pela sua normativa regulamentadora também não prevêem a realização destes simulacros, embora por via do seu licenciamento como casas de espectáculos sejam obrigados a fazê-lo, por força da regulamentação a estes respeitante. Sabemos contudo, que aquando da realização do Campeonato Euro 2004 se realizaram os necessários testes quer por imposição da lei, quer por imposição das autoridades nacionais e desportivas internacionais.

O **Decreto Regulamentar n.º 34/95** de 16 de Dezembro, que estabelece o Regulamento das condições técnicas e de segurança nos recintos de espectáculos e divertimentos públicos, refere a existência de algumas especificações técnicas neste domínio, particularmente no que se respeita às instalações de segurança e aos planos de evacuação e de emergência. Refere-se ainda aos necessários exercícios de instrução e à verificações técnicas que testam a operacionalidade das instalações:

Artigo 254.º (Instalações de segurança):
Nos recintos devem ser afixadas, em locais bem visíveis, instruções de segurança, redigidas de forma concisa e *inscritas em suportes fixos e inalteráveis, indicando:*
a) As modalidades de alerta aos meios de socorro;

b) A localização e as instruções de funcionamento dos meios de primeira intervenção;
c) O plano de evacuação de emergência do recinto.

Artigo 255.° (Exercícios de instrução):
O pessoal dos recintos deve ser sensibilizado e instruído periodicamente quanto à utilização dos meios de primeira intervenção e ao comportamento a tomar em caso de ocorrências anómalas.

Artigo 256.° (Manutenção e verificação das instalações):
1 – (...)
2 – Para avaliar da segurança e da operacionalidade dos mesmos devem ser realizados ensaios e verificações técnicas, promovidos pela DGESP, pela Câmara Municipal ou por organismos por elas credenciados, com periodicidade a fixar em função do tipo e da categoria do recinto e da instalação ou do sistema em causa.

Deste modo, periodicamente, nas instalações desportivas devem ser efectuados exercícios de simulacro, de modo a **testar as rotinas constituídas**. Em nosso entender, o exercício destes simulacros deve ser efectuado em colaboração estreita com as escolas, dado que os estudantes são uns dos maiores utilizadores destes tipos de espaços e por isso os principais beneficiários de estado de prontidão a constituir. A **periodicidade** destes eventos é recomendável que aconteça com um período mínimo de **4 anos**. Os motivos são pedagógicos, aos quais se adicionam as necessidades de renovação dos materiais. Assim, com este período de ocorrência, estas acções poderão atingir cada indivíduo, considerando o seu percurso escolar, pelo menos uma vez, em cada um dos ciclos que frequenta. Deste modo atingem-se populações-alvo diferentes em termos de características físicas correspondentes ao estado etário e estatuto, bem como permanência em diferentes tipos de edifícios, fazendo com que cada aluno tenha tido, pelo menos na sua escola, uma primeira vivência de socorro e emergência, preparando-o deste modo, quer para a vida quer para o contributo individual para um estado de prontidão colectiva, para o socorro e para a intervenção cívica.

A periodicidade destas ocorrências encontra também oportunidades de realização e testagem aquando de grandes acontecimentos ou quando o material de socorro está a chegar ao fim de prazo para ser substituído. Estes recursos, embora estejam em fim de prazo, demonstram ainda aqui a respectiva utilidade material bem como o correspondente valor social:

A Gestão das Instalações Desportivas – Os Processos de Decisão 447

Através de acções de treino e formação, de promoção e de festa, em acções de filantropia, se às respectivas instituições for dirigida, a sua expressão faz-se de modo económico, dado que o prolongamento da sua utilização reverte socialmente para todos, consumindo recursos, que acabam por, ao mesmo tempo, facilitar as situações de abate e servir para a realização dos correspondentes eventos.

A identificação dos ciclos de vida dos materiais e o correspondente agendamento de abate, através da consulta dos prazos de validade, pode e deve ser feito, ser articulado deste modo e ser assim aproveitado neste tipo de exercícios ou manifestações. Sobre estes aspectos teremos a oportunidade de desenvolver melhor no capítulo 9.12 – A Gestão da Manutenção a páginas 456.

9.11.6.2. *As Plantas, Sinalizações e Organização do Socorro*

A **Portaria n.º 1444/2002** de 7 de Novembro, que aprova normas de segurança contra incêndio na exploração de edifícios escolares a partir do **Decreto-Lei n.º 414/98** de 31 de Dezembro, que aprova o regulamento contra incêndios em edifícios escolares, estabelece algumas disposições que devem fazer parte destas preocupações, quer ao nível da produção de informação e sinalização dos locais, da organização dos correspondentes planos, quer dos procedimentos necessários aplicáveis a estes tipos de espaços:

Artigo 11.º (Plantas e instruções de segurança):

1 – Junto das entradas de locais de risco C acessíveis aos alunos, tais como salas de trabalhos práticos, laboratórios, oficinas e respectivas salas de preparação, devem ser afixadas plantas dos mesmos, aplicadas em suportes fixos e resistentes, à escala de 1:200, no mínimo, com indicação clara das localizações de:

a) Dispositivos de corte de energia eléctrica e de distribuição de fluidos combustíveis ou comburentes;

b) Dispositivos manuais de accionamento do alarme;

c) Meios de socorro e de extinção de incêndio;

d) Dispositivos manuais de comando de outras instalações de segurança, nomeadamente de controlo de fumos.

2 – Junto das entradas principais de cada piso dos estabelecimentos devem ser dispostas plantas de segurança do piso, nas condições do disposto no número anterior, as quais devem ainda destacar o ponto onde a planta de encontra afixada e as saídas do piso, bem como as vias horizontais de evacuação que a elas conduzem.

3 – Nos locais de risco C contendo equipamentos perigosos, designadamente cozinhas, oficinas, postos de transformação, grupos electrogéneos e centrais térmicas, devem ser afixadas instruções particulares de segurança relativas à respectiva operação.

*SECÇÃO IV – **Organização da segurança***

Artigo 16.° (Plano de prevenção):

1 – O funcionamento dos estabelecimentos escolares é condicionado à aprovação, pelo SNB, de um plano de prevenção com vista a limitar os riscos de ocorrência e desenvolvimento de incêndios.

2 – O plano de prevenção deve ser constituído pelos seguintes elementos:
a) Informações relativas a:
– Identificação do estabelecimento;
– Data prevista para a sua entrada em funcionamento;
– Identidade do RS;
– Identidades de eventuais delegados de segurança;
b) Plantas, à escala de 1:100, com indicação inequívoca dos seguintes dados:
– Classificação e lotação previstas para cada local do estabelecimento, de acordo com o disposto nos artigos 6.° e 7.° do Regulamento;
– Vias horizontais e verticais de evacuação, incluindo os even-

tuais percursos em comunicações comuns;
– Localização de todos os dispositivos e equipamentos ligados à segurança contra incêndio;
c) Regras de exploração e de comportamento a adoptar pelo pessoal destinadas a garantir a manutenção das condições de segurança no decurso da utilização nos domínios de:
– Acessibilidade dos meios de socorro;
– Praticabilidade dos caminhos de evacuação;
– Eficácia dos meios de compartimentação, isolamento e protecção;
– Conservação dos espaços do estabelecimento em condições de limpeza e arrumação adequadas;
– Segurança na produção, na manipulação e no armazenamento de matérias e substâncias perigosas;
– Sensibilização dos alunos para os riscos de incêndio.
3 – Ao plano de prevenção devem ser anexados os seguintes elementos:
a) Instruções de funcionamento dos principais dispositivos e equipamentos técnicos e procedimentos a adoptar para rectificação de anomalias previsíveis;
b) Programas de conservação e manutenção, com estipulação de calendários e listas de testes de verificação periódica de dispositivos, equipamentos e insta-

lações, designadamente dos seguintes:
- *Dispositivos de fecho e de retenção de portas e portinholas resistentes ao fogo;*
- *Dispositivos de obturação de condutas;*
- *Fontes centrais e locais de energia de emergência;*
- *Aparelhos de iluminação de emergência;*
- *Aparelhos de produção de calor e de confecção de alimentos;*
- *Ascensores, escadas mecânicas e tapetes rolantes;*
- *Instalações de aquecimento, ventilação e condicionamento de ar;*
- *Instalações de extracção de vapores e gorduras de cozinhas;*
- *Instalações de gases combustíveis;*
- *Instalações de alarme e alerta;*
- *Instalações de controlo de fumos em caso de incêndio;*
- *Meios de extinção;*
- *Sistemas de pressurização de água para combate a incêndio;*

c) Caderno de registo, destinado à inscrição de ocorrências relevantes e à guarda de relatórios relacionados com a segurança contra incêndio, o qual deve compreender, designadamente, os seguintes elementos:
- *Relatórios de vistoria e de inspecção;*

- *Anomalias observadas nas operações de verificação, conservação ou manutenção das instalações técnicas, incluindo datas da sua detecção e da respectiva reparação;*
- *Descrição sumária das modificações, alterações e trabalhos perigosos efectuados no estabelecimento, com indicação das datas de seu início e finalização;*
- *Incidentes e avarias directa ou indirectamente relacionados com a segurança contra incêndio;*
- *Relatórios sucintos das acções de instrução e de formação, bem como dos exercícios de segurança visados no artigo 19.º, com menção dos aspectos mais relevantes.*

4 – O plano de prevenção e os seus anexos devem ser actualizados sempre que as modificações ou alterações efectuadas no estabelecimento o justifiquem e sujeitos a verificação nas inspecções do SNB.

Artigo 18.º (Plano de emergência):
1 – O funcionamento de estabelecimentos escolares destinados a uma lotação superior a 500 pessoas é condicionado à aprovação, pelo SNB, de um plano de emergência, com vista a:
a) Circunscrever os sinistros e limitar os seus danos por meios próprios do estabelecimento;
b) Sistematizar a evacuação enquadrada dos alunos.

2 – O plano de emergência deve ser constituído pelos seguintes elementos:

a) Informações relativas a:

– Organogramas hierárquicos e funcionais do SSI nas situações normal e de emergência;

– Entidades internas e externas a contactar em situação de emergência;

b) Plano de actuação;

c) Plano de evacuação.

3 – O plano de actuação deve contemplar a organização das operações a desencadear por delegados e agentes de segurança em caso de ocorrência de uma situação perigosa e abranger os seguintes domínios:

a) Conhecimento prévio dos riscos presentes no estabelecimento, nomeadamente nos locais de risco C;

b) Procedimentos a adoptar em caso de detecção ou percepção de um alarme de incêndio;

c) Execução da manobra dos dispositivos de segurança, designadamente de corte da alimentação de energia eléctrica e de combustíveis, de fecho de portas resistentes ao fogo e das instalações de controlo de fumos;

d) Activação dos meios de intervenção apropriados a cada circunstância;

e) Planificação da difusão dos alarmes restritos e geral e transmissão do alerta;

f) Prestação de primeiros socorros;

g) Acolhimento, informação, orientação e apoio dos bombeiros;

h) Coordenação das operações previstas no plano de evacuação.

4 – O plano de evacuação deve contemplar instruções a observar por todo o pessoal do estabelecimento, docente e não docente, relativas à articulação das operações destinadas a garantir a evacuação ordenada, total ou parcial, dos alunos nas circunstâncias consideradas perigosas pelo RS e abranger os seguintes domínios:

a) Encaminhamento rápido e seguro dos alunos para o exterior ou para uma zona isenta de perigo, mediante referenciação de vias de evacuação, pontos de encontro e locais de reunião;

b) Auxílio a pessoas com capacidades limitadas ou em dificuldade, por forma a assegurar que ninguém fique bloqueado nem regresse ao local do sinistro no decurso das operações de emergência.

Artigo 19.º (Instrução, formação e exercícios de segurança):

1 – Nos estabelecimentos escolares devem ser instituídos programas para sensibilização e instrução de todo o pessoal no domínio da segurança contra incêndio.

2 – No prazo máximo de 30 dias após o início de cada ano lectivo, devem ser realizadas as seguintes acções:

a) Em todos os estabelecimentos escolares, sessões informativas do pessoal docente e não docente para:

– Familiarização com o estabelecimento;

A Gestão das Instalações Desportivas – Os Processos de Decisão

– *Esclarecimento das regras de exploração e de comportamento estipuladas no plano de prevenção;*
– *Instrução de técnicas básicas de manipulação dos meios de primeira intervenção, nomeadamente extintores portáteis e carretéis;*
b) *Nos estabelecimentos destinados a uma lotação superior a 500 pessoas, acções de formação e treino do plano de emergência mediante:*
– *Instrução dos delegados de segurança a quem sejam cometidas tarefas específicas na concretização dos planos de actuação e de evacuação;*
– *Exercícios para treino dos planos anteriormente referidos, envolvendo todos os ocupantes, com vista à criação de rotinas de comportamento e de actuação e ainda ao aperfeiçoamento dos planos em causa.*

3 – A realização de exercícios de evacuação que envolvam simulacros, nomeadamente com utilização de substâncias fumígenas, deve ser levada a cabo mediante informação prévia dos ocupantes e com a colaboração dos bombeiros e de delegados da protecção civil.

4 – Quando as características da população escolar inviabilizem a realização de exercícios de evacuação, devem ser adoptadas medidas de segurança compensatórias, designadamente nos domínios da vigilância do fogo e das instruções de segurança.

O **Decreto-Lei n.º 370/99** de 18 de Setembro, que estabelece o licenciamento sanitário dos estabelecimentos comerciais, refere no seu âmbito a aplicação a diversos tipos de estabelecimentos, onde se incluem os que comercializam o desporto, embora a eles não se refira, particularmente os ginásios e similares:

Artigo 1.º (Âmbito):
1 – O presente diploma estabelece o regime a que está sujeita a instalação dos estabelecimentos de comércio ou armazenagem de produtos alimenta-res, bem como dos estabelecimentos de comércio de produtos não alimentares e de prestação de serviços cujo funcionamento envolve riscos para a saúde e segurança das pessoas.

Este diploma refere ainda no seu artigo 5.º alguns aspectos relativos à segurança que remete para o conteúdo do **Decreto-Lei n.º 243/86** de 20

452 *Os Espaços do Desporto – Uma Gestão para o Desenvolvimento Humano*

de Agosto, que aprova o Regulamento Geral de Higiene e Segurança no Trabalho nos estabelecimentos comerciais, de escritórios e serviços. Este segundo Decreto-Lei, a este nível, faz inscrever preceitos respeitantes aos exercícios de instrução no:

Artigo 37.° – (Instrução dos trabalhadores):
1 – Todo o trabalhador deve estar suficientemente instruído sobre os planos de evacuação dos locais de trabalho, para o que deverão fazer, com certa periodicidade, exercícios em que se ponham à prova os ensinamentos ministrados para evacuação em caso de eventual concretização do risco de incêndio.

2 – Nos locais onde haja ingresso público deverá ser fixado, de forma bem visível, o plano de evacuação do edifício, com sinalização adequada, em especial, das saídas.

O **Decreto-Lei n.° 368/99** de 18 de Setembro, que estabelece as medidas de segurança contra riscos de incêndio, aplicáveis aos estabelecimentos comerciais, exige um estudo sobre segurança contra risco de incêndio onde se inclui o plano de emergência. A sua consideração aqui é necessária na medida em que as instalações e espaços desportivos, constituem-se frequentemente como espaços onde a actividade desportiva é comercializada:

Artigo 1.° (âmbito):
1 – São aprovadas, em anexo ao presente diploma e dele fazendo parte integrante, as medidas de segurança contra riscos de incêndio, aplicáveis aos estabelecimentos comerciais:
a) com área total igual ou superior a 300 m², independentemente de estar ou não afecta ao atendimento público;
b) Que vendam substâncias ou preparações perigosas, independentemente da área.
2 – A aplicação das medidas de segurança referidas no número anterior aos centros comerciais é extensiva a todos os seus espaços, mesmo os que não estão afectos a actividade comercial e desde que para esses espaços não existam normas específicas de segurança contra riscos de incêndio.

3 – Para efeitos deste diploma equiparam-se a estabelecimentos de prestação com área igual ou superior a 300 m² abrangidos pelo Decreto-Lei n.° 370/99, de 18 de Setembro.

4 – As medidas de segurança contra riscos de incêndio aplicáveis a estabelecimentos comerciais e de prestação de serviços com área inferior a 300 m² serão fixadas em portaria do Ministério da Administração Interna.

5 – (...)

Artigo 3.°: (Aprovação do projecto de arquitectura):

1 – A aprovação pela câmara municipal do projecto de arquitectura dos estabelecimentos comerciais referidos no artigo 1.° carece de parecer favorável do Serviço Nacional de Bombeiros, adiante designado por SNB.

2 – À consulta e à emissão do parecer do SNB é aplicável o disposto no artigo 35.° do Decreto-Lei n.° 445/91 de 20 de Novembro, com a nova redacção dada pelo Decreto-Lei n.° 250/94 de 15 de Outubro, com excepção do prazo previsto no n.° 5 deste artigo, que é alargado para 30 dias.

3,4 – (…)

Artigo 4.° (Aprovação do estudo de segurança contra riscos de incêndio):

1 – O interessado, simultaneamente com a apresentação dos projectos das especialidades a efectuar nos termos do artigo 17.° – A do Decreto-Lei n.° 445/91, de 20 de Novembro, deve requerer à câmara municipal a aprovação do estudo de segurança contra riscos de incêndio.

2 – O requerimento referido no número anterior deve ser acompanhado dos seguintes elementos:

a) Memória descritiva e justificativa referente às condições de segurança contra riscos de incêndio, contendo descrição dos meios de intervenção e demais equipamentos de segurança e suas características técnicas;

b) Planta de cada piso do edifício ocupado pelo estabelecimento comercial à escala de 1:100 contendo a localização de todos os meios de intervenção, caminhos de evacuação, iluminação de emergência de segurança, sinalização, equipamento de detecção de incêndios, de alarme e alerta;

c) Projectos de ventilação, de desenfumagem e de ar condicionado, quando existentes.

3 – A aprovação do estudo de segurança contra riscos de incêndio carece de parecer favorável do SNB a emitir nos termos do artigo 19.° do Decreto-Lei n.° 445/91, de 20 de Novembro.

Artigo 5.° (Alvará de licença de utilização):

1 – (…)

2 – O requerimento referido no número anterior deve ser acompanhado do plano de emergência e da organização da segurança, a remeter ao SNB pela câmara municipal com antecedência mínima de 20 dias da realização da vistoria.

3 – Do plano de emergência devem constar os seguintes elementos:

a) instruções de segurança;

b) Sistema de evacuação e intervenção em caso de incêndio;

c) Plantas de emergência.

4 – O SNB, sempre que necessário, pode solicitar elementos complementares de apreciação.

5 – (…)

6 – (…)

(…)

Artigo 9.° (Serviços de inspecção):

1 – O SNB pode, em qualquer momento, realizar as inspecções que tiver

454 *Os Espaços do Desporto – Uma Gestão para o Desenvolvimento Humano*

por convenientes, visando a verificação do cumprimento das medidas de segurança estabelecidas no presente diploma.

2 – Sempre que, no exercício da actividade de inspecção, for detectado o incumprimento das medidas de segurança contra riscos de incêndio, deve ser elaborado um auto de notícia, o

qual deve ser remetido à câmara municipal respectiva, no prazo máximo de 10 dias.

3 – No âmbito da actividade de inspecção deve ser facultado aos funcionários do SNB e à respectiva câmara municipal o acesso aos estabelecimentos comerciais, bem como aos documentos justificadamente solicitados.

O anexo a este diploma também refere algumas disposições relativas aos planos de emergência:

11 – Planos de emergência

11.1 – Instruções de segurança e sistema de evacuação. – Na entrada do estabelecimento e vias de evacuação devem estar afixadas, em local bem visível, as instruções precisas relativas à conduta a seguir pelo pessoal e pelo público em caso de sinistro.

11.2 – Plantas de emergência – Nas entradas do estabelecimento serão afixadas plantas do imóvel destinadas a informar os bombeiros da localização de:

a) Escadas e caminhos de evacuação;

b) Meios de intervenção disponíveis;

c) Dispositivos de corte de energia eléctrica e de gás;

d) Dispositivos de corte do sistema de ventilação;

e) Quadro geral do sistema de detecção e alarme;

f) Instalações e locais que representem perigo particular.

O **Decreto-Lei n.º 379/97** de 27 de Dezembro, que estabelece o regulamento dos espaços de jogo e recreio, nada refere sobre planos de evacuação e emergência. Adianta contudo alguns aspectos interessantes que serão tratados no capítulo da Gestão da Manutenção.

Para além do que é estipulado na legislação por nós aqui abordada, podemos ainda adicionar alguns procedimentos que podem resultar de alguma experiência adquirida na gestão de cada um destes tipos de edifícios. A tipificação das actividades, dos correspondentes riscos e do registo dos acidentes ocorridos, obriga, para além da necessidade de intervir nas causas, constituir conjuntos de "kits de emergência" onde possam estar reunidos os primeiros recursos de intervenção e socorro.

A Gestão das Instalações Desportivas – Os Processos de Decisão 455

É do mesmo modo importante considerar, para além dos planos de entradas e saídas, os planos e plantas das redes eléctricas, condutas de ar condicionado, quente e frio, instalações de desenfumagem, redes e valores dos fluxos de electricidade, de águas, gás, etc., respectiva localização e sinalização, quer em mapas quer no próprio terreno. Finalmente importa referir também a necessidade de dar atenção aos materiais de que os edifícios e os seus equipamentos e mobiliário são feitos no sentido de perceber o grau de resistência ao fogo. Sobre este assunto a **Resolução do Conselho de Ministros n.º 31/89** de 15 de Setembro, que estabelece as medidas cautelares contra incêndios em edifícios públicos, refere-se à classificação dos materiais em classes M1, M2 e M3, consoante a sua capacidade de resistência ao fogo.

9.11.6.3. *Os Indicadores de Segurança*

Os indicadores de segurança revelam-nos informações que são importantes quer para o gestor, quer para o próprio utilizador das instalações e espaços desportivos. Eles referem-se a características físicas dos edifícios e funcionais dos serviços ou organização que gere a actividade que decorre no edifício. Assim. Em termos **físicos**, eles referem-se a;

1. Informação sobre as envolventes: Acessos (n.º), capacidade de débito à entrada e à saída em caso de emergência (n.º de up's – unidades de passagem)
2. Características técnicas do edifício – espaços de actividade e desafogo, número de bocas de incêndio/m^2, extensão dos corredores, escadas e saídas de emergência, etc., para além daquilo que possa estar na normativa por nós apontada.
3. Existência de espaços de socorro: enfermarias, espaços de segurança, etc.
4. Proximidade às principais instituições de socorro (hospitais – respectivas valências, tempos de percurso ao hospital mais próximo, etc.

Em termos **funcionais**, podem considerar-se:

1. A existência de serviços de segurança, permanente e/ou eventuais (a mobilizar aquando da realização de eventos) informando sobre a dimensão: n.º de funcionários, horários de funcionamento e permanência, etc.;

456 *Os Espaços do Desporto – Uma Gestão para o Desenvolvimento Humano*

2. O registo do n.º de acidentes ocorridos no interior da instalação;
3. A existência e facilidade de acesso a mecanismos de guarda de valores individuais;

9.12. A Gestão da Manutenção

O conceito de gestão da manutenção pode entender-se como o conjunto de procedimentos e intervenções efectuados contínua ou periodicamente nas instalações desportivas, nos seus espaços complementares e auxiliares, nas instalações técnicas de apoio que dela fazem parte, sobre os apetrechos, os espaços e os seus respectivos códigos, com vista à preservação dos padrões de conforto e funcionalidade, de higiene e segurança, utilizando para o efeito os recursos adequados às necessidades, quer do respectivo estado de conservação relativas ao período de vida útil de cada um deles, quer das correspondentes tarefas necessárias à reposição dos padrões de utilização.

A 'Manutenção' pode ainda definir-se como o conjunto dos esforços necessários para colocar os materiais e os espaços em estado de prontidão ou de prolongamento do seu ciclo de vida. Ela pode ser caracterizada fundamentalmente em dois campos de desempenho: A '**Manutenção Contínua**' e a '**Manutenção Periódica**'. A primeira respeita fundamentalmente às pequenas intervenções preparatórias que antecedem e sucedem cada decurso de uma actividade, colocando os apetrechos em estado de prontidão e ajuste para a respectiva realização. Nele se incluem as operações de limpeza e aprontamento. Após a actividade, incluem-se ainda nele, além das operações de limpeza, as de arrumo, de verificação e de identificação de futuras intervenções correctivas. Na segunda área, além das reposições, substituições, incluem-se também aspectos mais correctivos, de reparação ou de remodelação dos apetrechos e de codificação dos espaços onde as actividades se desenrolam.

O estabelecimento deste conceito já foi tentado anteriormente por outros autores (Castillo e Jiménez, (2002)[152], referido por Nazário, 2004).

---

[152] Castillo, J.; Jimenenz-Beatty, E. (2002); *Planificación y gestión del mantenimiento de los Centros Deportivos (II)*, Sport Managers, n.º 22: 38-40., citado por Nazário, Rui P.; (2004), *Importância da Gestão no Programa Base do Projecto de Arquitectura – Os Health Clubs*, tese Mestrado, FCDEF, UP, Porto, Outubro 2004.

A Gestão das Instalações Desportivas – Os Processos de Decisão

Nessa tentativa é adiantada a organização funcional do respectivo conceito por diferentes áreas de intervenção, que o desenvolvem deste modo:

1. A Manutenção Preventiva, onde se incluem:
    a) A Manutenção Sistemática;
    b) A Manutenção Condicional;
2. A Manutenção Correctiva.

A nossa abordagem aproximar-se-á de algum modo das preocupações aqui descritas quer quanto ao conteúdo, quer quanto ao modo, quer ainda quanto à exposição de textos da normativa portuguesa.

A normativa portuguesa não apresenta ainda grande regulação neste domínio e a que registámos provém de procedimentos crescentemente introduzidos tanto ao nível dos parques infantis, das piscinas e dos parques aquáticos, como aos relativos a espaços escolares e de espectáculos em recintos públicos. Numa primeira fase tentaremos abordar a **inscrição dos conceitos** e respectivas operações no texto da lei em vários diplomas, para numa segunda, apresentarmos alguns **instrumentos de intervenção**, bem como discutirmos a proposição de alguns deles.

No que respeita à aplicação do conceito e do seu reconhecimento, começamos por destacar a **Portaria n.º 1444/2002** de 7 de Novembro que estabelece os planos de emergência das escolas que se refere à necessidade de efectuar obrigatoriamente um conjunto de procedimentos relativos à conservação e manutenção:

Artigo 9.º – (Conservação e manutenção):

1 – Os espaços dos estabelecimentos devem ser conservados em boas condições de limpeza e de arrumação, devendo ser dada especial atenção a vias verticais de evacuação e a locais de acesso difícil ou de menor utilização, designadamente os situados em caves ou sótãos.

2 – Os equipamentos e as instalações técnicas, incluindo os afectos *à segurança contra incêndio, devem ser mantidos em boas condições de utilização mediante a sujeição regular a acções de verificação, conservação e manutenção, de acordo com as instruções dos respectivos instaladores ou fabricantes e com a regulamentação que lhes seja aplicável, devendo as anomalias que ocorram ser prontamente rectificadas.*

O **Decreto Regulamentar n.º 34/95** de 16 de Dezembro que estabelece o Regulamento das condições técnicas e de segurança nos recintos de

458 *Os Espaços do Desporto – Uma Gestão para o Desenvolvimento Humano*

espectáculos e divertimentos públicos adianta de um modo geral e específico este tipo de abordagem, referindo-se aos diferentes espaços e instalações, no seu artigo 256.° e seguintes, adiantando o conjunto de trabalhos que devem ser efectuados e o respectivo período de realização, particularmente, fora do horário de permanência do público:

Artigo 256.° (Manutenção e verificação das instalações):
1 – As instalações técnicas do recinto visadas no capítulo V (*), bem como os sistemas interessados na segurança visados nos capítulos VI, VII e VIII (**), devem ser objecto de vigilância regular e de manutenção, sempre que necessário.
2 – Para avaliar da segurança e da operacionalidade dos mesmos, devem ser realizados ensaios e verificações técnicas, promovidos pela DGESP, pela Câmara Municipal ou por orga-

nismos por elas credenciados, com periodicidade a fixar em função do tipo e da categoria do recinto e da instalação ou do sistema em causa.

Artigo 257.° (Remoção de poeiras dos espaços cénicos):
Para além das limpezas regulares, os espaços cénicos devem ser sujeitos anualmente a operações exaustivas de remoção de poeiras.

(*)[153]
(**)[154]

O **Decreto-Lei n.° 100/2003** de 23 de Maio que aprova o Regulamento das condições técnicas e segurança na concepção, instalação e manutenção das **balizas** existentes nas instalações de uso público, c/alterações introduzidas pelo **Decreto-Lei n.° 82/2004** de 14 de Abril, tem uma abordagem já mais incluída do mundo desportivo, adiantando logo no seu articulado a necessidade de utilizar dois tipos de instrumentos auxiliadores ou de regulação das operações de manutenção: O **Manual de Instruções** (1) e o **Livro de Manutenção** (2), para além de indicar a necessidade de afixar informação na proximidade dos equipamentos (apetrechos).

---

[153] Instalações técnicas
[154] VI – Instalações de Alarme e Comando.
VII – Meios de extinção.
VII – Controlo de fumos em caso de incêndio.
Nota – o rodapé é nosso!

A Gestão das Instalações Desportivas – Os Processos de Decisão

Artigo 7.° (Manual de instruções):

1 – Todos os equipamentos desportivos devem ser acompanhados um manual de instruções redigido em língua portuguesa, que contenha indicações adequadas, claramente descritas e ilustradas, respeitando os requisitos previstos nos documentos normativos aplicáveis.

2 – O manual de instruções deverá indicar nomeadamente, as condições de instalação do respectivo equipamento desportivo, bem como os avisos inerentes à sua utilização.

Artigo 8.° (Manutenção dos espaços e equipamentos desportivos):

1 – A entidade responsável referida no artigo 3.° deve assegurar uma manutenção regular e periódica de todos os equipamentos desportivos, de modo que sejam permanentemente observadas as condições de segurança previstas no presente diploma.

2 – Para que seja assegurada uma manutenção regular e periódica de todos os equipamentos desportivos, deverá a entidade responsável pelos referidos equipamentos efectuar verificações de rotina.

3 – Nos casos em que os equipamentos desportivos apresentem deteriorações susceptíveis de pôr em risco a segurança dos utentes, a entidade

responsável pelos mesmos deve diligenciar a sua reparação imediata ou, se esta não for viável, a retirada dos equipamentos.

Artigo 9.° (Livro de manutenção):

1 – A entidade responsável pelos equipamentos desportivos deve possuir um livro de manutenção que contenha os seguintes elementos:

  a) Listagem completa e detalhada dos equipamentos desportivos e seus fornecedores;

  b) Registo das reparações e das principais acções de manutenção efectuadas;

  c) Registo das reclamações e dos acidentes.

2 – O livro de manutenção é obrigatória e imediatamente facultado a quem o solicite.

Artigo 10.° (Informações úteis):

Em todos os espaços onde se encontrem instalados equipamentos desportivos, deve existir informação visível e facilmente legível com as seguintes indicações:

  a) Identificação e número de telefone da entidade responsável pelos equipamentos desportivos;

  b) Indicação do telefone mais próximo;

  c) Número nacional de socorro.

A manutenção tem, como vimos, quer pelo texto da normativa apresentada quer pelo dos autores que referimos, vários alvos de intervenção e diferentes procedimentos que se adequam a cada um deles. Embora estas duas referências sejam importantes, é normalmente no regulamento das

460   *Os Espaços do Desporto – Uma Gestão para o Desenvolvimento Humano*

instalações ou nas disposições funcionais da organização do trabalho por parte das entidades gestoras, que estas preocupações se desenvolvem e particularizam. Tal é visível no que respeita às piscinas e recintos com divertimentos aquáticos: O **Decreto-Lei n.º 65/97** de 31 de Março que regula a Instalação e o Funcionamento dos Recintos com Diversões Aquáticas, não prevê a existência de regulamento interno, remetendo para posterior regulamentação a respectiva existência, o que acontece pelo **Decreto Regulamentar n.º 5/97** de 31 de Março que regulamenta as condições técnicas e de segurança dos recintos com diversões aquáticas, e que se refere à necessidade da existência de um regulamento interno com estas características e funções. Sobre isto já tínhamos referido no Capítulo 9.3.1 – O Regulamento de Gestão das Instalações Desportivas, a página 356.

9.12.1.1. *A Programação e Gestão de Rotinas e Fluxos Funcionais*

A gestão da manutenção, é um exercício que obriga a um planeamento das respectivas tarefas dado que as condicionantes em presença são muitas. Efectivamente a manutenção constitui um conjunto de operações que se organiza e orienta em função das actividades principais (desportivas) que já decorreram ou que ainda vão decorrer. Assim, os responsáveis por estas tarefas têm que ver o seu trabalho organizado de modo a que o fluxo das acções possa ser efectuado da maneira mais eficiente e continuada possível. Trata-se assim de organizar os fluxos de trabalho da instituição que gere o espaço desportivo em causa.

> Para organizar o **fluxo de trabalho** operacional (Mintzberg, H. (1979),[155] ao nível da manutenção é necessário estabelecer um estudo das rotinas, isto é, dos percursos ou fluxos funcionais, das acções e comportamentos que se repetem com frequência. Estas rotinas são para constituir, experimentar, quantificar, medir e estabelecer as respectivas sequências. Por isso, as **rotinas** são programáveis, porque se identificam, se medem, se analisam, no que respeita ao consumo dos diferentes recursos. As rotinas são importantes na sua identificação mas também no seu estabelecimento, pois dão estabilidade e continuidade funcional. Pretende-se, numa primeira fase, saber o que obrigatoriamente tem de ser feito em cada unidade temporal de trabalho (hora, dia,

---

[155] Mintzberg, Henry; (1979), *The Struturing of Organizations*, Prentice-Hall, inc., ed Portuguesa, Lisboa 1995, ed. Publicações Dom Quixote.

A Gestão das Instalações Desportivas – Os Processos de Decisão 461

> semana, mês, ano) em termos de actividades e, face a essa distribuição, saber quais as tarefas correspondentes que elas obrigam. Numa segunda fase, pretende-se agendar e calendarizar a **distribuição das tarefas** que se identificam não em função das actividades, mas em função da prontidão do apetrechamento dos materiais, dos espaços, do equipamento individual das pessoas, etc., bem como aquelas que se orientam em função do ciclo de vida dos materiais, dos espaços e dos produtos.

A organização do fluxo de trabalho implica o arranjo sequencial das tarefas que são necessárias ao desempenho das acções de manutenção: a distribuição da responsabilidade pelos recursos humanos disponíveis e a afectação e verificação do seu cumprimento. Estas preocupações fazem parte do objecto das técnicas de planeamento e programação onde se incluem propósitos de eficiência. Pretende-se que exista uma boa gestão das acções, da respectiva sequência e da distribuição do trabalho pelos recursos humanos afectos. Gerir é tirar rendimento da distribuição das tarefas pelos recursos humanos, por isso, organizar o fluxo de trabalho é evitar que os recursos humanos estejam ociosos por impedimentos vários e com trabalho por efectuar. É desejável que todos tenham ocupação continuada e as correspondentes tarefas sejam distribuídas com justiça, vocação e com uma lógica racional de funcionamento continuado. Trata-se de impedir que haja sobreposição de tarefas ou "curtos-circuitos" no desenho do fluxo da respectiva sequência, bem como sobreposição de trabalho.

A constituição de rotinas permitirá a formação de indicadores de medida e a correspondente avaliação do trabalho efectuado. Permite ainda o estabelecimento de cargos, próprio de uma gestão de recursos humanos. No entanto, não se devem confundir rotinas com vícios. Por esse motivo, é necessário por vezes, fazer alterações ao fim de algum tempo, efectuar ajustamentos, na procura da eficiência. Tal implica o exame e avaliação periódica das rotinas. Mas as mudanças de posto são também importantes, quer nas rotinas quer nos cargos constituídos. A rotação de cargos faz com que os operacionais fiquem com uma visão de conjunto da estrutura organizativa, do processo, da instalação, etc.

462 *Os Espaços do Desporto – Uma Gestão para o Desenvolvimento Humano*

> Assim, em resumo, o **planeamento dos fluxos de trabalho** obriga à identificação, recolha e constituição de uma série de elementos:
>
> 1. Identificação de rotinas (acções e desempenhos, comportamento dos agentes e outros recursos humanos, horários e que dizem respeito a comportamentos de 'Pessoas – tipo': atletas, espectadores, tipos de utilizadores ou mesmo funcionários, 'acções ou actividades': classes, actividades decorrências, etc);
> 2. Constituição de uma memória descritiva – Identificação das **principais operações-tipo** a efectuar; através de uma lista de trabalhos a realizar preparando uma boa distribuição pelos recursos humanos.
> 3. Previsão do Ciclo de vida dos materiais (identificação de intervenções de manutenção, desgaste, reposição, correcção e substituição – normalmente a partir das indicações dos fabricantes);
> 4. Materiais a adequar às operações (afectação e doseamento dos recursos);
> 5. Constituição de fluxos funcionais a partir das sequências das tarefas;
> 6. Criação de instrumentos de medida e avaliação da execução das tarefas (indicadores).
>
> O principal objectivo destes procedimentos é o de criar ciclos de intervenção, através da constituição de rotinas, de modo a que o trabalho seja feito em fluxo continuado, e previsível.

9.12.2. *A Manutenção Preventiva ou Contínua*

A manutenção preventiva, é definida por estes autores (Castillo e Jiménez, (2002)[156], referido por Nazário, 2004) como o conjunto das *"acções executadas de acordo com critérios previamente estabelecidos a fim de evitar a degradação de um elemento ou serviço prestado e diminuir a probabilidade de avaria e mau funcionamento do equipamento."*

No capítulo da manutenção preventiva ou contínua eles referem ainda duas componentes: A **manutenção sistemática** que definem como o conjunto das..."*acções programadas com uma determinada periodicidade (diária, semanal, mensal, etc."* e a **manutenção condicional** como

---

[156] Castillo, J.; Jimenenz-Beatty, E. (2002); *ibidem*.

A *Gestão das Instalações Desportivas – Os Processos de Decisão*   463

o conjunto das *..."acções levadas a cabo quando os resultados de inspec-ções periódicas, revelem a sua conveniência".*

1. Manutenção Sistemática:

A manutenção sistemática impõe o aparecimento de um conjunto de rotinas, cria e identifica ciclos básicos de trabalho que laboraram em cir-cuito permanente e marcam o ritmo base de funcionamento das operações e tarefas de manutenção. É sobre este programa base que são adicionadas as restantes que complementam este universo da manutenção e correspon-dentes exercícios de gestão.

2. Manutenção Condicional:

A manutenção condicional embora seja descontínua ou eventual, pois resulta de uma necessidade detectada, ela pode verificar um certo perio-dismo resultante do agendamento de inspecções ou revisões propostos pelo gestor, indicados pelos fabricantes ou impostos pela verificação do ciclo de vida dos materiais.

Na normativa consultada, estes dois tipos de manutenção preventiva são abordados e apresentados como complementares um em relação ao outro, como fazendo parte do mesmo problema ou domínio de interven-ção. A normativa desportiva a este nível não é muito estruturada numa taxonomia clara, nem muito discriminativa no que a esta diferenciação diz respeito, mas os diplomas consultados oferecem-nos matéria suficiente de intervenção e de reflexão.

O **Decreto-Lei n.º 379/97** de 27 de Dezembro, que aprova o regu-lamento que estabelece as condições de segurança a observar na localiza-ção, implantação, concepção e organização funcional dos espaços de jogo e recreio, respectivo equipamento e superfícies de impacte, estabelece o regulamento dos parques infantis. A este nível adianta:

*Capítulo IV – **Da manutenção***

Artigo 26.º (Requisitos gerais):
A entidade responsável pelo espaço de jogo e recreio deve assegurar uma manutenção regular e periódica de toda a área ocupada pelo espaço, bem como de todo o equipamento e super-fícies de impacte, de modo que se-

jam permanentemente observadas as condições de segurança e de hi-giene e sanidade previstas no presente diploma.

Artigo 27.º (Manutenção do espaço de jogo e recreio):
1 – Para que seja assegurada uma manutenção regular e periódica do

espaço de jogo e recreio, devem ser efectuadas verificações de rotina que abranjam toda a área ocupada pelo espaço de jogo e recreio, incluindo, nomeadamente, as vedações, os portões, o mobiliário urbano e as instalações de apoio a que se refere o artigo 12.º.

2 – Atento o disposto no número anterior e sempre que se verifiquem deteriorações susceptíveis de pôr em risco a segurança dos utentes, a entidade responsável pelo espaço de jogo e recreio deve diligenciar a sua reparação imediata ou se esta não for viável a imobilização ou retirada do elemento danificado.

Artigo 28.º (Manutenção dos equipamentos e superfícies de impacte):

1 – A manutenção dos equipamentos e superfícies de impacte deve ser assegurada de acordo com o disposto nos documentos normativos aplicáveis, constantes de lista a publicar pela portaria a que se refere a alínea a) do n.º 3 do artigo 16.º do presente diploma.

2 – Caso os equipamentos ou as superfícies de impacte apresentem deteriorações susceptíveis de por em risco a segurança dos utentes, a entidade responsável pelo espaço de jogo e recreio deve diligenciar a sua reparação imediata ou, se esta não for viável, a imobilização ou retirada do equipamento.

3 – Quando apenas uma parte do equipamento tenha de ser desmontada ou retirada, deve também aquela entidade proceder à protecção ou desmon-

tagem das fixações ou das fundações do equipamento.

4 – Sempre que a superfície de impacte seja constituída por areia, aparas de madeira ou outro material semelhante, deve ser assegurado o nível de altura da camada de material adequada à absorção do impacte.

Artigo 29.º (Condições higio-sanitárias):

1 – A entidade responsável pelo espaço de jogo e recreio deve manter o espaço permanente limpo, incluindo os equipamentos, as superfícies de impacte, o mobiliário urbano e as instalações de apoio.

2 – Sempre que a superfície de impacte seja constituída por areia, aparas de madeira ou outro material semelhante, deve proceder-se à sua renovação completa pelo menos uma vez por ano.

Artigo 30.º (Livro de manutenção):

A entidade responsável pelo espaço de jogo e recreio deve possuir um livro de manutenção que contenha os seguintes elementos:

a) Projecto geral de arquitectura e demais especialidades que elucidem sobre a distribuição dos equipamentos, o posicionamento das infra-estruturas e o desenvolvimento do espaço de jogo e recreio.

b) Listagem completa e detalhada dos equipamentos, dos seus fornecedores e dos responsáveis pela manutenção;

c) Programa de manutenção e respectivos procedimentos, adequa-

dos às condições do local e do equipamento, tendo em conta a frequência de utilização e as instruções do fabricante;

d) Registo das reparações e das principais acções de manutenção corrente efectuadas;

e) Registo das reclamações e dos acidentes.

Artigo 31.º (Seguro de responsabilidade civil):

1 – A entidade responsável pelo espaço de jogo e recreio terá de celebrar obrigatoriamente um seguro de responsabilidade civil por danos corporais causados aos utilizadores em virtude de deficiente instalação e manutenção dos espaços de jogo e recreio, respectivo equipamento e superfícies de impacte.

2 – O valor mínimo obrigatório do seguro referido no número anterior é fixado em 50 000 000 $ e será automaticamente actualizado em janeiro de cada ano, de acordo com o índice de preços no consumidor verificado no ano anterior e publicado pelo Instituto Nacional de Estatística.

Capítulo VI – Da fiscalização

Artigo 32.º (Entidade competente):

1 – A fiscalização do cumprimento do disposto neste Regulamento compete Às câmaras municipais.

2 – O Instituto Nacional do Desporto fiscaliza os espaços de jogo e recreio cuja entidade responsável seja a câmara municipal.

Artigo 33.º (Acções de fiscalização):

1 – sem prejuízo das acções de fiscalização realizadas na sequência de queixas ou reclamações, as câmaras municipais e o Instituto Nacional do Desporto devem promover pelo menos uma fiscalização anual a todos os espaços de jogo e recreio localizados na área da sua circunscrição.

2 – De cada acção de fiscalização deverá ser elaborado relatório, do qual deve constar, nomeadamente:

a) A apreciação global do espaço;

b) A apreciação particular de cada um dos equipamentos instalados;

c) As infracções detectadas;

d) O prazo estabelecido para regularização;

e) A proposta de aplicação de medida cautelar, se for caso disso.

3 – Caso os equipamentos ou as superfícies de impacte apresentem deteriorações susceptíveis de pôr em risco a segurança dos utentes, a entidade fiscalizadora deve ordenar a sua reparação imediata ou, se esta não for viável, a imobilização ou retirada do equipamento.

4 – Quando apenas uma parte do equipamento tenha de ser desmontada ou retirada, deve também a entidade fiscalizadora mandar proceder à protecção ou desmontagem das fixações ou das fundações do equipamento.

5 – Sempre que a entidade fiscalizadora detecte infracções cuja gravidade impeça o funcionamento seguro dos espaços de jogo e recreio, deve determinar o seu encerramento até que sejam repostas as respectivas condições de segurança.

6 – Do encerramento do espaço de jogo e recreio deve a entidade fiscalizadora promover o respectivo conhecimento público, nomeadamente por meio de aviso a afixar à entrada do respectivo espaço.

7 – Do relatório a que se refere o n.º 2 é dado conhecimento à entidade responsável pelo espaço de jogo e recreio.

As preocupações oficiais no domínio da Gestão Manutenção traduzem-se no domínio das instalações através da mais recente publicação do **Decreto-Lei n.º 41/2007** de 21 de Fevereiro que estabelece a Parque Escolar – EPE – Entidade Pública Empresarial, entidade criada com o objectivo de proceder à modernização e manutenção da rede pública das escolas secundárias onde se incluem os espaços desportivos escolares. No preâmbulo deste diploma são descritas as dimensões relativas às condições que se pretendem atingir, nomeadamente ao nível da funcionalidade, do conforto, da segurança, da salubridade, da conservação e manutenção, as quais nos interessa aqui registar.

Uma das componentes essenciais no capítulo da manutenção e que se revela de importância crucial para as instalações desportivas é o tema da higiene e salubridade que trataremos de seguida.

9.12.2.1. *A Higiene e Salubridade*

Em qualquer instalação, posto de trabalho ou local onde estejam pessoas, como nas instalações desportivas, a acção primeira, fundamental e comum a todas elas, é a manutenção relativa à higiene. A higiene é o factor preponderante na gestão das instalações desportivas.

A higiene é importante do ponto de vista da saúde, da qualidade de vida, da imagem percebida do espaço, mas não o é menos do ponto de vista da gestão de uma instalação. O seu significado e importância simbólica revelam-se na capacidade de se constituir como um meio ao serviço da promoção ou despromoção da qualidade da instalação desportiva. É ela que fará o reforço ou não da presença dos utilizadores, pela qualidade dos espaços e da respectiva manutenção no capítulo da higiene. Uma boa higiene associada ao exercício de outros valores contribui para obter uma utilização e presença continuada destes. Uma doença de pele contraída numa instalação desportiva marcará no corpo do seu utilizador uma imagem negativa da instalação que perdurará para além da data da sua debelação.

A higiene é também um valor inerente ao desporto e à respectiva vivência por isso a sua componente simbólica tem também aqui expressão. A higiene permite ainda uma plataforma de relacionamento entre os atletas e constitui um protocolo de **respeito para com colegas e adversários**. Os contactos corporais em situação de jogo ou prática são frequentes e uma boa higiene é um sinal de respeito nesse mesmo relacionamento.

> Ela compreende fundamentalmente três componentes:
> 1. A higiene dos **espaços** e apetrechos utilizados;
> 2. A higiene dos **elementos** nos quais são efectuados os gestos da prática desportiva:
>   – Água, solo, ar, etc.
>   – apetrechos utilizados na realização do gesto desportivo ou com os quais o atleta/utilizador interage.
> 3. A higiene corporal dos **atletas** (antes, durante e depois das actividades).
>
> Os espaços desportivos, particularmente os balneários, pelas suas características e funções, pela abundância de água, temperatura e diferentes permanências e contactos vindos do exterior, criam as condições facilitadoras da proliferação de bactérias, microorganismos e populações de germes. Contrariar estas condições é a função das operações de higiene.

O elemento fundamental de contacto do utilizador das instalações, particularmente dos atletas, com o meio envolvente é a pele. É através dela que ele se relaciona com os apetrechos, o meio envolvente, os pisos e os espaços. A pele é assim o grande elemento de contacto do desportista com o mundo, com os espaços e com os outros. A frequência de banhos é uma característica inerente aos desportistas e utilizadores de instalações desportivas. Esse facto, coloca-os também numa situação de risco por dois motivos complementares:

1. Desprotecção da camada sebosa da pele, por remoção continuada (através do banho);

2. Exposição frequente a situações e espaços diferenciados onde, na falta de higiene, poderá haver contacto através da pele com este tipo de germes.

Deste modo, a necessidade de higiene absoluta de todos os espaços das instalações prende-se pela necessidade de diminuição dos factores de risco para a pele face a este estado de desprotecção.

468 Os Espaços do Desporto – Uma Gestão para o Desenvolvimento Humano

Na normativa portuguesa, as regras de actuação e os procedimentos relativos à higiene nos diferentes tipos de espaços são descritos em vários diplomas, onde se incluem aqueles que se referem aos locais de trabalho dos estabelecimentos comerciais.

O **Decreto-Lei n.°243/86** de 20 de Agosto que estabelece o regime de Higiene e Segurança no trabalho em estabelecimentos comerciais adianta sobre o assunto o seguinte:

Secção II – Conservação dos locais de trabalho

Artigo 6.° (Conservação e higienização):
Todos os locais de trabalho zonas de passagens, instalações comuns e ainda os seus equipamentos devem estar conveniente e permanentemente conservados e higienizados.

Artigo 7.° (Limpeza diária e periódica):
1 – Devem ser limpos diariamente:
a) Os pavimentos;
b) Os planos de trabalho e seus utensílios;
c) Os utensílios ou equipamentos de uso diário;
d) As instalações higieno-sanitárias, como vestiários, lavabos, retretes e urinóis, ou outras comuns postas à disposição dos trabalhadores.
2 – Devem ser limpos periodicamente:
a) Paredes e tectos;
b) Fontes de luz natural e artificial;
c) Os utensílios ou equipamentos de uso não diário;
d) As instalações referidas no n.° 1, alínea d), que serão ainda sujeitas a desinfecção.

Artigo 8.° (Operações de limpeza e desinfecção):
1 – As operações de limpeza e desinfecção devem ser feitas:
a) Por forma que não levantem poeiras;
b) Fora das horas de trabalho, ou, durante as horas de trabalho, quando exigências particulares a tal obriguem e possam ser feitas sem inconveniente grave para o trabalhador;
c) Com produtos não tóxicos ou irritantes, designadamente nas instalações higieno-sanitárias, como vestiários, lavabos, balneários, retretes e urinóis, e em outras instalações comuns postas à disposição dos trabalhadores.

Artigo 9.° (Desperdícios):
1 – Os desperdícios ou restos incómodos devem ser colocados em recipientes resistentes e higienizáveis com tampa, que serão removidos diariamente do local de trabalho.
2 – Quando os desperdícios ou restos forem muito incómodos ou susceptíveis de libertarem substâncias tóxicas, perigosas ou infectantes, devem ser previamente neutralizados e colocados em recipientes resistentes cuja

A Gestão das Instalações Desportivas – Os Processos de Decisão

tampa feche hermeticamente. A sua remoção do local de trabalho deve ser diária ou no final de cada turno de trabalho, conforme os casos.

3 – Cada posto de trabalho deve ter recipiente ou dispositivo próprio.

O **Decreto-Regulamentar n.º 5/97** de 31 de Março que estabelece o regulamento dos recintos com diversões aquáticas refere-se às condições higio-sanitárias a partir do seu:

*Secção II – **Condições higio-sanitárias***

Artigo 37.º (Condições Gerais):

1 – Todas as actividades aquáticas, instalações e equipamentos dos empreendimentos devem manter-se em perfeito estado higio-sanitário e de conservação.

2 – Antes da reabertura anual ao público deverão ser assegurados:

a) Reparações e pinturas que se revelem necessárias;

b) Funcionamento normal de todos os equipamentos;

c) Desinfecções e desinfestações em todos os locais e dependências onde se revelem necessárias estas acções;

d) Limpeza eficaz de todo o recinto.

3 – Após a conclusão das pinturas, a desinfecção dos tanques das actividades aquáticas deve ser efectuada por lavagem, manual ou por aspersão, com hipoclorito de sódio, sendo a primeira lavagem com uma concentração de cloro na razão de 50 mg/l ou com outro produto autorizado com poder desinfectante equivalente, seguida de uma outra com uma concentração reduzida a um quinto mantendo-se as

descargas de fundo abertas em ambos os casos.

4 – Para limpeza e desinfecção dos sistemas de circulação da água das actividades aquáticas estes devem ser postos previamente a funcionar, com uma concentração de cloro na razão de 30 mg/l, que se vai baixando até à obtenção de níveis de concentração admissíveis para funcionamento da instalação com o público, podendo em alternativa ser utilizado outro produto autorizado com poder desinfectante equivalente e nas proporções adequadas ao mesmo.

5 – A desinfecção da rede de abastecimento de água para consumo humano, antes da sua entrada em serviço e após intervenção para reparações da tubagem enterrada, deve efectuar-se com uma solução de hipoclorito de sódio, com uma concentração em cloro disponível não inferior a 10 mg/l, ou outro produto autorizado de características idênticas.

6 – No caso do número anterior, a água com desinfectante deverá ser retida na rede durante vinte e quatro horas, após o que se procede ao seu esvaziamento completo, efectuando-se posteriormente o seu enchimento com água da rede e o seu esvaziamento tantas vezes quantas as necessárias até que o teor detectável de cloro residual livre na água esteja em conformidade com o disposto na legislação em vigor.

Artigo 38.° (desinfecções e desinfestações):
1 – Os balneários e os sanitários devem ser lavados e desinfectados dia-

riamente, prestando particular atenção aos pavimentos e estrados onde os utentes se desloquem descalços, de modo a impedir a proliferação de fungos.
2 – A desinfestação das instalações do empreendimento deve realizar-se uma vez por ano, um mês antes da reabertura, ou sempre que tal acção se apresente como conveniente.

Ainda ao nível das piscinas é a directiva europeia **CNQ 23/93** do Conselho Nacional da Qualidade que prevê a existência de um Livro de Registo Sanitário, como principal elemento de controle da intervenção ao nível da higiene, sobre estes espaços.

Capítulo 13 – Registo Sanitário

*13.1 – Cada piscina ou estabelecimento de recreação aquática deverá estar dotada de um **livro de registo sanitário**, previamente paginado e visado pelas autoridades sanitárias, no qual serão anotados diariamente:*
– o número de banhistas que frequentaram a piscina;
– os volumes de água de reposição (água fresca lidos nos contadores-totalizadores de cada tanque);
– pelo menos duas vezes, e com maior frequência em dias e períodos de utilização mais intensa, as observações relativas à transparência, ao PH, aos teores de desinfectante e à temperatura da água nos tanques;
– nas piscinas cobertas, anotar-se-á ainda a temperatura e a humi-

dade relativa do ar ambiente na zona de actividade ou de banho;
– as observações relativas às verificações técnicas, às lavagens de filtros, ao esvaziamento e limpeza de tanques e de filtros, à renovação de reservas de produtos químicos, ao enchimento dos tanques de preparação de reagentes, às anomalias e reparações e, em geral, os registos de todas as ocorrências e incidentes que tenham lugar na instalação durante o seu funcionamento.
Se o desinfectante utilizado derivar do ácido cianúrico, ou se se utilizar qualquer outro produto estabilizante, a sua concentração na água dos tanques será verificada, pelo menos, semanalmente.
13.2 – No livro de registo sanitário, deverão anotar-se igualmente as visitas de inspecção sanitária, as colheitas

de amostras de água para análise laboratorial – a efectuar pelo menos mensalmente por um laboratório oficial devidamente acreditado – e os resultados das análises laboratoriais.

As amostras de água para as análises diárias serão colhidas pelo menos em dois pontos representativos da massa de água presente em cada tanque, com uma recolha de 40-50 cm e outra a cerca de 20-30 cm de profundidade.

Cada piscina ou estabelecimento deverá estar apetrechada com os aparelhos, dispositivos e produtos necessários e adequados para a realização de operações de controle da qualidade da água previstas no presente anexo.

13.3 – O preenchimento e a manutenção do livro de registo sanitário em boas condições para verificação pelas autoridades é da responsabilidade do director do estabelecimento ou encarregado da piscina, que responderá administrativa e juridicamente pelas condições sanitárias na água das piscinas.

13. 4 – Os valores do pH, teores de desinfectante, temperaturas da água e condições termo-higrométricas ambientais serão também afixados em local bem visível para todos os utentes, próximo da entrada do estabelecimento. Aí serão igualmente afixados os resultados das análises laboratoriais e das inspecções sanitárias.

* * *

Os diplomas que regulam os estádios e os estabelecimentos escolares nada referem no capítulo da manutenção relativa aos procedimentos de higiene e operações correspondentes. Os parques infantis apresentam fundamentalmente aquilo que já referimos.

Relativamente à elaboração de sistemas de controle e verificação, para além dos livros de registo de que falaremos mais à frente e que têm sido apresentados ao longo da abordagem normativa que vimos fazendo, a manutenção obriga à identificação, para cada espaço das instalações desportivas, de operações de inspecção, verificação e manutenção Estas operações devem ser registadas com elementos relativos à indicação do correspondente inspector, do responsável dessa instalação, das anomalias detectadas e das operações a efectuar ou efectuadas, propondo a data da sua ocorrência.

9.12.2.2. As Operações de Manutenção do Apetrechamento

As operações de manutenção do apetrechamento definem-se como o conjunto das tarefas necessárias à boa utilização e prolongamento da funcionalidade dos apetrechos. Estas preocupações enquadram-se simultaneamente no capítulo da gestão da manutenção e na gestão do apetrechamento. Colocam em evidência o conceito de 'Ciclo de vida dos materiais': Efectivamente, a utilização ou não, de cada apetrecho ou aparelho desportivo identifica um determinado número de usos que, à partida, parecem ser infinitos mas que, com o serviço continuado, em função da resistência dos materiais de que é constituído e do modo como as suas utilizações são feitas, revelam limites a partir dos quais esgotam a respectiva capacidade funcional. Este período constitui aquilo que se denominou chamar-se o período de vida ou ciclo de vida dos materiais.

O Ciclo de Vida dos materiais ou apetrechos compreende várias fases:
1. A **aquisição** é considerada a data de nascimento;
2. O **desenvolvimento**, compreende a respectiva utilização para a qual foi constituída bem como as novas utilizações que poderão por exploração e inovação serem experimentadas e estabilizadas. Finalmente este período de vida pode ser prolongado se houver uma utilização correcta e adequada e se prontamente forem efectuadas as intervenções periódicas de revisão recomendadas pelos fabricantes, as reparações necessárias e as substituições de alguns elementos constituintes.
3. A última etapa é considerada a **morte** quando o apetrecho ou peça são abatidas da função para a qual foram constituídas ou abatidas ao inventário, ou ainda substituídas por uma outra.
4. Poderão ainda ter um suplemento de utilização quando são aproveitadas para museu ou os seus constituintes se possam assumir como peças de substituição para equipamentos semelhantes. (seria a fase da **redenção**!)

As principais operações a desenvolver na gestão do apetrechamento, numa perspectiva de manutenção foram muito bem resumidas numa publicação da Câmara Municipal de Oeiras – cadernos de desporto[157] as quais transcrevemos aqui:

---

[157] Gestão do Material em Instalações Desportivas, C.M.Oeiras, 1995, pág. 6.

A Gestão das Instalações Desportivas – Os Processos de Decisão

Processo	Operação	Fase	Finalidade
Controlo	Inventário	• Classificação • Medição • Valor funcional • Registo	
		Armazenamento	
Aquisição Ou Reposição	Selecção Compra	• Definição de necessidades • Eleição do tipo de fornecedores • Revisão de catálogos • Definição de prioridades • Solicitação de recursos • Comparação de ofertas • Eleição do material • Pedido • Recepção • Instalação • Verificação	
Utilização		• Docência • Treino • Festas ou Exibições • Empréstimo Institucional • Empréstimo pessoal	
Manutenção	Reforço	• Colado • Aparafusado • Forrado • Protecção	
	Limpeza	• Lavado • Aspirado	
	Conservação	• Pintado • Envernizado • Engraxado	
	Reparação	• Soldadura • Substituição de peças • Cosido	
Adaptação		• Reutilização • Construção • Material não convencional	

**Quadro n.º 44 – Processo de Gestão de Material Educação Física e Desporto
(in Gestão do Material em Instalações Desportivas, C.M.Oeiras, 1995, pág. 6.).**

A gestão do apetrechamento, para além das operações de controlo e manutenção obriga à identificação de algumas regras quanto ao seu registo ou cadastro, bem como ao seu arrumo. Cada apetrecho deve constituir uma ficha própria num livro ou ficheiro onde se reúnem as informações a ele relativa e onde devem constar, para além do que já foi referido acima, o local de arrumo, as características técnicas, com a aposição de um número de ordem identificador, classificação quanto à sua tipologia e a que pode ser adicionada fotografia, código de barras ou outras formas modernas de identificação e classificação desse mesmo material (ficha ou

474   *Os Espaços do Desporto – Uma Gestão para o Desenvolvimento Humano*

ficheiro electrónico). As soluções tecnológicas emergentes aproximam-se da possibilidade de serem identificadas as utilizações (n.º de horas) de cada uma já não apenas por estimação, mas cada vez mais por certificação, o que permitirá uma melhor gestão de todo o apetrechamento.

9.12.3. *A Manutenção Periódica (ou correctiva)*

A manutenção periódica resulta da necessidade de efectuar operações com um volume maior de tarefas e com um grau de importância e complexidade mais elevado para o prolongamento da funcionalidade dos espaços, dos apetrechos ou dos códigos nas instalações desportivas. Estas tarefas saiem fora do ritmo diário de trabalho de manutenção das instalações. Ela diverge da manutenção contínua pelo tipo de intervenções realizadas que se caracterizam por serem espaçadas no tempo e, simultaneamente, serem mais volumosas ou trabalhosas em termos das tarefas às quais é necessário dar cumprimento.

A manutenção periódica identifica ciclos de intervenção, normalmente ciclos de médio e de longo prazo. Em termos de gestão das instalações podem considerar-se desde os ciclos mensais, anuais, plurianuais ou até de décadas. Ela traz agarrada a si o entendimento de duas noções:

1. **O ciclo de vida dos materiais**, que resulta do número de horas de utilização dos apetrechos, da fadiga dos materiais, da capacidade de resistência ao esforço (à fricção, ao choque e impactos (força por Kg) e à torção e arrastamento, ao fogo, etc.), que podem ser prolongados ao longo de diversos ciclos de utilização. Estas verificações de prolongamento e de vida implicam a listagem de novas verificações de qualidade e de encurtamentodo seu período.Tal aplica-se particularmente a alguns equipamentos cujo prolongamento é efectuado através de revisões periódicas e reajustáveis sobre o seu estado, a partir das indicações dos fabricantes inscritas nos manuais de funcionamento e manutenção. (Neles se incluem a análise da previsão do n.º de horas de vida ou utilização provável, como por exemplo a duração em número de horas de uma lâmpada, ou de uma bola, a necessidade de substituição de filtros de ar e outros fluxos, etc.;

2. **Os ciclos de renovação**, que identificam períodos de tempo determinados pelas necessidades periódicas de intervenção ao nível dos equipamentos e que são efectuadas próximo dos limites de substituição definidos ou, por motivos de implantação de novas actividades ou

A Gestão das Instalações Desportivas – Os Processos de Decisão 475

> utilizações, novo ciclo temporal de actividade (por exemplo início de época, situação festiva, etc.), novas codificações, novas funcionalidades ou balanço de actividades e de situação (incluem-se aqui as limpezas de fundo, renovações de filtros e condutas, substituição de novos aparelhos, as inspecções técnicas ao edifício, verificação das juntas de dilatação das grandes naves, pinturas, materiais constituintes, etc.).

A manutenção correctiva definida por Gimenez (2002) e adiantada por Nazário (2004), como aquela que *"compreende as acções executadas após o surgimento da avaria ou deterioramento, que repõem o espaço ou o equipamento em condições de uso"*, pode incluir-se em termos de ocorrência temporal neste segmento, quando são previamente reunidos os apetrechos cujas intervenções ultrapassam a manutenção contínua. Quando tal não acontece ela não poderá ser considerada no capítulo das intervenções periódicas.

O agendamento destes ciclos é possível e desejável e é hoje facilitado pelos instrumentos informáticos que, com origem na identificação das tarefas definidas a partir da normativa, das instruções dos fabricantes presentes nos manuais de funcionamento e de manutenção dos equipamentos e do ciclo de vida dos materiais utilizados, permitem efectuar listagens de tarefas e grelhas de conferição e de procedimentos de manutenção.

Por último a necessidade de se efectuarem inspecções periódicas e as correspondentes manutenções correctivas implica o exercício de uma responsabilidade que, na sua ausência, é penalizada, quer por sanções quer pela relação a estabelecer com as companhias de seguro. A **Portaria n.º 1049/2004** de 19 de Agosto a este respeito, estabelece a existência de um contrato de seguro para cobertura dos danos causados aos utilizadores em virtude de deficientes condições da instalação e manutenção dos equipamentos desportivos.

9.13. A Gestão da Qualidade

A gestão da qualidade é um processo de identificação de procedimentos, da respectiva padronização e é aplicado através do estudo de cada operação que é desenvolvida no funcionamento de uma instituição. A Gestão da qualidade aplica-se a pessoas, a processos, a produtos, a materiais, a espaços e tudo o mais que tenha ou possa ser alvo de um processo de gestão. Trata-se de definir os padrões a todos os níveis, desde a entrada dos recursos necessários à realização de um processo até à elaboração do produto e respectiva colocação no mercado ou seja, junto do consumidor. Ela inclui ainda a verificação de que os procedimentos definidos são seguidos e cumpridos por todos os elementos dessa mesma organização.

O Sistema Português da Qualidade (anteriormente denominado Sistema Nacional de Gestão da Qualidade, que foi criado na dependência do Ministério da Indústria em 1983 pelo **Decreto-Lei n.° 165/83** de 27 de Abril, foi o sistema que em Portugal foi instituído de modo a responder a este tipo de preocupações a aplicar quer ao tecido industrial, quer ainda a todas as actividades produtivas e humanas. Elas foram estruturadas em três tipos:

     1. Normalização;
     2. Qualificação (dos recursos humanos);
     3. Metrologia (estudos de pesos, medidas e processos de avaliação).

Este sistema é uma estrutura que inclui diversas entidades e é gerido pelo IPQ – Instituto Português da Qualidade, em parceria como Instituto Português de Acreditação (IPAC).

A gestão da qualidade nas instalações desportivas começa agora a dar os primeiros passos. Podemos identificar, pelo que até aqui descrevemos, a crescente existência de normativa que aproxima progressivamente as instalações, desde a sua concepção até à sua entrada em funcionamento e respectiva gestão, a padrões de exigência cada vez mais elevados, nos seus espaços e formas de gerir. Tal tem-se verificado tanto ao nível das piscinas e parques aquáticos, bem como ao nível dos parques infantis, como iremos ver, e particularmente nas especificações técnicas de segurança das balizas. Mais recentemente, a normativa relativa aos estádios tem cumprido esse papel de aproximação a padrões elevados de qualidade.

A qualidade é definida no texto do **Decreto-Lei n.° 140/2004** de 8 de Junho, que estabelece o regime jurídico do Instituto Português da Qualidade. No seu artigo 4.°, alínea j): *(definições) (...) considera-se*

    j) «Qualidade» conjunto de atributos e características de uma entidade ou produto que determinam a sua aptidão para satisfazer necessidades e expectativas da sociedade;

A qualidade é um conceito que traz associados outros dois processos: A Acreditação (1) e a Certificação (2), que são definidos no mesmo artigo do mesmo diploma, nas suas alíneas a) e b). Assim, considera-se:

a) *«Acreditação» o procedimento através do qual o organismo nacional de acreditação (ONA) reconhece, formalmente, que uma entidade é competente tecnicamente para efectuar uma determinada função específica, de acordo com normas internacionais, europeias ou nacionais, baseando-se, complementarmente, nas orientações emitidas pelos* organismos internacionais de acreditação de que Portugal faça parte;

b) *«Certificação» o procedimento através do qual uma terceira parte acreditada dá uma garantia escrita de que um produto, processo, serviço ou sistema está em conformidade com requisitos especificados;*

A gestão da qualidade define assim procedimentos, padrões e critérios que se relacionam com:

1. A gestão de actividades;
2. A provisão dos recursos;
3. A realização do ou dos produtos (ou serviços);
4. A medição (dos processos, dos produtos, das entradas e saídas, das operações e do trabalho das pessoas).

A gestão da qualidade obedece à aplicação de normas sujeitas a um conjunto de oito (8) princípios:

1. Focalização no **cliente** (ou utilizador) – As organizações existem em função dos seus utilizadores pelo que devem orientar-se nos seus esforços de organização para as necessidades ou expectativas actuais e futuras dos seus clientes ou utilizadores.
2. Liderança – Os líderes, para além da definição de objectivos, devem criar o **clima** necessário para o respectivo cumprimento.
3. **Envolvimento** das pessoas – O empenhamento e o sentimento das pessoas leva a benefícios para a organização.
4. Abordagem por processos – Os resultados são atingidos mais facilmente quando se desenham **processos** relativos às actividades a realizar e recursos a utilizar.
5. Abordagem ao Sistema de Gestão – A gestão dos processos da organização deve ser efectuada de modo sistémico e inter-relacionado para que os objectivos sejam atingidos de modo **eficiente**.

> **6. Melhoria contínua** – A organização deve empenhar-se em melhorar continuamente os seus processos de funcionamento.
> 7. Abordagem de **factos** – Os factos são relatados e assinalados através de dados e informações. As decisões são tomadas a partir da análise destes dados.
> 8. Relações **mutuamente benéficas** para com os fornecedores – Boas relações produzem mais valor para ambos os intervenientes.

A normativa internacional é conhecida entre nós pela sigla "ISO". A normativa Portuguesa usa as iniciais NP. O sistema de gestão de qualidade aplicada a organizações e aos seus processos considera mais recentemente a normativa **ISO9001 2000**, que se refere à documentação que é necessário produzir, e fazer cumprir, em termos do funcionamento da organização. Assim, esta deverá definir:

1. A Política e os objectivos de Qualidade que deseja perseguir;
2. O Manual da Qualidade, descrevendo os procedimentos a efectuar;
3. A Identificação dos procedimentos e respectiva descrição;
4. A Construção de documentos destinados a assegurar o planeamento, a operação e o controlo eficazes dos seus processos.

Refere ainda, nesta necessidade de produção de documentos, a criação de:

1. Um **Manual** de Qualidade – onde se define o sistema de gestão de qualidade com a descrição dos respectivos processos;
2. Um Sistema de **Controlo de Documentos** – relativos a procedimentos diferenciados: certifica-se a sua existência, a adequabilidade do procedimento, a legibilidade do documento, identificação, disponibilidade (em local prórpio), etc.;
3. Um **Controlo de Registos** da Qualidade – trata-se de estabelecer um sistema que regista a conformidade dos documentos, a existência de actualizações ou utilização indevida dos documentos antigos ou desactualizados, entre outras.

O Manual de Qualidade constitui-se como:

– O campo de aplicação do sistema de qualidade;
– O conjunto de procedimentos estabelecidos para o sistema;
– A descrição de interacções entre os processos do sistema de Gestão da Qualidade.

A Gestão das Instalações Desportivas – Os Processos de Decisão 479

No domínio das **responsabilidades da gestão**, a normativa organiza-se ainda em torno de quatro grandes preocupações:

1. O comprometimento da gestão – através da orientação para as necessidades do cliente, estabelecendo a política de qualidade, os objectivos, as revisões e os recursos necessários.
2. A focalização no cliente – construindo o seu protótipo, identificando os respectivos requisitos;
3. A política de qualidade – estabelecendo os requisitos e os processos de melhoria contínua, dando-a a conhecer a toda a empresa;
4. O Planeamento – definindo os objectivos da qualidade, planeando o sistema de gestão da qualidade, definindo as responsabilidades e autoridades e comunicando-as a toda a estrutura.

O planeamento da qualidade, através do respectivo processo de planificação, tem vindo a ser aplicado à gestão das instalações desportivas de modo progressivo dando os primeiros passos. As Piscinas e os Clubes de Saúde (Health Clubs), são os campos onde este tipo de intervenção se faz sentir mais continuamente. A elevação das características de risco das práticas desportivas, os níveis de exigência dos utilizadores das instalações e a crescente incorporação tecnológica nas instalações, vem obrigando à definição de padrões de qualidade cada vez mais elevados e à necessidade da constituição de processos de elaboração e de certificação dos procedimentos a realizar.

Existem vários modelos de abordagem da qualidade nas instalações desportivas, cujo mais conhecido se traduz na aplicação do modelo dos GAPs ou hiatos na qualidade de serviço (SERVQUAL). Trata-se, segundo Teodorakis, Costa e Laios (1998)[158], da identificação das diferenças que podem estabelecer-se entre o desejo dos clientes, das suas expectativas face aos serviços esperados, aos seus padrões de desempenho e respectivas características, por comparação com os serviços e o padrão efectivamente prestado.

A qualidade é hoje extensiva ao Sistema Público através do **Decreto- -Lei n.º 166-A/99** de 13 de Maio que institui o sistema de qualidade nos

---

[158] Citado por (Ferreira, V.; 2001); *Avaliação da qualidade dos serviços prestados em piscinas cobertas, na zona raiana do Alto-Minho*, Porto, FCDEF, Mestrado em Gestão Desportiva, pág. 53.

480 Os Espaços do Desporto – Uma Gestão para o Desenvolvimento Humano

serviços públicos designado por SQSP. Neste diploma são definidos os princípios, as estruturas e regras de procedimento, os órgãos e as competências, bem como os correspondentes processos de certificação de órgãos e serviços e a respectiva atribuição de certificados. Assim, é o capítulo III deste normativo que desenvolve esta problemática:

CAPÍTULO III – Certificação de órgãos e serviços

Artigo 10.º (Certificado de qualidade):
1 – A demonstração da qualidade em serviços públicos é feita através de certificados de qualidade.
2 – A atribuição dos certificados de qualidade em serviços públicos consiste na avaliação, emissão de certificado e acompanhamento do sistema de garantia da qualidade no serviço ou organismo, de acordo com os critérios estabelecidos no presente diploma.
3 – A avaliação para efeitos de atribuição dos certificados de qualidade é feita através de auditorias de qualidade.
4 – As auditorias de qualidade consistem no exame sistemático e independente para determinar se as actividades e os resultados relativos à gestão e à qualidade satisfazem os respectivos critérios e se estes estão, efectivamente, a ser aplicados e são adequados para atingir os objectivos prosseguidos.

Artigo 11.º (Critérios para certificação):
1 – São adoptados, para emissão de certificados de qualidade em serviços públicos, os critérios do modelo estabelecido pela Fundação Europeia de Gestão pela Qualidade, numa perspec-

tiva de eficácia e eficiência da gestão, de simplificação e desburocratização de procedimentos, da satisfação dos clientes, da optimização dos recursos humanos, financeiros e materiais e da concretização dos objectivos definidos por lei.
2 – A pontuação mínima para atribuição e renovação dos certificados de qualidade é definida pelo CQSP, em finção dos progressos que se vierem a obter em matéria de qualidade na Administração Pública, sob proposta da entidade gestora no sistema.
3 – Sem prejuízo das auditorias e da aplicação das grelhas dos critérios adoptados, qualquer serviço público que pretenda obter o certificado de qualidade ou prémios de qualidade em serviços públicos deve cumprir os seguintes requisitos mínimos:
a) ter definidas e difundidas internamente as missões e os objectivos do serviço, as competências das unidades orgânicas e as formas de articulação entre as mesmas;
b) Elaborar, pontualmente, planos e relatórios de actividades e o balanço social, bem como partilhá-los e discuti-los com todos os profissionais do serviço;
c) Desenvolver uma gestão orientada para resultados programados, promovendo a criação e a

aplicação de adequados mecanismos de controlo e avaliação;

d) Promover uma política de pessoal que permita o desenvolvimento do seu potencial técnico e criativo, através de um alto nível de motivação e envolvimento e de uma política de formação que contribua para a valorização profissional, pessoal e cultural de todos os trabalhadores;

e) Proceder, de forma objectiva, à avaliação contínua do mérito, em função dos resultados individuais e de grupo e à forma como cada trabalhador se empenha na prossecução dos objectivos e no espírito de equipa do serviço;

f) Fomentar a delegação e a subdelegação de competências e a responsabilização e autonomia, incrementando formas de coordenação, de comunicação e de diálogo entre unidades orgânicas e respectivos profissionais de serviço;

g) Fomentar o espírito de abertura e mudança para formas de trabalho mais eficazes, eficientes e que contribuam para a simplificação e desburocratização de procedimentos;

h) Criar mecanismos de comunicação com a sociedade e com outros serviços públicos, por forma a contribuir para decisões céleres e informações atempadas;

i) Proceder a uma gestão criteriosa dos recursos financeiros, evitando desperdícios, despesas inúteis e avaliando o custo-benefício de cada acção;

j) Utilizar, de forma racional, os recursos tecnológicos, optimizando os meios e implementando sistemas que permitam eliminar rotinas, simplificar e acelerar processos e facilitar o diálogo com a sociedade e outros serviços públicos;

l) Desenvolver uma política de qualidade no atendimento presencial, telefónico e electrónico, através da facilitação da relação com o cidadão, da identificação dos funcionários, da eliminação dos tempos de espera e da informação precisa, clara e atempada;

m)Disponibilizar, analisar e responder, no prazo legalmente fixado, a todas as reclamações e sugestões exaradas pelos clientes do serviço, adoptando rapidamente as soluções adequadas, quando se justifiquem;

n) Fomentar formas explícitas de diálogo com a sociedade, nomeadamente operacionalizando linhas azuis, correio electrónico, impressos com identificação do serviço e formas de contacto mais fáceis, redução e simplificação de formulários e identificação dos motivos das convocatórias e outros actos administrativos;

o) Proceder ao tratamento de toda a correspondência, respondendo nos prazos fixados legalmente e comunicando a fundamentação de todas as decisões tomadas;

482 *Os Espaços do Desporto – Uma Gestão para o Desenvolvimento Humano*

p) Instituir mecanismos aferidores do grau de satisfação do cliente, no que concerne ao seu relaciona- *mento com o serviço, nomeadamente através de inquéritos de opinião de resposta célere e clara.*

* * *

A crescente incorporação tecnológica na oferta de recursos existentes nas instalações obriga a que nos debrucemos também sobre a respectiva qualidade de oferta. Contudo, antes de abordarmos cada um deles entendemos necessário referir a existência de instrumentos de registo e controle.

9.13.1. *Os livros de registo, de controle sanitário e de reclamações*

Um dos auxiliares importantes para o controle de procedimentos e para a manutenção dos altos padrões definidos numa política de qualidade, é a existência de formas de registo de anomalias, e de não conformidades com os procedimentos efectuados. Estes podem não estar adequados, mesmo depois de certificados, e por esse motivo, as anomalias são importantes, como forma de detectar campos de intervenção e de desenvolvimento de procedimentos correctivos ou novos. Os registos de anomalias podem ser registados através de vários instrumentos:

a) **O Livro de registo sanitário** – Está estabelecido pela **Directiva CNQ 23/93** do Conselho Nacional da Qualidade relativa a piscinas que já referimos no capítulo – 9.12.2.1 – A Higiene e Salubridade a páginas 466, onde se efectuam diversos tipos de registos e informações importantes para a manutenção dos padrões de trabalho mais elevados.

b) **O Livro de manutenção** – Está estabelecido para os parques infantis, através do **Decreto-Lei n.º 379/97 de 27 de Dezembro** que estabelece as normas para a localização, implantação, concepção e organização funcional dos espaços de jogo e recreio, respectivo equipamento e superfície de impacte, que refere a existência de um livro de manutenção no seu artigo n.º 30 e que transcrevemos no Capítulo – 9.12 – A Gestão da Manutenção, no ponto – 9.12.2 – A Manutenção Preventiva ou Contínua, a páginas 462.

c) **O Livro de reclamações** – O livro de reclamações é um instrumento ao serviço da qualidade das organizações. Serve, por isso, a gestão das instalações desportivas e as organizações que as gerem. Ele caracteriza-

A Gestão das Instalações Desportivas – Os Processos de Decisão

-se por ser um local de registo das principais anomalias de funcionamento detectadas pelos utilizadores ou clientes e permitem que as entidades de fiscalização possam ter acesso a informação a elas respeitante. A normativa portuguesa institui através de vários diplomas este instrumento: A **Resolução do Conselho de Ministros n.º 189/1996** de 28 Novembro, o **Decreto-Lei n.º 135/1999** de 22 Abril que estabelece medidas de modernização administrativa sobre acolhimento e atendimento, audição dos utentes e sistema de informação para a gestão são os diplomas que referem a sua existência, necessidade e as formas de o implementarem.

d) O Livro de Louvor, agrado e satisfação – Curiosamente não registámos a existência de um **livro de louvor** onde possam ser registados os agrados ou formas de satisfação dos utilizadores, utentes ou clientes da organização, de modo a salientar o papel, o trabalho, a competência, o reconhecimento e a gratidão, desenvolvidos pelos recursos humanos, ou ainda características de agrado dos produtos ou serviços. A existência de um livro com estas características pode permitir um registo de positividades e não apenas dos aspectos negativos, com o consequente reforço positivo dos recursos.

9.13.2. *A Qualidade Ambiental*

A qualidade ambiental é a aplicação de uma filosofia às organizações, aos seus processos de produção aos seus produtos e serviços, que deriva da aplicação dos princípios definidos ao longo das últimas décadas e particularmente a partir da Conferência do Rio 1992 onde foram definidos os principais compromissos com o Ambiente. Esta filosofia foi desenvolvida através da Agenda 21. Traduziu-se num conjunto de normas a aplicar às organizações e às empresas, de modo provocar nelas e nos seus agentes, comportamentos ambientalmente correctos e respeitadores dos princípios do desenvolvimento sustentável. As implicações destes comportamentos eram focalizadas na diminuição dos níveis de poluição mas tal resultou também, pela força da sua extensão aplicativa a outras organizações, num conjunto de procedimentos cada vez mais estandartizáveis e que mais recentemente se transformaram em normas. É o conjunto das Normas da série **ISO14000** que na norma Portuguesa têm o código **NP EN ISO14001:2004**.

484 Os Espaços do Desporto – Uma Gestão para o Desenvolvimento Humano

Estas normas especificam fundamentalmente um conjunto de requisitos que os sistemas de gestão podem (devem) cumprir, isto é, o que uma organização deverá fazer para gerir o impacte das suas actividades no meio ambiente. A implementação deste tipo de normas é assim de cariz indicativo, de adesão voluntária e é, por isso, reveladora de comportamentos ambientalmente correctos seguidos por essa organização, o que pode traduzir-se em ganhos estratégicos em termos de mercado e de adesão dos respectivos clientes aos produtos ou serviços produzidos por ela.

A gestão da qualidade ambiental considera assim um conjunto de requisitos aplicados à organização, que são estabelecidos em documentos, implementados e melhorados continuamente, mantidos em actualização, que caracterizam o seu sistema de gestão da qualidade ambiental[159]:

1. Definição de uma Política Ambiental pelas direcções das organizações:
   a) Estabelecimento de compromissos (compromisso de melhoria contínua);
   b) Garantias de adequabilidade da política à organização, aos processos, produtos e serviços;
   c) Produção de documentos;
   d) Mecanismos de comunicação e de acesso das pessoas (dentro e fora) ao processo – disponibilidade para o público.
2. Integração dos aspectos ambientais dentro do Planeamento:
   a) Identificação de procedimentos:
      – os que pode controlar;
      – os que pode influenciar.
   b) Determinação dos aspectos com impacto significativo sobre o ambiente, documentação desta informação e sua actualização;
   c) Procedimentos de procura e acesso aos instrumentos legais e seus requisitos aplicáveis ao processo produtivo, subscritos pela organização. Determinar como é que esses requisitos se aplicam dentro da organização;
   d) Definição e implementação de metas e objectivos ambientais documentados para todos os níveis e funções da organização;
      – Os objectivos devem ser mensuráveis, consistentes e articulados com os compromissos e requisitos que a organização subscreva;
   e) Para atingir os objectivos e metas, a organização deve implementar programas que devem incluir designações próprias e descrever as res-

---

[159] APCER – Associação Portuguesa de Certificação – Lista de verificação dos requisitos da NP EN ISO14001:2004 – desta lista fizemos incluir apenas a indicação dos procedimentos mais importantes e por vezes de forma agregada.

A Gestão das Instalações Desportivas – Os Processos de Decisão 485

ponsabilidades relativas aos níveis e funções, bem como os meios e os prazos de realização;

3. Identificação dos recursos (humanos, infra-estruturas da organização e os recursos tecnológicos e financeiros):

a) Recursos Humanos: Definição, documentação e comunicação das respectivas atribuições, competências, responsabilidades e autoridade. Afectação de pessoas específicas para a gestão ambiental.

b) Produção de relatórios sobre as acções e recomendações para melhoria;

c) As pessoas envolvidas na realização das acções e tarefas têm competência adequada para o seu desempenho, por aquisição prévia (escolaridade, formação ou experiência);

d) Criação de procedimentos de sensibilização ambiental para os trabalhadores, seus benefícios para o ambiente, para o sistema de gestão e sobre as consequências potenciais de desvios aos procedimentos especificados.

4. Estabelecimento e implementação documentada de sistemas de comunicação:

a) Comunicação interna entre os membros da organização;

b) Comunicação externa com os clientes, fornecedores, administrações e organizações similares;

c) Definição de um método de comunicação.

5. Criação de documentação própria relativa a objectivos ambientais, descrição do sistema do gestão ambiental e dos registos em conformidade com a normativa internacional.

6. Controlo de documentos – tipologia, adequação às funções para os quais são criados, presença nos locais próprios, sistema de controle de circulação de documentos internos e de recepção de documentos externos, prevenção de utilização de documentos obsoletos.

7. Controlo operacional – controlo das condições de realização previamente especificadas dentro dos aspectos ambientais.

8. Preparação e resposta a emergências:

a) Estabelecimento de respostas a situações de emergência ambiental, pela identificação dos procedimentos a efectuar, na prevenção, socorro e mitigação dos efeitos ambientais associados;

b) Testagem dos procedimentos de segurança e revisão periódica;

9. Sistemas de medição – Estabelecimento de sistemas de medição regular das suas operações, dos seus efeitos através de processos de monitorização com uso de equipamentos adequados e processos de registo das avaliações efectuadas. Deve assegurar também a manutenção e actualização dos equipamentos utilizados para o efeito.

10. Conformidade e não conformidade de acções correctivas e preventivas – as acções implementadas devem ser adequadas à magnitude dos problemas. Esta

486 *Os Espaços do Desporto – Uma Gestão para o Desenvolvimento Humano*

adequabilidade considera a previsão e o registo dos meios a empregar, dos procedimentos e tarefas e dos documentos que os regulam, bem como os respectivos processos de revisão e actualização quer nos procedimentos, quer nos próprios documentos.

11. Controlo de registos – processos de identificação, armazenamento, protecção, recuperação, retenção e eliminação de registos;

12. Auditoria ao sistema de gestão ambiental – Assegura-se a realização de auditorias periódicas com vista à conformidade funcional do sistema de gestão ambiental, determinando os critérios de realização dessas auditorias, bem como os critérios de selecção dos perfis dos auditores.

13. Revisão periódica – a realizar pelas administrações de topo a toda a organização – devem incluir:

    a) Os registos efectuados nas revisões anteriores;

    b) Os resultados das auditorias;

    c) As reclamações externas;

    d) O desempenho ambiental da organização;

    e) O grau de cumprimento dos objectivos e metas;

    f) As acções correctivas e preventivas as alterações de circunstâncias;

    g) As recomendações para melhoria; e

    h) As decisões relativas a alterações da Política Ambiental

As normas de qualidade ambiental têm aplicabilidade ao nível do desporto, quer nas instalações desportivas, nos parques temáticos mas fundamentalmente, na realização de actividades de Natureza, particularmente aquelas que se realizam em espaços protegidos ou do domínio público. A sua aplicação pode e deve ser também aplicada ao nível dos edifícios e dos serviços desportivos associados às modalidades tradicionais, dada a sua relação íntima com as regras e normas relativas à higiene e segurança no trabalho. Trata-se aqui também de, por esta via conseguir, dentro dos edifícios um bom ambiente de trabalho, mas também, que as repercussões das práticas desportivas e dos seus processos de gestão, seja em competição, treino, lazer ou situações de preparação de cada uma delas, minimizem os seus impactes ao nível do ambiente local e da poluição, consumo de energia, etc., bem como ofereçam aos seus utentes garantias de qualidade nos recursos e processos utilizados.

A Gestão das Instalações Desportivas – Os Processos de Decisão

9.13.3. *Dos recursos materiais de base*

A qualidade dos elementos com que o desportista ou utilizador das instalações desportivas entra em contacto, quer seja o meio onde desenvolve a sua actividade (Ar, água, solos, pavimentos e outras superfícies), quer sejam os apetrechos e correspondentes superfícies, é fundamental, seja para a obtenção de boas sensações, seja para a manutenção de um estado físico de segurança de higiene e bem-estar continuado.

Ao nível da utilização da normativa de qualidade é o **Decreto-Lei n.° 100/2003** de 23 de Maio relativo às condições técnicas de segurança das balizas c/alterações introduzidas pelo **Decreto Lei n.° 82/2004** de 14 de Abril que incide sobre a mesma temática e que contribui com normas e desenvolve este tipo de preocupações, no seu:

Artigo 2.° (Documentos normativos aplicáveis):

A lista dos documentos normativos aplicáveis à concepção, instalação e manutenção das balizas de futebol, de andebol, de hóquei e de pólo aquático e dos equipamentos de basquetebol a que o Regulamento se refere é publicada em anexo ao mesmo e dele faz parte integrante.

Artigo 3.° (Equipamentos em condições equivalentes):

É igualmente permitida a comercialização e utilização dos equipamentos desportivos mencionados no artigo 1.° que cumpram as especificações e os procedimentos que assegurem uma qualidade e segurança equivalente ao estatuído no presente diploma desde que acompanhados de certificados emitidos por organismos de certificação acreditados de acordo com as normas da série NP EN 45000 e ou NP EN ISO/IEC 17000 ou por organismos de certificação reconhecidos segundo critérios equivalentes.

(.../...)

Anexo

Lista dos documentos a que se refere o artigo 2.° do decreto-lei que aprova o presente Regulamento

NP EN 748 – equipamentos para jogos de campo – balizas de futebol – requisitos funcionais e de segurança e métodos de ensaio.

NP EN 749 – equipamentos para jogos de campo – balizas de andebol – requisitos funcionais e de segurança e métodos de ensaio.

NP EN 750 – equipamentos para jogos de campo – balizas de hóquei– requisitos funcionais e de segurança e métodos de ensaio.

NP EN 1270 – equipamentos para jogos de campo –equipamento de basquetebol – requisitos funcionais e de segurança e métodos de ensaio.

NP EN 13451 – 7 – equipamentos para piscinas.

Parte 7 – Requisitos de segurança e métodos de ensaio complementares específicos para balizas de pólo aquático.

488 *Os Espaços do Desporto – Uma Gestão para o Desenvolvimento Humano*

A gestão da qualidade a este nível, pode fazer sentir-se na definição normativa dos produtos, embora neste caso, ela se dirija particularmente a um elemento específico: O ar, a água, as superfícies ou outros tipos de fluxos.

9.13.3.1. *A Água*

A qualidade da água é preocupação dos gestores do desporto. Existem normas europeias que foram transportas para o direito nacional através da **Lei n.º 58/2005** de 29 de Dezembro que define os princípios inerentes à política de utilização da água, dos direitos relativos à sua utilização e ao estabelecimento dos respectivos conceitos.

Os parâmetros do controlo sanitário da água que se referem à Qualidade e do respectivo tratamento são descritos e padronizados no Anexo II, artigos 31.º a 36.º do **Decreto Regulamentar n.º 5/97** de 31 de Março que estabelece o Regulamento das Condições Técnicas e de Segurança dos Recintos com Diversões Aquáticas:

Artigo 30.º (Água para consumo humano):

1 – A água para consumo humano deve ser potável de acordo com a legislação em vigor.

2 – O abastecimento da água para consumo humano deve ser feito pela entidade distribuidora de água da região, ou, caso tal não seja possível, pode ser utilizado um sistema próprio de captação de água desde que esta obedeça aos critérios de potabilidade, ao controlo regular e à vigilância sanitária legalmente exigíveis.

3 – Quando a água para consumo humano tiver origem diferente da da rede pública, o seu controlo será da responsabilidade da entidade administrativa com competência na matéria.

Artigo 31.º (Água para consumo nas actividades aquáticas):

1 – A água de alimentação dos tanques tem de ser potável, devendo ser proveniente de uma rede pública de abastecimento, ou caso tal não seja possível, deve ser obtida autorização emitida pelos organismos de tutela da saúde e da gestão dos recursos hídricos.

2 – A água das actividades aquáticas deverá ser própria ou aceitável, de acordo com o anexo II.

3 – A classificação é aceitável quando algumas das características ultrapassarem, pontualmente os limites recomendados no anexo II, até um máximo de três vezes não consecutivas na época, excepto no que se refere a produtos tóxicos, radioactivos, indicadores de contaminação fecal, ou

A Gestão das Instalações Desportivas – Os Processos de Decisão

microorganismos patogénicos, casos em que se considera imprópria.

4 – A existência de água imprópria obriga à realização de nova análise em laboratório oficial ou creditado junto da entidade fiscalizadora.

5 – Caso nova análise confirme a má qualidade da água, a entidade fiscalizadora procederá de imediato ao encerramento da actividade ou actividades aquáticas servidas pela água imprópria, até que a mesma se encontre em condições potáveis.

Anexo II – Parâmetros do controlo sanitário da água

O controlo da qualidade da água que se prevê no presente Regulamento deverá entender-se sem prejuízo da vigilância sanitária que cabe às autoridades de saúde.

As análises a efectuar compreendem o estudo dos parâmetros a seguir indicados, onde se estabelecem os níveis máximos e mínimos.

Quadro I
Análises físico-químicas

Parâmetros	Valores recomendados	Valores limite
A determinar no local:		
Temperatura...		< 24° a 30° (para piscinas aquecidas)
Turvação..		< 6 UNF ou disco de Secchi (^{1}).
PH..	7,4 a 7,6	7 a 8
Cloro residual Livre (expresso em Cl$_2$)...............		Piscinas:
		0,5 – 1,2 mg/l com ph de 7 a 7,4,
		1 –2 mg/l com ph de 7,4 a 8.
		Outros tanques de actividades (^{2}).
		1 mg/l a 3 mg/l.
Cloro residual total (expresso em Cl$_2$)............................		Cloro residual livre + 0,6 mg/l.
A determinar em laboratório:		
Condutividade...	< 900	1 700
Oxidabilidade..	-	Não ultrapassar em 4 mg/l de O2 o valor determinado na água que abastece o tanque (medida em KmnO4 a quente e em
Amoníaco (^{3})..	0,5 mg/l	meio alcalino) < 1,5 mg/l.

(^{1}) A transparência deve ser visualmente controlada em contínuo, através de uma marca, em que uma das dimensões tenha no máximo 0,15m, colocada no ponto mais fundo do tanque.

(^{2}) Nos tanques. em que as actividades aquáticas são realizadas com o apoio de bóias, embarcações ou outros equipamentos de flutuação.

(^{3}) Quando pedido pela autoridade de saúde.

Quadro II

Parâmetros	Valores recomendados	Valores limite
Ácido isocianúrico..	-	75 mg/l.
Bromo	1	0,8 a 2 mg/l.
Cobre	-	2 mg/l.
Ozono	0	<0,01 mg/l.
Prata	0,1	10 mg/l.
Outros desinfectantes		A fixar pela autoridade de saúde

490 Os Espaços do Desporto – Uma Gestão para o Desenvolvimento Humano

Quadro III
Análise bacteriológicas

Parâmetros	Valores recomendados	Valores limite
Coliformes totais	0/100 ml.	10/100 ml.
Escherichia coli	-	0/100 ml.
Enterococos fecais	-	0/100 ml.
Pseudomonas aeruginosa	-	0/100 ml.
Total de Staphylococcus	< 20/100 ml.	(¹).
Staphylococcus produtores de coagulase	0/100 ml	0/100 ml em 90% das amostras.
Microorganismos viáveis em meio nutritivo gelosado, em aerobiose, a 37.° C	< 100 ml às vinte e quatro horas-	(¹).

(¹) Poder-se-á ultrapassar o valor recomendado uma vez por época de abertura ao público.

Quadro n.° 45 – Parâmetros de controle sanitário da água (Anexo II ao Decreto Regulamentar n.° 5/97 de 31 de Março –Rec.°s c/Div. Aquáticas)

Artigo 32.° (Instalação de recirculação e tratamento da água):

1 – As instalações de recirculação e tratamento da água devem ser dimensionadas para fornecerem o desejável caudal de água filtrada, desinfectada e da qualidade exigida no artigo anterior, e deverá ainda observar o seguinte:

a) O período de recirculação de todo o volume de água de cada actividade aquática não poderá em caso algum, ser superior a seis horas;

b) Devem ser instalados caudalímetros ou medidores instantâneos de caudal para assegurar o controlo dos caudais de recirculação em cada tanque;

c) Como meio de regeneração complementar da água deverá ser assegurada uma reposição diária de água nova na proporção mínima de 2% do volume de cada tanque, salvo nos casos em que os resultados da qualidade da água registem insuficiências nos

níveis exigidos, o que determinará uma intervenção das autoridades de saúde para impor uma reposição diária mínima que poderá ir até aos 5%;

d) Para controlo dos volumes de água de reposição as instalações serão equipadas com contadores-totalizadores.

2 – O número de unidades filtrantes em serviço será determinado em função dos caudais de serviço, mas nunca será inferior a duas unidades com características idênticas montadas em paralelo.

3 – As tubagens, válvulas de manobra e de seccionamento de toda a instalação devem ser estabelecidas por forma a permitir as operações de lavagem ou de reparação individuais sem necessidade da paragem do funcionamento desta.

Artigo 33.° (Filtração e renovação):

1 – A água nos tanques das actividades aquáticas deve ser filtrada,

A Gestão das Instalações Desportivas – Os Processos de Decisão

desinfectada e possuir um poder desinfectante residual de modo que as suas características fisico-químicas e bacteriológicas correspondam ao constante no anexo II.

2 – A reposição diária de água nova deve processar-se por meio de sistemas automáticos, com válvulas de abertura controlada por sondas de nível, e sempre com a passagem prévia da água através de um tanque de desconexão, que funcionará igualmente como tanque de compensação, cuja instalação e funcionamento obedecerá ao expresso no n.º 5 do artigo 21.º

3 – As instalações de filtração de água devem obedecer ao disposto no anexo III.

Artigo 34.º (Tratamento):

1 – Os produtos químicos a utilizar na desinfecção da água dos tanques das actividades aquáticas devem ser autorizados expressamente pelas autoridades de saúde.

2 – Desde que se alcancem os parâmetros do anexo II, podem ser utilizados os seguintes sistemas:

    a) Sistema de desinfecção com produtos de cloro e derivados (sistema de tipo I):

    Hipoclorito de sódio;

    Hipoclorito de cálcio;

    Cloro em estado líquido ou gasoso;

    Produtos que contenham ácido tricloroisocianúrico ou dicloroisocianurato de sódio ou de potássio ou outros derivados do ácido isocianúrico;

    b) Sistema de desinfecção com bromo (sistema de tipo I);

    c) Sistema de desinfecção com ozono (sistema de tipo II):

    A ozonização da água deve ser efectuada fora dos tanques e de modo que nos circuitos de retorno e à entrada destes o residual de ozono seja inferior a 0,01 mg/l.

4 – Entre o ponto de injecção do ozono e o dispositivo de desozonização deve dispor-se um depósito de mistura e contacto que permita manter uma taxa residual mínima de 0,4 mg/l de ozono durante quatro minutos.

5 – Para assegurar a capacidade desinfectante residual das águas nos tanques, e após a desozonização, deve ser injectado um desinfectante complementar, de modo a manter um teor residual e um valor do pH que se situem nos parâmetros definidos no anexo II.

6 – A adição de desinfectante ou de outro aditivo autorizado processa-se obrigatoriamente mediante sistema automático de dosagem.

Artigo 35.º (Controlo da qualidade da água):

1 – As determinações do cloro livre, do PH e da turvação serão realizadas de quatro em quatro horas sendo a primeira obrigatoriamente feita antes da abertura diária das instalações ao público, devendo as entidades exploradoras dos empreendimentos dispor dos dispositivos e reagentes necessários à operação.

2 – As amostras de água para análises diárias devem ser colhidas pelo menos em dois pontos da massa de água presente em cada tanque.

3 – As análise fisico-químicas e bacteriológicas serão feitas duas vezes por mês, com um mínimo de dez dias de intervalo, por recurso a laboratórios, oficiais ou acreditados, devendo a entidade exploradora indicar os produtos utilizados no tratamento de água.

Artigo 36.° (Registo do resultado das análises):

1 – Para registo do resultado relativos às análises deve existir em cada empreendimento um ou mais livros de registo do controle da água, previamente paginados e visados pela autoridade competente.

2 – O preenchimento diário e a manutenção do livro de registo do controlo da água são da responsabilidade do director do empreendimento.

3 – Os valores do PH, teores de desinfectante e temperaturas da água de cada tanque devem ser afixados em local bem visível a todos os utentes.

4 – À entrada do empreendimento devem ser afixados os resultados das análises laboratoriais e das inspecções sanitárias.

Para além dos parâmetros definidos neste diploma pode ainda ao gestor interessar-se por esta problemática ou ter necessidade de aprofundar ou dominar em maior pormenor os aspectos ligados com a qualidade deste recurso tão importante como é a água. Neste sentido o **Decreto-Lei n.° 236/98** de 1 de Agosto estabelece normas, critérios e objectivos de qualidade com a finalidade de proteger o meio aquático e melhorar a qualidade das águas. Neste diploma estabelecem-se parâmetros relativos a vários tipos de águas e das respectivas utilizações:

1. Água para consumo humano: para abastecimento e consumo humano (superficiais e subterrâneas – categorias) – anexo I, anexo II, anexo VI (qualidade da água para consumo humano: parâmetros organolépticos, fisico-químicos e relativos a substâncias indesejáveis, tóxicas, parâmetros microbiológicos, radiológicos e outros;
2. Água para suporte de vida aquícola;
3. Águas balneares (artigo n.° 49.° a artigo n.° 57.° e anexo XV)[160];
4. Águas de rega.

Estabelecem-se ainda procedimentos relativos às análises a efectuar e à correspondente periodicidade com que devem ser efectuadas.

---

[160] Tem interesse para fins turísticos, nomeadamente para a gestão de praias!

9.13.3.2. O Ar

A qualidade do ar é dada fundamentalmente a partir da ausência de registos de presença de partículas em suspensão, gases, cheiros ou vapores. O ar é tanto mais puro quanto menor for a presença destes elementos. A medição da qualidade do ar é feita por processos que tendem a identificar a presença e os respectivos quantitativos nos constituintes do próprio ar. Existem vários processos de efectuar esses registos, os quais não são objecto desta obra. No entanto uma boa qualidade do ar é condição de uma boa prática desportiva e este problema coloca-se tanto no que respeita à prática desportiva ao ar livre bem como, e principalmente nas práticas desportivas que se desenvolvem em interiores fechados, como piscinas, salas, pavilhões e ginásio e academias de desporto onde estes problemas se colocam.

A qualidade do ar é medida em Portugal através dos serviços do Instituto do Ambiente (IPAMB) e é efectuada fundamentalmente através da detecção de poluentes e respectivos limiares, definindo níveis de aceitabilidade com presenças mínimas e pureza do ar aquando da verificação da ausência desses poluentes, particularmente os que são relativos a emissões industriais ou relativas à actividades humana. Ela *"é avaliada através do índice de qualidade do ar composto por diversos parâmetros indicativos: dióxido de azoto (NO_2), dióxido de enxofre (SO_2), ozono troposférico (O_3), monóxido de carbono (CO) e partículas em suspensão com diâmetro inferior a 10 micras (PM10). Este indicador permite monitorizar a qualidade do ar de modo a proteger a saúde humana e os ecossistemas"*[161].

A qualidade do ar é determinada através de um índice que considera a presença de elementos poluentes e estabelece para eles limiares a partir dos quais a qualidade do ar é baixa ou insustentável. O Instituto do Ambiente é a entidade que monitoriza a avaliação do recurso em causa através do Índice de qualidade do ar descrito nos **Decreto-Lei n.º 276/99** de 23 de Julho, que define as políticas de gestão da qualidade do ar, particularmente nos seus anexos I – (listagem dos principais poluentes considerados), II – (fixação dos limites e limiares de alerta), III – (critérios de selecção dos poluentes considerados) e IV – (Informações para a melhoria da qualidade do ar), e **Decreto-Lei n.º 111/2002** de 16 de Abril que esta-

---

[161] Definição inscrita no Sítio da Comissão de Coordenação e Desenvolvimento Regional do Algarve: www.ccdr-alg.pt/sids/indweb/indicador.asp?idl=57

494 *Os Espaços do Desporto – Uma Gestão para o Desenvolvimento Humano*

belece os valores limite das concentrações no ar ambiente de um série de poluentes e estabelece as regras de gestão da qualidade do ar. Este diploma apresenta ainda onze (11) anexos onde revela, de um modo aplicativo, os métodos, os processos de avaliação, os limiares, os objectivos e os poluentes relativos à qualidade do ar.

No que respeita à qualidade do ar, no interior das instalações desportivas, remetemos o leitor para o Capítulo 7.2.6 – O Conforto Pneumático na pág. 216 onde, de algum modo, este assunto foi já tratado. Ele continua-se pela abordagem do problema da ventilação tratado no ponto – 7.2.6.1 – A ventilação a páginas 218. Tivemos também a oportunidade de abordar o assunto respeitante a doenças relativas à má qualidade do ar, no capítulo 7.2.6 – O Conforto Pneumático, no ponto – 7.2.6.2.2 – As doenças respiratórias a páginas 220, onde são lembradas algumas referências em relação a estes aspectos.

9.13.4. *Dos espaços*

A qualidade em cada um dos espaços é também preocupação do gestor. Cada um deles deverá definir as vocações principais e complementares, os processos que neles decorrem e as operações que neles se podem efectuar. Seguidamente devem ser constituídos os padrões de referência para cada um destes aspectos e seguidos os procedimentos que definimos no início desta abordagem sobre a qualidade, por proposta da normativa "ISO" o que faz incluir os processos de medida e correspondente validação. Finalmente, a qualidade pode ser entendida através da expressão quantitativa relativa ao número de operações em diversidade ou em continuidade específica, conforme a política de gestão e as vocações que foram definidas para o espaço, que ele comporta, bem como a capacidade, em termos de apetrechamento e conforto, para o realizar.

Neste sentido é necessário determinar:

1. A **vocação** do espaços (os artigos 2.º, 3.º e 4.ºs do **Decreto Regulamentar n.º 34/95** de 16 de Dezembro, que estabelece o Regulamento das condições técnicas e de segurança nos recintos de espectáculos e divertimentos públicos, estabelecem tipos de vocação de espaços);
2. Descrição das **características espaciais** (dimensão, textura, conforto, etc.);

3. A **lotação** máxima, mínima e aconselhável;
4. As **actividades** vocacionadas, permitidas, toleradas e proibidas: nelas se incluem as operações complementares de codificação e descodificação, higiene, arrumo e limpeza;
5. As formas de realização dessas actividades, ocorrências e durações;
6. O **apetrechamento** de cada um dos espaços e as formas da respectiva utilização;
7. O equipamento individual dos utilizadores (naquele espaço);
8. Os **comportamentos** dos utilizadores (permitidos, proibidos e tolerados);
9. Nomeação do **responsável** pelo espaço, definição de atribuições e competências e determinação das operações a desenvolver nele (principais, secundárias e complementares);
10. Especificações de **segurança**: incêndio, prevenção e socorro (inclusão no plano de emergência e segurança.

A determinação destes itens relacionados com a qualidade e a correspondente descrição permite facilitar, pela identificação dos padrões de concepção, de utilização, as rotinas de gestão, com a estabilidade resultante. Alguma da normativa por nós analisada ao longo de todo o Capítulo 8 – Os Espaços das Instalações Desportivas a páginas n.º 229, remete para a identificação dos padrões espaciais de concepção, que identificam padrões de qualidade relativamente a cada tipo de espaço nas instalações desportivas e a respectiva relação com o uso correspondente.

A gestão dos espaços de uma instalação no sentido de Metzger (2005) e que referimos no ponto 9.8 – A Gestão Económica das Instalações a páginas 385, onde considera o estabelecimento do rendimento por cada espaço face aos rendimentos totais da instalação, fica, através deste processo de qualificação, mais facilitada.

Espaço			Receita gerada		Despesa gerada		Saldo	
Denominação	Lotação	m²/%	Euros/ m²	%	Euros/ m²	%	Euros /m²	%
Sala1								
Sala 2								
Ginásio 1								
Ginásio 2								
Sauna								
Piscina								
Bar								
Balneários								
Corredores								
outros espaços								
Total		100		100		100		100

Quadro n.° 46 – Quadro de gestão de uma instalação desportiva através do rendimento dos espaços (Metzger 2005)

Este quadro-tipo pode ser utilizado não apenas considerando a superfície e respectivo custo, mas também todo o conjunto de recursos como sejam os recursos humanos utilizados, os recursos materiais, etc.

A gestão dos espaços das instalações feita com base em informação fica mais facilitada com a utilização deste quadro. Através dele são identificáveis cada uma das áreas à disposição do gestor e são, do mesmo modo, constituídos os indicadores que revelam a importância de cada um deles e a respectiva contribuição para o rendimento total da instalação. Nestas áreas se incluem a gestão da especificidade, da funcionalidade, da imagem do espaço, do respectivo desafogo, do ajustamento perfeito às solicitações, aos desejos do utilizador ou cliente e à maximização de ofertas ou de funções que ele proporciona ou proporcionará, bem como aos aspectos que se relacionam com a manutenção.

Finalmente, é importante referir que a ausência de cuidados e dedicação sobre uma gestão dos recursos origina **sanções e indemnizações** em caso de acidentes. É a **Portaria n.° 1049/2004** de 19 de Agosto que estipula a necessidade da existência de uma cobertura dos danos causados aos utilizadores em virtude deficientes condições da instalação e manutenção dos equipamentos desportivos, a que pode ser acrescida responsabilidade pública.

9.13.5. *Das pessoas – recursos humanos*

O estabelecimento de padrões de qualidade responde à necessidade de:

a) os recursos humanos serem identificados como portadores de qualificação e formação para os cargos que ocupam e para as tarefas que neles desempenham;

b) serem portadores da informação necessária sobre os objectivos e sobre a política de qualidade da organização; e

c) terem os recursos necessários e o ambiente adequado para o realizarem.

A qualidade dos recursos humanos é conseguida à partida com um bom **recrutamento** inicial, mobilizando para os cargos as pessoas com vocação, talento, perfil e formação para o desempenho dessas tarefas. A conferição dos níveis de escolaridade e do currículo formativo, bem como dos cargos já desempenhados é fundamental. Para a obtenção de recursos humanos com qualidade, para além de um bom recrutamento, é necessário formar os responsáveis pelo desempenho das tarefas através da aferição e determinação das competências que são necessárias à constituição do produto ou do serviço.

> A qualidade dos recursos humanos de uma instalação desportiva é identificada assim pela expressão certificada do **nível de formação** dos seus agentes, pelo **Currículum** de cada um deles, pela identificação dos correspondentes estatutos e **cargos** na organização, com a descrição das **funções** respeitantes, bem como a periodicidade com que ocorrem **acções de formação** e reciclagem. Por último são definidos os **padrões de actuação** e de abordagem aos problemas e aos clientes.

A qualidade dos recursos humanos depende por isso da existência de **acções de formação** específicas, que devem ser avaliadas quanto à sua eficácia. Por outro lado os recursos humanos devem partilhar dos objectivos de qualidade a serem atingidos e do modo como as tarefas que desempenham podem ser importantes para os êxitos a conseguir. Por último considera-se também que devem ser constituídos registos das acções empreendidas.

498 *Os Espaços do Desporto – Uma Gestão para o Desenvolvimento Humano*

O **acto de medida** das acções e das tarefas realizadas ou incumbidas a cada trabalhador revela também a sua importância a vários níveis. O primeiro (1), diz respeito à necessária identificação do conjunto de **tarefas** que devem ser desenvolvidas na instalação desportiva e quais as que cada trabalhador deve desempenhar em função do trabalho distribuído. O segundo (2) diz respeito à adequação do **volume de trabalho** ou tarefas entregues a cada trabalhador e que devem estar em consonância com a dificuldade, o número de operações a desenvolver e os recursos materiais ou tecnológicos necessários para esse desempenho. O terceiro (3) diz respeito à identificação das **folgas** ou tempos mortos entre a operacionalização das tarefas e a necessidade de, através de um processo de planificação e **programação**, eliminar essas folgas, ocupando-as, resultando uma **configuração em contínuo** do trabalho realizado. Por último a necessidade de constituir rotinas automatizadas que possam ser realizadas por máquinas ou mecanismos de automatização que acelerem ou aperfeiçoem a realização dos processos.

A definição de cargos, a atribuição de competências, o estabelecimento de regras (deveres e direitos), os procedimentos a efectuar, o estabelecimento de padrões de desempenho e de eficiência, a realização de inspecções (pedagógicas e contínuas), etc., são preocupações que devem ser definidos em local próprio, através de documentos. Um desses documentos, a partir do qual outros se podem organizar é o **Regulamento**. Ele define a estrutura organizativa dos serviços, bem como toda a regulamentação de funcionamento a qual deve fazer incluir, toda a normativa definida por Lei.

Nas organizações, um dos recursos mais onerosos são os recursos humanos, pelo que uma boa organização quer ao nível da concepção, quer ao nível do funcionamento, permitirá uma menor utilização deste recurso. No futuro, e numa visão extrema, quase poderíamos assistir a uma utilização quase automatizada das instalações desportivas onde o utilizador consegue aceder e utilizar a instalação sem ter praticamente contacto com qualquer responsável, cujo exemplo é representado pela proliferação de hotéis automáticos onde apenas com um pagamento através de cartão electrónico se pode aceder e utilizar os serviços. Este modelo ao nível do relacionamento identifica um padrão menor em termos de qualidade (particularmente no relacionamento humano), mas só será possível se a

A Gestão das Instalações Desportivas – Os Processos de Decisão

padronização dos produtos a oferecer e a confiança entre utilizador e fornecedor estiverem bem definidas e identificadas.

No que respeita ao nivelamento e hierarquização do pessoal, relativo às instalações desportivas, referimo-nos já ao modo como eles se organizam e que foi expresso através do Quadro n.° 41 – Categorias dos recursos humanos – Pessoal das instalações desportivas, na pág. 391.

Por último, interessa também referir que os padrões de qualidade aumentam quando é proporcionado aos trabalhadores um **bom ambiente de trabalho**, com espaços e apetrechos para o desenvolver, com qualidade. Assim, para que os recursos humanos possam maximizar a sua produtividade, deve o ambiente de trabalho ser organizado e gerido em função das tarefas constituintes do produto ou do serviço que estes desempenham, mas também em função de um determinado padrão de conforto funcional que se requer para o bem estar dos funcionários. É o **Decreto--Lei n.° 243/86** de 20 de Agosto que estabelece o regulamento de higiene e segurança no trabalho que estabelece um conjunto de especificações relativas às instalações para o pessoal:

*Capítulo X – **Instalações e equipamentos de higiene e bem estar***

Secção I – Instalações sanitárias

Artigo 38.° (Requisitos e equipamento):
1 – As instalações sanitárias devem satisfazer os seguintes requisitos:
  a) Sempre que possível, ser separadas por sexos;
  b) Se situadas em edifício separado dos locais de trabalho, ter comunicação por passagens cobertas;
  c) Dispor de água canalizada e de esgotos ligados à rede geral ou a fossa séptica, com interposição de sifões hidráulicos;
  d) Ser iluminadas e ventiladas, de preferência naturalmente;
  e) Ter pavimentos revestidos de material resistente liso e impermeável, inclinados para ralos de escoamento providos de sifões hidráulicos;
  f) Ter paredes de cor clara e revestidas de azulejo ou outro material impermeável até, pelo menos 1,5m de altura.
2 – As instalações sanitárias devem dispor do seguinte equipamento:
  a) Um lavatório fixo;
  b) Uma retrete com bacia à turca ou de assento com tampo aberto na extremidade anterior, por piso ou por cada 25 homens ou fracção trabalhando simultaneamente;
  c) Um urinol, na antecâmara da retrete e na proporção da alínea anterior;
  d) Uma bacia de assento com tampo aberto na extremidade anterior, por piso ou por cada 15 mulheres ou fracção trabalhando simultaneamente.

3 – O equipamento das instalações sanitárias deve satisfazer as seguintes condições:

    a) As retretes, munidas de auto-clismo, devem ser instaladas em compartimentos separados, com, pelo menos, 0,8 m de largura e 1,3 m de comprimento, ventilados por tiragem directa para o exterior e com porta independente e provida de fecho;

    b) Quando as retretes forem reunidas em grupo, as divisórias dos compartimentos devem ter a altura mínima de 1,8 m e o seu bordo inferior não poderá situar-se a mais de 0,2 m acima do pavimento;

    c) Os urinóis munidos de dispositivos de descargas de água devem ser separados por baias laterais distantes de si, pelo menos, 0,6 m;

    d) Os lavatórios devem estar providos de sabão não irritante e, preferencialmente, de dispositivos automáticos de secagem de mãos ou toalhas individuais de papel.

Secção II – Chuveiros

Artigo 39.° (Chuveiros):
    Quando a natureza do trabalho o exija, particular e nomeadamente quando o trabalhador manipule substâncias tóxicas, perigosas ou infectantes, deverá existir um chuveiro por cada grupo de dez trabalhadores ou fracção que cessem simultaneamente o trabalho.

Secção III – Vestiários

Artigo 40.° (Vestiários):
    Devem ser postos à disposição dos trabalhadores vestiários que lhes permitam mudar e guardar o vestuário que não seja usado durante o trabalho.

Artigo 41.° (Armários individuais):
    1 – Os vestiários devem dispor de armários individuais sempre que os trabalhadores exerçam tarefas em que haja necessidade de mudança de roupa e na medida da área disponível dos estabelecimentos existentes.

    2 – Deve haver tantos armários individuais quanto os trabalhadores do mesmo sexo e separados para homens e mulheres.

Artigo 42.° (Medidas e características):
    Os armários individuais devem ter as medidas e características fixadas nas normas portuguesas.

Artigo 43.° (Trabalhadores expostos a substâncias tóxicas, irritantes ou infectantes):
    Nos casos em que os trabalhadores estejam expostos a substâncias tóxicas, irritantes ou infectantes, os armários devem ser formados por dois compartimentos independentes parar permitir guardar a roupa de uso pessoal em local diferente do destinado ao fato de trabalho.

Secção IV – Refeitórios

Artigo 44.° (Refeitórios):
    1 – Quando sejam fornecidas refeições aos trabalhadores, devem dispor

A Gestão das Instalações Desportivas – Os Processos de Decisão

de uma ou mais salas destinadas exclusivamente a refeitório, com meios próprios para aquecer comida, não comunicando directamente com os locais de trabalho, instalações sanitárias ou locais insalubres.

2 – A superfície dos refeitórios deve ser calculada em função do número máximo de pessoas que os possam utilizar simultaneamente e tendo em conta os requisitos seguintes:

Até 25 pessoas, 18,5 m²;

De 26 a 74 pessoas, 18,5 m² mais 0, 65 m² por pessoa acima de 25;

De 75 a 149 pessoas, 50 m² mais 0,55 m² por pessoa acima de 74;

De 150 a 499 pessoas, 92 m² mais 0,50 m² por pessoa acima de 149;

De 500 pessoas ou mais, 255 m² mais 0,40 m² por pessoa acima de 499.

3 – Os refeitórios devem ser provi-dos de bancos ou cadeiras e de mesas em número suficiente, devendo estas ter tampo liso sem fendas e de material impermeável.

4 – À entrada do refeitório deve haver, pelo menos, um lavatório fixo para os trabalhadores que nele tomem as refeições, com dispositivos automáticos de secagem de mãos ou toalhas individuais de papel.

5 – As paredes e pavimentos devem ser lisos e laváveis e aquelas, de preferência, pintadas de cor clara.

6 – Os refeitórios devem dispor, de preferência, de iluminação e ventilação naturais.

7 – É proibido tomar refeições nos postos de trabalho.

8 – Todos os trabalhadores que manipulem produtos irritantes, tóxicos ou infectantes não podem entrar nos refeitórios com os fatos de trabalho.

Ainda a este nível, importa referir mais alguns aspectos que dizem respeito a especificações relativas ao ambiente de trabalho cujas normas são descritas no texto do **Decreto-Lei n.° 243/86** de 20 de Agosto que estabelece o Regulamento de Higiene e Segurança no Trabalho:

Capítulo XIII – Deveres Gerais

Artigo 49.° (Deveres de colaboração):

As entidades competentes, os trabalhadores e os empregadores devem colaborar entre si de modo a observa-rem-se as condições que assegurem a realização do objectivo previsto no artigo 1.°[162].

Artigo 50.° (Deveres das partes):

1 – Os trabalhadores devem ser informados das questões de higiene

---

[162] Nota – Boas condições de higiene e segurança e a melhor qualidade de ambiente de trabalho… (a nota é nossa!)

e segurança relativas à sua actividade profissional.

2 – Os trabalhadores devem estar especialmente informados:

a) Dos riscos para a saúde inerentes às substâncias nocivas que utilizam ou possam vir a utilizar ou manipular no decurso do seu trabalho, mesmo no caso de produtos cujo uso não seja habitual no estabelecimento;

b) Da necessidade de utilizarem convenientemente equipamento e dispositivos de protecção individual e colectiva.

3 – Constitui dever dos empregadores assegurar eficazmente a informação referida nos números anteriores.

4 – Os trabalhadores, para além de cooperarem no cumprimento das obrigações que incumbem aos empregadores devem:

a) Cumprir as prescrições de segurança e higiene estabelecidas na legislação aplicável ou concretamente determinadas pela entidade patronal ou seus representantes;

b) Utilizar, correctamente e segundo as instruções do fabricante e do empregador, os dispositivos técnicos gerais ou individuais de higiene e segurança que por este lhes são postos à disposição.

A gestão dos recursos humanos obriga ainda ao ajustamento das tarefas (Trabalho) à sua disponibilidade e inversamente, bem como à necessidade da respectiva distribuição no tempo, de modo a responder às solicitações de que a instituição é alvo. Trata-se aqui de organizar os diferentes turnos de trabalho com vista a manter o fluxo necessário à respectiva decorrência. Um bom nível de ajustamento gera grandes economias dado que este factor (recursos humanos) é dos que percentualmente mais compromete a gestão das organizações. A gestão dos recursos humanos obriga assim ao cálculo dos custos da respectiva orgânica a partir dos serviços a oferecer, dos trabalhos a realizar, dos seus turnos definidos, etc.

A segurança laboral dos trabalhadores obriga a uma série de procedimentos relativos ao estabelecimento de padrões de qualidade no funcionamento do local de trabalho que estão descritas no **Decreto-Lei n.º 50/2005** de 25 de Fevereiro relativo às prescrições mínimas de segurança e de saúde para a utilização pelos trabalhadores de equipamentos de trabalho:

Artigo 1.° (Âmbito):

1 – ../...

2 – O presente diploma é aplicável em todos os ramos de actividade dos sectores privado, cooperativo e social, administração pública central, regional e local, institutos públicos e demais pessoas colectivas de direito público, bem como a trabalhadores por conta própria.

3 ../...

../...

Artigo 3.° (Obrigações gerais do empregador):

Para assegurar a segurança e a saúde dos trabalhadores na utilização de equipamentos de trabalho, o empregador deve:

a) Assegurar que os equipamentos de trabalho são adequados ou convenientemente adaptados ao trabalho a efectuar e garantem a segurança e saúde dos trabalhadores durante a sua utilização;

b) Atender, na escolha dos equipamentos de trabalho, às condições e características do trabalho, aos riscos existentes para a segurança e a saúde dos trabalhadores, bem como aos novos riscos resultantes da sua utilização;

c) Tomar em consideração os postos de trabalho e a posição dos trabalhadores durante a utilização dos equipamentos de trabalho, bem como dos princípios ergonómicos;

d) ../...

Estes requisitos mínimos são continuados com algum grau de pormenor que nos interessa apenas a um nível de extensão e que se prolongam, pelo seu articulado, fundamentalmente nos artigos 4.° (Requisitos mínimos de segurança e regras de utilização dos equipamentos de trabalho), artigo 6.° (Verificação dos equipamentos de trabalho), artigo 7.° (resultado da verificação) e artigo 8.° (informação dos trabalhadores).

9.13.5.1. *Os recursos humanos especiais*

Os recursos humanos especiais são aqueles que se distinguem dos utilizadores normais por algum motivo. Definem características próprias, são normalmente em número reduzido e a utilização que fazem de cada um dos espaços e funcionalidades da instalação desportiva obriga a cuidados próprios e a intervenções dedicadas com o consequente e correspondente consumo de recursos, bem como a necessária preparação prévia para a sua utilização. São muitas vezes mal entendidos pelos gestores que os

504 *Os Espaços do Desporto – Uma Gestão para o Desenvolvimento Humano*

olham sob uma perspectiva exterior aos padrões e *standards* definidos, quando muitas vezes eles próprios podem constituir-se como uma oportunidade de viabilização de equipamentos, de produtos e serviços e de viabilização de espaços que de outro modo não teriam uma utilização com frequências tão elevadas. Não seriam apenas entendidos numa perspectiva supletiva mas, fundamentalmente sob uma perspectiva dedicada. Para além destes aspectos, muitos outros podem ser equacionados e que se relacionam com o ponto de vista do gestor e a forma como ele encara estes estímulos e a eles responde.

Nestes utilizadores incluímos os que são portadores de deficiências, bem como as populações idosas que têm direitos e necessidades próprias que os diferenciam e colocam em situação de prioridade de atendimento, bem como à realização de procedimentos que saiem fora muitas vezes do padrão de exigência imposto para situações normais, como por exemplo a entrada de cães-guia no acesso às piscinas por parte dos invisuais **(Decreto-Lei n.° 118/99** de 14 de Abril:

> Artigos 2.°: (*Direito de acesso): Os deficientes visuais têm o direito a fazerem-se acompanhar de cães-guia no acesso aos seguintes locais:*
>
> *:... alínea d):Recintos desportivos de qualquer natureza, designadamente estádios, pavilhões gimnodesportivos, piscinas e outros;*
>
> *e) Salas e recintos de espectáculos ou de jogos;*
>
> *...*
>
> *m) Locais de lazer e de turismo em geral, como praias, parques de campismo, termas, jardins e outros;)*

e a prioridade de atendimento aos idosos **(Decreto-Lei n.° 135/99** de 22 de Abril que define os princípios gerais a que devem obedecer os serviços e organismos da Administração Pública na sua actuação face ao cidadão: No seu *Artigo 9.° (prioridades no atendimento),* pode ler-se:

> *1 – Deve ser dada prioridade ao atendimento dos idosos, doentes, grávidas, pessoas com deficiência ou acompanhadas de crianças de colo e outros casos específicos com necessidades de atendimento prioritário.).*

Podemos ainda incluir outros utilizadores das instalações como sejam fornecedores e populações-alvo ou destinatários diferentes.

9.13.5.1.1. A "gestão de fantasmas"

Gerir Fantasmas nas instalações? É uma pergunta interessante e tal pode ser colocado deste modo por forma a gerar uma metáfora com reflexos evidentes no consumo de recursos, particularmente nos balneários. A ela já nos referimos no ponto 8.5.3 – Os Espaços de Transmutação/ /transfiguração – Os balneários, vestiários e sanitários, página 262.

> Os "fantasmas", do ponto de vista da gestão da qualidade, personificam as representações corporais de cada praticante e nelas se materializam. Elas afectam o consumo de recursos, principalmente nas instalações desportivas onde o factor imagem corporal é mais valorizado. Muitos produtos oferecidos podem ter em vista a construção dessa mesma imagem. Por outro lado os "fantasmas" podem ser considerados os utilizadores das instalações que, como clientes podem pagar as suas sessões mas que, por qualquer motivo, delas não se servem. Ocupam o espaço e os serviços, porque a ele têm direito pela reserva efectuada e já paga, mas não estão presentes fisicamente, daí o estatuto de "fantasmas". São uma boa fonte de recrutamento de recursos e em situações de sobreprocura permitem maiores desafogos nas classes ou nos serviços onde estão incluídos, gerando receitas e diminuindo a pressão sobre os recursos. Em estratégias economicistas de instalações desportivas a "gestão dos fantasmas" faz parte das decisões a desenvolver pelos gestores.

9.13.6. *Das actividades, dos produtos e dos serviços*

A gestão da qualidade na constituição ou oferta de um produto ou serviço, traduz-se na definição de várias características. A proposição de um serviço ou de um produto é aferida a partir da recolha de informações sobre as necessidades do utilizador ou cliente, da tipificação das suas acções e identificação das suas aspirações. A principal diferença entre um produto e um serviço dizem respeito à sua tangibilidade: Um produto, é um **bem tangível**, resulta normalmente do desenvolvimento de um processo e traduz-se num objecto ou situação real, física, palpável, que pode inclusivamente ser consumido noutro espaço diferente daquele onde foi constituído. Um serviço, pelo contrário é um **bem intangível** que resulta da acção de alguém que desenvolve uma operação em favor de outrém. Neste, a prestação do serviço, neste caso desportivo, obriga à presença simultânea do produtor e do consumidor.

> A gestão da Qualidade impõe, para ambos, o planeamento e a descrição dos processos e das características de cada um:
>
> 1. Os objectivos de qualidade e requisitos;
> 2. A definição de processos, documentos e de recursos necessários à constituição desse produto ou serviço;
> 3. Actividades de verificação, validação, monitorização, inspecção e ensaio específicas do produto e dos respectivos critérios de aceitação.
> 4. Os registos que evidenciam que os processos e os produtos correspondem aos requisitos (normalmente determinados pelo cliente).

A caracterização das actividades, dos produtos e dos serviços integradas numa Política de Qualidade permitem através da sua identificação, descrição e particularmente através dos actos de medida determinar o valor de cada um deles. Gerir é tomar decisões e é sobre a informação disponível respeitante a eles que essas decisões são tomadas. Refiro-me particularmente ao rendimento que cada uma proporciona e o respectivo peso percentual em termos da sua contribuição para a gestão da instalação. Com este objectivo existem duas matrizes que são utilizadas e que já referimos atrás (ver o ponto 9.2.5 – As Matrizes de Decisão, a páginas 347): A **Matriz SWOT** e a **Matriz BCG** (Boston Consulting Group). Na primeira, são definidas situações que se colocam à organização em relação às sua Forças (1) e Fraquezas (2) e são equacionadas estratégias em relação a Ameaças (3) e a Oportunidades (4). Na Matriz BCG, classificam-se os produtos e as actividades ou as estratégias a eles correspondentes em função de factores como sejam o ciclo de vida, o ciclo financeiro e do mercado, perspectivando o respectivo posicionamento competitivo, definindo quatro classificações para as estratégias a optar em relação às actividades, classificando-as em: Actividades Dilema (1), Actividades Vedeta (2), Pesos Mortos (3) e Vacas Leiteiras (4).

Por último, e de modo a responder à necessidade de ajustar as expectativas dos utilizadores, desencadeia-se a construção de tabelas de satisfação relativas à qualidade oferecida na óptica dos utilizadores e dos clientes. A qualidade de atendimento vai desencadear a necessidade de constituir padrões que identifiquem de um modo estandardizado o que se oferece e de que modo essa oferta é efectuada.

9.14. As Políticas de Gestão definem Modelos Institucionais de Intervenção

Ao longo das últimas décadas, têm as autarquias locais, após um primeiro esforço por parte da administração central, vindo a construir e depois a gerir, um conjunto de serviços, bens e actividades que traduziam até aqui, o exercício de um direito das populações a acederem a uma prática civilizacional, como são as práticas desportivas. O exercício dos poderes públicos das respectivas administrações proviam os recursos em matéria de instalações, de modo a que as populações pudessem exercer esse mesmo direito. Este provimento ampliou-se em sequência pela proposição de actividades após o término da respectiva construção. O conjunto e o tipo das decisões aqui tomadas definem o domínio de intervenção das políticas públicas.

Por outro lado, o valor inerente a estas práticas e a sua transformação num serviço com valor acrescentado cada vez maior, tem permitido que elas (as instalações e as actividades!) se constituam como produtos desportivos de valor comercial e a serem, deste modo, geridos por empresas na perspectiva da obtenção de lucros por parte da respectivas entidades que os promovem. A entrada destes últimos actores acrescenta e diversifica a tipologia dos que intervêm quer no domínio da construção, propriedade e, particularmente, na gestão dos espaços, das instalações desportivas e da oferta de produtos e serviços, estendendo-os para lá do universo dos clubes, colectividades, associações e federações desportivas. A este movimento não é alheio a recente constituição das sociedades anónimas desportivas (SAD's), bem como empresas de vocação especificamente desportivas.

Se ao primeiro (público) e numa visão de extremos, sempre foi atribuída uma função quase paternal de provimento de recursos e situações de ocorrências desportivas, ao segundo (privado) e no outro extremo, se assumia uma certa tirania de nível sócioeconómico, vedando às populações com menos recursos a possibilidade de usufruírem dos bens civilizacionais e das emoções que o desporto comporta de modo gratuito ou com baixas contrapartidas. Hoje, verificamos que, entre estes dois pólos, conseguem identificar-se situações intermédias ou mesmo mistas que, mais afectas a um ou outro domínio, fazem incluir na definição dos seus perfis os aspectos positivos de cada um, seja o exercício de direitos, seja

508 Os Espaços do Desporto – Uma Gestão para o Desenvolvimento Humano

a economia de recursos e a respectiva lógica de maximização de lucros ou processos e optimização de recursos.

Quer dizer então que podemos identificar inúmeras soluções intermédias que combinam os interesses e respectivas conjunções, bem como os correspondentes actores, os modelos de organização institucional que desenham, com graus de diversificação elevado e os processos que desenvolvem. Deste modo interessa-nos identificar nesta fase a tipologia dos diferentes actores no domínio da Gestão das Instalações e Espaços Desportivos, em função das tipologias de gestão e seus processos.

Os **processos de gestão** ligados às instalações são complexos dada a grande diversidade e formas de organização quer das práticas, quer das componentes ligadas aos modos de as realizar, nomeadamente os treinos (1), os processos de aprendizagem (2), as formas lúdicas (3), as competições (4) e os espectáculos (5). Por outro lado, interessa considerar a componente logística e a respectiva montagem (e desmontagem) que lhes dão resposta, dado que, frequentemente, é factor limitativo ou condicionante para o exercício das práticas desportivas a desenvolver.

> Os processos de gestão não são um conjunto de rotinas constituídos que se reproduzem mecanicamente e desenvolvem ao longo do tempo. Eles consideram um quadro ideológico que responde a objectivos, consoante os interesses e motivos que cada organização gestora define para si própria e para aqueles com quem e para quem trabalha. Por outro lado, é necessário considerar os impactes e as transformações que cada instalação e que cada acção da entidade gestora provoca (e quer provocar) nos locais e comunidades onde está inserida. Refiro-me a aspectos que se prendem com a responsabilidade social, o desenvolvimento do nível desportivo, o aumento da qualidade de vida, a manutenção da condição física de uma população, a produção de riqueza e emprego, o prestígio e a imagem de uma comunidade, etc., que estão normalmente associados ao desporto e por vezes lhes definem os objectivos.

De modo a podermos diferenciar as tipologias ou **modelos** de gestão dos correspondentes **processos**, interessa-nos distinguir o seguinte:

1. Aos primeiros (modelos de gestão), atribuímos as formas jurídicas de definição das entidades que promovem os actos de gestão. Neles incluímos a propriedade dos recursos de base, bem como o regime de funcionamento jurídico e de gestão ao qual estão sujeitos.

A Gestão das Instalações Desportivas – Os Processos de Decisão

2. Aos segundos(processos de gestão), referimo-nos às formas de seleccionar os diferentes actos e rotinas de gestão necessários ao correspondente exercício. Tal quer dizer que os processos de gestão não se constituem apenas como o mero somatório destes actos e rotinas, mas são fundamentalmente o resultado de um perfil identificado, de uma forma, de uma selecção de alguns deles direccionada a objectivos que se pretendem concretizar. Neles está presente a componente estratégica, o quadro ideológico que legitima e justifica as decisões que se traduzem nestes actos e rotinas, o que faz com que o gestor opte por uns e prescinda de outros procurando fazer a diferença. Relativamente ao conjunto de actos e rotinas relativos a diferentes alvos de incidência tivemos já a oportunidade de discorrer sobre eles no Capítulo – 9.2.2 – A Gestão de Processos (alvos de incidência) a páginas 329.

As **tipologias de gestão** podem identificar-se e ser agrupadas em três grandes diferenciações que se complexificam através de soluções intermédias entre elas ou por evoluções resultantes da necessidade de ultrapassar alguns constrangimentos à acção que cada um dos tipos pode encerrar. Deste modo podemos, tanto em situações de definição de objectivos de política de gestão, pública ou privada, de instalações diferenciar em:

a) **Gestão directa** – Normalmente o proprietário da instalação desportiva administra e gere os acontecimentos e os negócios que estes proporcionam dentro da própria instalação e em tudo o que com ela se relaciona.

b) **Gestão indirecta** – O proprietário entrega mediante acordo ou contracto a gestão das actividades ou negócios a terceiros, transferindo para ele todas as responsabilidades inerentes.

c) **Gestão mista** – O proprietário partilha com uma terceira entidade ou mais, não apenas os recursos da sua propriedade, mas a própria gestão, em associação ou outras formas de participação partilhada.

Assim, consideremos os diferentes tipos de organizações institucionais que podem enquadrar diferentes regimes de gestão desportiva dos espaços e instalações desportivas:

a) Clube Desportivo, colectividade ou associação sem fins lucrativos – de direito privado – (**Decreto-Lei n.º 496/77** de 25 de Novembro (Código Civil) – artigo n.º 158 (Aquisição de personalidade) pontos: 1 – Associações; e 2 – Fundações) e artigos 167.º a 181.º.

b) Federações Desportivas – com utilidade pública reconhecida ou não: **Decreto-Lei n.º 144/93** de 26 de Abril que estabelece o estatuto de

510　*Os Espaços do Desporto – Uma Gestão para o Desenvolvimento Humano*

utilidade pública desportiva e o **Decreto-Lei n.° 460/77** de 7 de Novembro estabelece o estatuto de utilidade pública das pessoas colectivas (Associações e Fundações);

c) Município – Gestão directa – *"o modelo de Gestão directa consubstancia-se na organização de um serviço municipal integrado na estrutura orgânica dos serviços municipais"*[163], através do pelouro do Desporto – Assembleia Municipal – Serviços Municipalizados (**Lei n.° 159/99 de 14 de Setembro** – Quadro de transferência de competências para as autarquias locais);

d) Empresa pública municipal – de capital exclusivamente público – **Lei n.° 58/98** de 18 de Agosto que regula as empresas municipais e o **Decreto- -Lei n.° 53-F/2006** de 29 de Dezembro – Regime Jurídico do Sector Empresarial Local (Empresa Públicas Municipais, Intermunicipais e outras e Entidades Empresariais Locais (artigo 33.°); (artigo 21.° – Empresa de desenvolvimento regional); (artigo 24.° Empresas encarregadas da gestão de concessões).);

e) Régie Cooperativa ou cooperativa de interesse público – É uma cooperativa cujo capital pode ter participação de entidades públicas ou privadas – **Decreto-Lei n.° 31/84** de 21 de Janeiro que estabelece o Código Cooperativo, com actualizações efectuadas pela **Lei n.° 51/96** de 7 de Setembro e pelo **Decreto-Lei n.° 204/2004** de 19 de Agosto (IAPMEI) que actualiza as alterações produzidas pelos **Decreto-Lei n.° 343/98** de 6 de Novembro e o **Decreto-Lei n.°131/99** de 21 de Abril, que estabelecem as actualizações necessárias provocadas pela introdução da nova moeda: O Euro; O **Decreto-Lei n.° 313/81** de 18 de Novembro relativo às cooperativas culturais; O **Decreto-Lei n.° 323/81** de 4 de Dezembro relativo às cooperativas de prestação de serviços; O **Decreto- -Lei n.° 523/99** de 10 de Dezembro relativo às cooperativas de comercialização).

f) Fundação – As fundações são entidades com personalidade jurídica de natureza privada e utilidade social dotadas de património próprio afectado por um ou vários instituidores, pessoas singulares ou colectivas visando a realização de uma ou mais finalidades de interesse social (caridade, educação, desenvolvimento científico, artes, letras ou desporto – **Decreto-Lei n.° 460/77** de 7 de Novembro estabelece o estatuto de utilidade pública das pessoas colectivas (Associações e Fundações);

---

[163] Borges, Joaquim (2000), ***Estudo dos Modelos de Gestão de Instalações Desportivas nos Municípios***, *in* Revista Desporto, JAN./FEV. – 2000, Lisboa, IDP, pág. 28.

A Gestão das Instalações Desportivas – Os Processos de Decisão   511

Código Civil (**Decreto-Lei n.º 496/77** de 25 de Novembro (Código Civil – artigos 158.º a 166.º e 185.º a 194.º)[164].

g) Empresa privada ou os diferentes tipos de sociedades comerciais (Código Civil – sociedades comerciais artigos 980.º a 1000.º)

h) Formas associadas das diversas instituições.

9.14.1. *A Gestão Pública – Social/Política*

A gestão pública configura a gestão e a administração da coisa pública, dos interesses do bem público, da administração dos recursos que são de todos e particularmente do Estado, a entidade gestora dos interesses da Nação. É frequente este conceito ser definido focalizando o seu conteúdo nas preocupações e nos interesses do Estado, o qual é muitas vezes visto como uma entidade supranumerária actuando com interesses próprios em função de objectivos legitimados por si e, muitas vezes, desligados dos interesses dos cidadãos. Neste conceito se incluem a administração de sistemas e processos, que o fazem funcionar. Eles materializam-se frequentemente na edificação do Planeamento, como produto final e como instrumento de intervenção na vida comum das diferentes comunidades residenciais[165].

A gestão pública das instalações desportivas não se enquadra necessariamente nesta perspectiva de materialização de processos administrativos que exerçam o superior interesse do Estado mas, ao invés permitam que este proporcione aos cidadãos o exercício de valências e direitos no acesso a um bem civilizacional que é o desporto e que está consagrado no artigo 79.º da Constituição da República Portuguesa[166]. Trata-se, por isso

---

[164] Código Civil (Decreto-Lei n.º 496/77 de 25 de Novembro) – artigo n.º 158 (aquisição de personalidade) pontos 1 – Associações; e 2 – Fundações: *"As fundações adquirem personalidade jurídica pelo reconhecimento, o qual é individual e da competência da autoridade administrativa"*

[165] Camacho, A.; Crujeira, C.; Lucena J. e Pinho I. (1982); *Gestão Pública – Uma Abordagem Integrada*, Lisboa, Editora Portuguesa de Livros Técnicos e Científicos, (1982).

[166] *Artigo 59.º (Cultura Física e Desporto):*

1. Todos têm direito à cultura Física e ao desporto.

2. Incumbe ao Estado em colaboração com as escolas e colectividades desportivas, promover, estimular, orientar e apoiar a prática e a difusão da cultura física e do desporto, bem como prevenir a violência no desporto.

512   *Os Espaços do Desporto – Uma Gestão para o Desenvolvimento Humano*

de responsabilizar e comprometer os diferentes agentes do Estado mais próximos, na organização das condições elementares necessárias à actividade que se pretende promover.

A gestão pública das instalações desportivas permite assim identificar o conjunto de objectivos e de procedimentos em ordem ao seu cumprimento, efectuado pelas administrações ou equipas de gestão, de modo a permitirem o acesso facilitado ao exercício do direito à prática desportiva pelas populações. O desporto pode esbater e diluir o confronto entre grupos e níveis sociais, na disputa do espaço urbano, dos espaços desportivos e suas modalidades (Metcalfe, Alan; 1993)[167], pela interacção e pelo desenvolvimento da cultura motora em cada um deles e pelo acesso maior e mais diversificado às práticas desportivas (Almeida, Pedro; 1986)[168] e como um bem civilizacional generalizável (Cunha, L.M.; 1997)[169]. Os processos e as decisões de gestão têm aqui um papel importante a desempenharem, como factor de regulação. Tal não se traduz necessariamente numa oferta paternalista do Estado e dos seus organismos, como uma dádiva a que o cidadão se obriga a receber, mas fundamentalmente como um bem que é disponibilizado e que o cidadão deve custear na medida do valor que este constitui, da sua vontade em usufruir e dos custos dos recursos que envolve.

A gestão pública envolve ainda um conjunto de decisões legitimadas por via ideológica que podem apontar ou não, para uma maior ou menor dependência dos recursos públicos em ordem a permitir que esse acesso seja ou não oferecido ou embaratecido, quer genericamente quer apenas focalizado em populações-alvo específicas. Contudo, ter uma gestão pública não significa ausência de contrapartidas de pagamento nas utilização dos recursos, mas também não deve significar, na nossa óptica, oferta qualitativa inferior. A existência de alguns princípios que orientem as políti-

---

[167] Ver Metcalfe, Alan; (1993), **The development of sport facilities: a case study of East Northumberland, England, 1850-1914**, *in* International Revue for the Sociology of Sport, Vol. 28, n.º 2+3, Hamburg, 1993, pp. 107-120.

[168] Ver Almeida, Pedro; (1986), **Aspectos sociológicos em urbanística desportiva**, col. Desporto e Sociedade, MEC/DGD, Lisboa, 1986, capítulos – 3 (multidões e grupos) e 4 (recreio colectivo e zonas verdes), pp. 23 a 42.

[169] Cunha, Luís M. da (1997), **O Espaço e o Acesso ao Desporto**, Estudo da acessibilidade ao desporto na sub-região do Vale do Tejo – Constituição de um modelo de avaliação, UTL/FMH.

A Gestão das Instalações Desportivas – Os Processos de Decisão   513

cas de Gestão Pública são importantes como auxiliadores das tomadas de decisão e que se organizam em torno de valores como sejam:

1. A globalidade – como forma de propor medidas globais generalizadoras que tentem atingir o maior número de população;
2. A multifocagem de populações-alvo com reforço de atenção às mais desfavorecidas – complementando com especificidade e direccionalidade lacunas não cobertas na aplicação do item anterior;
3. O equilíbrio;
4. A autosustentabilidade e independência face aos recursos da administração central;
5. A oferta de diferenciação de níveis de especialização;
6. A oferta de diversidade civilizacional; e, por último,
7. A prudência, o bom senso e o bom governo, que são qualidades sempre necessárias à tomada de decisão.

A gestão pública de instalações desportivas tem vindo a identificar no domínio do Estado vários tipos de entidades gestoras cujos agentes, individuais e institucionais, são delas proprietários ou meros gestores. Neles incluímos os institutos a nível central (IDP, INATEL, IPAMB e outros), mas também actores específicos de cada sector social que o Estado enquadra (sector Educativo, sector Militar (das Forças Armadas e Militarizadas), Administração Interna, Serviços prisionais, etc.). O recente movimento de afirmação das autarquias locais, centrou sobre si a propriedade e a gestão de muitos equipamentos sociais onde se contam as instalações desportivas. Se tal foi importante, numa primeira fase, as exigências mais recentes de eficiência económica e de gestão empurram as autarquias locais para a busca de soluções participadas que agilizem decisões na procura da rendibilização financeira e de utilização desses mesmos recursos. São vários os tipos de actores que actuam neste sector o qual se afirma cada vez mais com uma importância económica crescente. Assim as soluções mistas complementam e criam alternativas à gestão de tipo directo que as autarquias têm vindo a experimentar.

A gestão indirecta no sector público, particularmente ao nível das autarquias, encontra vários modelos de gestão e formas mistas de as instalações e os espaços desportivos serem geridas (Saldanha, 2006)[170]:

---

[170] Saldanha, J.J. Bengalinha (2006), *Os hábitos e os consumos de desporto como contributo para uma gestão desportiva municipal eficaz – estudo de caso do concelho do Redondo*, Lisboa, Teses de Mestrado, FMH, UTL, ed. Policopiada, pág. 84.

514   *Os Espaços do Desporto – Uma Gestão para o Desenvolvimento Humano*

1. Concessão Administrativa – Gestão de infra-estruturas e respectivos serviços em apoio do crescimento de organizações desportivas com baixa rendibilidade económica que permitem a ligação do desporto a outros fins, como sejam objectivos sociais ou outros;

2. Protocolo – *"relação que se estabelece entre o serviço público e uma organização desportiva (Clube, sociedade)* (Saldanha, 2006)". Serve muitas vezes para suportar "em géneros" o apoio a uma determinada instituição – a figura do "Comodato"[171] pode ser aqui utilizada;

3. Interessada – Os serviços municipais de desporto assumem a cedência dos serviços de um gestor (ou organismo gestor) que deverá ser suportado financeiramente pela entidade receptadora;

4. Arrendamento – Pagamento à entidade proprietária, pela utilização, em troca de uma gestão maximizadora do rendimento relativo às actividades que a entidade gestora gere – Código Civil artigos 1029.° a 1033.°);

5. Consórcios – União em torno de objectivos comuns, pela constituição institucional de um organismo com personalidade jurídica, de pessoas ou instituições, com interesses comerciais, financeiros, políticos ou outros, que actuará em representação dos constituintes; (**Decreto-Lei n.° 231/81** de 28 de Julho que estabelece as formas de associação comercial – consórcio)[172]:

    a) entre entidade públicas diferenciadas;

    b) entre entidades públicas e entidades privadas (com ou sem fins lucrativos);

    c) entre entidades privadas;

    d) entre entidades cooperativas e as demais;

6. Empresas municipais – **Lei n.° 58/98** de 18 de Agosto que regula as empresas municipais e o **Decreto-Lei n.° 53-F/2006** de 29 de Dezembro – Regime Jurídico do Sector Empresarial Local (Empresa Públicas

---

[171] Código Civil artigos (1129.° a 1141.°) – *"É o contrato gratuito pelo qual uma das partes entrega à outra certa coisa móvel ou imóvel, para que se sirva dela, com a obrigação de a restituir."*

[172] **Decreto-Lei n.° 231/81** de 28 de Julho que estabelece as formas de associação comercial – consórcio:

Artigo 1.° (Noção): Consórcio é o contrato pelo qual duas ou mais pessoas, singulares ou colectivas, que exercem uma actividade económica e se obrigam entre si a, de uma forma concertada, realizar certa actividade ou efectuar certa contribuição com o fim de prosseguir qualquer dos objectos referidos no artigo seguinte: (artigo 2.° – estabelece o objecto nos quais se contam a realização de actos jurídicos e materiais relativos a empreendimentos, fornecimento de bens, a sua produção e repartição pelos membros do consórcio e exploração de recursos naturais).

A Gestão das Instalações Desportivas – Os Processos de Decisão 515

Municipais, Intermunicipais e outras e Entidades Empresariais Locais (artigo 33.º); (artigo 21.º – Empresa de desenvolvimento regional); (artigo 24.º Empresas encarregadas da gestão de concessões).).

9.14.2. *A Gestão Privada*

A gestão privada é um tipo de gestão que procura atingir objectivos de eficiência a vários níveis, como forma de melhor remunerar os accionistas ou proprietários das instalações ou dos negócios que nelas acontecem. As actividades desportivas, que decorrem em estabelecimento de características comerciais e os respectivos serviços associados, são consignados através da **Portaria n.º 33/2000** de 28 de Janeiro, que regula a instalação dos estabelecimentos de comércio alimentares e não alimentares. Os estabelecimentos com estas características são contemplados em lista nos anexos I, II e III – CAE (Classificação de actividades económicas) – n.º 93042 – ginásios (Health Clubs), n.º 93022 – Institutos de Beleza e n.º 93021 – Salões de Cabeleireiros. A existência desta portaria, configura a consignação do desporto como sector económico com contribuições a reter para a inter-relação sectorial que se estabelece frequentemente no domínio das relações económicas.

A gestão privada pode também cumprir um serviço público e o exercício de uma responsabilidade social, dado que oferece pela via comercial a ocasião de uma determinada comunidade usufruir de um bem que lhe é proporcionado através de um negócio. A maximização de eficiências e a procura do lucro não são incompatíveis com a geração de externalidades positivas que resultam em favor de todos e não apenas dos proprietários das empresas. A gestão privada também poder ser exercida, como vimos atrás em associação com outras empresas privadas, com entidades públicas, cooperativas, sociedades desportivas ou fundações.

Para além do já referido em termos da constituição de sociedades desportivas (**Decreto-Lei n.º67/97** de 3 de Abril que regula a constituição e funcionamento das sociedades desportivas), a regulamentação da actividade é efectuada pelos conteúdos inscritos no Código Civil em matéria de sociedades comerciais (artigos 980.º a 1000.º) e toda a legislação associada que é vasta. Acrescem ainda os conteúdos do **Decreto-Lei n.º 248//86** de 25 de Agosto relativos à instituição de 'estabelecimento individual de responsabilidade limitada', cuja importância se revela em caso de empresários de instalações desportivas em termos individuais.

9.14.3. *A Gestão Mista ou Concessionada*

A gestão mista ou concessionada é uma forma de partilha de propriedade e da gestão dos recursos entre entidades. Pudemos já reflectir sobre diversas formas de gestão indirecta ao nível das autarquias locais em ponto anterior, referente à gestão pública no ponto 9.14.1 – A Gestão Pública – Social/Política – a páginas n.º 284. Trata-se, nesta fase, de equacionar o cruzamento possível entre as diferentes formas societárias de organizar instituições e perceber de que modo é que elas se podem articular umas com as outras.

A gestão mista ou concessionada trata de contratualizar entre as entidades a entrega do exercício de uma determinada tarefa ou conjunto delas às que estão mais facilmente vocacionadas para o respectivo desempenho. Tal é conseguido através da partilha ou associação de objectivos, de exercício do poder, dos resultados e dos benefícios correspondentes. Os diversos tipos permitem identificar as diferentes formas de contratualizar essa mesma partilha.

A relação que os diferentes agentes estabelecem entre eles pode ser equacionada a partir do cruzamento das possibilidades que o quadro abaixo tenta traduzir (ainda que de forma incompleta):

A Gestão das Instalações Desportivas – Os Processos de Decisão

Gestão (objectivos) Propriedade (estatuto)	Privada Maximização de proveitos e remuneração aos accionistas	Pública Bem público - exercício de direitos	Cooperativa Acesso comum e usufruto por organização colectiva de interesses mútuos	Fundação Filantropia - exercícios de acções a favor do bem comum e do perseguimento da notoriedade
Privada	- Empresa privada (Sociedade comercial) - Sad's - D.L. n.º 67/97 de 3 de Abril - máximização de lucros	- Serviço público - Consórcio - Comodato	- Associação, - Consórcio - Comodato	Filantropia, desenvolvimento de projectos, notoriedade, Construção de imagem de responsabilidade social efectiva.
Pública	- Empresa privada gestora de bens públicos - Empresa concessionária - Empresa em exercício de responsabilidade social	1. Autarquia - Serviço público 2. Instituto público; 3. Empresa pública; 4. Empresas Municipais Locais, Intermunicipais; 5. Serviços Municipalizados - **Lei n.º 159/99 de 14 de Setembro** - competências das autarquias locais; 6. Entidades Empresariais locais - Objectivos de cumprimento e exercício de direitos e prestação de serviços inerentes	- Associação - Consórcio - Cooperativa concessionária - Exercício de direito públicos em favor de um grupo particular cooperativo. - Apoio ao Estado no exercício das suas responsabilidades públicas.	- Apoio a instituições do Estado no exercício de funções públicas e no provimento de direitos - Apoio de actividades de comunidades específicas - Apoio a Causas Públicas Desportivas
Cooperativa	- Consórcio - Associação - Protocolo	- Cooperativa de interesse público - Régie cooperativa - Cooperativa de empresas Públicas	- Régie Cooperativa	- Consórcio - Associação - Protocolo
Fundação	- Logística - Desenvolvimento de projectos - Empreitadas	- Consórcio - Protocolo - Associação - Serviço público - Filantropia	- Consórcio - Protocolo/ Comodato - Sociedade	- Desenvolvimento de projectos com dimensão superior ou complementar

Quadro n.º 47 – Quadro identificador das articulações possíveis entre entidades gestoras e proprietárias de instalações desportivas

Sejam privadas, públicas ou mistas, as políticas de gestão das instalações desportivas definem um campo de intervenção no domínio da Gestão que se demarca progressivamente dos gestos técnicos, da construção e manipulação de rotinas tendentes a maximizar ou minimizar recursos e objectivos, mas caminha progressivamente para a assunção de comportamentos e da respectiva definição que fazem acrescentar significado e valor aos meros actos mecânicos relativos às rotinas de gestão. Este é claramente o campo de intervenção estratégica o qual não é tratado de uma forma escalpelizada nesta obra, embora se tente efectuar um exercício de aplicação nos últimos capítulos deste trabalho, repensando o futuro e as tendências das instalações desportivas.

10. Decidir qualificar para o desporto um espaço natural

Os espaços naturais oferecem, por oposição aos espaços urbanos uma ordem diferente relativamente às suas características. Quando um praticante desportivo realiza a sua actividade em meio natural, ele tem acesso a um conjunto de elementos que lhe faltariam se o realizasse numa instalação desportiva de tipo fechado ou coberto. Os elementos 'Ar', 'Terra' e 'Água' conseguem ser suporte de muitas actividades que se baseiam num ou em vários desses elementos para poderem ser realizadas. As variações de comportamento desse elemento natural, são uma fonte inesgotável de estímulos. O modo como cada praticante dele se serve, a relação que com ele efectua, através do gesto, do apetrechamento individual ou da própria modalidade que pratica, permitem a descoberta dos valores naturais, pela percepção desse elemento, da ordem natural, da sua organização intrínseca e da descoberta de si próprio enquanto pratica, pela resposta que tem que construir. Estes processos de envolvimento e conhecimento mútuo só são possíveis, fora de uma envolvência não-artificializada. Assim, em relação ao tipo de utilização desportiva e de acesso que permitem, os espaços naturais são espaços descodificados, diferenciados e de liberdade.

Os espaços naturais constituíram-se para o conjunto dos desportos tradicionais como espaços marginais. Progressivamente eles foram assumidos como espaços de reserva, primeiro, espaços potenciais, depois, e mais recentemente, como espaços de atractividade, quer pelas suas características próprias de paisagens únicas, quer pela oferta de desafogo, de elementos infinitos e pelas possibilidades que o seu consumo desportivo permite às novas modalidades que aí se realizam (ver capítulo 2.3 – O Desporto de Natureza a páginas 70). No extremo, o deserto virou espaço de atracção, como o mar infinito ou as montanhas inóspitas.

Os espaços naturais são '**espaços de conspiração do futuro**' porque são espaços onde quase tudo é possível, onde tudo o que é novo pode ser experimentado, testado e inventado. São os locais onde os níveis de regulação social são menores e assim os constrangimentos sociais. A construção do futuro é normalmente organizada em locais onde os espaços naturais se podem incluir. Aqui se experimentam novas práticas, novas modalidades e se afinam expressões do futuro.

Os espaços naturais, de paisagem ou ao ar livre, são importantes para o desporto, dado que oferecem novos espaços, novas estimulações, que alimentam a diversidade das práticas desportivas, com novas modalidades ou formas de as praticar, podendo por isso, ser também incluídos dentro do conceito de instalações desportivas. Contudo, eles só são contabilizados como instalações ou espaços com valor desportivo, na medida em que haja uma estrutura mínima de apoio que localize a actividade e permita que a sua prática se realize. Essa estrutura mínima pode ser um equipamento (um guindaste que permita a colocação de barcos na água no caso das actividades náuticas, uma rampa de acesso numa albufeira) ou uma estrutura social (como seja um café, um restaurante que serve de ponto de encontro dos praticantes e de apoio à modalidade e que cria uma referência localizada naquele ponto do território. Deste modo, dão significado desportivo ao espaço natural em presença e oferecem mais um espaço de prática desportiva. A sua ausência, faz com que o espaço não seja considerado para o desporto. *"A falta de infraestruturas básicas, como a inexistência de balneários e de sanitários na praia do Guincho fizeram com que o organismo internacional que coordena a modalidade não incluísse, tal como nos anos anteriores, a «Guincho wave classic» no circuito oficial internacional."* (Pires, G., 1990)[173].

Os espaços naturais só adquirem valor desportivo para os habitantes de uma comunidade, na medida em que eles possam ser utilizados ou apreciados, com a conveniente regulação ao nível da pressão humana e dos respectivos comportamentos. Contudo, tornar apto para a prática desportiva e para a sua contabilização como espaço desportivo, obriga a um processo simples de qualificação, de modo a promover o acesso dos praticantes a esse mesmo bem natural.

---

[173] Pires, G., (1990), *A aventura desportiva – O desporto para o 3.º milénio*, edição da Câmara Municipal de Oeiras, p. 61.

Decidir qualificar para o desporto um espaço natural 521

A avaliação destes espaços em termos desportivos não pode ser efectuada com a mesma lógica com que se efectuam as medidas dos espaços desportivos tradicionais, que apresentam limites claramente definidos. A contabilização da capacidade destes espaços é estabelecida por vários processos directos ou indirectos que aproximam o valor oferecido com o espaço que é real ou potencialmente utilizado. Tais critérios definem-se:

1. pela **capacidade de carga** que o espaço natural comporta em termos do número de visitantes, correndo o risco, caso seja ultrapassada, de ver alteradas as próprias características. Esta capacidade de carga pode ser definida a partir de estudos efectuados ou aceitando as restrições que estejam impostas por leis do defeso e salvaguarda emanadas quer pelo Estado, quer pelas entidades que gerem esses espaços. Assim o número de utilizadores possíveis ou permitidos definem a sua capacidade de oferta.

2. pela determinação da **capacidade máxima** dos seus pontos e estruturas de acesso ou portas de entrada, encontrando para elas, o valor de **débito máximo** que conseguem desempenhar (n.° de embarcações//hora no caso de um cais de acostagem, n.° de esquiadores/hora ou passageiros de teleférico, no caso de estruturas de montanha, etc. No caso das praias fluviais ou marítimas, podem ser utilizados o número de pontos de assistência aos socorros a náufragos ou os valores de registo dos banhistas nos concessionários, como valor de base. No caso de praias, que são aproveitadas para actividades como o surf e outras, a determinação do número de pontos de encontro (cafés, bares), a utilização de estimativas encontradas a partir daí, podem ser um bom auxiliar).

3. pela identificação e **capacidade das estruturas de apoio** e permanência de visitantes e seus equipamentos (n.° de dormidas das instituições de acolhimento, clubes desportivos localizados, n.° de viaturas terrestres e náuticas, cafés, restaurantes, etc.).

4. pelo registo directo de **actividades formais realizadas** nesses ambientes e dos seus participantes e acompanhantes, **por unidade de tempo**, por exemplo, anualmente.

5. Pelo registo dos **percursos identificados** em cartas ou folhetos, relativos a circuitos pedestres, cicloturistas, de cavaleiros ou outras montadas, de montanha, circuitos náuticos, rotas especializadas onde a actividade desportiva seja um elemento base na sua constituição.

522   *Os Espaços do Desporto – Uma Gestão para o Desenvolvimento Humano*

Este processo obriga à consideração de um conjunto de procedimentos com esse objectivo que passamos a discriminar em baixo, como operações a efectuar:

1. Levantamento e caracterização dos espaços naturais – **referência à carta desportiva dos parques naturais** carta de desporto de natureza[174];
2. Identificação da sua inclusão ou não na rede nacional, regional ou local de espaços e áreas protegidas;
3. Identificação dos sítios elegíveis para a prática de actividades desportivas – carta do desporto de natureza elaboração (ou consulta se já tiver sido levantada) – em mapas para localização potencial de sítios elegíveis.
4. Identificação das características naturais (sítios) com significado ambiental ou a serem elegíveis com significado desportivo.
5. Identificação das condicionantes ou restrições ambientais e desportivas – características das modalidades a praticar, períodos de defeso ou nidificação, acessibilidades/inacessibilidades geográficas e temporais, servidões, regime de propriedade.
6. Contabilização das possibilidades de prática desportiva – motivos de atracção, capacidade de carga total e em cumprimento das respectivas restrições;
7. Medida do valor desportivo e ambiental dos espaços;
8. Definição de linhas estratégicas de acção – promoção ou não promoção – promoção restritiva, proteccionista, institucionalização de processos;
9. Identificação de agentes individuais e institucionais – populações locais e extra-locais – associações de defesa do ambiente, clubes e empresas de turismo, escolas e universidades – atribuições e competências – Direitos e deveres – Acessos e restrições.

---

[174] Decreto Regulamentar n.° 18/99 de 27 de Agosto, que estabelece o turismo de natureza, artigo 6.° (carta de desporto de natureza):

1 – Cada AP deve possuir uma carta de desporto de natureza e respectivo regulamento, a aprovar por portaria conjunta dos membros do Governo responsáveis pelas áreas do desporto e do ambiente.

2 – A carta referida no número anterior deve conter as regras e orientações relativas a cada modalidade desportiva, incluindo, designadamente, os locais e as épocas do ano em que as mesmas podem ser praticadas, bem como a respectiva capacidade de carga.

3 – Para efeitos do número anterior são consultadas as federações desportivas dotadas do estatuto de utilidade pública desportiva, representativas das diferentes modalidades e outras entidades competentes em razão da matéria.

> 10. Identificação e constituição de produtos desportivos, ambientais e turísticos e culturais;
> 11. Caracterização de conflitos de interesses – interesse público, privado, comunitário, local, regional – urbanísticos, ambientais, comunitaristas, turismo, económico, desporto e recreio, caça, agricultura, etc.)
> 12. Quantificação dos valores (contribuições, impactos) económicos, sociais, educativos e de recreio para as populações residentes e visitantes – internalização das diferentes componentes – ambientais, experienciais, emocionais:

10.1. O apetrechamento desportivo de um espaço rural ou de paisagem

O apetrechamento desportivo de um espaço rural ou de paisagem segue os mesmos princípios e particularidades que definimos para os espaços naturais protegidos, embora o nível de restrição seja menor. Trata-se aqui de criar valor a partir dos recursos naturais e culturais disponíveis, fazendo com que esse valor, através das mais valias geradas, reverta para as populações locais, embora possa ser partilhado pelos que os visitam, contribuindo estes à sua medida para esse desiderato. Os espaços rurais e de paisagem apresentam um desafogo que permite a organização de eventos valorizadores desse mesmo espaço. Detêm também um património de elementos culturais que os diferenciam de outros espaços e apresentam expressões singulares que só aí podem ser presenciadas. Enquanto nos espaços naturais os objectivos são mais de preservação dos valores naturais e da criação das formas de os fazer transmitir às gerações vindouras, aqui existe uma componente vivida que é acumulada em capital cultural, cujas formas e expressões devem ser organizadas de modo a efectuar esse processo de transferência como registo de um fluxo de vida em continuidade que regista os tempos e os projecta no futuro. A este processo não são alheias as expressões motoras e jogadas que fazem parte desse capital cultural.

O desporto é sempre um acontecimento festivo e, por isso, é fonte de atracção e gera visibilidade, pela mobilização de pessoas e vontades que

524 *Os Espaços do Desporto – Uma Gestão para o Desenvolvimento Humano*

ocasiona. Uma comunidade pode acrescentar valor com a realização de uma acontecimento festivo. Deste modo, ele pode constituir-se como um meio complementar de criação de valor pelas dinâmicas e pela atractividade que gera. O desporto, visto aqui fundamentalmente quer numa perspectiva de recreio, quer numa perspectiva de proporcionar espaço para práticas que não podem ocorrer no meio urbano, tem cada vez mais capacidade de organização dos territórios pelo exercício das suas práticas e pela codificação funcional dos seus espaços, atribuindo-lhes significado e estruturando-os para a resposta a este tipo de actividade humana. O desporto insere-se por isso num política de apropriação dos espaços em causa pelos cidadãos e pelas comunidades.

Assim, perguntamo-nos sobre como se estrutura um espaço rural ou de paisagem para ser utilizado desportivamente e constituir um recurso com valor para a comunidade residente e para a comunidade visitante? Quando nos referimos à estruturação desportiva de um espaço temos de particularizar qual é o tipo de espaço de paisagem de que estamos a falar: Uma floresta, uma escarpa, um lago, uma barragem. Um espaço de paisagem pode ser considerado uma parcela dessa mesma paisagem que mantém uma unidade e uma constância dos seus elementos constituintes em torno de um deles, constituindo uma *"série de paisagem"*(Pardal, 1988)[175].

> A estruturação de um espaço de paisagem para o desporto implica um processo continuado de implantação de códigos no espaço. Estes códigos podem resultar do reforço dos elementos naturais ou culturais locais ou podem a eles serem estranhos e funcionarem atractivamente por complementaridade. Deste modo, a implantação de códigos no espaço compreende:
> 1. Identificação de elementos de atractividade ou **pontos de atracção** – por valorização de elementos existentes (sítios com elementos naturais significativos, escarpas, cascatas, pontos de mira, etc. ou motivos históricos: castelos, ermidas memoriais, etc.) ou por implantação de elementos estranhos (obras de arte, elementos arquitectónicos, motivos culturais, etc.);

---

[175] Pardal, Sidónio C. (1988); ***Planeamento do território – Instrumentos para a análise física***, Lisboa, Livros horizonte, col. Espaço e Sociedade, pg. 32.

"A classificação de unidades visuais é feita a três níveis, sendo o primeiro as "séries de paisagem" identificadas pela impressão visual captada pela repetição de uma forma dominante sobre uma grande área".

> 2. **Zonamento** funcional com localização de actividades diferenciadas articuladas com o elemento local significativo;
> 3. Estabelecimento de lógicas funcionais de organização e articulação ou de **hierarquização** de uns elementos e das respectivas zonas, em relação aos outr(o)as.
> 4. Proposição de um **tema** aglutinador da forma de consumo ou apropriação desse mesmo espaço que condicione e oriente as actividades, os comportamentos e as atitudes dos respectivos utilizadores, bem como as emoções que irão dirigir as actividades propostas ou a propor.

A presença dos quatro elementos naturais bem como outros elementos da paisagem a incluir nas modalidades desportivas a escolher para integrarem este espaço, e através das quais se contacta com a natureza, enriquece o espaço em causa, quer pela riqueza dos elementos, quer pela possibilidade que a combinação entre eles proporciona e bem assim, as possibilidades de desempenho desportivo em cada um dos meios, cumulativamente no mesmo local.

Um bom exemplo é-nos dado pela forma como nas florestas dos países do Norte da Europa (Letónia e Lituânia) este princípios são aplicados: Como forma de promover a respectiva utilização pelos cidadãos, são criados motivos ligados com as histórias infantis (Gnomos e duendes) e são recriados parques e aldeias, bem como a disseminação de estatuetas que as crianças, com um mapa, devem encontrar no meio da floresta. Outro exemplo é a construção de um museu de arte moderna ao ar livre, colocando no espaço uma série de obras de arte, disseminadas pelas floresta que os visitantes podem tentar encontrar com a ajuda de um mapa[176]. Em ambos, é a partir de uma história ou motivo cultural que o espaço se organiza e a partir desta organização, para além da apropriação efectuada pelos visitantes, há lugar a uma prática ou actividade, com correspondentes benefícios para os seus utilizadores. A organização destes tipos de espaço aproxima-se tanto mais ao conceito de parque temático, quanto maior for a sua densidade e o seu reforço de codificação e inclusão de motivos e actividades.

---

[176] Bons exemplos são os parques "Térvet Dwarfs' Forest" na Letónia, inserido no Térvts Dabas Parks, próximo de Riga, o Europa Park em Vilnius, na Lituânia e o Bosque mágico de Juodkranté, próximo de Klaipeida, também neste país na restinga junto ao mar.

A **"Via Lúdica"** seria um espaço interessante a propor no universo da cultura motora e desportiva portuguesa. Seria um percurso constituído por cerca de 12 estações nas quais se localizariam um jogo ou um tipo de jogos tradicionais portugueses. Cada estação teria capacidade de oferecer jogos (tradicionais, populares ou não) que, naquele espaço, poderiam ser jogados durante um dia inteiro ou, em alternativa, fazendo parte de um percurso a ser percorrido ao longo do dia por todas ou parte dessas mesmas estações. A sua prática pode ser efectuada de modo individual, aos pares ou em grupos. Os postos ou estações estão espalhados num território, de tal modo que o seu afastamento permita algum contacto visual mas também dinâmicas próprias em cada uma delas. A "Via Lúdica" seria uma forma de constituir circuitos que poderiam colocar populações em prática desportiva ou de veraneio na apropriação de espaços e no contacto com a natureza e com o património cultural jogado de uma comunidade.

A criação de circuitos permanentes de orientação desportiva na floresta é uma tradição dos países nórdicos que se implanta também e cada vez mais entre nós, sendo articulados com a prática de diferentes modalidades desportivas como o ciclismo, a canoagem, a corrida, etc. A identificação de percursos de montadas: Cavalos, burros, passeios de charretes, e outros; de percursos de caminheiros (rotas religiosas, ecológicas, paisagísticas, militares, etc.), de ciclistas, percursos de fontanários, de fortalezas, de degustação, são formas diferenciadas e desportivas de apropriação contínua dos espaços naturais e de paisagem que reforçam identidades e recriam as pessoas, os lugares e os espaços.

Por outro lado, a colocação de apetrechamento de apoio fundamental à logística e à prática desportiva nas principais "portas" de entrada dos espaços naturais permitirá não apenas o controle, mas, fundamentalmente, o apoio a essas mesmas actividades e fruições.

A ligação do desporto ao território promove dinâmicas que aproveitam às comunidades locais, ao turismo e geram fenómenos de turismo desportivo. O turismo é a venda do lazer e do recreio que se localiza num determinado território e para ele concorrem todos os aspectos logísticos de acomodação e deslocamento em que se especializou. O desporto cria e valoriza pelas suas dinâmicas um conjunto de motivos que são criadores e construtores de fluxos e de mercados. Ele expressa projectos de vida, expressões culturais colectivas e individuais que servem ao turismo, embora este último, estando sujeito ao economicismo comercialista, o entenda apenas como um produto a ser vendido num acto de consumo e permissor

Decidir qualificar para o desporto um espaço natural 527

de proveitos económicos e materiais, nos quais, muitas vezes o desporto não partilha as correspondentes mais-valias geradas.

O turismo no espaço rural tem sido a resposta criada para responder com conforto à necessidade que as populações urbanas têm de, também elas, poderem usufruir dos bens e dos momentos que os espaços de paisagem e o ambiente rural proporcionam. A criação das condições para receber estas populações tem vindo a promover a criação de empreendimentos turísticos vocacionados para o cumprimento deste papel permitindo assim o consumo recreativo da paisagem, associado às práticas desportivas. O **Decreto-Lei n.° 54/2002** de 11 de Março, que estabelece o regime jurídico da instalação e funcionamento dos empreendimentos turísticos no espaço rural, é o instrumento normativo que define as condicionantes a que devem obedecer a constituição deste tipo de equipamentos e formas de hospedagem (onde se incluem: o turismo de habitação; o turismo rural; o agro-turismo; as casas de campo; os hotéis rurais; e os parques de campismo rurais.) Este diploma é complementado pelos **Decreto-Regulamentar n.° 13/2002** de 12 de Março, alterado pelo **Decreto-Regulamentar n.° 5/2007** de 14 de Fevereiro, ambos relativos aos requisitos mínimos das instalações e funcionamento dos empreendimentos de turismo rural.

Ainda dentro desta temática interessa-nos chamar a atenção para os aspectos relacionados com a qualidade ambiental e a problemática que a sustentabilidade dos empreendimentos deste tipo coloca face aos impactes locais, matéria que tivemos a oportunidade de tratar no capítulo – 9.13.2 – A Qualidade Ambiental a páginas n.° 483.

10.2. A Gestão Desportiva do Litoral

O litoral tem especificidades que os outros espaços naturais protegidos (ou não) não têm. O elemento marítimo, particularmente em Portugal, tem uma dinâmica muito forte e torna-se desportivamente estimulante quer pelos elementos da paisagem, quer pelos elementos naturais que fazem parte dessa dinâmica e que apresentam variações consoante os aspectos climáticos. As fontes de variação são muitas e as respostas a constituir a essas variações existem na correspondente proporção. O instrumento regulador das actividades no litoral é o **Decreto-Lei n.° 309/93**

528 *Os Espaços do Desporto – Uma Gestão para o Desenvolvimento Humano*

de 2 de Setembro mais conhecido como o POOC – Plano de Ordenamento da Orla Costeira[177]). Este instrumento regula todo o conjunto de actividades humanas que se podem desenvolver no que determina como sendo a orla costeira.

Gerir desportivamente o litoral é, num primeiro nível, definir e organizar aí as práticas desportivas, os seus acessos e permanências levando em conta os elementos e recursos disponíveis nesse meio, dele mobilizáveis ou induzidos, de forma a responder desportivamente a esses estímulos, fazendo-o no respeito pelas condicionantes naturais e levando a que os seus praticantes possam usufruir das vivências que esta fonte de estimulação proporciona. Numa segunda fase, trata-se de definir um conjunto de equipamentos que apoiam as actividades desportivas, e organizam e hierarquizam a penetração dos praticantes no meio natural onde vai ser desenvolvida a prática.

Os litorais combinam, pela sua riqueza de elementos, inúmeras e infinitas possibilidades com fontes de variação reforçadas pelo clima: O hinterland de proximidade, a vizinhança ao mar, as dunas e cordões dunares, sapais, zonas de estuário, zonas lacustres, enseadas, baías, matas e florestas, sítios, escarpas, tipologias diferenciadas de terrenos e grande diversidade de materiais naturais que são adicionadas a variações climáticas, associadas, ainda, a variações de marés.

A gestão desportiva do litoral trata assim dos regimes de utilização e ocupação desportiva dos diferentes espaços de modo a oferecer ou regular o desempenho das diferentes práticas desportivas. Nele se incluem as formas permanentes, provisórias ou temporárias de ocupação de espaços, solos, canais de acesso e respectivo processo de codificação desportiva e funcional, localização e implantação de estruturas mínimas de apoio ou acesso, bem como a identificação de processos de regulação de actuações dos diferentes agentes e utilizadores.

10.2.1. *A Gestão de Praias*

A Orla Costeira é um bem público, cuja gestão cabe a várias entidades públicas em geral (Capitanias, Ministério do Ambiente, Câmaras

---

[177] Algumas alterações foram introduzidas pelo Decreto-Lei n.º 218/94 de 20 de Agosto, produzido especificamente para esse efeito.

Decidir qualificar para o desporto um espaço natural 529

Municipais, Polícias, cada uma com a respectiva competência) ou em particular, a entidades privadas que, através de concessões temporárias, actuam em função do bem público. O seu acesso é normalmente público e as restrições a existirem, prendem-se com serventias que têm uso de outro tipo e são definidas em legislação própria.

A praia é uma estrutura de margem, de contacto com uma superfície ou plano de água, podendo ser marítima ou fluvial e podendo localizar-se no mar, num rio, lago ou albufeira. Na sua margem ela identifica a existência de inertes que suavizam o contacto da água com a terra permitindo um usufruto mais facilitado. No entanto as praias podem apresentar margens rochosas sem a existência de inertes, como é caso frequente nas praias das ilhas de tipo vulcânico e rochoso.

O conceito de praia tende a identificar-se com uma estrutura construída, devido ao equipamento para veraneio e usufruto que nela é colocado. As praias têm diferentes tipos de classificações consoante critérios de equipamento e acessibilidade (ver Capítulo 1.2.1.2 – A Praia – Um domínio público, espaço desportivo ou multi-usos?, a páginas 39.). É o **Decreto-Lei 309/93** de 2 de Setembro – (POOC – Plano de Ordenamento da Orla Costeira (com alterações introduzidas pelo **Decreto-Lei n.º 218/94** de 20 de Agosto) como vimos, que no seu anexo I estabelece os conceitos e as categorias de **praias marítimas** relativamente à disciplina do seu uso. Relativamente ao conceito, no anexo I, n.º 1 b) define "Praia marítima" deste modo: ...*"uma subunidade da orla costeira constituída pela margem e leito das águas do mar, zona terrestre interior, denominada «antepraia», e plano de água adjacentes.* No que respeita às categorias, também apresentadas neste anexo I, estas dividem-se em:

    a) Praia urbana com uso intensivo;
    b) Praia não urbana com uso intensivo;
    c) Praia equipada com uso condicionado;
    d) Praia não equipada com uso condicionado;
    e) Praia com uso restrito;
    f) Praia com uso interdito.

Porque se trata de um espaço natural com dinâmicas acentuadas, a praia em Portugal apresenta características cuja diversidade se acentua em cada uma delas. No entanto, podemos dizer globalmente que face ao factor 'exposição aos elementos preponderantes do clima' em Portugal e que

530 Os Espaços do Desporto – Uma Gestão para o Desenvolvimento Humano

influenciam o conforto natural de cada uma das praias, diremos que podem dividir-se em dois grandes grupos:

1. As praias da Costa Oeste mais expostas à ondulação e vento predominantes – Nestas primeiras, incluem-se as praias que vão de Caminha até à ponta de Sagres, no caso do Continente. Podem ainda subdividir-se em "**Praias frias**" as que vão desde Caminha até à Boca do Inferno em Cascais, dada a sua exposição aos ventos predominantes de Noroeste e a correspondente orientação ao sentido da ondulação, e as "**Praias quentes**" como sendo as que se localizam entre este ponto e a ponta de Sagres onde, quer a ondulação quer os ventos predominantes têm uma abordagem mais suave ao litoral.

2. As praias da Costa Sul – desde o promontório (Sagres) até Vila Real de Santo António. Na Costa Sul (Algarve) são ainda diferenciáveis duas zonas: O Barlavento e o Sotavento algarvios. Embora ambos sejam suaves, por comparação com o outro conjunto de praias, o primeiro, é mais ventoso e mais exposto à ondulação atlântica, desde a ponta de Sagres e até Albufeira e o segundo, é identificado a partir daqui até Vila Real de Santo António, onde a influência destes dois agentes se faz sentir com menor intensidade.

Quanto às praias das ilhas, elas colocam outras especificidades que devem ser consideradas de modo e estrutura diferente, dado que os seus areais não são tão vastos e frequentes como as praias do continente. Algumas, como são o caso do Porto Santo e da Praia da Vitória, nos Açores, têm características que se podem aproximar de algumas continentais.

As praias são utilizadas frequentemente numa perspectiva de usufruto recreativo por parte das populações, o que obriga, dada a pressão exercida, a que esta actividade tenha o enquadramento legislativo e de regulação necessários. Para além dos que já enunciámos, existem outros diplomas que enquadram a actividade humana permitida nestes espaços, particularmente a económica e que nos interessa mobilizar para este trabalho, ajudando a traduzir funcionalmente o conceito de praia como ele é normalmente entendido. O **Decreto-Lei n.º 96-A/2006** de 2 de Junho que estabelece as regras de segurança nas praias, no seu artigo 2.º estabelece o conceito "ZAB" – zona de apoio balnear:

Artigo 2.° (Definições):
Para efeitos do presente decreto-lei, entende-se por:
a) «Zona de apoio balnear (ZAB)» a frente de praia, constituída pela faixa de terreno e plano de

água adjacente ao apoio de praia, apoio balnear ou equipamento, a cujo titular de licença ou concessão é imposta a prestação de serviços de apoio, vigilância e segurança aos utentes da praia;

É a **Lei n.° 44/2004** de 19 de Agosto que define o regime jurídico de assistência e segurança nos locais destinados a banhistas, complementada com o **Decreto-Lei n.° 100/2005** de 23 de Junho e o **Decreto-Lei n.°129/2006** de 7 de Julho, que complementam a primeira, que definem as formas reguladoras deste tipo de utilização. Neles são estabelecidos e identificados o estatuto dos diferentes agentes (banhistas, nadadores-salvadores, concessionários, autoridades e respectivos poderes, competências e exercícios) e as respectivas obrigações, os tipos de praias (marítimas, fluviais, concessionadas), o conceito de época balnear e respectiva delimitação temporal, bem como a definição de perímetros de exclusão relativamente a alguns tipos de actividades.

Na perspectiva do recreio, no qual o desporto se inclui como uma das actividades mais dinâmicas e estruturantes, quer do espaço quer das vivências dos utilizadores, podemos identificar diferentes utilizações das praias e organizá-las entre dois pólos extremos, mas que poderão diferenciar, a partir desses dois extremos, um conjunto de possibilidades de usufruto variado, consoante os aspectos que cada pessoa ou grupo valoriza:

1. Existe o tipo de pessoas para quem a praia significa o silêncio, o contacto com a natureza, o **sossego**, a descoberta dos seus pormenores, numa atitude quase religiosa de meditação e empatia. A praia, a paisagem e todos os elementos constituintes assumem-se como a catedral de um Culto da Natureza: Tudo é infinitamente grande, belo e livre de intervenção humana.

2. No outro extremo e para outro tipo, a praia é uma festa, **buliçosa**, onde há um infindável campo de possibilidades de interacção com pessoas, com a natureza e com inúmeras actividades humanas, comerciais, festivas e outras, que enriquecem as vivências e as situações de estimulação continuada. É a praia onde se expressam as diferentes manifestações de recreio e disfrute destes meios. As densidades são elevadas. Tudo se concentra aí, todos os confortos, pessoas, actividades, para os quais é necessário o correspondente nível de equipamento. Neste tipo, a praia tem sempre possibilidade de ser melhorada através de intervenção humana.

532 *Os Espaços do Desporto – Uma Gestão para o Desenvolvimento Humano*

Entre estes dois extremos existe também alguma relação comum, pois cada um deles pode possuir elementos semelhantes ou mais característicos do outro. A prevalência desses elementos é que vai definir a diferença, bem como a forma como os utilizadores dela se vão servir. Assim, no primeiro caso teríamos praias mais "selvagens" ou naturais, com graus de equipamento, de densidade humana e urbanidade menor, e no segundo, as que se denominam normalmente por "praias urbanas".

Como as praias em Portugal (ainda![178]) são um espaço público, este identifica um espaço onde existem regras e códigos de conduta que pretendem constituir uma plataforma de utilização comum por todos os que o desejem utilizar, de modo a que todos possam usufruir, à sua medida e maneira, os recursos, naturais e outros, postos à disposição. Assim, na classificação e organização das praias deve estar associado um determinado código de conduta, principalmente nas praias urbanas. Esse código de conduta é normalmente referido nos regulamentos editados pela capitania respectiva, que é a entidade gestora, e publicados nos locais onde são afixados os editais. Destina-se a permitir e proibir comportamentos e actividades, bem como a regular as diferentes formas de ocupação desses espaços disponíveis.

Há assim, diferentes tipologias de utilização da praia: Utilizadores que preferem praias mais frequentadas e outros que as procuram mais desafogadas ou ainda os que as preferem mais equipadas e com a localização de oferta de actividades ou mais livres e não dirigidas. Cada praia pode apresentar um perfil de utilização que não deseje ver alterada, que resulte da dinâmica cultural de cada comunidade que aí decida localizar--se. Para tal é preciso inscrever no espaço as condições sobre as quais se pretende dizer a quem chega sobre qual o código do local e o que se deve respeitar, sobre o que é permitido e o que é proibido. Quanto maior for a densidade de utilização, mais fortes devem ser os códigos inscritos que regulem os comportamentos e as actividades.

---

[178] Dizemos ainda porque é da vontade de muitos agentes económicos apropriarem-se de um bem comum para usufruto próprio, de modo a retirarem mais-valias indevidas de um valor natural que é de todos.

Existem assim praias de diferentes tipos quanto à intensidade de frequência:

1. Praias de frequência **forte** – destinadas aos lazeres das "massas" apresentando dois (2) tipos:
   a) Grandes estações balneares (1) – a densidade de ocupação varia entre a densidade óptima de 10 m^2 por pessoa até uma densidade de saturação 3 m^2 por pessoa.
   b) Zonas de excelência paisagística (2) muito frequentadas, muito bem equipadas com um quadro de qualidade e de código de conduta extremamente exigente – a densidade não ultrapassa os 7 m^2 por pessoa.[179].
2. Praias de frequência **fraca** – inacessíveis ao automóvel, inexistência de vias, inexistência de equipamentos). São normalmente procuradas por utilizadores com características especiais, que se diferenciam pelas actividades ou formas de estar e consumir a praia.

> Gerir uma praia é organizar espaço para o lazer e o contacto com os estímulos naturais ou artificiais, dirigido ao usufruto dos seus utilizadores. Os utilizadores são ou não portadores de estereótipos, imagens construídas a partir de sonhos pré-concebidos, e que pretendem ver concretizados. Gerir a praia é assim organizar as formas de os diferentes utilizadores acederem aos bens naturais e aos equipamentos que lhes materializam os respectivos sonhos. A necessidade de gerir uma praia é tanto maior quanto maior for a pressão para a sua utilização e a competição pelos mesmos espaços ou utilizações por parte dos utentes.

Gerir uma praia, passa pela organização de um conjunto de factores e recursos, que já enunciámos ao longo deste trabalho: Trata-se de gerir o **Espaço** (1) e respectivos códigos, o **Tempo** (2) (e as ocorrências que nele decorrem) e os **Recursos** (3) (que envolvem as componentes: Logística, Actividades e Segurança):

1. O Espaço (ou espaços) – Duas grandes categorias podem ser identificadas:
   a) Espaço dentro de água (Zona Marítima);
     1. Canais de acesso – zona de embarque e canais de segurança;

---

[179] Klein, Jacques (1977), *Aménagement et equipements pour le tourisme et les loisirs*, Paris, ed. Le Moniteur des travaux publics et du batiment, (1977), pág. 238.

534 *Os Espaços do Desporto – Uma Gestão para o Desenvolvimento Humano*

    2. Zona de banhos – frente de rebentação;

    3. Zona de prática náutica – rebentação recuada– ou acima dos 300 metros de distância das margens.

b) Espaço fora de água (zona de Terra):

    1. Zona de fronteira ou interface, com a zona de influência da maré (zona de turbulência social – zona de movimento constante dos banhistas em pequenas passeatas);

    2. Zona seca:

       a) Zona de repouso ou estância;

       b) Zona de colocação de chapéus, espreguiçadeiras e barracas;

       c) Zona de reserva;

       d) Zona de localização de equipamentos leves e amovíveis (pequenas arrecadações do equipamento de praia, pequenos bares/ /quiosques/pontos de venda de sorvetes (gelados) e pequenos produtos alimentares);

       e) Zonas de logradouro de prática desportiva não codificada ou informal;

       f) Zona de colocação de equipamento codificado (em caso do areal da praia ser muito extenso e houver baixa densidade de ocupação.

    3. Zona exterior à praia:

       a) Espaço de fronteira – definido normalmente e naturalmente pela "primeira duna" ou por existência de passeio marginal – localização de passeio de veraneio, de entradas e passadeiras de acesso à praia, de restaurantes sobranceiros à praia e estacionamento de bicicletas e veículos leves de apoio ao deslocamento de deficientes e outros veículos de segurança;

       b) Espaço anterior à "primeira duna" – Localização de equipamentos desportivos e outros equipamentos de apoio indirecto à praia (estaleiros desportivos, etc.), restaurantes e bares. Localização de parques de estacionamento, imediatamente atrás destes equipamentos.

10.2.1.1. *A avaliação da capacidade de carga de uma praia*

Cada praia, no extremo, identifica uma determinada **capacidade de carga** ou sustentabilidade, um limiar a partir do qual as suas características mudam. Esta capacidade de carga é medida a partir de diferentes indicadores que variam consoante estejamos perante uma praia mais ou menos adversa aos factores climáticos e marítimos. Assim, como veremos, uma praia mais adversa, aumenta a respectiva capacidade de carga quer por motivos ligados com o desconforto (vento e temperatura), que reduz a duração da permanência das pessoas, quer por motivos da ondulação que dispersa, pelo plano de água ou pela superfície térrea, os diferentes utilizadores.

A **capacidade de uma praia** mede-se pela população que ela comporta, isto é pelo número de pessoas face à superfície disponível, através de um indicador: **m^2/pessoa** ou **pessoa/m^2**. Ela pode também ser identificada a partir da distância de cerca de 300m ao ponto de acesso pedonal mais próximo, para cada lado, que é a distância que os utentes normalmente estão dispostos a andar sobre o areal (uns mais e outros menos) e que podem constituir os respectivos limites: cerca de 600 a 700m de linha de costa por cada ponto de acesso. Numa praia desequipada e desorganizada, estes valores querem dizer cerca de uma a cinco pessoas por cada metro de praia o que significa (1 400 a 3 500 pessoas) considerando que umas se colocam à frente em primeira linha com a margem ou costa e outras em situação recuada. Esta capacidade poderá querer traduzir uma ocupação correspondente a uma largura de frente ou a uma profundidade de cerca de 20 a cinquenta metros. Teríamos assim 2 pessoas/metro linear = 1700 pessoas ou 5 p/m = 3500 pessoas.

De modo a termos uma ideia sobre a expressão de diferentes níveis de ocupação de uma praia desde a situação "selvagem" até à sobreocupação ou saturação, apresentamos abaixo em quadro uma descrição aproximada dos diferentes níveis que entendemos descrever.

536 Os Espaços do Desporto – Uma Gestão para o Desenvolvimento Humano

Densidade	Descrição	Dinâmicas Sociais	Ruído
Acima de 500 m² por pessoa	Uma ou duas pessoas por espaço/praia. A pessoa sente-se perdida ou "dona da praia", conforme a perspectiva.	Necessidade de exploração de espaço ou observação da vida natural, contemplação, isolamento, dinâmicas restritas.	Inexistente ou resultante das acções das pessoas em presença e elementos naturais
500 m² por pessoa	Equivalente a duas pessoas em $^1/_2$ campo de futebol: 4 pessoas por campo de futebol.	Permite a observação da vida natural, embora com alguma interferência	Inexistente. Apenas o que é relativo ao movimento dos elementos naturais dinâmicos em presença
200 m² por pessoa	Densidade baixa onde numa distribuição equitativa as pessoas têm muita dificuldade em ouvirem-se , tenham ou não objectivos de se comunicarem	Presença individualizada aos pares ou pequenos grupos que não se comunicam	Relação visual e relação social se for intencional.
100 m² por pessoa	Equivalente à ocupação de duas equipas num campo de futebol	há tendência de as pessoas se organizarem em pares ou pouco mais do que isso três pessoas às vezes. Emergência das primeiras dinâmicas	Pode haver pequenas conversas murmuradas. As pessoas fazem-se ouvir facilmente
50 m² por pessoa	Limiar de turbulência – "estalo social" Tal como uma chapa metálica colocada ao sol dá um estalo a partir de um determinado limiar de agitação das partículas constituintes, também tal acontece numa praia com a dinâmica social.	De murmúrios ou pequenas conversas passa-se a uma fase de conversa continuada obrigando a uma fala de som mais elevado dado que se sobrepõem.	O ruído aumenta de um momento para o outro e nesse estado se mantém
20 m² por pessoa	Equivalente a ter duas pessoas numa divisão pequena de uma casa ou uma numa divisão média (quarto/sala pequena)	Ruído permanente: "conversa borbulhada ou efervescente" – buliço.	Ruído buliçoso continuado
10 m² por pessoa	Equivalente a ter uma pessoa numa divisão pequena de uma casa.	Buliço intenso	Ruído intenso
3 m² por pessoa	Limiar máximo de utilização da praia	Buliço forte e intenso. Necessidade de reforço do mecanismos de regulação social	Grande animação social.
Abaixo de 3 m² por pessoa	As pessoas têm de permanecer de pé Situação de "molha-pés" à "hora do banho" ou de assistência ou participação em eventos.	Situação próxima do conflito, de festa ou de dinâmicas de multidão. Turbulência social. Eventos.	É muito. Existência de equipamentos sonoros com funções de regulação de comportamentos

Quadro n.º 48 – Expressão da turbulência social de uma praia em função da densidade[180]

Em praias sob forte pressão, a capacidade pode ser aumentada com a inclusão de motivos e equipamentos desportivos na sua vizinhança imediata, dado que a permanência ou o trânsito de pessoas por esses motivos originará uma menor pressão sobre o recurso de referência que é a praia e a respectiva zona de banhos. No caso de se querer actuar no sentido de uma menor pressão sobre o recurso-praia devem ser gerados alguns desconfortos ou restrições nos diversos elementos do percurso de acesso de modo a fazer desistir alguns dos frequentadores e fazê-los alterar as res-

---

[180] Adaptado de: Fuster, Luís Fernandez; (1985); *Introdución a la teoria y técnica del turismo*, Madrid, Alianza Editorial.

Decidir qualificar para o desporto um espaço natural 537

pectivas decisões, nomeadamente através do estreitamento de vias, do estabelecimento de menor número de lugares para estacionamento aumentando a dimensão das "caixas" de cada lugar ou espaço de estacionamento e do reforço dos códigos espaciais de restrição, limitação de tempo de estacionamento ou outros.

Uma vez obtidos os valores estimados da capacidade de carga de uma praia, bem como as decisões sobre o padrão de ocupação a estabelecer, consegue-se, por este processo identificar o valor de população para a qual se deve constituir, localizar e edificar o equipamento urbano que lhe é devido: habitações, lojas, equipamentos sociais e todo o processo urbano associado.

A gestão desportiva das praias implica a consideração de todos estes aspectos, dado que o desporto tem expressão frequentemente a jusante deste tipo de preocupações. Assim, é necessário desenvolver formas de efectuar a avaliação desportiva das praias quanto à sua capacidade potencial e efectiva.

A **capacidade desportiva de uma praia** mede-se pelo equipamento localizado quer no recinto da praia quer na sua vizinhança imediata. A estes valores devem adicionar-se a estimação dos espaços livres normalmente utilizados para práticas desportivas, bem como devem ser registados os valores de utilizações relativos a desportos naúticos, quer praticados de modo informal, por estimação, quer pelo número de provas desportivas aí realizadas.

* * *

2. **O Tempo** – Resulta na sequência e duração dos diferentes usufrutos, pelas expressões das actividades e formas de utilizar os recursos da praia pelos utilizadores face à disponibilidade espacial que esta comporta, isto é, haver lugar e recursos para esse mesmo desenvolvimento. As características climáticas diferentes geram comportamentos diferenciados, actividades e respectivas sequências, que se distribuem ao longo de uma jornada diária. (varia com as populações e com a temperatura que cada uma pretende usufruir). O tempo de utilização da praia como actividade genericamente balnear, identifica fundamentalmente dois grandes ciclos que se prolongam ou reduzem com o factor temperatura e intensidade do vento:
   a) Do Nascer do Sol até ao momento em que o Sol se encontra no zénite (meio dia solar).
   b) Do Meio-dia solar até ao Pôr do Sol (Ocaso).

Dada a situação ligada ao lazer e ao recreio, e dependendo da situação geográfica de que o usufruto da praia se reveste, os limites temporais são normalmente alargados ou reduzidos, consoante a situação de conforto natural dependente, fundamentalmente da temperatura e (ou) da frescura que o vento possa ou não imprimir. As estas condicionantes juntam-se as exigências de resolução das necessidades básicas, nomeadamente alimentares.

As diferentes formas de utilizar a praia identificam diferentes ciclos para além dos ciclos naturais. São os ciclos sociais e que respondem a níveis diferentes de expressão a partir dos padrões de conforto dos diferentes utilizadores:

1. A chegada – Os "madrugadores" normalmente com uma perspectiva "higienista militante" (normalmente associadas a prescrição médica) que abrem diariamente o período balnear, as famílias e restantes banhistas, os lactentes devidamente acompanhados seguem-se num cortejo infindável de variedades que normalmente se encerra no final do período da manhã, próximo à hora em que o Sol se encontra no zénite.

2. "O banho" – como actividade suprema de referência balnear, que é antecedida com actividades preparatórias onde o desporto se inclui como forma de aquecimento ou justificador para uma boa sensação refrescante. Nesta fase preparatória incluem-se os banhos, brincadeiras à beira-mar que fazem progressivamente a transição do espaço "térreo" para o meio aquoso.

3. O "tempo do desporto" acontece aqui: no período anterior ou mesmo posterior ao "banho" ou, pura e simplesmente esta visão balnear não existe e desde a chegada até ao momento da partida, tudo é tempo de desporto: na vizinhança da praia, no recinto da praia, na zona de transição e dentro de água, tudo é vivido de um modo desportivo com a realização de diferentes modalidades e actividades desportivas que se realizam em muitos dos espaços da praia e sua vizinhança e do mar e ocupam a maior parte do tempo individual de cada um.

4. O tempo de repouso: é o tempo de intervalo das diferentes actividades que serve de paragem, de reposição alimentar ou mesmo de refúgio, assistindo-se por vezes ao abandono da praia por aquelas populações que são mais sensíveis ou estão mais sensibilizadas para a necessidade de se protegerem contra as insolações.

5. O tempo do zénite solar como marcação do final do período da manhã e de transição para o período da tarde – é utilizado como tempo de refúgio, tempo de repouso, refrescamento ou tempo de actividade na

procura de situações de maior conforto, nomeadamente refrescamento ou actividades no meio aquoso. É escolhido por muitos como tempo de eleição no acesso à água.

6. O Período da tarde – onde os ciclos se repetem, se misturam e desenvolvem por múltiplas actividades e tipos de utilizadores da praia, embora com uma dinâmica inversa, frequentemente mais suave e com menos rigores climáticos.

7. O Pôr do Sol – Momento de catarse e de apreciação das cores e de um fenómeno que só acontece no final do dia. Registam-se para as memórias os momentos de encanto e de poesia da natureza que sempre proporcionam a descobertas de pormenores reveladores dos maravilhosos da natureza.

8. As actividades desportivas à noite – As actividades desportivas de realização nocturna em espaço ou meio natural que impliquem dispersão dos praticantes ou vivências de risco não são recomendáveis, dado que em situação de acidente o resgate de pessoas e bens fica muito dificultado e os meios de socorro e intervenção podem não estar disponíveis: em caso de acidente, tudo se complica, particularmente em situações que envolvam àgua e espaços naturais! No entanto tudo deve estar preparado para situações que possam acontecer, isto é, a gestão do tempo aqui é vista na óptica de organização de um tempo de segurança.

3. **Os Recursos** – Os recursos identificam materiais que são deslocados para o recinto da praia com a função de se constituírem em equipamentos ou elementos de consumo de modo a prover necessidades, a reforçarem o conforto dos utilizadores pela manutenção do equilíbrio fisiológico. Tendem normalmente responder às necessidades básicas que podem afectar a actividade principal, que é a realização de actividades de recreio ou apenas a "estância" no espaço da praia. As necessidades que são identificáveis podem ser:

a) Alimentares – alimentos, bebidas frias e quentes;

b) Higiénicas – sanitários e casa de banho, chuveiros;

c) Instalação, protecção e resguardo – tendas, barracas, chapéus e espreguiçadeiras;

d) Segurança e socorro– Vigilância de pessoas e bens, socorro e salvação;

e) Recreio – jogos e espaços livres, desporto e outras actividades organizadas ou não;

f) Informação e regulação – informação turística, meteorológica, e outras (jornais, revistas, etc.); normativos, editais, etc..

540 *Os Espaços do Desporto – Uma Gestão para o Desenvolvimento Humano*

Ainda podem existir outras necessidades fora do recinto de praia que se prendem com acções anteriores:
a) Parqueamento e segurança de viaturas;
b) Equipamento para as actividades a realizar (lojas e serviços desportivos);
c) Espaço para localização de embarcações particularmente de emergência;
d) Equipamentos desportivos e estaleiros de material desportivo;
e) Restauração;
f) Espaços para localização de equipamentos ligados à navegação (separados da praia).

Todos estes recursos e serviços são incluídos numa componente que se constitui como a logística da praia e é normalmente passível de ser entregue aos serviços de exploração comercial. A entidade gestora da praia deve prever e organizar a localização destes espaços e serviços e os fluxos de funcionamento de cada um deles, de forma a reduzir perturbações ou incómodos, prever situações de conflito e gerar conforto, pela funcionalidade.

4. **As Actividades** – dirigidas a populações-alvo diferenciadas – A existência de um conjunto de ocorrências que permitam aos diversos estratos etários usufruírem de possibilidades de inter-relação, permite a constituição de um património de emoções e vivências comuns aos seus participantes que dão significado ao espaço, à comunidade acolhedora e ao tempo passado pelos veraneantes nesse espaço. Assim, Os grupos podem ser as crianças, os jovens, os adultos, mas também formas múltipla intergeracionais, como "pais e filhos" ou "avós e netos".

5. **A Segurança** – Os serviços de segurança numa praia são fundamentais. Os serviços de segurança estão dependentes do ISN – Instituto de Socorros a Náufragos no que respeita ao socorro aos banhistas e às polícias, particularmente a Marítima (outras polícias têm também competências nesta área, conforme os zonamentos na faixa litoral), embora cada vez mais sejam acometidos aos concessionários das praias funções a este nível. A normativa relativa a esta problemática é a que regula o ordenamento das actividades humanas que subjaz ao POOC – **Decreto-Lei n.º** 309/93 de 2 de Setembro alterado pelo **Decreto-Lei n.º** 218/94 de 20 de Agosto. Outros diplomas especificam normas neste domínio e com maior especificidade, como sejam a **Lei n.º 44/2004** de 19 de Agosto que define o regime jurídico de assistência e segurança nos locais destinados a banhistas, complementada com o **Decreto-Lei n.º 100/2005** de 23 de Junho e o **Decreto-Lei n.º129/2006** de 7 de Julho, que complementam a pri-

Decidir qualificar para o desporto um espaço natural 541

meira. Acresce ainda o conteúdo do diploma mais recente, o **Decreto-Lei n.º 96-A/2006 de 2 de Julho** que estabelece o regime de contra-ordenações no âmbito da assistência aos banhistas nas praias de banhos. Devem ainda ser considerados os serviços de segurança associados às actividades recreativas de índole comercial, particularmente as que se prendem com o aluguer de embarcações ou outra actividade marítimo-turística cuja regulação é feita através dos **Decreto-lei n.º 21/2002** de 31 de Janeiro e o **Decreto-Lei n.º269/2003** de 28 de Outubro que, respectivamente aprovou e introduziu alterações ao Regulamento da Actividade Marítimo-Turística, introduzindo o facto inovador de estas actividades poderem ser realizadas por embarcações de recreio: Segurança: Capítulo IV – das obrigações de informação e do seguro – artigo 24.º a 26.º.

> Gerir uma praia na perspectiva desportiva é dar significado a este espaço e a este tempo e fazer com que o tempo de recreio seja desportivamente um **tempo de festa** onde todos possam estar. Isto quer dizer que pode haver pessoas que não utilizem a praia desportivamente e entendam o respectivo gozo de modo diferente. Tal deve ser respeitado e conseguido, estabelecendo para o efeito as respectivas distâncias.
>
> A gestão de espaços numa praia implica uma atitude política, dado que a ocupação e a codificação dos espaços implica a organização da vida e das opções de lazer das populações de utilizadores. Na organização do espaço da praia e respectivos acessos, devem estabelecer-se alguns princípios ou tendências que reforcem e preservem o carácter **gratuito** e de fruição dos respectivos espaços. E o princípio é o de que toda a actividade comercial de estabelecimento deve ser localizada fora da praia, estabelecidas em local próprio: as zonas e equipamentos comerciais devem ser evitadas dentro do areal.

O paradigma da sociedade de mercado e os seus agentes tendem a olhar para a praia como um bem apropriável comercialmente e ser assim objecto de venda e de geração de mais valias. O comercialismo tende a olhar para as praias como recintos onde quem entra deve realizar consumo de bens e gerar mais-valias para quem organizou e codificou o espaço. Até aqui, as diferentes situações puderam conviver pacificamente, mas o objectivo final dos estabelecimentos comerciais instalados nas praias é o de maximizar as possibilidades de receita nestes espaços. Assim, entendem que a alternativa ao não pagamento de ingresso, isto é, o usufruto de um bem natural não deve existir, dado que a **sobrepressão do espaço público** sem restrição económica tende a transformá-lo num espaço vandalizado ou abandonado. Deste modo, como não há escassez de espaço, há que provocá-la e isso consegue-se com uma codificação do espaço que pressiona as pessoas e as leva a tomar decisões debaixo desse condicionamento. Tal é conseguido através do reforço da pressão e da carga, mobilizando mais utilizadores da praia com as respectivas campanhas de marketing turístico, e através da realização de eventos consumidores de espaço destinados a reduzir aquele que é destinado ao livre usufruto!

As zonas desportivas codificadas e com algum grau de permanência devem também ser localizadas preferencialmente fora do areal ou em zonas recuadas não conflituantes. As excepções devem constituir-se para situações especiais, nomeadamente a existência de desafogo suficiente (nestas se incluem os equipamentos ligados com barracas de praia e pequenos vestiários ou só deve ser autorizada em situação de mobilidade permanente, como é o caso da venda ambulante. Na zona de transição (primeira duna) deve localizar-se algum equipamento de estrutura de tipo amovível que responda às necessidades de actividades ligadas com o recreio a desenvolver na praia, particularmente as actividades náuticas: escolas de desporto, equipamentos de localização amovíveis, como tendas e chapéus e alguma codificação desportiva. As zonas desportivas codificadas, porque são altas consumidoras de espaço podem constituir-se como uma estratégia de privação espacial ou reforço da sobrepressão, de modo a "empurrar" os "clientes" para os estabelecimentos comerciais – bar/restaurante.

> Em Portugal, as praias são um bem público que pertence a todos, são uma porção do território nacional que todos os cidadãos devem poder usufruir. Constituem-se como se fossem uma praça pública onde todos têm acesso e permissão desde que gozem os normais direitos de cidadania. Tal é a herança deixada pelo Rei D. Carlos na figura do direito ao domínio público marítimo e domínio hídrico, que tratámos ao longo das primeiras páginas deste livro. A abertura de fronteiras está a desencadear situações forçadas e propositadamente desencadeadas de pressão sobre os recursos nacionais que, a longo prazo, tenderão a instituir em Portugal situações idênticas de usufruto pago no ingresso às praias, como acontece em outros países. Por esse motivo o princípio da não permissão ou alta restrição de actividade comercial nos areais das nossas praias bem como a alta restrição à codificação de espaços desportivos deve ser levado em conta de forma a não atingir rapidamente a capacidade máxima de carga das praias e podermos continuar a oferecer aos portugueses um bem natural que é de todos e que é livre, e fazê-lo em situação desafogada, com conforto e com baixa pressão.

Por outro lado, as actividades ligadas à segurança, e concessão de equipamentos de praia deverão, em nosso entender, deixar de estar associadas ou estar na dependência das actividades comerciais, particularmente da restauração. Estas últimas devem afastar-se cada vez mais do recinto das praias inclusivamente por motivos higiénicos ocupando espacialmente situações secundárias ou predominantemente marginais. Os motivos prendem-se com a vocação de cada um dos agentes envolvidos: As actividades comerciais tendem a envolver os recursos humanos relativos à segurança, que suportam, na maximização dos seus proveitos económicos e nas correspondentes actividades, neste caso, a restauração. Em nosso entender, devem ser as actividades de recreio e desportivas a orientar as linhas orientadoras de gestão das praias, dado que definem a sua vocação principal. Por outro lado, devem ser os serviços ligados à gestão da segurança que devem ser os responsáveis correspondentes. Se houver entidades comerciais a desenvolvê-las, estas devem estar especificamente vocacionadas para estes desempenhos e não outros. Caso contrário, deverão manter-se em instituição pública sem a dependência logística das entidades comerciais. Os recursos que a praia gera devem estar ao serviço das actividades principais de nível superior, como seja, o Recreio. A praia não deve assumir-se como a esplanada de um restaurante com motivos, mas ao contrário, deve reforçar a sua vocação principal que é a de proporcionar recreio livre às pessoas.

Acresce ainda, segundo o sentido do articulado do **Decreto-Lei n.º 96--A/2006 de 2 de Julho** que estabelece o regime de contra-ordenações no âmbito da assistência aos banhistas nas praias de banhos, que se nota uma tentativa subliminar, concretizável ou não, e que pode ser esgrimida pelo sentido do articulado, dependendo do espírito daquele que o interpretará e pelos valores que estão expressos, de vedar ao Povo Português o acesso ao mar e ao seu usufruto lúdico, ou de outro modo, condicionar-lhe a respectiva entrada. Algumas práticas marítimas ou náutico-desportivas poderão ver condicionada a sua expressão nestes espaços, por via de atitudes proibicionistas legitimadas por interpretações mais proteccionistas (paternalistas ou maternalistas!), sobre o estado do mar, inviabilizando as respectivas práticas, dado que estas precisam de determinadas condições adequadas que colidem com as respectivas interpretações dos decisores.

A gestão do tempo de praia no que respeita à **época balnear** está em correspondência directa com o tempo de **organização escolar**, particularmente com os períodos de férias das crianças. A concentração cada vez

544 *Os Espaços do Desporto – Uma Gestão para o Desenvolvimento Humano*

maior do período de férias no mês de Agosto é um factor que à escala Europeia está a efectuar uma sobrepressão sobre as estruturas balneares, turísticas e de recreio, que encarece artificialmente os produtos, desencadeia uma espiral de consumo e transforma o tempo de férias num tempo para o consumo. Os espaços e os tempos são vividos em sobrepressão e em concorrência ou disputa económica dos recursos e oportunidades disponíveis. A existência de 3 meses de férias escolares em vez de apenas um mês, ou pouco mais do que isso, permite às famílias com menos recursos aproveitarem períodos de maior desafogo concorrencial e oferecer às famílias de menores recursos a possibilidade de também elas usufruírem de bons momentos e de acederem aos prazeres que o contacto com a natureza, neste caso a praia, oferecem, como função reabilitadora.

10.2.2. *As Marinas e os Espaços Náuticos*

A existência de um recurso como é um plano de água não define à partida uma existência contabilizável no levantamento da situação desportiva. É a sua acessibilidade que lhe permite a respectiva utilização e assim, ser considerada como um recurso desportivo.

Os espaços náuticos são considerados como aquelas porções de território que permitem a navegação de embarcações ou a sua guarda. Nos primeiros incluímos todos os que são possíveis de serem utilizados nas mais diversas actividades deste meio, praias, rios, albufeiras, o mar, etc. Nos segundos incluímos as marinas e os pontos de acesso ao meio aquático.

As marinas tratam de ser pontos de amarração de embarcações que promovem a segurança ao nível do respectivo estacionamento. Apresentam também outras funcionalidades que se prendem com o apoio à navegação, às embarcações e aos viajantes. Dispõem por isso de espaços e serviços organizados com essas funções. Estes espaços e serviços focalizam-se deste modo (Fuster, 1985; Klein, J. 1977)[181]:

1. Embarcações – funções e serviços de:
    a) Estacionamento (doca seca e doca molhada – a doca seca deve ter pelo menos metade da área destinada a embarcações em doca molhada).
    b) Guarda e Segurança das embarcações e dos bens a elas relativos;

---

[181] Fuster, Luís Fernandez; (1985); *Introdución a la teoria y técnica del turismo*, Madrid, Alianza Editorial.

Decidir qualificar para o desporto um espaço natural 545

  c) Limpeza;
  d) Estaleiros – Reparação e aprontamento;
  e) Aprovisionamento (combustíveis, água, apetrechos, electricidade, iluminação).
2. Pessoas:
  a) Alojamento – hotéis e estruturas de acomodação;
  b) Restauração;
  c) Zonas comerciais de produtos náuticos e derivados;
  d) Clubes náuticos e de divertimento (salões sociais, restaurante, bar, jardins e esplanadas)
  e) Serviços de comunicação e comutação (correio, telefones e internet, radiocomunicações).
3. Acessos
  a) Espaços canais – marítimos: canais de protecção, circulação e estacionamento – pontos de amarração, rampas de lançamento de embarcações à água;
  b) Espaços canais – terrestres: vias e parques de estacionamento; espaços de manobra de viaturas.
  c) Equipamento de colocação de embarcações na água – Guindastes, guinchos, rampas e "lift-cars" (carros-guinchos).
4. Outros serviços de gestão – dos espaços e dos serviços de apoio e aprovisionamento:
  a) Espaços de estacionamento de viaturas;
  b) Espaços de realização de manobras;
  c) Espaços de localização de serviços de segurança e administrativos.

As marinas podem classificar-se quanto à sua dimensão e capacidade de alojamento de embarcações. Contudo, esta capacidade depende do tipo e dimensão das embarcações para as quais está vocacionada. Ela pode ser organizada por sectores relativos a diferentes dimensões de embarcação e de cais. Assim, após esta definição serão encontrados valores diferenciados para o indicador: **número de embarcações por hectare** ou linha de cais ou de plano de água (doca).

A **avaliação** destas estruturas em termos desportivos é também dada, para além dos lugares de embarcações disponibilizados (**n.° de embarcações por docas, por cais e por hectare** ou número de postos de amarração), pela capacidade de débito das suas entradas e dos respectivos equipamentos (rampas, guinchos e débito de saída dos canais de acesso à marina), identificada pelo número de embarcações por hora que é capaz de colocar ou dentro de água ou no estuário ou mar aberto. A avaliação e

546 *Os Espaços do Desporto – Uma Gestão para o Desenvolvimento Humano*

previsão do número de lugares para embarcações e das respectivas pessoas que movimenta, quer as ligadas à prática quer as ligadas aos serviços que a apoiam, aos serviços de gestão, autoridades administrativas e de segurança, é importante para determinar e prever os serviços, reservar os espaços, como forma de efectuar o correspondente planeamento e a respectiva localização.

Uma política desportiva ligada a estes tipos de actividades impõe actos de organização, de disciplina e de ordenamento que têm consequências com a configuração e as dinâmicas destes territórios e espaços. Dados os diferentes interesses que aqui se movimentam, que são normalmente conflituantes, como dissemos em capítulos anteriores, as decisões de gestão devem resolver o dilema entre a prevalência desportiva ou a prevalência comercial na organização e particularmente na localização das diferentes actividades ao nível destes espaços, e do litoral. Dir-se-ia que, utilizando uma metáfora, o dilema se resolve entre duas opções: *"Ou vais para o **mar** ou vais para o **bar**!"* Na primeira, o ordenamento é feito em função da actividade principal: a actividade desportiva que se desenvolve no mar. Na segunda, as embarcações são mero *"décor"* (decoração) visual do cenário do bar ou restaurante e são colocadas em segunda prioridade. Trata-se assim de identificar o foco da actividade principal e gerir as decisões em função delas e colocar as demais actividades subordinadas à primeira.

As marinas e espaços náuticos assistem também à expressão de conflitos entre dois tipos de grupos ou entidades que se servem do meio marítimo e que têm diferentes modos de os encarar: trata-se do conflito entre a **pesca** e o **recreio**. Se os primeiros têm do mar uma perspectiva de dele retirarem sustento e gerarem mais-valias ou excedentes, os segundos tendem a utilizar as mais-valias ou os excedentes provenientes de outros meios, que não o mar ou o meio náutico, para aí desenvolverem as suas actividades. Os meios, os aparelhos, as diferentes tecnologias necessárias às diferentes necessidades entre uma e outra actividade, estão na origem de diferentes comportamentos nos cais e nos acessos e, por esse motivo, os diferentes intervenientes chocam-se frequentemente. É por isso necessário intervir vocacionando espaços específicos e regulando comportamentos nos acessos disponíveis ao mar ou meio aquoso.

O enquadramento legal destes tipos de espaços é dado pelos seguintes diplomas:

1. **Decreto-Lei n.º 265/2003** de 24 de Outubro – bases gerais da concessão da Marina de Ferragudo, em Portimão.

Decidir qualificar para o desporto um espaço natural 547

2. **Decreto-Lei n.º 393/85** de 9 de Novembro – aprova o regulamento de segurança das instalações eléctricas em de parques de campismo e marinas.
3. **Decreto-Lei n.º 90/71** de 22 de Março – luta contra a poluição marítima e despejos no mar e marinas.
4. **Decreto-lei n.º 21/2002** de 31 de Janeiro aprovou o Regulamento da Actividade Marítimo-Turística.
5. **Decreto-Lei n.º 269/2003** de 28 de Outubro que introduziu alterações ao Regulamento da Actividade Marítimo-Turística.

Neles se fazem incluir algumas disposições em termos do equipamento necessário à sua constituição e funcionamento.

10.3. Gestão de Estâncias de Montanha e de Florestas

As estâncias de montanha compreendem duas vertentes fundamentais em torno da respectiva forma de serem desportiva ou paisagisticamente utilizadas. Estas duas vertentes de usufruto de montanha identificam dois cenários espaciais claramente diferenciáveis pela altitude, através de uma fronteira natural em torno dos 1 400 metros[182]. Superiormente, verifica uma maior permanência de elementos ligados com a neve: Gelo, cursos de água, fauna e flora, diferentes regimes de ventos, temperatura, etc. Abaixo dela, os vários elementos naturais misturam-se com maiores ou menores permanências de neve. Expressa também duas formas distintas de usufruir desportivamente das características da montanha: Acima desta fronteira, pode assistir-se à presença de práticas desportivas na neve dado o seu regime de permanência. Abaixo, manifestam-se outras actividades, como aquelas que se prendem com as práticas de escalada, o montanhismo de passeio, a orientação, etc., embora nem sempre com a presença de neve.

A fronteira dos 1 400 m de altitude em Portugal deixa, para além dela, poucas porções de território e de dimensão muito pequenas. Este factor e a proximidade do mar com a influência dos respectivos regimes de ventos, retira-lhes as condições de continentalidade necessárias quer à precipitação quer à permanência da neve. Este factor condiciona fortemente

---

[182] Esta fronteira natural encontra-se hoje em risco por motivos ligados às alterações climáticas.

548 *Os Espaços do Desporto – Uma Gestão para o Desenvolvimento Humano*

o regime de ocupação humana. Este exige um outro tipo de equipamento urbano que se diferencia do padrão normal. As estratégias de sobrevivência levadas a cabo pelas populações não são assim organizadas em função de maiores e mais rigorosos regimes climáticos, próprios de grandes altitudes. Efectivamente os rigores e a permanência do Inverno impõem um outro tipo de protecção face às agruras climáticas, quer ao nível do vestuário dos habitantes, quer do aquecimento e da construção de habitações. A povoação mais alta de Portugal continental é a aldeia de Sabugueiro em plena Serra da Estrela, localizada cerca dos 1050 metros. O nosso território expressa deste modo a ausência de ocupação permanente para além desta altitude.

Os rigores do clima das nossas serras remeteram as respectivas cumeadas para estatutos marginais com ocupação de funções florestais e de pasto, ou mesmo de reserva de produção de águas. A propriedade, dado o seu aproveitamento esporádico, ocasional ou mesmo marginal, assumiu sempre um estatuto colectivo cujo reforço foi dado em Portugal por D. Diniz ao criar a figura dos Baldios, que já tratámos anteriormente. Estes destinavam-se a uma utilização livre pelas populações ou mesmo pelos carenciados, de forma a poderem, livremente e sem obrigações, poderem prover o seu sustento, mas também como um espaço marginal e de liberdade onde se organizavam caçadas e outras práticas (pré-desportivas). Tinham estes espaços também uma função simbólica de darem guarida a marginais ou foragidos à lei, podendo aí encontrar forma de sustento, ocasionando que, por esse motivo, deixariam de importunar as populações e ao mesmo tempo constituíam-se como espaço de escapatória para uma acção reabilitadora.

O totalitarismo mercantilista cada vez mais presente na ideologia do próprio Estado, pode colocar em causa o cariz comunitarista na gestão destes espaços, fazendo com que deixem de cumprir estes tipos de funções, desequilibrando parte da estrutura de ocupação do território. Como vimos, e pelos aspectos restritivos colocados cada vez mais à sua livre fruição e utilização próprias do funcionamento do mercado e do nosso tempo, estas características dos espaços deixam de assumir esta função. A reabilitaçao "santificadora" proposta pelo Rei D. Diniz dirigida à marginalidade social ou económica oferecendo os recursos aos pobres, às populações locais e aos vadios que dela poderiam utilizar para se susterem, mas também como um espaço de liberdade deixa assim de ter expressão. Fica por resolver o estatuto que os deve caracterizar: Espaço marginalizado ou Espaço espectante para intervenção economicista, com os proveitos e os riscos que um e outro têm?.

A localização de equipamentos desportivos nestes espaços oferecem às populações pretextos de realização de actividades e da respectiva fruição e identificam-lhe o potencial desportivo. A eles devem ser associadas estruturas de defesa dos espaços naturais, bem como processos de regulação e restrição em consonância com a respectiva **capacidade de carga**. Numa outra perspectiva eles podem, com o desporto, motivar e estimular a ocupação equilibrada do território quando o desporto gera fluxos complementares de atracção. Contudo, a localização destes equipamentos pode conflituar com utilizações e formas tradicionais de gerir estes espaços. Os baldios estão comummente administrados por comissões que se organizam e constituem a partir do direito consuetudinário, isto é a partir da tradição e costumes locais e normalmente orientados em função de uma actividade: o pastoreio. A introdução de novas actividades pode estar na origem de conflitos, como se assistiu na década de 1940 com o regime de florestação, onde houve necessidade de constituir um corpo de guardas florestais.

A **avaliação desportiva** destes locais faz-se fundamentalmente pela determinação do aspecto ou factor limitante, que pode traduzir-se na capacidade das estruturas de acesso para outros espaços naturais, como vimos, principalmente a partir dos meios de remontagem e da respectiva capacidade de débito: n.° de utilizadores/hora, n.° de vias de escalada. A este indicador devem ser associados outros que respeitam às estruturas de acolhimento e respectiva capacidade, parqueamentos, lojas de equipamentos desportivos, abrigos de montanha, etc.

Esta avaliação é complementada pela identificação e presença de **equipamentos de segurança**, socorro, apoio médico e evacuação, pontos de aluguer de material desportivo, acomodação, restauração e de venda de produtos turísticos e circuitos pré-definidos. É ainda complementada com a mobilização dos residentes e comerciantes para estas actividades, particularmente os segundos, localizados nas proximidades dos pontos que definem as entradas nos espaços naturais, aos quais devem ser ministradas as correspondentes acções de formação.

11. As Novas Fronteiras do Desporto e as Tendências nas Instalações Desportivas e de Recreio: a Mudança, os Sinais, o Futuro!

"... E a nossa raça partirá em busca de uma Índia nova que não existe no espaço, em naus que são construídas «daquilo que os sonhos são feitos». E o seu verdadeiro e supremo destino, de que a obra dos navegadores foi o obscuro e carnal antearremedo, realizar-se-á divinamente" (Fernando Pessoa, 1912)[183].

Este capítulo é uma tentativa da nossa parte de, face ao entendimento dado pelas abordagens que efectuámos ao longo deste trabalho, realizarmos um exercício de prospectiva e de tentarmos assim conseguir apresentar visões de futuro ou ideias (muitas delas não são nossas) para as quais se identifiquem tendências antecipadoras sobre o que vão ser as práticas desportivas e as correspondentes instalações ou espaços, quer ao nível do desporto de competição, quer ao nível das práticas recreativas.

As novas fronteiras do desporto estão ainda no domínio expresso das práticas desportivas informais que inovam na sua motricidade, nos factores competitivos, nos meios ou ambientes onde se desenrolam, bem como nos equipamentos e meios tecnológicos que os acompanham, quer como suporte logístico, quer como integrando e definindo a própria prática. O desporto acompanha a evolução do pensamento e a tecnologia que modifica a vida de todos os dias e é permeado pelos paradigmas que conduzem a vida das pessoas nas suas decisões individuais e colectivas. Por esse motivo tendem a generalizar-se novas expressões para o desporto e para as suas práticas.

---

[183] Pessoa, F.; (1912), **A Nova Poesia Portuguesa no seu Aspecto Psicológico**, in Águia, II.ª série, n.º 12, Lisboa, Dezembro de 1912.

552   *Os Espaços do Desporto – Uma Gestão para o Desenvolvimento Humano*

São muitos os autores que relatam e comentam estas mudanças, as explicam e, a partir delas, prospectivam futuros para o desporto apontando caminhos. Eles vêm de várias áreas do conhecimento, porque hoje este é cada vez mais transversal: Da Economia, da Sociologia, da Gestão, do Desporto e demais ciências. Pela nossa parte, não se trata de fazer futurologia, mas de tentar ver para além do curto prazo, a partir das suas contribuições e de alguns sinais e novidades que todos os dias nos surgem, prospectivando a generalização das opções que já hoje se oferecem às pessoas e que se constituem como sinais, cujas repercussões podem expressar-se no futuro, pela importância do seu significado presente.

Num mundo em era de mudança (Handy, 1994) também o desporto não está imune a estas alterações (Pires, G., 2005)[184]. Existem alguns factores-chave que identificam essas mudanças e projectam o desporto futuro para grandes metamorfoses na sua expressão. Esses factores organizam-se em componentes **ideológicas** e componentes **tecnológicas** que se associam e condicionam as decisões dos diferentes actores nos processos desportivos:

1. O primeiro factor, que gostaríamos de enunciar provém dos anúncios feitos por Toffler, A. (1980)[185] e Pires (2005): O primeiro autor, organizando a sociedade em vagas temporais, descreve com precisão a sociedade industrial e anuncia o seu fim. O segundo, anuncia o **fim de um desporto industrialista** que se organizava em função dos seis princípios definidos pelo primeiro: Especialização, Estandartização, Sincronização, Maximização, Centralização e Concentração. O Desporto de terceira vaga, que Pires anuncia com os contributos de Toffler é um desporto que, tal como a sociedade onde está inserida, se "equipa" com as mais variadas tecnologias da informação, e da comunicação, bem como outros tipos de tecnologias e com elas se estrutura se expressa e desenvolve.

2. O segundo factor, que resulta do primeiro, trata da profissionalização e mercantilismo presentes na expressão do fenómeno desportivo actual: Nestes tempos de mudança, **o desporto virou negócio**. O negócio deixou de estar apenas ligado à componente logística e a actividades secundárias. O negócio apropriou-se da actividade principal que é o desporto e condiciona-lhe agora a expressão, a existência e a forma de organização colocando-o ao seu serviço. Numa actividade com características de

---

[184] Pires, G. (2005); *Gestão do Desporto – Desenvolvimento organizacional*, Porto, Apogesd/Forum Olímpico de Portugal, 2.ª ed. (2005).

[185] Toffler, Alvin; (1980), *A Terceira Vaga*, Lisboa, Livros do Brasil, 1.ª ed. (1968).

fruição livre e de expressão de emoções, como é o desporto, poucos são aqueles que gostam de ver as suas emoções utilizadas para proveito de outros, se tal não lhe trouxer proveitos também a si. Mas nem sempre os trabalhadores estão dispostos a, nos seus momentos de lazer, assisti-rem ao aproveitamento por terceiros do resultado do seu lazer, transfor-mando-se indirectamente de novo em trabalhadores. Dir-se-ia que aca-bam por o ser e não receber por isso, o que os coloca num estatuto de ser "palhaço pobre" ou de trabalhador sem contrato. A não gratuidade do desporto elimina-lhe algumas das suas características inerentes e afasta alguns praticantes para outras actividades, desportivas ou não, onde a gratuidade dos seus actos possa ser exercida. Por isso muitos se per-guntam hoje se "o desporto actual morreu para as pessoas?" Sobre "qual o significado e o espírito do desporto" presente ou não nas suas práticas? O Desporto como acto de celebração da alegria e da vida enfrenta hoje este dilema.

3. O terceiro factor, identifica **novas dimensões do Espaço e do Tempo** que re-estruturam as práticas desportivas e que são ampliadas pelas pos-sibilidades tecnológicas: **O Desporto** da sociedade da tecnologia e da informação sobreequipa-se de tecnologia, recria-se e consequentemente, desmaterializa-se acontecendo cada vez mais **num mundo virtual** (cons-truído) **e tecnológico**. Explora novos meios e espaços, novas temporalidades e novas dimensões onde é realizado e cria novas modalidades onde a aplicação dos elementos que constituem os novos paradigmas e as correspondentes formas de organização, sejam possíveis: Complexidade, multifuncionalidade, produção e consumo de informação, utilização exa-cerbada de tecnologia e de capital humano, cultural e financeiro.

4. O quarto, apresenta o **Desporto como produtor de emoções**, construtor de **símbolos** e significados: Num mundo em permanente mudança, as sensações já não chegam. Os praticantes exigem hoje um desporto com práticas que tenham significado para as suas vidas, para as das comuni-dades e para o futuro. As emoções e sensações precisam de ser legitima-das e justificadas num quadro cultural e ideológico: A cultura desportiva aparece aqui como veículo de expressão e de organização dos processos emotivos, da marcação de ciclos nos quais se incluem a Festa e os actos de celebração da vida. Os espaços desportivos podem ser a forma de ins-crever esses processos construtores de emoções. A tecnologia que é incorporada nas suas práticas e espaços possibilita novos modos de viver as emoções e as dimensões que falávamos no ponto anterior. Os símbo-los ultrapassam a mera sinalização e expressam novos modos de vida, novas representações das práticas desportivas, novos espaços, novas tem-poralidades e novos imaginários. Os símbolos sinalizam agora os signi-

554 *Os Espaços do Desporto – Uma Gestão para o Desenvolvimento Humano*

ficados das acções, dos espaços e dos tempos onde elas acontecem e constroem novas realidades imateriais.

5. O quinto, respeita à **tecnologia da comunicação digital** e da comutação de informação que, como veremos, está a invadir, condicionar e a alterar o desporto em todas as suas vertentes e expressões. Esta tecnologia está a desmaterializar o desporto e a deslocalizá-lo para fora dos espaços e tempos desportivos, permitindo que noutros locais e em diferentes momentos sejam vividas as emoções do desporto, bem como possam ser efectuadas actividades desportivas em simultâneo mas em espaços diferenciados. A virtualidade é cada vez mais uma realidade que aloja a vida das pessoas.

Perceber as novas fronteiras do desporto é entender primeiro os paradigmas que estão subjacentes às opções individuais e organizacionais das pessoas e das instituições, dos agentes individuais e colectivos, e de que modo é que elas se manifestam no espaço e nos tempos desportivos. O desporto precisa de espaços onde todos poderemos construir os imaginários, experimentá-los, bem como às diferentes possibilidades que a tecnologia nos proporcionará. As cidades, por sua vez, como lugares de vida, têm de ter a capacidade de oferecerem esses tipos de espaços para que deles nos possamos apropriar através das práticas de um desporto com significado.

11.1. Os Espaços do Imaginário – Os Espaços Construtores do Futuro

Os espaços do imaginário são fundamentalmente espaços que oferecem a possibilidade de realização de qualquer tipo de actividade. Nas cidades, as praças públicas sempre tiveram essas funções, servindo na prática como palcos de uma expressividade social diária (Camy, Jean; Adamkiewics, Eric; Chantelat, Pascal (1993)[186]. Porque o nível de regulação e de utilização dos espaços urbanos é muito elevado, são hoje os

---

[186] Camy, Jean; Adamkiewics, Eric; Chantelat, Pascal; (1993), *Sporting Uses of the City: Urban Anthropology Applied to the Sports Pratices in the Agglomeration of Lyon*, in International Revue for the Sociology of Sport, Vol. 28, n.° 2+3, Hamburg, 1993, p. 174-183.

espaços abandonados, os espaços marginais e os espaços naturais, que permitem constituir-se como locais de contacto com dimensões de infinito, de expressão livre, como espaços de produção e perpetuação de símbolos e de imaginários.

O Futuro tem de ser construído, mas ele só o pode ser, se for primeiro imaginado. Trata-se então de organizar e edificar espaços onde a imaginação e construção do futuro seja possível. Para haver futuro, tem de haver espaços disponíveis, onde ele possa ser construído, por isso, os palcos, as arenas as praças e as instalações desportivas apresentam sempre um espaço vazio que dá lugar ao exercício das actividades que constroem o futuro e dão expressão ao presente. Os espaços que não estão preenchidos, quer com apetrechamento quer com actividades, são espaços onde tudo poderá acontecer, onde tudo poderá ser efectuado ou preenchido, o que os torna desafiantes. São por isso espaços de potencial de realização. O 'Nada', o 'Vazio', torna-se assim um "espaço cheio", isto é, um espaço cheio de possibilidades.

O espaço só pode ser alicerce de futuro se estiver descodificado e pronto para as novas recodificações que o futuro a imaginar impõe. Trata--se de conseguir expressar algo de maravilhoso que está para lá das actividades quotidianas e que abre as portas à expressão do talento e, com ele, do futuro que é necessário construir. Para o espaço se poder constituir como um local de expressão com estas características, ele deve fazer uma simbiose que coloque o praticante em consonância com os maravilhosos da Natureza, da Ciência e da Tecnologia, da Civilização, e os respectivos conhecimentos ou "segredos". O espaço só pode permitir conceber o imaginário se revelar ao homem os ritmos da **natureza**, as leis da **ciência** e as possibilidades da **tecnologia** e lhe permitir a correspondente actuação sobre ele, materializando os seus sonhos e os seus desejos imaginados.

Os espaços desportivos devem ter assim estas duas dimensões: Uma, de expressão dos talentos; Outra como espaços estimuladores, de recreação de **espaços**, de **tempos**, das **tecnologias** e das **pessoas** que o fazem através da prática e da tecnologia desportiva. Os espaços de recreio sempre foram espaços construídos para o divertimento, mas também para contemplação, formação de elites e usufruto das classes aristocratas, da Nobreza. Por isso as instalações e os espaços desportivos são construtores deste espírito e valores de nobreza que os próprios desportistas expressam, e devem ser generalizados a todos os cidadãos.

Os Espaços do Desporto – Uma Gestão para o Desenvolvimento Humano

O espaço desportivo é o local onde tudo isto deve acontecer para se construir e fazer a estimulação do futuro! Este, é por isso um espaço de transição entre o património individual do passado e a expressão dos acessos para o futuro. Eles são por isso locais de ligação e religação, de criação e re-creação, de passagem do passado infantil ao futuro, à incerteza do futuro, ao desconhecido e por isso, aos reinos do Medo. Apropriarmo-nos do futuro e do passado é jogarmos o novo e o velho num turbilhão de brincadeira em que só as crianças são as mais capazes de entender. Por isso o desporto é tecnologia de futuro, de criatividade e de apropriação cultural dos passados.

Brincar ao desporto ou desportivamente é, e será, brincar com o que é novo, é recrear, voltar a criar outra vez. Brincar, é "reinar", ser rei, ser dono, dispor de forma arbitrária, com o que é tecnológico, com o que é científico, aos cenários futuros e tentar resolver problemas que só se irão colocar nessa altura. É buscar no nosso património de vivências movimentos e problemas similares resolvidos e saber como é que os processos de criação do futuro foram imaginados anteriormente, para os reutilizar e recriar, num processo de experimentação, como é a brincadeira de uma criança. Os espaços desportivos ligados ao imaginário serão espaços de transformação de atitudes de cada um dos seus frequentadores: À saída da instalação ou espaço de prática, houve qualquer coisa de maravilhoso, que marcou com profundidade o utilizador ou praticante, por isso a sua vida foi re-criada e este momento marcou-o para o resto da vida. Se o futuro começa hoje, porque não brincar a ele? Haja espaço e tempo para isso!

> A 'Festa do Desporto' é ao mesmo tempo uma celebração de todos estes aspectos, a saber: a **Natureza** humana em geral, a **Cultura**, o reviver dos ciclos naturais e artificiais, a experimentação da **tecnologia**, a reafirmação de grupos, das respectivas dinâmicas, da vivência do Tempo e dos tempos, o passado e o futuro numa dinâmica total que o desporto ensaia e dá significado. Por isso o desporto atrai, alegra e se transcende porque, brincando com o presente, nos projecta para o futuro.

11.1.1. *Os Parques Temáticos de Aventura Desportiva*

Os parques temáticos de aventura desportiva são espaços já codificados com uma lógica própria que está subjacente ao tema que ele expressa e que orienta as práticas e os jogos propostos aos visitantes. Este espaço está codificado para nos fazer sentir sensações similares às quais iríamos encontrar se fôssemos ao locais que eles descrevem, sejam eles reais ou imaginários. Eles reproduzem assim locais de sonho e de contacto com outros povos, culturas e situações que só existem no imaginário das crianças ou lhes foram sugeridos em filmes ou histórias literárias, verdadeiras ou de contos infantis, ou ainda que fazem parte de um imaginário colectivo de um povo.

> A recreação dos imaginários aqui experimentada faz-se pela libertação dos condicionalismos materiais e, jogando-se com o espaço, com o tempo e com a tecnologia pode-se manipular cada um deles:
>
> 1. O **Tempo** – vivendo tempos diferentes, efectuando percursos e viagens no tempo, vivendo as estórias da História, saltando entre o passado, o presente e o futuro[187].
> 2. O **Espaço** – está construído e codificado em função dos elementos geográficos correspondentes aos cenários propostos pelo tema do parque.
> 3. A **Tecnologia** – Para além de facilitar os aspectos respeitantes à codificação do espaço, ele fará parte dos processos construtores dos estímulos, mas oferecerá também elementos fundamentais para a construção de novos jogos, desportos, apetrechos, individuais e colectivos. As novas tecnologias de informação digital e recreação permitem novas possibilidades, como sejam a electrónica, através da televisão, o computador e a playstation.
> 4. Os **Motivos** – Brincar com o estatuto de cada um, alterando os contextos e os papéis, as personagens que cada um pode assumir (estatuto – ser um campeão, um futebolista, um viajante, um guerreiro, um soldado, um descobridor, etc… Brincar aos "Reis e às Rainhas", "Polícias e Ladrões" – hoje com novas personagens e configurações).

---

[187] Temos em Portugal vários exemplos destes espaços como sejam o "Portugal dos Pequeninos" em Coimbra, o Imaginárium em Vila da Feira, os parques históricos, e a feira do Chocolate em Óbidos. Embora temporariamente também a Expo 98 cumpriu um desiderato semelhante através do Parque da Ciência.

558 *Os Espaços do Desporto – Uma Gestão para o Desenvolvimento Humano*

Estes imaginários podem ser construídos pela recreação do espaço e pelas recreações temporais em jogos colectivos ou individuais desportivos ou não. Trata-se da construção e reconstrução dos imaginários e dos respectivos contextos. Eles permitem a assimilação de conteúdos, de símbolos, de emoções e sensações, sendo por isso cada vez mais utilizados em situações de aprendizagens lúdicas e de formação complementar.

A construção destes espaços, em termos legislativos, obedece à tramitação que tivemos a oportunidade de explicar no Capítulo 5 – A Construção de Espaços e Instalações Desportivas a páginas n.° 157, à qual acresce alguma legislação específica, particularmente a que respeita ao lançamento e promoção de **empreendimentos turísticos de base regional e natureza estruturante**: referimo-nos particularmente aos **Decreto- -Lei n.° 167/97** de 4 de Julho, alterado pelo **Decreto-Lei n.° 305/99** de 6 de Agosto e **Decreto-Lei n.° 55/2002** de 11 de Março e **Decreto-Lei n.° 217/2006** de 31 de Outubro que estabelecem o regime jurídico da instalação e do funcionamento dos empreendimentos turísticos. Contudo, a vontade de poder desencadear iniciativas e ideias obriga a avultados investimentos e situações de risco, às quais muitos só as pretendem correr com o apoio e a contribuição de incentivos oficiais. A **Portaria n.° 450/2001** de 5 de Maio que define o regulamento de execução da medida de apoio aos **programas integrados turísticos de natureza estrutural e base regional (PITER)** é o diploma oficial que disponibiliza formas de aceder aos meios financeiros necessários à implementação deste tipo de projectos. A eles podem aceder (segundo o texto do artigo 18.°) entidades de qualquer natureza jurídica, nomeadamente empresas, câmaras municipais, regiões de turismo e outros organismos locais de turismo. Há ainda uma outra portaria mais recente, a **Portaria n.° 59/ /2005** de 21 de Janeiro (dos Ministérios das actividades económicas e do trabalho, da Defesa Nacional, das Finanças e da Administração Pública, das Cidades, Administração Local, Habitação e Desenvolvimento Regional, do Ambiente e do Ordenamento do Território e do Turismo), que deriva do **Decreto-lei n.° 70-B/2000** de 5 de Maio que estabelece medidas de política e acção económica através de apoios directos à competitividade das empresas, para o período de 2000 a 2006. Esta portaria, estabelece, com base neste decreto-Lei, o regulamento de execução do sistema de incentivos a **produtos turísticos de vocação estratégica (SIVETUR).** Os beneficiários a incluir no âmbito das medidas propostas por esta portaria incluem, além de outros, projectos de turismo de natu-

As novas fronteiras do desporto e as tendências nas instalações desportivas 559

reza, animação turística e ambiental e turismo sustentável, turismo de habitação, agroturismo e turismo rural, nos quais estes tipos de espaços a propor podem ser integrados e contextualizados.

11.1.2. *Os Parques de Prática Virtual (desportiva ou de recreio)*

A evolução das práticas desportivas incorporam cada vez mais **tecnologia** e **imaginário**. Esta incorporação de tecnologia está a alterar a própria expressividade, organização e regulação das práticas desportivas. Por outro lado os lazeres também se alteram, seguindo um caminho análogo. Muitas modalidades recentes que apareceram no domínio dos lazeres, e dos espaços naturais, "desportivizam-se" e "artificializam-se" cada vez mais, aumentando os seus códigos de regulação de desempenho. Por outro lado, as condicionantes de protecção ambiental na utilização preservada dos espaços naturais aumentam na proporção, e a criação de circuitos fechados de utilização onde a interferência com a natureza é mínima e faz-se sentir cada vez mais. É o fecho do ciclo produtivo humano em que assenta o sistema social da humanidade com o fenómeno da reciclagem e da reutilização dos materiais, cujas vantagens económicas se fazem também sentir no desporto e aos quais ele não é alheio. Vejam-se as modalidades como sejam a prancha-à-vela (windsurf), motas de água e outras, que edificam cada vez mais espaços fechados e artificiais de prática, com impactos reduzidos no ambiente, com uma configuração de estúdio onde possa inclusivamente permitir a produção de imagens e bons motivos para a televisão (o grande instrumento condicionador das práticas desportivas).

As tecnologias da informação e do espectáculo presentes cada vez mais nos lares de cada cidadão estão, do mesmo modo a efectuar grandes alterações nas práticas desportivas e nos lazeres. Os dois obreiros principais desta transformação são a **playstation** e a **televisão** que na perspectiva de Westerbeek, H. (2004)[188] estão a mudar o mundo e o desporto, e que, na perspectiva do consumo, vão ser os responsáveis pelo aparecimento e generalização de novas modalidades desportivas. Se a televisão e a electrónica estavam, até aqui, ao serviço do desporto, é hoje o desporto que começa cada vez mais a ser dirigido pela electrónica e pela televisão.

---

[188] Westerbeek, Hans e Smith, A. (2004); *The Sport Business Future*, New York, Palgrave Macmillan.

560 *Os Espaços do Desporto – Uma Gestão para o Desenvolvimento Humano*

Estes dois instrumentos (Playstation e TV) para além de proporcionarem ao praticante uma vivência destas tecnologias e correspondentes possibilidades provocam, em crescendo, a **desmaterialização** da prática desportiva e a correspondente deslocalização e desestruturação actual do espaço da prática.

> Os espaços desportivos tenderão a ser transformados em espaços tecnológicos de recepção de sinais orientadores das acções a realizar em espaços virtuais, onde a tecnologia imperará. A entrada do desporto no mundo da tecnologia electrónica e virtual obrigará à construção de modelos virtuais imaginados e já hoje reais que se tornarão cada vez mais interactivos, até o praticante poder ele mesmo fazer parte dessa realidade virtual. As modalidades de tipo fechado conseguem-no fazer já. A motricidade associada assiste já às correspondentes alterações.
>
> O mundo do futuro imaginado poderá ser materializado num parque temático com localização específica ou existir numa referência virtual. Com os programas de computador, qualquer um de nós pode desenhar os espaços do futuro. Aí, todos poderão participar desportivamente à sua medida através da vivência e da incorporação de tecnologia na construção de actividades. Estes espaços de imaginário anteciparão as próximas fronteiras da Humanidade e os desafios à escala Global que esta deseje abraçar.

Os parques de prática virtual serão espaços construídos para servirem de suporte à tecnologia edificadora de espaços virtuais e dos correspondentes jogos, podendo eles serem desportivos ou não. Trata-se de espaços onde são colocados os meios tecnológicos que preparam a marcação e a exibição dos referenciais necessários à estrutura da realidade virtual que será construída. O mundo real será cada vez mais um mundo virtual, construído, imaginado, onde a fantasia se misturará com a realidade, a ciência com a imaginação, os futuros com os diferentes cenários do passado. O desporto imaginado far-se-á tanto numa corrida de quadrigas no circo romano, num futebol de robôs, como num espaço interestrelar de uma nave espacial. Poderá realizar-se num qualquer oceano terrestre ou numa estória de um qualquer cenário de fantasia de desenhos animados, com monstros tecnológicos ou novos cenários e novas tecnologias da guerra, em batalhas campais imaginárias em vários tempos.

Não podemos ser insensíveis às transformações e desafios da Humanidade nem aos locais onde o futuro está a ser construído, quer pela iden-

As novas fronteiras do desporto e as tendências nas instalações desportivas   561

tificação das economias e culturas emergentes, quer pelas mais-valias civilizacionais e económicas que cada uma delas está a gerar, as inovações tecnológicas, científicas e as novas áreas de conhecimento especializado e interdisciplinar. Neste particular, identificamos o desafios que diversos países individualmente e em consórcio desencadeiam com o objectivo de construir estações orbitais à volta da Terra[189], bem como o grande desafio da NASA[190] para os próximos anos de localizar uma base lunar permanentemente habitada até 2011. Quer isto dizer que o cumprimento deste objectivo colocará problemas ao nível do corpo humano, da fisiologia, da motricidade e das correspondentes respostas a um valor de força de gravidade que se altera quer em viagem quer nas permanências nas naves, estações e na base lunar. Não podemos esquecer também o turismo espacial que começa já a dar largos passos e a constituir-se como uma expressão cada vez com maior significado. Dadas as estadias prolongadas esperadas haverá certamente necessidade de saber quais as práticas desportivas e lúdicas que para esses tempos e esses espaços serão concebidas.

As instalações desportivas do futuro aqui na Terra, poderão ser os espaços de jogo que reproduzirão os jogos que se farão nas naves espaciais, nas estações interplanetárias e lunares e que prepararão os viajantes para os novos desafios. Tudo se irá reestruturar no desporto e nas suas modalidades. Começar agora a pensar nelas é pensar o futuro, é reconstruir o presente e reinventá-lo. Associar a tecnologia ao desporto, inventar novas práticas que se poderão praticar em espaços virtuais, com a ajuda da tecnologia, permitirá adivinhar e imaginar novas formas de encarar o desporto hoje. Por que não, começar já a estabelecer cenários onde as comunidades humanas realizarão a sua vida, imaginando que o farão, em viagens interespaciais com condições diferenciadas de gravidade, condicionamento espacial, etc.? Por que não fazê-lo quando sabemos que a proliferação do turismo espacial é um facto e a construção da primeira colónia na Lua vai ser efectuada entre 2012 e 2020?

Também as modalidades desportivas tradicionais conhecerão grandes transformações nas suas estruturas constituintes e modos de organização,

---

[189] Para além da Nasa, da ESA (Agência Espacial Europeia), estão na corrida ao espaço, treinando astronautas e lançando satélites, países como o Brasil, Índia, China, Rússia, Venezuela, Argentina, Israel, África do Sul, Irão, Paquistão, Cazaquistão e outros.

[190] "Exploration Vision is Well Underway" – Nasa Report, 2006: http://nasa.gov/pdf/107495main_FY06_AOK_pres.pdf

562 *Os Espaços do Desporto – Uma Gestão para o Desenvolvimento Humano*

nomeadamente através da incorporação acrescida de tecnologia. Por consequência, também as instalações desportivas assistirão à expressão dessas transformações. Novas modalidades e práticas desportivas surgirão, onde o corpo é submetido a esforços elevados utilizando economia de meios, constituindo-se estes como extensões corporais. Estas novas práticas permitem explorar novas formas motoras, que já têm expressão nos espaços urbanos bem como nos meios de comunicação social que a divulgam: são os "extreme sports". A motricidade inerente a estes jogos, anuncia novos conteúdos e novos contextos, também fornecidos através de ambientes virtuais que, no futuro, se transformarão em ambientes reais. A procura de novas dimensões de expressão da motricidade, aliada à sobriedade de meios em cada utilização, conjugada com a associação a objectos, ferramentas e meios de alta tecnologia e conhecimento, obrigarão a repensar os espaços desportivos, a sua produção e o seu consumo generalizado a todas as populações. Modalidades como o "Kyte surf", voos de várias categorias e outro tipo de modalidades associadas à equipagem electrónicas, implicarão consumos a tipificar, normalizar e generalizar, para que mais e mais cidadãos possam aceder aos benefícios civilizacionais que a humanidade vai construindo.

11.2. Espaços de Iniciação (Iniciáticos)

Os espaços de iniciação configuram organizações do espaço através de jogos que permitem aos seus utilizadores realizarem contactos ou aquisições progressivas sobre um conjunto de práticas inseridas num contexto, o qual pretende, através desse percurso e dessas práticas ser, assimilado. Esse conteúdo pode ser cultural, lúdico, desportivo, científico ou até mítico, místico, ou mesmo religioso. Ele encadeia as práticas umas nas outras e torna umas preparadoras das outras, num processo em cadeia cujo sentido se vai progressivamente assimilando e construindo, na realização desse percurso, por aproximações e aquisições sucessivas. É uma viagem ao mesmo tempo física e mental que acompanha o executante dessas práticas e o vai transformando à medida que esse percurso é efectuado.

Os espaços de iniciação ou iniciáticos apresentam um universo simbólico que sinaliza os diferentes valores, as práticas e outros códigos que regulam essas mesmas práticas, e exibem-nos para auxílio daqueles que

As novas fronteiras do desporto e as tendências nas instalações desportivas   563

estão fazendo o correspondente percurso. Esses espaços e estas práticas têm tanto mais significado quanto maior for a monotonia e o tédio em que vivem muitos dos nossos habitantes nas grandes urbes, entregues a vidas vazias sem sentido. Os espaços, os comportamentos e a expressividade são nelas altamente regulados e tipificados e a sua repetição automatizada levam os seus habitantes a este estado de espírito. O vazio, o "nada", as doenças da civilização e o constrangimento espacial das cidades e agora também dos espaços naturais, pela intensificação dos instrumentos de regulação de uso, atiram cada vez mais os jovens e os cidadãos para espaços e tempos marginais, vazios, onde aí, na ausência de controles, possam efectuar e exercer expressões e criatividades próprias. Vivemos a Era do Vazio (Lipovestky, G.; 1983)[191] provocadora de grandes ansiedades, cuja tradução se reflecte também no desporto e nas suas práticas. A falta de referências produz a sensação de vazio. Por isso os citadinos procuram hoje sentidos e referências que legitimem e direccionem os seus actos e decisões. Esta ausência de sentido é provocadora de grandes sofrimentos individuais e colectivos, que cada um se esforça por evitar ou contornar. As contribuições de Sigmund Freud (1930)[192] a este nível são esclarecedoras:

> *"Os métodos mais interessantes de evitar o sofrimento são os que procuram influenciar o nosso próprio organismo. Em última análise, todo o sofrimento nada mais é do que sensação; (...) O mais grosseiro, embora também o mais eficaz desses métodos de influência é o químico: a intoxicação. (...)"*

O mal estar na civilização urbana materializado pela falta de **espaço** e de **tempo**, pela regulação exagerada dos comportamentos, pela repetição e ausência de sentido para a vida, leva à intoxicação e auto-destruição, ao vazio. Assim, nesta dinâmica, todas as decisões individuais e colectivas apontam essa via e, talvez por isso, assistimos hoje à constituição de eventos que proporcionam colectivamente processos de intoxicação colectiva e simultânea, nos quais, muitas vezes, o desporto participa com as suas actividades ou como motivo principal, que é por elas apropriado. São assim montados eventos que se constituem como "mega-salas de chuto" ou de

---

[191] Lipovestky, G. (1983); *A Era do Vazio,* Lisboa, ed. Relógio de água, col. Antropos, (1989).

[192] Freud, S. (1930), *O Mal-Estar na Civilização – Livro 8*, Rio de Janeiro, ed. Imago ltda., pequena colecção das obras de Freud (1974).

564 *Os Espaços do Desporto – Uma Gestão para o Desenvolvimento Humano*

intoxicação alcoólica e outras, quer em espaços quer em tempos marginais, organizados por vezes como forma de desestruturar os códigos urbanos e de enunciar e anunciar outros.

As alternativas desenham-se e fazem-nos reflectir sobre vários sinais com significado, levando-nos a perguntar, por exemplo, sobre quais as razões pelas quais os europeus se precipitam sobre o deserto com as suas máquinas automóveis através de safaris e ralis?[193] Porque é que o deserto se tornou tão atractivo? Porque é que lugares inóspitos, distantes, descaracterizados e sem conforto para a vida humana são eleitos cada vez mais como espaços de alta atractividade? A nossa reflexão aponta-nos, para além de todas as motivações desportivas, também uma atitude de procura daquilo que nas cidades europeias já não existe: A possibilidade de transcendermos ou transgredirmos os nossos limites, no espaço, no tempo e fora do regulamento. A procura da imagem idílica do paraíso terrestre à venda nas agências de turismo! Os ocidentais "matam-se a trabalhar" para acumularem dinheiro que lhes permita viver em sítios onde "há vida" e se pode viver e onde os códigos culturais são menos rígidos, menos determinados.

As medidas remediadoras tendentes a minorar estes sofrimentos e ausência de bem-estar, são propostas em torno de práticas e actos de cariz mágico-religioso, em torno de um movimento pela saúde, com normas de conduta, moral própria, compromissos e intervenções salvíficas, proporcionadas por um exército de "Cavaleiros da Saúde e do Bem-estar" com autênticos "sacerdotes" e "sacerdotizas" experts no Culto desta nova "Religião"[194] cada vez mais oficial e totalitária, tendente à apropriação corporal ou pelo menos atentatória da liberdade das pessoas: São cada vez mais os psicólogos, psiquiatras, sociólogos, terapeutas, técnicos de saúde e clínicos que, de um modo "oficial", se encarregam da construção deste "bem-estar" e desta imagem idílica a construir no cidadão actual. Mas, por outro lado, em termos não-oficiais, são também em número crescente os "animadores-entertainers", adivinhos, tarólogos, cartomantes, que propõem novas explicações e novos mundos de felicidade e cartilhas de bem ou mal fazer que oferecem um modelo a seguir e a correspondente felicidade futura. Brevemente teremos os sistemas de punição dos desvios. Ambos os campos são reveladores da existência desse mesmo mal-estar.

---

[193] O rali Dakar já vai na sua 28.ª edição!
[194] Sá, Constança Cunha e; (2007), *A Religião do Estado*, in Público – 9 Fevereiro 2007.

As novas fronteiras do desporto e as tendências nas instalações desportivas 565

Entendemos que os europeus vão ao deserto e a esses locais inóspitos à procura de si próprios, e só o podem fazer em plenitude num lugar onde a liberdade seja máxima, onde a força infinita da Natureza os consiga pôr à prova: O contacto com o infinito e o silêncio onde essa reflexão possa ser feita, pois é no espaço vazio que podemos expressar as nossas virtualidades, que podemos fazer tudo, inclusivamente imaginar algo sem constrangimentos reguladores e assim imaginar os nossos futuros. Para isso, precisamos de espaços infinitos e tempos para imaginar o Futuro. A alternativa é produzir a estimulação sensorial de nível superior, quer pelo exercício, quer pela produção de emoções. Dirigindo os nosso esforços para os cenários do futuro.

> Os espaços iniciáticos têm uma função fundamental que é a de resgatar as pessoas do vazio e levá-las a acreditar que podem crescer interiormente, levando-as a serem melhores e capazes de fazer melhor, a transcenderem-se a todos os níveis. Estes valores de superação são e sempre foram os valores do desporto. Trata-se assim, por isso, através dos espaços a construir, através de dinâmicas, de dar oportunidades de exercício de imaginação e transcendência do vazio para o futuro de cada um.

Neste sentido, cabe-nos agora perguntar sobre quais os lazeres do futuro que dignificarão o homem na sua plenitude? As respostas serão conseguidas por cada um, mas também pelo colectivo das decisões individuais que, somadas, resultam na expressão desportiva de cada uma das comunidades. Partir à aventura e descobrir o futuro em cada acto da cultura desportiva, tem que ser um momento de partida e de chegada de qualquer coisa que envolve a motricidade, que envolve o praticante neófito e por livre vontade se obrigue à **realização de um voto (compromisso) de vida desportiva**. É preciso refazer a **viagem**! – no tempo, no espaço, no interior de si próprio, a viagem da Vida! Por isso as próximas viagens, tal como os sonhos, vão ser primeiro virtuais e só depois vão ser reais[195].

---

[195] Hoje ganha sentido, desta forma a frase de Fernando Pessoa quando diz:
"... E a nossa raça partirá em busca de uma Índia nova que não existe no espaço, em naus que são construídas «daquilo que os sonhos são feitos». E o seu verdadeiro e supremo destino, de que a obra dos navegadores foi o obscuro e carnal antearremedo, realizar-se-á divinamente" (Fernando Pessoa, 1912), **A Nova Poesia Portuguesa no seu Aspecto Psicológico**, in Águia, II.ª série, n.º 12, Lisboa, Dezembro de 1912.

566 Os Espaços do Desporto – Uma Gestão para o Desenvolvimento Humano

Hoje assistimos já à realização de viagens virtuais organizadas por clubes de navegadores virtuais que cada vez mais se expressam na internet: Tratam-se de pessoas que fazem de pilotos virtuais de aeronaves, com simuladores de voo e que se organizam assim numa dimensão de viagem que a tecnologia pode proporcionar.

> Os espaços de iniciação ou iniciáticos, preparam os desafios do futuro e antecipam-no, pelo jogo das viagens, através das dimensões do espaço e do tempo que este proporciona, vivendo-as pelo imaginário dentro de si. Manipular o espaço pode permitir "viajar no tempo" e manipular o tempo, pode permitir-nos viajar em novos espaços que se constroem no imaginário. É o que fazem as crianças brincando ao "faz-de-conta": Nas suas brincadeiras, tudo é possível desde que imaginado! Brincar com as dimensões do espaço, do tempo, com as dimensões do corpo e o imenso potencial que elas permitem, com as diferentes possibilidades oferecidas pelos recursos e pela tecnologia, faz parte de um jogo que inicia as crianças a situações que recriam o passado no futuro e que fazem parte da vida e do acto de crescer. Nesse sentido, cada jogo tem de ser um "portal" para uma outra dimensão de imaginário onde cada um possa conhecer-se, expressar-se e projectar-se como quiser.

Então qual seria a dinâmica em cada jogo proposto? Em nosso entender, eles seriam o mais originais possíveis e podemos adiantar alguns desses tipos como ilustração:

1. **Jogos de escala** pela codificação do espaço – manipulam-se as medidas e dimensões do Espaço: pela manipulação da escala – "voar" até à infância em jogos que minimizam os objectos e os cenários ou, ao contrário, os colocam numa escala gigantesca que nos faz sentir outra vez crianças ou, às crianças, sentirem-se anões. São a aplicação das visões das histórias infantis de Jonathan Swift (1667-1745), um jovem irlandês que foi Deão de Dublin e escreveu as célebres "Viagens de Gulliver" (1726)[196].
2. **Jogos de cenários imaginários**: montando cenários à volta de uma história, usando tecnologia que auxilia estes actos de recriação, criando novas visões do real, isto é, produzindo real pela visualização das

---

[196] Jonathan Swift (1667-1745), **Viagens de Gulliver**, (adaptação de João de Barros), Lisboa, Sá da Costa editora, 5.ª edição, (2006).

dimensões, de planos geométricos, matemáticos, de luz, etc. ("Matrix Reloaded").

3. **Jogos científicos**: brincando com a ciência e a tecnologia, e com os diferentes tipos de elementos, materiais e meios: o Ar, a Água, a Terra, o Fogo, a Energia, o Magnetismo e todas as tecnologias que os dominam e revelam na correspondente utilização, através dos apetrechos e aparelhos científicos, revelando as suas propriedades (textura, côr, densidade, peso, etc.).

4. **Jogos de sensações**: brincando com as sensações e as emoções: A alegria e a tristeza, medo e ansiedade, a coragem e o risco, o calor e o frio, etc.

5. **Jogos de risco** – onde a capacidade de vencer adversidades, desafios, desconfortos e até sofrimentos, como forma de resistir à dor, é colocada à prova, cuja ultrapassagem é importante na formação do carácter.

6. **Jogos de complexidade e dedução** – (Códigos) – onde se pretende, pela simplificação encontrada ou revelada, entrar dentro de estruturas lógicas que estão imbrincadas ou dissimuladas em outras estruturas que disfarçam as primeiras e as complicam.

O jogo iniciático do desporto é o jogo da aquisição das praxias motoras e o desmembramento da complexidade intrínseca e extrínseca para níveis de compreensão e domínio superior. É uma forma totalizante de viver a motricidade na plenitude dos tempos, é pegar em cada momento do crescimento da criança e assumir uma representação de uma etapa de evolução da humanidade num jogo que se estabelece entre a filogénese e a ontogénese humanas. Mas este jogo é também a ultrapassagem de barreiras que colocam à prova o carácter de cada um, pelas decisões que o desportista em acção toma em cada momento, nas situações competitivas de oposição a um adversário, a uma adversidade ou consigo mesmo, e é por isso parte da formação individual e colectiva.

O espaço, pelas sensações e emoções, é fonte de produção de símbolos e é portal para o imaginário. Elas são construídas no jogo da vivência das dimensões do espaço, das dimensões do tempo e das dimensões do espaço/tempo. A construção do imaginário não está no domínio da racionalidade e o exercício das emoções e sensações mais profundas remetem para novos campos, para novas dimensões da vida que, pela novidade, nos colocam à prova e nos geram sensações de medo, receio e ansiedade. O iniciatismo no desporto, trata de vencer o medo da incerteza do futuro, de si próprio e dos outros ou face aos outros e as suas diferenças, de vencer os fantasmas, que nos tolhem a confiança de enfrentar o futuro. E isso

568 *Os Espaços do Desporto – Uma Gestão para o Desenvolvimento Humano*

é feito com a alegria do desporto e a continuidade da sua prática, com a Festa do desporto e os seus actos de celebração, com a construção da Fraternidade Universal que o Desporto aos poucos vai construindo. É o **Espírito Desportivo** que transcende a própria prática e projecta o desporto no Futuro com significado para toda a Humanidade.

Este jogo identifica um percurso, um caminho, uma viagem com várias etapas ou patamares. No desporto ele é constituído pela cultura motora e desportiva, e as aquisições ou iniciações respectivas são cumulativas e graduais. Existem actividades que são básicas e precedem outras de nível de complexidade crescente: saber nadar, saber correr, saber manipular objectos, interagir com eles, adquirir noções vividas sobre o movimento, lateralidade, coordenação, etc., são habilidades várias e em crescendo continuado que se prolongam por 'saber andar de bicicleta', 'saber navegar', 'saber domar animais', (cavalos, outros, etc.), saber manipular tecnologias que aproveitam recursos existentes em vários cenários: o vento, o mar, as correntes dos rios, o ar, a terra, outras tecnologias que permitem a mobilidade e a interacção desportiva com outros ou com o ambiente, ou ainda no desenvolvimento de habilidades motoras e práticas desportivas.

Este jogo iniciático introduz as pessoas na comunidade desportiva, integrando-os nos diferentes conhecimentos, vivências, valores e fenómenos que fazem parte da cultura desportiva. O espírito desportivo que nos leva ao desapego do poder sobre os outros, ao respeito pelo adversário, sendo ele vencido ou vencedor, à ultrapassagem das fronteiras do medo e outras dimensões psicológicas, dando sentido às práticas desportivas transformando os actos desportivos em "oficinas" produtoras de símbolos, de imaginários e de rituais que os alimentam. Um iniciatismo que nos revela, pela interacção no jogo com os ambientes, com as tecnologias, com os companheiros e com os adversários e toda a comunidade desportiva, as leis da Vida, da Natureza e da Ciência.

Sempre estas expressões estiveram ligadas aos jogos e, os espaços onde eles decorriam, organizavam-se segundo as lógicas inerentes aos valores atribuídos ao espaço, ao tempo, aos elementos da ciência e aos rituais que os significavam. Os jardins dos antigos palácios, onde se recreavam os filhos dos nobres e das classes aristocratas integravam estes elementos. Os espaços eram organizados em patamares simbolizadores de aquisições semelhantes a rituais de investidura de antigos cavaleiros. A contextualização dos valores a transmitir era expressa nas dinâmicas dos jogos e era inscrita no espaço através de símbolos sinalizadores de uma ligação do

As novas fronteiras do desporto e as tendências nas instalações desportivas   569

passado ao futuro realizada pelo diálogo intergeracional que os jogos e a festa proporcionam (Gasset, O.; 1924). Em cada espaço, em cada patamar ou estação, as pessoas têm acesso ao código inscrito no espaço através do jogo proposto, e da regra que oferece a dinâmica do próprio jogo. Deste modo se constrói o imaginário, o futuro e se liga o passado, pelo presente, ao que falta e se deseja construir.

Definidos os espaços, definidos os tempos (de início, de duração, de intervalos e de fim), definidos os elementos participantes e as dinâmicas com as correspondentes regulações, é hora de dar lugar à expressão da Vida pelo desporto, ao extravasar dos seus símbolos, à explosão das suas emoções e à marcação do ritmo da vida e do futuro da alegria da Humanidade. É a festa do desporto que temos de construir como parte da festa da vida. Assim (também) se inscreve a acção do homem no território, no tempo, no cosmos e na consciência das pessoas.

12. Epílogo

Este capítulo pretende realizar um exercício final de encerramento de um percurso efectuado. Sentimos contudo, esta obra como inacabada em cada abordagem ou revisão que fazemos, mas é preciso acabar. Sentimo-la, por um lado, exaustiva ou pesada, incompleta e com falta de pormenor aplicativo pelo outro. Os leitores certamente o dirão, os estudantes, os gestores terão também a sua palavra a dizer em relação à respectiva utilidade. Face aos objectivos que nos propusemos, pensamos tê-los cumprido, dado que a reflexão está feita, os instrumentos de intervenção enunciados e descritos quanto à forma de serem concebidos e construídos, bem como as respectivas possibilidades de aplicação. Pensamos que, no final, alguém poderá ficar a ganhar com este trabalho e é isso que esperamos. Foi sob esta perspectiva de contribuição que nos mobilizámos e acreditámos sermos capazes de chegar ao fim desta jornada. E é já tempo de acabar, assinalando um marco neste nosso percurso.

O desporto e o lazer, os seus espaços, os seus tempos e os seus processos, sobre os quais tentámos reflectir ao longo destas páginas, são projecto de futuro, porque colocam as dinâmicas humanas em movimento e dão sentido e alegria à vida. O desporto é factor de celebração de vida e por isso transforma-se em tecnologia de libertação pelos seus rituais e acontecimentos cíclicos.

O desporto perpetua o estado de espírito de ser jovem, e de sempre ter vontade de, mais uma vez, voltar a ser criança. Por isso, é no tempo e no espaço de desporto, na actividade desportiva que tudo começa e tudo acaba. A actividade desportiva é o motor de tudo isto, pelo seu decurso, pelo seu ritual, pelo seu componente litúrgico. O desporto liga as pessoas, os lugares, as coisas e os tempos, num turbilhão de alegria que promove o desenvolvimento individual, das comunidades e da humanidade.

Os espaços desportivos são cada vez mais o palco da expressividade dos valores que o desporto tem oportunidade de oferecer à Humanidade.

572 *Os Espaços do Desporto – Uma Gestão para o Desenvolvimento Humano*

Porque o que, agora e cada vez mais, está em causa, é a problemática dos valores e das pessoas, é no espaço desportivo, pelo exercício na competição, que o espírito desportivo se revela, pela maximização do gesto que transcende os limites da realidade, os limites de si próprio e os dos outros e se revelam as superações, como registos individuais e colectivos do desenvolvimento proporcionado pelo desporto.

Os espaços desportivos são hoje uma praça pública[197] dos grupos, das colectividades, das comunidades residenciais e de todos, que nos interessa preservar, promover e reinventar, como instrumento de afirmação do desporto e da própria Humanidade. Os espaços e as instalações são hoje também uma catedral de culto lúdico e desportivo que nos traz à vida e nos desperta para os imaginários que constroem o futuro.

Os espaços desportivos a construir são o exercício das virtualidades presentes e futuras e o palco para as surpresas que o futuro do desporto nos reserva.

Saibamos nós antecipá-lo: porque mobilizámo-nos para isso e criámos a oportunidade de o sonharmos.

---

[197] ESPAÇO PÚBLICO: O **Decreto Regulamentar n.º 2-A/2005** de 24 de Março que regula a realização de provas desportivas na via pública, estabelece a necessidade de autorização das autoridades policiais e respectiva requisição, através da informação sobre o percurso, e das autoridades federativas, através do regulamento da prova, quando forem provas desportivas com carácter de competição.

Legislação consultada

Leis:

Década de 1990

Lei n.º 1/90 de 13 de Janeiro, alterada pela Lei n.º 19/96 de 25 de Junho – Lei de Bases do Sistema Desportivo.

Lei n.º 90-A/95 de 1 de Setembro – Autoriza o Governo a legislar em matéria de ocupação e transformação do solo para fins urbanísticos e planeamento territorial.

Lei n.º 26/96 de 1 de Agosto – Regime Jurídico dos Loteamentos Urbanos – complementada com os Decreto-Lei n.º 334/95 de 28 de Dezembro e Decreto Regulamentar n.º 63/91 de 29 de Novembro que estabelecem o regime jurídico e as operações relativas a loteamentos urbanos.

Lei n.º 38/98 de 4 de Agosto – Prevenção da Violência no Desporto – Segurança das Instalações Desportivas – Define tipologias de Instalações Desportivas.

Lei n.º 110/99 de 3 de Agosto – Autoriza o Governo a legislar sobre a competência das autarquias em matéria de loteamentos urbanos.

Após 2000

Lei n.º 15/2002 de 22 de Fevereiro – Licenciamento da obra – revê procedimentos do Código de Processo Administrativo procedendo a alterações que abrangem o teor do Decreto Lei n.º 555/99 de 16 de Dezembro.

Lei n.º 2/2004 de 15 de Janeiro – relativa aos cargos de direcção da Administração Pública.

Lei n.º 30/2004 de 21 de Julho – Lei de Bases do Desporto.

Lei n.º 5/2007 de 16 de Janeiro – Lei de Bases da Actividade Física e do Desporto.

Decretos-Lei

Antes de 1980

Decreto-Lei n.º 613/76 de 27 de Julho que instituía os parques naturais.

Decreto-Lei n.º 794/76 de 5 de Novembro – Lei dos solos, alterado pelo Decreto-Lei n.º 313/80 de 19 de Agosto, regulado pelos Decreto n.º 862/76 de 22 de Dezembro do Gabinete do Ministro da Habitação e urbanismo e Construção, que regula o direito de preferência da Administração nas alienações a título oneroso de terrenos ou edifício, conforme o previsto na Lei, e o Decreto n.º 15/77 de 18 de Fevereiro dos Ministérios da Justiça, das finanças e da Habitação e Urbanismo, que estabelece as

574   *Os Espaços do Desporto – Uma Gestão para o Desenvolvimento Humano*

normas a que deverão obedecer as associações entre a Administração e os particulares para a execução de operações de expansão ou renovação urbana ou criação de novos aglomerados, e parcialmente derrogado pelo Decreto-Lei n.°. 380/99 de 22 de Setembro (Regime Jurídico dos Instrumentos de Gestão Territorial).

Década de 1980

Decreto-Lei n.° 313/80 de 19 de Agosto – Cedência de terrenos da Administração Pública destinados à prossecução de objectivos de natureza social).

Decreto- Lei n.° 231/81 de 28 de Julho – estabelece as formas de associação comercial – consórcio.

Decreto-Lei n.° 208/82 de 26 de Maio – Define os Planos Directores do Município (PDM's). Determina os principais instrumentos de intervenção sobre o desenvolvimento do território municipal, a processologia para a construção desse instrumento ordenador, os objectivos e a política de equipamentos e infraestruturas.

Decreto-Lei n.°451/82 de 16 Novembro revogado pelo Decreto-Lei n.°196/89 de 14 de Junho – Reserva Agrícola Nacional. Foram introduzidas alterações em alguns artigos pelo Decreto-Lei n.° 218/94 de 20 de Agosto.

Decreto-Lei n.° 321/83 de 5 de Julho revogado pelo Decreto-Lei n.° 93/90 de 19 de Março e revisto pelo Decreto-Lei n.° 316/90 de 13 de Outubro – Reserva Ecológica Nacional.

Decreto-Lei n.° 271/84 de 6 de Agosto – disposições a observar nos edifícios de espectáculos de divertimento público relativos a limitar a poluição sonora.

Decreto-Lei n.° 348-A/86 de 16 de Outubro – Revisão dos preços nas empreitadas.

Decreto-Lei n.° 251/87 de 24 de Junho que estabelece as normas de prevenção e combate ao ruído.

Decreto-Lei n.° 176-A/88 de 18 de Maio (revoga o Decreto-Lei n.° 338/83 de 20 de Julho) Planos Regionais de Ordenamento do Território.

Década de 1990

Decreto-Lei n.° 69/90 de 2 de Março – regula a elaboração, aprovação e ratificação dos planos municipais do ordenamento do território, abreviadamente designados por planos municipais.

Decreto-Lei n.° 367/90 de 26 de Novembro – Dá nova redacção aos artigos 3.°, 9.°, e 11.° do Decreto-Lei n.° 176-A/88 de 18 de Maio Planos Regionais de Ordenamento do Território.

Decreto-Lei n.° 445/91 de 20 de Novembro + Decreto-Lei n.° 250/94 de 15 de Outubro + portaria n.° 1 115-A/94 de 15 de Dezembro + **Lei n.° 22/96 de 26 de Julho** – aprovam o regime jurídico de licenciamento municipal de obras particulares.

Decreto-Lei n.° 445/91 de 20 de Novembro – estabelece o processo de licenciamento municipal de obras.

Decreto-Lei n.° 448/91 de 29 de Novembro – define o regime das operações de loteamento e das obras de urbanização estabelecem soluções participadas pelos residentes, mediante acordos de cooperação, na gestão, manutenção, segurança, higiene e conservação quer dos espaços verdes, quer dos equipamentos de utilização colectiva de recreio e lazer.

Legislação consultada

Decreto-Lei n.º 201/92 de 29 de Setembro que estabelece áreas de jurisdição no domínio público marítimo, da Direcção Geral dos recursos Naturais, particularmente as que se referem às áreas sem interesse portuário (artigo n.º 4).

Decreto-Lei n.º 405/93 de 10 de Dezembro – novo regime – introduz novas premissas no contracto de empreitada de obras públicas.

Decreto-Lei n.º 83/94 de 14 de Março – Estabelece o regime jurídico do certificado de conformidade dos projectos de obras sujeitos a licenciamento municipal.

Decreto-Lei n.º 218/94 de 20 de Agosto.

Decreto-Lei n.º 249/94 de 12 de Outubro – Altera o Decreto-Lei n.º 176-A/88 de 18 de Maio e revê a disciplina jurídica dos PROT(s) Planos Regionais de Ordenamento do Território.

Decreto-Lei n.º 267/94 de 25 de Outubro – Regime Jurídico da propriedade horizontal.

Decreto-Lei n.º 268/94 de 25 de Outubro – Regulamenta o regime de condomínio previsto no Código Civil.

Decreto-Lei n.º 55/95 de 29 de Março – regime de realização de despesas públicas com locação, empreitadas de obras públicas e aquisição de bens.

Decreto-Lei n.º 92/95 de 9 de Maio – estabelece as regras de execução de ordens de embargo, de demolição ou de reposição de terreno nas condições em que se encontrava antes do início das obras.

Decreto-Lei n.º 151/95 de 24 de Junho – Harmoniza o Regime Jurídico dos Planos Especiais de Ordenamento do Território. Alterado pela Lei n.º 5/96 de 29 de Fevereiro.

Decreto-Lei n.º 309/95 de 20 de Novembro – Revê a a disciplina jurídica dos PROT(s) Planos Regionais de Ordenamento do Território.

Decreto-Lei n.º 315/95 de 28 de Novembro – Instalação e funcionamento dos recintos de espectáculos e divertimentos públicos.

Decreto-Lei n.º. 334/95 de 28 Dezembro Altera o Decreto-Lei n.º 448/91 de 29 de Novembro – Regime Jurídico dos loteamentos urbanos.

Decreto-Lei n.º 65/97 de 31 de Março – Recintos com diversões aquáticas.

Decreto-Lei n.º 123/97 de 22 de Maio – Normas técnicas para acessibilidade a edifícios de pessoas com mobilidade condicionada – Eliminação de barreiras arquitectónicas.

Decreto-Lei n.º 317/97 de 25 de Novembro – Regime de instalação e funcionamento das instalações desportivas de uso público.

Decreto-Lei n.º 379/97 de 27 de Dezembro – condições de segurança dos espaços de jogo e recreio.

Decreto Lei n.º 414/98 de 31 de Dezembro que estabelece o Regulamento de Segurança contra incêndios nos edifícios escolares.

Decreto-Lei n.º 47/99 de 16 de Fevereiro – Regula o Turismo de Natureza.

Decreto-Lei n.º 59/99 de 2 de Março – revoga o Decreto-Lei n.º 405/93 de 10 de Dezembro, com o objectivo de clarificar os processos de regulação do mercado (alterado pelo Decreto-Lei n.º 159/2000 de 27 de Julho).

Decreto-Lei n.º 60/99 de 2 de Março – revoga o Decreto-Lei n.º 59/99 de 2 de Março.

Decreto-lei n.º 163/99 de 14 de Fevereiro.

576 *Os Espaços do Desporto – Uma Gestão para o Desenvolvimento Humano*

Decreto-Lei n.º 197/99 de 8 de Junho – revoga o Decreto-Lei n.º 55/95 de 29 de Março.

Decreto-Lei n.º 380/99 de 22 de Setembro – Bases do Ordenamento do Território e Urbanismo – regime jurídico do sistema de gestão territorial.

Decreto-Lei n.º 385/99 de 28 de Setembro – regime de responsabilidade técnica das instalações desportivas abertas ao público.

Decreto-Lei n.º 555/99 de 16 de Dezembro – Regime jurídico do licenciamento municipal das operações de loteamento das obras de urbanização e das obras particulares.

Após 2000

Decreto-Lei n.º 159/2000 de 27 de Julho, que actualiza o regime jurídico das empreitadas de obras públicas (altera o Decreto-Lei n.º 59/99 de 2 de Março).

Decreto-Lei n.º 204/2000 de 1 de Setembro e Portaria n.º 138/2001 de 1 de Março – Empresas de animação turística.

Decreto-Lei n.º 292/2000 de 14 de Novembro que aprova o regulamento geral do ruído.

Decreto-Lei n.º 115/2001 de 7 de Abril – Planos Municipais de Ordenamento do Território – PMOT (vulgo PDM's) (alterações aos PDM(s) para simplificação de procedimentos destinados ao realojamento e à construção de habitação a custos controlados).

Decreto-Lei n.º 177/2001 de 4 de Junho que estabelece a redacção final do regime jurídico da urbanização e da edificação, estabelecido no Decreto-Lei n.º 555/99 de 16 de Dezembro.

Decreto-Lei n.º 108/2002 de 16 de Abril, que efectua a compatibilização da legislação relativa à actividade seguradora com a responsabilidade civil das empresas de animação turística, por parte do Instituto de Seguros de Portugal.

Decretos Regulamentares

Decreto Regulamentar n.º 9/92 de 28 de Abril – estabelece a protecção dos trabalhadores contra os riscos decorrentes da exposição ao ruído durante o trabalho.

Decreto Regulamentar n.º 63/91 de 29 de Novembro – Regime jurídico das operações de loteamento.

Decreto Regulamentar n.º 2/99 de 17 de Fevereiro – Casas de Natureza.

Decreto Regulamentar n.º 34/95 de 16 de Dezembro, regulado pela portaria n.º 510/96 de 25 de Setembro, com alguns artigos revogados pelo Decreto-Lei n.º 65/97 de 31 de Março – Condições técnicas de **segurança dos recintos** de espectáculos e divertimentos públicos.

Decreto Regulamentar n.º 5/97 de 31 de Março – Regulamento técnico das condições técnicas e de segurança dos recintos com diversões aquáticas.

Decreto Regulamentar n.º 10/2001 de 7 de Junho – Regulamento das condições técnicas e de segurança dos estádios.

Decreto Regulamentar n.º 18/99 de 27 de Agosto, que estabelece o turismo de natureza, artigo 6.º (carta de desporto de natureza).

Decreto Regulamentar n.º 2-A/2005 de 24 de Março que regula a realização de provas desportivas na via pública.

Legislação consultada 577

Portarias:

Portaria n.º 379/98 de 2 de Julho – equipamentos e superfícies de impacte destinados a espaços de jogo e recreio.

Portaria n.º 506/98 de 10 de Agosto – organismo de certificação das condições de segurança.

Portaria n.º 33/2000 de 28 de Janeiro – Health-clubes e Ginásios.

Portaria n.º 1101/2000 de 20 de Novembro (e portaria 1104/2001 de 17 de Setembro que a actualiza) respeitante às disposições legais aplicáveis ao projecto e à execução de obras.

Portarias n.º 1101/2000 de 20 de Novembro + Portaria n.º 1104/2001 de 17 de Setembro +Portaria n.º 69/2003 de 20 de Janeiro – disposições legais aplicáveis ao projecto e à execução de obras.

Portaria n.º 1214-B/2000 de 27 de Dezembro – SIVETUR – Sistema de incentivos a produtos turísticos de vocação estratégica.

Portaria n.º 104/2001 de 21 de Fevereiro – Cadernos de encargos de empreitadas de obras públicas – complementa o Decreto-Lei n.º 59/99 de 2 de Março.

Portaria n.º 450/2001 de 5 de Maio – Programas Integrados Turísticos de Natureza Estruturante e Base Regional.

Resoluções do Conselho de Ministros

RCM n.º 112/98 de 25 de Agosto – Programa Nacional de Turismo de Natureza.

Bibliografia

Adamkiewicz, Eric; (1994), ***Autonomous Sporting Uses of the Town, Punctual Marginal Pratices or a New Approach for Urbanity?***, Second Europeean Congress on Sport Management – official proceedings, EASM, ISEF, Firenze, Scuolla dello Sport, CONI (Université Claude-Bernard, UFRAP-Lyon I – France).

Aldini, C.; (1981), ***A regression model for baseball franchise location forecasting***, in J. Bale (ed.), *Geographical Perspectives on Sport*, London: Lepus Books.

Almeida, Pedro; (1986), ***Aspectos sociológicos em urbanística desportiva***, col. Desporto e Sociedade, MEC/DGD, Lisboa, 1986, capítulos – 3 (multidões e grupos) e 4 (recreio colectivo e zonas verdes).

Almeida, J.P.Furet, (2005); ***Parâmetros de Conforto em Piscinas Cobertas*** – estudo efectuado em piscinas de concelhos do distrito de Coimbra, Lisboa UTL-FMM, Tese de Mestrado em Gestão do Desporto orientada pelo Prof. Doutor Luís Miguel Cunha (não editada).

Álvaro José Carvalho Sousa (2005); ***Complexo Municipal de Ginástica da Maia – Estudo de caso***, Porto, FCDEF – UP.

Alvarez, J. Estebanez, (1978), ***Técnicas de Cuantificación en Geografia***, Madrid, ed. Tebar flores, 1978.

Alves, M. Brandão; Martins, A. N.; Vaz Pinto, M.ª Luiza; Madruga, P. (2001/2002); ***Economia Regional e Urbana – 2. – Métodos de Análise da Evolução do Sistema Espacial Português: As regiões, As cidades e os Fenómenos urbanos***, Lisboa, CIRIUS, UTL-ISEG, publicado na internet com o endereço: http://www.dge.ubi.pt/pguedes/ISEG2.pdf.

APCER – Associação Portuguesa de Certificação – Lista de verificação dos requisitos da NP EN ISO14001:2004 – desta lista fizemos incluir apenas a indicação dos procedimentos mais importantes e por vezes de forma agregada.

Aydalot, Philippe; (1985), ***Economie Régionale et Urbaine***, collection economie, ed. Economica, Paris, 1985.

Bale, John; (1989), ***Sports Geography***, E.&F.N. Spon, London, 1989.

Bale, John; (1993), ***The spatial development of the modern stadium,*** *in* International Revue for the Sociology of Sport, Vol. 28, n.º 2+3, Hamburg, 1993.

Barreira, C. (2003), ***Parâmetros de qualidade e conforto ambiental em centros de condição física***, Tese de Mestrado em Gestão Desportiva, FCDEF – Universidade do Porto, 2003, ed. Policopiada.

Bernardes, J. (2006); ***Contibutos para a caracterização das Piscinas Municipais,*** *in* "Administração Autárquica – Revista de Poder Local", Dezembro 2006, Editorial Caminho.

580   *Os Espaços do Desporto – Uma Gestão para o Desenvolvimento Humano*

BIT (Bureau Internacional du Travail), (1963), *Introdução ao estudo do trabalho*, Lisboa, Editora Portuguesa de Livros Técnicos e Científicos, Lda., Organização Internacional do Trabalho, 1984.

Bourg, Jean-François et Gouget, Jean-Jacques (1998); **Analyse économique du sport**, Paris, PUF – Pratiques Corporelles.

Borges, Joaquim (2000), *Estudo dos modelos de Gestão de instalações desportivas no Municípios*, *in* Revista Desporto, JAN./FEV. – 2000, Lisboa, IDP.

Cabaço, João, (1990), *Planeamento Urbanístico e Prevenção da Delinquência: Os Espaços de Desporto e Lazer*, *in* Horizonte – Revista de Educação Física e Desporto, Vol VII, n.° 40, Nov.-Dez., 1990.

Cagigal, J. Maria; (1972), *Deporte, Pulso de Nuestro Tiempo,* Madrid, Editora Nacional.

Callède, J. Paul; (1988), *Le Processus de Developpement des equipements sportifs et Culturels* – **Dynâmique spaciale et integration du territoire**, *in* Revue Economique du Sud-Ouest, n.° 1, 1988.

Callède, J. Paul; (1993), *Basque Pelota in The European Space... Towards a Sociological Use of the Notions of Sporting Evolution and Diffusion*, *in* International Revue for the Sociology of Sport, Vol. 28, n.° 2+3, Hamburg, 1993.

Camacho, A.; Crujeira, C.; Lucena J. e Pinho I. (1982); *Gestão Pública – Uma Abordagem Integrada*, Lisboa, Editora Portuguesa de Livros Técnicos e Científicos, (1982).

Camões, *Os Lusíadas*, Canto IV, XCV.

Camy, Jean; Adamkiewics, Eric; Chantelat, Pascal; (1993), *Sporting Uses of the City: Urban Anthropology Applied to the Sports Pratices in the Agglomeration of Lyon*, *in* International Revue for the Sociology of Sport, Vol. 28, n.° 2+3, Hamburg, 1993.

Carta Europeia do Desporto Rhodes, 1992.

Carvalho, João F.P.B. (2005), *Indicadores de Gestão de uma Instalação desportiva "O caso da Piscina Olímpica de Rio Maior"* trabalho realizado para o VIII Mestrado em Gestão do Desporto, sob Orientação do Prof. Doutor Luís Miguel Cunha, Lisboa UTL-FMH (não editado – jpbacarvalho@clix.pt).

Castells, M. (1975), *Problemas de Investigação em Sociologia Urbana*, Lisboa, ed. Presença, 1979.

Castillo, J.; Jimenenz- Beatty, E. (2002); *Planificación y gestión del mantenimiento de los Centros Deportivos (II)*, Sport Managers, n.° 22: 38-40., citado por Nazário, Rui P.; (2004), *Importância da Gestão no Programa Base do Projecto de Arquitectura – Os Health Clubs*, tese Mestrado, FCDEF, UP, Porto, Outubro 2004.

Chazaud, P. (1993); *Marketing ou Ordenamento do Território?*, *in* Ludens, Vol. 13, n.° 3/4, Jul.-Dez., Lisboa, 1993.

Citado por (Ferreira, V.; 2001); *Avaliação da qualidade dos serviços prestados em piscinas cobertas, na zona raiana do Alto-Minho*, Porto, FCDEF, Mestrado em Gestão Desportiva.

Código Civil Português.

Comissão de Coordenação e Desenvolvimento Regional do Algarve: www.ccdr-alg.pt/sids/indweb/indicador.asp?idl=57

Correia, P; Lobo, C. e Pardal, S; (1993), *Normas urbanísticas*, Lisboa, CESUR/UTL, Vols. I, II, III e IV.

Bibliografia

Cunha, L.M. (1997); *O Espaço, o Desporto e o Desenvolvimento*, Lisboa, Edições FMH, 21-31: Sectores desportivos: Federado, Escolar, Universitário, Especial (deficientes), Militar, Autárquico, Turismo, Trabalho, Prisional e Ambiente.

Cunha, Luís M. (1994), *Contribuições para o Planeamento das Instalações Desportivas no Território* – Tentativa da criação e do apuramento de processos e instrumentos de medida relativa das instalações desportivas e da acessibilidade dos cidadãos aos equipamentos desportivos na sub-região do Vale do Tejo, UTL/MPRU/1994, Julho, ed. própria, policopiada.

Cunha, Luís M. (1997), *O Espaço e o Acesso ao Desporto*, Estudo da acessibilidade ao desporto na sub-região do Vale do Tejo – Constituição de um modelo de avaliação, UTL/FMH.

Damásio, António, (1995), *O Erro de Descartes*, Lisboa, Europa-América, 22 edição, Nov. 2001.

Elias, N. e Dunning, E. (1992), *A Busca da Excitação*, Difel, Lisboa.

Estapé Tous, Elisa, (1993), *Consequências del fenómeno turístico y deportivo en los espaços deportivos y recreativos*, in Perspectivas de la Actividad Física y el Deporte, Leon, INEF Castilla y León, n.° 12, Maio, 1993.

Exploration Vision is Well Underway" – Nasa Report, 2006: http://nasa.gov/pdf/107495 main_FY06_AOK_pres.pdf

Ferreira, Vítor N.G.P. (2001), *Avaliação da Qualidade dos serviços prestados em piscinas cobertas, na zona raiana do Alto-Minho*, Porto – UP – FCDEF, Tese de Mestrado em Gestão desportiva (não editada).

Frémont, Armand; (1976) *A Região, Espaço Vivido*, Liv. Almedina Coimbra, 1980.

Freud, S. (1930), *O Mal-Estar na Civilização – Livro 8*, Rio de Janeiro, ed. Imago ltda., pequena colecção das obras de Freud (1974).

Fuster, Luís Fernandez; (1985); *Introdución a la teoria y técnica del turismo*, Madrid, Alianza Editorial.

Gaspar, Jorge (1987), *Do pelourinho ao centro comercial, in* Revista Povos e Culturas, n.° 2 – A cidade em Portugal – onde se vive, Universidade Católica Portuguesa.

Ortega y Gasset; (1987), *A Origem Desportiva do Estado*, Lisboa, Direcção Geral dos Desportos, n.° 38.

Gestão do Material em Instalações Desportivas, C. M. Oeiras, 1995.

Gomes, Pinharanda (1999); *A Cidade Nova*, Fundação Lusíada, Lisboa, Guimarães Editores.

Guerrero, Leonor Gallardo ((2002), *La Administración y La Gestión Deportiva – En Las Corporaciones locales de Castilla- La Mancha*, ed, Junta de Comunidades de Castilla-La Mancha, www.jccm.es.

Hotelling, (1929), *Stability in Competition*, Econonomic Journal, 1929.

Helle, Cécile; (1993), *Essai de Mesure de la Rugosité de L'Espace*, in L'Espace Géographique, n.° 4, CNRS, Montpelier, Doin ed., Velizy, 1993.

H. Kendler (1974); *Introdução à Psicologia"*, Lisboa, F. Calouste Gulbenkian, 5.ª edição, Junho (1980).

INE – Censos 2001 – (ver quadro 3.10 dos censos 2001) – http://www.ine.pt.

Jonathan Swift (1667-1745), *Viagens de Gulliver*, (adaptação de João de Barros), Lisboa, Sá da Costa editora, 5.ª edição, (2006).

582 Os Espaços do Desporto – Uma Gestão para o Desenvolvimento Humano

Klein, Jacques (1977), *Aménagement et equipements pour le tourisme et les loisirs*, Paris, ed. Le Moniteur des travaux publics et du batiment, (1977).

Lewin, Kurt, (1935) *A Dynamic Theory of personality*, New York, Mc Graw-hill.

Linch, Kevin (1989), *A Imagem da Cidade*, Lisboa, Ed. 70, 1989.

Linch, Kevin; (1990) *A imagem das cidades*, Lisboa, ed. Presença.

Lipovestky, G. (1983); *A Era do Vazio,* Lisboa, ed. Relógio de água, col. Antropos, (1989).

Lösch, (1954), *The Economics of Location*, Yale U.P., 1954.

Metcalfe, Alan; (1993), *The Development of Sporting Facities: A Case study of East Northumberland, England, 1850-1914*, in International Revue for the Sociology of Sport, Vol. 28, n.º 2+3, Hamburg, 1993.

Metzger (2005); *Proceedings of small Business Boot Camp*, 12-16 May, Cincinnati, Ohio.

Metzger; (2005), *Proccedings of small Business boot camp*, Cincinnati, OH., citado por Sousa, Alvaro (2005) ; *Complexo Municipal de Ginástica da Maia – estudo de caso*, Porto, FCDEF.

Mintzberg, Henry (1979), *Estrutura e Dinâmica das Organizações*, Lisboa, D. Quixote, 1999.

Mintzberg, Henry; (1979), *The Struturing of Organizations*, Prentice-Hall, inc., ed Portuguesa, Lisboa 1995, ed. Publicações Dom Quixote.

Moniz Pereira – Entrevista ao Jornal Record, (2000).

Moreira, Adriano (2002), *Os Trópicos na Europa* – conferência produzida na sessão solene de abertura das novas instalações do ISCSP em 18 de Janeiro de 2002, publicado no Boletim da UTL – Universidade Técnica de Lisboa.

Nazário, Rui P. (2004), *Importância da Gestão no Programa Base do Projecto de Arquitectura – Os Health Clubs*, Dissertação apresentada com vista à obtenção do grau de Mestre em Ciências do Desporto, na área de especialização m Gestão Desportiva, FCEDEF – UP, Porto.:

Niina K., (1996), *The location Strategies for fitness Clubs,* 4th European Congress on Sport Management, Proceedings, 2-5 Out., 1996, EASM – Montpellier.

Noronha Feio, J.M., (1985), *Portugal Desporto e Sociedade*, Terra Livre, D.G.C.S., Lisboa.

Palla, M. J., (1992), *Estudos de Sistematização dos Equipamentos Desportivos e Ordenamento do Território*, in Os Espaços e os Equipamentos Desportivos, Congresso Europeu de Desporto para Todos, Oeiras, CMO.

Palla, M. João (1992), *Os Espaços e os Equipamentos Desportivos* – Congresso Europeu de Desporto para Todos, Fidt/CMO, Jan-1992.

Pardal, Sidónio C. (1988); *Planeamento do território – Instrumentos para a análise física*, Lisboa, Livros horizonte, col. Espaço e Sociedade.

Parlebas, P., (1981), *Contribuition à un Lexique Commenté en Science de L'action Motrice*, Paris, Institute Nationale du Sport et de la Education Physique.

Parlebas, Pierre; (1974), *Espace, sport et conduites motrices*, Education Phisique et Sport, Jan-Fev, 1974, n.º 125.

Paz, B. Castejon; (1973), *A Racionalização das Escolhas em matéria de Política Desportiva – os instrumentos conceptuais*, col. Antologia Desportiva, n.º 6, Lisboa, MEIC/SEJD/DGD/CDI, (1977).

Perroux, F.(1981), *Ensaio sobre a Filosofia do Novo Desenvolvimento*, Lisboa F.C. Gulbenkian, (1987).

Pessoa, Fernando (1912), *A Nova Poesia Portuguesa no seu Aspecto Psicológico*, in Águia, II.ª série, n.º 12, Lisboa, Dezembro de 1912.

Pires, G. (2005); *Gestão do Desporto – Desenvolvimento organizacional*, Porto, Apogesd/ /Forum Olímpico de Portugal, 2.ª ed. (2005).

Pires, G.(1993) – *Situação Desportiva (parte I)*, *in* Ludens, Vol. 13, n.º 2, Abril/Jun 93, U.T.L. – F.M.H., Lisboa.

Pires, G., (1990), *A aventura desportiva – O desporto para o 3.º milénio*, edição da Câmara Municipal de Oeiras.

Pires, Gustavo (1996), *Desporto e Política – Paradoxos e Realidades*, Madeira, ed. "O desporto".

Resenha Histórica, *In* "O Verde" – Boletim sobre ambiente e património, suplemento – Conservação da Natureza, Lisboa, GEOTA, ed. EPSD, SET/DEZ 86.

Rippel, R.; Lima J.; Alves, L.; e Piacenti, C. (2006) *Notas sobre a localização da população urbana e rural no Oeste Paranaense: Uma Análise de 1970 a 2000*, Universidade de Campinas, Unicamp Publicado na Internet com o endereço: http://www. abep.nepo.unicamp.br/encontro2006/DOCSpdf/ABEP2006_445.pdf.

Rodgers, B. (1977), *Rationalizing Sport Policies; Sport in a Social Context: International comparitions*, Strasbourg, Council of Europe, citado por Taylor, Peter (1985), *Sport and Recreation: An Economic Analysis*, E. and F.N. Spon ltd, London.

Rodrigues, M. Gabriela (2004); *Instalações desportivas do Concelho de Gondomar: Estarão acessíveis às pessoas com mobilidade reduzida?*, Porto, FCDEF – UP, Tese de Mestrado em Gestão desportiva.

Rooney, John; (1974), *Geography of American Sport: From Cabin Creek to Anaheim*, Reading, Mass.: Addison-Wesley.

Rooney, John; (1975), *Sports from a geographic perspective*, in Ball, D.W. and Loy, J. eds., *Sport and social order: Contributions to the Sociologies of Sport*. Reading, Mass.: Adison-Wesley.

Sá, Constança Cunha e; (2007), *A Religião do Estado*, in Público – 9 Fevereiro 2007.

Saldanha, J.J. Bengalinha (2006), *Os hábitos e os consumos de desporto como contributo para uma gestão desportiva municipal eficaz – estudo de caso do concelho do Redondo*, Lisboa, Teses de Mestrado, FMH, UTL, ed. Policopiada.

Salgueiro, Teresa Barata, (1992), *A Cidade em Portugal – Uma Geografia Urbana*, Porto, ed. Afrontamento.

Saraiva, A. (1987), *Apreciação das Características Acústicas de Locais destinados à Educação Física*, Antologia de textos Desporto e Sociedade. Ministério da Educação e Cultura, Direcção Geral dos Desportos citada por Barreira, C. (2003), *Parâmetros de qualidade e conforto ambiental em centros de condição física*, Tese de Mestrado em Gestão Desportiva, FCDEF – Universidade do Porto, 2003, ed. policopiada.

Silva, Pedro (2005), *Indicadores de Gestão e de Desempenho de Instalações Desportivas – O Caso prático da piscina de 25 metros Rio Maior*, trabalho realizado para o VIII Mestrado em Gestão do Desporto, sob Orientação do Prof. Doutor Luís Miguel Cunha, Lisboa UTL-FMH (não editado – Pedro.gomesilva@iol.pt).

Small, John e Witherick, Michael; (1986), *Dicionário de Geografia,* Lisboa, ed. D. Quixote, (1992).

584 *Os Espaços do Desporto – Uma Gestão para o Desenvolvimento Humano*

Sousa, J. Teixeira de; (1986), **Para o Conhecimento do Associativismo Desportivo em Portugal**, Lisboa, UTL-ISEF, Vol. I e II.

Thörnqvist, Gunnar; (1962), **Transport Costs as a Location Factor for Manufacturing Industry – a method to calculate in data machine the regional variations in transport costs for differeny types of manufacturing industries**, Svensk Geografisk Arsbok, 38, Lund, edited by Sydesvenska Geografiska Sällskapet (South-Swedish Geographical Society), 1962.

Toffler, Alvin; (1980), **A Terceira Vaga**, Lisboa, Livros do Brasil, 1.ª ed. (1968).

Vários, (1981); **Contribuições para o Planeamento de Áreas de Jogo e Recreio**, Relat. do grupo de trabalho para o estudos das áreas colectivas de jogo e recreio ligadas à habitação, Centro de Estudos e Planeamento, Doc.° de trabalho n.° 2/1981.

Vários, GEPAT (1990), **Normas para Programação de Equipamentos Colectivos**, Lisboa, GEPAT, MPAT, estudos urbanos e de ordenamento, vol III, Cultura e Recreio, Culto, Desporto, Espaços Verdes, Janeiro 90.

Políticas Europeias para os Equipamentos Desportivos – experiências e novas perspectivas, Col. Desporto e Sociedade – Antologia de Textos, n.° 5, Lisboa, DGD, Jun, 1986.

Santos, N.P., 2001, **A Sociedade de Consumo e os Espaços Vividos pelas Famílias –** *A dualidade dos espaços, a turbulência dos percursos e a identidade social, Coimbra, Edições Colibri – Centro de Estudos Geográficos da Universidade de Coimbra.*

Westerbeek, Hans e Smith, A. (2004); **The Sport Business Future**, New York, Palgrave Macmillan.

Woratschek, Hebert, (1998); **Locational Choice of Sport Facilities – Spatial Models in Economic Theory**, in European Journal for Sport Management, Special issue 1998 "Service Quality".